生态产品第四产业：理论与实践

The Quaternary Industry for Ecological Products

王金南 等　著

中国环境出版集团 · 北京

图书在版编目（CIP）数据

生态产品第四产业：理论与实践 / 王金南等著 . —北京：中国环境出版集团，2022.6（2023.3 月重印）

ISBN 978-7-5111-5197-1

Ⅰ. ①生… Ⅱ. ①王… Ⅲ. ①生态经济—研究—中国 Ⅳ. ① F124.5

中国版本图书馆 CIP 数据核字（2022）第 114211 号

出 版 人 武德凯
责任编辑 宾银平　史雯雅　葛　莉
责任校对 任　丽
封面设计 彭　杉

出版发行 中国环境出版集团
（100062　北京市东城区广渠门内大街 16 号）
网　　址：http：//www.cesp.com.cn.
电子邮箱：bjgl@cesp.com.cn.
联系电话：010-67112765（编辑管理部）
010-67112739（第二分社）
发行热线：010-67125803，010-67113405（传真）
印　　刷 北京鑫益晖印刷有限公司
经　　销 各地新华书店
版　　次 2022 年 6 月第 1 版
印　　次 2023 年 3 月第 3 次印刷
开　　本 787 × 1092　1/16
印　　张 32.75
字　　数 700 千字
定　　价 230.00 元

前 言

以工业化和城市化为主要标志的人类文明已经、正在并将继续对我们共同的地球家园产生严重的生态环境影响。全球气候变化加剧，生物多样性持续降低，地球生命健康受到越来越大的威胁。我们传统的经济发展模式是把土地、矿产、水等自然资源作为生产函数的投入变量，其产出也是为了人类经济福利最大化。传统的第一产业、第二产业和第三产业都是以“服务于人”为目标的。相对于自然生态系统而言，这是人类中心主义的经济系统。这个系统造成的后果就是，与我们一起来到这个地球的其他生命体数量及其栖息地正在不断地减少，而地球上人的数量却以最快的速度增长。这种后果反过来又影响着传统发展模式的可持续性，许多资源枯竭型城市的发展状况就是很好的例证。

面对地球可持续发展的困境，国际社会和各国政府都在努力尝试改变这种处境。1992 年，联合国环境与发展会议通过了《21 世纪议程》，同年，在联合国大会上通过了《联合国气候变化框架公约》。2015 年，在联合国可持续发展峰会上通过了《2030 年可持续发展议程》，联合国 2030 年可持续发展目标（SDGs）2016 年 1 月 1 日正式生效。国际社会认识到，实现可持续发展目标关键要改变目前的国民经济核算体系，把生态环境和自然资源有效纳入经济核算体系，甚至建立新的自然生态账户和自然资本核算体系。为此，联合国统计署、世界银行、经济合作与发展组织、亚洲开发银行、欧盟等都做出了巨大努力，提出了人类发展指数（HDI）、环境经济核算体系（SEEA）、自然资本账户、生态账户（EA）、真实储蓄率等方法，努力扭转人类不可持续的发展模式。

中国的改革开放创造了世界上最大的发展中国家长期快速增长的经济发展奇迹，同时也创造了长期安全稳定的社会发展奇迹。中国政府紧跟世界发展潮流，自 1972 年参加联合国人类环境会议后，相继提出了环境保护基本国策、可持续发展战略、资源节约环境友好“两型”社会战略、生态文明战略。特别是党的十八大以来，正式确立了习近平生态文明思想，以习近平同志为核心的党中央深刻思考生态环境保护和经济发展辩证关系，坚持人与自然和谐共生，坚持走生态优先绿色发展道路，系统研究提出并推动落实“绿水青山就是金山银山”理念，着力推动实现经济社会发展全面绿色转型，把生态环境改善作为最大的民生福祉，全面深化生态文明领域制度改革，出台了一系列有利于生态环境保护的政策文件，生态环境保护取得了前所未有的成效，生态产品生产能力不断增强，书写了最大发展中国家的绿色发展奇迹。

回顾可持续发展进程，我国早在2000年就开始探索绿色国民经济核算体系，试图建立以绿色GDP为导向的政府绩效考核体系。我是这个历史事件的参与者和研究者。非常遗憾的是，由于经济发展阶段、政绩发展观念、体制和技术等因素，这项核算历经20多年，至今依然停留在研究层面。随着全面开启生态文明建设新征程，以生态系统生产总值或生态产品总值（GEP）核算为主体的生态价值核算风靡全国，国家也发布了促进生态产品价值实现的指导文件，各地呈现出丰富多彩的“绿水青山就是金山银山”的实践形态。在这样一个大背景下，我们提出了体现“金山银山”的经环境调整的生产总值（EDP）、体现“绿水青山”的生态产品总值（GEP）、同时体现“金山银山”和“绿水青山”的经济生态生产总值（GEEP），推动绿色GDP进入“3.0版本”时代。

农业支撑了农耕文明，工业支撑了工业文明。作为新文明形态的生态文明，需要什么样的经济和产业发展模式来支撑，这是最近几年我一直在思考和探索的问题。于是，2020年8月15日在安吉召开的“绿水青山就是金山银山”理念提出15周年理论研讨会上，我大胆地第一次相对完整地提出，为了践行习近平生态文明思想和“绿水青山就是金山银山”理念，必须大力发展生态产品第四产业。在2021年联合国《生物多样性公约》第十五次缔约方大会（COP15）“生态文明论坛”上，我做了“迈向生物多样性保护的全球生态产品总值核算”主旨报告，倡议全球大力发展生态产品第四产业，扩展全球自然资本和生态财富，提升生物多样性的主流价值。为此，我院联合中国科学院、清华大学、浙江大学、辽宁大学等研究单位和专家，组建了生态产品第四产业研究专家组，在有关政府部门的支持下，成立了生态产品与自然资本联合实验室，相继在《中国环境管理》和《中国人口·资源与环境》上发表了《生态产品第四产业理论与发展框架研究》和《生态产品第四产业发展指标体系设计及其应用》两篇文章，得到了学术界一些同行的高度认同，也引起了决策管理部门的高度关注。2022年全国人大会议期间，我还提交了《大力发展生态产品第四产业》和《以“绿水青山就是金山银山”转化赋能革命老区绿色发展》的两份人大代表建议。

生态产品第四产业是一个新提法、新思路、新产业，需要系统全面、多领域、跨学科的研究探索和实践。在这样一个背景下，我邀请过去一直在思考和研究这个题目的人员，通过大家边思考、边讨论、边总结、边撰写的方式，把我们对生态产品第四产业的研究加以梳理和提炼，完成了《生态产品第四产业：理论与实践》专著。这是一部我们思考和探索习近平生态文明思想，特别是“绿水青山就是金山银山”理念的集体作品。我起草了专著的详细研究大纲，牵头完成了重要章节的撰写，特邀责任专家领衔，数易其稿，完成相关章节。其中，第 1 章由王志凯、王金南和赵云皓完成，第 2 章由杨武、邓劲松和周佳完成，第 3 章由王金南、王志凯和秦昌波完成，第 4 章由王金南、董金池、邵嘉程和戚朱琳完成，第 5 章由王金南、王志凯和刘桂环完成，第 6 章由马国霞、杨威杉、彭菲、周颖、吴琼和王志凯完成，第 7 章由曾贤刚、段存儒完成，第 8 章由刘桂环、文一惠、华妍妍和曹丽斌完成，第 9 章由董战峰、周佳、毕粉粉和王志凯完成，第 10 章由杜艳春、宋祎川和王彬完成。最后，我数次召集讨论，研讨修改，完善定稿。

在生态产品第四产业探索过程中，我们得到了来自学术界、产业界、政府和有关部门的鼓励和支持，特别是得到了国家发展改革委基础司、生态环境部综合司、自然资源部国土空间生态修复司等部门和浙江省发展改革委、福建省发展改革委、江西省发展改革委以及丽水市、湖州市、南平市、衢州市、抚州市、武夷山市、安吉县、崇义县等地方政府的大力支持，得到了刘旭院士、王浩院士、马军院士、欧阳志云研究员、马骏教授、石敏俊教授、刘毅教授、张世秋教授、张林波教授、常纪文研究员、谢高地研究员、张颖教授、靳乐山教授、刘世荣研究员、张修玉研究员、王夏晖研究员和於方研究员等专家的鼓励和支持，中国环境出版集团葛莉编审为保障出版质量付出了艰辛和努力，在此表示衷心的感谢！

生态产品第四产业是时代赋予我们的新探索、新目标、新任务。我们相信，生态产品第四产业终将成为建设生态文明和实现生态产品价值的基石产业、践行“绿水青山就是金山银山”理念的实践产业、建设美丽中国和保护生态环境的支柱产业、实现碳达峰碳中和的碳汇产业、推动乡村全面振兴的富民产业和促进共同富裕人人享有美好环境的普惠产业。我们期待，越来越多的专家学者、企业家和政府部门加入生态产品第四产业的探索和实践中，共同为实现美丽中国目标、全球可持续发展和清洁美丽地球家园做出新的贡献。

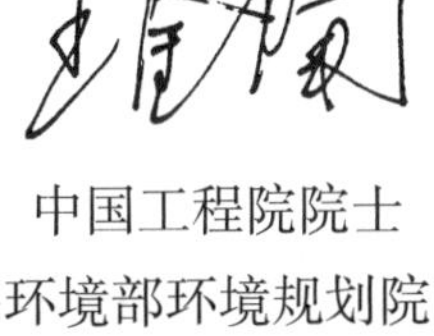

中国工程院院士
生态环境部环境规划院院长
中国环境科学学会理事长
生态产品与自然资本联合实验室主任
2022 年 6 月 5 日

Preface

Human civilization marked by industrialization and urbanization has caused and will impose severe ecological impacts on our irreplaceable planet Earth. All planetary lives are increasingly threatened by intensified global climate change and biodiversity loss. The traditional economic development model takes natural resources such as land, minerals, and water as input variables of the production function and takes their output to maximize human economic welfare. Compared to the natural ecosystem, the conventional primary, secondary and tertiary industries are all aimed at serving people. The system that they formed is an anthropocentric economic system. The consequence of the system development is that the number of other life forms living together with us and their habitats is constantly decreasing, while the number of human beings is growing at an unprecedented rate. This consequence, in turn, also affects the sustainability of the traditional development model, as exemplified by the current development status of many resource-exhausted cities.

Faced with the predicament of sustainable development of the planet, the world community and governments of various countries are trying to change the situation. The United Nations launched Agenda 21 for sustainable development and adopted *the United Nations Framework Convention on Climate Change* in 1992. In 2015, *the 2030 Agenda for Sustainable Development* was adopted at the UN Sustainable Development Summit, and its 17 Sustainable Development Goals (SDGs) went live in 2016. The world community has recognized that the key to achieving sustainable development is to change the system of national accounts to effectively incorporate the value of the ecological environment and natural resources into the economic system and further establish a new system of national ecological accounts and natural capital accounting. To this end, the United Nations Statistics Department, the World

Bank, the Organization for Economic Cooperation and Development, the European Union, and others have made great efforts to reverse the unsustainable development model and have proposed a series of accounting methods, such as the Human Development Index (HDI), the System of Environment-Economic Accounting (SEEA), the Natural Capital Account, the Ecological Account (EA), and the Genuine Savings.

As the world's largest developing country, China has created a miracle of long-term rapid economic growth and long-term secure and stable social development since the Reform and Opening Up. The Chinese government has always followed the global development trend. Since it participated in the first United Nations Conference on Human Environment in 1972, the Chinese government has successively put forward four major strategies: the basic state policy of environmental protection, sustainable development, resource-conserving, environment-friendly society, and ecological civilization. Especially since the 18th National Congress of the Communist Party of China that Xi's Thought on Ecological Civilization was formally established, the Central Committee of CPC has profoundly reflected on the dialectical relationship between ecological, environmental protection, and economic development, believing that China should adhere to the harmony between humanity and nature and adhere to the direction of ecological priority and green development. Via systematic research, the concept of "*Lucid Waters and Lush Mountains Are Invaluable Assets*" was proposed and promoted. The concept emphasizes the importance of a comprehensive green transformation of economic and social development, regards the ecological environment as the most inclusive benefit to people's wellbeing, and deepens institutional reform in ecological civilization. Through a series of policies conducive to ecological protection, China has achieved remarkable results in ecological protection by enhancing its ecological product production capacity and has written a miraculous chapter of green development as the largest developing country in the world.

Looking back at the sustainable development process, China first began to explore the green national economic accounting system as early as 2000, trying to establish a green GDP-oriented government performance appraisal system. I am a participant and a researcher of this historical project. Regrettably, due to the economic stage and the underdevelopment of political, institutional, and technological systems, this project remains at the research level after 20 years. With the embarkment of a new journey on ecological civilization construction, ecological value accounting, denoted as the accounting of Gross Ecosystem Product or Gross Ecological Product (GEP), has become widespread across the country. The Chinese government has also issued guidelines to promote the value realization of ecological products. Local regions have also practiced a wealth of "*Lucid Waters and Lush Mountains Are Invaluable Assets*" actions. Under such influence, we have also proposed the Environmentally-adjusted Domestic Product (EDP), which epitomizes the "*golden mountain*" the Gross Ecological Product (GEP), which epitomizes the "*green mountain*" and Gross Ecological-Economic Product (GEEP), which epitomizes both the "*golden mountain*" and "*green mountain*" to promote green GDP into the "Version 3.0" era.

Agricultural civilization is supported by agriculture, and industrial civilization is supported by industry. Ecological civilization as a form of a new civilization, what kind of economic and industrial development model is needed to support it? This is a question that I have been considering and exploring in recent years. Therefore, at the seminar held in Anji of Zhejiang Province on August 15, 2020, to commemorate the 15th anniversary of the publication of "*Lucid Waters and Lush Mountains are Invaluable Assets*," I boldly proposed for the first time in a relatively comprehensive way that, in order to practice Xi's Thought of Ecological Civilization and "*Lucid Waters and Lush Mountains are Invaluable Assets*," we must vigorously develop the Quaternary Industry that is based on the ecological products. Meanwhile, I gave a keynote speech about "*Mapping Global GEP towards Biodiversity*" at the Ecological Civilization Forum of the 15th Meeting of the Conference of the Parties to the Convention on Biological Diversity (COP15) in 2021. The main idea of the speech was to advocate for the development of the Quaternary Industry, the expansion of global natural capital and ecological wealth, and the enhancement of the mainstream value of biodiversity. To this end, the Chinese Academy of Environmental Planning gathered a group of research institutions and experts from the Chinese Academy of Sciences, Tsinghua University, Zhejiang University, China Renmin University, and Liaoning University, formed a research expert group on the Quaternary Industry for Ecological Products, and at the same time set up a Joint Laboratory of Ecological Products and Natural Capital with the support of relevant government departments. I also published two articles titled "A Framework Research of Theory and Its Practice of the Fourth Industry of Ecological Products" and "Development and Application of Indicator System About the Quaternary Industry of Ecological Products in China" in the *Chinese Journal of Environmental Management* and *China Population, Resources and Environment*, which have been recognized by some peers in academia and have also attracted the attention of policy-making departments. During the fifth session of the 13th National People's Congress in 2022, I submitted two NPC proposals titled *Vigorously Developing the Quaternary Industry Based on Ecological Products* and *Forming New Momentum to empower Green Development in old revolutionary bases through "Two Mountains" transformation.*

The Quaternary Industry for Ecological Products is a new formulation, a new idea, and a new industry that requires systematic, comprehensive, multidisciplinary, and interdisciplinary research exploration and practice. In this context, I invited a group of researchers who have been studying this topic in the past to sort out and refine our research on the Quaternary

Industry for Ecological Products through brainstorming, discussing, summarizing, and writing, and finally completed this book *The Quaternary Industry for Ecological Products*. This is a collective work in which we think about and explore Xi's Thoughts on Ecological Civilization, especially the scientific theory of "*Lucid Waters and Lush Mountains Are Invaluable Assets*."

Several individuals contributed to the completion of this book. I drafted the detailed research outline of the book and took the lead in writing several essential chapters. Invited experts completed the relevant chapters and were responsible for several revisions. Specifically, Chapter 1 was completed by Wang Zhikai, Wang Jinnan, and Zhao Yunhao; Chapter 2 was completed by Yang Wu, Deng Jinsong, and Zhou Jia; Chapter 3 was completed by Wang Jinnan, Wang Zhikai, and Qin Changbo; Chapter 4 was completed by Wang Jinnan, Dong Jinchi, Shao Jiacheng, and Qi Zhulin; Chapter 5 was completed by Wang Jinnan, Wang Zhikai, and Liu Guihuan; Chapter 6 was completed by Ma Guoxia, Yang Weisman, Peng Fei, Zhou Ying, Wu Qiong and Wang Zhikai; Chapter 7 was completed by Zeng Xian'gang, Duan Cunru; Chapter 8 was completed by Liu Guihuan, Wen Yihui, Hua Yanyan, and Cao Libin; Chapter 9 was completed by Dong Zhanfeng, Zhou Jia, Bi Fenfen, and Wang Zhikai; and Chapter 10 was completed by Du Yanchun, Song Yichuan, and Wang Bin. The book was finalized after discussing and revising several times, organized by me.

We are very grateful for the encouragement and support from academia, industry, governments, and other departments. We wish to thank the Department of Infrastructure Development of the National Development and Reform Commission, the Department of General Affairs of Ministry of Ecology and Environment, the Department of Ecological Restoration of Land of Ministry of Natural Resources, Zhejiang Provincial Development and Reform Commission, Fujian Provincial Development and Reform Commission, Jiangxi Provincial Development and Reform Commission, and the local governments of Lishui City, Huzhou City, Nanping City, Quzhou City, Fuzhou City, Wuyishan City, Anji County, Chongyi County.

We also wish to thank the following experts for their participation in the review of this book: Academician Liu Xu, Academician Wang Hao, Academician Ma Jun, Professor Ouyang Zhiyun, Professor Ma Jun, Professor Shi Minjun, Professor Liu Yi, Professor Zhang Shiqiu, Professor Zhang Linbo, Professor Chang Jiwen, Professor Xie Gaodi, Professor Zhang Ying, Professor Jin Leshan, Professor Liu Shirong, Professor Zhang Xiuyu, Professor Wang Xiahui, and Professor Yu Fang. We thank China Environment Publishing Group and Senior Editor Ge Li for their hard and diligent work to ensure the quality of this publication.

The Quaternary Industry for Ecological Products is a new exploration, a new destination, and a new task given to us by the times. We believe that the Quaternary Industry will eventually become a cornerstone industry for building ecological civilization, realizing the value of ecological products, practicing the concept of "*Lucid Waters and Lush Mountains Are Invaluable Assets*," and become a pillar industry for building a beautiful China and protecting the ecological environment, a carbon sink industry for achieving carbon peaking and carbon neutrality, an enriching industry for promoting the comprehensive revitalization of the countryside, and inclusive industry for promoting shared prosperity and a better environment. We expect more experts, entrepreneurs, and government departments to join the exploration and practice of the Quaternary Industry and make new contributions to the realization of the beautiful China initiative, global sustainable development, and a clean and beautiful planet Earth.

Wang Jinnan
President, Chinese Academy of Environmental Planning
Academician, Chinese Academy of Engineering
Chairman, Chinese Society of Environmental Sciences
Director, Joint Lab for Ecological Product and Natural Capital
June 5, 2022

中英文缩略表

缩写	中英文全称与中文简称
ACCU	Australian Carbon Credit Units，澳大利亚碳信用单位
ADB	Asian Development Bank，亚洲开发银行，简称亚行
AHP	Analytic Hierarchy Process，层次分析法
BIA	Biologic Integrity Assessment，生态系统完整性评价
BPP	Biodiversity Policy Programme，生物多样性政策规划组
CAEP	Chinese Academy of Environmental Planning，中国环境规划院
CAS	Chinese Academy of Sciences，中国科学院
CBD	Convention on Biological Diversity，生物多样性公约
CCUS	Carbon Capture，Utilization and Storage，碳收集利用封存技术
CCX	Chicago Climate Exchange，芝加哥气候交易所
CDM	Clean Development Mechanism，清洁发展机制
CEPA	Classification of Environmental Protection Activities，环境保护活动分类体系
CERs	Certified Emission Reductions，经核证的减排量
CRAES	Chinese Research Academy of Environmental Sciences，中国环境科学研究院
CReMA	Classification of Resource Management Activities，资源管理活动分类体系
CREP	Conservation Reserve Enhancement Program，土地休耕增量计划
EAMFP	Environmentally Adjusted Multifactor Productivity，环境因素调整后的全要素生产率
EB	Executive Board，执行理事会
EcDC	Ecological Damage Cost，生态破坏成本
ECV	Ecological Cultural Value，生态系统文化服务
EDF	Environmental Defense Fund，美国环保协会
EDP	Environmentally-adjusted Domestic Products，经环境调整的国内生产总值
ECE	Economic Commission for Europe，欧洲经济委员会
EF	Ecological Footprint，生态足迹
EGSS	Environmental Goods and Services Sector，环境货物和服务部门
EIAF	Ecosystem Integrity Assessment Framework，生态系统完整性评估框架
EMA	Energy Management Assessment，能值分析
EnDC	Environmental Degradation Cost，环境退化成本

续表

缩写	中英文全称与中文简称
EOD	Eco-environment-oriented Development，生态环境导向的城市开发模式
EPEA	Environmental Protection Expenditure Accounts，环境保护支出账户
EPV	Ecological Provisioning Value，生态系统供给服务
ERV	Ecological Regulation Value，生态系统调节服务
ET	Emission Trading，排放交易机制
EU	European Union，欧盟
FCPF	Forest Carbon Partnership Facility，森林碳伙伴基金
FFCET	Fujian Forest Carbon Emission Reduction，福建林业碳汇项目碳减排
FIEP	The Fourth Industry for Ecological Products，生态产品第四产业
G20	Group of Twenty，二十国集团
GDP	Gross Domestic Product，国内生产总值
GEEP	Gross Ecological-Economic Product，经济生态生产总值
GEF	Global Environmental Fund，全球环境基金
GEP	Gross Ecological Product，生态产品总值； Gross Ecosystem Product，生态系统生产总值
GGDP	Green Gross Domestic Product，绿色国内生产总值
GNP	Gross National Product，国民生产总值
GS	Gold Standard，黄金标准
GS	Genuine Saving，真实储蓄率
IBI	Index of Biotic Integrity，生物完整性指数评估框架
IEEPA	International Ecological Economy Promotion Association，国际生态经济协会
IGIU	International Green Industry Union，国际绿色产业联合会
IGEA	International Green Economy Association，国际绿色经济协会
IMF	International Monetary Fund，世界货币基金组织
InVEST	Integrated Valuation of Ecosystem Services and Trade-offs，生态系统服务和权衡的综合评估模型
IPCC	Intergovernmental Panel on Climate Change，政府间气候变化专门委员会
ISEW	Index of Sustainable Economic Welfare，可持续经济福利指数
ISIC	International Standard Industrial Classification of All Economic Activities，所有经济活动的国际标准行业分类
IUCN	International Union for Conservation of Nature，国际自然保护联盟
IUCN-GET	International Union for Conservation of Nature-Global Ecosystem Typology，国际自然保护联盟－全球生态系统分类

续表

缩写	中英文全称与中文简称
JCM	Japanese Crediting Mechanism，日本联合信贷机制
JI	Joint Implementation，联合实施机制
LULUCF	Land Use，Land-Use Change，and Forestry，土地利用变更和森林
MA	Millennium Assessment，千年生态系统评估
MEE	Ministry of Ecology and Environment，生态环境部
MEW	Measure of Economic Welfare，经济福利指标
MNR	Ministry of Natural Resources，自然资源部
NAMEA	National Accounting Matrix including Environmental Accounts，包含环境核算的国民经济核算矩阵
NASA	National Aeronautics and Space Administration，美国国家航天局
NbS	Natural-based Solutions，基于自然的解决方案
NCA	Natural Capital Account，自然资本账户
NCC	Natural Capital Commission in England，英国自然资本委员会
NCD	Natural Capital Declaration，自然资本宣言
NCL	Natural Capital Lab，自然资本实验室
NGO	Non-government Organization，非政府组织
NNRs	National Nature Reserves in England，英国国家自然保护地
NPP	Net Primary Productivity，净初级生产力
OECD	Organization of Economic Cooperation and Development，经济合作与发展组织，简称经合组织
PES	Payment for Ecosystem Services，生态系统服务付费
POD	Park-oriented Development，公园导向的开发模式
PPP	Public-Private Partnership，政府和社会资本合作
PPP	Polluter Pays Principle，污染者付费原则
REDD+	Reduce Emissions from Deforestation and Forest Degradation，森林砍伐和森林退化减排项目
RIBITS	Regulatory In-Lieu Fee and Bank Information Tracking，银行管理跟踪系统
RoD	Resource-oriented Development，资源导向型可持续发展模式
SDGs	Sustainable Development Goals，可持续发展目标
SEEA	System of Environment-Economic Accounting，环境经济核算体系
SEEA-EA	System of Environment-Economic Accounting-Ecosystem Accounting，环境经济核算体系－生态系统账户

续表

缩写	中英文全称与中文简称
SERIEE	European System for the Collection of Economic Information on the Environment，欧盟环境经济核算系统
SFM	Sustainable Forestry Management，森林可持续经营
SNA	System of National Accounting，国民经济核算体系
SNBI	Sustainable Net Benefit Index，可持续净收益指数
SOD	Service-oriented Development，服务设施导向的开发模式
TEEB	The Economics of Ecosystems and Biodiversity，生态系统和生物多样性经济学
TLA	Three Level Approach，三级渐进评估框架
TNC	The Nature Conservancy，大自然保护协会
TOD	Transit-oriented Development，交通导向的开发模式
UNCEEA	United Nation Committee of Experts on Environmental-Economic Accounting，联合国环境经济专家委员会
UNDP	United Nation Development Programme，联合国开发计划署
UNEP	United Nation Environmental Programme，联合国环境规划署
UNFCCC	United Nations Framework Convention on Climate Change，联合国气候变化框架公约
UNSD	United Nation Statistics Division，联合国统计署
USEPA	United States Environmental Protection Agency，美国国家环境保护局，简称美国环保局
VER	Voluntary Emission Reductions，适用于其他标准的自愿减排量
WAVES	Wealth Accounting and the Valuation of Ecosystem Services，财富账户与生态系统价值核算项目
WB	World Bank，世界银行，简称世行
WCED	World Commission on Environment and Development，世界环境与发展委员会
WMB	Wetland Mitigation Bank，湿地缓解银行
WWF	World Wildlife Fund，世界自然基金会

目 录

Contents

第1章 绪论

新的文明时代必然伴随着新的产业兴起。自工业文明以来，人类社会生产力得到了空前发展，物质生活得到了极大丰富，同时也给自然生态系统带来了巨大威胁，经济稀缺模式发生了根本性的改变，自然资本和生态产品的稀缺性日益凸显，以三次产业分工为主体的主流经济体系已不能满足生态文明时代的发展需要。近年来，随着生态文明建设的深入推进，“绿水青山就是金山银山”理念深入人心，围绕生态产品供给和价值实现形成的新产业、新业态、新模式不断涌现，与三次产业有本质不同的生态产品第四产业正在形成。本章从回顾人类文明演进及对生态系统价值的认知历程出发，结合中国生态文明建设的理论和实践，探讨生态产品第四产业提出的背景及其形成逻辑。

1.1 人与自然关系演进历程

生态产品第四产业正是在人类文明步入生态文明新时代及对自然价值充分认知的基础上产生的。人类文明史可以说是一部人与自然关系的发展史和对自然价值的认知史。人、经济、社会与自然的相互影响、相互作用共同促进了人类文明进步和历史发展。人类社会经历了原始文明、农业文明、工业文明阶段，现已进入生态文明创建阶段（图 1-1）。人类经济系统与自然生态系统关系的历史演变则经历了从相容到相斥，再到实现新的融合的螺旋式上升过程。虽然生态资源一直被作为资产和资本支撑着人类繁衍和经济社会发展，但对其价值的认知是随着稀缺性而不断变化的。随着“人类世”的到来、生产力的发展和人类对物质产品的社会需求不断增长，生态资源由丰富转向稀缺，成为制约现代经济社会发展的重要因素，生态系统价值日益凸显并被人类重新认知。

1.1.1 人类文明发展历程

1.1.1.1 臣服于自然的原始文明

原始文明也称渔猎文明，是人类文明的第一个阶段。人类生产力低下，穴居野处，人类只是位于生态系统食物链顶端不太起眼的一个物种。人类主要通过采集和狩猎获得食物，消耗的生物生产量可能只占生物生产总量的极小部分。人类对自然条件的变化和

图 1-1　人类文明演进历程[5]

环境的侵袭只能被动地适应，人类对自然只有敬畏和臣服。人类生产力水平极端低下，只能制造和使用简单的工具，人类的实践活动对生态系统的影响微乎其微，经济系统完全依赖于生态系统。原始文明时期，自然栖息地是人类采猎食物、遮风避雨的场所，人类臣服于自然，完全依赖自然界提供的物品和场所维持自身繁衍。此时的生态系统是人类的生存资产，具有社会学价值，但不具有经济学价值[1]。

1.1.1.2　利用自然的农业文明

约一万年前，人类慢慢摆脱对自然的直接依赖，开始制造更为先进的工具耕种土地、饲养动物，将原始文明下人类从自然直接获取食物的途径转变为有规律、可持续的收获方式，农耕和畜牧业得到发展。人类进入农业文明时期，是人类文明发展史的第一次浪潮。农业文明时期，为了提高食物获取的稳定性，减少获取食物所需付出的艰辛，创建了农业经济系统，使自然界有了人工生态系统。这种变化对尺度较小的自然生态系统造成了毁灭性冲击，例如，大量开垦耕地使一部分森林退化，过度放牧造成个别地区沙漠化。但农业生态系统与自然生态系统仍有很强的相似性，比如，模仿自然生态系统中的物种多样性，通常在同一块地上混合种植各种农作物，主要依靠蚯蚓等土壤动物和微生物分解作物秸秆和人畜粪便，以维持土壤的肥力。在人类的需求主要是食物且人口密度很小的历史阶段，这种人工生态系统对自然生态系统的替代都是小尺度的，对生物圈的总体影响是非常有限的，经济系统与生态系统处在基本相容阶段[2]。农业文明时期，土地的价值得到凸显。自然栖息地不再仅仅具有使用价值，同时具有了生产财富的能力。这一时期，以土地为代表的自然资源已经成为经济学概念体系中的资产和资本，成为人口增长与社会财富积累的根基[1]。

1.1.1.3　征服自然的工业文明

随着工业革命和资本主义生产方式的产生，人类生产力水平大幅提升。在社会分工等因素的推动下，工商业逐渐发展起来，人类社会进入工业文明时期。这是人类文明发展史的第二次浪潮。如果说农业文明时期，经济系统的量级扩张极为缓慢，那么到了工业文明时期，伴随着现代科学技术的迅猛发展，经济系统的量级急剧扩张，除了土地之外，化石能源、矿产等更多自然资源被转化为商品。相对于原始文明时期，工业文明时期人类对自然的索取增长了 10^{15} ～ 10^{18} 倍[3]。人类生产生活对生态系统的维持形成了巨大压力，经济系统与生态系统的关系由相容转为相斥，人与自然关系发生了根本改变，被定义为征服与被征服的关系。其中伴随着的自然资源浪费、生态破坏、环境污染、气候变化等问题，反过来对人类自身的生存和发展形成了威胁。正如恩格斯所说，“我们不要过分陶醉于我们人类对自然界的胜利，对于每一次这样的胜利，自然界都对我们进行报复”。这一时期，生态系统在支持人类生存和社会发展中的作用虽然被不断提升，但是其价值却依然被轻视[1]。尤其是进入 20 世纪 50 年代，肆意侵占自然生态系统、消耗自然资源、排放污染物等行为导致的环境恶果逐渐显现，引发了困扰当今世界的全球性生态危机，使现代工业文明的发展步履维艰，迫使人类重新思考自然资源与环境的价值。

1.1.1.4 人与自然和谐的生态文明

建设生态文明是后工业文明时期人类自救式的转变，是人类延续文明的必然选择。习近平总书记指出：“人类经历了原始文明、农业文明、工业文明，生态文明是工业文明发展到一定阶段的产物，是实现人与自然和谐发展的新要求。”反思过去，迄今人类所经历的农业文明和工业文明，在一定程度上都是以牺牲自然环境为代价，去换取经济和社会的发展。生态文明既区别于以牺牲环境为代价的传统工业文明，也不同于牺牲人的发展而使人被动地从属于自然的早期文明，而是一种追求人与自然、人与社会、人与人相依共存、和谐共赢、良性循环、全面发展与持续繁荣的社会文明形态[4]。

1.1.2 新地质时代的“人类世”

人类活动正在对地球造成前所未有的压力。联合国开发计划署（UNDP）在《2020 年人类发展报告：新前沿——人类发展与人类世》中明确指出，新冠肺炎疫情大流行是失衡扩大造成的最新悲惨后果。科学家们曾多次警告，陌生病原体将更频繁地出现在人类、牲畜和野生动物的交互之中，且交互规模和强度在稳步增加，最终会严重挤压当地生态系统，导致致命病毒涌出。新型冠状病毒可能是涌出的第一个。如果不放松对大自然的控制，它绝不会是最后一个[6]。

“人类世”（Anthropocene）又称人新世和人类时代，是指人类影响地质记录的时期，用以描述地球最晚近的地质年代，即人类已经成为影响全球地形和地球进化的地质力量，已留下代表性的地质记录，足以形成新的地质年代。“人类世”最早由美国生物学家尤金・F. 斯托尔曼（Eugene F. Stoermer）提出，并于 21 世纪初得到诺贝尔化学奖得主、荷兰大气化学家保罗・克鲁岑（Paul J. Crutzen）的推广而被人所知。2002 年，保罗・克鲁岑在《自然》（*Nature*）发表文章《人类地理学》（*Geology of Mankind*），系统论述了“人类世”，认为自 18 世纪下半叶以詹姆斯・瓦特（James Watt）发明蒸汽机为标志开启的工业革命以来，快速的人口增长和经济发展对全球环境造成了巨大影响，人类具备了与火山作用、风化等地理过程一样的改造地球的能力，已经和正在对整个地球造成无与伦比的巨大破坏和影响，所造成的地球环境变化的规模和速率都已经超出了过去 50 万年自然波动的范围，是之前地球历史上任何一个时期、任何一种其他生物，以及工业革命前的人类社会都无法相比的。因此，人类作用越来越成为一个重要的地质影响力，地球已告别 1.17 万年前开始的地质年代“全新世”，人类活动对地球的改变足以开创一个全新的地质时代“人类世”[7]。

2008 年，英国地质学家、莱斯特大学地质学教授扎拉斯维奇（Jan Zalasiewicz）和他的团队，论定地球已经进入“人类世”[8]。2009 年，国际地层委员会（ICS）旗下的第四纪地层学小组委员会设立“人类世”工作组，负责考察和界定“人类世”，有地质学、考古学、生物学、海洋学、气候学等多个学科的 34 名专家参与。研究称，与“人类世”相关联的现象包括生物栖息地减少，全球气候变暖，混凝土、塑料等物质出现，这些变化将存留千年或更久，并正在改变地球系统。2011 年 5 月，约 20 名诺贝尔奖得主向联合国提交《斯德哥尔摩备忘录》，建议将人类现在所处地质年代改为“人类世”。2016 年 8 月，第 35 届国际地质大会在南非召开，会议正式通过“人类纪”、“人类世”和“人类期”的概念。2019 年 5 月，国际地层委员会旗下的“人类世”工作组认为，20 世纪中叶开始为“人类世”，目前，已经被国际地质科学联合会（IUGS）确认。

对于“人类世”的开始年份存在较大争议，如保罗·克鲁岑认为，应当从 18 世纪末人类活动对气候及生态系统造成全球性影响开始，与詹姆斯·瓦特改良蒸汽机时间基本相吻合；威廉·拉迪曼（William F. Ruddiman）等则将“人类世”拉到更早的时期，即人类开始务农的时期；“人类世”工作组则建议，将 1945 年 7 月 16 日人类首次进行原子弹测试的时间定为“人类世”的开始。大多数学者对“人类世”概念的核心是毫无争议的，即人类活动对地球的影响已经大大超过了自然变化的影响，尤其是自工业革命以来极大地改变了地球的面貌和环境，化石燃料的巨量燃烧造成大气中温室气体浓度飙升，大大改变了地球成分及气候变化的方式。利用跨学科的证据分析，地球系统科学、地质学和生态学从不同的角度描述了“人类世”（表 1-1）。

表 1-1　从自然科学角度看“人类世”

领域	侧重	证据	方法和衡量指标
地球系统科学	行星功能	移动到全新世变化范围之外； 气候变化； 生物地球化学循环终端（特别是氮和磷）； 海洋酸化； 土地利用变化； 生物多样性	地球系统临界点和临界元素； 行星边界

续表

领域	侧重	证据	方法和衡量指标
地质学	地球史	确定在地球历史时间尺度上具有重大意义且可检测的当代变化； 出现大量的纯人为新材料（铝、混凝土、塑料）； 大气核武器试验相关放射性核素的存在	
生态学	生物圈	改变地球上生命的多样性、分布、丰富性和相互作用； 将生态系统转化为农业或城市人类群落； 物种灭绝率上升； 栖息地丧失，过度收获； 入侵物种，破坏全球动植物和谐	生物物理储备核算（如生态足迹）； 净初级生产力的人类占有； 物种灭绝率； 生态系统服务价值，自然对人类的贡献

资料来源：联合国开发计划署（UNDP）. 2020 年人类发展报告：新前沿——人类发展与人类世［R］. 2020.

地球系统科学强调生物圈在行星功能上的作用，虽然自地球出现生命以来，生命和地球物理系统就已经发生了相互作用，但因人类活动的主导作用而被放大。地质学家强调的地质标志，必须确定是由当代人类引起且在地球历史的时间尺度上是显著的、可探测到的变化。地质学家认为，采矿、垃圾填埋、建筑和城市化导致新矿物的广泛出现，但其并不以岩石的形式存在于自然界中，如地球上高达 98% 的铝是从 1950 年才开始生产的，塑料的年产量已相当于全球人类的生物量。此外，人类活动对碳和氮的生物地球化学循环的干扰在冰芯中也留下了可探测的信号，主要体现在二氧化碳和甲烷浓度的迅速增加。独特的、遍布全球的地质标志则与 20 世纪中期的核武器试验造成的大气放射性尘降物相一致。生态学家和可持续发展科学家考察地球上最大的生态系统生物圈的变化，发现“人类世”生物圈相当于地球上生命演化的第三个阶段，也是一个全新的阶段。第一个阶段由单细胞微生物所主导，大约从 35 亿年前到 6.5 亿年前。第二阶段，复杂的多细胞生物出现了，在 5.4 亿年前的寒武纪生命大爆发之后，这些生物变得广泛且多样。“人类世”生物圈的四个特征，与地球上曾经存在过的任何生物圈都不一样：①全球范围内有意或无意的物种转移，使动植物群同质化；②一个物种（人类）消耗了陆地净初级生产力（植物向地球上所有生命提供的生物量和能量）的 25%～40%；③人类主导的动植物演化，边缘化了自然生物群落，这在过去的 24 亿年中是没有过的；④随着生物圈与技术圈的相互作用，新技术的影响越来越大。

以下用生态足迹、气候变化、物种灭绝 3 个最典型的现象说明人类对生态系统的压力，自然资本和生态产品已然变得相当稀缺。

（1）生态足迹

生态足迹主要是指人类活动需要多少“面积”的生物生产性土地和水域来生产所有被消耗的资源和吸收所产生的废物[9]。生态足迹实际衡量了人类对生物圈生态系统产品和服务的占用，即提供这些产品和服务所需的生物生产性土地和水域面积[10]。生物承载力是指可提供生态系统服务的具有生物生产力的土地和水域数量。当一个地区人口的生态足迹超过可用区域的生物承载力时，就会出现生态赤字[11]。

2022 年全球生态足迹网络评估结果表明，自 20 世纪 70 年代以来，人类的生产生活需求已经超过了地球承载力。目前，我们大概需要 1.7 个地球才能维持世界目前的生活水平。按照美国居民的生活水平则需要 5.1 个地球（2018 年），中国居民则需 2.4 个地球[10]。著名的生物多样性经济学家达斯古普塔（Partha Dasgupta）测算，1992—2014 年，全球人均生产资本增加了 1 倍，人均人力资本增加了约 13%，但人均自然资本存量下降了近 40%。以牺牲自然资本为代价积累生产资本和人力资本，就是经济增长和发展的内涵[12]。换句话说，虽然近几十年来人类取得了巨大的繁荣，但实现这种繁荣的方式意味着自然要付出毁灭性的代价。

（2）气候变化

联合国政府间气候变化专门委员会（IPCC）第六次评估第一工作组报告决策者摘要（SPM）提升了对当前气候变化状态的认识[13]。自 1850 年以来，全球地表平均温度已上升约 1℃，大气中温室气体的含量增长到了 300 万年来从未有过的水平。从未来 20 年的平均温度变化来看，全球温升预计将达到或超过 1.5℃。人类活动影响已造成大气、海洋和陆地变暖，大气圈、海洋、冰冻圈和生物圈发生了广泛而迅速的变化。人类活动造成的气候变化已经影响到全球各个区域，并出现了很多天气和气候极端事件。自第五次评估报告（AR5）发布以来，观测到的热浪、强降水、干旱和热带气旋等极端事件，以及将其归因于人类影响的证据，均已增多。IPCC 第六次评估报告认为，将全球温度上升限制在不超过 1.5℃将有助于我们避免最严重的气候变化影响，并保持气候宜居。而根据气候变化跟踪器（CAT）的最新成果，如果仅基于 2030 年的目标，21 世纪末有 50% 的概率升温超过 2.4℃，升温超过 1.5℃的概率则超过 95%。如果其中包括具有约束力的长期目标，估计 21 世纪末升温 2.1℃，超过 1.5℃的可能性超过 90%。将人为引起的全球变暖控制在特定水平上，需要限制二氧化碳排放并至少达到二氧化碳净零排放，同时需要大幅减少其他温室气体排放。以上意味着，为了将气候变化幅度限制在人类可承受的范围内，人类活动的碳排放空间已经变得极度稀缺。

（3）物种灭绝

在过去的 4.5 亿年间发生了 5 次物种大灭绝，每一次都造成地球上 70% 以上物种灭绝，最近一次发生在 6 600 万年前，地球上曾出现过的物种 70%～95% 灭绝了，时间经历了数千万年才恢复到灭绝事件前的多样性水平。而当前，地球正经历第六次物种大灭绝。世界自然基金会（WWF）发布的《地球生命力报告 2020——扭转生物多样性丧失的曲线》指出，我们正以前所未有的速度破坏生物多样性，1970—2016 年，监测到的哺乳类、鸟类、两栖类、爬行类和鱼类种群规模平均下降了 68%。当前，气候变化并不是生物多样性丧失的原因，但未来的影响会越来越大，即使人类做出巨大努力来减缓气候变化，仅气候变化一项仍将造成约 1/5 的野生物种在 21 世纪面临灭绝的风险[14]。联合国生物多样性和生态系统服务政府间科学政策平台（IPBES）2019 年发布的《生物多样性和生态系统服务全球评估报告》显示，物种、生态系统和遗传多样性的丧失已经成为人类福祉的全球性和代际性威胁。大约25%的动植物物种是脆弱的，除非采取大力行动减少生物多样性丧失的驱动因素，否则大约100万个物种将面临灭绝。IPCC第六次评估第二工作组报告显示，如果当前气候变化继续下去，到2070年，1/3的植物和动物可能会面临灭绝。不同于以往5次物种大灭绝都是由于自然原因，此次物种大灭绝是第一次也是唯一一次由单一物种的活动带来的。生物多样性对维持生态系统稳定性具有举足轻重的作用，随着一个物种永久性的消失，大自然为我们提供赖以生存的能力也将被削弱。

1.1.3 生态文明下自然价值再认知

1.1.3.1 生态系统价值的认知历程

生态系统一直为人类繁衍和经济社会发展提供生活、生产和生计的生态资源和生态环境，但是长期以来，其价值并没有受到人类的重视[1]。只有当自然资本稀缺性日益凸显，直至成为制约经济社会发展的“瓶颈”时，才被人类重视而成为经济社会发展过程中的内在变量。人类开始意识到，不能只向自然索取，还要投资于自然。从历史上看，人类对自然生态系统价值的认知，可以划分为生态资产无经济价值，生态资产具有生产要素价值，生态资产具有多功能性的综合性价值三个阶段[2]。

第一阶段，生态资产无经济价值。在最初经济形态中，人口的稀少和人类利用资源能力的低下，使自然资源稀缺程度很低，资源的使用也极为有限，凝结在产品中的主要是活劳动。因此，人们认为只有劳动才会创造价值，而生态资产相对丰富，没有经济价值。

第二阶段，生态资产具有生产要素价值，表现出经济价值。随着社会经济的发展，包含在产品中的物化劳动（或资本）越来越多，生态资源变得越来越有用，而且越来越稀缺。当生态资源的供给到了不投入人类劳动而仅依赖其再生产能力无法保证经济社会发展需求时，生态资产在社会经济活动中就常常以生产要素的形式表现出其经济价值。

第三阶段，生态资产具有多功能性的综合性价值，即除具有经济价值外，还具有生态价值和社会价值。随着生产力水平的不断提高，人类开发和利用自然资源的能力越来越强，生态环境开始恶化，生态资源稀缺性加剧，经济发展可持续性受到严重挑战，使得人类重新认识生态系统价值。人类意识到，生态系统不仅有经济价值，还有作为整体存在的生态系统服务价值，如水源涵养、气候调节、生物多样性以及美学和精神层面等价值，且关系到人类生存的空间、质量和生活水平。自此，生态系统被赋予了丰富的价值内涵。

1.1.3.2 生态系统价值的丰富内涵

从人类发展需求角度分析，生态系统的多种功能可分为供给生存、生产资料的功能，产出产品与经济收入的功能，保障和改善生存环境的功能，以及承载人类文明的功能。这些功能以生态系统自身的结构和过程为基础，体现了人类社会不同阶段、不同层次的价值需求，即自然使用价值、经营价值、经济价值、生态服务价值和社会政治价值[1]。

（1）基础物质供给功能及自然使用价值

从人类演化形成之初开始，自然界就持续地向人类个体与社会提供着各种各样天然形成的使用价值，包括支撑基础生存的生活物质（如空气、淡水、食物、燃料、药材等），可用于生产更多物资的生产资料（如水资源、土地资源、生物资源、气候资源等自然资源），以及生存空间与生存条件（如温度、湿度、盐度、氧含量、水文、地貌等）。生态系统的使用价值是自然形成的，是生命体与非生命环境相互作用的生态过程、物理过程、化学过程的自然产物，满足的是人类基本生存需求，这决定了生态系统使用价值是客观存在的，不随人类的认知水平而发生变化，并且可以独立存在于经济学规则之外。

（2）自然产品供给功能及经营价值

在提供基础的生活物资与生存条件之外，生态环境具有可改造性，生态系统提供的物品具有可加工性，使得生态系统具有了经营价值。生态系统的经营价值可以独立于市场而存在，在自给自足模式中表现为使用价值的提升；投入市场后则表现为经济价值的提升。生态系统的经营价值在农业社会的自给自足时期得到初步体现，人类通过改造生态系统的水分条件、植被种类，对采集到的木料、石料进行加工等方式，获得更高的粮食产量、更优质的生产工具以及更舒适的居住环境。生态系统的可经营性使得单位面积的生态系统可产出的使用价值具有增长的可能性，这是人口增长的基础。随着人类对生态系统多功能性理解的不断深入，生态系统的经营价值也体现在对不同类型使用价值的权衡中，并通过土地利用方式转变、生态恢复、生态系统管理等行为得到实现。

（3）产业商品供给功能及经济价值

生态系统的使用价值和经营价值使得生态系统可以作为生产资料进入商品生产与交换过程，成为创造与积累财富的源泉，从而具有了经济价值，同时也具备了资本属性。随着对生态系统经济价值认知的深入，出现了生态资本的概念，与物质资本、人力资本共同构成社会总资本。生态系统的经济价值体现在农业、林业、畜牧业、渔业等传统产业中，通过有形商品的交易实现价值积累，是个体与国家财富原始积累的重要来源。2019 年，中国农林牧渔业的生产总值占国内生产总值的 7.1%，而 1982 年这一比例高达 28.2%。近年来，生态系统的经济价值也体现在新型的无形商品交易中，例如，林业碳汇买卖、水权交易、湿地信用交易等，均是生态系统单项或多项功能的货币化。

（4）生态产品供给功能及生态服务价值

地球上的各类生态系统是地球成为宜居星球的基础保障。在人口增长和经济发展等多重压力下，水污染、空气污染、自然资源短缺等生态环境问题日益突出，生态系统调节自然环境与人文环境的功能与价值得到认可与重视。在生态系统服务的分类体系中，调节服务与文化服务体现为生态系统的环境效益与精神服务价值。《千年生态系统评估报告》将调节服务定义为，人类通过生态系统过程中的调节作用（如对气候、水源，以及一些人类疾病的调节）所获得的惠益；将文化服务定义为，人类通过丰富精神生活、发展认知、消遣娱乐以及美学欣赏等方式，从生态系统获得的非物质收益，包括知识体系、社会关系以及美学价值等方面。罗伯特·科斯坦萨（Robert Costanza）等开展的第一次全球生态系统服务价值评估显示，1994 年全球生态系统服务价值达 33 万亿美元，相当于当年全球 GDP 的 1.18 倍。

（5）人类共域功能及社会政治价值

在人类历史演变的过程中，生态系统的自然使用价值、经济价值、生态服务价值等既是人类文明延续发展的载体，也为人类繁衍与繁荣提供了物质基础、财富源头和精神寄托，同时还是地区和全球政治、经济、文化格局演变的驱动力，其重要根源是对土地、矿产、水等自然资源的争夺。面对日益严重的全球性的资源环境问题，生态系统的保护与利用已经成为关系民生民意、资源环境享用的地区公平与代际公平、气候贫困、国际环境治理等政治谈判的重要议题，成为全球各级政府治国执政的重要任务之一。

1.1.3.3 自然资本概念的提出

自然资本以资本的视角看待自然，突出和强调自然在支持经济发展和人类福祉方面所起的作用，是资本内涵的拓展。自然资本概念起源于可持续发展思想，可持续发展要求生态和经济协调发展，将自然赋予资本的属性，巧妙地把经济学和生态学思想整合在了一起，也意味着将自然生态系统的生产功能视为与人类经济社会生产同等重要的作用[15]。针对自然资本研究形成了三种主流视角，即将自然资本视为“产生经济价值的资产”、“产生服务流的存量”和“金融资本”，为生态系统服务的价值化提供了多种途径[16]。

1972 年，联合国人类环境会议倡议将自然资源与环境视为资产，纳入社会发展核算之中。1987 年，世界环境与发展委员会（WCED）发表的报告——《我们共同的未来》，以“可持续的经济增长”理论为中心思想，提出将环境当成资本来看待，认为环境和生物圈是一种最基本的资本。在这个报告中，首次出现了“生态资本”概念。

1988 年，英国环境经济学家大卫·皮尔斯（David W. Pearce）首次尝试用精确的术语定义“自然资本”的概念，将自然环境看作服务于经济功能的自然资产（Natural Assets），并详述了自然资本的四个作用：①为经济生产过程提供自然资源，包括土壤质量、森林和其他生物量、水、遗传多样性等；②人类通过对自然的审美和精神欣赏而获得愉悦；③吸收经济生产过程中产生的废物产品和残渣，如海洋和河流作为废物接收的媒介；④作为一套完整的生命支持系统，包括生物地球化学循环和一般生态系统功能。皮尔斯提出，自然环境有不可忽视的经济价值，无论是人工资本还是自然资本，都通过经济过程直接影响人类福祉，维持人类代际公平、实现可持续发展的途径就是保证总资本存量和自然资本存量的非负增长[17]。

1989 年，美国发展经济学家马尔科姆·吉利斯（Malcolm Gills）、德怀特·波金斯（Dwight H. Perkins）、迈克尔·罗默（Michael Roemer）和唐纳德·斯诺德格拉斯

（Donald R. Snodgrass）合著的《发展经济学》一书指出，自然资本就是一国现存自然资源价值的总和，包括渔场、森林、矿藏、水和环境[18]。1991 年，加达·埃尔·塞拉菲（Ghada El Serafy）把生态资本分成可再生生态资本和不可再生生态资本，不可再生生态资本需要偿还和清算。

1992 年，保罗·艾金斯（Paul Ekins）把资本分为生产资本、人力资本、社会资本和自然资本，认为每一种资本都产生服务流。1996 年，赫尔曼·E. 戴利（Herman E. Daly）在《超越增长：可持续发展的经济学》一书中将自然资本定义为，能够在现在或未来提供有用的产品流或服务流的自然资源及环境资产的存量，包括森林、海洋、草地等生态系统，生态系统吸纳废弃物的能力、生命支持系统，以及环境资源的美学价值[19]。

1997 年，罗伯特·科斯坦萨提出，自然资本与其他资本一样，是某个时间点上物质或信息的存量，都可以产生一系列服务流作用于人类福祉，既可以是有形的，如水、大气、生态系统、树木、矿产等；也可以是无形的，如隐藏在生态系统中的信息、能量[20]。此后，学界将自然资本划分为两类：①可再生或活跃的自然资本：利用太阳能积极地自我维持和更新，主要是生态系统可以产出生态系统产品（如木材、食物等）和生态系统服务流（如保持水土和休闲娱乐等精神享受）；②不可再生的或不活跃的自然资本，如化石能源和矿藏，被开采使用之前，一般不产生任何服务[21]。此外，罗伯特·科斯坦萨还系统评估了全球生态系统服务价值。生态系统服务迅速成为研究热点，自然的价值日益受到重视。

1999 年，保罗·霍肯（Paul Hawken）、艾默里·洛文斯（Amory Lovins）、亨特·洛文斯（L. Hunter Lovins）合著的《自然资本论：关于下一次工业革命》，将自然资本定义为支持生命的生态系统的总和，既包括常见的为人类所利用的一切资源——水、矿物、石油、森林、鱼类、土壤、空气等，也包括草原、大平原、沼泽地、港湾、海洋、珊瑚礁、河岸走廊、苔原和雨林等[22]。

21 世纪初，联合国“千年生态系统评估”项目提出了系统评估生态系统变化与人类福祉的密切关系的方法，大大提升了研究界及公众对自然生态系统贡献的关注度和认知，也迅速成为生态环境保护决策者的重要理论工具[23]。

2012 年，联合国可持续发展大会正式发布的《自然资本宣言》（*Natural Capital Declaration*，NCD），将自然资本定义为环境中的水、土壤、空气、植被与生物等为人类或生态系统提供服务的自然资源。国际上对自然资本的关注达到了新一轮高潮[24]。

2015 年，中共中央、国务院印发《生态文明体制改革总体方案》，将自然资本作为核心理念之一，提出“树立自然价值和自然资本的理念，自然生态是有价值的，保护自然就是增值自然价值和自然资本的过程，就是保护和发展生产力，就应得到合理回报和经济补偿”，确立了自然生态系统生产过程的重要地位，自然资本概念开始在国内备受关注。

1.2 生态文明新时代

生态文明是人类历史发展到一定阶段的必然产物，是人类农业文明、工业文明后出现的新文明形态。生态文明摒弃了工业文明破坏自然的特征，强调尊重和维护自然，在把握自然和经济规律的基础上，建立可持续的生产方式、产业结构、消费模式、文化制度，实现人与自然、人与人、人与社会和谐共生。中国已经进入了生态文明新时代，生态文明建设已经成为中国政府的施政纲领、国家理念和发展战略。

1.2.1 生态文明发展阶段

自党的十七大首次提出建设生态文明以来，中国生态文明建设理论创新和实践探索不断丰富发展，总体进程可大致分为起步探索、全面部署、深入推进三个阶段[25]。

1.2.1.1 起步探索阶段（2007—2011 年）

改革开放以后，生态环境保护日益得到重视。1983 年，国务院召开第二次全国环境保护会议，将保护环境确定为我国的一项基本国策，强调要在资源开发利用中重视生态环境保护。1995 年,《中共中央关于制定国民经济和社会发展“九五”计划和 2010 年远景目标的建议》中，把可持续发展确定为国家发展战略，将环境与发展统筹考虑，提出推动整个社会走上生产发展、生活富裕、生态良好的文明发展道路。2007 年，党的十七大把建设生态文明确定为国家战略和全面建成小康社会的重要目标之一，首次提出，要建设生态文明，基本形成节约能源资源和保护生态环境的产业结构、增长方式、消费模式，推动循环经济形成较大规模，可再生能源比重显著上升；主要污染物排放得到有效控制，生态环境质量明显改善；生态文明观念在全社会牢固树立。这一时期，强调坚持以人为本、全面协调可持续发展，坚持生产发展、生活富裕、生态良好的文明发展道路，着力推动建设资源节约型、环境友好型社会。

1.2.1.2 全面部署阶段（2012—2017 年）

2012 年，党的十八大在坚持中国特色社会主义经济建设、政治建设、文化建设、社会建设的基本纲领的基础上，把生态文明建设纳入中国特色社会主义事业总体布局，形成经济建设、政治建设、文化建设、社会建设、生态文明建设“五位一体”总体布局。在战略层面，党的十八大报告还明确：“必须树立尊重自然、顺应自然、保护自然的生态文明理念，把生态文明建设放在突出地位，融入经济建设、政治建设、文化建设、社会建设各方面和全过程，努力建设美丽中国，实现中华民族永续发展。”2013 年，党的十八届三中全会通过《中共中央关于全面深化改革若干重大问题的决定》，提出紧紧围绕建设美丽中国，深化生态文明体制改革，加快建立生态文明制度，健全国土空间开发、资源节约利用、生态环境保护的体制机制，推动形成人与自然和谐发展的现代化建设新格局。2015 年，中共中央、国务院相继出台《关于加快推进生态文明建设的意见》和《生态文明体制改革总体方案》，进一步完善顶层设计，以健全生态文明制度体系为重点，优化国土空间开发格局，全面促进资源节约利用，加大自然生态系统和环境保护力度，大力推进绿色发展、循环发展、低碳发展，弘扬生态文化，倡导绿色生活，增强生态文明体制改革的系统性、整体性、协同性。这一时期，以习近平总书记为核心的党中央把生态文明建设作为统筹推进"五位一体"总体布局和协调推进"四个全面"战略布局的重要内容，大力推进生态文明理论创新、实践创新、制度创新，明确提出"走向社会主义生态文明新时代、建设美丽中国"是实现中华民族伟大复兴中国梦的重要内容。通过全面深化改革，加快推进生态文明顶层设计和制度体系建设，从总体目标、基本理念、主要原则、重点任务、制度保障等方面对生态文明建设进行了全面系统部署安排。

1.2.1.3 深入推进阶段（2018 年至今）

2018 年，习近平总书记出席全国生态环境保护大会并发表重要讲话。会后，中共中央、国务院印发《关于全面加强生态环境保护坚决打好污染防治攻坚战的意见》。这是首次以中共中央、国务院的名义印发加强生态环境保护的重要政策性文件。全国生态环境保护大会指出，党的十八大以来，以习近平总书记为核心的党中央坚持把马克思主义基本原理同中国具体实际相结合、同中华优秀传统文化相结合，系统总结古今中外生态环境发展变迁的经验教训，站在坚持和发展中国特色社会主义、实现中华民族伟大复兴中国梦的战略高度，深刻回答了为什么建设生态文明、建设什么样的生态文明、怎样建设生态文明等重大理论和实践问题，系统形成和确立了习近平生态文明思想，有力指导生态文明建设和生态环境保护取得历史性成就，发生历史性变革。

2021 年 3 月，习近平总书记在中央财经委员会第九次会议上强调，实现碳达峰、碳中和是一场广泛而深刻的经济社会系统性变革，要把碳达峰、碳中和纳入生态文明建设整体布局，拿出抓铁有痕的劲头，如期实现 2030 年前碳达峰、2060 年前碳中和的目标。2021 年 10 月，中共中央办公厅、国务院办公厅印发《关于进一步加强生物多样性保护的意见》，指出生物多样性是人类赖以生存和发展的基础，是地球生命共同体的血脉和根基，要将生物多样性保护理念融入生态文明建设全过程，积极参与全球生物多样性治理，共建万物和谐的美丽家园。习近平总书记多次在各类国际场合强调地球是人类的共同家园，倡议构建人与自然生命共同体，共建清洁美丽世界。2021 年 11 月，《中共中央关于党的百年奋斗重大成就和历史经验的决议》中，对新时代生态文明建设进行了全面回顾和系统总结，并明确将分两步走，在 21 世纪中叶建成富强民主文明和谐美丽的社会主义现代化强国。届时，物质文明、政治文明、精神文明、社会文明、生态文明将全面提升。为此，要保持加强生态文明建设的战略定力，锲而不舍，久久为功，努力建设人与自然和谐共生的现代化。

1.2.2 生态文明体系构成

习近平总书记在全国生态环境保护大会讲话中指出，要加快解决历史交汇期的生态环境问题，必须加快建立健全以生态价值观念为准则的生态文化体系、以产业生态化和生态产业化为主体的生态经济体系、以改善生态环境质量为核心的目标责任体系、以治理体系和治理能力现代化为保障的生态文明制度体系、以生态系统良性循环和环境风险有效防控为重点的生态安全体系[26]。可见，生态文明体系主要包括生态文化体系、生态经济体系、生态目标责任体系、生态文明制度体系、生态安全体系，由五大方面构成。其中，生态文化体系是灵魂，生态经济体系是核心，生态目标责任体系是导向，生态文明制度体系是保障，生态安全体系是底线。五方面相互联系，有机统一[27]。

1.2.2.1 生态文化体系

生态文化是人与人、人与社会、人与自然和谐共生、协同发展的文化，以尊重自然、顺应自然、保护自然环境为基本特征，体现着人类对人与自然关系的深刻认知，为生态文明建设提供思想保证、精神动力和智力支持。良好的生态文化体系包括人与自然和谐发展，共存共荣的生态意识、价值取向和社会适应。建立健全以生态价值观念为准则的生态文化体系，要大力倡导生态伦理和生态道德，将人与人之间的伦理扩展到人与自然的生态伦理，构建人与自然和谐的物质生态文化，树立弘扬人文精神的生态伦理观，提倡先进的生态价值观和生态审美观，注重对广大人民群众的舆论引导，通过开展生态文化宣传、普及生态文化教育、搭建生态文化载体、举办生态文化活动、倡导生态消费、打造生态文化品牌、开展生态示范创建等举措，不断完善生态文化体系，在全社会形成绿色、环保、节约的文明消费模式和生活方式[28]。

1.2.2.2 生态经济体系

生态经济是指基于生态运行规律和经济发展规律，摒弃传统经济单纯追求经济利益最大化和满足人类自身需求的生产方式，以实现人类与自然环境和谐共生为目的，在生态系统可承受的压力范围内，借助科学技术与系统工程的力量，高效合理利用资源环境，发展低消耗、低污染、高收益、高质量、可持续发展的产业体系，从而实现社会经济永续繁荣的发展模式。生态经济在生态文明体系中处于核心地位[1]。习近平总书记指出，生态环境保护的成败，归根结底取决于经济结构和经济发展方式。通过全面推动绿色发展，建立健全以产业生态化和生态产业化为主体的生态经济体系，是建设生态文明的根本出路。其中，产业生态化主要是对产业进行生态化改造，实现资源节约、环境友好、生态保育的过程，是产业绿色转型发展的过程；生态产业化是将生态资源转化为经济价值，将生态优势转化为经济优势的过程，是“绿水青山”转化成“金山银山”的过程[29]。

1.2.2.3 生态目标责任体系

生态目标责任体系是指以生态文明建设为导向，以目标管理、明晰地方政府和政府相关部门权责、行政问责为主要内容的机制，是生态文明制度体系的重要组成部分。它发端于 20 世纪 80 年代的环境目标责任制，经过 40 多年的实践，不断完善成为推动生态文明建设的重要执行机制。党的十八大以来，特别是“十三五”期间，生态目标责任体系日益成型，其基本框架为：以减排指标、环境质量改善等具体任务为导向的约束性指标和专项考核，以调整地方政府绩效考核为导向的综合性生态文明目标评价体系，以生态文明建设目标为导向的引导性考评体系，厘清生态文明建设领域相关部门常态化分工责任的部门分工机制，以及建立在责任体系基础上的问责机制，共 5 个方面的内容[30]。

1.2.2.4 生态文明制度体系

生态文明制度体系是按照系统性要求，遵循生态系统的高度多样性和复杂性等规律构建的完整的制度体系，是生态文明建设的体制机制支撑，在生态文明体系中发挥组织保障和法治保障作用。建设生态文明，必须建立系统完整的生态文明制度体系。制度是否具有系统性、完整性和先进性，是生态文明水平的重要体现。实行最严格的源头保护制度、损害赔偿制度、责任追究制度，完善环境治理和生态修复制度，用制度保护生态环境。加快建立健全以治理体系和治理能力现代化为保障的生态文明制度体系，已经成为全面深化改革的有机组成部分，成为完善和健全社会主义制度的重要内容，有利于全面推进中国特色社会主义事业，有利于经济社会全面、协调、可持续发展，有利于推进国家治理体系和治理能力的现代化[31]。

1.2.2.5 生态安全体系

生态安全是生态文明建设的底线要求，是国家安全的重要组成部分，是经济社会持续健康发展的重要基础。习近平总书记指出，加快建立健全以生态系统良性循环和环境风险有效防控为重点的生态安全体系[26]。我国生态安全体系建设就是要牢固树立底线思维，把生态环境风险纳入常态化管理，系统构建全过程、多层级的生态环境风险防范体系，主要涵盖生态安全格局规划与管控体系、生态环境风险防控体系两大模块，在生态文明体系中发挥重要的行为约束作用。其中，生态安全格局规划与管控体系的核心目标，是通过规划与管控等措施，维护关乎国家和区域生态安全的关键生态系统的完整性和功能性；生态环境风险防控体系的核心目标，是通过实施源头严防、过程严管、结果严惩系列措施，坚决防范和遏制突发重特大环境风险事件的发生。

1.2.3 生态文明建设战略

作为建设社会主义现代化强国基本方略的生态文明建设战略，需要明确生态文明建设定位、体制机制、建设目标和建设任务。

1.2.3.1 生态文明建设定位

生态文明建设是“五位一体”总体布局的重要组成部分。在中国特色社会主义事业“五位一体”总体布局中，生态文明建设既是单独的“一位”，又内嵌于经济建设、政治建设、文化建设和社会建设之中。五大建设互为基础和条件，相辅相成，相互促进。其中，生态文明是生命力、承载力、整合力的融合，要把生态文明建设融入经济、政治、文化、社会建设的各方面和全过程，推动形成人与自然和谐发展的现代化建设新格局。

经济建设是解决中国发展问题的关键，是一切建设的源泉和根本动力。“绿水青山就是金山银山”（简称“两山”）既是发展理念，也是推进现代化建设的重大原则。面对资源环境承载硬约束，保护生态环境就是保护经济社会发展的潜力和后劲。立足实现碳达峰、碳中和目标，建立健全绿色低碳循环发展的经济体系，是推动由经济大国向经济强国转变的重要契机。

政治建设为生态文明建设指明了前进方向，提供了重要保障；生态文明建设又为政治建设创造了条件，为政治体制改革探索了经验。要把资源消耗、环境损害、生态效益等体现生态文明建设状况的指标纳入经济社会发展评价体系，健全资源生态环境管理制度，体现资源稀缺程度和生态环境价值，反映代际补偿、代际公平的正义观。

文化建设为生态文明建设提供了思想指导、精神动力和智力支持，生态文明建设也是现代文化建设的重要组成部分。习近平总书记指出，中华民族向来尊重自然、热爱自然，绵延5 000多年的中华文明孕育着丰富的生态文化，比如“道法自然”“顺天时，量地利”等观念，都强调要把天地人统一起来、把自然生态同人类文明联系起来，按照大自然的规律活动，取之有时，用之有度。“道法自然”的哲学思想，更是“人与自然和谐共生”的生态文明核心要义的理论源头。

社会建设的关键是民生，良好生态环境是最普惠的民生福祉。生态文明建设是改善民生的重要手段，如果不注重改善民生，就难以实现生态环境良性循环；如果只注重改善民生而忽视生态环境，民生也难以维系。要坚持生态惠民、生态利民、生态为民，重点解决群众反映强烈的突出生态环境问题，提供更多优质生态产品，不断满足人民日益增长的优美生态环境需要。要增强全民生态意识、环保意识、节约意识，把建设美丽中国转化为全体人民的自觉行动。

1.2.3.2 生态文明体制机制

党的十八大以来，一系列制度的密集出台及实施推进夯实了生态文明建设的制度桩基。2015年5月，我国首次以中共中央、国务院的名义印发《关于加快推进生态文明建设的意见》，明确生态文明建设的总体要求、目标愿景、重点任务、制度体系。同年9月，中共中央、国务院出台《生态文明体制改革总体方案》，系统阐述了生态文明体制改革的六大理念、六大原则以及八项制度，绘出了一幅完整的生态文明建设蓝图。2016年，习近平总书记在《关于做好生态文明建设工作的批示》中指出，要深化生态文明体制改革，尽快把生态文明制度的“四梁八柱”建立起来，把生态文明建设纳入制度化、法治化轨道。《环境保护督察方案（试行）》《生态环境监测网络建设方案》《生态环境损害赔偿制度改革试点方案》等 6 项配套制度方案随之发布，为实现总体改革目标保驾护航。至此，形成“1+6”的生态文明体制改革“组合拳”。从《生态文明建设目标评价考核办法》到《关于划定并严守生态保护红线的若干意见》，从《关于设立统一规范的国家生态文明试验区的意见》到《控制污染物排放许可制实施方案》等一系列针对具体领域的制度设计不断出台，不断丰富和完善生态文明建设体系。

1.2.3.3 生态文明建设目标

党的十九大描绘了新时代中国生态文明建设的宏伟蓝图和实现美丽中国的战略路径，为实现第二个百年奋斗目标做出了“两步走”战略安排，对生态文明建设、生态环境保护和建设美丽中国提出一系列新思想、新要求、新目标和新部署。党的十九届五中全会明确了基本实现社会主义现代化远景目标，提出了“十四五”时期经济社会发展六个方面的主要目标，其中，“生态文明建设实现新进步”，成为人与自然和谐共生、美丽中国建设的关键一步。

开启全面建设社会主义现代化国家新征程，实现第二个百年奋斗目标需要经历“两步走”的战略阶段：到 2035 年，基本实现人与自然和谐共生的社会主义现代化，广泛形成绿色生产生活方式，碳排放达峰后稳中有降，生态环境根本好转，美丽中国建设目标基本实现；到 21 世纪中叶，建成富强民主文明和谐美丽的社会主义现代化强国，生态文明建设全面提升，实现国家治理体系和治理能力现代化。这是我国“十四五”时期乃至更长时期谋划国家发展宏伟蓝图的根本遵循。

党的十九届五中全会和“十四五”规划纲要提出了生态文明和美丽中国建设目标的具体要求。“十四五”时期生态文明和美丽中国建设总体目标是：生态文明建设实现新进步，美丽中国建设取得明显进展。即国土空间开发保护格局得到优化，生产生活方式绿色转型成效显著，能源资源配置更加合理、利用效率大幅提高；主要污染物排放总量持续减少，生态环境持续改善，生态系统质量和稳定性持续提升，生态安全屏障更加牢固，环境安全得到有效保障，城乡人居环境明显改善；生态环境治理体系更加健全，生态环境治理效能得到提升。

1.2.3.4 生态文明建设任务

新时期生态文明建设的重点任务是，准确把握新发展阶段，深入贯彻新发展理念，加快构建新发展格局，锚定美丽中国建设目标和碳达峰、碳中和目标愿景，努力建设人与自然和谐共生的现代化。

构建绿色低碳循环发展的经济体系。全方位全过程推行绿色规划、绿色设计、绿色投资、绿色建设、绿色生产、绿色流通、绿色生活和绿色消费，通过建立健全绿色低碳循环发展的生产体系、流通体系、消费体系、基础设施绿色升级及绿色技术创新体系和法律法规政策体系，完善和建立生态产品价值实现机制，促进经济社会发展全面绿色转型。全面实施国家碳达峰行动方案，倒逼经济、产业、能源实现绿色低碳转型升级。

继续深入打好污染防治攻坚战。坚持方向不变、力度不减，突出依法、科学、精准治污，在关键领域、关键指标上实现新突破。在大气方面，强化多污染物协同控制和区域协同治理，基本消除重污染天气。在水体方面，统筹水资源、水生态、水环境治理，加强陆海统筹，基本消除城市黑臭水体，提升重点流域水生态质量，建设美丽河湖和美丽海湾。在土壤方面，保障农用地和建设用地土壤环境安全，加强白色污染和危险废物治理，持续开展农业农村环境综合整治。在环境风险方面，紧紧盯住危险废物、尾矿库、化学品等领域，治理新污染物。

统筹推进山水林田湖草沙保护和修复。构建以国家公园为主体的自然保护地体系，实施生物多样性保护重大工程，加强外来物种管控。强化河湖长制，加强大江大河和重要湖泊湿地生态保护治理。科学推进荒漠化、石漠化、水土流失综合治理，开展大规模国土绿化行动。推行草原森林河流湖泊休养生息，加强黑土地保护。完善自然保护地、生态保护红线监管制度，坚决守住自然生态安全边界。

积极推动全球生态文明建设和气候治理合作。讲好中国故事，贡献中国经验，增强中国话语权，持续向全世界分享生态文明理念。深入参与国际环境治理，积极参与重要国际环境进程与公约谈判。参与和引领应对气候变化国际合作，帮助发展中国家提高应对气候变化能力。推行绿色基建、绿色能源、绿色交通、绿色金融，助力“一带一路”沿线国家或地区经济绿色复苏。

加快实现生态环境治理现代化。落实生态文明体制改革顶层设计，重点建立地上地下、陆海统筹的生态环境治理制度，构建源头预防、过程控制、损害赔偿、责任追究的生态环境保护体系，构建党委领导、政府主导、企业主体、司法保障、公众参与的现代生态环境治理体系。强化生态环境法治建设，完善以排污许可为核心的固定污染源管理制度，持续推进生态环境治理能力现代化，重点在监测监管执法能力、环境市场化投入机制、全民绿色行动等方面取得突破。

1.3 产业部门演进与分类

产业部门是分析国民经济各类活动、产业结构和协调发展的基础，是国民经济管理的重要前提。在不断实践中，形成了以三次产业分类法为主流的产业部门体系。但随着信息化和生态化等形势发展，三次产业分类法已不能准确反映当前经济演变。本节主要介绍三次产业分类法的发展历程、面临困境，以及主要学者对该分类法的修正，为提出生态产品第四产业提供了有益借鉴。

1.3.1 三次产业分类法

1.3.1.1 产业部门的划分

产业部门的划分是分析各产业部门的经济活动、部门之间的相互联系、比例关系和协调发展的基础，是国民经济管理的重要前提。由于研究的目的和角度不同，产业部门的划分也有多种视角和方法。常见的产业分类主要有马克思的两大部类分类法、农轻重产业分类法、霍夫曼的产业分类法、生产要素集约分类法、产业功能分类法、产业发展阶段分类法，以及目前主流的三次产业分类法。马克思根据产品是作为生产资料用于生产消费，还是作为生活资料用于生活消费，把社会生产部门分为生产生产资料的产业部类和生产生活资料的产业部类。农轻重产业分类法将社会经济的物质生产划分为农业、轻工业和重工业三个产业分类。德国经济学家 W. C. 霍夫曼为研究工业化及其发展阶段，将产业划分为三大类，即消费资料工业、资本资料工业及其他工业。生产要素集约分类法是根据产业对劳动、资本、土地、知识和技术、自然资源等生产要素集约程度的不同，划分为资源密集型产业、资本密集型产业、劳动密集型产业、技术密集型产业、知识密集型产业等。产业功能分类法主要是根据产业在国民经济中的地位和作用的不同，分为基础产业、瓶颈产业、支柱产业、主导产业等。产业发展阶段分类法则按照产业所处的不同阶段，将产业划分为幼小产业、新兴产业、朝阳产业、衰退产业、夕阳产业等。除此之外，还有产业供求分类法、生产流程分类法、物质资料生产与非物质资料生产分类法。三次产业分类法将全部的经济活动划分为第一产业、第二产业和第三产业，在每个产业内部还有更细致的划分[32]。

1.3.1.2 三次产业分类法的形成

澳大利亚经济学家 A. G. B. 费希尔（A. G. B. Fisher）是三次产业分类法的创始人。1935 年，费希尔在其所著的《安全与进步的冲突》一书中，最先提出“第三产业”概念，将其与“第一产业”“第二产业”一起用于国民经济产业结构的划分，从而形成了三次产业分类方法。1940 年，英国经济学家、统计学家科林 · G. 克拉克（Colin G. Clark）基于费希尔的研究成果，在《经济进步的条件》一书中对三次产业做了详细的划分，将第三产业称为“服务性产业”，并总结了伴随经济发展的产业结构演变规律，从而开创了产业结构理论。克拉克发现，劳动力转移的一般过程是，先由第一产业到第二产业，再由第二产业到第三产业。这一发现被称为“克拉克定理”，三次产业分类法也被称为“克拉克大分类法”。克拉克关于三次产业的实证分析结果被经济学界普遍接受，使得三次产业分类法得到了广泛普及[32]。

三次产业分类法以人们生产活动的发展阶段性为主要依据，以资本的流向为主要标准，把产业分为三个类别：第一产业指直接从自然界中获取产品的行业，如农业、渔业、采矿业等；第二产业指对第一产业的产品或半制成品进行加工的行业，如工业、建筑业等；第三产业主要是指服务业，是繁衍于有形物质生产之上的无形财富生产，如金融业、物流业、餐饮业、旅游业等。

自20世纪50年代以来，三次产业划分法逐渐成为国际通用的国民经济结构重要的分类和统计方法。几乎所有传统产业经济理论都建立在三次产业划分的基础上，如世界银行在统计分析中就采用三次产业划分法。国际标准产业分类体系（ISIC）从1948年诞生至今，经过多次修改，已成为世界上对经济活动进行分类的最成熟、最权威、最有影响力的国际标准之一，其总体架构是基于三次产业分类。我国目前执行的《国民经济行业分类》（GB/T 4754—2017）也是基于三次产业划分法并建立了与联合国《所有经济活动的国际标准行业分类》（2006年修订的第四版，简称：ISIC Rev.4）的对应关系，但与国际通用准则略有不同：将采矿业纳入第二产业，多数发达国家将采矿业列为第一产业。

我国对三次产业的划分始于1985年。此前，受苏联统计体系的影响，我国国民经济主要划分为农业、工业、建筑业、运输业、商业五个部门。1985年，国务院办公厅转发国家统计局《关于建立第三产业统计的报告》（国办发〔1985〕029号），首次规定了我国三次产业的划分范围：第一产业为农业（也包括林业、牧业、渔业等）；第二产业为工业（包括采掘业、制造业、自来水、电力、蒸汽、煤气）和建筑业；第三产业为上述第一产业、第二产业以外的其他产业。2003年，在2002年修订的《国民经济行业分类》（GB/T 4754—2002）的基础上，国家统计局按照国际通行的经济活动同质性原则，立足国情，接轨国际标准，对原三次产业的划分范围进行了较大调整，印发了《三次产业划分规定》（国统字〔2003〕14号），大量充实了第三产业的新兴活动，新增"信息传输、计算机服务和软件业""住宿和餐饮业""租赁和商务服务业""水利、环境和公共设施管理业""教育""国际组织"六个门类。明确三次产业范围为：第一产业是指农、林、牧、渔业；第二产业是指采矿业，制造业，电力、燃气及水的生产和供应业，建筑业；第三产业是指除第一产业、第二产业以外的其他行业，包括：交通运输、仓储和邮政业，信息传输、计算机服务和软件业，批发和零售业，住宿和餐饮业，金融业，房地产业，租赁和商务服务业，科学研究、技术服务和地质勘查业，水利、环境和公共设施管理业，居民服务和其他服务业，教育，卫生、社会保障和社会福利业，文化、体育和娱乐业，公共管理和社会组织，国际组织。2012年12月17日，根据《国民经济行业分类》（GB/T 4754—2011），国家统计局印发了《关于印发〈三次产业划分规定〉的通知》（国统字〔2012〕108号），再次对《三次产业划分规定》进行修订，明确第三产业为服务业，将第一产业和第二产业服务相关内容如农林牧渔服务业、采矿业的开采辅助活动和制造业中的修理业调入第三产业，形成了第一产业4个大类，第二产业2个门类和36个大类，第三产业15个门类和3个大类的三次产业分类体系。2018年3月23日，国家统计局印发《关于修订〈三次产业划分规定（2012）〉的通知》（国统设管函〔2018〕74号），根据《国民经济行业分类》（GB/T 4754—2017），对《三次产业划分规定（2012）》中行业类别进行了对应调整，除部分更名外，在第三产业中新增大类"土地管理业"。

1.3.1.3 三次产业分类法的困境

三次产业分类法为研究工业经济时代的产业结构变化与经济增长间的相互关系提供了认识工具和基本框架，对推动产业经济的发展和工业化的实现起到了指导作用。但是，随着现代生产力的迅速发展、科学技术的巨大进步、社会文明的不断变迁，现代经济发展的产业结构已发生深刻变化，这种划分方法的缺陷和局限性日益显现，已不能正确地反映现代经济发展的产业结构变化趋势，难以准确体现现代经济发展，尤其是生态经济和数字经济的本质要求。

第一，三次产业分类法虽然把经济系统和自然系统联系起来，但它以产业发展作为经济发展的根本目标，把产业系统封闭在经济系统内，很少考虑生态系统、社会系统与经济系统的内在联系与协调发展，且片面强调经济系统向自然生态系统的单向索取，造成资源的掠夺性开发、环境的污染破坏、生态的损害退化[33]。

第二，对第三产业内涵规定的局限性导致对新兴产业划分的不科学性[34]。三次产业划分法将整个人类活动中的非直接物质生产部门统统归于第三产业。当时没有考虑生态生产，而且半个多世纪以来，出现了许许多多的新兴产业群，第三产业异常扩张，尤其是面向 2035 年的新一代信息技术产业、生物产业、高端装备制造产业、新材料产业、绿色低碳产业、数字创意产业等战略性新兴产业不断涌现。“第三产业是个筐，新兴行业都往里装”的做法已不利于产业结构的发展，不能正确反映第三产业结构内部变化的新情况和新特点，难以通过总结它们的特点和发展规律来制定政策，进行科学管理[35]。

第三，三次产业分类已经不能全面地反映产业经济发展的新内容和新趋势，难以准确地揭示现代产业结构变化与现代经济可持续发展之间的关系。数字经济和生态经济是现代经济发展最重要的两个趋势。以产业生态化和生态产业化为主体的生态经济体系是生态文明体系的重要组成部分。现代经济发展的生态化趋势使经济和生态紧密联动，最终促使生态经济一体化，传统产业与生态的互动自然会形成新的产业，这就需要从产业结构中分离出一个独立的产业部门。

第四，三次产业划分方法研究的滞后性已影响了产业的及时更新和升级[34]。产业结构从来都不是一成不变的。三次产业划分法是以人类生产活动的阶段性和层次性发展规律为基础的，以工业文明时代的产业经济发展为现实背景。当时，经济发达的美国、英国、法国和德国正处于工业化为主导的阶段，其划分的依据是物质生产中加工对象的差异性。产业划分方法本身是动态发展的，随着人类生产活动的阶段性更新和层次性升级，应当对产业划分方法和理论进行完善和发展，划分出新的产业来[35]。

综上所述，早期的三次产业划分理论已经不适应现代经济体系的发展需求和应对生态危机的现实需要。我们不能一直沿用 20 世纪 30 年代和 40 年代的理论来指导 21 世纪人类的经济行为，必须不断完善和发展产业层次划分理论，以新的产业划分理论来化解当今面临的挑战和生态危机。因此，很多学者尝试重构三次产业分类体系，构建新的产业部门，以适应当代发展需求。

1.3.2　四次产业理论

1.3.2.1　波拉特：知识（信息）产业

自 20 世纪 40 年代以来，科学技术在许多领域取得重大突破，日益成为现代生产力中最活跃的因素和发展的最主要力量，并对社会生活的各个方面产生了深刻影响。由于不同区域、不同产业间的社会经济联系日益密切和频繁，信息作为另一个重要因素，在商品与劳务的生产中所占的比重越来越大。信息和新技术的结合对国民经济的贡献已远远超过传统服务业。在这种情况下，马克卢普在《美国的知识生产与分配》（1962 年）一书中，首先提出知识产业和信息服务的概念，将知识产业（信息产业）划分为五大类：教育、研究与开发、通信媒介、信息设备和信息服务，并在此基础上建立起对美国知识生产分配的最早的测度体系，即马克卢普信息经济测度模式。实际测算得出，1958 年美国知识产业约占美国国民生产总值的 30%，从业人员占当年美国非农业就业人数的 31%。他还发现，美国在 1947—1958 年，知识产业平均以每年 10.6% 的速度递增，是国民生产总值增长率的 2 倍[36]。

1977 年，美国经济学家马克・波拉特（Marc U. Porat）在《信息经济：定义与测量》一书中，第一次系统地提出了信息产业经济分析的基本概念和整体框架[37]，从而首次提出了涵盖农业、工业、服务业、信息产业的四次产业划分法，比较准确地反映了美国产业结构的新变化与发展趋势。波拉特认为，信息的生产、处理、流通和服务是一种活动，渗透于国民经济各个领域。他将从事信息活动的部门分为第一信息部门和第二信息部门，第一信息部门是指直接向市场提供信息产品和信息服务的部门，第二信息部门是指只把信息劳务和资本提供给内部消耗，不进入市场的信息服务部门。波拉特提出的信息经济测度的波拉特范式，很快在发达国家，尤其是在欧洲各国得到了积极响应，包括中国在内的一些国家采用波拉特方法对信息经济和信息产业进行了测算。

我国学者也相继提出将信息产业独立出来的观点，并进行了尝试。1989 年，著名经济计量学家贺铿清晰界定了信息、信息产品、信息产业的概念内涵：信息是测度事物间相互区别的量度；信息产品是经过劳动加工的信息，是组织好的、能传递和储存的资料；信息产业是采集、加工、传递、储存和开发利用信息产品的行业，概括地说，就是生产信息产品的行业[38]。贺铿认为，有必要将信息产业从国民经济中划分出来，并提出了信息产业投入产出表的编制方法。他先后主持了 1987 年和 1992 年中国信息产业投入产出表的编制和分析[39]。此后，王东明、金建、李俊华、蔡小慎、李永周等多位学者主张，把信息产业作为第四产业独立出来，并提出了产业分类思路[40-44]。

近年来，随着新一代信息技术和数字经济的蓬勃发展，数据日益成为经济体系中重要的生产要素。有学者进一步提出，将数据业作为第四产业进行独立划分与核算。2020 年，辰昕等明确提出将数据业设为第四产业的建议，认为数据业是将数据转化为数据资产，将数据资产加工为数据产品和服务，并通过数据产品和服务为相关产业赋能的行业和厂商的总和，从递进性、引领性、可区分性三个角度论证了数据业作为第四产业的合理性[45]。2022年，国家信息中心吕欣团队出版了《第四产业：数据业的未来图景》，进一步构建了数据业作为第四产业的理论和政策框架，勾勒出了数据业的未来发展蓝图[46-47]。

1.3.2.2 叶文虎：生态环境类产业

北京大学叶文虎于2000年依据可持续发展的人口、物质和环境三种生产理论，论证了废物再利用是世界系统物质循环畅通的关键环节，是人类社会可持续发展所必需的，提出将废物再利用定义为一个新的产业门类，作为第四产业。叶文虎认为，随着人口数量无节制地增加，人类对物质消费追求的无度，以及科学技术偏重在索取方面的片面发展，自然资源生产力供不应求，自然环境对污染物消纳力难以支撑。因此，把废物的再利用业加入人类社会经济生活中以后，可以使人与自然之间的物质循环更加通畅。废物再利用应当成为社会经济系统中新的不可缺少的组成部分，应被当作一个新的产业部门。对应于以往的生存方式，人类社会的生产活动形成了三大类：从自然界获取自然资源的一次产业，将自然资源加工为商品的二次产业，以及为一次和二次产业服务、以提高它们的效率和效益为目标的三次产业。从本质上说，传统三次产业都是通过劳动直接或间接转化自然资源，而废物再利用第四产业则是通过劳动把生产或消费产生的废物转化为原材料，或转化为可满足人类生存需要的产品[48]。

1.3.3 五次产业理论

1.3.3.1 刘思华：基于可持续经济的五次产业划分

2000年，生态经济学家刘思华明确提出了“可持续经济的五次产业分类法”，即除传统三次产业外，第四产业为广义知识业，主要包括智业、信息业、文化业，以及为提高科学文化技术水平和劳动者素质直接服务的部门；第五产业为广义生态产业或环境产业，主要包括生态建设业、传统环保业、资源业、废旧物品回收和利用业，以及为生态环境保护、建设与管理直接服务的部门[33]。刘思华认为，任何一种经济形态都是由特定的主导产业或支柱产业支撑的，一种新的经济形态的产生和最终确立，必然要有体现这种新经济形态本质的新的主导产业的形成与发展。而当前，知识化与生态化是现代经济及现代产业发展的两大趋势，是21世纪可持续发展经济时代的两个基本特征。因此，知识产业和生态产业分别作为知识经济和可持续经济的支柱产业，应当从传统三次产业中独立出来[49]。

刘思华定义的生态产业以生态财富（包括产品和服务）的创造、生产、流通、保护和利用等为基本内容，可以从狭义和广义两方面来认识。狭义的生态产业实际上是传统意义上的环保产业，是指环保设备的生产、制造，以及利用这些设备与技术进行环境污染控制、处理与服务的产业，即“熵”处理产业。广义的生态产业还包括一切直接或间接与生态环境建设、保护、管理有关的部门和产业，指在保护环境、改善生态、建设自然的生产建设活动中，从事生产、创造生态环境产品或生态环境收益的产业和为生态环境保护与建设服务的产业，以及符合生态环境要求的与绿色技术和绿色产品生产相关的部门和产业。刘思华将生态产业划分为生态环境技术生产部门、直接生态环境保护与建设部门、间接生态环境保护与建设部门 3 大部门，共 10 大产业群。刘思华认为，生态产业的实质既表现为经济的生态化，又表现为生态的经济化，二者有机统一，共同构成生态经济一体化的产业形式。而就其特点而言，生态产业是现代经济社会发展的基础产业，是高渗透、大跨度型产业，以生态效益为主的高增值、高效益型产业，是多功能、综合性极高的产业，也是全面反映现代文明要求的复合型产业[33]。

1.3.3.2 王如松：基于产业生态学的生态五次产业划分

2006 年，生态学家王如松基于产业生态学理论，提出了生态产业体系的五次产业[50]，后经傅国华进一步完善，形成了生态五次产业体系[51]。生态产业是按生态经济原理，以生态学理论为指导，基于生态系统承载能力，在社会生产消费活动中，应用生态工程的方法，模拟自然生态系统所具有的完整的生命周期、高效的代谢过程及和谐的生态功能而形成的网络型、进化型、复合型产业。未来生态产业就是要在维持生态资产正向积累的前提下，为人类及其生命支持系统提供更多、更好的生态服务，包括更高的生态效率、更强的生态整合力、更小的生态足迹、更丰富的生态多样性和更低的生态风险。根据生态产业的设计原则，农业、工业、服务业所组成的传统产业体系，将通过生态转型，调整为 5 类产业组成的生态产业体系：①生态第一产业为以光合资源和矿产资源生产为目的的自然资源业，或称“生态大农业”，如生态农业、生态养殖、有机农业、生态林业、资源开采等。这类产业类似于自然生态系统的初级生产者。②生态第二产业为以制造物质、能量产品为目的的加工制造业，如节能汽车产业、绿色化学、生态工程、生态建筑、能源替代等。这类产业类似于自然生态系统中的各级消费者。③生态第三产业为以提供社会服务为目的的人类生态服务业，如生态旅游、自然保护区建设等。④生态第四产业为以研发、教育与管理为目的的智力服务业，如企业研发部门、高校科研院所、咨询服务机构等从事生态设计、生态管理、生态评价和生态文化建设的行业。⑤生态第五产业为以物资还原、环境保育和生态建设为目的的自然生态服务业，如污水处理、生态恢复、物资回收与再生等。

1.3.3.3 叶文虎：基于环境的五次产业划分

2017 年，叶文虎、王奇、宋豫秦等提出，传统产业结构体系的形成源于人类将经济发展的目标定位于直接满足人类生产与发展的物质需要。在自然环境被严重破坏和人类生产能力异常巨大的今天，为保证经济与环境的协调，必须进行两种经济活动：一是维持或改善自然环境的生态环境建设行为，二是减少废物排放的废物资源化行为，二者分别成为环境建设产业和废物资源化产业。因此，面向可持续发展，应补充以维护与改善环境为目的的第零产业和以减少废物排放为目的的第四产业，并在此基础上构建新的五次产业结构体系[52]。第零产业是指环境建设产业，以维持环境可持续性为目标，通过投入物质产品和人力资源，恢复与改善自然环境状况或增加其产出。当前，进行生态恢复、保护自然环境成为第零产业的首要任务。第四产业是指广义的废物资源化产业，将人类生产与生活所排放的废物进行处理，使之变成可以继续利用的经济资源，或将其变成对环境无害的物质，包括废物资源化产业与废物无害化产业两大产业部门[53]。

1.3.3.4 张守一：基于知识经济和信息经济的五次产业分类

1998年，张守一在《数量经济技术经济研究》中发表了《知识·经济·知识产业》一文，强调知识与信息的不同，认为知识是人类对信息进行深加工，通过逻辑的或非逻辑的思维、推理，认识事物的本质，创造各种新的知识，进行传播、交换和利用。因此，应当把信息产业和知识产业分开。因此，他提出五次产业的划分法，将四次产业的划分发展成为五次产业的划分，即第一产业（农业）、第二产业（工业和建筑业）、第三产业（服务业）、第四产业（信息业）和第五产业（知识业）[39]。

1.3.3.5 钱学森：基于产业革命理论的五次产业划分

20世纪80年代初，新技术革命引发了世界范围内对未来社会发展的思考。钱学森提出了经典的“六次产业革命理论”：第一次，农牧业的出现和兴起，大约在公元前七八千年；第二次，商品生产的出现和发展，大约在公元前1 000多年；第三次，大工业生产的出现和发展，18世纪末至19世纪初；第四次，国家以至跨国大生产体系的建立，19世纪末至20世纪初；第五次，电子计算机、信息组织起来的生产体系的建立，这是即将到来的、要迎接的一次产业革命；第六次，高度知识和技术密集的大农业，农、工、商综合生产体系的出现，可能在21世纪。钱学森提出，我们要“对第四次产业革命进行‘补课’，‘迎接’第五次产业革命，‘积极创建’第六次产业革命”，思考全局的系统战略[54]。

钱学森提出的第六次产业革命主要有如下基本特征：①实质是以太阳光为能源，利用生物、水和大气，通过农、林、草、畜、禽、菌、药、鱼，加上工、贸等，形成新的知识密集型产业，开创大农业产业；②知识密集的大农业产业体系，一方面充分利用生物资源，包括植物、动物和微生物；另一方面又利用工业生产技术，也就是利用全部现代化科学技术；③核心是将传统的第一产业改造成类似现代第二产业的新兴产业；④直接的社会效果将是消除人类历史上数千年形成的农业与工业、城市与乡村、脑力劳动和体力劳动的差别；⑤按其主要生产活动划分出产业类型：农业产业、林业产业、草业产业、海业产业和沙业产业。钱学森认为，一旦实现了知识密集的林产业、农产业、草产业、海产业和沙产业，人类通过生物充分利用太阳光能生产的事业，将会改变整个经济结构[54]。

1994年，戴汝为、于景元、钱学敏等在《科技文萃》发表《我们正面临第五次产业革命》，基于钱学森的“六次产业革命理论”，提出世界经济正从工业化阶段进入信息化阶段，经济特点可概括为信息经济。在产业结构上，除原来的第一、第二、第三产业外，在第五次产业革命中又创立了第四产业和第五产业。第四产业是科技业、咨询业和信息业的总称。第五产业是文化业，主要包括文化经济产业等[55]。

1.3.4　六次产业理论

1.3.4.1　今村奈良臣："第六产业"理论

今村奈良臣强调农村一二三产业融合发展，基于产业链延伸和产业范围拓展，推进农村一二三产业之间的整合和链接。20 世纪 90 年代中期，日本社团法人 JA 综合研究所所长今村奈良臣经研究发现，日本农业生产的农产品与日本国民消费的农产品之间存在巨大的价值差。这种价值差主要通过农产品加工和农产品流通等环节流向农村之外，因而农业产业的增值收益未能留在农业生产者手中，制约农民增收。为此，今村奈良臣提出，要通过鼓励农业生产者搞多种经营，发展农产品（食品）加工业、肥料等农资制造业、农产品和农资流通业等服务业以及农业旅游业，形成集农产品生产、加工、销售、服务于一体的完整链条，将流到城市等农村外部的就业岗位和附加值内部化，使农业生产者增加更多农产品加工、流通等环节，为农业旅游业的附加值创造条件，借此增加农民收入，增强农业发展活力。由于 1、2、3 之和、之积均等于 6，因此称农村一二三产业融合形成的产业为"第六产业"[56]。

进入 21 世纪以来，日本农民收入出现较大幅度下降，2008 年甚至不足 1995 年的一半。形成这种现象的一个重要原因是，许多农产品主要作为加工原料输出，或通过批发市场及超市销售，减少了农村应有的增收和就业机会。随着零售超市实力的增强，超市向农民压级、压价的问题日趋突出，导致生产者的利润被大量挤占。在此背景下，日本政府逐步采纳了今村奈良臣关于"第六产业"的发展理念，注重将农产品生产、加工、销售及相关服务业融合起来，形成经营多样化和规模化格局。2008 年，日本民主党在内阁会议上提出《农山渔村第六产业发展目标》，将其作为农林水产大纲，这是日本政府首次在政策大纲中提及"第六产业"。2009 年 11 月，日本农林水产省专门制定了《六次产业化白皮书》。2010 年，对农业产供销实行一体化管理的日本农林水产省制定了《六次产业和地产地销法》，标志着"六次产业化"战略正式实施，举措主要包括强化政府引导和政策支持、培育多元化经营主体、推进农工商协同合作、推行直销流通模式等，核心内容是促进"地产地销"，即强调在深入挖掘地域资源、发现农村核心产业的基础上，通过"引入代替"和"引出代替"，将农业相关的工商活动内化于乡村地域系统，从而激活农村经济社会发展活力[57]。

总体来说，今村奈良臣提出的"第六产业"是一种产业融合发展的模式，不是经济学意义上的第六产业，但对于完善农业农村产业政策、推动日本乡村振兴、提升日本农民收入发挥了重要作用。

1.3.4.2 张来武：六次产业理论

20 世纪 80 年代末，中国提出农业产业化经营，类似一二三产融合的概念，主要是为了解决小农户与大市场的对接问题。在家庭承包经营的基础上，以市场为导向，依靠龙头企业的带动，与农户建立“风险共担、利益共享”的利益联结机制，把农业产前、产中、产后各个环节联结起来，实现产加销一体化的农业经营方式。经过 20 多年的发展，农业产业化理论日臻完善。然而在实践中，利益机制不完善，公司和农户交易双方都可能存在机会主义行为，且强制履约机制缺失，从而导致合约极不稳定。针对上述问题，复旦大学张来武教授于 2014 年构建了六次产业理论。依据劳动对象和产业任务的不同，在传统三次产业划分方法的基础上，提出将国民经济划分为六次产业，即获取自然资源的产业（第一产业）、加工自然资源以及对加工过的产品进行再加工的产业（第二产业）、获取并利用信息和知识资源的产业（第四产业）、获取并利用文化资源的产业（第五产业）、传统农业向第二产业和第三产业延伸形成的产业（第六产业）、为其他五大产业以及社会生活提供服务的产业（第三产业）。2015 年中央一号文件首次提出“一二三产融合发展”，党的十九大提出乡村振兴战略，再次强调促进农村一二三产融合发展[58]。

1.3.4.3 温铁军：六次产业理论

温铁军等认为，新时代国土空间治理创新与空间生态资源深度融合已经成为乡村振兴战略向纵深延伸的新内涵，空间资源和生态资源已成为新经济要素[59]。农业农村现代化进程中，“六产融合”的新业态是一种有益的探索。除传统的三产外，农业的第四产业应该是生命产业，因为农业是一个与自然的生命过程直接结合的产业，植物种植和动物养殖本身就是自然的生命过程，是在不断地重复着生命的循环。所以第四产业在业态上看，也可以叫“三养”产业，即康养、寿养、医养。第四产业是一个能够大量吸纳就业、创造极大消费增加值的产业，但需要探索放开一些已有的限制。第五产业是教育和文化产业，因为乡土社会“十里不同风，百里不同俗”，任何一个乡土社会的文化都有值得将在地化知识体系拿来作为自然教育的内涵。第六产业是历史传承，把乡土文化资源发掘出来，将乡村的资源、历史、环境、文化等有机结合在一起时，便可形成第六产业。

1.3.5 七次产业理论

2004 年，曹曼、叶文虎基于三类生产理论将整个世界系统的生产过程分为人的生产、物质生产和环境生产三方面内容。基于此，可将经济活动分为三大类，共七次产业[34]：①物资产业，可细分为农业、工业和服务业等，都是以满足人的物质需要为目的而从事的物资生产及相关服务的活动，是物质及相关服务产品再生产总过程中的各个行业，在服务业中包含为第二、第三类产业物质生产服务的内容，均属物质生产的范畴，统称为物资产业。②人的产业，包括人的繁衍（量变）和人的素质提高（质变）。就产业而言，主要表现在人的素质提高方面，可细分为信息产业和知识产业等，是为提高人的能力，满足人对信息、知识、精神和人本身繁衍的需求而从事的生产活动，统称为人的产业。③环境产业，可细分为资源再利用业和生态维护业等。基于可持续发展理论划分的资源（将废物改称为资源）再利用和生态维护产业是以提高资源利用率，保护、改善环境质量，满足人对环境的持续需要为目的而从事的生产活动（不包括环境自净活动），是环境及相关产品再生产总过程的各个行业，属环境生产的范畴。

1.3.6 产业部门分类启示

综上可以看出，国内外关于产业部门演变的理论可概括为两大类：一类是以波拉特为代表提出的信息（知识）产业，后演变为数据业；另一类则是以刘思华、王如松和叶文虎为代表提出的生态（环境）产业、废物再利用业、绿色产业等。两类划分方法对应的理论有本质不同，第一类基本还在传统经济学理论的框架下，力求适应信息时代带来的变革，但未把自然生态系统纳入整个经济体系；第二类则尝试将自然生态系统纳入人类经济社会体系，基于生态经济协调和可持续发展理论划分出新的产业。相比之下，第一类主要是在同一理论框架下对第三产业的分解细化，是对三次产业划分方法的继承；第二类则构建了一个理解经济的全新视角，内容有了质的变化和创新，也为生态产品第四产业的提出提供了丰富的思想和理论基础。前人对新兴产业部门划分的研究成果，对提出新的产业部门划分主要有以下几点启示：

第一，新的产业分类法具体分类原则仍需以克拉克三次产业分类法为基础，总体架构基于三次产业分类。国际标准产业分类体系（ISIC）从1948年诞生至今，经过多次修改和沉淀，已经成为世界上对经济活动进行分类的最成熟、最权威、最有影响力的国际标准之一。此外，基于数据可比性等原则，很难将过去数十年发展形成的分类体系完全颠覆，只能遵循其分类原则延展完善。

第二，从物质流动关系来看，传统的三次产业活动在实质上都是直接或间接地从自然环境中索取自然资源并将废物排放到环境中去的过程。在这种意义上，三次产业的发展（尤其是第二产业）代表了人类索取或破坏自然环境的能力的发展。当三次产业的活动没有超出生态承载力时，这种状态可以持续下去。但是，当人类经济活动的深度与广度破坏了生态系统的稳定性与恢复力后，这种产业结构就难以维持下去了。这意味着，人类经济活动的目标不能以满足人类对物质产品与服务的需求为唯一目标，还应当满足生态环境可持续性的要求。完全为人类提供物质产品与服务的传统第一产业、第二产业、第三产业，不可能向人类提供自然资源、环境质量与生态服务。而传统的产业结构不但不能直接满足可持续发展的要求，而且严重影响着人与自然协同发展目标的实现。因此，必须构建新的产业结构体系，以适应生态文明时代的发展需要[34]。

第三，刘思华定义的以生态财富（包括产品和服务）创造、生产、流通、保护和利用等为基本内容的生态产业蕴含了丰富的生态经济思想，其定义的狭义生态产业即传统意义上的环保产业，广义生态产业则是生态经济一体化的产业形态。一方面保护生态系统资源，另一方面尽可能提高生态资源使用效率，用尽可能少的生态系统资源生产最多的产品，并实现废物最小化，促进生态与经济良性循环，实现生态环境与经济社会相互协调和可持续发展，为后续生态产品第四产业的提出提供了丰富的思想基础和理论渊源。

1.4 生态产品第四产业提出

习近平生态文明思想是我国生态环境保护、生态文明和美丽中国建设的科学指南，"绿水青山就是金山银山"理念是习近平生态文明思想的精髓。生态产品第四产业的提出是研究探索习近平生态文明思想，特别是"绿水青山就是金山银山"理念的结果，是践行"绿水青山就是金山银山"理念的时代使命和优先任务。以王金南为代表的研究团队从理论研究角度，较早地、比较系统地提出了发展生态产品第四产业的理论框架和评价指标体系。在国家层面，2021 年 4 月，中共中央办公厅和国务院办公厅印发《关于建立健全生态产品价值实现机制的意见》，为提出和建立生态产品第四产业奠定了政策基础。在地方层面，青海、衢州、丽水等地已经开始探索发展生态产品第四产业，为生态产品第四产业奠定了实践基础。

1.4.1 研究层面

基于对"绿水青山就是金山银山"理念的探索，王金南等于 2017 年 11 月在《环境保护》上发表《"绿水青山就是金山银山"理论内涵及其实现机制创新》一文，提出实现"绿水青山就是金山银山"，必须建立体现市场价值的"绿水青山"生态支付体系，把"绿水青山"作为第四产业经营。这是学术界最早提出生态产品第四产业的概念[60]。

2020 年 8 月，王金南在"绿水青山就是金山银山"理念提出 15 周年理论研讨会上，再次提出将生态产品服务及相关产业大力培育为"第四产业"，提高生态产品供给能力，成为推进美丽中国建设、实现人与自然和谐共生的现代化的增长点、支撑点、发力点。这次生态产品第四产业的提出，受到了学术界、新闻媒体以及决策管理部门的关注[61]。

2021 年 8 月，王金南等首次系统构建了生态产品第四产业的理论框架，初步提出了生态产品第四产业的概念及内涵特征，从服务对象、价值创造、主导生产要素等角度系统辨析了第四产业与传统三次产业的本质区别，分析了产业形成机制和构成要素，明确提出，生态产品第四产业主要指从事生态产品生产、开发、经营、交易等经济活动的集合，区分了狭义和广义的产业内涵，初步提出了 4 大类 26 小类的生态产品第四产业范围，构建了生态资源调查、生态系统生态生产、生态资源资产化、生态资产资本化、生态资本经营、生态建设反哺等六个环节的形成机制[62]。

2021 年 10 月，王金南在《生物多样性公约》第十五次缔约方大会（COP15）"生态文明论坛"上，做"迈向生物多样性保护的全球生态产品总值核算"大会主旨报告，提出大力发展生态产品第四产业，对保护生物多样性、维持生态系统服务具有重要意义。建议进一步完善生态产品第四产业指标体系，进一步接轨国民经济核算体系，着力提高生态产品供给能力，培育生态产品市场经营开发主体，培育壮大生态产品消费需求，构建生态产品品牌培育体系，建立健全生态产品交易体系，建立生态产品交易中心[63]。

2021 年 11 月，王金南等基于生态产品分类和生态产品总值核算体系，结合产业组织理论、集聚理论等研究框架，从产业规模、产业变化、产业结构、生态产品价值实现程度、产业关联等 5 个维度构建了生态产品第四产业发展的评价指标体系，并结合多年生态产品总值核算结果，分析了我国生态产品第四产业发展形势，为完善生态产品第四产业统计调查制度、评价区域生态产品第四产业发展绩效、科学规范采集产业发展相关数据奠定了基础[64]。

除王金南外，也有部分学者提出了与生态产品第四产业理念基本相通的观点。2018 年 4 月，E20 研究院院长傅涛系统构建了“两山”经济理论体系并提出“两山”产业的概念，主要涵盖生态产业化和产业绿色化过程形成的产业集合[65]。2018 年，江西财经大学肖文海等提出，把绿水青山当作“第四产业”来经营，立足贫困地区生态环境，以生态项目建设为载体，以资源产权和有偿使用制度为核心，以生态资源的持续多层次利用为基础，将生态环境保护、资源可持续利用与脱贫紧密结合，促进贫困地区人民步入“生态环境建设—摆脱贫困—生态系统功能提升”的良性循环[66]。2021 年 11 月，中国环境科学研究院李付杰和李岱青基于生态系统生产及维护和提高生态系统生产，提出了第四产业的概念，并从生态文明形态、生产力和生产关系等角度提出了生态产品第四产业的时代背景、重要意义、发展途径[67]。2021 年 12 月，中国工程院院士刘旭在《求是》上发表文章，明确提出将生态产品生产培育成为战略性新兴产业，指出生态产品生产具有鲜明的产业形态，可以在人与自然关系的进步中满足人类对尊重、安全及精神的需求，促进人类发展和进步，具备成为一个产业的条件。刘旭认为，应当清晰界定生态产品与现有三次产业的关系，在现有国民经济体系分类目录的基础上，研究建立生态产品分类目录，研究出台生态产品价值实现的产业发展政策，如生态产品价格形成机制、发展利益分配机制等[68]。

1.4.2 实践层面

作为生态文明建设战略任务，地方也开展了一些生态产品第四产业的实践探索，同时还有丰富多彩的“绿水青山就是金山银山”理念创新实践、生态产品价值实现、生态文明建设示范创建等形式。第 4 章将会详细介绍这些实践基础和成功案例。下面主要介绍目前发展生态产品第四产业的地方实践。这些地方的做法和创新证明，王金南等专家提出的生态产品第四产业的概念在很大程度上已被地方认可并付诸实践。

《青海省国民经济和社会发展第十四个五年规划和二〇三五年远景目标纲要》明确提出，坚持把绿水青山作为第四产业来经营，拓展生态价值向人文价值、经济价值、生活价值转化路径，推动建立生态产品价值实现机制。青海省是目前首个将生态产品第四产业写入区域综合发展规划的省份。

《浙江省生态环境保护条例》明确提出，鼓励社会资本以投资、与政府合作等方式参与生态产品经营开发。鼓励村集体经济组织、村民采取入股分红模式参与生态产品经营开发。支持创建生态产品区域公用品牌和区域特色农产品品牌，建立品牌培育、推广、激励、保护等机制。浙江省是目前首个以立法形式明确鼓励支持生态产品经营开发相关产业的省份。

《丽水市生态产品价值实现“十四五”规划》虽未明确提出发展生态产品第四产业的概念，但已将相关产业业态纳入“十四五”重点发展方向，进一步明确“生态环境优美化、生态环境人本化、生态资源产业化、生态产品市场化、生态产业高效化、生态产业品牌化”的生态产品价值实现路径。通过大力发展生态农业、生态能源产业、生态水资源产业，重点发展生态旅游业、生态康养产业，探索发展“水旅产业”，因地制宜发展环境适应型生态工业，推进生态资源产业化。通过大力培育生态产品市场主体，大力培育企业家和创业者，着力培育生态产品经营企业，加快推进生态产业技术创新，加快推进生态产业数字化建设，加强产业组织创新，促进生态产业高端化，推进生态产业集群化，引导生态产业融合化，全力推进生态产业高效化。

浙江衢州明确将第四产业发展纳入生态产品价值实现改革试点方案，提出将生态产品服务价值作为第四产业进行单独核算，研究“十四五”第四产业发展路径。丽水市莲都区把绿水青山当作第四产业来经营，依托“丽水山耕”等品牌，精心设计和包装小型多样“带得走”的高端生态产品[69]。

包头市研究制定林草碳汇资产管理开发的具体方案，积极探索不同的经营措施和管理方法，变“碳交易”为“碳运营”，通过碳汇配额、碳汇金融等多种运营模式和开发路径，推动林草碳汇价值实现可视化、多元化、最大化，真正把绿水青山作为第四产业来经营[70]。

四川广元提出把绿水青山作为第四产业来经营。立足资源禀赋和产业基础，广元发展生态农业，用松毛、稻草、麦草等天然“被褥”替代塑料，覆盖 30 多万亩①猕猴桃。在世界红心猕猴桃的原产地和国内最大的生产基地苍溪，30 多万亩猕猴桃入冬都盖上了“环保被”，保温效果好，透气透水，烂在地里还是有机肥[71]。

山东蒙阴将绿水青山作为第四产业来经营，大力发展绿色金融。2021 年 9 月，蒙阴县 GEP 核算成果发布会暨“绿色银行”揭牌仪式成功举行。蒙阴县“绿色银行”以 GEP 核算价值为基础，依托数字生态平台的共享机制，构建县域生态产品交易体系，持续盘活乡村生态资源，着力破解乡村资金“瓶颈”[72]。

安徽岳西将绿水青山当作第四产业来经营，大力发展大健康、大数据、大旅游三大“首位度”产业。全县域发展有机农业，被誉为“中国有机农业摇篮”，荣获首批国家有机食品生产基地建设示范县（试点）称号。岳西翠兰、岳西茭白、岳西桑皮纸、岳西黑猪获批国家地理标志保护产品。保生态，促脱贫，贫困发生率降至 0.98%，群众满意度达 98.02%。易地扶贫搬迁工作被列入全国“白皮书”，期权扶贫模式被列入“全国治国理政新实践”[73]。

① 1 亩 =0.066 7 hm^2。

通过生态产品第四产业的重要实践和探索，将不断形成产业的各类形态及发展模式，涌现出生态产品第四产业的各类市场主体，从而为生态产品第四产业的发展奠定基础。

1.4.3 发展意义

生态产品第四产业是生态产品价值实现的产业支撑，是生态文明建设的基石产业，是践行“绿水青山就是金山银山”理念的实践产业，是美丽中国建设的支柱产业，是实现碳达峰、碳中和的碳汇产业，是实现乡村振兴的富民产业，是促进共同富裕的普惠产业，发展生态产品第四产业潜力巨大。

1.4.3.1 生态文明建设：基石产业

生态文明建设是关乎中华民族永续发展的根本大计。新的文明时代必然伴随着新的产业兴起。在生态文明时代，我们仍然要生产农产品、工业品、服务产品，同时也要生产生态产品，这是生态文明时代相比工业文明时代更加进步的标志之一。生态文明的本质特征是生态与经济协调、人与自然和谐共生，要彻底告别工业文明不可持续的发展模式。生态文明时代，视人与自然为生命共同体，发展的根本目的不仅仅是满足当代人的需求，也要同时确保未来人类满足其需求的能力，并保持自然生态系统的稳定性，是人与自然共同的、可持续福祉的提升。这就要求人类构建以生态产业化和产业生态化为主体的生态经济体系，将自身活动对自然生态系统的负面影响降低到生态系统自身调节能力之内，重建生态平衡。同时，由于生态产品已然变得稀缺，就必然要求生态资源的高效开发利用，同时需要投资自然，以确保生态产品生产能力的提升。而我们定义的狭义生态产品第四产业正是表现为不断增值自然资本、厚植生态产品、实现生态价值的经济活动，核心是生态产业化过程中形成的新兴产业。而广义生态产品第四产业则主要包括产业生态化形成的产业，即支撑产业经济体系、不断提高生态资源使用效率的经济活动。因此，生态产品第四产业必将成为生态经济体系的核心产业部门，成为生态文明建设的基石产业（图 1-2）。

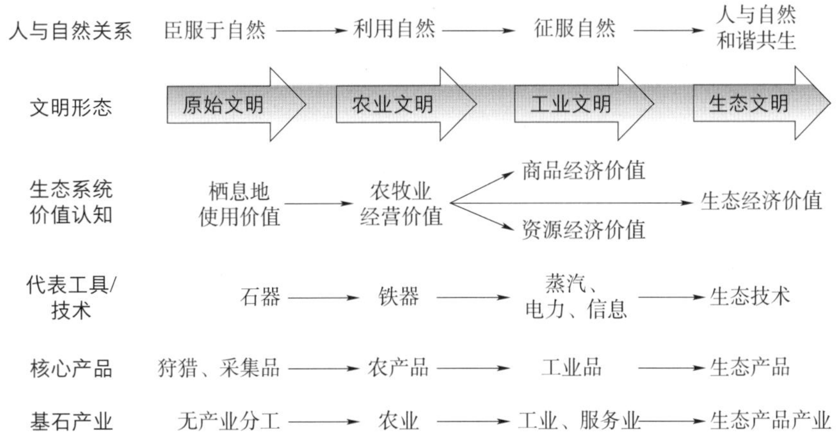

图 1-2 不同人类文明形态下的产业部门演进[1]

1.4.3.2 践行“绿水青山就是金山银山”理念：实践产业

“绿水青山就是金山银山”理念深刻揭示了生态环境保护和经济社会发展的辩证统一关系，彰显了保护生态环境就是保护生产力、改善生态环境就是发展生产力的重要理念。践行“绿水青山就是金山银山”理念的关键，就是促进“绿水青山”和“金山银山”的相互转化。“绿水青山”转化为“金山银山”的基本路径就是将以“绿水青山”为代表的高质量生态系统蕴含的生态价值转化为经济价值，从而将生态优势转化为经济优势。“金山银山”转化为“绿水青山”的关键则是将各类资本投入生态建设及保护修复等环节，确保自然资本保值增值。生态产品第四产业，一方面通过生态产品的生产、开发、经营、交易等活动实现生态产品价值，将“绿水青山”转化为“金山银山”；另一方面则通过构建生态资本投资渠道，将货币、劳动、实物等资源资本投入自然生态系统，开展一系列有目的、有计划的生态保护、恢复、建设，生态技术研发，生态环境治理等活动，改善生态资源数量和质量，最终体现为生态资本存量的增加，从而将“金山银山”转化为“绿水青山”[74]。因此，生态产品第四产业是践行“绿水青山就是金山银山”理念，促进“绿水青山”和“金山银山”相互转化的重要实践产业。

1.4.3.3 美丽中国建设：支柱产业

建设美丽中国是实现中华民族伟大复兴中国梦的重要内容，顺应人民群众追求美好生活的新期待，是党对人民群众迫切诉求的现实回应。党的十九大提出，到 2035 年，生态环境根本好转，美丽中国目标基本实现。优质生态产品是美丽中国的标配，良好生态环境是最公平的公共产品，也是最普惠的民生福祉。当前，由于环境质量改善拐点尚未到来，我国优质生态产品供给严重不足，生态系统退化仍较严重，优质森林与草场面积较少，退化土地占国土面积 1/3 左右，生态环境保护任重道远。人民日益增长的优美生态环境需要与优质生态产品供给不足之间的矛盾越发突出，成为社会主要矛盾新变化的一个重要方面[75]。建设美丽中国，提供更多生态产品以满足人民日益增长的优美生态环境需要，是建设人与自然和谐共生现代化的必然选择。但是，由于生态环境保护对财政依赖较重，总体投入不足，资金缺口较大。社会资本和金融机构因项目缺乏投资回报机制，难以参与生态环境保护治理。通过大力发展生态产品第四产业，推动形成生态产品价值实现的市场化、产业化路径，将生态环境保护的外部性价值内部化，形成“绿水青山”和“金山银山”的良性转化机制，对于构建多元投入生态环境保护格局，不断增强生态产品生产能力，提高生态产品供给总量、质量具有重要意义。因此，生态产品第四产业是美丽中国建设的支柱产业。

1.4.3.4 实现碳达峰、碳中和：碳汇产业

2030 年前实现碳达峰、2060 年前实现碳中和，是以习近平总书记为核心的党中央统筹国内国际两个大局做出的重大战略决策，是着力解决资源环境约束突出问题、实现

中华民族永续发展的必然选择，是构建人类命运共同体的庄严承诺。推动实现碳达峰、碳中和目标，既是我国主动践行“人类命运共同体”价值理念、共同应对气候变化危机的根本要求，也是推动生态文明建设和可持续发展的内在需要。巩固和提升生态系统碳汇能力是实现碳达峰、碳中和的基础支撑。从《京都议定书》（1997年）、《哥本哈根协议》（2009年）到《格拉斯哥气候公约》（2021年），生态系统碳增汇功能保护和提升都被认为是最绿色、最经济、最具规模效益的技术途径[76-77]。据研究，当前中国陆地生态系统碳汇能力为每年10亿～13亿t二氧化碳（CO_2）。通过统筹陆地—河流—海洋国土空间规划、自然保护及生态建设、各种增汇技术等，稳定现有森林、草原、湿地、滨海等碳汇，实施生态保护与修复等重大增汇工程，推动生态系统管理及新型生物/生态碳捕集、利用与封存技术（Bio-CCUS/Eco-CCUS）的开发应用，有望实现中国区域生态系统自然和人为碳汇功能倍增目标，即在2050—2060年实现每年20亿～25亿t CO_2的碳汇贡献，成为我国实现碳达峰、碳中和战略目标的“压舱石”和“稳定器”[78]。因此，发展生态产品第四产业，依托产业的力量开展生态碳汇产品的开发、经营、交易，通过农林业碳减排增汇（LULUCF），自然碳汇管护（NbS），生态工程增汇，新型生物/生态碳捕集、利用与封存技术应用等路径，不断提升生态系统碳汇能力，对推动实现碳达峰、碳中和目标具有重要的现实意义。

1.4.3.5 实现乡村振兴：富民产业

乡村振兴是党的十九大提出的关乎中国未来发展方向、发展之路的重大战略。乡村是具有自然、社会、经济特征的地域综合体，兼具生产、生活、生态、文化等多重功能，与城镇互促互进、共生共存，共同构成人类活动的主要空间。乡村兴则国家兴，乡村衰则国家衰。这是中华文明演进过程中一直遵循的铁律。可以说，乡村是中国最大的基本国情。实施乡村振兴战略是建设现代化经济体系的重要基础、建设美丽中国的关键举措、传承中华优秀传统文化的有效路径、健全现代社会治理格局的固本之策、实现全体人民共同富裕的必然选择。与城镇相比，乡村最大的比较优势就是生态资源优势。如何发挥生态资源优势，助力实现乡村产业兴旺、生态宜居、乡风文明、生活富裕，则是推动实施乡村振兴战略的核心主题。通过发展生态产品第四产业，因地制宜，充分挖掘乡村生态资源优势，推动实施“资源变资产，资金变股金，农民变股东”（“三变”）改革，形成“生态资源—资产—资本”（“三资”）转化，有利于激发各类市场主体活力。积极引导政府、企业、集体组织、农户等多主体参与、多元资本投入，结合乡村深入打好污染防治攻坚战，开展农村人居环境综合整治，持续提升生态产品保值增值，发展生态种植、生态养殖、休闲农业、乡村旅游，将农业一二三产融合，挖掘乡土文化特色，发展生态文化产业，完善产权利益分配机制，发挥集体经济组织作用，探索“两山银行”“生态银行”等各类模式，统筹生态资源系统开发。这些措施对于推动乡村生态振兴、产业振兴、文化振兴、生活富裕均具有重要意义。

1.4.3.6 促进共同富裕：普惠产业

共同富裕是社会主义的本质要求，是中国式现代化的重要特征。实现共同富裕，就是要多措并举，不断缩小收入差距、城乡差距与区域差距。从现实看，全国主要贫困区大多与生态脆弱区、重点生态功能区等在地理空间上高度重叠[79]。国家主体功能区战略以“全国一盘棋”的思路，充分发挥不同地区的核心功能，体现“提供生态产品也是发展”的思想要求。重点生态功能区的首要任务是保护和修复生态环境，增强生态产品生产能力，在一定程度上限制传统农业、工业、服务业的开发，其实是传统经济发展权的一种让渡，在经济视角下存在事实上的“不公平”。国家通过转移支付和生态补偿等途径，试图弥补这一“不公平”，但对于改善当地居民生活水平来说，往往是杯水车薪，并不能有效解决区域发展不充分、不协调的问题。从构建生态文明的角度来看，生产农产品、工业品、服务品的过程是创造价值，而保护和扩大自然界提供生态产品能力的过程也是创造价值的过程；提供农产品、工业品、服务品是发展，而提供生态产品也是发展；拥有物质财富是财富，而拥有生态财富也是财富。在此背景下，充分利用欠发达地区、乡村地区的生态优势，通过建立健全生态产权机制，将生态资源要素纳入分配机制，大力发展生态农业、生态旅游、生态康养、生态保护修复等生态产品第四产业。这些举措有利于贫困地区经济发展和生态保护相互协调，使生态功能区在发挥好提供优质生态产品功能的同时，也能解决当地百姓收入不足、生活水平低下等问题，对于缩小区域差距与城乡差距、实现共同富裕有重要促进作用。

参考文献

［1］于贵瑞，杨萌．自然生态价值、生态资产管理及价值实现的生态经济学基础研究——科学概念、基础理论及实现途径［J］．应用生态学报，2022（5）：1153-1165.

［2］李周．生态经济学［M］．北京：中国社会经济科学出版社，2015.

［3］牛文元．生态文明的理论内涵与计量模型［J］．中国科学院院刊，2013，28（2）：163-172.

［4］牛庆燕．跨越文明发展“困境”：人类文明“新形态”［J］．南京林业大学学报（人文社会科学版），2022，22（2）：14-23.

［5］杜祥琬，温宗国，王宁，等．生态文明建设的时代背景与重大意义［J］．中国工程科学，2015，17（8）：8-15.

［6］联合国开发计划署（UNDP）.2020 年人类发展报告：新前沿——人类发展与人类世［R］. 2020.

［7］Crutzen P J. Geology of Mankind［J］. Nature，2002，415（6867）：23.

［8］Zalasiewicz J，Williams M，Smith A，et al. Are We Now Living in the Anthropocene?［J］. Gsa Today，2008，18（2）：4.

[9] Lin D, Hanscom L, Murthy A, et al. Ecological Footprint Accounting for Countries: Updates and Results of the National Footprint Accounts, 2012–2018 [J] . Resources, 2018, 7 (3): 58.

[10] Borucke M, Moore D, Cranston G, et al. Accounting for Demand and Supply of the Biosphere's Regenerative Capacity: The National Footprint Accounts' Underlying Methodology and Framework [J] . Ecological Indicators, 2013, 24: 518–533.

[11] 2022 年全球生态系统网络 . https: //www.zujiwangluo.org/.

[12] Dasgupta P. The Economics of Biodiversity: The Dasgupta Review [R] . Abridged Version. London: HM Treasury, 2021.

[13] Intergovernmental Panel on Climate Change. AR6 Climate Change 2021: The Physical Science Basis [EB/OL] . (2021-08-09) . https: //www.ipcc.ch/report/ar6/wg1/.

[14] 世界自然基金会 . 地球生命力报告 2020——扭转生物多样性丧失的曲线 [R] . 2020.

[15] 杨茂林 . 自然资本与自然价值——从霍肯和罗尔斯顿的学说说起 [M] . 太原：山西出版传媒集团 · 山西经济出版社，2017.

[16] 刘颂，戴常文 . 自然资本流变及其对生态系统服务价值的演变路径 [J] . 生态学报，2021，41 (3): 1189-1198.

[17] Pearce D W. Economics, Equity and Sustainable Development [J] . Futures, 1988, 20 (6): 598-605.

[18] 吉利斯，波金斯，罗默，等 . 发展经济学 [M] . 北京：中国人民大学出版社，1998.

[19] 赫尔曼 · E. 戴利 . 超越增长：可持续发展的经济学 [M] . 诸大建，胡圣，等译 . 上海：上海译文出版社，2001.

[20] Costanza R, D'Arge R, Groot R D, et al. The Value of the World's Ecosystem Services and Natural Capital [J] . Nature, 1997, 387 (6630): 253-260.

[21] Costanza R. Ecological Economics: The Science and Management of Sustainability [M] . Warrenton: Columbia University Press, 1992.

[22] 保罗 · 霍肯，艾默里 · 洛文斯，亨特 · 洛文斯，等 . 自然资本论——关于下一次工业革命 [M] . 上海：上海科学普及出版社，2000.

[23] 赵士洞，张永民 . 生态系统与人类福祉——千年生态系统评估的成就、贡献和展望 [D] . 2006.

[24] Sullivan S. Making Nature Investable: From Legibility to Leverageability in Fabricating Nature as Natural Capital [J] . Science and Technology Studies, 2018, 31 (3): 47-76.

[25] 王金南，熊善高，苏洁琼，等 . 关于国家"十四五"生态文明与美丽中国建设战略的思考 [R] . 重要环境决策参考，2022 (1) .

[26] 习近平 . 坚决打好污染防治攻坚战　推动生态文明建设迈上新台阶 [N] . 人民日报，2018-05-20.

[27] 谢花林，姚冠荣，等 . 生态文明建设理论与实践 [M] . 北京：经济科学出版社，2021.

[28] 本报评论员 . 加快构建生态文明体系 [N] . 光明日报，2018-05-22 (001) .

[29] 谷树忠. 产业生态化和生态产业化的理论思考[J]. 中国农业资源与区划，2020，41(10)：8-14.
[30] 陈健鹏. 生态文明建设目标责任体系及问责机制：演进历程、问题和改进方向[J]. 重庆理工大学学报(社会科学版)，2020，34(5)：1-9.
[31] 中国行政管理学会，环境保护部宣传教育司联合课题组. 如何建立系统完整的生态文明制度体系[J]. 环境保护，2014，42(20)：12-14.
[32] 高志刚. 产业经济学[M]. 2版. 北京：中国人民大学出版社，2020.
[33] 刘思华. 论生态产业与五次产业分类法[C]// 中国生态经济学会第五届会员代表大会暨全国生态建设研讨会论文集. [出版者不详]，2000：42-51.
[34] 曹曼，叶文虎. 产业体系划分的理论探讨[J]. 经济学动态，2004(6)：20-23.
[35] 王海南，王礼恒，周志成，等. 新兴产业发展战略研究(2035)[J]. 中国工程科学，2020，22(2)：1-8.
[36] 弗里茨·马克卢普. 美国的知识生产与分配[M]. 孙耀君，译. 北京：中国人民大学出版社，2007.
[37] 马克·波拉特. 信息经济[M]. 袁君时，周世铮，译. 北京：中国展望出版社，1987.
[38] 贺铿. 关于信息产业和信息产业投入产出表的编制方法[J]. 数量经济技术经济研究，1989，(2)：33，34-40.
[39] 张守一. 知识·知识经济·知识产业[J]. 数量经济技术经济研究，1998(6)：77-81.
[40] 王东明，郭清方，孙忠芳. 中国信息产业论略[J]. 情报理论与实践，1991(1)：4-6，32.
[41] 金建. 信息产业：形成过程与发展走势[J]. 经济研究，1992，(9)：64-70.
[42] 李俊华. 信息产业独立为第四产业的现实意义[J]. 学术研究，1994(2)：87-89.
[43] 蔡小慎. 关于信息产业划界的理论观点[J]. 大连理工大学学报(社会科学版)，2000(4)：28-31.
[44] 李永周. 后发优势与我国信息产业跨越式发展[J]. 中国软科学，2002(3)：20-24.
[45] 辰昕，刘逆，惠长虹，等. 创新完善产业划分理论将数据业设为第四产业的思考和建议[J]. 产业经济评论，2020(5)：5-14.
[46] 娄支手居. 第四产业：数据业的未来图景[M]. 北京：中信出版社，2022.
[47] 陈白，郑淯心. 对话国家信息中心吕欣：重新定义第四产业[N]. 经济观察报，2022-05-02(18).
[48] 叶文虎，韩凌. 论第四产业——兼论废物再利用业的培育[J]. 中国人口·资源与环境，2000(2)：25-28.
[49] 刘思华. 创建五次产业分类法，推动21世纪中国产业结构的战略性调整[J]. 生态经济，2000(6)：5-13.
[50] 王如松，周涛，等. 产业生态学基础[M]. 北京：新华出版社，2006.
[51] 傅国华，许能锐. 生态经济学[M]. 2版. 北京：经济科学出版社，2014.
[52] 王奇，叶文虎. 培育第零产业与第四产业[J]. 经济研究参考，2002(31)：35-36.

［53］宋豫秦，陈妍，叶文虎．生态文明建设与五次产业体系的构建［J］．绿叶，2017（11）：6-14.
［54］内蒙古沙产业草产业协会，西安交通大学先进技术研究院．钱学森论第六次产业革命专题摘编［M］．西安：西安交通大学出版社，2011.
［55］戴汝为，于景元，钱学敏，等．我们正面临第五次产业革命［J］．科技文萃，1994（7）：2-7.
［56］张来武，袁学国，王仕涛，等．第四产业：来自中国农村的探索［M］．北京：人民出版社，2018.
［57］崔振东．日本农业的六次产业化及启示［J］．农业经济，2010（12）：6-8.
［58］张来武．六次产业理论与创新驱动发展［M］．北京：人民出版社，2018.
［59］温铁军，逯浩．国土空间治理创新与空间生态资源深度价值化［J］．西安财经大学学报，2021，34（2）：5-14.
［60］王金南，苏洁琼，万军．“绿水青山就是金山银山”的理论内涵及其实现机制创新［J］．环境保护，2017，45（11）：13-17.
［61］“绿水青山就是金山银山”理念提出15周年理论研讨会召开［N/OL］．人民日报，2020-08-16（02）．http：//paper.people.com.cn/rmrb/html/2020-08/16/nw. D110000renmrb_20200816_2-02.htm.
［62］王金南，王志凯，刘桂环，等．生态产品第四产业理论与发展框架研究［J］．中国环境管理，2021，13（4）：5-13.
［63］王金南．开展全球生态产品总值（GEP）核算，有助于更加科学制定生态补偿政策［N/OL］．（2021-10-14）．https：//m.21jingji.com/article/20211014/herald/bf5bab0bdc24b67fa8acdccdd1025f69.html.
［64］王金南，马国霞，王志凯，等．生态产品第四产业发展评价指标体系的设计及应用［J］．中国人口·资源与环境，2021，31（10）：1-8.
［65］傅涛．两山经济［M］．北京：中国环境出版社，2018.
［66］肖文海，邵慧琳．建立健全生态产品价值实现机制［N］．中国社会科学报，2018-05-29（003）.
［67］李付杰，李岱青．发展第四产业，增加优质生态产品供给［J］．中国生态文明，2021（5）：20-22.
［68］刘旭．探索生态产品价值实现路径　促进生态资源资产协同发展［EB/OL］．（2021-12-24）．http：//www.qstheory.cn/zoology/2021-12/24/c_1128195591.htm.
［69］中国人民政治协商会议丽水市莲都区委员会．丽水成为全国首个生态产品价值实现机制试点市，莲都怎么干［EB/OL］．（2019-11-07）．http：//www.liandu.gov.cn/art/2019/11/7/art_1229461054_58962712.html.
［70］宋涛．先行先试，改革创新，包头市加快推动林草碳汇试验区建设［J］．内蒙古林业，2021（12）：13-15.
［71］向朝伦，燕巧．站上“风口”广元“碳”索绿色崛起新路［N］．四川日报，2022-01-

11（001）.

［72］刘静华，尹明波．山东蒙阴科技创新之笔绘出“两山”转化新画卷［N］．中国经济导报，2021-10-13（003）.

［73］安徽省岳西县政府．“绿水青山就是金山银山”实践创新基地：安徽省岳西县［EB/OL］．（2020-05-09）．https：//www.mee.gov.cn/ywgz/zrstbh/stwmsfcj/202005/t20200509_778472.shtml.

［74］屈志光．生态资本投资收益研究［M］．北京：中国社会科学出版社，2015.

［75］吴舜泽，刘黎明，刘越．牢固树立建设美丽中国的思想自觉和行动自觉［J］．环境与可持续发展，2019，44（4）：5-7.

［76］IPCC. 2006 IPCC Guidelines for National Greenhouse Gas Inventories［R］．Kanagawa：Institute for Global Environmental Strategies（IGES），2006.

［77］Rogelj J，den Elzen M，Hhne N，et al. Paris Agreement Climate Proposals Need a Boost to Keep Warming Well Below 2℃［J］．Nature，2016，534：631-639.

［78］于贵瑞，朱剑兴，徐丽，等．中国生态系统碳汇功能提升的技术途径：基于自然解决方案［J］．中国科学院院刊，2022，37（4）：490-501.

［79］邓远建，朱邦伟，陈杰，等．集中连片特困区生态资本运营式扶贫：基于脆弱性的分析［C］// 中国人口·资源与环境 2014 年专刊——2014 中国可持续发展论坛．2014：135-138.

第2章 基本原理

生态产品第四产业作为生态文明时代的一个新兴产业，需要有坚实的理论基础和依据作为支撑。生态产品第四产业形成的基本原理和理论基础，主要来自生态环境和产业发展两大领域。本章主要从生态产品第四产业角度出发，扼要介绍环境经济学、生态经济学、资源经济学、制度经济学和产业经济学涉及的基本概念和方法，特别是与生态产品第四产业相关的环境公共物品、生态产品价值、生态环境资源、生态产品交易以及生态产品产业等的基本原理，为实现“绿水青山就是金山银山”提供理论依据。

2.1 环境经济学：环境公共物品

环境经济学主要是研究环境问题的经济学本质、环境损害和效益核算以及解决环境问题的经济手段的学科[1-3]，环境公共物品是其中的重要研究内容。生态产品总体上属于环境公共物品范畴，生态产品的生产、分配、流通、消费等环节均与环境经济学中的外部性重要理论紧密相关。因此，生态产品也是当代环境经济学的重要研究内容。

2.1.1 外部性和内部性

外部性（externalities）和内部性（internalities）是分析市场失灵的两个重要概念。外部性[4, 5]是指某一经济主体不经交易而对其他经济主体带来的利益或成本，分为外部经济性或正外部性和外部不经济性或负外部性；内部性[6]是指由交易者所经受的但没有在交易条款中反映的利益和成本，包括内部经济性或正内部性和内部不经济性或负内部性。

（1）外部性理论与内部性理论

马歇尔（Alfred Marshall）在1890年发表的《经济学原理》中提出“外部经济”概念，由此引申出外部性概念。20世纪20年代，阿瑟·庇古（Arthur Pigou）[7]在分析社会成本与私人成本差异时，提出了把污染看作外部性的观点，在“外部经济”概念基础上扩充了“外部不经济”的概念和内容，将外部性问题的研究从外部因素对企业的影响效果转向企业或居民对其他企业或居民的影响效果。庇古认为，可以通过征税和补贴实现外部性的内部化。1960年，科斯（Ronald H. Coase）在《社会成本问题》一文中，提出了著名的“科斯定理”，对庇古的传统外部性理论进行了创新发展。科斯认为，在明晰产权后，可以用市场交易和自愿协商形式来解决外部性问题。此后，基于外部性理论的以上三个经典里程碑，面对不断涌现的新的生态环境现象，广大环境经济学者结合相关理论突破，不断解释、解决新的生态环境问题。1989 年，丹尼尔·F. 史普博（Daniel F. Spulber）在《管制与市场》中提出内部性概念，由于信息不对称，交易者将承担交易所附带的未说明的成本和收益。可引入政府规制来解决内部性问题。

外部性是一个人行为对其他人的影响，如果对其他人不利则称为负外部性，对其他人有利则称为正外部性[8]。例如，上游居民植树造林、保护水土，下游居民因此得到在质量和数量上有保障的生产和生活用水，这时社会效益大于私人效益，产生正外部性。如果有：

$$F_i = f\left(X_i^1, X_i^2, X_i^3, \cdots, X_i^m, X_j^n\right), i \neq j \tag{2-1}$$

则可以说，生产者（或消费者）j 对生产者（或消费者）i 存在外部影响。其中，F_i 是生产者 i 的生产函数或消费者 i 的效用函数；X_i^m 是生产者（或消费者）i 的内部影响因素；X_j^n 是生产者（或消费者）j 对 i 施加的影响。当存在正外部性时，边际社会效益大于边际私人效益，差额是外部环境效益。投资人经营生态产品的投资行为由边际私人效益和边际成本 P_1 决定，此时，产品供给量 Q_1 小于由边际社会效益和边际成本决定的产品供给量 Q^*，社会资源配置是无效率的。当存在负外部性时，边际社会成本大于边际私人成本，投资人经营生态产品的投资行为由边际效益和边际私人成本决定，此时，产品供给量 Q_1 大于由边际效益和边际社会成本决定的产品供给量 Q^*，社会资源配置是无效率的。详见图 2-1。

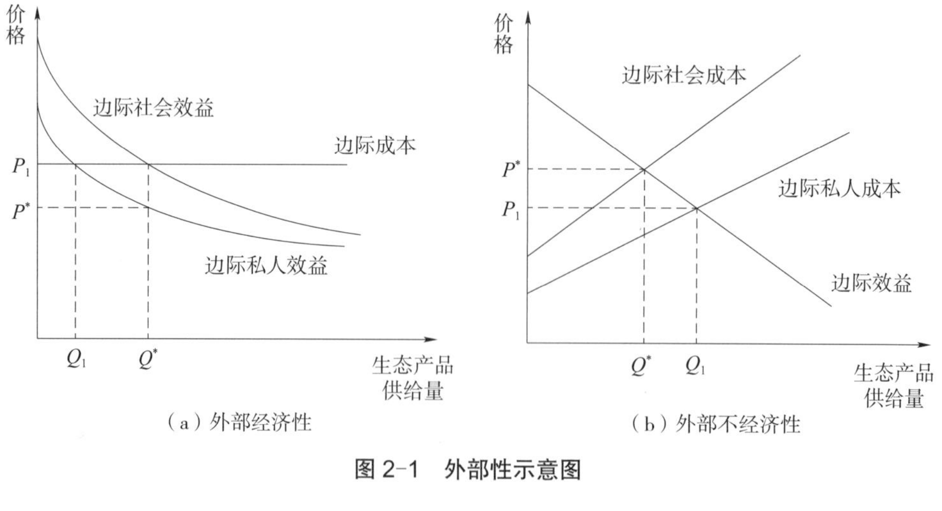

图 2-1　外部性示意图

生态产品具有很强的外部性，主要体现在两个方面。第一，人类的生产生活对生态环境造成影响和破坏，从而降低了生态产品供给，进而对第三方产生了额外不良影响，以上过程可以被称为生态产品的负外部性。第二，生态产品在进行供给和需求的过程中形成服务流和空间流，从而产生溢出效应，使得未投入劳动和资金的主体同样会分享生态产品的生态价值，这被称为生态环境的正外部性。也正是生态产品具有外部性，使得市场很难给出生态产品的价格，导致生态环境保护行为不能得到合理补偿、生态破坏行为难以界定责任，从而降低生态产品的供给效率。也就是说，生态产品的正外部性和负外部性都会导致政府和市场的失灵，以致无法实现社会资源配置的帕累托最优。可以通过数学表达式分析这一情况。设个体 i 的预算约束为

$$Y_i - \sum P_h X_i^h, h = 1,2,\cdots,m \tag{2-2}$$

式中，Y_i 为 i 的收入，P_h 为 X_i^h 的价格，X_i^h 为生态产品消费因子。如果考虑负外部性，X_i^h 对 i 的边际效用小于 0，X_i^h 不出现在 i 的预算约束中，其实际价格为 0。如果 i 要使得其效用最大化，必须使任意两项 X_i^h 的边际替代率（MRS）等于这两项的价格之比。由于 X_i^h 的边际效用大于 0，而 X_j^n 的边际效用小于 0，又因为 P_h 为正，所以高效率条件下有：

$$\text{MRS}_{(h,n)i} = \text{MRS}_{(h,n)j} = P_h / P_n \tag{2-3}$$

式（2-3）仅在 P_n 小于 0 时成立，但实际上 P_n 为 0。因此，高效率条件无法得到满足。如果存在外部性，必须正确给定其价格，当负外部性的价格为负，正外部性的价格为正时，方能实现高效率。但是，如果给外部性确定一个价格，就会增加生态产品供给的成本，同时减少生态产品的需求，影响社会资源配置。由此可见，减少生态产品外部性的影响对生态产品价值实现来说是必要的。

（2）外部经济性与外部不经济性

从生态产品角度出发，外部经济性（external economy）主要是某一主体在进行生态保护与环境治理时，给其他主体也带来了良好的生态环境质量。简单地说，外部经济性就是给其他人带来了好处。比如，当某地开展大规模的生态保护修复时，附近居民自然而然就享受到了工程完工后所带来的良好生态环境质量、便利完善的基础设施等好处，政府也会收获大量 GDP、就业、税收，企业也会获得利润、生态保护修复经验等。

外部不经济性（external diseconomy）主要是某一主体在进行生态环境开发时，给其他主体也带好了不好的生态环境质量。简单地说，外部不经济性就是给其他人带来了坏处。比如，还是上面那个例子，附近居民也会忍受工程建设期间所带来的粉尘、噪声污染等，工程也会给拆迁居民带来生活动荡变化等不确定性，工程会给政府增加一定监管成本，工程会给公司带来一定的建设安全风险。

（3）内部经济性与内部不经济性

从生态产品角度出发，内部经济性（internal economy）主要是某一主体在进行产品或服务交易时，产品或服务给这一主体额外带来了良好的生态环境质量等利益。简单地说，内部经济性就是给自己带来了好处。比如，当某人购买生态旅游产品和服务后，某人额外享受到了良好的生态环境质量、便利完善的基础设施等。

内部不经济性（internal diseconomy）主要是某一主体在进行产品或服务交易时，产品或服务给这一主体额外带来了不好的生态环境质量等成本。简单地说，内部不经济性就是给自己带来了坏处。比如，还是上面那个例子，由于生态旅游产品和服务设计得不完善、不科学，游客也可能在旅游过程中受伤、旅游体验不好等。

2.1.2 内部化与外部化

在环境经济学领域，由马歇尔提出、庇古等做出了重要贡献的外部性理论，成为从价的环境经济政策（如环境保护税）的理论基础；科斯《企业的性质》以及《社会成本问题》等研究[9]，分析了交易成本及其影响，成为从量的环境经济政策（如排污权交易）的理论基础。消除外部性有庇古手段和科斯手段两种。第一，庇古手段。庇古认为，应当根据污染所造成的危害对污染者收税或收费，以弥补私人成本和社会成本之间的差额。这一手段的问题在于最优费率制定。制定最优庇古税不仅需要了解边际外部成本的信息，还需要了解边际私人纯收益的信息，根据二者曲线的交点确定有效率的污染水平。但是政府往往难以获取这一信息，因为企业没有动力向政府公开信息以帮助其制定向自己征收的费率，这就是信息不对称问题。因此，现实中很难通过税费征收实现有效率的生态产品供给。第二，科斯手段。《麦克米伦现代经济词典》对科斯定理做了一个详细的表述："科斯定理是指在交易成本为零和对产权充分界定并加以实施的条件下，外部性因素不会引起资源的不当配置。因此在此场合，当事人——外部性因素的生产者和消费者——将受一种市场动力的驱使去就互惠互利的交易进行谈判，也就是说，使外部性内部化。该中性定理指出，拥有决定资源使用的产权人，无论是外部性因素的生产者还是消费者，交易过程的结果总是一样的。"因此，只要清晰界定生态产品的产权，就可以促使社会形成向最优点移动的自然趋势。只要能使生态产品的供给方和需求方在零交易成本的情况下谈判，市场将自然达到帕累托最优。然而，零交易成本在现实中是不可能实现的，因此，生态产品价值实现的效率与交易成本息息相关。

在国内外研究和实践中，将环境外部不经济性进行内部化和将环境内部经济性外部化的政策主要是从价从量的环境经济政策。污染者付费原则、使用者付费原则、受益者付费原则是从价从量环境经济政策设计制定时必须考虑的基本原则。

（1）污染者付费原则

污染者付费原则（Polluter Pays Principle，PPP）由经济合作与发展组织（OECD）于20世纪70年代提出[10]，即要求所有的污染者都必须为其造成的污染直接或者间接地支付费用。该原则很快成为国家参与国际贸易的一项规则而被国际社会广泛接受，成为各国制定环境法的一项基本原则[11]。污染者付费原则规定，一切向环境排放污染物的单位和个体经营者，应当依照政府的规定和标准缴纳一定的费用或者税收，以使其污染行为造成的外部费用内部化，促使污染者采取措施控制污染。这一原则的核心就是要求所有的污染者必须为其造成的污染直接或者间接支付费用。污染者付费原则确立了生态环境资源"有价"的思想，根本上改变了"免费的空气""免费的水"等传统认识。污染者付费原则的背后是外部成本内部化，使价格充分反映生产和污染的成本，并产生了促使污染者减少污染、用市场方式来提高减污的效率、体现污染者赔偿他们所造成损害的公正等作用。根据污染者付费原则，慢慢衍生出了使用者付费原则（UPP）和受益者付费原则（BPP）。

污染者付费原则是环境经济政策工具的基石，是国际上通行的排污收费制度和环境税制度的理论基础。作为生态产品第四产业，污染者付费原则可以直接延伸到，对破坏自然生态系统和生态产品的行为征收费用或生态税。

（2）使用者付费原则

使用者付费原则是政府公共服务和产品的使用者或消费者为了获得这样的服务和产品而缴纳的特殊费用。在生态环境领域，使用者付费原则主要是指接受公共设施（如污水收集与处理系统，垃圾收集与处置系统，天然气、煤气、电力供应等）服务的用户（包括企业和个人）向公共设施运行机构支付其所接受服务和产品的费用[12]。使用者付费原则的主要运用领域是污水、垃圾处理、自来水、能源、电力供应等。使用者付费原则的实施方式主要有累进制和定额制两种。其中，累进制是指随着排污量（用电量、用水量、用气量等）的增加，单位污染物的排放量（电、水、气等使用量）的收费标准也在增加。定额制是指在一定用量基数以下，总收费额不变；超过该用量定额后，根据用量超过多少，增加收费额。这两种收费方式不仅可以反映单位污染物处理的边际成本随着排污量的增加而增加，也使生活水平较低的人易于承受，更能鼓励排污较多者削减污染物。

（3）受益者付费原则

受益者付费原则是指享受到服务和产品的受益方（个人、集体、企业或政府）必须向服务和产品的提供者支付费用。在生态环境领域，受益者付费原则主要是指享受到污染治理、生态保护、生态系统的服务和产品的受益方（个人、集体、企业或政府）必须向污染治理、生态保护、生态系统的服务和产品的提供者支付费用[13]。受益者付费原则要求从生态、环境与资源的保护开发利用过程中获得实际利益者，都应为生态、环境与资源价值的减少付出相应的代价，而不再局限于生态、环境与资源的直接开发者、直接污染者。受益者付费原则包括两层含义：一是受益者（个人或组织）应该对生态环境的享用或自然资源的耗损支付相应费用；二是开发利用自然资源的受益者（个人或组织）应该向自然资源的所有者或者管理者支付相应费用。相比污染者付费原则，受益者付费原则能更科学、更全面地矫正生态环境领域的外部性问题。

2.1.3 环境公共物品和服务

生态产品是环境公共物品的重要组成部分，绝大部分属于纯公共物品和准公共物品。通过生态环境基础设施建设，可以很好地助力生态产品的数量增长、资本经营、价值增值、开发服务、权益交易。

（1）环境公共物品与生态产品

从广义的环境和《中华人民共和国环境保护法》定义的环境出发，环境公共物品是能够满足公共需求的各种环境物品以及环境服务的总称，包括自然生态环境（比如新鲜空气、干净水体、宜人生态景观、舒适环境、森林草原、湖泊湿地等）及公共环境设施（比如人工防护林）、环境保护（比如治理污染）、环境政策（比如水价体系）、环境制度、环境信息等[14]。区分环境产品和环境服务是否属于公共物品的关键在于竞争性和排他性。环境公共物品的基本特征是消费上的非排他性和非竞争性。其中，消费上的非排他性是指某人出钱治理了大气污染，也无法妨碍其他人免费消费。消费上的非竞争性是指某人的消费完全不会减少或干扰他人对此物品的消费[15]。总之，环境公共物品就是在经济社会一定发展阶段后，能够保障人民群众基本环境权益，涉及生存、生活和发展等方面的环境物品和环境服务。

在环境公共物品中，供给服务类生态产品具有明显的排他性和竞争性，如食物、药材、原材料等；而调节服务类生态产品不存在市场环境，一般不具备这两种属性，如气候调节、生物多样性保护等，因此，这类生态产品往往被视为公共物品。根据环境公共物品的概念与内涵，环境公共物品可分为两类：第一类是纯公共物品，即同时具有非排他性和非竞争性，比如清洁空气、清洁水源、清洁土壤、生物多样性、臭氧层等；第二类是准公共物品，即不同时具备非排他性和非竞争性，比如公园、公共游泳池等在消费上具有非竞争性和排他性的俱乐部物品（club goods），或者像公共渔场、牧场等在消费上具有竞争性和非排他性的公共资源（common resources）。环境公共物品的属性使消费者在享受生态产品所带来价值的同时，“搭便车”的困境也持续存在。受益区域范围模糊造成的“公地悲剧”效应使得生态环境质量下降，进而导致生态产品供给效率不足，社会整体福祉受到损害。

要在环境公共物品配置时保障社会整体福祉的最大化，必须满足帕累托最优的原则。在公共物品一元化供给的思路下，政府部门供给环境公共物品的主要目的不是盈利，而在于公平满足社会上每个消费者的消费需求。从这个角度来讲，环境公共物品供给的有效性就是使每个消费者享受环境公共物品的效用达到最大值，消费者的需求量恰好等于社会供给量，达到公共物品供给与需求的一般均衡。一般来说，消费者消费商品的边际替代率与生产者生产商品的边际转换率相等时，资源达到帕累托最优配置。虽然人们从环境公共物品中分享收益和分担成本的数量很大，但是没有理由和方法建立退出机制，从而将环境公共物品的任一消费者排除在外。即使新消费者增加，原有消费者对该公共物品的享用也不会减少。消费者之间不会因为集团规模的扩大而带来竞争，相反，集团规模越大，越会使生态产品（环境公共物品）在自动扩大供给的同时，减少每个消费者分担的成本，相当于增加每个消费者享用的生态产品（环境公共物品）。在生态产品价值实现越来越多元化的大背景下，单纯的政府供给已经不能满足人民日益增长的美好生活需要。实行政府主导下的生态产品多元化供给机制，既能克服政府财政困难而使地方生态产品供给不足的挑战，又可以通过引入竞争机制提高公共部门的供给效率，有利于提高整体社会福祉。因此，生态环境基础设施建设不仅不会降低或影响原有的和新的消费者的生态环境福利，而且会使生态产品“蛋糕”增大，进而让人们更好地享用良好生态环境。

（2）生态环境基础设施

生态环境基础设施是基础设施的重要组成部分，是改善生态环境质量、增进民生福祉、实现生态文明的基础保障。建设完善生态环境基础设施有利于改善生态环境质量、提高生态产品产出和加快生态产品价值实现。生态环境基础设施分为环境基础设施和生态基础设施两类。其中，环境基础设施主要包括大气污染防治、水污染防治、固体废物处理、危险废物处理、噪声振动控制、环境监测、生态治理等产业领域。生态基础设施主要包括绿地系统、湿地系统、大气系统、水域系统、景观系统、森林和农田系统，以及生态化的人工基础设施系统。

作为城乡建设的重要硬件基础，环境基础设施的建设目的是防治污染、保护和恢复生态系统、保障环境质量和公众健康。环境基础设施建设主要有投资规模大、回报周期长、与公民切身利益息息相关，以及部分基础设施工艺技术、安全等级要求较高（如垃圾填埋场、垃圾焚烧厂）等特点。另外，环境基础设施提供的产品和服务（如污水防治、垃圾处理、大气污染防治等）均具有一定公益性，是人民生产生活所必需的产品和服务，对城乡生态环境的影响巨大。根据发达国家城市发展过程中的经验，以及我国城市建设经验和环保产业发展情况，环境基础设施（比如城市给排水系统、城市污水处理系统和垃圾处理系统等）建设在城市发展壮大过程中处于优先发展位置。主要原因是，环境基础设施不仅能保障城市生产生活的基本运转和有序运行，还能保障人民群众生活便利高效，更能促进生态环境质量持续改善，有助于提升人民群众的幸福感、获得感、安全感。

生态基础设施在自然环境和人工环境之间，通过能量流动和物质循环，最大限度地保护生态、节约资源、保护环境和减少污染，为社会生产和居民生活提供基础设施[16-18]。生态基础设施的主要功能是保障城市生态功能正常运行，为居民持续地提供新鲜空气、食物、体育、休闲娱乐、安全庇护、审美和教育等生态系统服务[19, 20]。生态基础设施就是城市可持续发展所依赖的自然系统，是维护城市生态安全和健康运转的关键性空间格局，是居民获得持续生态服务的基本保障。生态基础设施不仅包括传统的城市生态用地系统，而且包含一切能提供各种生态服务的空间，如自然保护区、林业及农业系统等[21]。不同类型生态基础设施提供的生态系统服务是不同的[22]，见表2-1。为了更好地发挥生态系统作用，在整体上需要统筹整合具有净化、绿化、活化、美化综合功能的湿地、绿地、地表和建筑物表层，废弃物排放、处置、调节和缓冲带，以及城市的山形水系、生态交通网络等生态基础设施，大力加强生物、水文、土地、大气、矿物等生态要素的支撑能力，重点维持湿地和绿地生态系统结构功能的完整性及生态服务功能[23-26]。总之，生态基础设施建设是以人与自然和谐共生为目标，能极大创造健康、舒适、高效、便利、亲善的生产生活空间，极大丰富了生态产品生产、经营，为后续的生态产品交易、分配奠定了基础。

表 2-1 不同类型生态基础设施提供的生态系统服务

类型	生态基础设施范围	生态系统服务	
		服务类型	服务内涵
自然型	自然森林、湿地、湖泊、草原	区域尺度调节服务	区域气候调节、空气质量调节、碳汇、水循环和净化
人工型	城市森林、交通绿化带、农田、小型水体和溪流、绿色屋顶、雨水花园、雨水湿塘、渗透沟渠、可渗透铺装	城市尺度调节服务	微气候调节、空气质量调节、水质净化、侵蚀预防和土壤肥力、生物控制、防止噪声
文化旅游型	长距离步道、风景名胜区、国家公园、文化遗产地	区域尺度文化服务	娱乐和生态旅游、精神和宗教、审美体验和灵感、教育、文化遗产
城市型	城市森林、城市公园、休闲地、街心绿地、小型水体和溪流、喷泉、屋顶花园	城市尺度文化服务	心理和身体健康、审美体验和灵感、文化价值观和提供信息、教育、励志、场所感
人工型	农田、城市森林、小型水体和溪流、城市公园、街心绿地、交通绿化带、屋顶花园、外墙绿植	供应服务	物质资源、淡水、遗传资源
自然型	自然森林、湿地、湖泊、草原、风景名胜区、国家公园	支持服务	野生动物栖息地、土壤形成、养分循环

2.2 生态经济学：生态产品价值

生态经济学是研究生态子系统和经济子系统形成的复合系统的结构、功能及其运动规律的学科，即生态经济系统的结构及其矛盾运动发展规律的学科，是生态学和经济学相结合而形成的一门学科。生态经济学的研究围绕着人类经济活动与自然生态相互作用的关系而进行，人类－生态－经济理论则是生态经济学的基础和重要理论之一。生态产品是生态经济的一种产品形态表现，因而生态产品价值也是当代生态经济学的主要研究内容。

2.2.1 价值概念与范畴

“价值”这一概念在许多领域被广泛使用，价值理论在整个社会科学中占有十分重要的地位，是整个社会科学的基础理论之一。但关于价值的本质，仍有着诸多定义，关于价值的理论也存在众多争议。因此，有效梳理和正确认识各个领域对价值的剖析，不仅是价值理论自身发展的需要，也是我们认识生态产品价值的重要前提。

（1）价值的哲学范畴

价值在哲学范畴中的最高抽象意义应当包括具体价值，但又不局限于某一种价值，是由各个领域中特殊的、具体的价值形态经共性地、本质地概括而得到的“价值一般”。通常来说，价值就是客体对主体的效益、效果和效应[27]。在主客体的相互作用中，客体的性质和功能对于主体本性的完善与发展所起的积极影响和作用即为价值。价值取决于客体本身所具有的性质和功能，而客体的属性只有同主体本性的完善和发展相联系，才能产生价值。

西方价值哲学起源于19世纪末20世纪初，到20世纪20年代已形成了主观价值论和客观价值论两种观点。主观价值论倾向于认为，价值的本质在于满足主体的需要，或取决于主体的情感与欲望。例如，价值哲学的奠基人文德尔班和美国新实在论者培里，以他们为代表的学者均以主体的心理体验与感受为出发点探讨价值的哲学问题，这样的观点也成为西方价值哲学的主导。而客观价值论则认为，价值是不可定义的，其独立于价值对象和评价主体，只能通过直觉来把握。因而，这种观点相较于主观价值论略显机械和片面。而自20世纪20年代中期以来，西方价值哲学经过不断探索，小有改进。比如，美国哲学家杜威曾对以满足需要界定价值的观点质疑，指出满足需要并非都有价值[28]；而怀海特提出了有机哲学和过程哲学，认为凡符合机体系统的主体目标和达到目标的主体方式或适合主体价值选择的都是有价值的[29]。但他们均未能把握价值的本质，仍局限于崇拜自发性和机械论。从20世纪60年代初开始，马克思主义哲学开始关注价值哲学。马克思主义哲学价值范畴的显著特征是用实践的思维方式去考察价值问题，将价值同人类生存和发展的实际相联系，同时肯定了价值的客观形态与主观形态，避免了主观主义、相对主义和非理性主义等否定性倾向。

（2）劳动价值论

劳动价值论（Labor Theory of Value）是马克思主义政治经济学的理论基础，是马克思主义政治经济理论的逻辑出发点，也是理解马克思主义政治经济学的关键[30]。马克思认为，商品是价值和使用价值的统一体。价值就是一种凝结在商品中的无差别的人类劳动，而使用价值则是商品的一种不可比较的自然属性。商品的价值是由劳动创造的，价值量由社会必要劳动时间决定。商品交换以价值量为基础进行等价交换，个别生产者的劳动耗费即个别劳动时间只能决定商品生产者的盈亏水平。这便是价值规律的基本内容和作用方式。

不仅商品具有价值和使用价值的二重性，劳动也是具体劳动和抽象劳动两个方面的统一[31]。具体劳动是指生产商品的不同使用价值的劳动，不同的具体劳动所创造出的不同使用价值之间相互独立、相互区别，以满足消费者们多样的需要，属于劳动的自然属性。而抽象劳动是指不同的具体劳动之间存在的一种共性标准，是所有劳动所共有的无差别的东西，体现了劳动的社会属性。具体劳动和抽象劳动分别决定了商品的使用价值和价值。劳动价值论不仅揭示了商品二因素和劳动二重性之间的关系，也强调了商品生产者之间、生产者与需求者之间的利益关系。

（3）效用价值论

效用价值论（Utility Theory of Value，UTV）认为，商品的价值在于其“效用”，“效用”是人对物品的一种主观心理评价，是物品能够满足人的需要、欲望程度的能力[32]。“效用”成为不同商品在结束生产过程进入交换领域时的一个可做比较的共同标准，解决了不同商品在“质”上无法比较的困境，而“效用”的大小也决定了商品之间的交换比例。效用价值论萌芽于古典时期，在19世纪60年代之前，主要表现为一般效用论，而19世纪70年代的“边际革命”让效用价值论在经济学价值理论的发展中逐渐取得了举足轻重的地位。在此之后的效用价值论即主要表现为边际效用论。边际效用论者指出，价值量取决于边际效用量，即满足人最后的亦即最小欲望的那一单位商品的效用，因而物品的最终价值取决于其效用和稀缺性。边际效用论认为，无论生产两个物品所耗费的劳动有多大的差异，只要二者的边际效用相等，价值量便相等。因此，效用价值论与劳动价值论在历史上通常表现为两种对立的价值理论。

（4）均衡价值论

均衡价值论（Theory of Equilibrium Price，TEP）是西方经济学原理的核心。均衡价值论所定义的价值等同于交换价值，又将交换价值归结为价格，因而价值和价格在均衡价值论中是同义的[33]。马歇尔以英国古典经济学和庸俗经济学为基础，认为商品的市场价格取决于供需双方的力量均衡，二者共同、同时作用于价格，从而建立起均衡价值论。当市场供给与需求相等时，即需求价格与供给价格相等时，价格便为均衡价格，均衡价格是由市场供求的自发调节形成的。而与之相对应的数量则称为均衡数量。需求价格或消费者对一定数量的商品所愿意支付的最高价格由商品的边际效用决定，而供给价格或供给者对一定数量的商品所愿意接受的最低价格由边际成本或边际生产费用决定。

此外，供求对价格的决定程度会受到时间因素的影响。将时间分为瞬时、短期和长期时，所对应的价格也有瞬时价格、短期价格和长期价格三类。瞬时价格是指在非常短的时期内，即比产出水平变化所需时间更短的时期里，以市场的存货为限，需求调节价格；短期价格则指一般生产技术条件不变时，生产者自行增减产量以适应市场需求时，供给和需求对价格起同等的作用；长期价格是指生产量可以自由调整时，即厂商可以自由进退于某个行业并改变工厂的规模时，商品价格主要取决于生产成本，需求只能决定交易的数量。

2.2.2 生态产品价值

（1）生态经济

生态产品是生态经济的一种产品形态。生态经济是指人们在认识自然、遵循自然规律的基础上，通过发挥主观能动性，改变生产和消费方式，利用资源潜力将传统经济社会转型到社会和谐、生态健康、良性循环的一种全新的经济发展模式。良性循环的生态经济系统可以在运转中实现自我增值，使区域经济持续高速发展。

国外关于生态经济的研究可追溯至20世纪20年代中期，美国科学家R. D. MeKenzie首次把植物与动物生态学的概念运用到人类与社会的研究中，主张经济分析必须考虑到生态学。1962年，美国海洋生物学家Rachel Carson发表了《寂静的春天》，揭示了美国社会工业发展对自然生态的影响。20 世纪 60 年代后期，美国经济学家 Kenneth Boulding 首次正式提出了“生态经济学”（Ecological Economics）的概念，创见性地提出利用市场机制调节和控制人口，利用消费品的分配、资源的开发利用、环境质量以及国民生产总值来衡量人类福利[34]。而他在《即将到来的宇宙飞船经济学》中提出“循环经济”的理念，创立了经济－社会－自然协调发展的模型，标志着生态经济学作为一门学科的诞生。1973 年，美国生态学家 Herman Daly 提出了稳态经济的理论，强调人口与物质财富要保持稳态，要提高生产质量，使人民长寿和物质存量保持高水平。这一理论拓展和丰富了生态经济学的内容[35]。随后，美国环境分析学家、地球政策研究所创始人 Lester R. Brown 提出了环境可持续发展理念，形成了可持续发展的理论框架，并用于他所构架的生态经济，呼吁人们彻底转变经济增长模式[36]。总而言之，国外生态经济学的核心离不开生态系统与经济系统的关系，强调经济系统包含在生态系统内，强调经济系统要在生态系统边界范围内运行。比较而言，国内的生态经济学强调人与自然的和谐关系，关注如何实现生态系统与经济系统的协调发展。

我国生态经济学的提出和建立始于 1980 年，比美国最先提出的生态经济学概念晚了 10 多年。1980 年 8 月，我国经济学家许涤新教授首先提出了开展生态经济研究和建立生态经济学科的建议。1982 年 11 月，召开了第一次生态经济讨论会。1984 年 2 月，中国生态经济学学会正式成立。1985 年 6 月，创办了全世界第一份生态经济杂志《生态经济》，而这个杂志比美国的 *Ecological Economics* 还要早 4 年[37]。我国开始认识到经济发展与人口、资源环境之间的矛盾，如何协调生态环境与经济发展的关系是中国特色社会主义建设的一个重要问题。

马世骏和王如松率先创立了社会－经济－自然复合生态系统理论，为我国生态文明建设奠定了理论基础。复合生态系统包括三个子系统，分别是：自然子系统，是由水、土、气、生、矿及其相互关系构成的人类赖以生存、繁衍的生存环境；经济子系统，是指人类主动地为自身生存和发展组织有目的的生产、流通、消费、还原和调控活动；社会子系统，由人的观念、体制及文化等构成。这三个子系统相辅相成、相生相克。王如松和欧阳志云进一步指出，复合生态系统理论的核心是生态整合，通过结构整合和功能整合，使三个子系统的关系和谐有序，实现人类社会、经济与环境复合生态关系的可持续发展[38]。

傅伯杰提出，景观格局、生态过程和生态系统服务三者之间存在耦合关系：一是景观格局与生态过程相互影响，景观格局作用于生态过程，生态过程对景观格局形成反馈；二是土地利用方式的变化导致生态系统过程的变化，进而影响生态系统服务的供给；三是开展基于生态系统服务功能的景观生态管理，整合有利于景观可持续发展的管理方案，根据生态系统服务功能评价结果提出土地利用决策建议[39]。

王松霈指出，生态与经济协调理论是生态经济学的核心理论，并为社会经济的可持续发展提供理论基础。他提出了生态经济学的三个基本理论范畴：生态经济系统、生态经济平衡和生态经济效益。其中，生态经济系统是载体，生态经济平衡是动力，生态经济效益是目的。王松霈、徐志辉认为，中国生态经济学研究可分为三个阶段：①1980年以前是中国生态经济学研究的酝酿和准备时期；②1980年至1984年中国生态经济学学会成立，是生态经济学研究的初创时期；③中国生态经济学学会成立至今，是中国生态经济学研究的飞跃发展时期[40]。

刘思华强调自然与人、生态与经济的协调可持续发展，在他的《绿色经济论》一书中揭示了生态经济与知识经济、可持续经济之间的本质联系和发展规律，为当代中国的绿色经济与绿色发展奠定了理论基础。刘思华指出，生态经济协调发展论的新学说是中国生态经济学理论的核心与精华，“实现了几百年来缺乏生态观念的传统经济学向生态与经济内在统一的经济理论的重大转变。这是经济学说历史上的一个质的飞跃，昭示经济理论在新的历史条件下的发展变革”。这是我国生态经济学以及整个经济学理论发展史上具有重要意义的里程碑。

此外，刘思华还提出建设社会主义生态文明的新命题，创立了中国特色的生态文明与四大文明全面协调发展理论，揭示社会主义和谐社会的生态与生态经济属性，确立社会主义和谐社会是一个自然生态和社会经济有机整体可持续发展的社会理论。自此，党的十七大将生态文明建设写入党章。

（2）生态产品与服务

虽然学术界对于生态产品的概念及内涵尚存争议，但有关的基本含义和认识已逐步达成共识，其核心内容均是围绕着由自然资本构成的生态系统服务与非自然资本结合在一起所产生的人类生态经济福利、人与自然和谐关系而展开。本书不同章节也从概念、范畴、分类、核算、政策等角度给出了生态产品和生态产品第四产业的定义。由于生态产品更多地来自我国生态文明建设的实践，不必太拘泥于西方生态经济学的生态产品概念。

国外关于生态系统服务（Ecosystem Services）的概念与生态产品类似，生态系统服务这一概念最早由斯坦福大学 Paul Erhlich 教授提出，后由其学生 Gretchen C. Daily 等将其定义为“生态系统与生态过程所形成的，维持人类生存的自然环境条件及其效用”[41]。而由联合国秘书长安南启动的千年生态系统评估（MA）国际合作项目将生态系统服务定义为，人类从生态系统直接和间接获得的各种惠益。MA 将以往称之为生态系统的产品和服务统称为生态系统服务，并将其归纳为支持、供给、调节和文化 4 个方面[42]。联合国环境规划署（UNEP）主导的生态系统与生物多样性的经济学（TEEB）将生态系统服务定义为“生态系统对人类效益的直接或间接贡献”[43]。

国内学界对生态产品内涵的理解有狭义和广义之分。狭义上的生态产品是指维护生态安全、保障生态调节功能、提供良好生活环境的自然要素，如满足人类需求的清新空气、清洁水源、适宜气候等无形产品，与“生态系统服务”的含义基本相同；广义上的生态产品还包括通过清洁生产、循环利用、降耗减排等途径生产的有机食品、绿色农产品、生态工业品等有形物质产品[44]。

生态产品是第四产业的核心产品，也是生态文明建设的核心概念。生态产品是量化、规范化、标准化的生态系统服务，是自然属性和社会属性的统一。生态产品不仅包括森林、草地、湿地、农田等生态系统提供的供给产品，还包括气候调节、水源涵养、土壤保持、洪水调蓄等调节服务产品，以及休闲娱乐、精神健康等文化服务产品[45]。

（3）生态产品的公共物品性

生态产品是一种特殊的公共物品，在经济学中属于公共物品或准公共物品的范畴。为减少“搭便车”行为，实现资源的有效配置，需要市场和政府共同发挥作用，建立有效的生态产品价值实现机制。生态产品价值实现是通过政策工具将生态系统的社会效益或社会成本转化为私人效益或私人成本，将生态领域的外部性转化为经济外部性，实现外部性的内部化。生态产品价值实现是解决市场失灵、保护生态系统真实性和完整性的重要机制，是“绿水青山就是金山银山”理念实现路径、效率与公平的调节机制。

对生态产品的明确分类是研究生态产品供给方式和运行机制的前提。生态产品的分类方法多种多样，如根据生态产品生产环节，可分为初级生态产品和衍生生态产品；根据物品公共性，可简单分为纯公共性生态产品、准公共性生态产品和经营性生态产品。如果根据其公共性、竞争力和排他性，生态产品可分为以下五类[45]：①纯公共产品：如生物多样性、气候调节等，具有非竞争性和非排他性，任何人都可以从物品的存在中受益。②公共池塘资源：是一种商品或服务，具有竞争性，但难以界定产权，以排除他人对商品或服务的占用，如渔业资源、水质净化、洪水调蓄等。可以通过创建生态承载力或生态环境基准线的许可证，使各类机构和市场主体作为买方参与公共池塘资源的许可交易。③拥挤公共产品：产权难以界定或共有产权，因此不具有排他性。但是，由于空间的拥挤，它们会导致过度拥挤，例如，免费的公共海滩和公共绿地。一般拥挤的公共物品，可归入公共池塘资源进行研究。④俱乐部产品：如风景名胜区，没有竞争性，但是存在拥挤，具有排他性。这些生态产品通常有地域范围，界限清晰，可以在产权基础上强制执行。生态系统服务付费因其排他性，是实现生态产品供给的有效政策工具。公共和私营部门可以通过收费提供俱乐部产品。⑤市场产品：例如，原材料和大多数食品都具有强大的、可执行的产权，产品价值一般可以通过交易成本较低的直接市场交易来实现。

（4）生态产品价值

随着生产力水平的提高和环境意识的提升，生态产品的价值逐渐得到社会的普遍认可。我国对生态产品及其社会属性也进行了界定——广义生态产品是具有正外部性的生态系统服务。而广义生态产品概念的提出，也体现了生态产品的直接利用价值、间接利用价值、选择价值与存在价值的多重价值属性[46]。生态产品价值可以定义为生态系统为人类的生产和生活所提供的最终产品与服务价值的总和。生态系统服务价值，是指人类从生态系统所获取的直接或间接的既得利益，主要包括生态系统向经济社会系统输入有用物质和能量、接受和转化来自经济社会系统的废弃物，以及直接向人类社会成员提供服务（如人们普遍享用洁净空气、水等舒适性资源）。而生态产品总值（Gross Ecological Product，GEP）或生态系统生产总值（Gross Ecosystem Product，GEP），是指一定区域内自然生态系统为人类社会可持续发展提供的最终产品与服务的经济价值总和，包括供给产品价值、调节服务价值和文化服务价值三部分。从研究角度来看，生态产品总值和生态系统生产总值都是表述生态产品价值总量的核算方法，本书不作严格区分。

为了更好地量化生态产品的价值，应当对生态产品或生态系统服务功能进行合理分类。Costanza 等在强调生态系统服务的基础上对其进行了分类研究，将生态系统服务功能分为气候调节、水分调节、水供应、废物处理、生物控制、食物供应、娱乐及文化等 17 类[47]。而在讨论生态产品价值时，由于生态系统对人类福祉造成了影响，为了更加全面地评估生态产品价值，MA 不仅明晰地将生态系统服务划分为支持、供给、调节和文化服务，还将其具体延伸到对人类福祉所产生的影响。MA 将人类福祉的决定因素和组成要素定义为安全、维持高质量生活的基本物质条件、健康、良好的社会关系和自由与选择 5 个方面，创造性地提出了生态系统服务与人类福祉各个要素之间的相互关系。生态系统服务与人类福祉之间的关系如图 2-2 所示。

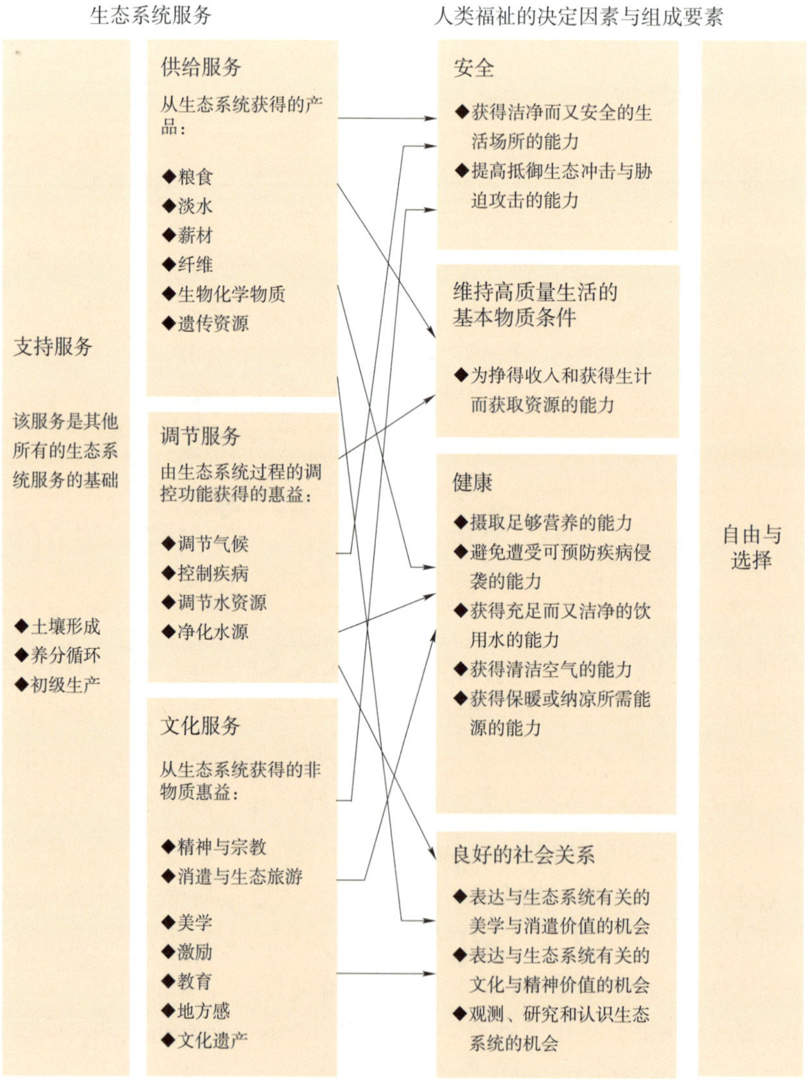

图 2-2 生态系统服务与人类福祉之间的关系[9]

此外，TEEB 以经济学家过去数十年的研究为基础，将生态系统服务分为供给型服务、调节型服务、栖息地或支持型服务和文化型服务四个方面，帮助决策者识别、展示以及（适当）获取生态系统和生物多样性的价值。TEEB 提出的估值方法可适用于生态系统（森林）、人类居住单位（城市）以及商业部门（采矿业）等案例的实践。四类服务下的具体分类，如图 2-3 所示。

供给型服务属于生态系统服务，是指从生态系统获得材料输出。这包括食物、水和其他资源。

食物：生态系统为食物生长提供条件——野外生境和受管理的农业生态系统。

原材料：生态系统可提供各种建筑材料和燃料。

淡水：生态系统提供地表水和地下水。

医疗资源：许多植物可用作传统药物以及制药行业的原料。

调节型服务是指生态系统充当调节器所提供的服务，如调节空气和土壤质量或提供洪水和疾病控制。

本地气候和空气质量调节：树木可提供遮荫并清除空气中的污染物。森林可影响降雨。

碳捕获与储存：随着树木与植物生长，它们能够清除空气中的二氧化碳并有效将其锁定在它们的组织中。

调和极端事件：生态系统和有机生命体可为自然灾害（如水灾、风暴和山崩）提供缓冲。

废水处理：土壤和湿地中的微生物可分解人和动物的废物，以及其他各种污染物。

防止土壤侵蚀，保持土壤肥力：土壤侵蚀是土地劣化和沙漠化的关键因素。

授粉：全球115种主要粮食作物中的87种依赖动物授粉，包括可可和咖啡等重要的经济作物。

生物控制：生态系统是控制害虫和病菌传播疾病的有力措施。

栖息地或支持型服务是其他所有服务的基础。生态系统为植物和动物提供生存空间，它们能够维持不同种类动植物的多样性。

物种栖息地：栖息地可提供植物或动物生存所需的一切。迁徙物种在迁徙途中需要栖息地。

维持基因多样性：基因多样性可区别不同的品种或种类，为本地栽培变种提供基础，并为将来发展经济作物和牲畜提供基因库。

文化型服务包括人们从接触生态系统中获得的非物质利益。这包括美学、精神和心理益处。

娱乐及精神和身体健康：自然景观和城市绿化空间对维持精神和身体健康的重要作用日渐得到认可。

旅游：自然旅游可提供大量经济效益，是许多国家的重要收入来源。

美学欣赏以及文化、艺术和设计启迪：与自然环境有关的语言、知识和欣赏一直贯穿整个人类历史。

精神体验与归属感：自然是主要宗教的共同因素，自然景观也构成地方标志，形成归属感。

图 2-3　TEEB 的生态系统服务类型[48]

生物多样性和生态系统服务政府间科学与政策平台（Intergovernmental Science-Policy Platform for Biodiversity and Ecosystem Services，IPBES）在《全球生物多样性和生态系统服务评估报告》中评估了 1970 年以来自然维持其对良好生活质量的全球贡献能力趋势。报告分析了 18 种自然对人类的贡献，可分为环境过程调节、物质和辅助以及非物质三大类的贡献，具体的分类如图 2-4 所示。报告指出，许多类别的自然贡献包含两个指标，体现了该类别自然对人类福祉做出贡献的能力的不同方面。报告充分说明了自然对人类提供的基本调节、物质和非物质贡献，即生态产品对人类的健康和生活质量的价值不可或缺且不可替代。

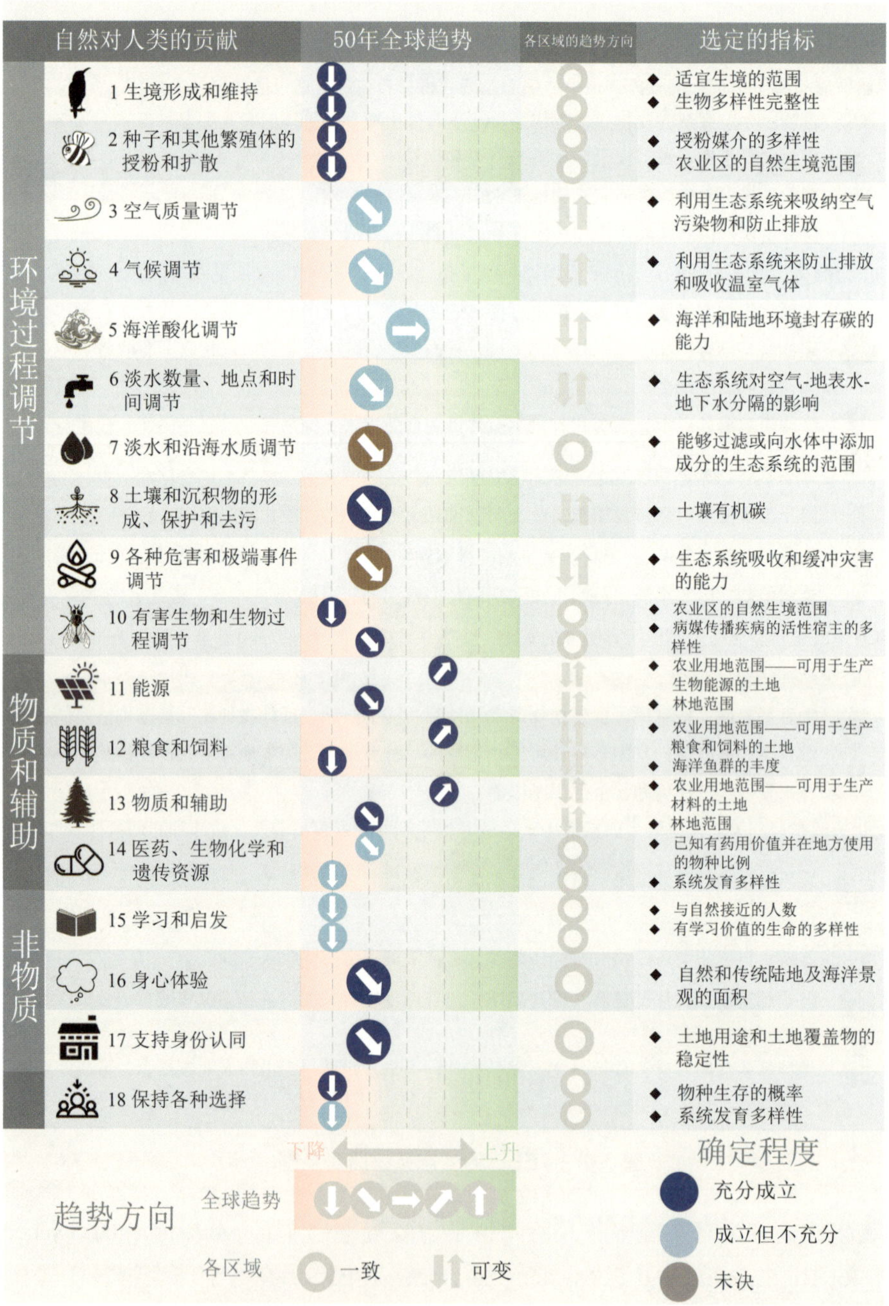

图 2-4　IPBES 评估的自然对良好生活质量的贡献能力趋势[49]

由欧洲环境署（EEA）开展的环境核算工作发展而来的生态系统服务共同国际分类（Common International Classification of Ecosystem Services，CICES），为生态系统服务的标准化核算提供了新的借鉴思路。CICES认可了MA中所定义的生态系统供给、调节和文化服务，但是认为，“支持服务”是生态系统的基础结构、过程和功能的一部分。因此，对于被认为是潜在或推定的“最终生态系统服务”，CICES使用了五级层次结构对其进行描述，并仅将供给、调节和文化服务作为一级结构。五级结构分别是：部分（section）、部门（division）、组（group）、类别（class）和类别类型（class type），每个级别都逐渐变得更加详细和具体。表2-2列出了前三级的生态系统服务的类别结构。

表2-2 CICES在生态系统服务分类部分中的前三级结构[50]

非生物生态系统产出		
部分	部门	组
供给服务（非生物）	水体	提供营养、物质或能量的地表水
		提供营养、物质或能量的地下水
		其他的水生生态系统产出
	非水生自然非生物生态系统产出	提供营养、物质或能量的矿物质
		提供营养、物质或能量的非矿物质或生态系统物质
		其他的提供营养、物质或能量的矿物质或非矿物质，抑或生态系统物质
调节和维护服务（非生物）	对生态系统的生化转化或物理投入	通过非生物过程调节废物、有毒物质和其他滋扰
		调节人为来源的滋扰
	调节物理、化学、生物环境	调节基本趋势和极端事件
		维护物理、化学、非生物环境
	其他通过非生物过程的调节和维护服务	其他
文化服务（非生物）	与取决于环境中存在与否的自然物理系统间的直接、原位和室外的相互作用	与自然环境中的天然非生物成分的物理和经验上的相互作用
		与自然环境中的非生物成分的有智性和有代表性的相互作用
	与不需要在环境中存在的物理系统间的间接、远程、通常是室内的相互作用	与自然环境中的非生物成分的精神性、象征性和其他相互作用
		其他具有非使用价值的非生物特性
	其他具有文化意义的自然非生物特征	其他

基于详尽的生态产品分类体系，科学合理地核算生态产品价值，最后以货币这种直观的形式对区域生态系统服务价值进行评估，不仅有助于显化生态产品的经济价值，帮助人们认识到生态产品的重要性，而且有利于决策者对区域经济和生态的统筹决策与综合考量。目前，生态产品的货币化方法有市场价值法、替代成本法、旅行费用法等多种计算方法，具体的方法主要根据生态产品的类型以及数据的可获取性和丰富程度来确定。总而言之，在完成各类生态系统提供的产品与服务实物量核算与定价的基础上，得到各类生态系统提供的产品与服务的价值量，从而构建生态产品价格体系和交易体系。

（5）生态产品价值实现

针对不同类型的生态产品特征，可以将生态产品价值实现路径分为四类：基于政府的公共生态产品价值实现机制、基于市场的私人生态产品价值实现机制、基于 PPP 的生态产品价值实现机制、基于社会的生态产品价值实现机制[51]。同时，有学者提出了生态产品价值实现的主要模式："价值增值"和"交易变现"模式。其中，"价值增值"是通过定量评价 GEP 的年际变化来反映生态效益的变化。"交易变现"是通过市场交易体现生态产品的真实价值，并通过外部性内部化的方法，实现生态效益向经济效益和社会效益的转化[45]。

2.2.3 人类 – 生态 – 经济关系

（1）弱可持续与强可持续的争论

可持续性作为人类发展的必然选择，在本质上是协调人与自然关系的过程。目前，经济学上存在两种对立的可持续范式，即弱可持续性范式和强可持续性范式，其根本区别在于自然资本与非自然资本之间的关系。弱可持续性发展认为，只要投资以等量价值的非自然资本，非自然资本对自然资本的替代就是可接受的，这是基于经济增长的可持续性所提出的发展范式。而强可持续性发展认为，自然资本与非自然资本之间是不可替代的，二者之间是互补的关系，且这种关系要求这两种类型资本的生产都需要保持并相互依赖[52]。

弱可持续性理论是基于新古典经济学中的观点，认为经济增长在很大程度上取决于占有自然资源的数量和质量。而工业化以后，人们逐渐认识到自然资源是有限的，认为实现经济的可持续性，需要以非自然资本替代自然资本。因此，弱可持续性的基础假设与不同类型的资本及其所产生的福利是没有区别的，只要利用自然资本创造出足量的非自然资本，以弥补自然资本的损失，这种经济发展也是可持续的[53]。而强可持续性理论基础是生态经济学，认为至少有一些自然资本是不可替代的，因此，需要同时维持两种类型资本的存量。此外，强可持续性发展还明确了经济发展客观存在生态环境的价值阈值，实现经济增长必须关注生态承载力。总而言之，真正意义上的可持续发展，既要考量非自然资本与自然资本的协调利用，同时也必须将资源环境的承载力纳入自然资源开发利用的基本限制条件。

（2）社会－生态系统

目前，越来越多的跨学科项目将生态和社会科学结合起来，研究社会－生态系统或者人类－环境系统。社会－生态系统（Social-Ecological System，SES）的理论框架源于Elinor Ostrom对Garrett Hardin“公地悲剧”模型的质疑。Ostrom认为，“公地悲剧”可以从社会和生态两个层面去分析社会力量对生态系统及其服务的改变，进而影响人类福祉。基于此，构建了社会－生态复杂系统多层次交融模型[54]。

社会－生态系统内部通过多个子系统相互关联、相互作用、相互影响，以实现社会和生态的协调发展。SES的四个一级核心子系统为资源系统、资源单位、治理系统以及使用者。资源系统可以是一个指定的受保护的公园，例如，一个包含森林区域、野生动物和水系统的指定土地范围；资源单位则是指公园内的植物、野生动物的类型以及水量；治理系统是管理公园的政府和其他组织，制定相关的具体规则；而使用者是指以各种方式使用公园以维持生计、娱乐或实现商业目的的个人。每个一级核心子系统又由多个二级变量（如资源系统的规模、资源单元的流动性、治理水平、用户对资源系统的了解程度等）组成。因此，SES可以从复杂科学视角深入分析社会与生态间的交互影响。将这四个核心子系统按社会和生态属性划分，则可以探究社会发展系统和生态发展系统间的内在联系，从而实现社会与生态的协同发展。

（3）社会－经济－自然复合系统

社会－经济－自然复合系统（Social-Economic-Natural Complex Ecosystem，SENCE）由马世骏于1984年提出。马世俊等认为，社会、经济和自然这三个子系统各自的生存和发展都受到其他系统的影响和制约，必须以一个复合系统来考虑并研究其中的动态关系[55]。作为社会经济的主人及大自然的一员，人是在SENCE中最活跃的因素。人类一方面驱使大自然为提升自身物质文化生活水平而服务，另一方面也要受到自然条件的约束和调节，这是复合生态系统的一个最基本的特征。

总体来说，复合生态系统研究是多维决策的过程。三个子系统在复合系统中相互制约又相辅相成，因此，通过协调和整合三个子系统各自的结构和功能及其内部各组分之间的关系，可以使子系统之间协同有序发展，从而实现人类社会、经济与自然的可持续发展。

（4）人与自然耦合系统

Liu等于2007年在*Science*上撰文，把在一定空间范围内的人类与自然环境组成的相互作用的功能整体定义为人与自然耦合系统（Coupled Human and Natural Systems，CHANS）[56]，如图2-5所示。图中箭头表示交互与反馈。

为了系统地理解人与自然的相互作用，Liu等认为，可以将耦合（couplings）分为三种主要的类型：耦合系统之内［内耦合（intracoupling）或者局域耦合（local coupling）］、远距离耦合系统［远程耦合（telecoupling）］之间和相邻耦合系统［邻近耦合（pericoupling）］之间的人类与自然的相互作用[58]。这三者的框架和它们之间的相互关系即构成了多元耦合（metacoupling）框架，同时涵盖了所有人类与自然的相互作用。但当灾难发生时，

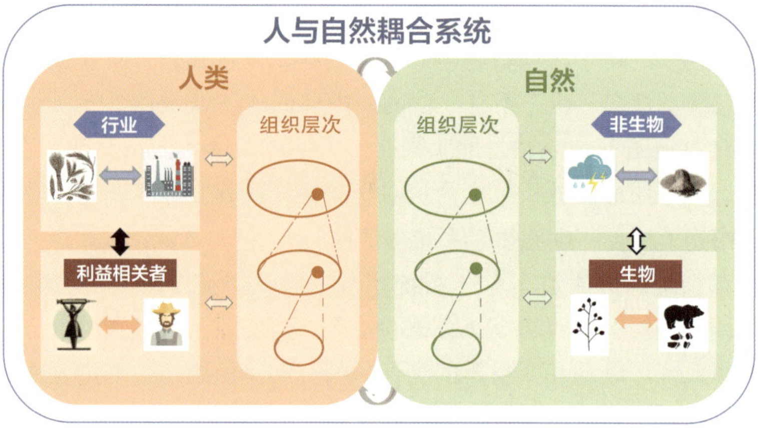

图 2-5 人与自然耦合系统的示意图[57]

只有局域耦合的系统可能缺乏足够的弹性和应变能力。而在局域耦合和远程耦合都已经存在的系统中，将二者共同结合到决策中可以增强系统的适应能力。此时，研究和评估它们如何协调和平衡是很重要的[59]。

CHANS 框架最初创建是为了在结合各种传统研究的基础上提供一个综合框架，以便理解全球范围内人类与自然子系统之间的联系。现如今，世界正在共同应对诸多艰巨的挑战，包括新型冠状病毒肺炎（COVID-19）大流行、气候变化、功能失调的食物分配以及社会的不平等和不公正问题，等等，均需要借助 CHANS 这样的综合分析框架，帮助世界更好地理解人与自然之间的复杂关系，以期更合理地应对关键的社会问题和环境挑战。

2.3 资源经济学：生态环境资源

资源经济学是一门以经济学理论为基础的学科，通过经济分析探究资源配置的合理性，促进人口与环境的可持续发展。自然资源是能被人类开发利用，以提高自身福利水平的资源，经济资源是人类劳动以后获得的产品。而正确把握自然资源与经济发展之间相互依存又相互影响的关系，是理解资源经济学的关键。

生态文明建设的战略地位日益重要，其中尤为关键的是生态资源的有效保护、合理开发、高效利用、价值实现和科学治理。2020 年 10 月，党的十九届五中全会把“构建生态文明体系，推动经济社会发展全面绿色转型”作为“十四五”规划和 2035 年远景目标之一，并明确提出要全面提高资源利用效率，健全自然资源资产产权制度和法律法规，加强自然资源调查评价监测和确权登记，建立生态产品价值实现机制，完善市场化、多元化生态补偿，推进资源总量管理、科学配置、全面节约、循环利用。因此，基于生态产品第四产业，学界提出了生态资源这一概念，而生态资源是生态产品第四产业的重要概念基础，是构建生态产品第四产业生产函数的主要变量，是生态产品第四产业的主要生产力。为了进一步构建生态产品第四产业的发展评价指标体系，需要重点对自然资源、生态资源、环境资源、经济资源等概念进行区分。

2.3.1 资源概念扩充：生态环境

一般经济学把资源称为经济资源，将其分为自然资源和社会资源。在狭义的概念中，自然资源是指自然界进入生产或消费过程中的各种物质资源。社会资源是人类通过劳动获得的能够服务于人类的一切人为因素的总和。因此，经济资源是以自然资源为对象，经过人类劳动后得到的产物，可分为生活资料和生产资料，如原材料、机器、设施、能源和交通工具等。经济资源必然具备有用性和稀缺性，有用性是资源之所以为资源的依据，稀缺性是经济资源之所以为经济资源的前提，而能否认识和利用这种稀缺的有用性，尚需依赖于一定的知识、技术和经济条件。因此，经济资源通常被定义为具有稀缺性且能带来效用的财富，是人类社会经济体系中各种经济物品的总称。

由于研究视角不同，经济资源分类标准繁多。按照科学研究和生产实践所能达到的知识水平，经济学中的经济资源主要包括物质资源、能量资源、信息资源和人力资源。在这些经济资源中，物质资源是人类社会经济活动所依赖的客观存在，是人类社会赖以生存和发展的基础，其形态、特征、用于生产或消费都不改变这一根本属性。能量资源是一个包括所有燃料、流水、阳光和风的术语，人类可以通过正确的转换方式使其提供能量。而能量以物质为载体，能量可以理解为是用于驱动人类社会经济活动的载能物质。信息资源不是物质，没有能量，但信息的传递依赖于物质和能量。信息包含在信号中，信息由信号承载，因此，信息资源可以理解为是用于指导人类社会经济活动的载信物质或载信能量。

资源经济学关注自然资源和经济资源的有效组合和配置，实现人类开发资源的经济利益最大化。但随着人类社会经济的快速发展和对大自然的掠夺，自然资源存量越来越少，特别是人类生存的自然环境受到了前所未有的破坏，资源稀缺问题日益严重，威胁着全人类的可持续发展。因此，为了全球的可持续发展和地球生命共同体建设，资源经济学迫切需要扩充其资源的概念，特别是针对生态产品第四产业发展，要关注自然资源、生态资源和环境资源对可持续发展的影响，让生态环境资源成为生态产品第四产业的首要生产力。

（1）自然资源

自然资源的定义有许多。UNEP 对自然资源的定义是，在一定的时间和技术条件下，能够产生经济价值，提高人类当前和未来福利的自然环境因素的总称[60]。狭义的自然资源只包括实物性资源，即在一定社会经济技术条件下能够产生生态价值或经济价值，从而提高人类当前或可预见未来生存质量的天然物质和自然能量的总和。而广义的自然资源是实物性自然资源和舒适性自然资源的总和。通常，自然资源是指人类可以从自然界中直接获得并可以运用于生产和生活的物质[61]。

自然资源有以下五种分类方法：①按照资源的利用限度分类，可分为可更新资源与不可更新资源。可更新资源包括恒定性的环境资源（太阳能）、可循环再生的环境资源（生物资源）；不可更新资源包括矿产资源。②按资源的固有属性划分，可分为耗竭性资源与非耗竭性资源。耗竭性资源包括可更新资源（生物资源）与不可更新资源（化石燃料）；非耗竭性资源包括可更新资源（恒定性资源）与不可更新资源（金属资源）。③按利用目的划分，可分为农业资源、药物资源、能源资源和旅游资源。④按圈层特征划分，可分为土地资源、气候资源、水资源、矿产资源、生物资源、能源资源、旅游资源和海洋资源。⑤按其属性与用途划分，可分为陆地自然资源、海洋自然资源和太空自然资源[62]。

在上述自然资源类型中，有三种比较特殊的类型：一是恒定性资源，是指在人类的时间尺度上无穷无尽的，且不会因为人类利用而耗竭的资源，如地表水、潮汐、风能、波浪、地热、太阳能等。二是可更新资源，是指在正常情况下能够通过自然过程再生的资源，如生物资源。三是不可更新资源，是指地壳中有固定储量的可得资源。由于它们不能在人类历史尺度上由自然过程再生，或由于它们再生的速度远远慢于被开采利用的速度，它们是可耗竭的，如矿产资源。

自然资源的基本特征主要有：①稀缺性。自然资源相对于人类所需要的物品在数量上是不足的，资源数量上的有限是人类社会与自然资源关系的核心问题。②整体性。各种自然资源要素相互联系、相互制约，是一个有机的整体。同时，各地区之间的自然资源也相互影响。③地域性。自然资源的分布和开发利用的条件都具有地域性，具体是指自然资源的分布，无论是在数量上还是在质量上都存在明显的地域差异，并具有特殊的分布规律。④功能多样性与限制性。大部分自然资源都具有多种功能和用途，同时存在一定的局限性，即具有经济学上的互补性和替代性。⑤变动性。自然资源的概念、资源利用的广度和深度都随着历史的进程不断演变。⑥社会性。资源是文化的一种功能，因而具有社会性，并且因自然资源中所附加的人类劳动而表现出社会性。

（2）生态资源

在人类生态系统中，所有用于生物和人类生存、繁衍和发展的物质、能量、信息、时间和空间，都可以被认为是生物和人类的生态资源。生态资源通常包括山、水、林、田、湖、草、沙等有形自然资源要素，也包括野生动植物等生物资源，还包括水文景观、农田景观、森林景观等自然景观资源以及无形环境资源和生态文化资源等。生态资源不仅指具体的某项资源，也指整体性的资源系统共同体，既具有整体性和系统性，也具有公共性和外部性、复杂性和多维性。生态资源是重要的公共资源，是维持和提升人类福祉的稀缺公共产品。

生态资源通常具有生态价值，包括调节价值、平衡价值、支持价值、修复价值等。生态资源中可用来生产的生态产品主要包括：有形生态供给产品，如生态农产品、中草药、植物的果实种子等；无形的生态调节服务产品，如水源涵养、水质净化、土壤保持、洪水调蓄、气候调节、固碳释氧等；生态文化服务产品，如生态旅游与休闲、景观与美学价值等。生态资源具有复杂的经济价值，有的可以直接产生经济产品，直接获得经济价值；有的虽然难以直接产生有形产品，却具有诸多无形的生态服务价值，而这些生态服务价值正在逐步得到认识和认可。构建科学、合理、有效、可操作的生态产品价值实现机制，是中国生态文明建设的重要任务，是建设美丽中国和绿色高质量发展的有效抓手，是活化乡村生态资源，促进农民增收、实现乡村振兴和共同富裕重要战略的有效途径。

（3）环境资源

环境作为一种资源，包含两层含义：一是环境的单个要素（如土地、水、空气、动植物、矿产等）以及它们的组合方式（环境状态），可称为自然资源属性。二是与环境污染相对应的环境纳污能力，即“环境自净能力”，可称为环境资源属性。环境资源把环境的整体看作资源总和，是指作为资源总和的环境整体。

环境资源的基本特征：一是环境资源作为人类赖以生存和发展的物质基础，除了具有区域分异性、整体性、稀缺性、多用途性等特点外，还具有价值性、无阶级性和非排他性、非竞争性的公共商品属性。环境蕴含着资源，有资源就有价值；环境是资源，是资源就有价值。二是不合理的开发和利用使环境资源遭受了日益严重的破坏，例如，水资源短缺和污染、臭氧层破坏、土地沙漠化、森林面积锐减、部分珍稀物种和矿物濒临枯竭等，这些问题都会给人类社会进步与经济发展带来相应的影响。因此，在开发利用环境资源时，必须遵循可持续、协调发展的方针。

（4）自然资源、生态资源和环境资源的区别

自然、生态、环境三者不仅有各自的内涵，还有紧密的联系，是生态文明建设的重要内容。自然资源、生态资源与环境资源这三个在含义上十分相近的概念，有时会被混用，但严格来说，三者并不能等同。自然、环境、生态对于人类有不同的功能。其中，“自然”一般指“自然资源系统”，包括能被人利用的、除人以外的其他生物资源和非生物自然资源。“生态”多数指“自然生态系统”，主要研究生物之间以及生物与非生物环境之间的相互关系，即生物与自然环境间的物质循环和能量流动。“环境”泛指“自然环境系统”，是与人类发展和生活相关的自然因素。如果以人为主体，那么人以外与人有关的都是环境资源；一些自然环境要素在一定条件下可以转换为自然资源。

尽管自然资源、生态资源和环境资源各自的功能不同，但三者是密不可分的。其中，自然资源是构成环境资源和生态资源不可缺少的一部分[62]。自然资源的外延比较广，各种天然因素都可以说是自然资源，但只有具有一定生态关系的系统整体才能称为生态资源。仅由非生物因素组成的整体，虽然可以称为自然资源，但并不能叫作生态资源。从这个意义上说，生态资源仅是自然资源的一种，二者具有包含关系。资源是指一切对人类有用的事物，生态资源可以理解为自然资源的重要组成部分。

（5）自然资源与经济发展的关系

自然资源与经济发展是相互依存、相互影响的关系，只有当自然资源和经济系统之间协调统一时，才能形成良性循环，整个经济社会才能可持续发展。而自然资源与经济

发展能否相互协调、相互促进，取决于经济体对资源的保护和对污染的控制与经济体对资源的消耗和与环境污染之间的角力。这两种影响的综合作用决定了今后经济持续发展所能够依赖的自然资源基础。

资源是人类社会存在和生产力发展的物质基础。经济活动是人类开发利用自然资源以满足物质和文化需要的活动，它以自然资源为物质基础和劳动对象。能源和土地、水、森林、矿产等资源是人类立足生存之本和发展进步的源泉。经济的发展是资源满足人们需求的体现，自然资源承载能力是决定经济发展水平的基本要素。随着经济增长、人口增加、生活水平不断提高，人类对自然资源的需求和消耗不断增长。大部分自然资源是有限且不可再生的，如果继续以高消耗的模式发展，自然资源的可采储量将不断减少，持续供给能力下降，甚至会严重危害人类的生存和发展。

自然资源的存在与开发为经济发展提供空间支持。环境是各种生物生存和发展的空间，是自然资源的载体；环境接受来自经济体生产加工过程和人类生活的废弃物，并对其进行净化，是资源承载能力和经济生产能力以及人类生活的重要保障。如果经济增长过快，使得环境所接受的废弃物的种类和数量超过其自净能力，环境质量将急剧降低，影响到自然资源的存量水平和质量水平，导致自然资源被破坏，环境被污染，乃至生态系统恶性循环，使生产效率、人类健康和未来发展机会丧失，从而阻碍社会经济的健康发展。

经济发展是自然资源和经济协调可持续发展的保障。虽然在经济发展和自然资源的关系中，我们更多地看到经济体对自然资源的索取和对环境的污染，但同时，经济体又以其物质再生产功能为自然资源的持续发展和完善提供物质和资金支持。当经济发展到一定程度时，才能有更多的资金投入自然资源开发中，不断提高资源的利用率，促进培育可再生资源和寻找开发非可再生资源，提高自然资源的可开采量；只有当经济不断发展时，才能不断提高环保投资和环境改造技术水平，提升环境承载能力。

2.3.2 资源经济产业发展

资源经济产业是指以资源发现、采选、保护、再生以及资源性资产增值为目的的经济部门，是资源经济活动的载体，是从事资源的生产、再生产等经济活动的产业。资源产业可进一步分为资源发现业、资源采选业、资源保护业和资源再生业四个层次。现代资源产业中，它是以资源开发为目的，集生产、经营、服务三重性质于一体并以经营为主导的产业。

（1）资源产业管理

哈德罗·德姆塞茨（Harold Demsetz）认为，“资源的稀缺性是产权出现的根本原因”[63]。随着环境容量的下降，基于自然属性的自然资源的稀缺性日益明显。在资源稀缺的驱动下，生存理性促使人们提出更高的要求，重视对自然资源多功能性的认识，逐渐增强价值观意识。自然资源产生外部性的根本原因是产权制度的缺失，明确的产权边界可以决定自然资源的数量和范围，有助于评估和量化自然资源的价值，促进自然资源外部性内部化[64]。因此，通过明确的产权和劳动投入，可将自然资源转化为自然资产，将自然资源的存量价值转化为资产的使用价值，从而实现自然资源管理到自然资产管理的转变。

自然资源资产化是指将自然资源作为资产进行管理，自然资源通过明晰产权转化成自然资产时，投入了人类劳动，自然资源的存在价值随之转化成自然资产的使用价值，从而实现自然资源管理到自然资产管理的转变。

自然资源管理是一种利用市场竞争，有效配置产权明晰的自然资源的管理方法。目前，我国自然资源管理处于传统的行政管理阶段，需要尽快转型为现代的资产化管理。自然资源资产管理在经济性、形象性和重要性上均占有突出地位。资产管理的目标是建立竞争性、活跃性、规范性的市场机制，形成清晰、量化、稳定的产权制度。自然资源资产的管理，既要依靠市场机制的竞争来发现资源的真实价值，又要依靠市场机制促进资源流通、实现资源优化配置，还要依赖公平、公正、公开的市场机制。

“十四五”初期，国家正面临着向绿色低碳高质量发展的新模式转变的艰巨任务，处于攻坚阶段。管理好国有自然资源资产，必须始终坚持以习近平生态文明思想为指导，落实自然资源领域的政策，统筹保护和开发，坚持规范、科学、节约、高效的原则，深化资源经济产业发展和管理体制改革，健全发展和管理体系，加强协调，完善机制，切实提高资源经济产业发展、管理和治理水平。在推进资源经济产业发展过程中，应遵循四项原则：①合理开发、整体优化原则。②明晰产权、落实经营权原则。注重明晰产权特别是自然资源产权约束的内涵。③有序开发、加强调控原则。在量化过程中要避免“一刀切”，需要开发与保护并重，防止环境污染、损失和浪费。遵循经济规律，实现决策管理和运营科学化。④培育产权市场原则。培育和发展资源开发权市场，促进生产要素合理流动是深化资源性国有资产管理体制改革的重要工作。要加强国有资源的使用权和开采权的管理，注重培育和完善资源产权市场[65]。

（2）资源产权市场化

自然资源产权的市场化有助于发挥市场在资源配置中的作用。可资产化的自然资源经统一确认登记后，投放市场进行公平的产权交易，既可以形成合理的自然资源有偿使用价格，又可以促进自然资源的高效利用。对我国土地、水、矿产、林业等资源产权市场化的现状分析后发现，大部分自然资源产权的市场交易都受政府主导；在确权登记过程中，出现了标准不明确、资产分类体系重叠、现有行业标准之间缺乏协调、所有权重叠等一系列问题。因此，除了利用《中华人民共和国民法典》推动自然资源产权交易外，还应校准政府在产权交易中的定位，完善交易环境的保障措施，进一步推动自然资产产权市场化。

关于自然资产，程雪阳认为，自然资产不同于自然物、自然资源的概念与范围。并非所有的自然物都是自然资源，只有当科学技术发展到能使某种自然物被人类利用时，自然物才能衍化为自然资源。同时，并非所有的自然资源都能被纳入财产法秩序，成为自然资产。只有人类可稳定控制且有一定价值的自然资源才能被“资产化”[66]。蔡守秋提出，不能将一切自然资源均认定为自然资产或公众共用自然资源。自然资产是以自然资源的形态存在的物质性资产，该资产具有产权主体明确、产权范围分明、有一定经济价值等特征，与公众共用自然资源相比，具有稀缺性与排他性[67]。针对自然资产的管理，李兴宇和吴昭军认为，应当遵循所有者与监管者相分离的原则，组建专门的自然资产管理委员会，行使自然资源所有权。同时，应当由政府的自然资源主管部门行使行政监管职责[68]。相反意见则认为，在现阶段，不宜在中央新设立自然资源国资委，各地自然资产的所有权应当由地方政府来行使[69]。

康京涛认为，自然资产产权是自然资源稀缺性、生态性及市场化的体现，是自然资源资产化后的产权，包含了自然资源所有权、使用权与经营权等[70]。陈德敏和郑阳华通过租值耗散理论对自然资源产权制度失灵的主要原因进行了总结，即为自然资产产权的虚置与对自然资产的价格管制。其中，前者致使资源产品成本结构异常化，后者则引发资源配置不合理等问题[71]。郭贯成等认为，自然资产产权制度不健全、产权交易市场滞后、自然资源监管不足等是阻碍自然资源高效利用的主要因素[72]。石佳友认为，目前对自然资产产权保护的相关制度也不健全。应落实自然资源统一登记、有偿使用等制度，防止发生“公地悲剧”。以物权实现定分止争，并在遵守相关市场规则、遵循相应市场价格机制的前提下，辅之以多元化的资源产权保护机制，使市场主体能对自然资源进行平等的使用[73]。

施志源认为，保障市场主体享有公平取得自然资产使用权的机会，是构建自然资源权利市场相关规则的首要目的。因此，应设置公共交易平台，将资源的开发利用权利纳入其中；应健全自然资源权利市场中交易主体的信用体系，并规定市场准入要求；应当扩权赋能，增加市场积极性[74]。鄢德奎和陈德敏认为，我国的自然资源产权制度并非为历时性衍化而来，而是构建式的制度，对域外经验的借鉴不足。同时，对各地自然资产市场的实践习惯有所忽略。自然资源产权制度的缺失致使我国自然资产产权市场失灵。应构建权利与责任明晰的自然资源产权制度，促进交易平台的高效便捷，创新多元、有效的纠纷解决机制[75]。

2.3.3 自然资源的开发模式

党的十八大以来，各地区、各部门以习近平生态文明思想为指导，积极推进生态环境保护和修复工作，取得显著成效，但仍存在一些突出矛盾。一是部分地区生态系统遭到严重破坏和退化，生态修复债务较多，资金投入不足，需要动员全社会共同参与；二是社会资本的参与机制尚未有效形成，存在信息披露不够充分、参与渠道不畅通、支持政策不明确、回报路径不清晰等问题。2021 年 11 月，国务院办公厅印发《关于鼓励和支持社会资本参与生态保护修复的意见》，从规划管控、产权激励、资源利用、财税支持、金融扶持等方面，向社会资本参与生态保护修复释放出政策红利。就如何通过制度体系建设，进一步激发社会资本活力，增强市场信心和预期等方面做出解答。

（1）自然资源开发模式

自然资源开发模式研究是指对特定地区和部门特定类型资源的生产性开发进行研究，自然资源开发模式遵循“资源永续利用与高效利用”的原则。资源经济学使用规范分析的方法来检查哪些开发和使用资源的方法与可持续发展的原则相一致。

区域综合发展规划和设计时，通常会建立一些资源开发方法，常见的基于资源或资源导向的开发模式有：①资源导向的开发模式（Resource-oriented Development，ROD），是以资源利用为导向的开发模式，是国家自然资源部提出的利用社会资本保护修复自然生态系统的模式。政府通过分析利用该片区可开发利用的自然资源、环境资源等资源，引导市场力量共同进行相关投入。②交通导向的开发模式（Transit-oriented Development，TOD），是通过以交通为导向的土地利用综合规划，促进交通、道路系统和土地使用三位一体的综合开发[76]。③服务设施导向的开发模式（Service-oriented Development，SOD），是指在试点地区，政府有意识地进行大型社会服务结构和某些商业型设施的建设，从而对期望集聚的要素产生巨大吸引力的开发模式。④公园导向的开发模式（Park-oriented Development，POD），是以城市公园为导向的发展模式，通过将公园与城市有机融合，提升生活质量和人居环境，从而带动整个区域的发展。它是一种预期引导，强调公众可以广泛而深入地参与，形成对未来规划和发展的预期。⑤生态环境导向的开发模式（Eco-environment-oriented Development，EOD），是以生态文明理念为思想指导，以可持续发展为目标，以生态保护和环境治理为基础，以特色产业经营为支撑，以区域发展为载体，采取产业链延伸、联合经营、组合发展的方式，旨在推动公益性强、盈利能力低的生态环境治理项目与效益较好的相关产业有效整合、协调推进、一体化实施，内化环境治理生态带来的经济价值，具有创新性。EOD是生态环境部、国家发展和改革委员会和国家开发银行联合推出的一种环境与经济协调发展的模式，也是生态产品第四产业发展的重要组织模式。

（2）自然资源开发基本模型

人类通过对资源的有效开发利用，一方面获得最大的经济利润或经营利益，另一方面有效地控制该类资源，使所处区域的环境处于相对稳定状态，并使之朝有利于人类生产与生活方向发展。自然资源开发的基本模型可以表述如下[77, 78]。

自然资源开发利用的基本方程可抽象为

$$R=f(x, u) \tag{2-4}$$

式中，x为资源量，包括资源的地质储量、资源的循环利用量、资源的节约利用量等；u为资源开发过程中的可控制变量，包括资源开发的投资量、破坏环境的修复投资量、开发风险损失量。

①地壳资源开发的基本模型：

$$R_e=f(u, t) \tag{2-5}$$

资源量的变化是由资源的开采量单一决定的。根据资源开发利用的经济效益原则，可建立以下资源开发利用的经济利益目标函数：

$$J_{\max} = x\int_0^T L(x, u)\mathrm{e}^{-\delta t}\mathrm{d}t \tag{2-6}$$

$$u(t) \in U \tag{2-7}$$

$$L(x, u) = [P(x) - C(x) - B(x)]u(t) \tag{2-8}$$

式中，$J_{\max}$ 为资源开发利用的最大经济利益；t 为资源服务时间；U 为控制允许集；$L(x, u)$ 为效益函数；$P(x)$ 为资源的价格；$C(x)$ 为开发及运输销售费用；$B(x)$ 为环境修复投资费用和风险损失量；T 为资源服务年限，其值的大小可根据资源的实际储量、资源的循环利用量、资源的节约利用量，以及资源的开发利用率等来确定。考虑到资源开发利用过程中的资金运行的周期和金融市场的波动特征，经济利益目标函数中引入了贴现因子 $e^{-\delta t}$，受控制资金运行中的通货膨胀率的影响，δ 为资金的贴现率。

②生物圈资源开发的基本模型：

$$P = g(p) + f(u) \tag{2-9}$$

式中，P 为状态矢量，记为土地资源的潜力和容量；矢量函数 $g(p) < 0$，是潜力衰退函数；u 是投资量；$f(u)$ 是投资效益函数。

对于地壳资源来讲，如果急功近利盲目地加速开发，缩短服务年限，将导致资源枯竭或开发资源的设备潜力得不到充分发挥，从根本上使资源的价值打折扣。对于土地资源而言，加快开发速度主要是为了尽快实现潜力或缩短“等待容量空出”的时间，从根本上提高了资源的利用效益。

最简单的情况下，状态方程可写为

$$P = ap + bu \tag{2-10}$$

式中，a，b 为回归系数，$a \geqslant 2$，$b > 0$。

（3）自然资源开发的成本—效益原理

成本的构成可分为直接成本、附加成本和派生成本。直接成本，是指直接用于建设、维持和运营项目的全部资源、劳动和材料的价值，以及由项目直接导致的负效应。附加成本，是指为使项目产生的产品或服务能为人们所利用或销售出去，而必须追加的物品和服务的价值。派生成本，是指除项目开发的直接成本和附加成本以外，由项目开发引起的所有物品或劳务的价值，包括所有加工中间产品或服务的成本。

效益的构成可分为基本效益、无形效益和派生效益。基本效益是指资源开发项目产生的产品和服务的直接价值，主要指可用货币衡量的有形物质效益。无形效益是指虽然被认为在满足人们需要和欲望方面有实际价值，但不能用货币衡量或在正式分析中不能用货币单位表示的效益。派生效益是指由某个项目实施所引起的附加价值。

项目成本往往按现有价格计算。对效益和经营成本的估计，往往需要假设未来价格水平。这种估计通常会保守一些，采用长期价格和产品产量预测作为估算标准。由于项目评估关心的是整个项目执行时期的效益和成本，应将效益和成本折为现值。这需要确定合适的贴现率和每个项目的预期经营时间。其他估计包括无形和有形价值的处理、经济活动水平的调整、受影响公共设施的成本计算，以及土地的获得和改良费用、税收、替代掉的设施、有效生命期和所造成的损失计算。

成本—效益分析在实践中也面临着诸多挑战：①当前成本可能很容易估计，但是对将来的效益和成本作价却很难。②在成本—效益估算中，所采用的数据往往缺乏统一标准。③成本—效益分析对未来的自然资源存在分歧，开发者给予未来效益和成本的权重低于当前的效益和成本，而保护论者对自然资源的未来价值却给予更多的重视。④在实际生活中，把有利的效益 / 成本比率作为通过项目的条件。这种做法避免了不合理的项目，但还远远没有使投资收益最大化。⑤效益和成本离异问题。当投资人与受益人不是同一人时存在的问题。⑥很多事情是不能或很难折算成货币的，如对人们健康的损害、环境污染等。⑦用什么样的利率把未来成本和效益折成现值才合适，很难确定。⑧多数资源开发项目具有很多目标，其中有些目标并不能完全用经济方法来评定，需要考虑促进国民经济发展、提高环境质量、增加社会福利和促进地区开发等多方面因素。

2.4 制度经济学：生态产品交易

广义来说，制度是指人际交往中的规则及社会组织的结构和机制。制度经济学（Institutional Economics）是把制度作为研究对象的一门经济学分支，主要研究制度对于经济行为和经济发展的影响，以及经济发展如何影响制度的演变。制度经济学的研究始于美国经济学家凡勃仑的《有闲阶级论》[79]。凡勃仑综合了达尔文进化论、德国历史学派、美国早期实用主义的分析方法，对资本主义的历史与现实进行了深入的分析，从经济学、人类学、生物学、文化等多种视角漫谈经济和社会问题，将经济分析的核心转向制度，形成了研究经济问题的制度主义方法。20 世纪 40 年代，由于凯恩斯主义的兴起，制度学派及其他一些非主流学派被忽视，直到 60 年代，制度主义重新兴起。这一时期，出现了两种“新”制度经济学，分别是以加尔布雷斯、缪尔达尔等经济学家为代表的“Neo-institutional Economics”，及以科斯、诺斯等为代表的“New-institutional Economics”。为了区分这两支制度学派，国内一般将以加尔布雷斯等人为代表的制度学派称为后制度经济学，而将以科斯等为代表的制度学派称为新制度经济学[80]。

新制度经济学是当代制度分析的主流，起源于科斯《企业的性质》[81]。科斯的贡献在于，将交易成本这一概念引入经济学的分析中，并指出企业和市场在经济交往中的不同作用。威廉姆森（Oliver Williamson）、德姆塞茨等对于这门新兴学科做出了重大的贡献[82, 83]。新制度经济学的三个核心理论包括交易成本理论、产权理论和委托代理理论。这些理论对建立和完善生态产品第四产业的配套制度体系有着重要的指导和借鉴意义。

2.4.1 交易成本理论

交易成本理论是现代产权理论的基础。所谓交易成本，即企业用于搜寻交易对象、签订合同、执行交易、洽谈交易、监督交易等方面的费用与支出。科斯认为，企业和市场是两种可以相互替代的资源配置机制，由于存在有限理性、机会主义、不确定性与小数目条件等因素，市场交易成本高昂。为节约交易成本，企业作为替代市场的新兴交易形式应运而生。交易成本决定了企业的存在，企业采取不同的组织方式，最终目的也是节约交易成本。科斯指出，市场和企业是两种不同的组织劳动分工的方式，企业产生的原因是企业组织劳动分工的交易成本低于市场组织劳动分工的费用。一方面，企业作为一种交易形式，可以把若干生产要素的所有者和产品的所有者组成一个单位参与市场交易，从而减少交易者的数目和交易中的摩擦，降低交易成本；另一方面，在企业之内，市场交易被取消了，伴随着市场交易的复杂结构被企业家所替代，企业家指挥生产，因此，企业替代了市场。由此可见，无论是企业内部交易，还是市场交易，都存在不同的交易成本。而企业替代市场，是因为通过企业交易而形成的交易成本比通过市场交易而形成的交易成本更低。

交易成本理论主要包含四条基本结论：①市场和企业虽可互相替代，却是不同的交易机制，因而企业可以取代市场实现交易；②企业取代市场实现交易有可能减少交易的费用；③市场交易成本的存在决定了企业的存在；④企业“内化”市场交易的同时，产生额外的管理费用。当管理费用的增加与市场交易成本节省的数量相同时，企业的边界趋于平衡，不再扩张。

交易成本理论仔细区分了市场交易和企业内部交易。市场交易中，双方利益并不一致，但交易双方地位平等。企业内部交易一般是通过长期合约规定（如企业主和雇员），交易双方利益比较一致，但地位并不平等。市场交易导致机会主义，但在企业内部，机会主义对谁都没有好处。

在科斯之后，威廉姆森等学者又进一步对交易成本理论进行了发展和完善。威廉姆森将交易成本分为事前的交易成本和事后的交易成本。他认为，事前的交易成本是指由于将来的情况不确定，需要事先规定交易双方的权利、责任和义务，在明确这些权利、责任和义务的过程中，就要花费成本和代价，而这种成本和代价与交易双方的产权结构的明晰度有关；事后的交易成本是指交易发生以后的成本。这种成本表现为多种形式：①交易双方为了保持长期的交易关系而付出的代价和成本；②交易双方发现事先确定的交易事项有误，需要加以变更而要付出的费用；③交易双方由于取消交易协议而需支付的费用和机会损失。

交易成本理论的提出，改变了经济学的面目，使呆板的经济学有了新的活力，并更具有现实性。它打破了新古典经济学建立在虚假假设之上的完美经济学体系，为经济学研究开辟了新的领域。它的意义不仅在于使经济学更加完善，而且改变了人们的传统观念。科斯说过，认为《企业的性质》的发表是把注意力吸引到企业在现代经济中的重要性上来就错了。在他看来，更重要的贡献是把交易成本明确地引进经济分析之中。

正因如此，交易成本的理论也适用于生态产品第四产业的经济分析，尤其是相关配套制度的创建和修订必须考虑交易成本。譬如，生态资源开发运营所涉及的确权登记、收储存储、分级定价、整合提升、融资信贷和收入分红等一系列活动都涉及交易成本的问题。根据科斯定理，如果生态资源开发运营平台公司的总交易成本不能低于现有市场的交易成本，那么生态资源资产化、生态资产和生态产品的交易就无法真正市场化，平台公司就无法独立持续运营。因此，生态产品第四产业配套制度建设的核心仍然是尽可能地降低交易成本，促进产业的持续发展。

2.4.2 产权理论

新制度经济学家一般认为，产权是一种权利，是一种社会关系，是规定人们行为关系的一种规则，是社会的基础性规则。阿尔钦认为，“产权是一种通过社会强制而实现的对某种经济物品的多种用途进行选择的权利”。利贝卡普认为，“产权是一类社会制度。这些制度界定或划定了个人对于某些特定财产，如土地或水，所拥有的特权范围。这些财产的私人所有权可以包括很多种不同的权利，其中包括阻止非所有者进入的权利，挪用因使用资源和对资源投资所获得的租金流的权利，将资源卖给或转让给其他人的权利”。归结起来，产权的内涵有以下几点：①产权不是人对物的关系，而是一种人与人之间的基本关系；②产权是一组行为性权利，是一个“权利束”；③产权确定了人们的行为规范，是一类社会制度。

产权是一个“权利束”，主要包括所有权、使用权、用益权和让渡权等。所有权是指在法律范围内，产权主体把财产（产权客体）当作自己的专有物，排斥他人随意加以侵夺的权利。它表明产权主体与客体的归属关系，排斥他人违背其意志和利益侵犯他的所有物，同时所有者对他的所有物可以设置法律许可的其他权利。使用权是指产权主体使用财产的权利。用益权是指资产收益的权利，用益权的所有者仅对财产的果实拥有排他权，不拥有带来果实的资产。让渡权是指以双方一致同意的价格把所有或部分上述权利转让给其他人的权利。让渡权是体现产权完整性最为重要的组成部分，它确定了产权主体承担资产价值的变化的权利。

没有产权的社会是一个效率绝对低下、资源配置绝对无效的社会。能够保证经济高效率的产权应该具有以下特征：①明确性，即它是一个包括财产所有者的各种权利及对限制和破坏这些权利的行为进行处罚的完整体系；②专有性，它使因一种行为而产生的所有报酬和损失都可以直接与有权采取这一行动的人相联系；③可转让性，这些权利可以被引到最有价值的用途上去；④可操作性。

清晰的产权可以很好地解决外部不经济（指某项活动使得社会成本高于个体成本的情形，即某项事务或活动对周围环境造成不良影响，而行为人并未因此而付出任何补偿）。科斯提出的“确定产权法”认为，在协议成本较小的情况下，无论最初的权利如何界定，都可以通过市场交易达到资源的最佳配置，因而在解决外部侵害问题时可以采用市场交易形式。科斯产权理论的核心是：一切经济交往活动的前提是制度安排，这种制度实质上是一种人们之间行使一定行为的权力。因此，经济分析的首要任务是界定产权，明确规定当事人可以做什么，然后通过权利的交易达到社会总产品的最大化。

因此，生态产品价值实现首要的问题就是建立健全自然资源（尤其是生态资源）产权制度。清晰界定生态资源、生态资产和生态产品的产权是将其转化为可生产经营的要素和市场化交易的前提条件。不过，由于体制机制、技术和成本等多方面的因素，我国的自然资源资产产权界定仍然不清晰，在所有权、使用权、用益权和让渡权方面都有很大的改进空间。譬如，2016 年我国出台了《水权交易管理暂行办法》。2021 年 4 月，作为首个生态产品价值实现国家试点，丽水市出台了《丽水市（森林）生态产品政府采购和市场交易管理办法（试行）》。但是，在国家层面，排污权、用能权、碳排放权和其他生态权益交易等，都还处于试点和起步阶段，亟须加快相应的产权制度和配套管理制度的建设。

2.4.3 委托代理理论

委托代理理论是解决委托人与代理人之间因高计量成本而出现的契约问题。委托代理关系是指一个或多个行为主体根据一种明示或隐含的契约，指定、雇用另一些行为主体为其服务，同时授予后者一定的决策权利，并根据后者提供的服务数量和质量对其支付相应的报酬。授权者就是委托人，被授权者就是代理人。

委托代理理论主要涉及企业资源的提供者与资源的使用者之间的契约关系。按照代理理论，经济资源的所有者是委托人，负责使用和控制这些资源的经理人员是代理人。代理理论认为，当经理人员本身就是企业资源的所有者时，他们拥有企业全部的剩余索取权，经理人员会努力地为他自己工作，这种环境下，就不存在什么代理问题。但是，当管理人员通过发行股票方式，从外部吸取新的经济资源时，管理人员就有一种动机去提高消费水平，并降低工作强度。

显然，如果企业的管理者是一个理性经济人，他的行为与原来自己拥有企业全部股权时的行为将有显著的差别。如果企业不是通过发行股票，而是通过举债方式取得资本，也同样存在代理问题，只不过表现形式略有不同。简森和梅克林将代理成本区分为监督成本、守约成本和剩余损失。其中。监督成本是指外部股东为了监督管理者的过度消费或自我放松（磨洋工）而耗费的支出；代理人为了取得外部股东信任而发生的自我约束支出（如定期向委托人报告经营情况、聘请外部独立审计等），称为守约成本；委托人和代理人的利益不一致导致的其他损失，就是剩余损失。

随着生态产品第四产业的发展，必然会带动社会资本的投入和企业的进入，也会带动和衍生相关的行业发展，如生态资产和生态产品的评估定价、生态权益的融资信贷和保险等。传统三产中出现的委托人和代理人冲突问题也同样会出现在生态产品第四产业中。监督成本、守约成本和剩余损失等代理成本也会成为生态产品第四产业交易成本的一部分，仍然值得关注和研究。

2.5 产业经济学：生态产品产业

产业经济学以产业为研究对象，主要包括产业结构、产业组织、产业发展、产业布局和产业政策等，探讨以工业化为中心的经济发展中产业之间的结构关系、产业内企业组织结构变化的规律，以及经济发展内在的各种均衡问题。产业经济学研究为国家国民经济发展战略和产业政策制定提供经济理论依据[84]。生态产品第四产业是指生态产品的生产、开发、经营、交易等经济活动的集合，以生态资源为核心要素，是生态产品价值实现的基础[85]。由此可见，生态产品产业隶属于产业经济学范畴，是其重要组成部分。

2.5.1 产业形成的基本条件

产业是指生产经营具有密切替代关系的产品或劳务（同一类产品或劳务）的企业的集合。产业是社会分工和生产力不断发展的产物，它随着社会分工的产生而产生，并随着社会分工的发展而发展[86]。从产业发展史看，技术进步是产业变革和进化的核心力量。新技术的推广应用是全球范围内新产业形成的关键，但并不排除适用技术在国家产业形成发展中的作用。

推动产业形成的另一重要力量是产业的创新和企业的创新。产业创新是指由于技术、分工、组织、管理生产过程的创新，原有产业有可能分离出成建制的新产业。产业创新与产业形成直接相关但并不对等，即产业创新不一定都与产业形成有关，产业形成也不完全是产业创新的结果。企业是产业的细胞，产业形成必须基于新企业的产生，但由于许多新企业的产生可能只是对原来某一产业的扩张和发展，新企业的产生并不一定形成新产业，新产业的萌芽和形成依赖于新企业的参与和开拓。

产业萌芽和形成的最基本和最重要的条件是人们的物质文化需要，产业的数量、质量、结构、水平和变化趋势取决于物质文化需要的数量、质量、结构、水平和变化趋势。人们的经济需求处于不断更替和上升阶段，现代产业的更替也日趋频繁。在实际经济生活中，人们对产品和服务的需求逐渐从追求纯粹的效用价值转向追求效用、审美和精神享受等多重价值，这反映出经济需要的演变，人们对干净的水、清新的空气、优美的环境等生态产品的需求越来越高。

从产业经济学的角度来看，一个产业的形成需要有三个基本条件：①有相当广泛且稳定的社会需求；②有成熟、被市场所接受且能达到一定的生产规模和水平的产品；③该产品在市场上有稳定的供求关系。形成这三个条件的核心是，要有足够的利润来支撑其产业的发展。也就是说，产业形成的基本保证是资本的支持和资源的稳定供给。资本是产业运动的基本能源，没有资本的注入，产业就难以启动、形成和发展。一项新产业茁壮生成，必须源源不断地从外界获得各种生产资料、信息、能源、劳动力等，并有效地吸收和转化。

产业经济学认为，从行业发展到产业需要具备四个方面的条件：①有社会组织使用相同资源生产相同产品和服务；②这些社会组织的活动主要是包括生产和经营等在内的经济活动；③这些组织要形成一定的群体，经济活动要形成一定规模；④这些群体的经济活动推动了国民经济的发展，即组织发展到一定程度形成行业，行业发展到一定程度形成产业。

产业的形成受到政府产业政策的重要影响，首先，政府的产业转型战略客观上为新产业的形成提供了机会；其次，政府保护幼小产业的政策直接影响产业的形成；最后，政府的技术政策以及对创新活动和技术应用活动提供的支持机制，间接或直接地对产业形成产生效应，现行的科技工业园区、高科技风险基金等形式均在孵化新产业。

产业形成的标志，应从其规模、专业化的从业人员及其社会经济功能方面衡量，具体来说：①该产业应具备一定的规模，规模大小取决于各类产业的技术经济特点，虽难以量化，但这一产业必须在与国际同类产业的比较以及国内其他产业相比较中占一定份额；②有专门化的从业人员，即有专门的设计人员、技术人员、管理人员以及工人且形成群体；③该产业具有一定的社会影响力，承担着无法替代的社会经济功能；④有专门化的生产技术装备和技术经济特点。

产业形成的方式有产业分化、衍生和新生长三种[87]。产业分化指的是，处于萌芽中的新产业经过充分发育后，从原有产业分离、分解为一个独立的新产业的过程。其机理是：①原有产业或已有产业处于扩张、成熟状态并具备发育和萌芽新产业的能力；②外在环境中存在新产业萌生的动力和压力，如社会经济需求的动力或市场竞争的压力；③由于新技术、新工艺、新产品或新的组织形式出现，以及分工、专业化协作的需要，这些部分在生产体系、生产功能以及规模与原有产业不能相容时，分立就会出现。这种分化分立的方式在产业形成中经常出现，如工业从农业中分离，电子工业从机械工业中分离，石化业从石油业中分离，均属于这种形式。

第二种是衍生（派生）的方式，与分化方式不同，它是由于一种产业的出现，与之相关、相配套的产业应运而生。如新能源汽车产业形成后，与之相关的动力电池、充电桩等产业相继产生；电子商务带动了其产业链上游供应端、中游直播服务商和渠道平台、下游需求端，各环节产业的形成与发展。衍生或派生出的产业与新形成的主产业有很强的相关性，在产业成长过程中为利益共同体。这也意味着，产业形成通常是以集群的形式出现，特别是对于联系密切的产业。

作为实现人与自然和谐共生的生态产品第四产业，总体上是一种新生的区别于传统第一、第二、第三产业的产业形态，但不同发展阶段和不同类型生态产品也具有各不相同的产业分化和衍生特点。例如，作为物质产品供给的生态产品，本质上是传统第一产业的生态化改造产业，产业的分化特点比较明显，而支撑生态产品产业发展的一些服务业（如绿色金融、市场交易、监测认证等）则具有很强的衍生特点。

2.5.2 产业生命周期理论

生命周期源于生物学概念，指的是具有生命现象的有机体从出生、成长到成熟衰老直至死亡的整个过程。世界上任何一种事物都存在特定的生命周期，产业部门也不例外。随着市场环境和社会的发展，一个新的产业从开始出现到完全退出社会经济活动的整个过程，即被称为“产业生命周期”。

产业生命周期理论是在产品生命周期理论基础之上逐步发展、演化而形成的，是一种研究产业成长阶段、消亡阶段和产业循环发展的理论。1966 年，美国哈佛大学教授 R. G. Vernon 首次在其《产品周期中的国际投资与国际贸易》一文中提出产品生命周期理论。20 世纪 60～70 年代，产业生命周期理论得到长足的发展。一般认为，美国哈佛大学的阿伯马什（William J. Abermathy）和麻省理工学院的厄特拜克（James M. Utterback）最先提出产业生命周期特征。两位学者在 1970 年共同构建了 A-U 模型，即产业创新动态过程模型。A-U 理论认为在产业形成的初期，由于很多中小企业的加入，产业内部竞争以产品创新的差异化为主。随着产业主导设计的形成与完善，规模经济的优势逐渐显现，最终在产业内形成少数企业垄断市场的格局。1982 年，美国学者 Gort 和 Klepper 进一步将研究重心转向市场中企业数目的变化，他们通过对 46 个产品长达 73 年的时间序列数据进行分析，按产业中的企业数量将产业发展周期划分为五个阶段：引入期、大量引入期、稳定期、大量退出期（淘汰期）和成熟期[86]，从而提出了 G-K 模型。G-K 模型被认为是产业经济学意义上第一个产业生命周期模型。1998 年，麻省理工学院的阿格沃（Anant Agarwal）正式提出产业生命周期理论。产业生命周期理论在不断交替演变的过程中逐渐成熟。

与产品生命周期类似，产业发展通常会经历形成、成长、成熟和衰退四个阶段，这四个阶段从形态看呈现出 S 形（图 2-6）。由于产业生命周期与产品生命周期具有相似的形状特征与阶段划分而经常被混淆。实际上，两者具有本质的不同。首先，产业生命周

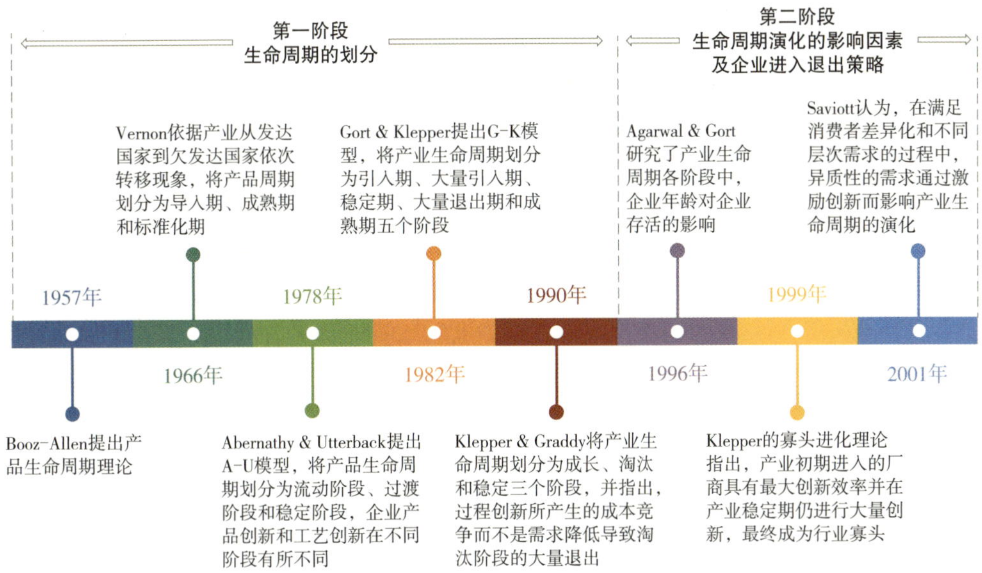

图 2-6 产业生命周期理论发展历程[88]

期属于产业演进理论的重要内容，而产品生命周期则属于市场营销学和国际贸易学的研究内容。其次，产业生命周期的研究对象是某一产品集合的整体形成的产业，而不是单一产品市场的发展规律，其目的是考察单一产业的演化规律及应用，而不是特定产品的市场销售规律和应用。最后，产业生命周期比产品生命周期的持续时间长，前后相继的各个产品生命周期共同构成产业生命周期。因此，每个时期该产业中各产品的生命周期曲线的包络线构成产业生命周期曲线。

在技术进步和经济发展的作用下，由于社会产品需求的不断升级和新产品的不断诞生，很少有特定产业的消亡，但是某些产业的社会作用和地位以及社会对它们的态度会存在较为明显的变化。总体而言，产业生命周期遵循一般生命的四阶段演进路线，但也部分存在"衰而不亡"的特质。不同生命阶段的产业表现出不同特征，可根据市场表现判定当前产业所处阶段（表 2-3）。

表 2-3 产业生命周期阶段判定[87]

阶段	产业	企业	产品
诞生阶段	①主业占比小 ②市场规模狭小 ③市场集中度较高	企业数量较少	①产品产量及产值较低 ②产品种类单一 ③产品品质参差不齐
成长阶段	①市场需求高速增长 ②产业占比有所提升 ③产业规模逐步扩大	①大量企业进入，企业数量快速增加 ②企业竞争显现 ③后期企业边际进入数量递减	①产品产量及产值迅速提升 ②技术推进，产品种类增多 ③产品质量稳定
成熟阶段	①产业内部形成适度垄断 ②产业规模较大 ③市场需求趋于饱和，产业增速放缓	①大量企业退出市场或被大企业兼并 ②企业数量稳定	①技术发展成熟，产品品质较高 ②产品间替代性较强
衰退阶段	①市场规模递减 ②产业整体竞争力下降 ③市场需求缩减，产业发展创新，产业发展可能会进入新一轮产业生命周期	企业数量较少	①产品产量及产值较低 ②产品种类单一 ③产品品质参差不齐

2.5.3 产业链与价值链

（1）产业链

产业链的思想最早可追溯到经济学家亚当·斯密所著的《国富论》，该书阐述工人分工对提高生产效率的重要性，但由于时代的局限性，这种基于分工的"产业链"仅指企业内部以产品为中心的链条。产业链是产业经济学中的一个重要概念。1958 年，经济学家赫希曼（Hirschman）在《经济发展战略》一书中首先阐述产业链概念，他从产业（企业）的前向联系和后向联系两个角度论述了产业链，指出一种产品的生产过程会产生一系列关联效应。

产业链是指在某一产业领域中，由于生产活动和分工角色不同，企业之间在生产、技术方面形成的联系[89]。可以从微观、中观和宏观三个方面对产业链的内涵进行定义。在微观层面，基于企业的可持续发展，侧重以企业间的价值链作为新技术经济条件下新兴的生产组织方式来分析产业链现象，主要解决企业在产业链上的纵向整合或者企业间跨组织的资源组合问题[90]。在中观层面，是指将产业链上不同位置的企业通过纵向链接联系在一起，形成的产业联盟。纵向的产业联盟有利于企业获取和整合产业链上下游的资源，优化供应链，拓展销售市场，达到提高企业竞争力的目的[91]。在宏观层面，即从产业关联的角度来看，在经济活动的过程中，产业之间存在密切、广泛而复杂的技术经济联系，每个产业根据前向、后向的关联形成了一条产业链。产业链的本质是产业中企业之间的关联，企业之间的关联就是企业与供应商、销售商的供求关系[92]。

产业链在企业和产业发展中具有连接生产主体、将上一层主体的生产成果传递给下一层主体的作用[93]。产业链的存在不仅接通了产业中断续和孤立的环节，实现产业资源的纵向整合，而且衍生出一系列新兴的产业链环，把相关企业联系在一起，形成良好的产业竞争环境，促进企业发展[94]。产业链理论是在众多经济理论和管理理论的基础上发展而来的，其核心是将具有产业关联关系的企业连接在一起。这一理论分析工具可被用于描述产业链上企业的经营状况、企业间的竞合关系，探究某类产业发展的整体情况等。

（2）价值链

价值链是指产品的最终价值在研发、设计、生产、销售、服务、循环等环节的分配图谱，其形成是由上游向下游逐步增值的过程[95]。1985 年，价值链理论在迈克尔·波特（Michael E. Porter）所著的《竞争优势》中首次出现，该理论将企业内部一系列价值增值活动的有序集合称为价值链[96]。价值链的内涵一般有两种定义方式。传统的观点认为，价值链是原材料经过一系列连续的价值增值活动，实现价值增值，最终转化为产品的过程。该观点主要从企业自身的角度分析企业与外部主体的价值联系、企业本身的价值活动以及企业从价值链中获取的竞争优势。广义价值链认为，在企业内部、外部竞争环境不断变化的情况下，企业价值链不是孤立的，在其外部还存在更广泛的价值系统[97]。广义价值链不是简单地将一些独立活动组合到一起，而是由企业内部、外部价值活动组成的系统，它既包含企业价值链的内部联系，又包含企业价值链、供应商价值链、渠道价值链和顾客价值链的纵向联系。

价值链具有以下特点：①价值链上的各环节（企业）之间相互影响；②价值链上各环节（企业）都试图占据更大的价值份额，但实现这个目标主要是通过同类企业之间的横向竞争，而不是价值链上下游企业之间的竞争；③生产制造环节在价值链分配上处于劣势，较高的价值份额一般分配到链两端（研发设计、销售营销）；④不同国家的科学技术水平和产业竞争实力可以通过一个行业的全球价值链格局客观反映出来，发达国家往往占据价值链分配的高端环节。

（3）产业价值链

价值链常被用于分析企业竞争优势，把企业内部价值活动划分为主要活动和辅助活动。随着产业环境日益复杂、社会分工日趋细化，企业若要获取和保持竞争优势，除掌握企业内部价值链的影响外，还取决于更广泛的价值系统。此时，产业价值链理论应运而生。价值链与产业价值链的差异体现在地理范围和维度层次两方面[98]。地理范围的不同是，前者指企业内部的一系列价值活动，后者指一定地理范围内具有产业关联的众多企业。维度层次不同是指价值链的竞争优势仅限于企业个体，而产业价值链还包括众多企业构成的产业价值链的竞争优势。这间接体现了产业价值链具有集群效应，即拥有关联关系的企业与其相关支持机构围绕主导产业在空间上形成的一种聚集现象[99]。产业价值链的存在不仅使其链上企业的竞争力增强，不同的产业价值链之间也体现出其特有的竞争优势。为扩大企业竞争优势，一方面需要企业厘清内部价值活动之间的关系，将产品生产成本最小化，利益最大化，达到高效协调的水平；另一方面借助产业价值链，与其他价值主体价值链高效配合，协同共进，扩大所在产业价值链的业务范围。

2.5.4 生态产品第四产业形成

生态产品第四产业主要是指以人与自然和谐共生为目标，以生态资源为核心要素，从事生态产品生产、开发、经营、交易等经济活动的集合，其本质是围绕增值生态资源资产、扩大生态产品供给、实现生态产品价值形成的产业集合。狭义上的生态产品第四产业主要是指通过生态建设、市场交易、生态产业化经营等方式将生态产品所蕴含的内在价值转化为经济价值的产业集合，包括生态保护和修复、生态产品经营开发、生态产品监测认证、生态资源权益指标交易、生态资源管理、生态基础设施建设等产业形态。广义上的生态产品第四产业还包括围绕传统产业的资源减量、环境减排、生态减占，即产业生态化形成的产业集群[100]。

目前，我国生态产品第四产业已经具备基本的产业形成条件。第一，生态产品已经具备相当广泛且稳定的社会需求。党的十九大报告指出，“中国特色社会主义进入新时代，社会主要矛盾已经转化为人民日益增长的美好生活需要和不平衡不充分的发展之间的矛盾”。人民日益增长的优美生态环境需要与优质生态产品供给不足之间的矛盾越发突出，成为社会主要矛盾新变化的一个重要方面。2019 年，我国人均 GDP 首次超 1 万美元，进入高质量发展阶段，中等收入群体规模继续扩大，经济社会发展韧性持续增强，人民对美好生活的向往也越发强烈。这也意味着，人民对生态产品（如绿色农产品、清洁的水源、生态旅游与休闲、气候调节服务等）的需求已经相当广泛和稳定。

第二，我国生态资源丰富，已经具备生产一定数量和质量生态产品的能力，并且能被市场所接受。譬如，2020 年年底，我国森林覆盖率提高到 23.04%，森林面积增至 2.2 亿 hm^2，森林蓄积量超过 175 亿 m^3[101]。我国现有 64 处国际重要湿地、602 处湿地自然保护区、1 600 余处湿地公园和为数众多的湿地保护小区，湿地保护率达 52.65%[102]。

中国地形复杂，气候多样，土地类型复杂多样，为农、林、牧、副、渔多种经营和全面发展提供了有利条件。中国是动植物资源最丰富的国家之一，植被种类丰富，分布错综复杂。截至2018年年底，我国已有各类自然保护区2 700多处，90%的典型陆地生态系统类型、85%的野生动物种群和65%的高等植物群落纳入保护范围[103]。我国的A级以上景区从2010年的4 521个增长到2020年的13 332个。国内旅游人次从2000年的7.44亿人次增长到2021年的32.46亿人次[104, 105]。此外，随着2000年年初我国一系列重大生态保护和修复工程（如天然林保护、退耕还林还草、生态公益林、京津冀风沙源治理等）的实施，我国生态产品供给能力也在稳步上升。据核算，2017年我国生态产品总值达11.4万亿美元，全球排名第三[106]。

第三，我国的生态产品已经形成比较稳定的供求关系，资本的注入和回报也在稳步增长。譬如，重点生态功能区财政转移支付已覆盖全国800多个县（市、区、旗），支付额度从2008年的61亿元增加到2022年的982亿元，共计投入7 890亿元[107-109]。同一时期，全球范围内的生态转移支付投入同样保持着高速的增长，总投入从2007年的222亿元增长至2020年的15 870亿元[110]。巨额的生态投入不仅大大改善了我国的生态环境质量，提升了生态产品供给能力，也带来了丰厚的社会经济效益。过去21年间，我国国内旅游收入增长了近10倍，从2000年的3 175.54亿元飙升到2021年的3.3万亿元[104, 105]。

虽然我国生态产品第四产业已经具备基本的形成条件，但是也面临多方面的挑战。首先是生态产品第四产业的制度还非常不完善，造成生态产品市场交易的通道不畅和交易成本高昂。从制度经济学的角度来看，生态资源只有完成确权登记、形成生态资产之后，才能进行生态资产和生态产品的市场交易，进而转化为生态资本。我国于2018年成立了自然资源部，其主要职能之一就是自然资源确权登记，全国各地也开展了第三次全国国土调查，以林权改革和河长制改革为代表的自然资源产权和管理机制改革进一步推进。然而，到目前为止，离完成全国范围内的自然资源确权登记还有很长的距离，目前的实践主要通过生态资源运营开发公司（“两山银行”或“生态银行”国资平台公司）对产权相对清晰的生态资源（如以村集体为单位的农田和山林）进行收储或存储、分级定价、整合提升、融资抵押、招商引资和投资分红等开发运营活动。这一系列生态资源开发运营活动又牵扯一系列相应配套制度的建设。

其次是生态产品第四产业的专门化从业人员还十分匮乏，在一定程度上造成生态产品供给的相对不足和区域不平衡。供给产品和文化服务已经具备比较成熟的市场体系，而大部分调节服务因为外部性问题，迫切需要通过制度设计和交易平台建设逐步形成市场接受的衍生产品和成熟的市场体系。而这一系列的生态产品第四产业配套建设，不仅需要专门的部门和管理人员，更需要大量专门的技术和业务人员。

最后是生态产品第四产业的理论和技术创新还亟待加强，需要形成一定的社会影响力并承担无法替代的社会经济功能。“绿水青山就是金山银山”理念的提出和发展为从传统的三产中分离出生态产品第四产业奠定了良好的政策基础。不过，生态产品第四产业要从萌芽到发展和成熟，离不开新理论、新技术、新工艺、新产品和新的组织形式。生态文明是人类发展的高级阶段，生态产品价值实现需要以高度发达的科学技术和产业为基础，而生态产品第四产业的发展离不开强有力的科技人才支撑。因此，也迫切需要从国家层面对生态产品第四产业发展背后的关键科学问题、“卡脖子”技术和制度障碍进行重点攻关研究，加强高校和科研院所与地方政府和企业的合作，培养锻炼一批熟悉生态产品第四产业培育和发展的人才队伍。

总而言之，我国社会主要矛盾的变化不仅对党和国家工作提出了新要求，也对产业发展提出了新挑战。习近平总书记在 2018 年推动长江经济带发展座谈会上的重要讲话中明确提出，要“破除旧动能和培育新动能”“坚持新发展理念”“走生态优先、绿色发展之路”。生态产品第四产业已经具备从传统的三产中分离出来、形成新产业的基本条件，随着相关配套制度、专业化人才队伍、理论和技术创新体系的逐步建立和完善，非常有望成为促进我国乃至全球社会经济可持续发展的新动能。

参考文献

[1] 王金南 . 环境经济学：理论 · 方法 · 政策 [M] . 北京：清华大学出版社，1994.
[2] 埃班 · 古德斯坦 . 环境经济学 [M] . 7 版 . 北京：中国人民大学出版社，2019.
[3] 查尔斯 · 科尔斯塔德，Kolstad C D. 环境经济学 [M] . 北京：经济出版社，2016.
[4] 马歇尔 . 经济学原理 [M] . 北京：中国社会科学出版社，2008.
[5] 阿瑟 · 塞西尔 · 庇古 . 福利经济学 [M] . 北京：商务印书馆，2020.
[6] Spulber D F. 管制与市场 [M] . 上海：上海人民出版社，2008.
[7] Pigou A C. The Economics of Welfare. London：Macmillan Publishers，1920.
[8] Mankiw N G. 经济学原理 [M] . 北京：北京大学出版社，2009.
[9] Coase R H. The Problem of Social Cost [J] . The Journal of Law and Economics，2013，56（4）：837-877.
[10] Organization for Economic Cooperation and Development Council. Recommendation of the Council on Guiding Principles Concerning International Economic Aspects of Environmental Policies. Note on the Implementation of the Polluter Pays Principle [R] . Paris：OECD，1972：2.
[11] 杨喆，石磊，马中 . 污染者付费原则的再审视及对我国环境税费政策的启示 [J] . 中央财经大学学报，2015，11：5-20.
[12] 姜林，王岩 . 北京市环境经济政策研究 [J] . 生态经济，1997，（3）：19-25.
[13] 陈梦雨，缪若妮 . 生态系统服务市场化应确立的法律原则 [J] . 中国环境管理干部学院学报，2015，25（2）：17-19，34.
[14] 陈喜红 . 我国环境公共物品供给模式探讨 [J] . 市场论坛，2006，（9）：17-19，26.
[15] 周自强 . 公共物品概念的延伸及其政策含义 [J] . 经济学动态，2005，（9）：25-28.

[16] 李锋，王如松，赵丹．基于生态系统服务的城市生态基础设施：现状，问题与展望[J]．生态学报，2014，34（1）190-200.
[17] 李锋，王如松．城市绿色空间生态服务功能研究进展[J]．应用生态学报，2004，15（3）：527-531.
[18] Bowler D E，Buyung-Ali L，Knight T M，et al. Urban Greening to Cool Towns and Cities：A Systematic Review of the Empirical Evidence[J]. Landscape and Urban Planning，2010，97（3）：147-155.
[19] 俞孔坚，李迪华．城市生态基础设施建设的十大景观战略[J]．上海城市管理职业技术学院学报，2007（6）：12-17.
[20] 刘海龙，李迪华，韩西丽．生态基础设施概念及其研究进展综述[J]．城市规划，2005（9）：70-75.
[21] 俞孔坚．"反规划"途径[M]．北京：中国建筑工业出版社，2005.
[22] 韩林桅，张淼，石龙宇．生态基础设施的定义，内涵及其服务能力研究进展[J]．生态学报，2019，39（19）：7311-7321.
[23] 徐狲崎，李锋，韩宝龙．城市生态基础设施管理研究进展[J]．生态学报，2016，36（11）：3146-3155.
[24] Mell I C. Can Green Infrastructure Promote Urban Sustainability?[J]. Engineering Sustainability，2009，162（1）：23-24.
[25] Lockhart J. Green Infrastructure：The Strategic Role of Trees，Woodlands and Forestry[J]. Arboricultural Journal，2009，32（1）：33-49.
[26] Kline J D，Moses A，Alig R J. Integrating Urbanization into Landscape-level Ecological Assessments[J]. Ecosystems，2001，4（1）：3-18.
[27] 王玉樑．马克思主义哲学与价值哲学[J]．马克思主义与现实，2004，（1）：39-42.
[28] 杜威．确定性的寻求[M]．上海：华东师范大学出版社，2019.
[29] 小约翰·B. 柯布，吕夏颖，温惠淇．有机马克思主义与有机哲学[J]．江海学刊，2016，（2）：30-33.
[30] 侯风云．论马克思劳动价值论及其理论意义和实践意义[J]．河北经贸大学学报，2022，43（3）：1-8.
[31] 马克思．资本论（第一卷）[M]．北京：人民出版社，2004.
[32] 李巧玲．价值的源泉是劳动还是效用——劳动价值论与效用价值论之比较[J]．新西部，2019，（26）：76-77.
[33] 黄邦根，施俊龙．论劳动价值论与均衡价格论的同一性[J]．财贸研究，2003，（3）：4-7.
[34] Boulding K E. The Economics of the Coming Spaceship Earth[J]. Sanctuary（Lincoln），1988，27（5）：11-13.
[35] 赫尔曼·E. 戴利．超越增长：可持续发展的经济学[M]．上海：上海译文出版社，2001.

［36］莱斯特·R. 布朗 . 生态经济［M］. 北京：东方出版社，2003.
［37］周立华 . 生态经济与生态经济学［J］. 自然杂志，2004（4）：238-241.
［38］王如松，欧阳志云 . 社会 - 经济 - 自然复合生态系统与可持续发展［J］. 中国科学院院刊，2012，27（3）：337-345，403-404.
［39］王书明，张志华 . 景观格局 - 生态过程 - 生态系统服务的系统耦合——傅伯杰景观生态学思想述评［J］. 鄱阳湖学刊，2017：78-83，127.
［40］王松霈，徐志辉 . 中国生态经济学研究的发展与展望［J］. 生态经济，1995：19-23.
［41］Daily G C. Nature's Services：Societal Dependence on Natural Ecosystems［M］. Washington，D C：Island Press，1997.
［42］Millennium Ecosystem Assessment Board. Ecosystems and Human Well-being：Wetlands and Water Synthesis：A Report of the Millennium Ecosystem Assessment［M］. Washington，DC：World Resources Institute，2005.
［43］杜乐山，李俊生，刘高慧，等 . 生态系统与生物多样性经济学（TEEB）研究进展［J］. 生物多样性，2016，24（6）：686-693.
［44］张林波，虞慧怡，郝超志，等 . 生态产品概念再定义及其内涵辨析［J］. 环境科学研究，2021，34（3）：655-660.
［45］高晓龙 . 生态产品价值实现机制和模式研究［R］. 中国科学院生态环境研究中心，2021.
［46］戈峰 . 现代生态学［M］. 2 版 . 北京：科学出版社，2008.
［47］Costanza R，D'Arge R，Groot R D，et al. The Value of the World's Ecosystem Services and Natural Capital［J］. Nature，1997，387（15）：253-260.
［48］Sukhdev P. The Economics of Ecosystems and Biodiversity：Mainstreaming the Economics of Nature：A Synthesis of the Approach，Conclusions and Recommendations of TEEB［R］. Nairobi：United Nations Environment Programme，2010. http://teebweb.org/.
［49］Díaz S. 生物多样性和生态系统服务政府间科学与政策平台全体会议第七届会议工作报告［R］. 巴黎：生物多样性和生态系统服务政府间科学与政策平台，2019. https://www.iucn.org/theme/global-policy/our-work/ipbes.
［50］Haines-Young R，Potschin M. Common International Classification of Ecosystem Services（CICES）V5.1 and Guidance on the Application of the Revised Structure［R］. Geneva：European Environment Agency，2018. https://cices.eu/.
［51］曾贤刚 . 生态产品价值实现机制［J］. 环境与可持续发展，2020，45（6）：89-93.
［52］Jansson A M，Hammer M，Folker C，et al. Investing in Natural Capital：The Ecological Economics Approach to Sustainability［M］. Washington D.C.：Island Press，1994.
［53］Werner M. Valuation for Sustainable Development：Methods and Policy Indicators［J］. Economic Record，1999，75（229）：208-210.
［54］Ostrom E. A General Framework for Analyzing Sustainability of Social-Ecological Systems［J］. Science，2009，325（5939）：419-422.

[55] 马世骏，王如松 . 社会 – 经济 – 自然复合生态系统 [J] . 生态学报，1984 (1): 1-9.
[56] Liu J G，Dietz T，Carpenter S R，et al. Complexity of Coupled Human and Natural Systems [J] . Science，2007，317 (5844): 1513-1516.
[57] Liu J G，Dietz T，Carpenter S R，et al. Coupled Human and Natural Systems: The Evolution and Applications of an Integrated Framework [J] . Ambio，2021，50 (10): 1778-1783.
[58] Liu J G. Integration Across a Metacoupled World [J] . Ecology and Society，2017，22 (4) .
[59] Liu J G，Hull V，Batistella M，et al. Framing Sustainability in a Telecoupled World [J] . Ecology and Society，2013，18 (2) .
[60] 蔚东英，张洪涛，于光，等 . 国际组织视角的自然资源分类体系——浅议中国国土资源经济 [J] . 中国国土资源经济，2022，35 (1): 4-14.
[61] 李园林 . 生态、资源、环境的关系探讨以及对生态环境管理的建议 [J] . 皮革制作与环保科技，2021，2 (24): 101-102.
[62] 付宇佳，潭昌海，刘晓煌等 . 自然资源定义、分类，观测监测及其在国土规划治理中的应用 [J/OL] . 中国地质: 1-24 [2022-08-9] . http://kns.cnki.net/kcms/detail/11.1167.P.20220307.1641.002.html.
[63] 许光伟 . 劳动价值论的构图——一种马克思主义整体解读观 [J] . 经济评论，2011，(1): 39-50.
[64] 李研 . 构建森林生态资源产权交易机制的理论探索 [J] . 林业经济问题，2020，40 (2): 181-188.
[65] 史耀斌 . 全国人民代表大会常务委员会预算工作委员会、全国人民代表大会财政经济委员会、全国人民代表大会环境与资源保护委员会关于 2020 年度国有自然资源资产管理情况的调研报告——2021 年 10 月 21 日在第十三届全国人民代表大会常务委员会第三十一次会议上 [J] . 中华人民共和国全国人民代表大会常务委员会公报，2021 (7): 1350-1361.
[66] 程雪阳 . 国有自然资源资产产权行使机制的完善 [J] . 法学研究，2018，40 (6): 145-160.
[67] 蔡守秋 . 论公众共用自然资源 [J] . 法学杂志，2018，39 (4): 43-53.
[68] 李兴宇，吴昭军 . 全民所有自然资源损害救济的权利基础与实现路径——以国家所有权的私权定位为逻辑起点 [J] . 华中科技大学学报（社会科学版），2021，35 (4): 97-107.
[69] 邓海峰 . 生态文明体制改革中自然资源资产分级行使制度研究 [J] . 中国法学，2021，(2): 285-304.
[70] 康京涛 . 自然资源资产产权的法学阐释 [J] . 湖南农业大学学报（社会科学版），2015，16 (1): 79-84.
[71] 陈德敏，郑阳华 . 自然资源资产产权制度的反思与重构 [J] . 重庆大学学报（社会科学版），2017，23 (5): 68-73.

［72］郭贯成，崔久富，李学增．全民所有自然资源资产“三权分置”产权体系研究——基于委托代理理论的视角［J］．自然资源学报，2021，36（10）：2684-2693.

［73］石佳友．健全以公平为原则的产权保护论纲［J］．中国政法大学学报，2021，（3）：53-71.

［74］施志源．自然资源资产有偿使用的改革难点与规则完善［J］．中国特色社会主义研究，2019，（2）：86-91.

［75］鄢德奎，陈德敏．中国自然资源的租值耗散难题及其规制研究［J］．河北学刊，2017，37（2）：141-146.

［76］王晶，丁震．东京涩谷站 TOD 开发模式及其借鉴意义［J］．综合运输，2021，43（1）：127-132，142.

［77］张丽萍．自然资源学基本原理［M］．北京：科学出版社，2009.

［78］牛文元．自然资源开发原理［M］．开封：河南大学出版社，1989.

［79］凡勃伦．有闲阶级论［M］．北京：商务印书馆，2011.

［80］张林．两种新制度经济学：语义区分与理论渊源［J］．经济学家，2001，（5）：56-60.

［81］Coase R H. The Nature of the Firm［J］. Economica，1937，4（16）：386-405.

［82］奥利弗·E. 威廉姆森，西德尼·G. 温特．企业的性质：起源，演变和发展［M］．北京：商务印书馆，2007.

［83］威廉森．资本主义经济制度［M］．北京：商务印书馆，2004.

［84］苏东水．产业经济学［M］．北京：高等教育出版社，2010.

［85］王金南，王志凯，刘桂环，等．生态产品第四产业理论与发展框架研究［J］．中国环境管理，2021，13（4）：5-13.

［86］Gort M，Klepper S. Time Paths in the Diffusion of Product Innovations［J］. The Economic Journal，1982，92（367）：630-653.

［87］科特勒．营销管理［M］．上海：上海人民出版社，2016.

［88］马尚平，张世龙．论产业生命周期［J］．江汉论坛，2004（6）：17-19.

［89］Ikram A，Su Q，Fiaz M，et al. Cluster Strategy and Supply Chain Management［J］. Benchmarking：An International Journal，2018，25（5）：1302-1318.

［90］Winzar H，Baumann C，Chu W. Brand Competitiveness［J］. International Journal of Contemporary Hospitality Management，2018，30（1）：637-660.

［91］Ganeshkumar C，Nambirajan T. Supply Chain Management Components，Competitiveness and Organisational Performance：Causal Study of Manufacturing Firms［J］. Asia-Pacific Journal of Management Research and Innovation，2013，9（4）：399-412.

［92］Haque M，Islam R. Impact of Supply Chain Collaboration and Knowledge Sharing on Organizational Outcomes in Pharmaceutical Industry of Bangladesh［J］. Journal of Global Operations and Strategic Sourcing，2018，11（3）：301-320.

［93］杜人淮．军民融合装备智能制造系统及其构建——基于制造全产业链视角［J］．现代经济探讨，2017，（5）：5-10.

［94］王凯，胡赤弟，吴伟．基于“学科－专业－产业链”的创新创业型大学：概念内涵与现实路径［J］．清华大学教育研究，2017，38（5）：110-117.

［95］颜建军，谭伊舒．生态产业价值链模型的构建与推演［J］．经济地理，2016，36（5）：168-174.

［96］Porter M E. Competitive Advantage：Creating and Sustaining Superior Performance［M］. New York：The Free Press，1985.

［97］许冬兰，于发辉，张敏．全球价值链嵌入能否提升中国工业的低碳全要素生产率？［J］．世界经济研究，2019，（8）：60-72，135.

［98］谭力文，马海燕．竞争范畴的变迁与价值链理论的拓展［J］．社会科学辑刊，2008（4）：106-109.

［99］侯志茹．产业价值链视角下的东北地区产业集群发展问题研究［J］．经济纵横，2009（12）：76-78.

［100］谷树忠．产业生态化和生态产业化的理论思考［J］．中国农业资源与区划，2020，41（10）：8-14.

［101］顾仲阳，常钦．“十四五”时期我国森林覆盖率将提高到 24.1%［EB/OL］.（2021-08-06）. http：//www.gov.cn/xinwen/2021-08/06/content_5629818.htm.

［102］姚亚奇．我国国际重要湿地生态保护成效显著［Z］.［2022-01-20］. http：//www.gov.cn/xinwen/2022-01/20/content_5669418.htm.

［103］国家发展改革委、自然资源部关于印发《全国重要生态系统保护和修复重大工程总体规划（2021-2035 年）》的通知（发改农经〔2020〕837 号）［EB/OL］.（2020-06-03）. http://www.gov.cn/zhengce/zhengceku/2020-06/12/content_5518982.htm.

［104］国家统计局．中华人民共和国 2000 年国民经济和社会发展统计公报［R］.（2001-02-28）. http：//www.stats.gov.cn/tjsj/tjgb/ndtjgb/qgndtjgb/200203/t20020331_30014.html.

［105］国家统计局．中华人民共和国 2021 年国民经济和社会发展统计公报［R］.（2022-02-28）. http：//www.stats.gov.cn/tjsj/zxfb/202202/t20220227_1827960.html.

［106］Jiang H，Wu W，Wang J，et al. Mapping Global Value of Terrestrial Ecosystem Services by Countries［J］. Ecosystem Services，2021，52：101361.

［107］财政部．关于下达 2022 年中央对地方重点生态功能区转移支付预算的通知［Z］.（2022-04-13）. http：//yss.mof.gov.cn/ybxzyzf/zdstgnqzyzf/202204/t20220427_3806653.htm.

［108］王金南，刘桂环．完善生态产品保护补偿机制，促进生态产品价值实现［C］.（2021-04-28）. https：//www.ndrc.gov.cn/xwdt/ztzl/jljqstcpjzsxjz/zjjd/202104/t20210428_1277884.html.

［109］自然资源部．对十三届全国人大三次会议第 4737 号建议的答复［Z］.（2020-10-04）. http：//gi.mnr.gov.cn/202010/t20201004_2563389.html.

［110］Busch J，Ring I，Akullo M，et al. A Global Review of Ecological Fiscal Transfers［J］. Nature Sustainability，2021，4（9）：756-765.

第3章 “两山”理论

“绿水青山就是金山银山”是习近平生态文明思想的核心要义，是生态文明和美丽中国建设的科学指引，具有鲜明的时代意义和实践价值[1]。“绿水青山就是金山银山”理论深刻阐述了经济发展和生态环境保护的关系，揭示了生态价值论、自然财富论、生态系统论、新生产力论、环境民生论、绿色发展论、地球生命共同体论等理论的科学内涵。生态产品第四产业正是基于“绿水青山就是金山银山”理论的研究和实践提出的，是践行“绿水青山就是金山银山”理论的物质基础和产业载体。本章将系统梳理习近平“绿水青山就是金山银山”理论的发展历程，介绍习近平生态文明思想体系，阐述“绿水青山就是金山银山”理论的科学内涵和实现机制，为构建生态产品第四产业体系框架提供理论依据。

3.1 “绿水青山就是金山银山”理论发展历程

从时间维度和论述层次上看，“绿水青山就是金山银山”理论的发展可大致分为孕育阶段、萌发阶段、成长阶段、成熟阶段，最终以“绿水青山就是金山银山”理论为根基，发展成为全面、系统的习近平生态文明思想体系。所以，从思想的维度看，“绿水青山就是金山银山”理论的发展历程也是习近平生态文明思想的发展历程。

3.1.1 孕育阶段：1982—2002年

习近平最早在陕西梁家河和河北正定县工作时，就已开始思考生态环境保护和经济发展之间的关系，尤其是在福建工作期间，孕育了“绿水青山就是金山银山”理论的思想基础[2]。20世纪70年代，习近平在陕西梁家河插队时，带领村民建沼气池，解决了村民做饭、照明和施肥问题。这是青年时代的习近平同志与群众一起，发展农村生态经济的生动实践[3]。

1982—1985年，习近平任河北省正定县委副书记及书记期间，就对生态环境问题有了深刻的认知，对生态和经济的关系有了系统深入的思考，并有了“不能以牺牲环境为代价发展经济”的坚定理念。习近平指出，“农业经济是由农业经济系统、技术系统和生态系统组成的复合系统，而不仅仅局限于农业生产本身；要把正定县建成物质循环和能量转化效率高、生态和经济都呈良性循环的开放式的农业生态经济系统。人类从水土流失、肥力下降、土壤沙化、环境污染、海洋毒化、气候变坏、灾害频繁的严重后果中，越来越认识到生态问题的重要，农业经济早已超出自为一体的范围，只有在生态系统协调的基础上，才有可能获得稳定而迅速的发展。”他提出把正定县建设成为一个具有多种生产门类、能满足多种目标要求、物质循环和能量转化效率高、生态和经济呈良性循环、商品经济占主导地位、开放式的农业生态经济系统[4]。习近平主持制定的《正定县经济技术、社会发展总体规划》强调：“保护环境，消除污染，治理开发利用资源，保持生态平衡，是现代化建设的重要任务。”“宁肯不要钱，也不要污染，严格防止污染搬家、污染下乡。”[5]

1985—1988 年，习近平任福建省厦门市副市长、分管计划和农业农村等工作期间，就注重在发展经济的同时保护好生态环境[6]。在主持编制《1985—2000 年厦门经济社会发展战略》时，特意加上“厦门市城镇体系与生态环境问题”专题研究，提出“发展特区经济的同时，一定要防止环境污染，保持生态平衡，为厦门的子孙后代保护和创造一个美好的生产生活环境”。在同安调研时叮嘱村民，“在发展过程中，要注重水土保持，把老祖宗留下来的东西保护好。”

1988—1990 年，习近平任福建省宁德地委书记时，为帮助闽东地区摆脱贫困，萌生了将山林等生态资源作为重要的生产要素，大力发展林业、立体种植业等生态产业的发展思路[7][8]。1988 年 8 月，习近平深入福鼎县考察调研时强调，要念好“山海经”“抓山也能致富，把山管住，坚持 10 年、15 年、20 年，我们的山上就是银行。”1989 年 1 月，习近平在林业工作会议上发表《闽东的振兴在于“林”：试谈闽东经济发展的一个战略问题》讲话，指出，“在闽东这样一个贫困地区，山林资源是一个重要的优势。”“什么时候闽东的山都绿了，什么时候闽东就富裕了。”“闽东经济发展的潜力在于山，兴旺在于林。”“林业有很高的生态效益和社会效益，比如森林能够美化环境，涵养水源，保持水土，防风固沙，调节气候，实现生态环境良性循环等。从特殊的意义上理解，发展林业是闽东脱贫致富的主要途径。”“森林是水库、钱库、粮库。”1990 年 4 月，习近平发表《走一条发展大农业的路子》一文，强调：“要注重生态效益、经济效益和社会效益的统一，把农业作为一个系统工程来抓”“有的地方开创‘荒坡绿色工程’，这就是一条好经验。所谓‘荒坡绿色工程’，就是依托荒山、荒地、荒滩，发展开发性立体种植业，实行集约经营，专业协作。”

1990—1996 年，习近平任福建省福州市委书记时，高度重视城市生态建设、历史文化名城保护和内河治理等工作[9]。1992 年 11 月，习近平主持编制被称为“3820”战略工程的《福州市 20 年经济社会发展战略设想》，首次将“生态环境规划”列入区域经济社会发展规划，提出“城市生态建设”理念。1992 年 1 月 24 日，习近平在《福建日报》发表文章《处理好城市建设中八个关系》，提出要处理好古与今的关系，强调“保护古城是与发展现代化相一致的，应当把古城的保护、建设和利用有机地结合起来”。1993 年，习近平在永泰县调研时指出：“永泰的地理环境就是山区，是福州的后花园，你们一定要咬定青山不放松，必须保护好环境，一条河也不能污染。山上的树林、果树要管理好。你们永泰的发展方向就是绿水青山。”福州市每年投入一定资金开展内河治理、雨污分流、污水处理厂等建设，做到“一河两带”，禁止沿河建房，防止垃圾下河等。

1996—2002 年，习近平在福建省委工作期间，逐步将生态理念渗透到政治经济文化建设中，孕育出了“青山绿水是无价之宝”的理念，在流域保护、水土治理、林权改革、生态省建设等方面开展了大量探索实践，为“绿水青山就是金山银山”理论的正式形成奠定了坚实的基础[10]。

1997 年 4 月 11 日，习近平到三明市将乐县高唐镇常口村调研，在村部门口举目远眺，见河水碧波凝翠、青山郁郁葱葱时，提出“青山绿水是无价之宝，山区要画好‘山水画’，做好山水田文章”。2002 年 6 月 26 日，习近平在三明调研视察特大洪灾灾后恢复情况时指出：“现在看青山绿水没有价值，长远看这是无价之宝，将来的价值无法估量。”

习近平强调系统观念，开发和治理统筹结合，推动长汀水土流失治理和经济发展。1999 年 11 月 27 日，习近平在长汀视察水土流失治理工程，远眺连绵起伏、红土裸露的山头时指出，“发展是硬道理，但是，污染环境就没有道理，破坏生态和浪费资源的‘发展’就是歪道理。”“要把农业综合开发、山水田林路综合开发和小流域水土流失综合治理结合起来，变劣势为优势，推动长汀经济的发展。”他还提出，要有系统工程的理念，列出时间表，既搞经济林，又搞生态林，完成国土整治，造福百姓。此后，逐步形成了水土治理的“长汀经验”。

习近平在福建率先主导了林权改革。1996 年 5 月 26 日，习近平到沙县调研奔小康和农业农村工作时指出：“要考虑林业产业化问题，既然沙县是林业大县，除了要一个林业生态效益外，还应该要林业的经济效益，真正把林业当成产业来办。”习近平指出，“要研究造林的人对林子的利益关联度和关注程度，千方百计调动农民造林护林的积极性，这是林业发展的内在动力。”2002 年 5 月，习近平指出，“集体林本身就是村民集体共有的，应该还山于民、还权于民、还利于民。”2002 年 6 月 21 日，习近平到武平县调研林权改革相关工作时提出，“集体林权制度改革要像家庭联产承包责任制那样从山下转向山上。”此后，逐步形成了“明晰所有权，放活经营权，落实处置权，保障收益权”的以产权改革为核心的新一轮林业经营体制改革创新模式和“县直接领导，乡镇负责组织，村具体实施，部门积极配合”的林改机制，成为推动林权改革和自然资源产权改革的全国样板。

习近平在福建率先推动生态省建设，曾明确指出，“生态资源是福建最宝贵的资源，生态优势是福建最具竞争力的优势，生态建设应当是福建最花力气的建设。”“要想达到污染物排放的最减量化，我们在整个工业经济发展过程中，就要把资源的利用率提高，对生态资源进行积极保护、合理配置、有效利用。”2000 年年底，习近平极具前瞻性地提出了生态省建设的战略构想，亲自担任福建省“生态省”建设领导小组组长，在

2002 年省政府工作报告中首次正式提出建设生态省的战略目标。同年 8 月，福建省获批成为全国首批生态省建设试点省份之一。2002 年 7 月 3 日，习近平在福建省环境保护大会上做《全面推进生态省建设，争创协调发展新优势》报告，明确提出，“经过 20 年努力奋斗，把福建建设成为生态效益型经济发达、城乡人居环境优美舒适、自然资源永续利用、生态环境全面优化、人与自然和谐相处的经济繁荣、山川秀美、生态文明的可持续发展省。”要求“不仅要从生态环境保护的角度考虑问题，更要从全局战略的高度来看问题”。

3.1.2 萌发阶段: 2002—2007 年

2002 年 10 月至 2007 年 3 月，习近平主政浙江期间，大力推进生态建设，打造绿色浙江。他提出“八八战略”，将生态建设融入政治、经济、文化、社会和党的建设全局，开创了农村人居环境整治和美丽乡村建设、新时代乡村振兴战略的先河，正式提出了“绿水青山就是金山银山”科学论断，也为新时代中国生态文明建设提供了发展范式[11]。

2002 年 11 月 24—26 日，习近平在丽水考察，看到“秀山丽水、天生丽质、资源丰富”时，提出“从长远的眼光看，丽水的资源优势是无价之宝，是加快发展的潜在条件”，反复叮嘱地方“千万不要以牺牲环境为代价换取一点经济的利益”。

2003 年 4 月，习近平在《今日浙江》发表文章《建设经济繁荣、山川秀美、社会文明的生态省》，指出要充分发挥浙江的区域经济特色和生态环境优势，转变经济增长方式，加强生态环境建设，经过 20 年左右的努力，基本实现人口规模、素质与生产力发展要求相适应，经济社会发展与资源环境承载力相适应，把浙江率先建设成为具有比较发达的生态经济、优美的生态环境、和谐的生态家园、繁荣的生态文化，人与自然和谐相处的可持续发展省份。

2003 年 6 月，为统筹经济发展和环境保护，统筹城乡协调发展，在习近平同志的倡导和主持下，浙江正式启动“千村示范、万村整治”工程（以下简称“千万工程”），开启了以改善农村生态环境、提高农民生活质量为核心的村庄整治建设大行动。以农村生产、生活、生态三大环境改善为重点，目标是，在 5 年内选择 1 万个左右的建制村进行全面整治，把其中 1 000 个左右的中心村建成全面小康示范村。“绿水青山就是金山银山”理念发源地安吉余村正是在这个伟大工程背景下开始发展转型的。

2003 年 7 月 3 日，习近平在《求是》上发表文章《生态兴则文明兴——推进生态建设 打造“绿色浙江”》，指出：“以建设‘绿色浙江’为目标，以生态省建设为载体和突破口，走生产发展、生活富裕、生态良好的文明发展道路。”“生态兴则文明兴，生态衰则文明衰。”“遵循生态兴原理、系统工程性方法和循环经济发展理念，充分运用现代科技，转变经济增长方式，大力发展生态效益型经济。”“真正把美好家园奉献给人民群众，把青山绿水留给子孙后代。”

2003 年 7 月 10 日，习近平同志在浙江省委十一届四次全会上正式提出“八八战略”，将“进一步发挥浙江的生态优势，创建生态省，打造‘绿色浙江’”作为八大举措之一。“八八战略”的实质是中国特色社会主义“五位一体”总体布局在浙江省的先行先试版，将生态融入政治、经济、文化、社会和党的建设全局。

2003年7月11日，习近平在生态省建设动员大会上强调，生态省建设要以人与自然和谐为主线，以加快发展为主题，以提高人民生活质量为根本出发点，以体制创新、科技创新和管理创新为动力，在全面建设小康社会、提前基本实现现代化的进程中，坚定不移地实施可持续发展战略，使浙江走上生产发展、生活富裕、生态良好的文明发展道路。明确指出，不重视生态的政府是不清醒的政府，不重视生态的领导是不称职的领导。

2003年8月8日，习近平在《之江新语》发表文章《环境保护要靠自觉自为》，指出，“只要金山银山，不管绿水青山”，只要经济，只重发展，不考虑环境，不考虑长远，“吃了祖宗饭，断了子孙路”而不自知，这是认识的第一阶段；虽然意识到环境的重要性，但只考虑自己的小环境、小家园而不顾他人，以邻为壑，有的甚至将自己的经济利益建立在对他人环境的损害上，这是认识的第二阶段；真正认识到生态问题无边界，认识到人类只有一个地球，地球是我们的共同家园，保护环境是全人类的共同责任，生态建设成为自觉行动，这是认识的第三阶段。

2004年7月，在全省“千万工程”现场会上，习近平明确指出，要把“千万工程”作为推动农村全面小康建设的基础工程、统筹城乡发展的龙头工程、优化农村环境的生态工程、造福农民群众的民心工程。

2005年1月，习近平在浙江省农村工作会议上，创造性地提出“浙江要把高效生态农业作为现代农业发展的模式”，强调“高效生态农业既具有现代农业的一般特性，又体现了人多地少的经济较发达地区农业发展的特殊性”。

2005年8月15日，习近平在浙江安吉余村考察，听取村里关停矿山和水泥厂搞生态旅游、从“卖石头”转为“卖风景”的汇报后指出：“生态资源是这里最宝贵的资源，应该说你们安吉做得很好，能感受到，你们今后要真正扎扎实实走一条‘生态立县’的道路。”“下决心停掉矿山，这些都是高明之举，绿水青山就是金山银山。我们过去讲，既要绿水青山，又要金山银山。实际上，绿水青山就是金山银山。”这是习近平系统正式提出“绿水青山就是金山银山”理论的关键时间点。

2005年8月24日，习近平在《之江新语》发表文章《绿水青山也是金山银山》，指出：“我们追求的人与自然和谐，经济与社会的和谐，通俗地讲，就是既要绿水青山，又要金山银山。如果能够把这些生态环境优势转化为生态农业、生态工业、生态旅游等生态经济的优势，那么绿水青山也就变成了金山银山。绿水青山可带来金山银山，但金山银山却买不到绿水青山。绿水青山与金山银山既会产生矛盾，又可辩证统一。在鱼和熊掌不可兼得的情况下，我们必须懂得机会成本，善于选择，学会扬弃。”

2006年1月，习近平在浙江省农村工作会议上提出，要通过推动产业新发展、建设新社区、培育新农民、树立新风尚、构建新体制，全面推进社会主义新农村建设，达到

“三改一化”的目标，即把传统农业改造建设成为具有持久市场竞争力和能持续致富农民的高效生态农业；把传统村落改造建设成为让农民也能过上现代文明生活的农村新社区；把传统农民改造培育成为能适应分工分业发展要求的有文化、懂技术、会经营、高素质的新型农民，形成城乡互促、共同繁荣的城乡一体化发展新格局。

2006 年 3 月 8 日，习近平在中国人民大学演讲时，论述了人们在实践中对“绿水青山”和“金山银山”这“两座山”之间关系的认识进程。2006 年 3 月 23 日，习近平在《从“两座山”看生态环境》一文中又做了详细论述：“我们追求人与自然的和谐、经济与社会的和谐，通俗地讲，就是要‘两座山’：既要金山银山，又要绿水青山。”“在实践中，对这‘两座山’之间关系的认识经过了三个阶段：第一个阶段是用绿水青山去换金山银山，不考虑或者很少考虑环境的承载能力，一味索取资源；第二个阶段是既要金山银山，但是也要保住绿水青山，这时候经济发展和资源匮乏、环境恶化之间的矛盾开始凸显出来，人们意识到，环境是我们生存发展的根本，要留得青山在，才能有柴烧；第三个阶段是认识到绿水青山可以源源不断地带来金山银山，绿水青山本身就是金山银山，我们种的常青树就是摇钱树，生态优势变成经济优势，形成了一种浑然一体、和谐统一的关系。”

2006 年 7 月 29 日，习近平在丽水调研时指出：“绿水青山就是金山银山，对丽水来说尤为如此”，丽水“守住了这方净土，就守住了金饭碗。”

2007 年 3 月 21 日，习近平在《人民日报》发表《走高效生态的新型农业现代化道路》，全面深刻阐述了浙江发展高效生态农业、走新型农业现代化道路的必要性和总体思路，指出：“高效生态农业要以绿色消费需求为导向，以提高市场竞争力和可持续发展能力为核心，具有高投入、高产出、高效益与可持续发展的特性，是集约化经营与生态化生产有机耦合的现代农业。”

2007 年 3—10 月，习近平在上海工作，虽然仅有 7 个月，却把环境保护和生态治理放在各项工作的重要位置，下大力气解决一些在环境保护方面的突出问题[2]。

2007 年 7 月 11 日，习近平在青浦区调研座谈会上强调，要加强环境保护和生态治理，进一步加大污染控制力度，在淀山湖水源保护区执行最严格的环保标准；要市区携手，坚持不懈，持之以恒，加强水环境治理，做好生态治理工作。要积极探索建立环境保护补偿机制，立足实际，加快建立与周边省市的协同机制，真正形成湖区治理的长效机制。

2007 年 9 月 27 日，习近平在上海市农村党的建设“三级联创”活动工作会议上指出，广大农村地区是整个城市不可或缺的生态屏障，是城市的“氧吧”和“绿肺”，这是其他任何产业不能替代的。

3.1.3 成长阶段：2007—2015 年

2007 年 10 月，党的十七大正式提出生态文明建设，习近平成为党和国家领导人。2007—2015 年，习近平对“绿水青山就是金山银山”理念的思考进一步深化，由“绿水青山就是金山银山”理念逐步发展成为习近平生态文明思想的系统论述，“绿水青山就是金山银山”理论的科学内涵不断丰富。这个时期是“绿水青山就是金山银山”理论的成长阶段，习近平就“绿水青山就是金山银山”理论发表了许多讲话，提出了一系列科学判断[12]。

2008年，习近平同志在中央党校发表重要讲话，就“两座山”的问题强调：“要牢固树立正确政绩观。实现科学发展，既要解决发展不够的问题，又要解决持续发展的问题；既要追求科技程度高，又要强调绿色内涵深；既要高度重视转型发展，又要高度重视安全发展。不能只要金山银山，不要绿水青山；不能不顾子孙后代，有地就占，有煤就挖，有油就采，竭泽而渔；更不能以牺牲人的生命为代价换取一时的发展。”

2010年3月10日，习近平同志在全国两会广西代表团全体会议上讲话时指出，漓江水质绝不能破坏，漓江不仅是广西人民的漓江，也是全国人民、全世界人民的漓江，还是全人类共同拥有的自然遗产，我们一定要呵护漓江，科学保护好漓江。

2012年12月7—11日，习近平总书记在广东考察工作时指出，我们在生态环境方面欠账太多了，如果不从现在起就把这项工作紧紧抓起来，将来付出的代价会更大。在这个问题上，我们没有别的选择。人类的认识是螺旋式上升的。很多国家，包括一些发达国家，在发展过程中把生态环境破坏了，搞起一堆东西，最后一看都是一些破坏性的东西。再补回去，成本比当初创造的财富还要多。特别是有些地方，像重金属污染区，水被污染了，土壤被污染了，到了积重难返的地步。要实现永续发展，必须抓好生态文明建设。中国现代化是绝无仅有、史无前例、空前伟大的。现在全世界发达国家人口总额不到十三亿，十三亿人口的中国实现了现代化，就会把这个人口数提升一倍以上。走老路，去消耗资源，去污染环境，难以为继！[12]

2013年4月10日，习近平在海南考察时指出，纵观世界发展史，保护生态环境就是保护生产力，改善生态环境就是发展生产力。良好生态环境是最公平的公共产品，是最普惠的民生福祉。对人的生存来说，金山银山固然重要，但绿水青山是人民幸福生活的重要内容，是金钱不能代替的。你挣到了钱，但空气、饮用水都不合格，哪有什么幸福可言！[12]

2013年5月24日，习近平在中央政治局第六次集体学习时指出，“要实施重大生态修复工程，增强生态产品生产能力。”“良好生态环境是人和社会持续发展的根本基础。”“要正确处理经济发展同生态环境保护的关系，牢固树立保护生态环境就是保护生产力、改善生态环境就是发展生产力的理念。”

2013年9月7日，习近平总书记在哈萨克斯坦纳扎尔巴耶夫大学发表演讲时，对“绿水青山就是金山银山”理论进行了全面、经典的阐述：“中国明确把生态环境保护摆在更加突出的位置。我们既要绿水青山，也要金山银山。宁要绿水青山，不要金山银山，而且绿水青山就是金山银山。我们绝不能以牺牲生态环境为代价，换取经济的一时发展。”

2013年11月，习近平总书记在党的十八届三中全会上做的关于《中共中央关于全面深化改革若干重大问题的决定》的说明时指出，“山水林田湖是一个生命共同体，人的命脉在田，田的命脉在水，水的命脉在山，山的命脉在土，土的命脉在树。用途管制和生态修复必须遵循自然规律。”“由一个部门负责领土范围内所有国土空间用途管制职责，对山水林田湖进行统一保护、统一修复是十分必要的。”

2013 年 12 月 12 日，习近平在中央城镇化工作会议上指出：“要让城市融入大自然，不要花大力气劈山填海，很多山城、水城很有特色，完全可以依托现有山水脉络等独特风光，让居民望得见山、看得见水、记得住乡愁。”

2014 年 2 月，习近平总书记在北京市考察工作时讲道：“着力扩大环境容量生态空间。环境容量的基础是生态空间。这一区域环境问题突出，说明其吸附污染的空间少了。这就好比一个人的消化器官出了问题，整个身体必然会出现不适。华北地区缺水问题本来就很严重，如果再不重视保护好涵养水源的森林、湖泊、湿地等生态空间，再继续超采地下水，自然的报复力度会更大。”“城市建设应多留点绿地和空间给老百姓，持续推进森林城市、森林乡村建设，着力改善人居环境。”

2014 年 3 月 7 日，习近平在参加十二届全国人大二次会议贵州代表团审议时指出，正确处理好生态环境保护和发展的关系，是实现可持续发展的内在要求，也是推进现代化建设的重大原则。绿水青山和金山银山绝不是对立的，关键在人，关键在思路。保护生态环境就是保护生产力，改善生态环境就是发展生产力。让绿水青山充分发挥经济社会效益，不是要把它破坏了，而是要把它保护得更好。要树立正确发展思路，因地制宜选择好发展产业，切实做到经济效益、社会效益、生态效益同步提升，实现百姓富、生态美有机统一。

2014 年 3 月 14 日，习近平在中央财经领导小组第五次会议上指出，形成今天水安全严峻形势的因素很多，根子上是长期以来对经济规律、自然规律、生态规律认识不够、把握失当。把水当作取之不尽、用之不竭、无限供给的资源，把水看作服从于增长的无价资源，只考虑增长，不考虑水约束，没有认识到水是生态要素，没有看到水资源、水生态、水环境的承载能力是有限的，是有不可抗拒的物理极限的。坚持山水林田湖是一个生命共同体的系统思想。生态是统一的自然系统，是各种自然要素相互依存而实现循环的自然链条。

2014 年 10 月 20 日，习近平在党的十八届四中全会第一次全体会议上讲话时指出：“只有实行最严格的制度、最严明的法治，才能为生态文明建设提供可靠保障。”“我们组织修订与环境保护有关的法律法规，在环境保护、环境监管、环境执法上添了一些硬招。稳步推进健全自然资源资产产权制度和用途管制制度、划定生态保护红线、实行资源有偿使用制度和生态补偿制度、改革生态环境保护体制等工作。”

2015 年 1 月 19—21 日，习近平总书记在云南考察工作时指出，经济要发展，但不能以破坏生态环境为代价。生态环境保护是一个长期任务，要久久为功。要把生态环境保护放在更加突出位置，像保护眼睛一样保护生态环境，像对待生命一样对待生态环境。在生态环境保护上，一定要算大账、算长远账、算整体账、算综合账，不能因小失大、顾此失彼、寅吃卯粮、急功近利。

2015 年 3 月 6 日，习近平在参加十二届全国人大三次会议江西代表团审议时指出："环境就是民生，青山就是美丽，蓝天也是幸福。要像保护眼睛一样保护生态环境，像对待生命一样对待生态环境。"

3.1.4 成熟阶段：2015 年至今

2015 年 4 月，"坚持绿水青山就是金山银山"正式被写入中央文件，成为我国推进生态文明建设的指导思想，标志着习近平"绿水青山就是金山银山"理论进入成熟阶段，逐步形成了系统性的论述[13]。

2015 年 4 月 25 日，中共中央、国务院印发《关于加快推进生态文明建设的意见》提出，要充分认识加快推进生态文明建设的极端重要性和紧迫性，切实增强责任感和使命感，牢固树立尊重自然、顺应自然、保护自然的理念，坚持绿水青山就是金山银山，动员全党、全社会积极行动，深入持久地推进生态文明建设，加快形成人与自然和谐发展的现代化建设新格局，开创社会主义生态文明新时代。深化自然资源及其产品价格改革，凡是能由市场形成价格的都交给市场。

2015 年 8 月 24 日，习近平在中央第六次西藏工作座谈会上指出："青藏高原是'世界屋脊'、'中华水塔'、'地球第三级'，保护好青藏高原生态就是对中华民族生存和发展最大贡献。如果把青藏高原生态破坏了，生产总值再多也没有什么意义。青藏高原生态十分脆弱，开发和保护、建设和吃饭的两难问题始终存在。在这个问题上，一定要算大账、算长远账，坚持生态保护第一，绝不能以牺牲生态环境为代价发展经济。"

2015 年 9 月，中共中央、国务院印发《生态文明体制改革总体方案》，明确了生态文明体制改革的理念是"尊重自然、顺应自然、保护自然""发展和保护相统一""绿水青山就是金山银山""自然价值和自然资本""空间均衡""山水林田湖是一个生命共同体"六大理念。"树立绿水青山就是金山银山的理念。清新空气、清洁水源、美丽山川、肥沃土地、生物多样性是人类生存必需的生态环境。坚持发展是第一要务，必须保护森林、草原、河流、湖泊、湿地、海洋等自然生态。"

2015 年 10 月 26 日，习近平总书记在党的十八届五中全会上做的关于《中共中央关于制定国民经济和社会发展第十三个五年规划的建议》的说明时指出："生态文明建设事关中华民族永续发展和'两个一百年'奋斗目标的实现，保护生态环境就是保护生产力，改善生态环境就是发展生产力。"

2015 年 10 月 29 日，习近平总书记在党的十八届五中全会第二次全体会议上发表《以新的发展理念引领发展，夺取全面建成小康社会决胜阶段的伟大胜利》讲话，指出，我国资源约束趋紧、环境污染严重、生态系统退化的问题十分严峻，人民群众对清新空气、干净饮水、安全食品、优美环境的要求越来越强烈。要坚持保护优先、自然恢复为主，实施山水林田湖生态保护和修复工程，加大环境治理力度，改革环境治理基础制度，全面提升自然生态系统稳定性和生态服务功能，牢筑生态安全屏障。

2015 年 11 月 27 日，习近平总书记在中央扶贫开发工作会议上指出：“要通过改革创新，让贫困地区的土地、劳动力、资产、自然风光等要素活起来，让资源变资产、资金变股金、农民变股东，让绿水青山变金山银山。”讲话蕴含了将生态资源纳入生产要素的思想，并提出了通过“三变”实现“绿水青山就是金山银山”转化的路径。

2016 年 1 月 18 日，习近平在省部级主要领导干部学习贯彻党的十八届五中全会精神专题研讨班上讲话时指出：“各级领导干部对保护生态环境务必坚定信念，坚决摒弃损害甚至破坏生态环境的发展模式和做法，绝不能再以牺牲生态环境为代价换取一时一地的经济增长。要坚定推进绿色发展，推动自然资本大量增值，让良好生态环境成为人民生活的增长点、成为展现我国良好形象的发力点，让老百姓呼吸上新鲜的空气，喝上干净的水，吃上放心的食物，生活在宜居的环境中，切实感受到经济发展带来的实实在在的环境效益。让中华大地天更蓝，山更绿，水更清，环境更优美，走向生态文明新时代。”

2016 年 3 月 7 日，习近平在参加十二届全国人大四次会议黑龙江代表团审议时指出，要加强生态文明建设，划定生态保护红线，为可持续发展留足空间，为子孙后代留下天蓝地绿水清的家园。绿水青山是金山银山，黑龙江的冰天雪地也是金山银山。

2016 年 3 月 10 日，习近平在参加十二届全国人大四次会议青海代表团审议时指出：“生态环境没有替代品，用之不觉，失之难存。在生态环境保护建设上，一定要树立大局观、长远观、整体观，坚持保护优先，坚持节约资源和保护环境的基本国策，像保护眼睛一样保护生态环境，像对待生命一样对待生态环境，推动形成绿色发展方式和生活方式。”

2016 年 5 月 23 日，习近平在黑龙江伊春考察调研时指出，生态就是资源、生态就是生产力。要按照绿水青山就是金山银山、冰天雪地也是金山银山的思路，摸索接续产业发展路子。

2016 年 8 月，中共中央办公厅、国务院办公厅印发《国家生态文明试验区（福建）实施方案》，将“生态产品价值实现的先行区”作为福建省建设全国首个国家生态文明试验区的战略定位，提出“积极推动建立自然资源资产产权制度，推行生态产品市场化改革，建立完善多元化的生态保护补偿机制，加快构建更多体现生态产品价值、运用经济杠杆进行环境治理和生态保护的制度体系”。

2016 年 12 月，习近平对生态文明建设作出重要指示，强调：“生态文明建设是‘五位一体’总体布局和‘四个全面’的重要内容。各地区各部门要切实贯彻新发展理念，树立‘绿水青山就是金山银山’的强烈意识，努力走向社会主义生态文明新时代。”

2017 年 8 月，中共中央、国务院印发《关于完善主体功能区战略和制度的若干意见》，提出“要坚持保护优先、坚持以承载力为基础、坚持差异化协同发展、坚持生态就是生产力等战略取向”“要开展生态产品价值实现机制试点”。

2017 年 10 月，党的十九大报告提出：“提供更多优质生态产品，以满足人民日益增长的优美生态环境需要”，将“增强绿水青山就是金山银山的意识”写入党章。

2018 年 3 月，习近平在参加十三届全国人大一次会议内蒙古代表团审议时强调："要加强生态环境保护建设，统筹山水林田湖草治理，精心组织实施京津风沙源治理、'三北'防护林建设、天然林保护、退耕还林、退牧还草、水土保持等重点工程，实施好草畜平衡、禁牧休牧等制度，加快呼伦湖、乌梁素海、岱海等水生态综合治理，加强荒漠化治理和湿地保护，加强大气、水、土壤污染防治，在祖国北疆构筑万里绿色长城。"

2018 年 4 月，习近平总书记在深入推动长江经济带发展座谈会上发表重要讲话，要求积极探索推广绿水青山转化为金山银山的路径，选择具备条件的地区开展生态产品价值实现机制试点，探索政府主导、企业和社会各界参与、市场化运作、可持续的生态产品价值实现路径。

2018 年 4 月 13 日，习近平总书记在考察海南生态建设馆时指出："青山绿水、碧海蓝天是海南最强的优势和最大的本钱，是一笔既买不来也借不到的宝贵财富，破坏了就很难恢复。要把保护生态环境作为海南发展的根本立足点，牢固树立绿水青山就是金山银山的理念，像对待生命一样对待这一片海上绿洲和这一汪湛蓝海水，努力在建设社会主义生态文明方面作出更大成绩。"

2018 年 5 月，习近平出席全国生态环境保护大会并发表重要讲话，指出："新时代推进生态文明建设，必须坚持人与自然和谐共生，绿水青山就是金山银山，良好生态环境是最普惠的民生福祉，山水林田湖草是生命共同体，用最严格制度、最严密法治保护生态环境，共谋全球生态文明建设。"

2018 年 6 月，中共中央、国务院印发《关于全面加强生态环境保护　坚决打好污染防治攻坚战的意见》，提出坚持绿水青山就是金山银山。绿水青山既是自然财富、生态财富，又是社会财富、经济财富。保护生态环境就是保护生产力，改善生态环境就是发展生产力。

2019 年 9 月，习近平总书记在黄河流域生态保护和高质量发展座谈会上发表讲话强调："要坚持绿水青山就是金山银山的理念，坚持生态优先，绿色发展。""三江源、祁连山等生态功能重要的地区，就不宜发展产业经济，主要是保护生态，涵养水源，创造更多生态产品。"

2020 年 3 月，习近平在浙江考察时指出："经济发展不能以破坏生态为代价，生态本身就是经济，保护生态就是发展生产力。""在保护好生态前提下，积极发展多种经营，把生态效益更好转化为经济效益、社会效益。"

2020 年 4 月，中央全面深化改革委员会第十三次会议审议通过《全国重要生态系统保护和修复重大工程总体规划（2021—2035 年）》，将提高生态产品生产能力作为生态修复的目标。会议强调，要统筹山水林田湖草一体化保护和修复，增强生态系统稳定性，促进自然生态系统质量的整体改善和生态产品供给能力的全面增强。规划明确以山水林田湖草系统工程为依托，强化提升公共性生态产品生产供给能力。

2020 年 10 月，党的十九届五中全会通过《中共中央关于制定国民经济和社会发展第十四个五年规划和二〇三五年远景目标的建议》，提出坚持绿水青山就是金山银山理念，坚持尊重自然、顺应自然、保护自然，坚持节约优先、保护优先、自然恢复为主，守住自然生态安全边界。

2021 年 2 月，习近平主持召开中央全面深化改革委员会第十八次会议并发表重要讲话。会议强调，建立生态产品价值实现机制，关键是构建绿水青山转化为金山银山的政策制度体系，坚持保护优先、合理利用，彻底摒弃以牺牲生态环境换取一时一地经济增长的做法，建立生态环境保护者受益、使用者付费、破坏者赔偿的利益导向机制，探索政府主导、企业和社会各界参与、市场化运作、可持续的生态产品价值实现路径，推进生态产业化和产业生态化。

2021 年 3 月，习近平在参加十三届全国人大四次会议内蒙古代表团审议时指出：“生态总价值，就是绿色 GDP 的概念，说明生态本身就是价值，这里面不仅有林木本身的价值，还有绿肺效应，更能带来旅游、林下经济等。‘绿水青山就是金山银山’，这实际上是增值的。”“要统筹山水林田湖草沙系统治理，实施好生态保护修复工程，加大生态系统保护力度，提升生态系统稳定性和可持续性。”

2021 年 4 月，中共中央办公厅、国务院办公厅印发《关于建立健全生态产品价值实现机制的意见》，提出“建立健全生态产品价值实现机制，是贯彻落实习近平生态文明思想的重要举措，是践行绿水青山就是金山银山理念的关键路径，是从源头上推动生态环境领域国家治理体系和治理能力现代化的必然要求，对推动经济社会发展全面绿色转型具有重要意义”。首次对生态产品价值实现进行了系统性阐述。

2021 年 4 月 30 日，习近平在中共中央政治局第二十九次集体学习时就新形势下加强我国生态文明建设强调，保持生态文明建设战略定力，努力建设人与自然和谐共生的现代化，指出：要提升生态系统质量和稳定性，坚持系统观念，从生态系统整体性出发，推进山水林田湖草沙一体化保护和修复，更加注重综合治理、系统治理、源头治理。要加快构建以国家公园为主体的自然保护地体系，完善自然保护地、生态保护红线监管制度。要建立健全生态产品价值实现机制，让保护修复生态环境获得合理回报，让破坏生态环境付出相应代价。要科学推进荒漠化、石漠化、水土流失综合治理，开展大规模国土绿化行动。要推行草原森林河流湖泊休养生息，实施好长江十年禁渔，健全耕地休耕轮作制度。要实施生物多样性保护重大工程，强化外来物种管控。

2021 年 9 月 13 日，习近平在陕西米脂县高西沟村考察调研时指出：“高西沟村是黄土高原生态治理的一个样板，你们坚持不懈开展生态文明建设，与时俱进发展农村事业，路子走的是对的。要深入贯彻绿水青山就是金山银山的理念，把生态治理和发展特色产业有机结合起来，走出一条生态和经济协调发展、人与自然和谐共生之路。”

2021 年 10 月 12 日，习近平在《生物多样性公约》第十五次缔约方大会领导人峰会上发表主旨讲话《共同构建地球生命共同体》，提出：“绿水青山就是金山银山。良好生态环境既是自然财富，也是经济财富，关系经济社会发展潜力和后劲。我们要加快形成绿色发展方式，促进经济发展和环境保护双赢，构建经济与环境协同共进的地球家园。”“以绿色转型为驱动，助力全球可持续发展。我们要建立绿色低碳循环经济体系，把生态优势转化为发展优势，使绿水青山产生巨大效益。我们要加强绿色国际合作，共享绿色发展成果。”

3.2 习近平生态文明思想

2018 年 5 月 18 日，召开全国生态环境保护大会，正式确立习近平生态文明思想。习近平总书记在大会上发表重要讲话，站在坚持和发展中国特色社会主义、实现中华民族伟大复兴中国梦的战略高度，深刻回答了“为什么建设生态文明、建设什么样的生态文明、怎样建设生态文明”等重大理论和实践问题，把我们党对生态文明建设规律的认识提升到一个新高度，其精髓集中体现在“八个观”“八个坚持”上面。

3.2.1 深邃历史观：坚持生态兴则文明兴

习近平总书记强调，生态文明建设是中华民族永续发展的千年大计，功在当代，利在千秋，关系人民福祉，关乎民族未来，是实现中华民族永续发展与伟大复兴的根本保证。生态环境是人类生存最为基础的条件，是持续发展最为重要的基石。无论是从世界还是从中华民族的文明历史看，生态环境的变化都直接影响文明的兴衰演替。必须坚持节约资源和保护环境的基本国策，像对待生命一样对待生态环境，坚定走生产发展、生活富裕、生态良好的文明发展道路，为中华民族永续发展留下根基，为子孙后代留下天蓝、地绿、水净的美好家园。这个深邃的历史观来源于对“生态兴衰则文明兴衰”历史教训的深刻洞察。这一观点既蕴含着中国传统文化的哲学思想，又贯穿了马克思主义历史唯物主义和辩证唯物主义的哲学思维。纵观历史，放眼世界，人类文明都不可能脱离这条社会发展的普遍定律。

3.2.2 科学自然观：坚持人与自然和谐共生

随着中国迈入新时代，生态环境是关系党的使命宗旨的重大政治问题，也是关系民生的重大社会问题。习近平总书记在党的十九大报告中强调，坚持人与自然和谐共生；建设生态文明是中华民族永续发展的千年大计；人与自然是生命共同体；生态环境没有替代品，用之不觉，失之难存。全国生态环境保护大会更是将生态文明建设提升为“根本大计”。在十九届中共中央政治局第二十九次集体学习时，总书记再次强调，要站在人与自然和谐共生的高度来谋划经济社会发展，统筹污染治理、生态保护，应对气候变化，促进生态环境持续改善，努力建设人与自然和谐共生的现代化。人生活在天地之间，以天地自然为生存之源、发展之本，在与自然的相互作用中，创造和发展了人类文明。在这个历程中，人与自然关系经历从依附自然到利用自然、再到人与自然和谐共生的发展过程。人类只有尊重自然、顺应自然、保护自然，才能实现经济社会可持续发展。

3.2.3 绿色发展观：坚持绿水青山就是金山银山

习近平总书记反复强调，要正确处理经济发展同生态环境保护的关系，牢固树立保护生态环境就是保护生产力、改善生态环境就是发展生产力的理念，更加自觉地推动绿色发展、循环发展、低碳发展，绝不能以牺牲环境为代价去换取一时的经济增长。在中共中央政治局第二十九次集体学习时再次强调，生态环境保护和经济发展是辩证统一、相辅相成的。绿水青山就是金山银山，深刻揭示了发展与保护的本质关系，阐明了保护生态环境就是保护生产力、改善生态环境就是发展生产力的道理，指明了实现发展与保护内在统一、相互促进、协调共生的方法论和新路径。坚持绿色发展是发展观和价值观的一场深刻革命。绿水青山既是自然财富、生态财富，又是社会财富、经济财富。保护生态环境就是保护自然价值和增值自然资本的过程、保护经济社会发展潜力和后劲的过程，把生态环境优势转化为经济社会发展优势，绿水青山就可以源源不断地带来金山银山。必须树立和贯彻新发展理念，处理好发展与保护的关系，推动形成绿色发展方式和生活方式，努力实现经济社会发展和生态环境保护协同共进。

3.2.4 基本民生观：坚持良好生态环境是最普惠民生福祉

习近平总书记强调，环境就是民生，青山就是美丽，蓝天也是幸福；生态环境是关系党的使命宗旨的重大政治问题，也是关系民生的重大社会问题；良好生态环境是最普惠的民生福祉，坚持生态惠民、生态利民、生态为民；要把解决突出生态环境问题作为民生优先领域。习近平总书记这些意蕴深远的重要论述，升华了我们对生态文明建设重要性的认识。创造良好的生态环境，目的在民生，也是对人民群众日益增长的优美生态环境需要的积极回应。必须坚持以人民为中心的发展思想，加快改善生态环境质量，提供更多优质生态产品，还老百姓蓝天白云、繁星闪烁，清水绿岸、鱼翔浅底、鸟语花香、田园风光。

3.2.5 整体系统观：坚持山水林田湖草是生命共同体

习近平总书记在中央全面深化改革委员会第二十一次会议上强调，要从生态系统整体性出发，更加注重综合治理、系统治理、源头治理，加快构建减污降碳一体谋划、一体部署、一体推进、一体考核的制度机制；要统筹生态保护和污染防治，加强生态环境分区管控，推动重要生态系统保护和修复，开展大规模国土绿化行动，扩大环境容量的同时，降低污染物排放量。秉持山水林田湖草是一个生命共同体的理念，就要从系统工程和全局角度寻求新的治理之道，不能“头痛医头，脚痛医脚”，必须按照生态系统的整体性、系统性及内在规律，统筹兼顾，整体施策，多措并举，全方位、全地域、全过程开展生态环境保护，统筹考虑自然生态各要素、山上山下、地表地下、陆地河流海洋以及流域上下游等，进行整体保护、宏观管控、综合治理，增强生态系统循环能力，维护生态平衡，达到系统治理的最佳效果。

3.2.6 严密法治观：坚持最严格制度法治保护生态环境

习近平总书记在中央政治局第六次集体学习时指出，只有实行最严格的制度、最严密的法治，才能为生态文明建设提供可靠保障；在中央政治局第二十九次集体学习时强调，要坚持精准治污、科学治污、依法治污。“最严”生态“法治观”，充分表达了中央的坚决态度，同时也牢牢抓住了生态文明建设的“牛鼻子”。党的十八大以来，中国建立健全自然资源资产产权制度、国土空间开发保护制度、生态文明建设目标评价考核制度和责任追究制度、生态补偿制度、河湖长制、林长制、环境保护“党政同责”和“一岗双责”等制度，制定修订相关法律法规；开展中央生态环境保护督察，坚决查处一批破坏生态环境的重大典型案件，解决一批人民群众反映强烈的突出环境问题。与此同时，生态文明建设处于压力叠加、负重前行的关键期。未来，须加快制度创新，让制度成为刚性的约束和不可触碰的高压线，使环境司法愈加深入，环境信息公开力度不断加强，公众参与有序有效，企业守法成为常态。

3.2.7 全民行动观：坚持建设美丽中国全民行动

习近平总书记强调，生态文明建设同每个人息息相关，每个人都应该做践行者、推动者。优美生态环境为人民群众和全社会共同享有，需要全社会共同建设、共同保护、共同治理。每个人都是生态环境的保护者、建设者、受益者，每个人都不是旁观者、局外人、批评家，都不能只说不做，置身事外。建设生态文明和美丽中国是一项长期而艰巨的系统工程，需要全体中华儿女团结奋斗，每个人积极参与。生态环境保护是生态文明建设的主阵地和根本措施，全民行动是生态文明建设和环境保护工作的基础和保障。只有加快构建全民参与生态环境保护的社会行动体系，人人担负起建设生态文明的责任，从我做起，珍惜资源，保护环境，建设美丽中国、实现人与自然和谐共处的美好目标才能真正变为现实。

3.2.8 全球共赢观：坚持共谋全球生态文明建设

习近平总书记强调，人类是命运共同体，建设绿色家园是人类的共同梦想。应对气候变化是人类面临的共同挑战，自 2020 年以来，习近平总书记在多个国际场合宣誓，将提高国家自主贡献力度，采取更加有力的政策和措施，二氧化碳排放力争于 2030 年前达到峰值，努力争取 2060 年前实现碳中和。中国认真落实《生物多样性公约》，推动生物多样性保护取得显著成效。习近平总书记在《生物多样性公约》第十五次缔约方大会领导人峰会上发表主旨讲话时提出，中国将率先出资 15 亿元人民币，成立昆明生物多样性基金，支持发展中国家生物多样性保护事业；为推动实现碳达峰碳中和目标，中国将陆续发布重点领域和行业碳达峰实施方案和一系列支撑保障措施，构建起碳达峰碳中和“1+N”政策体系。习近平总书记对外宣布的一系列务实、有力举措，彰显中国努力实现人与自然和谐共生愿景的决心和信心，以及共建地球生命共同体的责任和担当。

作为负责任的大国，中国已成为全球生态文明的重要参与者、贡献者、引领者，建设生态文明既是中国作为最大发展中国家在可持续发展方面的有效实践，也是为全球环境治理提供的中国理念、中国方案和中国贡献。

3.3 “绿水青山就是金山银山”理论科学内涵

“绿水青山就是金山银山”理论作为指导我国生态文明和美丽中国建设的核心理论支撑体系，具有鲜明的时代性、实践性、系统性、人民性，其科学内涵可概括为生态价值论、自然财富论、新生产力论、环境民生论、生态系统论、绿色发展论和地球生命共同体论。

3.3.1 生态价值论：青山绿水是无价之宝

“绿水青山”泛指自然资源和生态环境，包括由大气、水、土壤以及基本生态要素形成的各种高质量生态系统[14]。“金山银山”指的是丰富的物质财富和经济增长。自然生态系统一直为人类繁衍和经济社会发展提供生活、生产和生计的生态资源和生态环境条件，但长期以来，其价值没有得到足够的重视。习近平在 1997 年考察三明市常口村时，就提出“青山绿水是无价之宝”的生态价值科学论断，多次强调“要树立自然价值和自然资本的理念，自然生态是有价值的，保护自然就是增值自然价值和自然资本的过程”“青山绿水是无价之宝，将来的价值无法估量”，形象地表达了生态价值论的核心内涵。

“只要金山银山，不要绿水青山”“既要绿水青山，又要金山银山”“宁要绿水青山，不要金山银山”三阶段论反映了人类发展的价值观念从单纯经济优先，转到经济发展与生态保护并重，再到生态价值优先的变化轨迹，标志着价值取向的深度调整[15]。习近平指出，“绿水青山可以带来金山银山，但金山银山买不到绿水青山”，说明自然生态价值是不可替代的，“生态环境没有替代品，用之不觉，失之难存”。生态环境问题归根结底就是只顾经济价值而忽视生态价值，对资源的过度开发、粗放利用、奢侈消费造成的结果。习近平深刻指出：“如果仍是粗放发展，即使实现了国内生产总值翻一番的目标，那污染又会是一种什么情况？届时资源环境恐怕完全承载不了。”“在生态环境保护问题上，就是要不能越雷池一步，否则就应该受到惩罚。”

因此，我们必须清醒地认识到，良好的生态环境是人和社会持续发展的基础。“留得青山在，才能有柴烧。”“要把生态环境保护放在更加突出位置，像保护眼睛一样保护生态环境，像对待生命一样对待生态环境。”必须坚守生态底线和环境保护不动摇，绝不能走用绿水青山换金山银山的老路，以牺牲生态环境为代价换取经济的一时发展。

3.3.2 自然财富论：绿水青山是自然财富

习近平多次强调“绿水青山就是自然财富、生态财富、社会财富、经济财富”，体现了新时代对自然生态系统综合功能价值的深刻认知。绿水青山作为自然生态系统，不仅可直接为人类提供生存、生产、生活资料，产出产品为人类带来经济收入，还承担着保障和改善生存环境、承载人类文明等功能，体现了“绿水青山”的多元价值，包括使用价值、生态价值、社会价值、经济价值等[16]，而且绿水青山的价值往往具有跨时空属性，更多体现在未来更长远的时间跨度和更宽广的区域范围。

首先，绿水青山可直接为人类经济社会提供基础生存的生活物质（如空气、淡水、食物、燃料、药材等物质）、生产资料（如水资源、土地资源、生物资源、气候资源等自然资源）及生存空间条件（如温度、湿度、盐度、氧含量、水文、地貌等条件）。

其次，绿水青山可提供丰富的生态调节服务，如调蓄洪水、调节气候、土壤保护、养分循环、净化环境、维持生物多样性等，这些都是人类生存与发展的基础。习近平曾称广大农村地区为生态屏障，是城市的“氧吧”和“绿肺”，其他任何产业不能替代，正是绿水青山生态价值的形象比喻。

再次，绿水青山可以为人类提供休憩的场所，可以愉悦人的心情，启迪人的智慧，激发人的灵感，是天然的美学教育、健康养生基地；为人类繁衍与繁荣提供物质基础、财富源头和精神寄托，是人类文明延续发展的载体，甚至是政治、经济、文化格局演变的驱动力，“生态兴则文明兴，生态衰则文明衰”。

最后，绿水青山的使用价值和经营价值使其可以作为人类生产生活资料，进入商品生产与交换过程，或依托生态资源发展产业经济，转化成为创造与积累财富的源泉，源源不断地带来金山银山，是经济财富。

“自然财富论”生动形象地描绘了新时代推动生态文明建设的财富观，要求摒弃工业文明时期追求短期自身利润最大化的发展模式，而是要追求更宽广时空范围内的生态、经济、社会综合价值的最大化。在生态环境保护建设上，必须树立大局观、长远观、整体观，算大账、算长远账、算整体账、算综合账，不能因小失大、顾此失彼、寅吃卯粮、急功近利。着眼于大局、长远和整体，绿水青山、碧海蓝天才是最大的本钱和财富源泉。我们应始终坚持生态保护优先，使绿水青山持续发挥生态效益、经济效益和社会效益。

3.3.3 新生产力论：生态环境就是生产力

习近平提出“保护生态环境就是保护生产力，改善生态环境就是发展生产力”的科学论断，指出：“将生态环境优势转化为生态农业、生态工业、生态旅游等生态经济的优势，那么绿水青山也就变成了金山银山。”“绿水青山就是金山银山”理论把“绿水青山”代表的自然资源乃至整个生态系统纳入生产力范畴，揭示了新时代绿色生产力的新理念[17]：生态就是资源，生态本身就是经济，生态就是生产力。“生态环境生产力论”

是中国化马克思主义生产力思想的最新理论成果，体现了生态效益与经济效益的统一、自然资本与经济资本的共存和转化[18]。

从资源环境约束看，治理生态环境就是解放生产力[17]。不同社会发展阶段，生产力会遇到不同形式的束缚，只有解放生产力，才能更快、更好地发展生产力。绿水青山是金山银山的前提和基础。传统的高投入、高消耗、高排放的粗放型增长模式造成了大量生态环境问题，特别是各类环境污染、生态破坏呈高发态势。进入新发展阶段，我国资源环境承载能力达到了“瓶颈”，脆弱的环境和有限的资源成为制约当前生产力进一步发展的桎梏。新时代背景下，治理生态环境、开展生态保护修复建设，就是要维护、恢复，甚至提升生态环境承载力，打破经济发展受到的束缚和制约，其本质就是解放生产力。

从经济结构转型看，改善生态环境就是发展生产力[17]。绿水青山作为高质量的生态系统，是提供生态产品的核心生产主体。改善森林、草原、荒漠、河湖、湿地、海洋等自然生态系统状况，提高生态系统质量和生态服务功能，增强生态系统的稳定性及优质生态产品生产能力，就是发展生态生产力。另外，由于生态环境优势可转化为生态经济优势、发展优势，改善生态环境也是发展绿色经济生产力。持续释放“生态红利”，绿水青山就可以源源不断地带来金山银山[19]。

从生产力本质看，保护生态环境就是保护生产力，破坏生态环境就是破坏生产力[17]。生态环境是生产力发展的基础要件，保护生态环境就是保护生产力的前提，就是保护经济社会发展潜力和后劲的过程。相反，破坏生态环境就是破坏经济社会发展潜力。习近平强调“要在生态环境保护上持续发力，在‘增绿’‘护蓝’上下功夫，为子孙后代留下可持续发展的‘绿色银行’”，就是要求保护好生态环境这一最大的经济社会发展潜力。绿水青山是最大的本钱和财富源泉，生态资源是最好的储蓄，生态环境是最贵的财富。

自然财富论主要揭示了生态资产的存量价值，新生产力论则主要揭示了生态资产的流量价值。流量的产生依赖于存量，流量的提升以存量提升为前提。经济社会可持续发展要求人类，一方面在不减少生态资产存量的前提下，尽可能提高生态资产流量的使用效率，满足自身需求；另一方面则要持续通过生态环境治理、保护及改善活动，维护、提升生态资产存量，从而创造更多的流量价值，提升环境容量生态承载力，其本质就是解放和发展生产力。

2021 年 12 月，国务院办公厅印发《要素市场化配置综合改革试点总体方案》，明确将资源环境定位为与土地、劳动力、资本、技术、数据同等重要的六大生产要素之一。通过完善资源环境市场制度建设、构建绿色要素交易机制实现资源环境的优化配置，正是“新生产力论”的进一步升华和实践。

3.3.4 环境民生论：良好生态环境是民生福祉

良好生态环境是最公平的公共产品和最普惠的民生福祉。习近平总书记指出：“以人为本，其中最为重要的，就是不能在发展过程中摧残人自身生存的环境。如果人口资源环境出现了严重的偏差，还有谁能够安居乐业？和谐社会又从何谈起？”因此，要“让人民群众喝上干净的水，呼吸上清洁的空气，吃上放心的食物”。绿水青山是人类福祉的重要保障，是人民幸福生活的重要内容，是金山银山无法替代的。正如习近平所说：“你挣到了钱，但空气、饮用水都不合格，哪有什么幸福可言！”因此，环境就是民生，青山就是美丽，蓝天也是幸福。

中国特色社会主义进入新时代，我国社会主要矛盾已经转化为人民日益增长的美好生活需要和不平衡不充分的发展之间的矛盾。由于社会发展和人民生活水平不断提高，人民群众的需求结构发生了深刻变化，过去“盼温饱”“求生存”，现在“盼环保”“求生态”，环境美成为人民幸福生活的新内涵[20]。人民群众对干净的水、清新的空气、安全的食品、优美的环境等需求越来越高，生态环境在群众生活幸福指数中的地位不断凸显，环境问题日益成为重要的民生问题。而另一方面，随着气候变化、生态系统退化、生物多样性丧失以及各种形式的污染日益成为经济社会现实的威胁，以清洁的空气、干净的水源、茂密的森林、湛蓝的大海、安全的土壤、宜人的气候等为代表的高质量生态产品变得越来越稀缺。人民日益增长的优美生态环境需要与优质生态产品供给不足之间的矛盾越发突出，成为社会主要矛盾新变化的一个重要方面[21]。

党的十九大报告明确提出，“提供更多优质生态产品以满足人民日益增长的优美生态环境需要”，必须坚持生态惠民、生态利民、生态为民，让人民群众在天蓝、地绿、水清的生态环境中生产生活。这就要求推进绿色发展，推动自然资本大量增值，让良好生态环境成为人民生活的增长点，让老百姓呼吸上新鲜的空气，喝上干净的水，吃上放心的食物，生活在宜居的环境中，切实感受到经济发展带来的实实在在的环境效益，让中华大地天更蓝、山更绿、水更清、环境更优美，让“望得见山、看得见水、记得住乡愁”的美好愿景早日变为现实。

3.3.5 生态系统论：山水林田湖草是复合生态系统

“绿水青山就是金山银山”理论从哲学的高度提出了“山水林田湖草”是生命共同体，阐述了人与山水林田湖草的辩证关系。从科学内涵看，山水林田湖草生命共同体是由山、水、林、田、湖、草等多种要素构成的有机整体，是具有复杂结构和多重功能的复合生态系统[23]。“人的命脉在田，田的命脉在水，水的命脉在山，山的命脉在土，土的命脉在林和草，这个生命共同体是人类生存发展的物质基础。”习近平总书记用“命脉”把生态系统各要素连在一起，生动形象地阐述了人与自然、自然与自然之间唇齿相依、共存共荣的一体化关系[23]。

从系统论的思想方法看，生态是统一的自然系统，是各种自然要素相互依存而实现循环的自然链条。生态系统是一个有机躯体，各要素之间是普遍联系和相互影响的，生态系统的完整性是更好发挥其生态生产功能的前提，因此，不能实施分割式管理。生态系统的生态学完整性决定于系统内部生态学过程的完整性，只有主要生态学过程完整的系统才是完整的生态系统，才有可能发挥出它所具有的正常生态功能[24]。

山水林田湖草是生命共同体，人与自然也是生命共同体。人类在开发绿水青山时，必须处理好人与自然及生态系统局部与整体的关系。人类可以通过社会实践活动有目的地利用自然、改造自然，但人类归根结底是自然的一部分，人类不能盲目地凌驾于自然之上，人类的行为方式必须符合自然规律，人类应尊重自然、顺应自然、保护自然。同时，人类开发利用山、水、林、田、湖、草其中一种资源时，必须考虑对另一种资源和对整个生态系统的影响，要加强对各种自然资源的保护和对整个生态系统的保护[23]。在开展生态保护、修复、管理、建设等活动时，应尽可能采用基于自然的解决方案（NbS），即尊重自然规律，依据自然条件，利用自然过程，因地制宜地制定基于生态系统途径的实施方案[25]。

生态系统论要求保护绿水青山，提升生态系统治理和稳定性，须从系统工程和全局角度寻求治理之道，推进山水林田湖草沙一体化保护和修复，更加注重综合治理、系统治理、源头治理，要求根据相关要素功能联系及空间影响范围，寻求系统性解决方案，而不是对生态要素分别采取单一治理对策，从而促进生态系统保护和治理的系统性、整体性和协调性。要统筹山水林田湖草等各类自然生态要素以及山上山下、地上地下、陆地海洋、流域上下游，进行系统保护、宏观管控、综合治理，增强生态系统循环能力，维护生态平衡，提升生态系统质量和稳定性，促进自然生态系统质量的整体改善和生态产品供给能力的全面增强，从而达到系统治理的最佳效果[26]。

3.3.6 绿色发展论：绿水青山与金山银山辩证统一

“绿水青山就是金山银山”理论深刻揭示了生态环境保护与经济社会发展的辩证统一关系，在超越“人对物质利益的追求与人赖以生存的生态环境的两难”困境中找到“人与自然和谐共生的双赢”之道[27]。习近平指出，“绿水青山和金山银山绝不是对立的，关键在人，关键在思路。”“生态环境保护和经济发展是辩证统一、相辅相成的。”打破了简单地把发展与保护对立起来的思维束缚，突破了“先发展后治理”旧发展模式的窠臼，开辟了处理人与自然关系的新境界，形成了全新的发展理念，找到了实现科学发展、可持续发展、包容性发展的现实途径，深刻影响了中国现代化发展的思路和方式[27]。

基于对“绿水青山就是金山银山”关系的正确认识，习近平对于破坏生态环境发展经济的做法提出了严肃的批评，指出：“再走‘高投入、高消耗、高污染’的粗放经营老路，国家政策不允许，资源环境不允许，人民群众也不答应。”告诫各级政府、领导、企业及全体公民：“不重视生态的政府是不清醒的政府，不重视生态的领导是不称职的领导，不重视生态的企业是没有希望的企业，不重视生态的公民不能算是具备现代文明意识的公民。”针对扭曲的发展观和政绩观，则指出：“经济增长是政绩，保护环境也是政绩。”习近平要求摒弃旧的发展思路，树立绿色发展观和绿色政绩观，加快形成绿色发展方式和绿色生活方式，指出：绿色发展是新发展理念的重要组成部分，与创新发展、协调发展、开放发展、共享发展相辅相成，相互作用，是全方位变革，是构建高质量现代化经济体系的必然要求，目的是改变传统的“大量生产、大量消耗、大量排放”的生产模式和消费模式，使资源、生产、消费等要素相匹配相适应，实现经济社会发展和生态环境保护协调统一、人与自然和谐共处。

“绿水青山就是金山银山”是统筹高质量发展与高水平保护的根本路径。习近平总书记指出，绿水青山既是自然财富，又是经济财富；人不负青山，青山定不负人。一方面，发展是解决我国一切问题的基础和关键，生态环境问题是在发展中产生，也必然在发展中解决，通过建立以产业生态化和生态产业化为主体的生态经济体系，可以实现绿水青山的经济价值。另一方面，良好生态环境是经济社会可持续发展的基础，也是推进现代化建设的内在要求。通过构建生态文明体系，推动传统产业高端化、智能化、绿色化，加快补齐生态环保等领域短板，提供优质生态产品，可以促进经济高质量发展。因此，必须坚持在发展中保护、在保护中发展，坚定不移走生态优先、绿色发展之路，实现人与自然和谐共生的现代化[22]。

2016 年，习近平总书记基于“两座山”关系的深刻理解，提出了“走生态优先、绿色发展之路”，明确将生态效益、生态资本和生态规律置于首位，要求将生态价值优先作为衡量得失取舍的标准，以生态环境保护倒逼发展方式向绿色化转型[18]，“生态优先”直接为生态产品第四产业提供了发展动力。自此，“生态优先，绿色发展”理念成为我国新时代推动高质量发展的根本遵循，要求遵循自然规律，尊重自然、顺应自然、保护自然，以资源环境承载能力为基础，推动绿色低碳循环发展，满足人民日益增长的优美生态环境需要，推动实现更高质量、更有效率、更加公平、更可持续、更为安全地发展，走出一条生产发展、生活富裕、生态良好的文明发展道路。

3.3.7 地球生命共同体论：共建清洁美丽地球家园

“绿水青山就是金山银山”理论凝结着对发展人类文明、建设清洁美丽世界的深刻思考，揭示了“生态问题无边界，人类只有一个地球，地球是我们的共同家园，保护环境是全人类的共同责任”的深刻道理。生态系统过程如生物地球化学循环、生物多样性维持、水文学过程、生物生产力、有机物的分解等，往往可以跨越很大的空间和时间尺度，甚至跨越行政、政治上的边界（省界、国界）。因此，绿水青山提供的生态产品和服务是具有国际性的，是全人类的共同福祉[24]。如我国防风固沙型重点生态功能区，受益区不仅包括中国的西北、华北、东北的广大区域，还包括朝鲜半岛、日本、俄罗斯远东地区和北太平洋的广大海域，且超出国界的受益面积占比高达 76%[28]。同样，生态环境的整体改善也不是一个国家或者一个地区可以独自完成的，当下应对气候变化、保护生物多样性、维护能源资源安全，是全球面临的共同挑战，要求世界各国深入开展生态文明领域的交流合作，携手共建生态良好、清洁美丽的地球家园[22]。

“绿水青山就是金山银山”理论在分析人与自然关系基础上，提供了解决目前全球生态问题的中国方案。现阶段，人类不可持续的生产和消费方式导致了全球生态环境问题日益严重，气候变化、生物多样性丧失和生态系统退化、污染和废弃物全球环境三大危机愈加凸显。政府间气候变化专门委员会发布的《气候变化 2021：自然科学基础》指出，2011—2020 年的 10 年间，全球地表温度比 1850—1900 年高 1.09℃，未来 20 年，全球温升预计将达到或超过 1.5℃。世界自然基金会发布的《地球生命力报告 2020》指出，自 1970 年以来，在不到半个世纪的时间里，哺乳动物、鸟类、两栖动物、爬行动物和鱼类的全球种群数量平均下降了约 2/3。尚无迹象表明，这种灾难性的下降有放缓趋势。此外，世界上每年都有 1 130～2 000 hm^2 的森林遭到无法挽救的破坏，特别是热带雨林。作为世界第二大经济体和世界上最大的发展中国家，中国在化解全球生态危机这一议题上，科学利用“绿水青山就是金山银山”理论，辩证权衡经济发展与生态建设的关系，树立了应对生态环境问题的成功范例。2020 年，中国单位 GDP 二氧化碳排放比 2015 年下降 18.8%，比 2005 年下降 48.4%，超过向国际社会承诺的 40%～45% 目标，也是全球能耗强度降低最快的国家之一，基本扭转了二氧化碳排放快速增长的局面。根据美国 NASA 数据，2000 年以来，全球新增的绿化面积约 25% 来自中国。塞罕坝林场建设者、浙江省“千万工程”等获得联合国“地球卫士奖”。90% 的陆地生态系统类型和 85% 的重点野生动物种群得到有效保护。这一切成就都表明，中国在“绿水青山就是金山银山”理论的指导下，走出了具有中国特色的化解生态危机道路，中国的绿色发展有了更加深厚的理论支撑。

“绿水青山就是金山银山”理论以承认“自然的价值”为核心，在超越资本逻辑的基础上，为实现工业文明向生态文明转向转型提供了新的价值观和发展观，是具有普世性真理的形象性表达[2]。要建立绿色低碳经济体系，把生态优势转化为发展优势，使绿水青山产生巨大效益，让良好生态环境成为全球经济社会可持续发展的支撑。从这个意义上讲，“绿水青山”是世界人民的绿水青山，“金山银山”也是世界人民的金山银山[29]。为此，2016 年 5 月，联合国环境规划署根据习近平总书记的“绿水青山就是金山银山”理论发表了《绿水青山就是金山银山：中国生态文明战略与行动》报告，对习近平总书记的绿色发展思想和中国的生态文明理念给予高度评价[30]。

“绿水青山就是金山银山”理论逐步融入“构建人类命运共同体”的全球语境和国际表达。习近平总书记在国际重要场合多次强调，要从人类共同利益的高度去倡导“人类命运共同体意识”和人类“携手共建生态良好的地球美好家园”的生态理念。保护生态环境、应对气候变化需要世界各国同舟共济、共同努力，任何一国都无法置身事外、独善其身。习近平总书记指出，“生态环境保护是功在当代、利在千秋的事业，必须给予下一代人一个美丽清洁的世界。”要坚持生态文明，坚持多边主义，保持绿色发展，增强责任心，同心协力，共建万物和谐的美丽世界。“绿水青山就是金山银山”理论作为推动协调发展、绿色转型的方法论，不仅让中国成为全球生态文明建设的重要参与者、贡献者，更是在落实联合国可持续发展目标、推动全球绿色复苏中成为引领者。

3.4 “绿水青山就是金山银山”理论实现机制①

“绿水青山就是金山银山”理论的要义在于实践和生态价值转化，发展生态产品第四产业。对应“绿水青山就是金山银山”理论的科学内涵，其实现机制主要有核算机制、保护机制、转化机制、责任机制、反哺机制、发展机制、合作机制。在“绿水青山就是金山银山”转化探索实践中，生态和经济的不断融合则会形成一类不同于以往三次产业体系的新兴产业，成为践行“绿水青山就是金山银山”的产业模式。

3.4.1 核算机制：建立生态产品价值核算体系

建立生态资产和生态产品价值核算体系，计量绿水青山生产能力，评估绿水青山价值，并与货币化指标体系一起综合评价社会的可持续发展程度，可以较为准确地分析和评价人与自然、环境与经济的关系。编制自然资源资产负债表，评估一个地区当期自然资源资产实物量和价值的变化，摸清某一时点上自然资源资产的“家底”，准确把握经济主体对自然资源资产的占有、使用、消耗恢复和增值活动情况，全面反映经济发展的资源环境代价和生态效益，从而为有效保护和永续利用自然资源提供信息基础、监测预警和决策支持，为环境与发展综合决策、领导干部自然资源资产离任审计、政府政绩评估考核、生态环境补偿等提供重要依据。2015 年 3 月起，浙江省湖州市、贵州省、广东省深圳市、内蒙古自治区等地纷纷先行开展地市级、区域级的自然资源资产负债表的试编工作，为全国自然资源资产负债表编制工作的开展提供了有利基础[31][34]。

继续推动绿色 GDP 核算。金山银山从狭义上，指经济增长或经济收入，对金山银山的追逐是经济社会前进的直接动力。绿色 GDP 核算将资源耗减成本、环境退化成本、生态破坏成本以及污染治理成本从传统 GDP 总值中扣除，把经济活动中的资源环境因素反映在国民经济核算体系中，弥补传统 GDP 核算中未能衡量自然资源消耗和生态环境破坏的缺陷。2015 年，环境保护部重启绿色 GDP 研究，开展环境成本核算与 GEP 的核算。环境成本核算中，将环境退化成本从 GDP 中扣除，将地方因环境系统、生态系统改善而产生的效益加和到 GDP 里，全面客观反映经济活动的“环境代价”与“金山银山”的实际价值。马国霞等对我国 2015 年 31 个省（区、市）陆地生态系统生产总值进行了核算，结果显示，我国 GEP 为 72.81 × 1 012 元，GEP 与 GDP 比值为 1.01[35]。

3.4.2 保护机制：保护绿水青山，守好生态家底

推进山水林田湖草系统保护修复，实施综合管理，贯彻山水林田湖草生命共同体理念，加快推进生态保护修复。对重点生态功能区要进一步加强保护和管理，重点实施一

① 本节素材主要取自生态环境部环境规划院秦昌波、万军、王金南等于 2018 年发表在《环境科学研究》第 6 期的《“绿水青山就是金山银山”理论实践政策机制研究》论文，特此说明，并表示感谢。

批关系国家生态安全区域的生态修复工程。对自然保护区要强化监督管理，建成国家级和省级自然保护区天地一体化生态监测网络，加大对自然保护区禁止或限制进行生产活动的监管。对其他区域要实施生态系统综合管理，按照生命共同体系统保护修复的要求，把握各种污染物交互作用以及水气土跨界交互污染等客观规律，把治水、治土、治气与治山、治林、治田有机结合起来[36]。统筹自然资源保护监管、生态保护、污染防治，进行综合管理、统一监管和行政执法，实现要素综合、职能综合、手段综合。

深入打好污染防治攻坚战，持续改善生态环境。大气方面，强化多污染物协同控制和区域协同治理，以 $PM_{2.5}$ 和 O_3 协同控制为主线，削减二者主要前体物氮氧化物、挥发性有机物排放量。考虑 $PM_{2.5}$ 和 O_3 污染区域传输规律和季节性特征，加强重点区域、重点时段、重点领域、重点行业治理，强化分区分时分类差异化精细化协同管控。水方面，坚持污染减排与生态扩容两手发力，重点“保好水”（饮用水水源地保护）、“治差水”（城市黑臭水体整治）。实行水资源消耗总量和强度双控，因地制宜加强总磷、总氮排放控制。土壤方面，做好农用地和建设用地两类用地的安全利用和土壤污染风险管控，推进土壤污染防治与大气、水等污染防治协同联动，从工业、农业、生活等领域全防全控，有效切断土壤各类污染源。此外，要深化农业农村环境治理，推动污染治理向乡镇、农村延伸，有效改善农村人居环境。

划定并严守“三线一单”，加强生态环境空间管控。把习近平总书记提出的“生态功能保障基线、环境质量安全底线、自然资源利用上线”三大红线落实到国土空间，确立并守住生态环境保护和资源开发的“底板”和“天花板”[37]。按照“生态功能不降低、面积不减少、性质不改变”的原则，识别并划定生态空间，明确生态保护红线，优化经济发展布局，强化空间约束。遵循环境质量“只能更好、不能变差”的原则，确定环境质量底线，强化污染源排放强度约束，优化区域污染物排放管控。基于自然资源资产“保值增值”、利用效率不断提高的原则，确定自然资源保护和开发利用要求。细化环境管控单元，从空间布局约束、污染物排放管控、环境风险防控、资源开发效率等方面提出优布局、调结构、控规模、保功能等调控策略及导向性的环境治理要求，制定区域、行业环境准入限制或禁止条件[38]。

3.4.3 转化机制：绿水青山转化金山银山通道

生态产品价值实现是践行“绿水青山就是金山银山”理念的关键路径、实践抓手和物质载体[39]。绿水青山作为高质量的生态系统，是生产生态产品的核心生产主体，生态产品则是绿水青山转化为金山银山的核心载体。生态产品价值实现过程的本质就是将生态环境与土地、劳动力、技术等要素同样作为现代经济体系的核心生产要素，纳入生产、分配、交换和消费等社会生产全过程。通过改革创新，让贫困地区的土地、劳动力、资产、自然风光等要素活起来，让资源变资产、资金变股金、农民变股东，让绿水青山变金山银山。

建立以实现生态产品价值为导向的政策机制。积极开展生态产品价值实现机制试点，探索建立政府主导、企业和社会各界参与、市场化运作、可持续的生态产品价值实现机制。培育新型生态产业化经营主体，建立区域之间、企业之间的碳排放权、用能权、用水权、排污权等市场交易体系，推进“绿水青山”从生态资源到生态资产的转化。完善市场化、多元化生态补偿，持续深入推进生态环境损害赔偿制度改革，让保护修复生态环境获得合理回报，让破坏生态环境付出相应代价。

积极探索“绿水青山就是金山银山”转化路径模式。依托生态文明示范区建设，深化“绿水青山就是金山银山”实践创新基地评选、生态产品价值实现机制试点，总结提炼典型做法。对于生态环境本底较好的地区，提高生态产品产出效率，将绿水青山创造更多的具有经济价值的生态服务功能，如高品质饮用水、水产品、原材料食品等。如河北塞罕坝机械林场三代造林人以保障京津生态安全为导向长期开展植树造林[40]，绿色产业贡献了50%的收入。探索“生态+”模式，发展以生态农林牧渔业、生态修复及采掘恢复业等为主的绿色农业，以绿色旅游业、绿色餐饮业、绿色文化产业等为主的绿色服务业，推进农业和服务业转型升级。

发挥环保作用，促进供给侧结构性改革，引导培育绿色发展新动能。对于生态环境资源较匮乏的地区，以环境保护优化经济发展、引导产业布局、倒逼结构转型[41]。强化环境硬约束，推动去除落后和过剩产能，严格环保能耗要求，促进企业加快升级改造，实现“绿水青山就是金山银山”的转化。把创新驱动作为发展基点，提升传统产业的绿色化水平。推动绿色低碳环保产业发展，推进绿色化与各领域创新深度融合发展。加快培育新技术、新产业、新业态，促进绿色制造和绿色产品供给，把绿色生态优势转化为新经济发展优势和吸引高端产业、人才的竞争力。浙江积极探索有本地特色的绿色发展、循环发展、低碳发展模式，让沉睡的山水资源日益显现出经济价值[42]。深圳市较早且坚定不移地推动经济结构优化和产业升级，高端企业和人才因为不断改善的环境质量和良好的产业创新环境而落户深圳。

3.4.4 责任机制：建立严格制度，保护绿水青山

持续完善生态环境法治保障。贯彻落实习近平法治思想和习近平生态文明思想，坚持依法治污，用最严格制度、最严密法治保护生态环境。积极推进长江保护、生物多样性保护等重点领域法律法规制度修订，开展生态环境领域法典化研究，加强生态环境法律制度衔接协调。完善中央生态环境保护制度，深入开展中央生态环境保护督察。认真贯彻《关于深化生态环境保护综合行政执法改革的指导意见》。坚持依宪施政、依法行政，深化“放管服”改革，不断提高行政决策法治化水平。

落实地方各级党委、政府及其相关部门的生态环境保护责任。建立地方党委、政府及其相关部门的生态环境保护责任清单，做到“照单履责、照单追责”。贯彻落实生态文明建设目标评价考核办法，将资源消耗、环境损害、生态效益等体现生态文明建设状况的指标，纳入经济社会发展评价体系，大幅增加考核权重，强化指标约束。根据考核评价结果，对生态文明建设成绩突出的地区、单位和个人给予表彰奖励。开展环境保护

督察，构建横向到部门、纵向到地方的环保督察机制，形成事前、事中、事后全链条全覆盖的环境监察体系，重点督察地方党委和政府及其相关部门环保不作为、乱作为的情况。如安徽省旌德县探索自然资源资产负债表与 GDP 综合考核的“一张表”和“一本账”等制度[43]，以制度保障良好的生态环境质量。

落实企业环境治理主体责任。建立覆盖所有固定污染源的企业排放许可制度。全面推行排污许可，将污染物排放种类、浓度、总量、去向等纳入许可证管理范围，企业按排污许可证规定生产、排污。将排污许可制度有效衔接环评审批和总量控制，为排污收费、环境统计、排污权交易工作提供统一支撑。建立多层级的企业环境信用等级评价制度，完善社会信用体系建设，加快建立环境保护“守信激励、失信惩戒”长效机制，促进企业自觉履行环保法定义务和社会责任。推行环境警察，实行强制环境污染责任保险，加快建立健全环境法律责任体系和终身追究制度，使企业守法成为常态。

推动公众参与履行绿水青山保护责任。加强公众参与，建立有效渠道和合理机制，鼓励公众对政府环保工作、企业排污行为进行监督。扩大信息公开，政府部门公开大气、水、土壤等生态环境信息，排污单位公开环境信息以及建设项目环境影响评价等信息，完善环境公益诉讼，推行有奖举报，鼓励公众对生态环境破坏现象“随手拍”“随手传”“随手报”，支持公众和环保团体有序参与、有序保护、有序维权。健全公众舆论监督机制，引导新闻媒体，提升舆情引导能力。加强社会组织环保志愿者的能力培训和交流平台建设。

3.4.5 反哺机制：金山银山反哺绿水青山机制

加快建立体现生态价值、代际补偿的资源有偿使用制度。自然资源资产有偿使用在促进自然资源保护和合理利用、维护所有者权益方面能够发挥积极作用。要树立尊重自然、顺应自然、保护自然的理念，完善国有土地资源、水资源、矿产资源、森林资源、草原等有偿使用制度，充分发挥市场配置资源的决定性作用和政府的服务监管作用，实现自然资源开发利用和保护的生态、经济、社会效益相统一。

健全生态保护补偿制度。生态保护补偿是“青山绿水”保护者与“金山银山”受益者之间的利益调配机制[44]。进一步加大对重点生态功能区、重要水系源头地区、自然保护地等生态功能重要区域的转移支付力度。向生态敏感和脆弱地区、流域倾斜，推进有关转移支付分配与生态保护成效挂钩，完善市场化、多元化生态保护补偿，探索资金、政策、产业及技术等多元互补方式。完善补偿范围，逐步实现森林、草原、湿地、荒漠、河流、海洋和耕地等重点领域和禁止开发区域、重点生态功能区等重要区域全覆盖。推动参照生态产品价值核算结果等因素，完善补偿机制。

积极引导社会资本参与生态保护修复。生态保护修复是守住自然生态安全边界、促进自然生态系统质量整体改善的重要措施。通过 EOD、PPP、资源补偿等模式，鼓励和支持社会资本参与生态保护修复项目投资、设计、修复、管护等全过程，围绕生态保护修复开展生态产品开发、产业发展、科技创新、技术服务等，对生态保护修复进行全生命周期运营管护。重点鼓励和支持社会资本参与以政府支出责任为主的生态保护修复，获得相应的生态产品价值回报或者政府投资。探索政府主导、企业和社会各界参与、市场化运作、可持续的生态产品价值实现路径，让保护修复生态环境获得合理回报。

3.4.6 发展机制：绿色低碳循环发展经济体系

坚持系统观念，用全生命周期理念贯穿绿色低碳循环发展经济体系建设过程。贯彻绿色发展理念，全方位全过程推行绿色规划、绿色设计、绿色投资、绿色建设、绿色生产、绿色流通、绿色生活、绿色消费，使发展建立在高效利用资源、严格保护生态环境、有效控制温室气体排放的基础上，统筹推进高质量发展和高水平保护，建立健全绿色低碳循环发展的经济体系，确保实现碳达峰、碳中和目标[45]。强化绿色低碳循环发展规划引领。要将绿色低碳循环发展的目标要求全面融入经济社会发展中长期规划，落实到国家发展规划、国土空间规划、专项规划、区域规划等“三级四类”国家规划体系中，加强各级各类规划衔接协调，确保各地区、各领域推动落实绿色低碳循环发展的主要目标、发展方向、重大政策、重大工程等协调一致。

完善法律法规政策体系，创新绿色发展体制机制。推动完善促进绿色设计、强化清洁生产、提高资源利用效率、发展循环经济、严格污染治理、推动绿色产业发展、扩大绿色消费、实行环境信息公开、应对气候变化等方面法律法规制度。健全绿色收费价格机制，加大财税扶持力度，发展绿色金融，完善绿色标准、绿色认证体系和统计监测制度，培育绿色交易市场机制。

构建市场导向的绿色技术创新体系，鼓励绿色低碳技术研发，加速科技成果转化。实施绿色技术创新攻关行动，围绕节能环保、清洁生产、清洁能源等领域布局一批前瞻性、战略性、颠覆性科技攻关项目。充分发挥国家科技成果转化引导基金作用，强化创业投资等各类基金引导，支持绿色技术创新成果转化应用。支持企业、高校、科研机构等建立绿色技术创新项目孵化器、创新创业基地。

3.4.7 合作机制：构建共赢全球环境治理体系

积极参与全球应对气候变化行动。坚持可持续发展，践行多边主义、共同但有区别的责任原则，合作共赢、言出必行等原则，努力推动构建公平合理、合作共赢的全球环境治理体系。积极履行《联合国气候变化框架公约》《巴黎协定》等应对气候变化国际合约，落实双边气候变化合作文件和机制，支持国际应对气候变化行动。强化国家自主贡献力度，不断采取更加有力的政策和措施，持续推动碳达峰碳中和行动，以融入经济社会发展全局为牵引，以能源绿色低碳发展为关键，以重点领域转变发展方式为抓手，以技术创新为引擎，以碳汇能力全面提升为补充，以治理体系变革为保障，多措并举，努力完成碳达峰碳中和战略目标，为全球应对气候变化做出应有贡献[46]。

积极开展生物多样性保护国际合作。践行多边主义，积极开展生物多样性保护国际合作，广泛协商，凝聚共识，为推进全球生物多样性保护贡献中国智慧。积极履行

《生物多样性公约》及其议定书，促进生物多样性相关公约协同增效。借助“一带一路”“南南合作”等多边合作机制，为发展中国家保护生物多样性提供支持。坚持共商共建共享原则，不断深化生物多样性领域对外合作[47]。

推进共建“一带一路”绿色发展。以高标准、可持续、惠民生为目标，以“绿色引领，互利共赢”“政府引导，企业主体”“统筹推进，示范带动”“依法依规，防化风险”为基本原则，坚持“绿水青山就是金山银山”理念，坚持人与自然和谐共生，建设更紧密的绿色发展伙伴关系。扎实推进绿色基础设施互联互通、绿色能源、绿色交通、绿色产业、绿色贸易、绿色金融、绿色科技、绿色标准、应对气候变化等多重点领域的深度合作。搭建“一带一路”生态环保大数据服务平台，分享医疗废物处理处置、污染防治、环境质量监测和风险防范等领域经验做法，持续完善支撑保障体系，共同推动构建人与自然生命共同体[48]。

参考文献

[1] 金佩华，杨建初，贾行甦 . 绿水青山就是金山银山理念与实践教程［M］. 北京：中共中央党校出版社，2021.
[2] 黄承梁 . 论习近平生态文明思想历史自然的形成和发展［J］. 中国人口·资源与环境，2019，29（12）：1-8.
[3] 中央党校采访实录编辑室 . 习近平的七年知青岁月［M］. 北京：中央党校出版社，2017.
[4] 中央农村工作领导小组办公室，河北省委省政府农村工作办公室 . 习近平总书记“三农”思想在正定的形成与实践［N］. 人民日报，2018-01-18（001）.
[5] 中央党校采访实录编辑室 . 习近平在正定［M］. 北京：中央党校出版社，2019.
[6] 中央党校采访实录编辑室 . 习近平在厦门［M］. 北京：中央党校出版社，2020.
[7] 习近平 . 摆脱贫困［M］. 福州：福建人民出版社，2014.
[8] 中央党校采访实录编辑室 . 习近平在宁德［M］. 北京：中央党校出版社，2020.
[9] 中央党校采访实录编辑室 . 习近平在福州［M］. 北京：中央党校出版社，2020.
[10] 中央党校采访实录编辑室 . 习近平在福建［M］. 北京：中央党校出版社，2021.
[11] 中央党校采访实录编辑室 . 习近平在浙江［M］. 北京：中央党校出版社，2021.
[12] 中共中央文献研究室 . 习近平关于社会主义生态文明建设论述摘编［M］. 中央文献出版社，2017.
[13] 习近平 . 论坚持人与自然和谐共生［M］. 北京：中央文献出版社，2022.
[14] 王金南，苏洁琼，万军 .“绿水青山就是金山银山”的理论内涵及其实现机制创新［J］. 环境保护，2017，45（11）：13-17.
[15] 李宏伟 . 深刻把握习近平生态文明思想的基本要义［J］. 党建，2019，（7）：23-24.
[16] 于贵瑞，杨萌 . 自然生态价值、生态资产管理及价值实现的生态经济学基础研究：科学

概念、基础理论及实现途径［J/OL］. 应用生态学报，1-14［2022-03-05 18：13］.
［17］曾贤刚. 中国特色社会主义生态经济体系［M］. 北京：中国环境出版集团，2019.
［18］庄贵阳，薄凡. 生态优先绿色发展的理论内涵和实现机制［J］. 城市与环境研究，2017，(1)：12-24.
［19］黄承梁. 习近平新时代生态文明建设思想的核心价值［J］. 行政管理改革，2018，(2)：22-27.DOI：10.14150/j.cnki.1674-7453.2018.02.004.
［20］李干杰. 坚持人与自然和谐共生［J］. 求是，2017-12-15.
［21］吴舜泽，刘黎明，刘越. 牢固树立建设美丽中国的思想自觉和行动自觉［J］. 环境与可持续发展，2019，44(4)：5-7.DOI：10.19758/j.cnki.issn1673-288x. 201904005.
［22］黄润秋. 坚持“绿水青山就是金山银山”理念 促进经济社会发展全面绿色转型［N］. 学习时报，2021-01-15(001).
［23］成金华，尤喆.“山水林田湖草是生命共同体”原则的科学内涵与实践路径［J］. 中国人口·资源与环境，2019，29(2)：1-6.
［24］于贵瑞. 生态系统管理学的概念框架及其生态学基础［J］. 应用生态学报，2001，(5)：787-794.
［25］于贵瑞，朱剑兴，徐丽，等. 中国生态系统碳汇功能提升的技术途径：基于自然解决方案［J］. 中国科学院院刊，2022，37(4)：490-501.
［26］王夏晖，何军，饶胜，等. 山水林田湖草生态保护修复思路与实践［J］. 环境保护，2018，46(Z1)：17-20.DOI：10.14026/j.cnki.0253-9705.2018.z1.003.
［27］李宏伟. 习近平生态文明思想研究［J］. 社会主义论坛，2018，(7)：10-11.
［28］徐洁，肖玉，谢高地，等. 防风固沙型重点生态功能区防风固沙服务的评估与受益区识别［J］. 生态学报，2019，39(16)：5857-5873.
［29］刘浩东.“两山”理论——展现全球生态治理的中国智慧［EB/OL］［2022-05-16］. https：//baijiahao.baidu.com/s?id=1690941599826004676&wfr=spider&for=pc.
［30］联合国环境规划署. 绿水青山就是金山银山：中国生态文明战略与行动［R］. 2016.
［31］闫慧敏，封志明，杨艳昭，等. 湖州/安吉：全国首张市/县自然资源资产负债表编制［J］. 资源科学，2017，39(9)：1634-1645.
［32］周清. 我省自然资源资产负债表研究取得重大进展［N］. 贵州日报，2014-12-08(010).
［33］张妍，葛萍，王京. 大鹏新区摸清自然资源“家底”［N］. 深圳商报，2017-03-08(A08).
［34］白雪.“内蒙古式”自然资源资产负债表编制模式问世［N］. 中国改革报，2017-03-31(3).
［35］马国霞，於方，王金南，等. 中国2015年陆地生态系统生产总值(GEP)核算研究［J］. 中国环境科学，2017，37(4)：1474-1482.
［36］习近平. 生态优先绿色发展让母亲河永葆生机活力［J］. 杭州(周刊)，2016，(2)：6.DOI：10.16639/j.cnki.cn33-1361/d.2016.02.001.

［37］陆军，秦昌波，万军．加强新时代中国特色社会主义生态文明建设的建议［J］．环境保护，2017，45（22）：23-27.

［38］朱康文，雷波，李月臣，等．生态红线保护下的两江新区土地利用/覆盖情景模拟及生态价值评估［J］．环境科学研究，2017，30（11）：1801-1812.

［39］张林波，虞慧怡．生态产品价值实现理论、实践与任务［M］．济南：山东人民出版社，2021.

［40］耿国彪．护卫京津的绿色飘带［J］．绿色中国，2015，（15）：12-22.

［41］李干杰．美丽中国建设深入人心稳步推进［N］．人民日报，2017-09-26（7）.

［42］照着绿水青山就是金山银山的路子走下去——深入学习习近平同志“绿水青山就是金山银山”重要思想［J］．浙江林业，2015，（10）：4-5.

［43］朱于斌．绿水青山就是金山银山：旌德县率先实施林长、河长一图作战．中国共产党宣城市委员会．2017［2017-08-04］．http：//www.zgxcsw.gov.cn/content/detail/598423615d-6dc7e6fcd8e388.html.

［44］曹红艳．让生态保护者和受益者良性互动［N］．经济日报，2016-05-24（013）.

［45］国务院．国务院关于加快建立健全绿色低碳循环发展经济体系的指导意见（国发〔2021〕4 号）．2021-02-22.

［46］王金南，蔡博峰．打好碳达峰碳中和这场硬仗［EB/OL］．求是网．［2022-05-16］．http：//www.qstheory.cn/dukan/qs/2022-05/16/c_1128649600.htm.

［47］国务院新闻办公室．中国的生物多样性保护［R］．2021-10-08.［2022-5-20］.http：//www.gov.cn/zhengce/2021-10/08/content_5641289.htm.

［48］国家发展改革委，外交部，生态环境部，商务部．关于推进共建“一带一路”绿色发展的意见（发改开放〔2022〕408 号）．2022-03-16.

第4章 实践基础

生态产品第四产业是在生态价值理论和生态文明实践中产生和发展的。尽管目前生态产品第四产业还没有形成完整的产业体系，但在国内外都有一定的实践基础，而这些实践大多是以示范、试点和案例的形式存在。本章主要介绍国际上生态产品价值核算实践，国家生态文明试验区、国家生态文明建设示范区、“绿水青山就是金山银山”实践创新基地、生态产品价值实现机制试点，以及湖州、衢州、武夷山、崇义等地不同层面的实践模式。这些实践创新为生态产品第四产业发展和生态产品价值实现提供了早期的经验。

4.1 国际实践

在国际层面，已经有大量有关生态环境核算的研究和实践，为生态产品价值实现提供了重要的方法学支撑。同时，也有一些作为生态产品产业形态出现的实践案例。因此，本节主要介绍国际上特别是国际组织和一些国家（包括中国）开展的绿色 GDP、生态系统服务、自然资本和真实储蓄率，以及基于生态服务付费和交易等方式的生态产品价值实现领域的进展。

4.1.1 生态系统服务价值评估发展

作为国民经济核算体系核心指标的国内生产总值（GDP），是综合考量宏观经济和国家总体经济运行表现的关键指标。然而，国民经济核算体系具有一定的局限性，它忽略了经济增长的效率、效益、质量，以及所付出的环境资源代价。同时，GDP 无法系统地体现大自然对经济增长的贡献度和人民的福祉变化。因此，从 20 世纪 60 年代开始，围绕如何构建以“绿色 GDP”为核心的国民经济核算体系，联合国、世界各国政府、著名国际研究机构和科学家已经展开了众多的理论探索。

（1）绿色 GDP 与扩展的财富

20 世纪 60 年代初，国际上已有部分学者开始研究生态环境和经济发展相结合的综合核算体系。1972 年，美国经济学家詹姆斯·托宾（James Tobin）和威廉·诺德豪斯（William D. Nordhaus）在其研究成果《增长是否过时》[1] 中提出，应将自然资源耗减、污染排放增长，以及人们娱乐时间带来的经济价值变化纳入国民经济核算账户，从而建立一套完整的经济福利指标（MEW）。在此基础上，世界银行经济学家赫尔曼·戴利（Herman Daly）和约翰·科布（John Cobb）[2]在1989年提出了一项以个人消费作为计算出发点的可持续经济福利指数（ISEW）。该指数由世界银行在全球范围内进行推广，并形成了多项应用案例。

1995年9月，世界银行首次向全球公布了用“扩展的财富”指标作为衡量全球或区域发展的新指标，使“财富”概念超越了传统范式所赋予的内涵。“扩展的财富”由“自然资本”“生产资本”“人力资本”“社会资本”4大要素构成。专家们普遍认为，“扩展的财富”能够较为客观、公正、科学地反映世界各地区发展的真实情况，为衡量国家拥有的真实“财富”及其发展随时间的动态变化，提供了一种可比的统一标尺。需要特别指出的是，世界银行所提出的“真实储蓄率（GS）”指标[3]，为评价一个国家或地区财富与发展水平的动态变化提供了更加有力的判据。原世界银行副行长伊斯梅尔·塞拉杰尔汀（Ismail Serageldin）认为，真实储蓄率既抓住了财富现实衡量的本质内涵，又着眼于用真实储蓄率的动态变化去衡量财富影响的长远后果。此外，1999年，菲利普·劳恩（Philip Lawn）和理查德·桑德斯（Richard Sanders）进一步提出了可持续净收益指数（SNBI）[4]。SNBI与ISEW非常相似，差异点在于，SNBI将所有经济生产类活动分类为“收益”和“成本”，所有收益扣除成本之后，即为净收益。

总体来说，生态经济学家对于传统GDP指标主要的质疑在于，该指标包含了经济增长能够增加社会福利这一设定。然而，在这个假设下，许多影响到社会福利的因素未能在GDP中予以反映。例如，自然资源枯竭、生态环境污染、人们休憩空间时间减少、犯罪率和离婚率升高等，都会对当下以及未来的社会福利造成严重的负面影响，但在GDP中均未得到反映。因此，生态经济学家在近60年来的研究中，坚持强调生态环境系统和经济社会系统是相互作用、相互依存的，一个国家的经济增长对社会福利的影响必须包括其经济增长下的生态环境效应。

（2）生态系统服务价值

传统的国民经济核算体系只对属于规定生产范围内的经济活动进行核算，并未对土地、矿物、水和森林等自然资源价值进行完整核算。这一核算体系有两大缺点：一是忽略了自然资源的稀缺对经济可持续发展的威胁；二是忽略了污染造成的环境质量退化对人类健康和福利的影响。在大自然中，森林、草地、湿地、农田等生态系统不仅为人类提供了生产与生活所必需的粮食、医药、木材及工农业生产的原材料，还具有调节气候、涵养水源、调蓄洪水、保持土壤、防风固沙等重要生态支持功能，创造与维持了地球生命支持系统，形成了人类生存与发展所必需的条件，学术界也把它们统称为生态系统服务。“生态系统服务价值”这一概念最早出现在20世纪60年代后期，拉夫尔·金（Ralph King）[5]和D.R.海利威尔（D.R. Helliwell）[6]分别在其著作《野生生物和人类》和《野生生物和资源的价值评估》中提到了“野生生物服务”（wildlife service）的概念。其后，约翰·霍尔德伦（John Holdren）、保罗·埃里希（Paul Ehrlich）、沃尔特·韦斯特曼（Walter Westman）和尤金·奥多姆（Eugene Odum）等围绕全球环境服务、自然服务等方面进行了早期较有影响的研究，并指出生物多样性的丧失将会影响生态系统服务。其中，较有代表性的是1977年沃尔特·韦斯特曼[7]提出的“自然的服务”概念及其价值评估问题。经过多位学者的发展和补充，保罗·埃里希和安妮·埃里希（Anne Ehrlich）[8]正式将生态系统对人类社会的影响及其效能确定为“生态系统服务”，生态系统服务的概念逐渐被人们公认和普遍使用。随后，马蒂斯·瓦克纳格尔（Mathis Wackernagel）等提出了“生态足迹”度量指标[9]，主要用来计算在一定的人口和经济规模条件下，维持资源消费和废弃物吸收所必需的生产土地面积。

20世纪90年代以后，生态系统服务的研究日益增多，其中最具代表性的研究为全球生态系统服务价值的评估研究。格雷琴·戴利（Gretchen Daily）[10]和罗伯特·科斯坦萨（Robert Costanza）[11-13]等学者先后提出，用生态系统服务价值对生态系统提供给人类的服务进行量化。1997年，戴利首次系统地提出，生态系统服务是指生态系统与生态过程中所形成的维持人类赖以生存的自然环境条件与功能。同年，科斯坦萨等学者把可再生的生态系统服务分为三大类，分别为“物质供给服务”“调节和支持服务”“文化服务”，并首次对全球生态系统服务价值进行评估，估算出1997年全球范围内的生态服务价值约为33万亿美元（表4-1）。2007年，由美国斯坦福大学、明尼苏达大学、大自然保护协会（TNC）和世界自然基金会（WWF）共同开发了环境服务和交易综合评价InVEST模型。该模型通过地理空间信息技术，根据区域的生态系统类型对其进行保有量以及价值量的估算，起到了连接生态系统与经济价值的重要作用，为生态系统服务价值评估提供了全新的手段。

表4-1　Robert Costanza生态系统单位面积生态服务价值当量　　单位：$\$/hm^2$

一级类型	二级类型	森林	草地	农田	湿地	河流/湖泊	荒漠
供给服务	食物生产	0.8	1.24	1.00	4.74	0.76	0.00
	原材料生产	2.56	0.00	0.00	1.96	0.00	0.00
调节服务	气体调节	0.00	0.13	0.00	2.46	0.00	0.00
	气候调节	2.65	0.00	0.00	0.08	0.00	0.00
	水文调节	0.09	0.06	0.00	0.35	0.14	0.00
支持服务	废物处理	1.61	1.61	0.00	0.08	12.31	0.00
	保持土壤	8.65	0.56	0.00	0.00	0.00	0.00
	维持生物多样性	0.33	0.89	0.70	5.63	0.00	0.00
文化服务	提供美学景观	1.26	0.04	0.00	26.94	4.26	0.00
合计		17.95	4.53	1.7	42.24	17.47	0.00

（3）自然资本与生物多样性

绿色国民经济和生态系统服务价值核算如今被诸多国家广泛应用，核算方法体系也日趋成熟。与此同时，部分政策制定者与学者开始思考大自然是否可以被视作一种“资本”。英国剑桥大学的著名经济学家帕萨·达斯古普塔（Partha Dasgupta）在其 2013 年的研究[14]中提出，自然资本（natural capital）是一种特殊的资本，并反对在传统经济学模型中，将自然假设为一种固定且不受破坏的生产要素。相反，他认为自然是由多种可自我再生的子系统共同构成，且易受人类消耗以及破坏的一种资本，如森林、湖泊、湿地、大气等。自然资本的价值具有多样化的特点，一方面作为使用价值，如食物、木材、空气和水等；另一方面作为非使用价值，如风景带来的美学体验以及精神收获等。

2020 年世界经济论坛《全球风险报告》表明，生物多样性的丧失会对世界经济系统带来系统性的风险。2021 年 9 月发布的《生物多样性公约》也指出：“急需转型变革来扭转生物多样性丧失，以维持全人类的福祉。”同年，受英国财政部（HM Treasury）委托，达斯古普塔出版了《达斯古普塔报告：生物多样性经济学》[15]。该报告通过环境经济理论与生物多样性价值核算案例相结合的方式，系统地阐释了生物多样性为人们创造的经济学价值，并深入探讨了如何把自然资本纳入经济学的研究范畴。《达斯古普塔报告：生物多样性经济学》也强调了自然是维持人类经济、生机和福祉最重要的资产，实现自然资本可持续发展的前提是保证生物的多样性。

4.1.2　联合国综合环境与经济核算体系

国际上从 20 世纪 70 年代开始，致力于研究一套绿色国民经济核算体系。该核算体系在传统的 GDP 核算体系的基础上扣除了自然资源耗减成本和污染损失成本，以期更真实地衡量经济发展成果和国民经济福利。联合国统计署（UNSD）分别于 1989 年、1993 年、2000 年、2003 年和 2013 年先后发布并修订了《综合环境与经济核算体系》（SEEA）[16-21]，为建立绿色国民经济核算、自然资源和污染账户提供了基本框架。

1989 年，联合国统计署、联合国环境规划署（UNEP）、世界银行（WB）、经济合作与发展组织（OECD）、欧洲经济委员会（ECE）和国际货币基金组织（IMF）共同发起了一项国际性环境经济综合核算课题，即“把环境与资源问题纳入发展战略之中”，并于该年完成“环境卫星账户 SNA 框架”和“环境经济综合核算（SNA）框架”两份研究成果。环境卫星账户是国民经济核算体系的补充，在国民经济核算体系中附加一张资源环境核算表，作为一项独立账户核算绿色 GDP，它包括土地、森林、矿产、湖泊等资源实物量以及价值量的核算。当时，环境卫星账户 SNA 仅仅是一项临时成果，在理论概念和实践操作上并未做出详细深刻的解释。因此，UNSD、UNEP 和 WB 于 1993 年再次合作出版了《综合环境与经济核算体系手册 1993》（SEEA-1993）。该手册进一步搭建了环境资源存量和流量的系统框架，并首先在墨西哥、博茨瓦纳等国进行了试点研究，定量分析了环境资源对经济发展的影响。

2000 年和 2003 年，联合国在一些国家开展试点研究。在此基础上，对原有环境核算体系框架进行了完善，并推出了绿色核算体系框架和绿色 GDP 核算的最新版本。相较于 SEEA-1993，《综合环境经济核算体系 2000 操作手册》（SEEA-2000）进行了实践应用的总结，提出了综合环境经济核算体系的基本概念，运用含有虚拟数据的表式说明环境保护支出数据的编制方法，以及实物和货币形式的生产资产和非生产资产账户的编制方法，详细阐述了自然资源的核算方法（表 4-2）。《综合环境经济核算体系手册》（SEEA-2003）系统总结了环境经济核算实践，依托现行的国民经济核算体系，提出了核算中所应用的分类和更加具体的核算原理，系统检验了不同核算内容的可行性及其应用价值，为进一步规范世界各国绿色国民经济核算体系提供了行动指南。

表 4-2　SEEA 中自然环境资产的核算框架

		期初存量	经济资产	自然环境资产	
			+		
	国内生产（工业）	最终消耗（家庭、政府）	资本形成	资本积累	国外
产品供给	产出（O） 环境保护（EP）相关				进口（M） 环境保护 EP 相关
产品需求	中间消耗（IC）	最终消耗（C）	总资本形成（CF）		出口（X） 环境保护（EP）相关
固定资产使用	固定资产消耗（CC）		资产消耗（CC）		
增值，NDP	增值（VA），NDP VA=O−IC−CC				
自然资产使用	环境成本（EC），物质投入（MI），土地使用（L），排放物（E）	环境成本（EC），物质投入（MI），土地使用（L），排放物（E）	自然资本消耗（EC），自然资源耗减（ΔMI），存量净增加量（NAS），环境质量的变化（ΔEQ）		原材料、废物和残留物的进/出口（$X_{MI,E}$）
绿色指标	部门增加值（EVA）=VA−EC 调整后的国内净生产总值（EDP）=∑EVA 直接物质投入（DMI），物质总需求（TMR），国内总产出（TDO），国内直接产出（DO）	家庭残余物排放量（DO，TDO）	经过环境调整的净资本形成（ECF）= CF − CC − EC 存量净增加量（NAS）		
			+		
			其他资产变化（OVC）	其他资产变化（OVC）	
			=		
		期末存量	经济资产（CAP_f）	自然环境资产（CAP_n）	

2012 年，UNSD 确定了首个环境经济核算体系的国际统计标准《环境核算体系中心框架》（SEEA-2012），并同时发布了两份附加材料，分别是《实验性生态系统核算》以及《应用与拓展》。在 SEEA-2012 中心框架中，自然资源账户是从物质循环角度进行全链条统计的，主要方法是利用物理单位记录出入经济体的物资和能源流量以及经济体内部的物质和能源流量，使得环境经济核算体系中的自然资源环境核算比国民经济核算体系（SNA）中的自然资源环境核算更加系统和全面。SEEA-2012 中心框架在明确各类自然资源定义和分类的基础上，设置了七组自然资源资产账户。这些资产账户包含实物量与价值量两大类核算表格，基本反映出了自然资源在生态与经济循环中的流转模式，即“期初存量—本期存量增加—本期存量减少—本期实物量与价格调整—期末存量”。《实验性生态系统核算》首次提出将生态系统服务划分为产品服务、调节服务和文化服务三类进行价值核算，得到学术界一致认可。

联合国统计署通过两轮的全球意见征集，目前已经完成了《实验性生态系统核算》的修编。新的环境经济核算体系—生态系统账户（SEEA-EA）已于 2021 年 3 月正式发布。与 SEEA-2012《实验性生态系统核算》相比，《生态系统核算》综合考虑了政策制定者以及学者的意见，重点在以下 4 个方面进行了完善：第一，在框架体系上，不再强调生态系统服务的流量核算，而是从生态系统的存量出发，核算生态产品流量（实物量和价值量），并通过流量的改变反映存量价值的变化；第二，在核算指标上，将原来的“调节服务”改为“调节与维持服务”，增加了生物栖息地保护的核算指标，对一些指标也进行了修订，例如，将“固碳服务”改为“全球气候变化”；第三，在核算方法上更加强调核算的适用性，《生态系统核算》虽然认可非使用价值和消费者剩余价值对生态价值的重要性，但由于评估方法还不成熟，并未将其纳入核算体系；第四，新的核算体系在生态系统分类方法中，采纳了 2020 IUCN 的全球生态系统分类（IUCN GET），核算指标中将固碳服务作为气候变化调节服务的一部分进行整合，并在调节服务中加入了栖息地保护服务。

4.1.3 国际组织环境核算试点研究

近年来，一些国际组织陆续推动系列大型的生态系统价值核算研究，主要包括联合国的千年生态系统评估（Millennium Ecosystem Assessment，MA）[22]、欧盟的生态系统和生物多样性经济学项目（The Economics of Ecosystems and Biodiversity，TEEB）[23]、世界银行的财富账户与生态系统价值核算项目（Wealth Accounting and the Valuation of Ecosystem Services，WAVES）和联合国统计署发布的基于环境经济核算体系的《实验性生态系统核算》（Ecosystem Experimental Accounting，SEEA）[20] 等，从方法学、政策应用等方面做了大量探索。

（1）欧盟：环境经济核算系统

欧盟环境经济核算系统（European System for the Collection of Economic Information on the Environment，SERIEE）[24] 是欧洲统计局（Eurostat）于 1994 年开发的绿色国民经济核

算系统，是欧盟（European Union）在第五次环境行动计划中针对环境议题形成的产物。欧盟会员国认为，为了建立衡量可持续发展的指标，有必要设计一个关于环境信息的系统。因此，欧洲统计局建立了 SERIEE，并以卫星账户的方式将环境保护活动与国民经济账户相连接，作为环境议题与相关统计资料的桥梁。SERIEE 的基础是环境保护，以污染者付费为原则，它不仅描述和评估资源的关联性，而且对生产过程中以环境保护为目的的成本和资金筹措情形进行阐释。SERIEE 包含一系列的卫星账户，这些账户在描述与环境相关的经济活动及交易的基础上，进一步联结了实物资料。

SERIEE 以经济统计及环境统计为基础构建了五组模型，分别为环境保护支出账户（EPEA）、自然资源使用及管理账户（NRUMA）、环境产业记录系统（EIRS）、特征活动投入产出分析（IOACA）及物质流账户（MFA）。其中，环境保护支出账户是 SERIEE 的核心，辅以自然资源使用及管理账户、环境产业记录系统。另外，特征活动投入产出分析及物质流账户则是数据收集及处理的中间系统。目前，SERIEE 完善的重点在于环境保护支出部分。

（2）联合国环境规划署：自然资本核算项目

推进自然资本核算项目（The Advancing Natural Capital Accounting Project，ANCA）[25] 由联合国环境规划署、生态系统和生物多样性经济学项目办公室、生物多样性公约秘书处在 2014 年联合发起，项目通过资助试点国家（包括不丹、智利、印度尼西亚、毛里求斯、墨西哥和越南等），以开展为期 5 年的国家层面生态系统服务价值核算。项目成果包括国家层面的自然资本核算战略和行动计划、核算技术指南、地方培训材料以及国家核算报告。该项目能够有效提高 6 个国家的生态系统服务价值核算能力和专业性，为在这些国家推广联合国《生态系统核算》（SEEA-EA）核算方法学奠定了良好的基础。

（3）世界银行：财富账户与生态系统价值核算

由世界银行在 2010 年发起和支持的财富账户与生态系统价值核算项目（Wealth Accounting and the Valuation of Ecosystem Services，WAVES）[26]，通过资助菲律宾、印度尼西亚、赞比亚、卢旺达、博茨瓦纳、马达加斯加、危地马拉、哥斯达黎加和哥伦比亚等试点国家开展自然资本核算，完善和建立试点国家财富核算账户，将自然资本与生产资本、人力资本等一起纳入试点国家财富核算账户。财富账户与生态系统价值核算项目在世界银行的指导下，通过资金和技术援助，帮助试点国家建立了生态系统服务核算方法体系，并利用联合国《生态系统核算》（SEEA-EA）体系，开展了试点国家自然资本价值核算，有力地提高了试点国家对于自然资本和生态系统服务价值的认识和核算能力。

（4）亚洲开发银行：区域自然资本实验室（NCL）

2021 年，在《生物多样性公约》第十五次缔约方大会生态文明论坛上，亚洲开发银行（ADB）发布了报告《中国的绿色发展：中国与亚行与时俱进的合作伙伴关系》[27]。该报告指出，亚洲开发银行有 92% 的对华融资项目用于支持环境可持续发展，包括可再生能源发展、污染防控、湿地保护、水资源管理以及生物多样性等。同时，亚洲开发银行宣布于2022年启动“区域性自然资本实验室（NCL）”。该实验室由亚洲开发银行牵头，联合中国科学院、中国环境规划院、美国斯坦福大学等联合创建，围绕自然系统价值搭建一个供各方分享生物多样性以及生态系统评估方法的数字化平台，为生态系统保护、环境政策监管、创新融资机制等发挥重要作用。

NCL的建立旨在促进、加速和扩大基于自然和气候的解决方案和投资路径。NCL作为一个提供以用户为中心的数据、信息和知识的决策支撑平台，专注于：①在新冠肺炎疫情下，针对发展中成员国的项目组合设计、交付和监控提供技术和财务的设备和支撑；②支持亚洲开发银行的《2030战略业务计划》，以及帮助发展中成员国履行其对可持续发展目标（SDG）协定，特别是生物多样性公约（CBD）和联合国气候变化框架公约（UNFCC）的承诺。在NCL的启动阶段，实验室重点将放在自然资源管理、气候适应型农业和可持续食品价值链上。同时，NCL积极与其他部门合作，包括能源、健康、交通、水和城市发展等。

（5）经合组织：绿色全要素生产率

经济合作与发展组织为了使各国政策制定者重视环境对于经济增长的价值，开发了一套绿色全要素生产率核算框架，也称为环境因素调整后的全要素生产率（Environmentally Adjusted Multifactor Productivity，EAMFP）[28]。该核算框架将由环境因素驱动下的GDP增长分成四种不同要素投入的贡献，分别为人力资本、生产资本、自然资本以及EAMFP增长。其中，EAMFP增长衡量了在自然资源消耗和负面环境效应产生的情况下，一个国家从生产投入中获得的收益。目前，核算区域也由最开始的25个国家扩展到目前的所有经济合作与发展组织和G20国家（共46个国家），并将核算期由1990—2008年拓展至1990—2013年。

4.1.4 国家层面生态价值核算实践

联合国环境经济专家委员会（UNCEEA）在2017年联合国统计委员会（UNSC）第47届大会上提出了“到2020年，至少应有50个国家建立官方生态系统核算账户”的目标。根据联合国最新调研结果，截至2020年1月，全球共有34个国家建立了官方的生态系统核算账户，有13个国家表示准备建立国家生态系统核算账户。在国家层面，荷兰、澳大利亚和英国发布了最为详细的生态系统价值核算报告，西班牙和南非定期发布区域层面的生态系统价值核算报告。欧盟定期评估成员国生态账户状况并发布报告，经济合作与发展组织成员国则通过本国的国际援助渠道或通过世界银行、联合国等机构，联合大学和科研机构支持一些发展中国家开展生态系统价值核算。

在联合国的大力推动下，许多国家和组织也开展了环境经济核算研究和实践。挪威是最早开始进行自然资源核算的国家。1987年，挪威公布了“挪威自然资源核算”报告。随后，芬兰和法国也建立了自然资源核算框架体系。欧盟提出了包含环境核算的国民经济核算矩阵（NAMEA）。德国、美国等国家发布了绿色GDP核算报告。日本建立了较为完整的环境经济综合核算实例体系，并公布了1985—1990年日本的绿色GDP数值。

环境经济核算正在逐步成为世界各国实施绿色和可持续发展的重要战略依据。

（1）中国：从 EDP 核算到 GEEP 核算

生态环境部环境规划院是中国最早系统开展绿色国民经济核算的研究机构。20 世纪末至今，在世界银行等国际机构的支持下，生态环境部环境规划院已经持续开展了 20 多年的绿色核算研究，先后发布了绿色 GDP1.0 版本、GDP2.0 版本和 GDP3.0 版本，完成了覆盖全国 339 个地级市、31 个省（区、市）2004—2020 年连续 16 年的绿色 GDP 核算（表 4-3）。在绿色 GDP1.0 版本的核算框架下，以王金南牵头的研究团队主要从生态破坏角度核算了 2008—2020 年全国 31 个省（区、市）的生态系统破坏损失（EDP）。随着"绿水青山就是金山银山"理论的提出和深入实践，我国生态价值核算的关注点也从生态系统的破坏损失聚焦到生态系统产生的服务价值上，先后提出了服务价值核算法、当量因子法和基于能值的生态元法三种方法。其中，服务价值核算法，是指在对不同生态系统不同指标服务的实物量进行核算的基础上，得出生态服务价值。现阶段，服务价值核算法已成为生态系统服务价值的主流核算方法，并被生态环境部环境规划院、中国科学院生态环境研究中心等单位的研究团队广泛应用。中国科学院地理科学与资源研究所谢高地基于 Robert Costanza 的研究成果，提出了当量因子法[29]。该方法在区分全国不同生态系统服务功能的基础上，基于可量化的标准构建了不同类型生态系统各种服务功能的价值当量，并结合生态系统的面积对生态系统价值进行评估。中国科学院生态环境研究中心的欧阳志云等首先采用了生态系统服务的概念，并对我国陆地生态系统的 6 种服务价值进行了初步评估[30]。中国林业科学研究院、北京林业大学、北京大学等采用服务价值核算方法对森林、草地等生态系统价值开展了长期评估，特别是王兵等组织全国林草部门完成了全国森林生态价值评估工作[31]。国务院发展研究中心刘世锦[32]等提出了基于能值的生态元核算方法，主要从地球生物圈能量运动角度出发，以太阳能值来表达某种资源或产品在形成或生产过程中所消耗的所有能量，并在此基础上建立一般系统的可持续性能值核算指标体系。

表 4-3　全国生态环境经济核算试点分布（截至 2021 年年底）

生态环境经济核算	核算地区
绿色 GDP1.0 版本	四川省试点、安徽省试点、浙江省试点、河北省试点、辽宁省试点、广东省试点、海南省试点、重庆市试点、北京市试点、天津市试点
绿色 GDP2.0 版本	GEP 核算：四川省 GEP 试点、云南省 GEP 试点、昆明市 GEP 试点、六安市 GEP 试点、深圳市 GEP 试点、西藏自治区、青海省祁连山区、甘孜州、云南全省、昆明市、滇池流域、峨山市、屏边县、贵州省、黔东南州、广东全省、珠海市、深圳市、深圳市南山区、惠州市、佛山市顺德区、北京市延庆区、浙江全省、湖州市、抚州市、丽水市、武夷山市、南平市、厦门市、海口市、海南省、兴安盟、通化市、新安江流域、滇池流域、云南省、腾格里沙漠万亩杨树林、库布齐沙漠； 自然资源资产负债表：珠三角区域、霍林郭勒市、承德市、宁波市宁海县、宁波市象山县

续表

生态环境经济核算	核算地区
绿色 GDP3.0 版本	山西省、深圳市南山区、河北省承德市、江西省万年县、江西省丰城市、江西省崇义县、福建省福州市、福建省将乐县、福建省武夷山市

资料来源：生态环境部环境规划院，2022.

在《生态文明体制改革总体方案》和国家生态文明试验区实施方案等政策要求下，地方政府对生态价值核算的实践需求，助推了我国生态系统价值核算理论的提升。基于联合国发布的《SEEA-2012 实验性生态系统核算》，生态环境部环境规划院建立了以生态系统服务价值为导向的绿色 GDP2.0 和 GDP3.0 核算框架[33-36]，核算了 2015—2020 年全国 31 个省（区、市）的生态产品总值（GEP）和经济生态生产总值（GEEP），在四川省、安徽省六安市、广东省深圳市、云南省昆明市和怒江傈僳族自治州、内蒙古兴安盟等地开展试点核算，完成了福建省南平市、三明市、武夷山市，西藏自治区，青海省祁连山地区，江西省崇义县、万年县，河北省围场县，北京市延庆区等地的生态产品总值核算。

中国科学院生态环境研究中心对青海省、四川省、贵州省、云南省、浙江省丽水市和广东省深圳市盐田区进行了生态产品总值核算。中国环境科学研究院对福建省厦门市、云南省普洱市进行了生态系统价值核算。同时，有大量学者和研究机构对长江流域、江西省赣州市、安徽省、江苏省徐州市、贵州省习水县等区域的生态系统价值进行了核算。深圳市盐田区率先开展生态价值核算结果在政府绩效考核中的应用研究，并提出 GDP 与 GEP 双核算、双运行、双提升的目标要求，把生态价值提升到与 GDP 同等重要的地位。2021 年，辽宁大学环境学院成立了“生态产品第四产业研究中心”，首次开展了 2020 年度东北三省生态产品总值核算和东北地区生态产品第四产业发展战略研究。

生态环境部环境规划院于 2020 年完成了《全球生态系统生产总值（GEP）核算报告》[37]，首次核算了基于国别的 179 个国家 2017 年的 GEP（图 4-1）。课题技术组利用空间分辨率为 1 km 的遥感影像解译数据，分别从实物量和价值量两个角度，对 2017 年全球 179 个国家的陆地生态系统类型提供的物质产品、生态调节和生态旅游文化服务进行了核算。核算结果表明，GEP 在全球空间分布极为不均，GEP 总量排名前 8 的国家依次为巴西、美国、中国、加拿大、俄罗斯、刚果（金）、印度尼西亚和印度。从不同生态系统的价值量核算结果来看，湿地生态系统的生态调节服务价值量最大，为 425.25 万亿元；随后依次是森林、草地、农田、荒漠生态系统；城市生态系统提供的服务价值量最小，仅为 1.273 万亿元。从人均来看，全球人均 GEP 排名靠前的国家主要集中在 GEP 总量较大、但人口较少的国家，如列支敦士登、法罗群岛、马尔维纳斯群岛、圣多美和普林西比等。

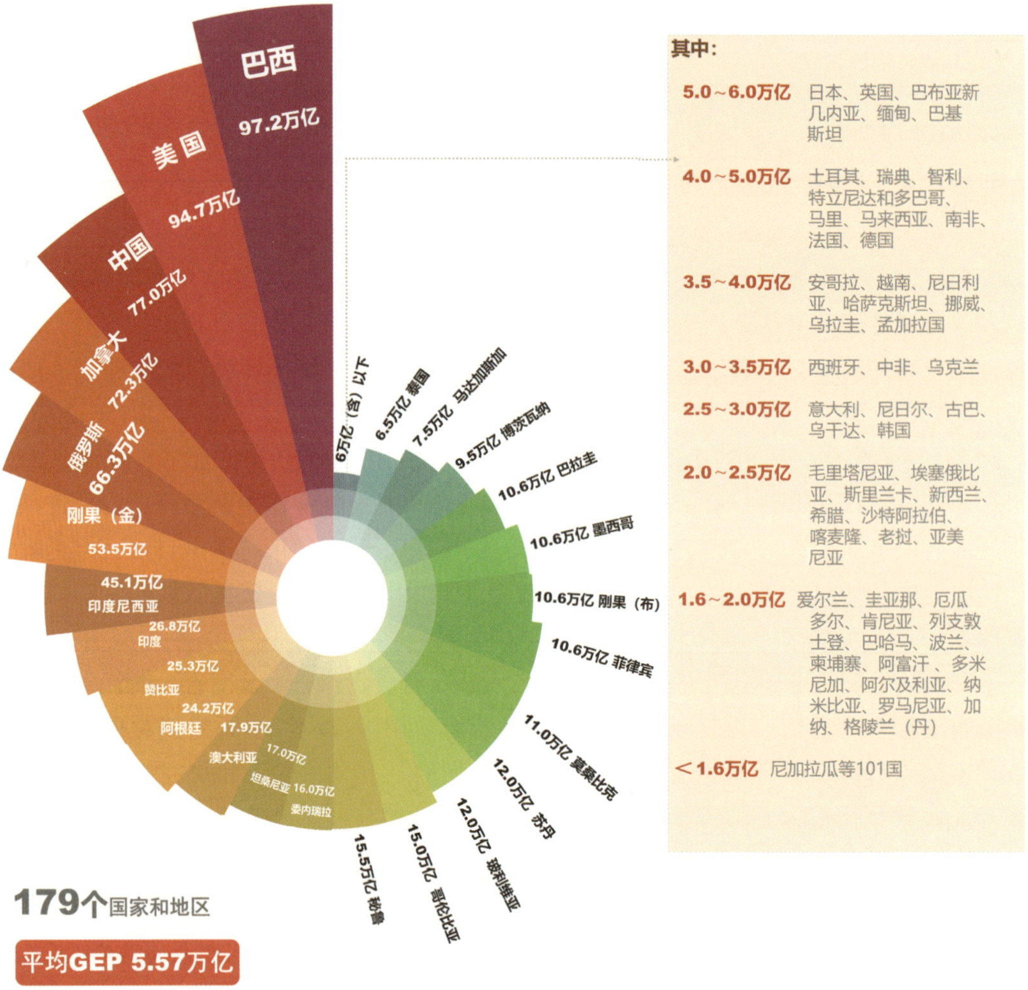

图 4-1 2017 年全球生态系统生产总值排名（单位：元）

专栏 4-1 生态产品与自然资本联合实验室

2020 年 8 月，生态环境部环境规划院联合清华大学、中国科学院生态环境研究中心成立“生态产品与自然资本联合实验室（Joint Laboratory of Ecological Products and Natural Capital，JLEPNC）”，成为中国首个面向国际的自然资本与生态产品领域的创新研究平台。实验室由生态环境部环境规划院院长王金南院士担任首任主任，中国科学院生态环境研究中心欧阳志云主任、北京绿色金融与可持续发展研究院马骏院长担任副主任。实验室主要研究领域：

1. 生态产品与自然资本核算方法研究。开展相关理论研究，包括生态文明建设“绿水青山就是金山银山”理论，生态产品价值实现内在逻辑和绿色增长机理，生态产品内涵、类型界定与价值实现原理，生态产品价值核算体系，自然资本核算内容、核算流程和核算方法，编制生态产品与自然资本核算指南，自然资源资产负债表，自然资本管理体系，生态产品分类目录，自然生态要素的调查监测体系，国家和区域生态产品核算等。

2. 生态产品价值实现推进机制与政策研究。包括财政政策、市场化手段、生态产品交易平台、生态补偿政策、生态空间差别化管理政策、生态产业化和产业生态化政策机制、差异化评估考核方式、部门协同机制等，以及基于自然的解决方案（NbS）、联合国可持续发展目标（SDGs）、国际绿色新政和自然资本研究热点跟踪与总结等。

3. 绿色金融创新与实践研究。研究以市场化原则引导激励更多社会资本投入绿色产业，推动金融机构提供更多绿色金融产品和服务，促进生态优势转化为发展优势，培育绿色产业，推进产业绿色转型，推动绿水青山与金山银山实现双向转化，指导开展绿色金融试验区建设，总结和推广中国绿色金融创新实践。

4. 生态产品第四产业创新实践研究。以“绿水青山就是金山银山”理念为指引，开展第四产业创新实践研究，将可利用的生态产品和可供交易的生态系统服务转化为经济价值（变现），实现生态系统服务增值。研究自然资本与人类资本之间如何通过第四产业实现相互转化，从更深层次探索人与自然的耦合关系。

5. 生态产品价值实现典型模式与示范应用研究。包括生态产业实践模式、产业绿色化转型、生态产业科技成果转化、典型区域生态产品价值实现模型构建、先进典型模式的总结凝练、案例模式库建设、生态产品价值实现成熟模式推广、“绿水青山就是金山银山”实践创新基地和生态产品价值实现示范区指导、基于绿色可持续的生态景观设计等构建生态产品价值实现成效评估技术与展示平台。

联合实验室将起到桥梁作用，汇集各方智慧和力量，在决策支撑和技术方法上推动中国及国际生态产品与自然资本的研究发展。

如何推动“绿水青山”价值向“金山银山”转化，探索生态产品价值实现，是地方政府关注的焦点。自2010年《全国主体功能区规划》首次提出生态产品概念以来，生态产品已成为生态系统服务的中国升级版，而生态产品价值实现也成为生态补偿的多元化强化版。2017年以来，生态环境部开展的国家生态文明建设示范区和“绿水青山就是金山银山”实践创新基地，以及2020年4月自然资源部印发的《生态产品价值实现典型案例》中，许多地方都开展了生态服务价值核算试点工作，生态服务价值核算正逐步成为生态产品价值实现和生态产品第四产业发展的支撑。

（2）英国：自然资本价值核算

英国自然资本委员会（NCC）将自然资本定义为“直接或间接为人类创造价值的自然元素，包括物种、淡水、土地、矿物、空气和海洋，以及自然过程和功能”。在此概念的基础上，NCC开发了一种创新的自然资本账户（NCA），以评估英国国家自然保护地（NNRs）的生态价值[38]。2019年，英格兰自然署（Natural England）发布了“英国国家自然保护地的自然资本评估”报告。该报告从总体的逻辑链“生态资产—生态服务—效益—价值”出发，运用NCA制定的方法，充分介绍了每一项核算的概念、评估方法以及案例分析。英格兰自然署的中期报告核算结果显示，2000—2017年，英国自然资本总值的变化反映了经济的可持续性，但生态系统核算也反映出自然资产缺乏监管，需要开展生态修复。报告核算结果显示，2016年英国自然资本总值约为1万亿欧元。英国自然资本委员会认为，该数字被严重低估，并强调英国还需开展大量工作，提高自然资本价值核算的可信度。英国国家统计局根据这一要求对核算框架进行了重新设计。目前，新的框架计算范围包含14项生态系统服务以及林地、耕地、海洋、湿地、城市、草原、滨海、山脉、沼泽和荒原等生态系统类型。

英国自然资产账户同时发挥了传统账户两个重要的作用：一是通过审计账目核算自然资本的实物量，提供外部的自然资源存量信息；二是通过管理账户统计自然资产每年产生的流量价值，从而支撑相关部门的经济发展决策。自然资本账户逻辑链的核心是“生态资产—生态服务—效益—价值”的转化。生态资产的三种重要的资产属性分别为数量、质量和位置。

总体而言，自然资本账户逻辑链是一个对高度复杂系统的简化。尽管该逻辑链从宏观层面上阐释了生态资产转化为价值的过程，但是目前尚未涵盖对于自然资产服务在特定情景下的协同作用以及权衡作用。自然资本账户通常使用资产负债表来报告资产的货币成本和价值。英格兰自然署以自然资本逻辑链作为负债表的基础，对链上的每一部分进行指标分析量化，最终形成一份包含自然资本数量、质量、位置、服务以及效益价值的汇总资产负债表，旨在为决策者提供更完整的资产、流量、收益和价值信息参考。

（3）澳大利亚：生态系统服务价值核算

澳大利亚政府在2018年制订了生态系统服务价值核算——五年国家战略和行动计划[39]，该战略和行动计划以联合国《实验性生态系统核算》框架为基础，建立了澳大利亚生态系统服务价值核算路线图。根据该战略和行动计划，澳大利亚政府将利用1～3年时间逐步开展4项活动，包括数据活动、账户活动、分析活动和应用活动。其中，数据活动包括收集核算基础数据、建立数据分类和质控体系、识别数据差距等；账户活动包括建立国家核算试点、编制核算技术指南、分析账户利益相关方等；分析活动包括账户分析和应用的能力建设、账户核算情况的评估等；应用活动包括逐步设计纳入核算信息的政策循环、根据利益相关方需求将核算信息纳入决策机制等。澳大利亚政府希望在该战略和行动计划发布的4～5年，①建立纳入生态系统服务价值考量的公共决策机制；②建立纳入生态系统服务价值考量的战略规划机制；③建立生态系统价值投资和回报平衡的实现机制；④建立实现生态系统服务和资产对经济社会发展支撑的可持续发展途径。

（4）荷兰统计局：生态资产价值核算

2020年，荷兰国家统计局（CBS）与荷兰瓦格宁根大学合作，核算了2015年荷兰全国各地区生态系统服务价值和生态资产价值（图4-2）[40]。核算框架遵从了联合国《实验性生态系统核算》提出的方法框架。根据正式发布的核算报告，2015年，荷兰全国生态系统生产总值GEP（包含10种生态系统服务）为130亿欧元，约为当年荷兰全国GDP的1.9倍。2015年，荷兰全国生态系统资产总价值为4 190亿欧元，生态系统资产对荷兰全国非金融性资产的贡献率约为11%。研究者同时注意到，虽然所有的生态系统服务功能均按照联合国《实验性生态系统核算》推荐的最佳方法进行计算，但生态系统的服务价值依然被低估，主要原因包括：①并非所有的生态系统服务都纳入核算范围，如洪水调蓄、海岸带防护、海洋生态供给价值等未被纳入核算范围；②荷兰对农业、林业和渔业产品进口依赖度超过50%，他国生态系统对进口产品的贡献未被纳入当地生态系统资产核算范围。

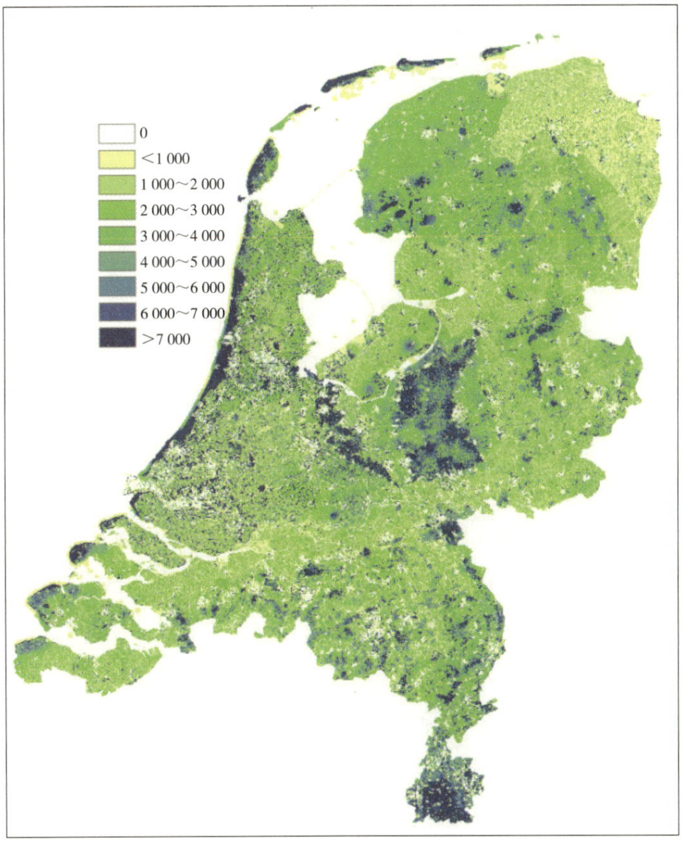

图4-2 2015年荷兰生态系统生产总值空间分布（单位：欧元/英亩①）[40]

4.1.5 国际生态产品价值实现案例

在国际层面，相关国际组织和国家已基于生态产品存量和流量价值的核算结果，开展了多种形式的生态产品价值实现探索，为我国第四产业形成和发展提供了重要参考。国际经验表明，生态产品价值实现的成功案例具有以下特征：①目标多样性：加强私营

① 1英亩=0.404 7 hm^2。

资本对生态产品的投资、促进生态产品保值增值、加强重要生态产品监管等。②方法多样性：对生态产品进行生态补偿、对生态产品进行保险、对生态产品发行债券等。③模式多样性：包括政府定价、特许经营、市场交易等多种模式。

4.1.5.1 国际组织的探索

（1）清洁发展机制中的碳汇交易

1997 年 12 月，联合国气候变化框架公约第三届缔约方大会通过了具有里程碑意义的《京都议定书》。该议定书是首个具有法律约束力的全球性温室气体减排协议。还建立了三种以排放许可交易为基础的灵活市场机制，以促进相应国家进一步减排：排放交易机制（ET）、联合实施机制（JI）和清洁发展机制（CDM）。其中，清洁发展机制规定，以“经核证的减排量”（CERs）为标的物，联合国气候变化框架公约（UNFCCC）附件 1 国家（具有强制减排义务国家）可以向非附件 1 国家直接购买或开展温室气体减排项目的投资来获得 CERs，以抵消附件 1 国家的温室气体的减排义务。在此基础上，《京都议定书》在 3.3 和 3.7 条款中进一步引入了温室气体吸收汇，允许通过造林、再造林和森林管理等活动获得的碳汇用于抵消工业和能源部门的温室气体减限排量，并在第 6 条规定，可通过包括林业活动在内的项目活动获得的碳汇来抵消减排、限排额度[41]。

《京都议定书》的实施为全球探索碳汇交易体系及我国自愿减排制度发展提供了重要支撑。在第一个履约期内，我国在联合国清洁发展机制执行理事会（EB）共注册项目 3 682 项，发展改革委批准的造林和再造林项目 5 项（表 4-4）。根据原国家林业局碳汇管理办公室与原国家林业局调查规划设计院的测算，我国适合开展 CDM 造林再造林项目的优先发展区域达到 67 万 hm^2，争取到全球 700 万～760 万 t 的碳汇额度[43]。其中，于 2006 年 11 月注册成功的中国广西珠江流域治理再造林项目是全球第一例森林碳汇项目。该项目提出的造林再造林方法学被 CDM 执行理事会批准，是世界上第一个被批准的造林再造林方法学[42]。该项目在广西环江县和苍梧县营造 4 000 hm^2 人工林，每县各 2 000 hm^2。项目实施后，每年实现碳汇 25 795 t，到 2035 年，将固定二氧化碳 77 万 t。同时，世界银行生物碳基金将按协议支付 220 万美元购买相应的碳汇[44]。该项目为典型的碳汇生态产品通过 CDM 市场方式实现经济价值的国际模式。

表 4-4 中国已注册的 CDM 造林和再造林项目

注册时间	项目名称	方法学	CO_2 减排量 /（t/a）
2006.11.10	广西珠江三角洲水域管理辅助造林项目	AR-AM0001 ver.2	25 795
2009.11.16	四川西北退化土地造林 / 再造林项目	AR-AM0003 ver.3	23 030
2010.09.15	广西西北退化土地再造林项目	AR-AM0001 ver.3	87 308
2013.01.17	内蒙古和林格尔县退化土地再造林项目	AR-AM0001 ver.5	6 725
2013.02.05	四川西南退化土地造林 / 再造林项目	AR-AM0003	40 214

数据来源：https：//cdm.unfccc.int/Projects/projsearch.html。

2012 年 6 月，在对 CDM 机制探索的基础上，国家发展改革委颁布了《温室气体自愿减排交易管理暂行办法》，正式建立了中国本土化的温室气体自愿减排机制——中国温室气体自愿减排机制。同年 10 月，国家发展改革委颁布《温室气体自愿减排项目审定与核证指南》，进一步对温室气体自愿减排项目审定与核证机构的备案要求、工作程序和报告格式进行了明确。

（2）全球环境基金[45]

全球环境基金（GEF）成立于 1991 年，最初是世界银行的一项支持全球环境保护和促进环境可持续发展的 10 亿美元试点项目。目前，GEF 资金主要源于各成员国的捐资。该基金旨在通过提供赠款，支持发展中国家开展对全球有益的环境保护活动，帮助他们履行国际环境公约，以及推动国家地区将环保低碳技术进行商业化和市场化。从第 1 个增资期（1994—1998 年）以来，GEF 分别对缓解和适应气候变化的技术、可再生能源技术、发展中国家的技术转移、生物多样性以及节能低碳交通开展了捐赠项目。目前，GEF 将其捐赠重心放在生态产业和环保产业的技术创新及风险应对上。在其第 7 个增资期（2018—2022 年），GEF 增资 41 亿美元，开展 14 个试点项目，以支持气候缓解技术和适应技术的转移，包括可再生能源、能效技术、运输和堆肥、膜滴灌、抗旱作物及可持续土地管理实践等。

全球环境基金一直以来在世界各地倡导森林可持续经营（SFM），管理和维护森林的全方位功能和服务[46]。全球环境基金通过加强其在森林可持续经营方面的努力，以拥护世界森林的保护和责任使用为目标，在综合考虑不同受援国国情的基础上，以转型投资为手段，支持各国对其森林资源进行可持续化经营管理，实现更加广泛的生态系统服务供应，提供多样化生存机会。

GEF 与中国政府在 SFM 与生物多样性方面长期开展合作。GEF 在 1995 年提供赠款 1 790 万美元，用于支持“中国自然保护区管理项目”；2002 年，提供赠款 1 600 万美元，用于支持“可持续林业发展项目”；2007 年，提供 525 万美元，用于支持“广西综合林业发展与保护项目”。同时，成立了中国与全球环境基金干旱生态系统土地退化防治伙伴关系，项目国际执行机构为亚洲开发银行，并在中央层面与各项目省（区）均设有执行办公室。该项目目的是在中国西部地区减少贫困、抑制土地退化和恢复干旱生态系统。通过这些项目的实施，提高了中国森林经营水平，并为我国森林资源的开发利用提供了重要支撑。

专栏 4-2　GEF 小额赠款计划（SGP）——中国甘肃舟曲县

舟曲县八楞乡位于甘肃省南部，是一个少数民族聚居的贫困乡。自新冠肺炎疫情发生以来，外出务工受到极大限制。为了解决留守妇女职业技能的普遍缺失的问题，在 SGP 的支持下，天水市陇右环境保育协会联合当地政府，利用本地适宜种植中草药材的自然背景，自 2021 年 5 月开始在甘肃省舟曲县八楞乡实施中药材种植管理示范项目，实施机构为当地村民提供中药材种子、种苗、肥料，并组织中药材种植、采收、加工的技术培训，以及水源涵养林管理等方面的培训。

截至目前，项目已完成35亩板蓝根和柴胡基地的建设，为200人（其中包括130名留守妇女）提供了种植技能和管理培训。已完成50亩水源涵养林建设，在水源涵养林云杉苗栽植过程中，聘请专家对苗木栽植、浇水等日常管理技术进行现场培训，阳山村、斜坡村、下半山村的700人次受益，其中包括妇女440人次。该项目的实施推动了地方中药材产业发展，助力水源涵养林保护及退耕还林；在保护、增收并进的同时，既提高了妇女的社会地位，也改善了其生活质量。同时，示范项目拟为当地提出一条增加收入和就业的途径，从而减少人员流动，提高当地应对新冠肺炎疫情风险的能力。

4.1.5.2 国家层面的探索

无论是发达国家还是发展中国家，在联合国可持续发展战略框架下，都开展了大量的基于生态服务付费、政府购买和市场交易等方式的生态产品产业探索。这些实践探索有一个共同的特点是，通过支付和收入，把生态保护收益与当地发展和居民收入挂钩。

（1）巴西：热带雨林保护与碳税机制

为了应对全球气候变化对亚马孙热带雨林的破坏，巴西政府于2009年12月颁布了《国家气候变化政策》，旨在促进开发巴西的减排市场以及其他热带雨林保护目标。通过评估缓解气候变化的总体成本，主要包括碳税的开发和设计、经济和法规影响评估，以及分析碳定价工具与现有政策之间的互动，巴西政府采用市场化的手段将碳税（15 $/t）的70%用于通过自然解决方案（NbS）保护热带雨林。2018年，巴西每公顷热带雨林创造的536美元碳汇价值，使得全国通过国际碳汇交易产生21.7亿美元碳汇利润。这些资金均被用于热带雨林保护补贴、气候变化减缓基础建设和当地农民放弃采伐森林补偿等项目。

（2）德国：生态账户[47, 48]

德国的生态账户体系（Eco-account System）探索始于1998年，是一种基于自然资源指标市场交易的生态价值实现模式，在德国的生态补偿和生态保护修复领域得到广泛应用。生态账户以生态系统服务评价和价值核算为基础，将生态系统服务价值以“指数化”的方式转化为可以直接进行市场交易的生态积分或指标，促进生态价值的实现。当未来建设项目占用的生态空间遭受破坏需要进行生态补偿时，可以使用生态账户中的生态积分抵消该项目对生态系统造成的消极影响，并可以对生态账户中的积分进行市场交易，实现一定区域内生态价值“占用”与“补偿”的动态平衡。目前，生态账户制度已成为德国生态环境管理和保护的主要工具之一。

专栏 4-3 德国生态账户

德国生态账户做法包括生态积分交易需求培育、生态账户创建和使用、生态积分评估、生态积分交易和生态账户监管5个具体环节：

1. 生态积分交易需求培育。德国对生态环境保护法律的严格执行以及预先补偿措施的确立，为培育生态积分交易需求奠定了基础。

2. 生态账户创建和使用。一是制定生态账户规划；二是将拟作为生态账户管理的自然资源资产在有关部门进行登记；三是实施规划，生态账户使用者可在登记后的土地上实施相关生态补偿措施；四是测算工程项目等造成的生态消极影响需要补偿的生态积分数额；五是确定采取生态补偿的具体方式，生态账户的使用者可以用生态积分来抵消未来占用自然生态空间所产生的生态影响，也可以以市场交易方式将其转让给第三方。

3. 生态积分评估。由专业的景观规划师按照当地生态积分评估相关标准和技术方法进行生态积分评估，得到生态积分数值，计入生态账户。

4. 生态积分交易。生态积分可以在法律允许的范围内进行自愿交易，但不能跨州、跨规划区交易。政府一般会制定生态积分交易的最低价，最终交易价格由买卖双方协商确定。

5. 生态账户监管。政府主管部门对生态账户补偿涉及的积分评估、预防措施、生态保护措施等进行长期监管，确保生态补偿措施落实到位。

（3）美国马里兰州：马福德农场生态补偿项目[47]

马福德农场位于美国的跨州淡水河——切斯特河的源头，马福德农场的生产、生活、经营活动产生的污染废水对切斯特河的环境治理带来了巨大压力，同时马福德农场自身还存在生态产品生产效率不高，土壤排水功能不佳等生态系统功能破坏的问题，对当地生态环境和生物多样性的保护产生了负面影响。因此，2005年，美国爱生基金会（Biophilia Foundation）与切萨皮克野生动物遗产保护组织（CWH）合作，通过参与美国农业部“土地休耕增强计划”（CREP），开展马福德农场生态补偿项目。通过明晰自然资源资产产权、系统性生态修复、生态产品市场化和由生物多样性带来的生态旅游，不仅形成了一个多方参与、多元化、可持续的生态补偿机制，还使马福德农场由传统农业的单一经济收益转变为传统农业、生态补偿、生态信用交易和盈利性狩猎旅游四项收益，提升了经济效益。每年，该农场实现湿地信用交易收入约8 000美元/英亩，水质信用交易收入约18 500美元，生态旅游收入约6 800美元。

（4）哥斯达黎加：生态银行[49]

哥斯达黎加生态银行（BanCO_2）成立于2013年。作为服务国内碳市场的重要平台，以及连接企业与政府之间碳交易的桥梁，该生态银行不仅促进了哥斯达黎加的森林资源保护行动，也加速推动了该国2050碳中和目标的实现。在企业层面，哥斯达黎加生态银行向其出售额外碳信用额，用于抵消超标的排放量，同时可以回收购买公司的多余减排量。在政府层面，哥斯达黎加政府抽取燃油税的3%以及水税的25%，纳入生态系统服务付费机制（PES），用于森林的保护，取名为林业基金（FONAFIFO）。国家林业基金负责将每年120万t等量的碳信用注入生态银行，银行承担每一笔碳交易的监测、报告与认证工作。1980年，哥斯达黎加曾经是世界上森林砍伐率最高的国家之一。然而，得益于国家林业基金与生态银行的成功运营，截至2019年，哥斯达黎加的森林覆盖面积已达到52.38%，是1983年的2倍。

4.2 国家实践①

2012年11月，党的十八大报告指出，要"增强生态产品生产能力"，强调生态产品是生态文明建设的重要基础，维系良好的生态产品已成为生态文明建设布局中"神经中枢"的关键环节。自此，国家发展改革委、生态环境部、自然资源部等部委根据职责分工，以国家生态文明试验区、生态产品价值实现机制试点、国家生态文明建设示范区、"绿水青山就是金山银山"实践创新基地、资源领域生态产品价值实现试点为载体，积极推动生态产品价值实现机制创新，为发展生态产品第四产业提供了实践基础。

4.2.1 国家生态文明试验区

2016年8月，中共中央办公厅、国务院办公厅印发了《关于设立统一规范的国家生态文明试验区的意见》[50]，提出"探索建立不同发展阶段环境外部成本内部化的绿色发展机制"。在此基础上，中共中央办公厅、国务院办公厅先后印发《国家生态文明试验区（福建）实施方案》（2016年）[51]、《国家生态文明试验区（江西）实施方案》、《国家生态文明试验区（贵州）实施方案》（2017年）[52]和《国家生态文明试验区（海南）实施方案》（2019年）[53]，率先在福建、江西、贵州和海南4个省开展国家生态文明试验区工作。2020年11月，在总结和提炼国家生态文明试验区工作经验的基础上，国家发展改革委印发《国家生态文明试验区改革举措和经验做法推广清单》[54]，推广国家生态文明试验区改革举措和经验做法共90项，涉及自然资源资产产权、国土空间开发保护、环境治理体系、生活垃圾分类与治理、水资源水环境综合整治、农村人居环境整治、生态保护与修复、绿色循环低碳发展、绿色金融、生态补偿、生态扶贫、生态司法、生态文明立法与监督、生态文明考核与审计等14个方面，为体现生态产品价值、运用经济杠杆进行环境治理和创新生态保护制度体系提供了新思路、新方法。

---

① 在本节编写过程中，国家发展改革委、自然资源部、生态环境部、福建省发展改革委、江西省发展改革委、贵州省发展改革委、海南省发展改革委以及浙江省丽水市政府、江西省抚州市政府等试点地区向我们提供了丰富的素材与案例，在此表示衷心的感谢。同时，也感谢这些地方政府和部门在生态产品价值实现和生态产品第四产业方面做出的探索。这些地方政府和部门为发展生态产品第四产业提供了实践基础和案例经验。

通过国家生态文明试验区总结和评估发现，各试点地区在生态产品价值实现机制探索中各具特色、各有侧重。福建省在生态补偿、自然资源资产产权等领域经验做法较为突出，江西省主要聚焦于绿色金融、绿色低碳循环发展领域，贵州省以生态扶贫领域改革创新为主，海南省则结合大数据创新数字化精准支撑自然资源资产离任审计。

（1）福建省[55, 56]

2016年8月，中共中央办公厅、国务院办公厅印发《国家生态文明试验区（福建）实施方案》（以下简称《福建方案》），将福建省列为全国首个生态文明试验区。《福建方案》印发后，福建省委、省政府随即研究印发《福建省贯彻落实〈国家生态文明试验区（福建）实施方案〉任务分工方案》，全面对照《福建方案》的各项工作部署进行具体分工，并结合各地区的主体功能和工作基础在9市1区以及县（市、区）层面部署了不同领域的试点任务。试点开展以来，福建省先后开展了综合生态保护补偿模式创新、自然资源资产产权改革和“山海”样本生态产品总值核算等生态产品价值实现方面的体制机制探索。

创新综合性生态保护补偿新模式。在原有生态补偿机制的基础上，福建省从省级层面实施综合性生态保护补偿机制。以《福建省主体功能区规划》划定的重点生态功能区所属县（市）和纳入国家重点生态功能区转移支付补助县（市）范围内的23个县（市）为试点，通过以县为单位的综合性生态保护补偿，推动省内流域生态保护补偿机制全覆盖，并积极探索跨省流域生态补偿机制建设，多渠道完善森林生态保护补偿长效机制。

改革自然资源资产产权制度。福建省围绕完善自然资源资产产权体系，开展了一系列自然资源资产调查监测和确权登记工作，通过构建统一规范的确权登记办法，系统构建自然资源资产统一所有权相关政策体系，并率先开展市级层面国有自然资源资产管理体制改革，为解决构建自然资源资产产权制度体系过程中产权纠纷多发、资源保护乏力、开发利用粗放等问题奠定了基础。

开展生态产品总值核算。福建省人民政府于2016年12月印发《福建省生态系统价值核算试点方案》，在厦门市和武夷山市两地率先开展生态系统价值核算试点工作。通过对这两个试点城市“山水林田湖草”生态系统实物量进行全方位、全口径调查，创建了以生态产品流转为重点的“山区样板”和以促进绿色发展为重点的“沿海样板”。

专栏4-4 国家生态文明试验区（福建）实施方案

2016年8月，中共中央办公厅、国务院办公厅印发《国家生态文明试验区（福建）实施方案》，确定了福建省作为国家生态文明试验区的战略定位：国土空间科学开发的先导区、生态产品价值实现的先行区、环境治理体系改革的示范区、绿色发展评价导向的实践区，包括6项重点任务，共计26项分任务，其中，涉及生态产品及自然资源资产开发、保护、核算及交易的分项任务共计12项。

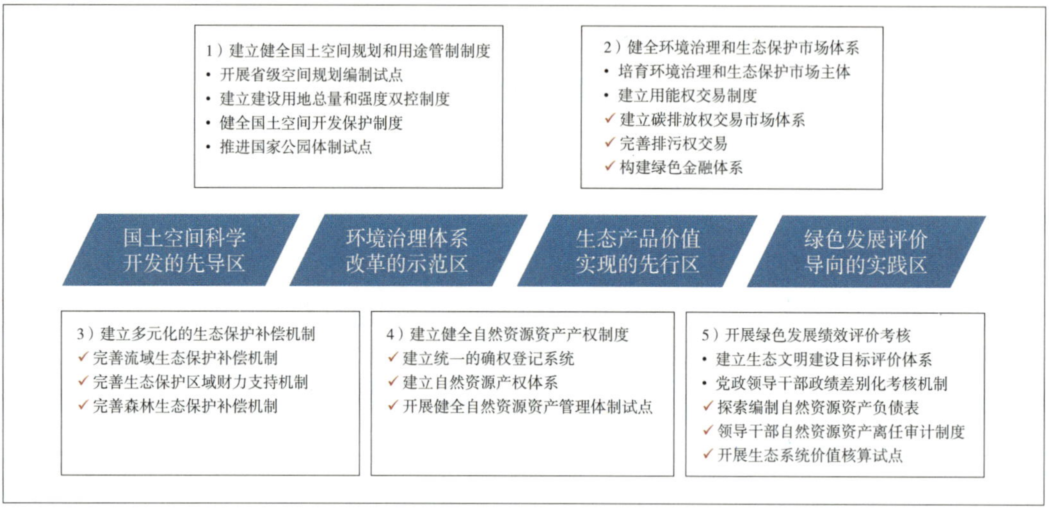

（2）江西省[57-59]

2016年6月，江西被列为首批国家生态文明试验区。2017年10月，中共中央办公厅、国务院办公厅正式印发《国家生态文明试验区（江西）实施方案》，江西省生态文明建设纳入中央部署。江西省以抚州市作为生态价值实现主要试点地区，把生态价值实现与脱贫攻坚有机结合起来，实现了生态保护与生态扶贫双赢，并在绿色金融方面取得了重要的经验。

古村落确权抵押利用机制。江西省试点通过以产权清晰的古村落房屋作为抵押物的方式，依托“生态产品交易中心”平台完善了古建筑产权登记托管体系，实现古村落房屋配合古村山水林田湖（塘）整体流转征收托管。同时，通过创新驱动破解贷款额度小的难题，为生态产品的开发经营提供多样化的金融服务，并以政府收储机制、设立专项风险补偿金、引进第三方担保等方式提供风险保障，最大限度规避金融产品风险。

创新碳普惠激励制度。江西省构建了碳普惠制公共服务平台（绿宝），并发布全国首批碳普惠平台建设及规范化运营管理的地方标准，实现针对个人、商家不同主体的生态意识培育。在个人方面，绿宝从市民消费观念转型入手，将绿色生活转换为碳积分，市民可以通过碳积分兑换成优惠券，在购买绿色产品时可进行抵扣优惠。在商家方面，江西省建立了“碳普惠联盟商家”并逐步规范，开发绿色产品，扶持绿色企业发展，拓展农副产品消费渠道。

专栏 4-5　国家生态文明试验区（江西）实施方案

2017年10月，中共中央办公厅、国务院办公厅印发《国家生态文明试验区（江西）实施方案》，确定了江西省作为国家生态文明试验区的战略定位：山水林田湖草综合治理样板区、中部地区绿色崛起先行区、生态环境保护管理制度创新区、生态扶贫共享发展示范区，包括6项重点任务，共计24项分任务，其中，涉及生态修复、生态补偿、自然资产资源的分项任务共计8项。

1）构建山水林田湖草系统保护与综合治理制度体系
- ✓ 建立健全自然资源资产产权制度
- • 加快完善国土空间开发保护制度
- ✓ 积极探索流域综合管理制度
- ✓ 健全生态系统保护与修复制度

2）构建严格的生态环境保护与监管体系
- • 健全生态环境监测网络和预警机制
- • 建立健全以改善环境质量为核心的环境保护管理制度
- • 创新环境保护督察和执法体制
- • 完善生态环境资源保护的司法保障机制
- • 健全农村环境治理体制机制

3）构建促进绿色产业发展的制度体系
- • 建立有利于产业转型升级的体制机制
- • 建立有利于资源高效利用的体制机制
- ✓ 创新有利于绿色产业发展的体制机制

山水林田湖草综合治理样板区　中部地区绿色崛起先行区　生态环境保护管理制度创新区　生态扶贫共享发展示范区

4）构建环境治理和生态保护市场体系
- • 加快培育环境治理和生态保护市场主体
- • 逐步完善环境治理和生态保护市场化机制
- ✓ 健全绿色金融服务体系

5）构建绿色共治共享制度体系
- • 完善社会参与机制
- • 完善排污权交易
- • 健全生态文化培育引导机制
- ✓ 创新生态扶贫机制

6）构建全过程的生态文明绩效考核和责任追究制度体系
- • 进一步完善生态文明建设评价考核制度
- • 建立生态环境损害责任终身追究制度
- • 加强生态文明考核与责任追究的统筹协调
- ✓ 探索编制自然资源资产负债表
- ✓ 开展领导干部自然资源资产离任审计

（3）贵州省[60-62]

2016年，贵州省获批成为首批国家生态文明试验区之一。2017年10月，中共中央办公厅、国务院办公厅印发《国家生态文明试验区（贵州）实施方案》，贵州省国家生态文明试验区建设正式启动。贵州省生态文明试验区在开展生态产品价值实现探索中，开展了内陆山区生态产品总值核算研究工作，设立了江阴市、黔西市等多个试点地区，形成了“生态+旅游”“生态+治理”等多种以生态脱贫为核心的生态产品价值实现机制。

探索内陆山区生态产品总值核算。贵州省结合多山区特点，编制了《内陆山区生态系统生产总值（GEP）核算技术规范》，为内陆山区建立与GDP相对应、充分衡量生态系统状况的生态产品价值核算标准提供了基础。江口县等5个贵州省级生态产品价值实现机制试点县参照贵州内陆山区GEP核算技术规范，科学编制县域GEP核算指标体系，形成了生态产品清单目录，通过监测GEP年度变化量和变化率，进一步明确了试点县高质量发展的方向和重点。

建立生态建设脱贫攻坚机制。贵州省依托独特的自然资源和生态资源优势，积极发展生态利用型产业，实现生物多样性保护与减贫工作协同推进。首先，贵州省通过建立政府护林服务机制，拓宽贫困农民增收渠道，增强森林生态服务功能，提高生态公益林质量。其次，贵州省通过健全资产收益脱贫攻坚机制，将符合条件的旅游文化资源、森林资源等通过增量配股、存量折股等形式，建立集体股权参与项目分红的资产收益扶贫长效机制，让群众分享股权收益。在此基础上，完善生态保护区域财力支持机制、面向建档立卡贫困人口购买护林服务机制及森林生态保护补偿机制，推进生态产业化，深化资金变股金、资源变资产、农民变股东“三变”改革，实现精准生态脱贫。

专栏 4-6 国家生态文明试验区（贵州）实施方案

2017 年 10 月，中共中央办公厅、国务院办公厅印发《国家生态文明试验区（贵州）实施方案》，确定了以建设“多彩贵州公园省”为总体目标，以长江珠江上游绿色屏障建设示范区、西部地区绿色发展示范区、生态脱贫攻坚示范区、生态文明法治建设示范区、生态文明国际交流合作示范区为战略定位的实施方案，包括 8 项重点任务，共计 32 项分任务，其中，涉及生态脱贫、生态补偿、自然资产资源的分项任务共计 10 项。

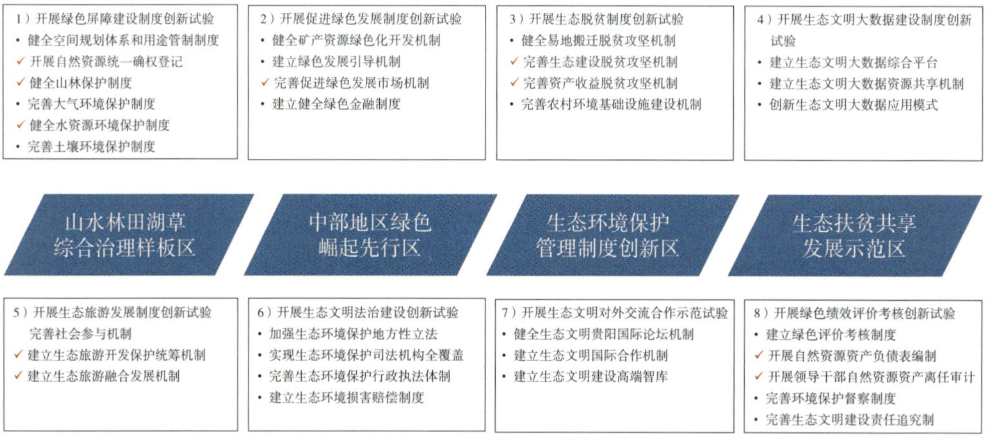

（4）海南省[63]

2018 年，海南省被列入国家生态文明试验区。2019 年 5 月，中共中央办公厅、国务院办公厅印发《国家生态文明试验区（海南）实施方案》，海南省正式开展生态文明建设示范区工作。2020 年，海南省生态敏感区域基础设施建设造价服从生态机制、数字化精准支撑自然资源资产离任审计两项与生态价值实现相关的体制机制列入《国家生态文明试验区改革举措和经验做法推广清单》。

建立生态敏感区域基础设施建设造价服从生态机制。海南省在生态敏感区域进行基础设施建设时实行生态选线，坚持造价服从生态，最大限度地利用现状条件，减少对原生地理环境的破坏。沿河谷布设路线，减少对水系的影响；沿山脚布设路线，减少山体开挖破坏；以曲线路线避让自然保护区；在不可避免需穿越自然保护区和国家级保护动物栖息地时，避开集中连片、整体性较强的保护区域。

利用数字化精准支撑自然资源资产离任审计。海南省通过构建时空数据库整合和归集“多规合一”改革成果、基础地理信息、政务地理空间信息、地理国情监测、遥感影像等各类资源环境实时数据，并在数据库的基础上建立各种具有扩展性和开放性的审计分析预警模型，自动生成审计分析结果。相关技术人员将分析结果和疑点向全省范围内的审计组推送，指引现场核查，实现全省审计人员共用一套系统，共享数据资源，精准高效实施审计，使自然资源资产审计流程更加规范透明。

专栏 4-7 国家生态文明试验区（海南）实施方案

2019 年 5 月，中共中央办公厅、国务院办公厅印发《国家生态文明试验区（海南）实施方案》，方案确定海南以生态文明体制改革样板区、陆海统筹保护发展实践区、生态价值实现机制试验区、清洁能源优先发展示范区为战略定位，包括 6 项重点任务，共计 27 项分任务，其中涉及生态产品、生态补偿、自然资产资源的分项任务共计 9 项。

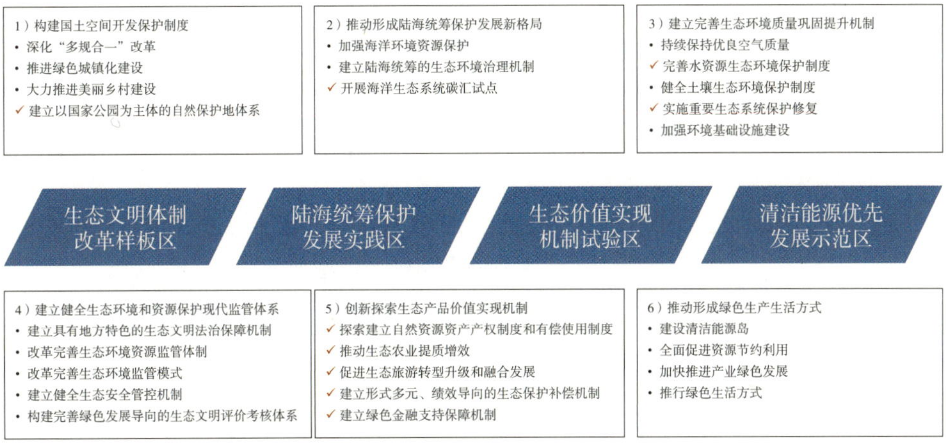

4.2.2 国家生态产品价值实现机制试点

2018 年 4 月，习近平总书记在深入推进长江经济带发展座谈会上，强调要在全国开展生态产品价值实现机制试点。2019 年 1 月，国家推动长江经济带发展领导小组办公室（以下简称国家长江办）正式批复浙江省政府同意丽水成为全国首个生态产品价值实现机制试点市。2019 年 3 月，浙江省人民政府办公厅印发《浙江（丽水）生态产品价值实现机制试点方案》[64]。2019 年 9 月，由国家长江办批复，抚州市成为全国生态产品价值实现机制第二个试点市。2019 年 12 月，江西省人民政府审议通过《抚州市生态产品价值实现机制试点方案》（以下简称《抚州方案》）[65]。

4.2.2.1 丽水市[66, 67]

2019 年 1 月，丽水市成为全国首个生态产品价值实现机制试点市，全面开展探索“政府主导、企业和社会各界参与、市场化运作、可持续的生态产品价值实现路径”

工作。

（1）生态价值核算体系建立和应用

探索建立生态产品价值核算评估理论和方法（GEP）。丽水市分别于2019年和2020年出台了全国首个市级《生态产品价值核算技术办法（试行）》和《生态产品价值核算指南》地方标准，构建市—县—乡—村四级生态产品价值核算评估体系，形成生态产品价值核算的技术流程、指标体系与核算方法，这是全国首个市级生态产品价值核算技术办法。在初步核算生态价值（表4-5）的基础上，丽水市进一步探索完善生态产品目录、价格评估标准以及基础数据收集体系。

表4-5 丽水市生态产品大类价值量（2018年）[68]

核算大类	2018年价值量/亿元	2006年价值量/亿元	2006—2018年变化率/%
生态物质产品	162.86	80.76	45.93
调节服务产品	3 659.42	1 909.48	38.68
文化服务产品	1 202.18	106.08	720.06
生态产品总值	5 024.47	2 096.31	101.49

探索生态产品价值实现与干部离任审计的衔接机制。2019年，丽水市委、市政府在县（市、区）综合考核指标体系中新增了3类、15项与生态产品价值相关的指标。2020年，出台了《丽水市领导干部自然资源资产离任审计实施办法》，将生态产品价值实现工作纳入干部离任审计内容，在实施办法中明确了生态产品价值实现机制审计细则，初步建立了生态产品价值实现机制试点工作的审计制度。

专栏4-8 丽水市生态产品价值核算结果应用

基于GEP的政府购买生态产品机制。丽水市率先开展政府采购生态产品试点，探索建立了根据生态产品质量和价值确定财政转移支付额度、横向生态补偿额度的体制机制。在全国率先试行与生态产品质量和价值相挂钩的省级财政奖补机制，生态产品总值（GEP）绝对值、增长率指标的权重分别为40%、60%。

探索发布了首个县级生态产品政府采购目录。2020年，丽水市云和县发布了浙江省首个《生态产品政府采购试点暂行办法》，明确了生态产品政府采购目录，即水源涵养、气候调节、水土保持和洪水调蓄四类生态调节服务产品，采购量按四项品目总量（值）的0.1%～0.25%采购。

（2）创新探索生态产品市场体系

探索建立“绿水青山就是金山银山”系列市场主体。一方面，丽水市成立“两山公司”，主要负责开展生态环境保护与修复、自然资源管理与开发等工作，是公共生态产品供给主体、优质生态资源运营主体与环境保护主体。截至2020年年底，丽水市推动18个示范乡镇成立了“两山公司”。另一方面，丽水市组建“两山银行”，着力解决碎片化自然资源入市壁垒、“生态占补平衡”问题。“两山银行”由丽水市本级、青田县分别依托丽水市农村交易平台、侨乡投资项目交易中心共同组建，用于自然资源运营管理与市场交易。截至2021年年底，丽水市已经实现“两山银行”县（市、区）全覆盖，各类绿色金融产品余额达187.47亿元。

专栏4-9 丽水市“两山银行”创新实践

2019年12月，丽水市云和县成立全国首个“两山银行”服务平台，以云和农商银行为依托，推出“两山贷”生态信用贷款产品，利用生态信用评价结果，对生态信用良好的客户在贷款额度、利率、办贷流程等方面实施优惠政策，大力扶持集体经济薄弱村、消薄生产、农户个人经营等主体。在此基础上，丽水出台《金融助推生态产品价值实现的指导意见》，引导全市各金融机构支持生态试点，着力解决碎片化自然资源入市壁垒问题。截至2021年年底，云和农商银行已向雾溪乡整体授信11亿元，累计发放“两山贷”52笔，贷款2 461万元。

探索建设生态产品交易平台。丽水市在明确自然资源资产产权的基础上，构建了覆盖市、县、乡三级的农村产权交易平台，农村林地使用权、土地承包经营权、水域养殖权、农村集体资产所有权等12类产权均可进行交易、抵押和贷款，基本实现了农村产权抵押贷款全覆盖。

（3）探索多元生态产品价值实现路径

建立“山”字系列公共品牌，提升生态产品附加值。丽水市围绕农产品、民俗、旅游业、水资源，构建了以“丽水山耕”“丽水山居”“丽水山景”“丽水山泉”为核心的地域特色公用品牌体系，在保护好生态环境的基础上，以生态产业化的形式实现生态价值。2019年，“丽水山耕”蝉联区域农业形象品牌排行榜首位，品牌销售额突破84亿元，平均溢价30%。成功注册“丽水山居”集体商标，发布“丽水山居”放心民宿服务标准，实现农家乐民宿营业总收入37.6亿元，增长率23.7%。2021年11月，丽水市进一步发布《“丽水山景”建设与服务规范》，成为顺应乡村旅游发展的又一区域公用品牌。2022年，国家知识产权局商标局正式发布“丽水山泉”注册公告，标志着丽水市优质的水资源成为生态产品价值实现的又一载体。

开展古村复兴示范工程，推进生态古村价值实现。丽水市出台并实施了《丽水市传统村落保护条例》，积极推广莲都下南山古村复兴模式和松阳“拯救老屋行动”经验，将“拯救老屋行动”等创新实践亮相首届联合国人居大会。同时，进一步创新古村复兴模式，丽水市松阳县在三都乡上田村开展试点，将强村公司作为乡村经营的重要平台和各类补助资金的蓄水池，将老屋、农田等资源要素折价入股，把零星、分散的资源、资金统筹起来，创新构建地方政府、村集体、村民、工商资本四方共同参与、利益共享、风险共担的生态产品价值产业化实现的“上田”模式。

专栏 4-10 丽水市“山”字系列公共品牌

“丽水山耕”：丽水市政府创立了全国首个覆盖全区域、全品类、全产业的地级市农业区域公用品牌。截至目前，实现了加盟的会员企业达 977 家，合作基地 1 153 个，生态农产品种类达 1 200 个。

“丽水山居”：2019 年 4 月，“丽水山居”民宿区域公用品牌集体商标注册成功，成为全国首个地级市注册成功的民宿区域公用品牌。2019 年，全市农家乐民宿实现营业总收入 37.6 亿元，同比增长 23.7%。

“丽水山景”：丽水市以“丽水山景”为主打品牌，加快发展全域旅游，结合丽水特色研制《丽水乡村旅游特色业态标准》《丽水旅游服务标准》等旅游服务类地方标准。

“丽水山泉”：2020 年 11 月，基于丽水市优质的水资源、水生态，丽水市城投集团水业开发子公司正式开发生产“丽水山泉”高端水产品，将水产业培育作为丽水市新的经济增长点。2022 年 4 月，“丽水山泉”集体商标正式核准注册。

4.2.2.2 抚州市[69-71]

2019 年 9 月 18 日，国家推动长江经济带发展领导小组办公室正式批复抚州为国家生态产品价值实现机制试点市。在此背景下，抚州市先后开展了 GEP 核算、自然资源资产交易系统建设和生态金融建设等工作，其中，抚州市“绿宝”碳普惠公共服务平台建设被国家发展改革委列入《国家生态文明试验区改革举措及经验做法第一批推广清单》。

（1）生态价值核算体系建立和应用

2021 年 7 月，抚州市正式发布《生态系统生产总值核算技术规范》。该标准规定了生态系统生产总值的核算步骤，生态产品功能量核算方法、定价方法和价值量核算方法。抚州市生态产品核算涉及 12 个核算指标、22 个核算科目，主要从功能量和价值量两个方面进行核算。每两年核算 1 次，先根据生态环境监测、水文监测和气象监测，以及统计数据，核算各类生态产品的功能量；再运用市场价值法、替代市场法、影子工程法、旅行费用法等方法，确定生态产品价格。经过初步核算，抚州市 2019 年生态产品价值为 3 907.35 亿元（表 4-6），是其当年国内生产总值的 2.59 倍。

表 4-6 抚州市生态产品大类价值量及其变化（2015—2019 年）

核算大类	2015 年价值量 / 亿元	2017 年价值量 / 亿元	2019 年价值量 / 亿元	2015—2019 年变化率 /%
生态物质产品	325.43	345.54	362.19	11.29
调节服务产品	2 727.64	2 778.05	2 936.16	7.64
文化服务产品	221.19	360.00	609.00	175.33
生态产品总值	3 274.27	3 483.59	3 907.35	19.33

（2）建立生态产品市场交易体系

搭建生态产品市场主体。2020 年 8 月，抚州市资溪县挂牌成立“两山银行”，借鉴商业银行存贷理念，通过构建“资源—资产—资本—资金”的转化机制，让固化在土地上的资源变成活钱。2021 年，出台江西省地方标准《“两山银行”运行管理规范》，成为全国首个“两山银行”管理标准。该标准确立了“两山银行”的术语和定义、运行机制、运行要求、管理内容、管理要求、监督与评价，对于地方开展“两山银行”的健康长效运行和管理提供了保障。截至 2021 年年底，完成林权收储 17 万亩、其他生态资源收储 20 余项，为旅游、竹木等产业注入金融“活水”30.46 亿元。

创新生态资产权益抵押贷款机制。抚州市在实行“三权”分置的基础上，重点做好农地经营权、林地经营权“两权”抵押贷款，探索推出河权承包、河道采砂权、畜禽智能洁养贷等多种绿色金融产品。一方面，通过创新古建筑收储托管机制，推出“古村落金融贷”[72]，打造了金溪大坊荷兰创意村、游垫古村、资溪南源民宿等一批“网红打卡地”，助力乡村振兴。另一方面，探索创新林业碳汇交易试点，乐安县实施全省首个国际核证碳减排标准碳汇项目，减排总量 337 万 t，签订全省首单商业林业“碳汇价格指数保险”。

（3）探索多元生态产品价值实现路径

坚持产业化利用，发挥生态优势，实现“生态 +”产业化。抚州通过发展“两特一深一游”现代农业产业，一方面，打通了以利用生态产品带动文化旅游发展的通道，以森林、瀑布等自然资源入股，与社会资本合作开发生态旅游，共享旅游开发收益。另一方面，打通利用公共品牌提升生态溢价的通道，创建“赣抚农品”区域公用品牌，提升农产品价值。目前，全市已建成 1 个国家 5A 级旅游景区、24 个国家 4A 级旅游景区，全市绿色有机和地理标志农产品达 320 个，产品溢价增值达 12%。

坚持市场化交易，依托自然资源进行林权、碳汇、水权等交易。在林权和碳汇交易方面，抚州乐安县探索“国有林场 + 公司”和“农民专业合作社 + 公司”模式，对林业资源进行优化、整合、管理，实现资源方和碳汇开发公司的有效合作和二氧化碳减排，开创了全国林业碳汇交易先河。在水权交易方面，抚州宜黄县开创全国首例工业用水户水权交易，将以前的单一由政府对河道的管理，变为群众参与河道的保护，达到“以河养河”的目标，2020 年 8 月，宜黄县将河道分段承包到户，长 130 km 河道经营权通过拍卖，增加村集体收益 70 余万元。

坚持价值化补偿，依据“谁保护、谁受益”的原则开展生态补偿。抚州市制定水资源生态补偿、湿地补偿等多项生态资源创新管理措施。森林补偿方面，从 2016 年开始，市本级每年拿出 2 000 万元，对封山育林工作进行考核补偿；水资源补偿方面，以水质保护为核心，将全市主要河流出入境断面水质作为考核对象，根据水质变化实行补偿；湿地补偿方面，在江西省率先出台了《湿地生态保护补偿实施办法》。目前，森林覆盖率在 2016 的基础上增加了 1.6 个百分点，达 67.2%。2017—2021 年，共筹措近 2 亿元进行水资源考核补偿，全市湿地保护率从全省倒数上升至全省前列。

坚持制度化创新，依托碳普惠制带动绿色消费。抚州市创建了碳普惠制公共服务平台（绿宝），并通过宣传推广扩大品牌的影响力和注册消费群，建立“碳普惠联盟商家”并逐步规范。一方面，为绿色产品特别是绿色农副产品拓展消费渠道，带动扶持本地绿色企业发展，实现“惠商”。另一方面，通过扶持绿色企业发展，带动农村绿色种养业等的发展，帮助农民增收，实现“惠农”。

4.2.3 国家生态文明建设示范区

生态文明建设示范区是国家推进生态文明建设的有效载体，是生态示范区的深化和生态文明建设试点的基础（图 4-3）。为推进生态文明建设，进一步规范国家生态文明建设示范区创建工作，环境保护部于 2016 年印发了《国家生态文明建设示范区管理规程（试行）》和《国家生态文明建设示范县、市指标（试行）》[73]。其中，指标从生态空间、生态经济、生态环境、生态生活、生态制度 5 个方面分别设置了 38 项（示范县）和 35 项（示范市）建设指标。2021 年，生态环境部发布《国家生态文明建设示范区规划编制指南（试行）》[74]，围绕生态制度、生态安全、生态空间、生态经济、生态生活、生态文化 6 个方面提出规划任务和措施。至此，基本形成了规划先行、标准引领、达标创建、动态监管的国家生态文明建设示范区建设模式。截至 2022 年 5 月，生态环境部分五批共命名了 362 个国家生态文明建设示范市、示范县，初步形成了点面结合，多层次推进，东、中、西部有序布局的建设体系。生态文明建设示范区空气、水环境质量均处于所在省份前列，生态环境状况指数达到优良以上，完成水、气、土等污染防治攻坚战目标任务。长三角、珠三角地区分别有约 15% 和 22% 的县（市、区）创建成功，有效带动了长三角、珠三角等重点区域生态环境质量改善，同时，一批生态优良、发展较为落后地区初步培育形成绿色增长点。

生态文明建设示范区作为生态文明创建的创新载体，在推动生态文明建设，实现经济、社会、环境协调发展的过程中具有重要地位和作用，更突出强调自然—经济—社会的协调发展，重视对环境、经济、人居、文化、制度等多个方面的规划布局（图 4-4）。生态文明建设示范区以生态空间为建设基础，合理布局生产空间、生活空间和生态空间，为后续实施的国土空间规划奠定了基础；以生态环境保护和治理为目标实质，提高了生态环境质量，提升供给生态产品能力；以生态制度为行为规范，在提供制度保障的基础上创新保障体系；以培养生态文化为道德准则，提升民众环境和生态意识；以生态经济为核心，实现生态环境和经济发展双赢；以生态人居为彰显载体，改善人居环境。

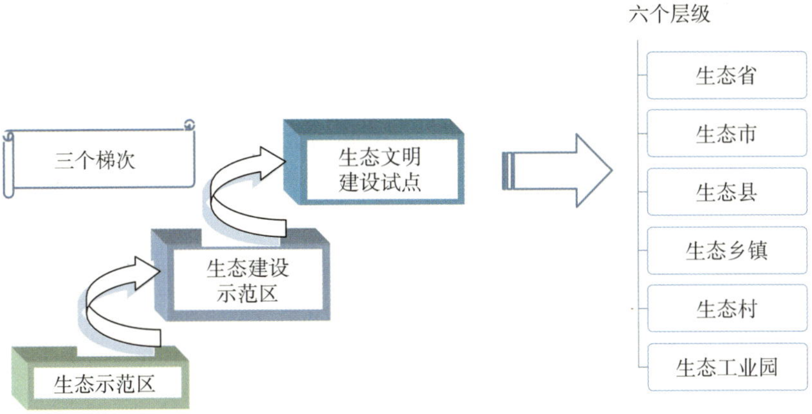

图 4-3 国家生态文明建设示范区

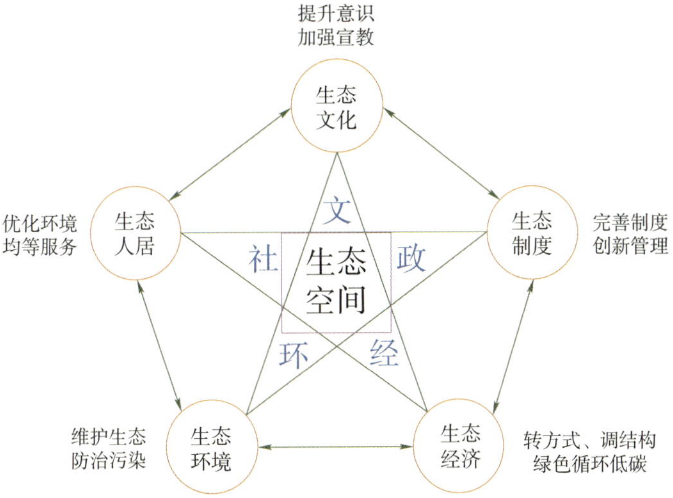

图 4-4 国家生态文明建设示范区主要规划内容

在国家生态文明示范区建设中，生态经济建设是核心任务。基于全国生态文明建设示范区分析，生态经济建设通常包括经济生态化和生态经济化两个维度，但更多的是前者。生态经济建设的主要任务有：在经济生态化方面，主要通过对经济活动方式进行生态性改造，实现经济体系向以资源节约型、环境友好型、创新主导型为主要特征的新发展方式转变。主要措施包括：①推动传统产业转型升级，实现集约化发展；②调整产业结构，推动一二三产融合发展；③提高资源循环利用率，构建循环经济体系；④发展战略性新兴产业，发展数字经济；⑤推进绿色低碳循环发展，加快节能减排。在生态经济化方面，主要是在保护好生态环境的基础上，针对生态资源禀赋和环境条件，实现生态资源资产的经济化，打造“生态 + 产业”的发展模式，主要措施有：①发展生态农业，提高农业产品经济附加值；②利用生态优势打造生态旅游业、康养产业等。这些实践为我们实现生态产品价值、发展生态产品第四产业奠定了良好的基础。

浙江省是习近平生态文明思想的萌发地和实践地，在推进生态产品价值实现和发展生态产品第四产业方面一直走在全国前列，在国家生态文明建设示范区创建和“绿水青山就是金山银山”实践创新基地建设方面，都创立了许多示范模式，积累了宝贵的实践经验。最近，浙江省人大常委会首次把生态产品价值实现写入了新修订的《浙江省生态环境保护条例》（专栏 4-11），为推动生态产品价值实现和生态产品第四产业发展提供了法律保障。

专栏 4-11　生态产品价值实现首次写入地方生态环保法律

浙江是习近平生态文明思想和“绿水青山就是金山银山“理论的萌发地和实践地，也是生态产品价值实现、生态产品第四产业的创新示范地。2022 年 5 月 27 日，浙江省十三届人大常委会第三十六次会议审议通过《浙江省生态环境保护条例》（以下简称《条例》），并将于 8 月 1 日起施行。《条例》共 7 章 71 条，从污染防治、碳减排和生物多样性保护、生态产品价值实现、监督管理、法律责任等方面，对浙江省生态环境保护做出明确法律规范，填补了生态环境保护实践中的法治“空白区”。这部地方法律是具有时代性、创新性、引领性的生态环保法律，预计对国家和其他地方修订生态环境保护法律起到示范作用。《条例》第四章内容对“生态产品价值实现”单列一章，把生态产品价值实现的浙江探索和经验进行法律化，是全国首次以地方性法规的形式构建生态产品价值实现的法律框架，为浙江全面发展生态产品第四产业奠定了法律基础。

《条例》“生态产品价值实现”章节包含第三十九条至第四十九条，共 11 条内容，明确自然资源主管部门、发展改革部门、财政部门和各级人民政府等相关主体部门在生态产品价值实现方面的职责，在法律内容上，针对生态产品价值实现的主要环节做出了规定：

第三十九条“健全自然资源确权登记制度，推进统一确权登记，明确自然资源资产产权主体”“建立生态产品基础信息普查制度和动态监测制度”，对自然资源资产产权确权和生态产品目录清单编制做出要求，为生态产品价值实现提供基础。

第四十条“建立健全生态产品价值评价机制，建立行政区域单元生态产品总值和特定地域单元生态产品价值评价体系”和第四十一条“推进生态产品价值核算结果在政府决策、规划编制、生态保护补偿、生态环境损害赔偿、经营开发融资、生态资源权益交易等方面的应用”，明确了推进生态产品价值核算的标准化和核算结果的应用。

第四十二条至第四十六条主要围绕鼓励和支持生态产品价值实现的模式和路径做出了系统性的规定，包括规范生态产品管理平台、鼓励推动“生态 +”产业发展、支持创建生态产品区域公用品牌和区域特色农产品品牌、鼓励多形式生态补偿，在严格保护生态环境的前提下，保障形成政府主导、社会参与、市场运作、可持续的生态产品价值实现机制。

> 第四十七条“建立健全财政转移支付资金分配机制，实施差异化补偿”和第四十八条“建立健全主要流域上下游地区横向生态保护补偿机制”明确了生态补偿的资金渠道、补偿原则和补偿方式等内容。
>
> 第四十九条“建立健全生态产品价值考核机制”，提出发挥综合绩效评价和领导干部自然资源资产离任审计的作用，为生态产品价值实现落实制度保障。

4.2.4 生态环境部：“绿水青山就是金山银山”实践创新基地

“绿水青山就是金山银山”实践创新基地是践行“绿水青山就是金山银山”理念的实践平台，旨在创新探索“绿水青山就是金山银山”转化的制度实践和行动实践，探索生态产品价值转化通道。2017年以来，生态环境部命名了136个“绿色青山就是金山银山”实践创新基地（图4-5），并于2021年发布《“绿水青山就是金山银山”实践创新基地建设管理规程（试行）》[75]，进一步规范了“绿水青山就是金山银山”基地建设管理工作。目前，各地依托“绿水青山就是金山银山”实践创新基地建设，在夯实绿水青山本底、壮大绿色发展动能、探索“绿水青山就是金山银山”转化路径、培育生态文化和推动生态惠民等方面取得积极进展。其中，生态修复、生态农业、生态旅游、“生态+”复合产业、生态市场、生态金融、生态补偿七种以生态经济化为核心的实践模式和以经济生态化为核心的生态工业模式[76]（表4-7），为全国生态价值实现提供了经验借鉴和参考样本。

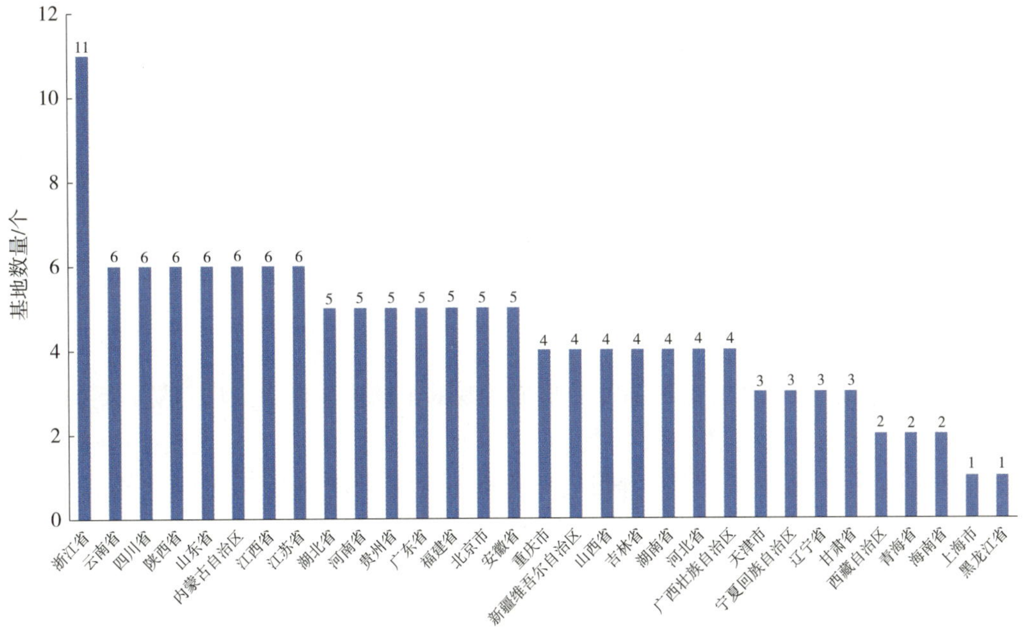

图4-5 全国“绿水青山就是金山银山”实践创新基地分布

（1）生态修复模式[77]

生态修复模式以改善生态环境质量、提升生态资产、增值生态资本为主要任务和举措，通过开展生态保护修复与生态建设工程推动生态资产、绿色资本不断增值、累积和变现，将绿水青山的自然财富、生态财富转变为经济财富、社会财富，实现了生态文明建设、脱贫攻坚、乡村振兴和绿色发展的协同推进。主要适用于生态环境本底较差或生态环境敏感、脆弱的地区。

（2）生态农业模式[78]

生态农业模式以资源循环利用和生态环境保护为重要前提，依托特色农业资源、农耕文化、人居环境，大力发展绿色有机农业、特色生态种养殖、生物多样性保护与减贫等，树立和打造特色生态农产品品牌，提高品牌市场竞争力，推动农业振兴，造福百姓，实现生态与农业、农村、农民效益的统一。主要适用于生态环境良好、以农业为主导功能的地区。

（3）生态旅游模式[79]

生态旅游模式依托良好的自然生态环境和独特的人文生态系统，以可持续发展为理念，以保护生态环境为前提，按照以保护促旅游、以旅游促发展、以发展促保护的思路，采取生态友好方式，开展生态体验、生态教育和生态认知活动，塑造特色生态旅游品牌，并充分发挥生态旅游的拉动力及催化集成作用，助力区域内经济社会协调发展，实现旅游产业与生态环境保护共赢。主要适用于生态环境优良、特色旅游资源丰富的地区。

（4）“生态+”复合产业模式[80]

“生态+”复合产业模式以产业链条纵向延伸促进生态业态融合发展为目标，把生态发展理念贯穿于产业发展、全域旅游、生态环境治理、科技金融、城乡建设以及乡村振兴等方面，推动大生态与大数据、大农业、大旅游、大健康产业等协同发展，培育“生态+”复合产业融合发展的新业态、新模式，不断延展“生态+”效益，形成产业合力效应，实现新业态多元融合、产业发展转型升级、城乡环境转型升级、生活品质转型升级和城市品位整体提升。主要适用于生态资源禀赋、产业基础较好，创新要素比较集中的地区。

（5）生态市场模式[81]

生态市场模式以构建生态产品及其价值实现的市场化运作和市场交易体系为重点，探索建立以生态系统服务消耗量为依据的生态环境指标及产权交易机制，通过开展用能权、碳排放权、排污权、水权等市场化运作，搭建生态产品市场交易平台，明晰产权责任，实现生态产品供给者和消费者之间的利益平衡，促进生态资源资产化、可量化、可经营，变生态资产为真金白银。主要适用于生态资源丰富、制度建设完备的地区。

（6）生态金融模式[82]

生态金融模式以推进生态效益转化为经济效益、发展绿色金融为主要目标，通过创新绿色金融产品和金融手段，将生态资源股权化、证券化、债券化、基金化，构建生态资源融资担保体系，实现生态环境保护与经济社会的可持续发展。主要适用于生态环境优良、生态经济发达的地区。

（7）生态补偿模式[83]

生态补偿模式以建立健全生态补偿机制为主要路径和手段，通过加强生态环境保护，提升生态系统服务功能，进一步提供更多清洁空气、干净水源、洁净土壤等优质公共属性生态产品，并根据生态系统服务价值、生态保护成本、发展机会成本等，建立起生态产品价值实现利益联结机制，推动实现保护“绿水青山”者受益，换来“金山银山”。主要适用于国家生态安全格局“两屏三带”，以及生态功能和地位重要或经济社会发展水平较高的地区。

（8）生态工业模式[84]

生态工业模式以改善和保障生态环境质量为基础，通过对传统工业的转型升级和绿色改造，提高资源和能源利用效率，实现清洁化生产，同时培育生态工业集群和品牌，做大、做强地区资源节约、环境友好的生态工业，推动经济绿色高质量发展。主要适用于生态环境容量较小、开发强度较高或山水林田湖草等特色资源占比较大的地区。

表 4-7 “绿水青山就是金山银山”实践模式中与生态产品价值实现有关的模式

模式	路径	适用地区
生态修复	修复生态本底，厚积生态资本	生态环境本底较差或生态环境敏感、脆弱的地区
生态农业	农业生态化，激发乡村振兴活力	生态环境良好、以农业为主导功能的地区
生态旅游	盘活特色资源，发展“美丽经济”	生态环境优良、特色旅游资源丰富的地区
“生态+”复合产业	延伸产业链条，促进业态融合	生态资源禀赋、产业基础较好，创新要素比较集中的地区
生态市场	推进生态确权，拓展市场交易	生态资源丰富、制度建设完备的地区
生态金融	创新金融产品，服务“绿色产业”	生态环境优良、生态经济发达的地区
生态补偿	享补偿红利，绘绿色底色	国家生态安全格局“两屏三带”上、生态功能和地位重要，或经济社会发展水平较高的地区
生态工业	聚力转型发展，引领体制升级	生态环境容量较小、开发强度较高或山水林田湖草等特色资源占比较大的地区

4.2.5 自然资源部：资源领域生态产品价值实现试点

2021 年 4 月，中共中央办公厅、国务院办公厅印发《关于建立健全生态产品价值实现机制的意见》（以下简称《意见》）[85]，提出加快推动建立健全生态产品价值实现机制。该《意见》以培育经济高质量发展新动力、塑造城乡区域协调发展新格局、引领保护修复生态环境新风尚为三大战略取向，围绕生态产品调查监测机制、生态产品价值评价机制、生态产品经营开发、生态产品保护补偿、生态产品价值实现保障、生态产品价值实现推进6个方面做出重要部署。随着该《意见》的发布，自然资源部批复了一批具备条件的自然资源领域生态产品价值实现国家级试点市县，分别为山东省邹城市、河南省灵宝市、河南省淅川县、河南省西峡县、福建省南平市、江苏省苏州市、江苏省江阴市[86-89]（表4-8）。

表4-8 自然资源领域生态产品价值实现国家级试点

省份	试点	类型	模式
山东省	邹城市	采煤塌陷地治理促进生态产品价值实现	生态修复及价值提升
河南省	灵宝市	黄河流域生态保护助推生态产品价值实现	生态补偿
	淅川县	生态产业发展助推生态产品价值实现	生态产业化经营
	西峡县	生态经济助推生态产品价值实现	生态产业化经营
福建省	南平市	“水美经济”水生态产品价值实现、“森林生态银行”森林生态产品价值实现	生态补偿、生态资源指标及产权交易
江苏省	苏州市	“生态农文旅”促进生态产品价值实现	生态补偿、生态产业化经营
	江阴市	“三进三退”护长江促生态产品价值实现	生态修复及价值提升

生态产品的开发和保值增值是生态产品价值实现的基本保障。自然资源领域生态产品价值实现机制试点在生态环境质量提升、生态保护与修复的基础上，应用好现有资源禀赋，实现生态产品的开发和保值增值，并结合生态产品的公共物品特征，探索生态补偿、生态权益交易、资源产权流转、“生态+”产业等多种生态产品价值实现路径，实现经济发展与生态保护共赢。目前，七个试点的生态价值实现模式主要可以总结为生态产业化经营、生态修复及价值提升、生态资源指标及产权交易和生态补偿四种模式[48, 90, 91]。

（1）生态产业化经营模式

生态产业化经营模式以综合国土空间规划为基础，结合地区农业资源、生态资源优势，科学布局“生产、生活、生态”空间，保持自然生态系统的整体性和系统性，实现并提高优质生态产品的供给功能。发挥生态优势和资源优势，推进生态产业化，以可持续的方式经营开发生态产品，将生态产品的价值附着于农产品、工业品、服务产品的价值中，并转化为可以直接进行市场交易的商品。该模式可应用于生态本底较丰富的地区。

专栏 4-12 河南省淅川县生态产业发展助推生态价值实现

淅川县是南水北调中线工程核心水源区和渠首所在地，也是国家重点生态功能区、国家级贫困县和河南省四个深度贫困县之一，面临保护水源地水质和脱贫攻坚两大任务。近年来，淅川县围绕最优质的生态资源选项目，积极发展生态产业，努力把生态优势转化为产业优势：①开展山水林田湖草系统治理和监控监管，夯实生态产品生产基础；②立足特殊县情创新发展生态农业；③依托“绿水青山”全面发展生态旅游、康养、会议等产业；④做好水文章，彰显优质水生态产品的价值，成功培育生态产品区域公用品牌。最终探索出了一条依托于生态产业发展的生态价值实现路径。

2019 年，淅川县实现了全县脱贫摘帽，让淅川的“绿水青山”变成了群众脱贫致富的“金山银山”，走出了一条集生态保护、经济发展、群众脱贫于一体的“多赢”发展之路。

（2）生态修复及价值提升模式

生态修复及价值提升模式通过生态治理修复等手段，恢复被破坏自然生态系统原有的生态系统功能。在恢复自然生态系统基本功能的基础上，恢复自然生态产品供给功能，提高生态产品质量和价值。结合区域优势和特色，通过合理的空间规划实现生态产品的价值“外溢”，发展生态治理或修复区的生态旅游业等特色产业。该模式主要应用于资源破坏型地区。

专栏 4-13 山东省邹城市采煤塌陷地治理促进生态产品价值实现案例

邹城市境内煤炭资源丰富，年产原煤近 1 883 万 t，占山东省年产量的 16% 以上。煤矿业带来经济发展的同时，也引发了采煤塌陷区、大气污染、水流污染等问题。近年来，邹城市积极协商区域内采煤龙头企业，按照政府主导与企业实施的治理模式，走出一条生态修复与产业发展的“价值实现”路径：①统筹实施山水林田湖草综合治理、生态修复和开发利用；②依托采煤塌陷区特点，坚持系统治理；③依托塌陷地治理后形成的独特自然生态系统，因地制宜发展“农林渔文旅”生态产业。

2019 年，邹城市被评为全国食用菌产业化建设示范市，逐渐改变了“地下为主、一煤独大”的产业发展格局，加速黑色经济向绿色经济转型。

（3）生态资源指标及产权交易模式

生态资产指标及产权交易模式针对生态产品的非排他性、非竞争性和难以界定受益主体等特征，通过政府管控或设定限额等方式，创造对生态产品的交易需求，引导和激励利益相关方进行交易，是以自然资源产权交易和政府管控下的指标限额交易为核心，将政府主导与市场力量相结合的价值实现路径。该模式主要应用于资源破坏型地区。

专栏 4-14 福建省南平市“森林生态银行”

福建省南平市自然资源丰富，森林覆盖率达 78.29%，被誉为地球同纬度生态环境最好的地区之一，但长期以来“生态高地”与“经济洼地”并存。

2018 年，南平市借鉴商业银行“分散化输入、整体化输出”的模式，构建“森林生态银行”自然资源管理、开发和运营平台，对碎片化的森林资源进行集中收储和整合优化，引入社会资本和专业运营商具体管理，提高了资源价值和生态产品的供给能力，促进生态产品价值向经济发展优势的转化。

目前，通过“森林生态银行”的集约经营，南平顺昌试点出材量比林农分散经营提高 25% 左右，部分林区单产价值是普通山林的 4 倍以上，并成功交易福建省第一笔林业碳汇。

（4）生态补偿模式

生态补偿模式按照“谁受益、谁补偿，谁保护、谁受偿”的原则，由各级政府或生态受益地区以资金补偿、园区共建、产业扶持等方式，向生态保护地区购买生态产品，是以政府为主导的价值实现路径。该模式通常与其他模式联合应用。

专栏 4-15 基于自然生态系统的生态补偿案例

1. 江苏省苏州市

苏州市建立了针对各类自然生态要素的生态补偿机制，以财政转移支付的方式“采购”公共性生态产品，彰显其内在价值。其中，补偿标准为：水稻田 420 元 / 亩、生态公益林 250 元 / 亩、风景名胜区 150 元 / 亩、其他生态农产品 100 元 / 亩；水源地村根据所在村岸线长度、土地面积、常住人口数等，分别给予每村 120 万元、140 万元、160 万元的补偿，生态湿地村也分别给予每村 80 万元、100 万元、120 万元的补偿，补偿范围覆盖了山水林田湖草湿等各类自然资源。

2. 福建省南平市

南平市建立“绿水”补偿和小流域水环境考核机制，共设立 29 个断面监测点位，对落实管护机制、水质达标的村（居、场），每年给予 5 万元的“绿水”维护补偿，对辖区内水质下降的乡、村取消补偿并进行约谈，形成责任清晰、激励约束并举的共治局面。

4.2.6 国家实践：总结与展望

目前，国家实践的探索主要以生态环境持续改善和民生福祉显著提升为主要目标，在探索建立科学合理的生态产品价值核算评估体系的基础上，围绕物质供给、调节服务、文化服务三大类生态产品优势，发展特色生态农业、生态旅游业、生态文化产业、健康养生业等生态产业，探索建立政府主导、企业和社会各界参与、市场化运作、可持续的生态产品价值实现路径。在推进生态产品价值实现的过程中，部分地方配套建立了自然资源资产产权、生态产品政府采购、生态产品交易市场培育、生态产品质量认证、绿色金融服务、绩效评价考核和责任追究等制度体系，以制度供给有效保障生态产品价值实现。国家试点开展生态产品价值实现以来，取得了积极的成效，为全国其他地区提供了经验，但同时也存在一些问题，亟待解决。

（1）存在的问题

生态产品价值核算仍然存在难题。对生态产品的概念、范围和价值的认识尚未统一。目前，关于生态产品的内涵界定还未达成共识，生态产品价值评估尚未形成公认、精准的评估框架，基础理论研究的相对滞后影响了生态产品价值实现机制的建立，需要进一步加强理论基础研究。同时，生态产品统计数据如何获得和归集存在操作上的难点，影响了生态价值核算体系在全国的推广应用。

生态产品价值实现市场主体的内生动力较弱。市场主体是市场经济运行的基础，是实现生态产品市场机制的关键。但是目前生态产品市场交易平台、绿色金融产品等市场交易环节，主要都由当地政府促成，市场主体的参与活跃度较低，政府主导、企业和社会各界参与、市场化运作、可持续的生态产品价值实现路径还未实现。

生态产品价值实现的配套制度尚不完善。产权和法律制度配套滞后。生态产品价值实现机制建设涉及产权制度和市场交易规则等基础性制度安排，需要国家进行顶层设计。一方面，自然资源产权制度是基础制度。当前，国家自然资源产权体系碎片化，山水林田湖草等产权零散，导致高水平资本进不去市场。另一方面，生态产品价值实现机制建设缺乏法律法规支撑，在试点探索中可能会遇到法律风险。长期来看，由于法律制度不配套，将难以确保生态产品价值实现的持续性。

（2）完善方向

深化生态产品价值核算及其转化理论模型研究。进一步明确生态产品理论内涵、核算模型、转化评估模型，丰富生态产品目录清单，加强对生态产品潜在价值量的科学评估。参考国际标准，完善生态产品指标体系、技术规范和核算流程。构建生态产品监测、大数据平台等易于操作管理的数据化平台，进行生态产品清单归集和应用平台建设，提高核算效率和核算成果应用效率。

激发生态产品价值实现市场主体的活力。加强推广和宣传，提高生态产品价值实现工作的社会认知程度，使市场主体逐步接受“保护生态环境有钱可赚”等理念，提升市场主体的参与性和主动性，为“生态银行”“两山银行”等运营平台的可持续发展和运行奠定基础，并进一步从试点扩大至全国范围。

完善生态产品价值实现的配套保障制度体系。在梳理试点地区经验的基础上，进一步理清自然资源资产产权问题。针对单品类或者多品类，出台统一的确权规则或指南，以便在全国范围内实现自然资源资产的优化配置。明确生态产品交易和市场化过程中存在的风险，出台相应的规避风险的规章制度，确保生态产品价值实现的可持续性。

4.3 地方实践①

2013 年 12 月，国家发展改革委、财政部、国土资源部、水利部、农业部、国家林业局联合印发《国家生态文明先行示范区建设方案（试行）》，提出在全国范围内选择有代表性的 100 个地区开展国家生态文明先行示范区建设，探索符合我国国情的生态文明建设模式。在此背景下，一些地方先后开展了许多探索，在省级政策支持的基础上，进一步从市、县层面建立了生态产品价值实现机制的实施措施，丰富了我国发展生态产品第四产业的探索体系。

4.3.1 湖州市

湖州市地处浙江省北部丘陵与平原的交汇地带，西接天目山脉，东连太湖平原。境内山水林田湖等各类要素齐全，各要素相互影响、相互衔接，形成了一个完整的自然生态系统（图 4-6）。同时，湖州市地处经济高度发达的长三角中心腹地，上海、杭州、南京、苏州和宁波等多个万亿级城市环绕四周，铁公水综合交通高度发达，文化旅游产业结构健全、规模庞大。2020 年，湖州市旅游总收入为 1 354 亿元，约占地区 GDP 总量的 42%，是浙江省主要的旅游产业发展地区。丰富的自然环境和优良的经济条件为湖州市发掘自然资源潜力、实现生态产品价值转换提供了重要基础。

2005 年，时任浙江省委书记的习近平同志在湖州市安吉县余村考察时提出："绿水青山就是金山银山。我们既要绿水青山，又要金山银山，实际上绿水青山就是金山银山。"正式提出了"绿水青山就是金山银山"的科学论断。作为"绿水青山就是金山银山"理念的诞生地，湖州市积极践行这一发展理念。经过 17 年的探索与发展，湖州市先后被评为生态文明先行示范区、"绿水青山就是金山银山"实践创新基地等，并在生态产品价值实现方面积累了大量实践经验。

---

① 在本节编写过程中，湖州市政府、衢州市政府、武夷山市政府、崇义县政府等试点地区政府向我们提供了丰富的素材与案例，在此表示衷心的感谢。同时，也感谢这些地方政府和部门在生态产品价值实现和生态产品第四产业上所作的探索。他们为发展生态产品第四产业提供了实践基础和案例经验。

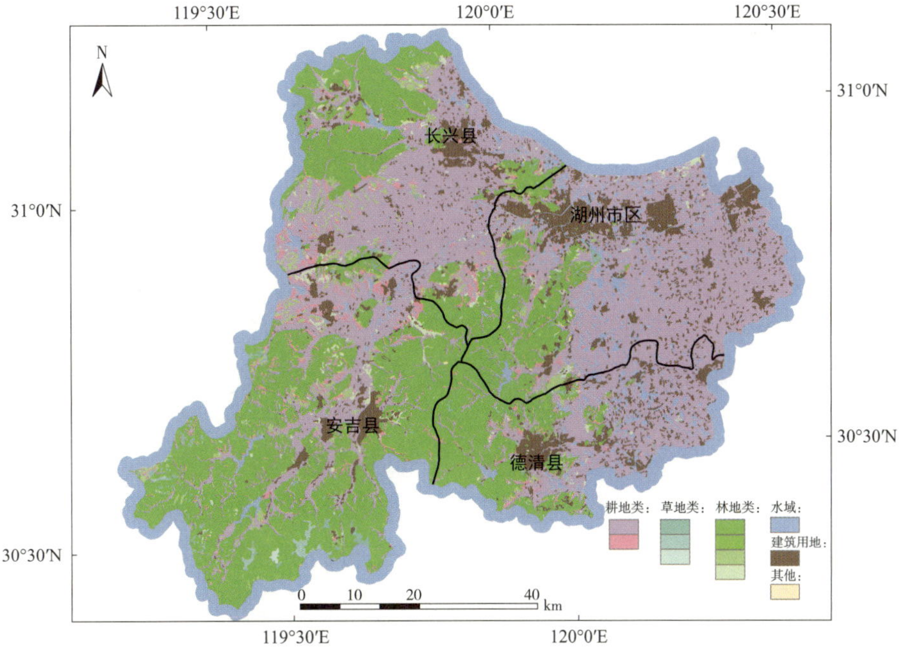

图 4-6　湖州市城镇、农业、生态空间地图

模式 1：安吉县余村生态旅游产业发展[92]

余村位于湖州市安吉县天荒坪镇，村域面积 4.86 km^2，地形整体呈现三面环山一面环水的格局。从 20 世纪 80 年代开始，余村通过山上优质的石灰岩开采，迅速从一个农业山村转变为水泥原料的开采地和货源地，年石灰石开采量最高曾达到 25 万 t 左右。凭借着“卖石头赚钱”的发展模式，余村成为安吉县远近闻名的“富裕村”，村集体经济一度达到 300 万元。但与此同时，超出环境承载能力的石矿开采、开窑炼矿也为余村带来了严重的环境污染问题。自 2002 年起，余村陆续关停本村所有的矿山和水泥厂，并开始探索绿色发展道路。2005 年 8 月，时任浙江省委书记的习近平同志在余村进行考察时，得知村里关闭矿区、开始走绿色发展之路后，赞许地说：“一定不要说再想走老路，还是要迷恋着过去的那种发展模式。”并正式提出了“绿水青山就是金山银山”的科学论断。

近年来，余村在绿色发展及生态产品价值实现方面开展了众多探索。一方面，余村依托土地、矿山、竹林等集体资产，成立了“两山”旅游公司，重点实施“两山”展馆群、“两山”展示馆群、“两山”讲习所、矿山遗址公园等项目建设，并将全村 6 000 亩毛竹山和 580 亩农田全部流转，由村集体统一管理、统一经营，使“碎片化”资源转化为“规模化”资产，进一步壮大了集体经济规模。另一方面，余村利用生态优势大力发展乡村旅游，将全村规划为五彩田园区、美丽宜居区、生态旅游区三个区域，并逐步实现由最初单纯的自然观光发展为集休闲度假、运动探险、健康养生、文化创意等为一体的综合旅游产业，通过产业链条的不断延伸，促使余村生态产业价值不断提高。

目前，余村集体收入已从2005年的91万元增加至2021年的800多万元，村民可支配收入达到61 000元，年旅游人数接近90万人次，旅游收入近4 500万元。2020年，余村获评“中国美丽休闲乡村”称号。2021年，余村进一步入选联合国世界旅游组织“最佳旅游乡村”，实现了从“采石经济”到“生态经济”的转变。

模式2：建立“两山银行”，探索生态产品交易[93]

实现生态资源—资产—资本转化是推进生态产品价值实现的重要环节，但目前以“山水林田湖草”为主体的生态资源多由个人承包或村、镇集体管理，使得生态资源存在着显著的“碎片化”“低效化”“单一化”特点，造成生态产品价值转化面临着“度量难”“抵押难”“交易难”“变现难”等问题。为强化资源统筹管理，打通生态产品价值转化通道，2020年6月28日，浙江省首家“两山银行”示范基地在湖州市安吉县挂牌成立，开始探索具有安吉特色的生态产品价值转化实践路径。

（1）开展分级分类管理，实现生态资源高效利用和项目的有序开发

安吉县“两山银行”（全称为安吉县两山生态资源资产经营有限公司），是安吉城投集团的全资子公司，具体负责安吉“两山银行”平台搭建和后期运营，并在安吉全县13个乡镇成立了“乡镇两山生态资源资产经营有限公司”（乡镇“两山银行”），以统一的主体和名称对外运营。基于县乡两级两山公司，安吉县创新实施了“县级两山公司统筹项目规划、乡镇两山公司着力项目落地”的运营联动机制，通过广泛吸纳N个多元主体参与建设“两山银行”项目，实现对全县生态资源统一规划、统一管控、统一收储、统一开发、统一招商。

事实上，“两山银行”并不是真正意义上的银行，其本质是一个交易平台，借鉴银行分散式吸收零散储户闲置资金、集中式使用资金进行经济活动的工作模式，聚焦区域内的山、水、林、田、湖、草等自然资源，房屋等资产以及其他可开发利用的资源，将这些碎片化的资源资产集中收储、整合提升后推向市场，在引入合适的社会资本和运营管理方的基础上，实现生态资源向资产、资本的转化。截至2022年年初，安吉“两山银行”已招引项目24个，落地转化22个，为村集体经济增收2 000余万元，提供村民就业岗位2 160余个。

（2）推动数字赋能，实现生态资源确权管理及价值提升

针对生态资源“碎片化”和产权不清等问题，安吉“两山银行”结合数字化改革趋势，启动“数智两山银行”建设。具体而言，安吉县协同自然资源、农业农村、生态环境等15个部门和所有乡镇街道，通过打通自然资源统一确权登记、项目全生命周期管理等11个数源系统，将山、水、林、田、湖、宅基地等181项资源进行系统归集，实现对全县域内生态资源“清单＋底图”的大数据存储。在此基础上，安吉县进一步建立了生态资源管理图、运营管理平台、招商推介平台等“一图五平台”的“两山银行”生态资源综合管理系统。通过打造生态产品价值，实现特定的应用场景，提升生态产品价值实现的转化效率。截至2022年年初，安吉县“两山银行”已入库资源331处，点位550余个，形成生态产品（项目）148个、存量建设用地约2 000亩、集体经营性建设用

地约 5 000 亩、林地 10 万余亩、水域约 1 500 亩、闲置农房 200 余幢。

安吉“两山银行”在零散资源整合开发的基础上，通过精细化管理等方式进一步提升其核心生态资源价值。为进一步提升安吉县白茶产业的影响力，“两山银行”在管理系统中进一步增设安吉白茶产业链服务模块，通过大数据分析强化监测预警，推进精细化生产，提升成茶品质，并将涉及安吉白茶的经营主体、生产要素、烘干加工、白茶交易等信息数据统一赋码链接，以公开透明的方式提升消费者对产品的信任度，从而提升安吉白茶的品牌溢价。

（3）建立竹林碳汇收储交易平台，打通生态资产向生态产品转化通道

安吉县是我国著名的“中国竹乡”，现有毛竹林 87 万亩，毛竹立竹量、年产商品竹、竹业综合产值均居全国第一。但目前安吉县存在竹林利用率低、竹林碳汇资源不能有效转化为经济效益等问题。为此，2021 年 12 月 28 日，安吉“两山银行”成立全国首个县级竹林碳汇收储交易平台，基于林地流转—碳汇收储—基地经营—平台交易—收益反哺的全链条体系，搭建起闭环的碳汇收储交易市场，助推竹产业绿色创新发展，促进生态产品价值的实现。

在具体实施路径方面，安吉县首先以获得原 CCER 市场认证的毛竹林每亩 0.39 吨 / 年固碳能力为核准标准，梳理核准全县可收储竹林面积 14.24 万亩、需改造提升竹林面积 22 万余亩。经高效经营后，全域竹林年碳汇量可达 34 万 t。其次，依托“两山银行”打造融合竹林碳汇登记、管理、运营、展示等功能的竹林碳汇收储交易平台，建立起本地高能耗企业购买碳汇的内循环模式，并通过探索融入全国碳汇交易市场，进一步促进碳汇交易外循环。最后，通过出台《开展绿色金融改革创新推进竹林碳汇交易试点的实施意见》，推动金融机构创新绿色金融产品服务，激发企业购碳需求。截至 2022 年年初，安吉县已累计向村集体和农户发放低利率“碳汇共富贷”3 600 万元，向两山生态资源资产经营有限公司授信“碳汇收储贷”40 亿元。在此基础上，安吉县通过碳汇产品价值的实现，进一步对地方经济和竹林抚育进行反哺，将竹林碳汇交易所得净收益 80% 反哺被收储的村集体和乡镇，引导山区农民科学运用林下套种套养、定期采笋砍伐等管理措施，提升农户竹林碳汇活动参与度，并提高安吉县竹林的碳汇增量。

4.3.2 衢州市

衢州市地处浙江省西部、钱塘江上游、金衢盆地西端，全市森林覆盖率 71.5%，是全国九个生态良好地区之一，也是浙江省乃至整个华东地区的重要生态屏障（图 4-7）。2020 年 3 月，作为国家绿色金融改革创新试验区的衢州，成为浙江省“两山银行”改革两个先行试点市之一。同年，衢州市常山县率先启动试点工作，并进一步带动了开化县与衢江区两地的试点。2021 年 6 月，衢州市发布《衢州市“两山银行”改革试点实施方案》，开始从市级层面全面开展“两山银行”改革试点工作。

现阶段，衢州市已基本形成了以生态产品总值（GEP）核算为基础、“生态账户”为核心、“两山银行”为平台、“生态大脑”为支撑的生态产品价值实现机制[94]。

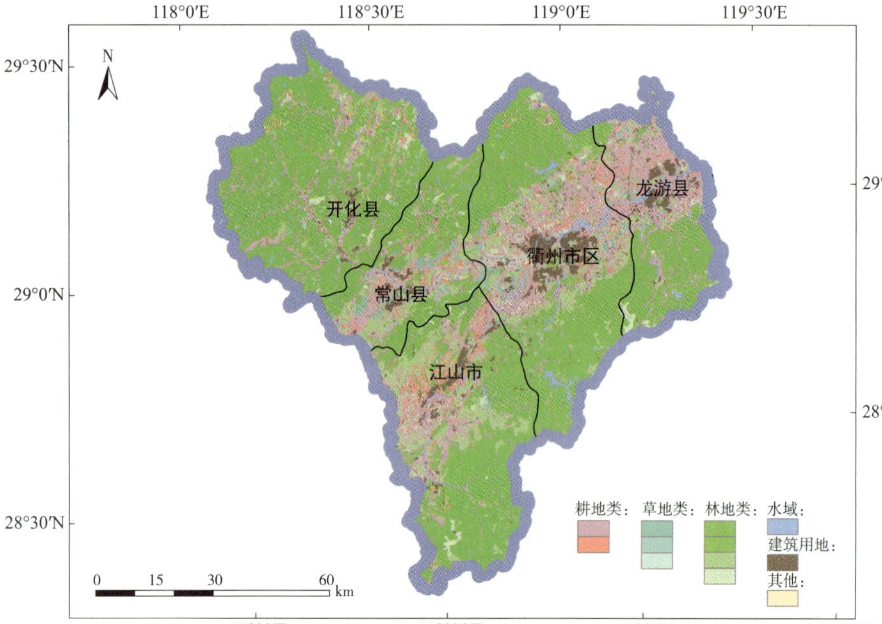

图 4-7 衢州市城镇、农业、生态空间地图

（1）搭建“生态大脑”数字化智治，形成生态产品调查监测评价“一张底图”

衢州市按照整体谋划、市县协力、分步推进的思路，与航天五院共同推进“生态大脑”的建设工作。该平台通过量化归集发展改革、自然资源、生态环境、农业林业等部门数据以及卫星遥感、传感器等天空地数据，利用多领域、多层次、多元化的算法模型，建设了包含生态监测、生态确权、生态评价、生态金融、生态交易、生态惠民、生态风控等众多应用场景在内的平台型人工智能中枢，从而为衢州全域生态实时监测、精准分析、整体研判和协同处置提供了重要的平台支撑。

（2）推进 GEP 核算体系建设，形成生态产品价值核算标准

在生态产品价值核算方面，衢州市建立起以 GEP 核算为生态产品确值的评估体系。通过开展全域 GEP 核算，建立起覆盖各级行政区域的 GEP 统计制度，并逐步推行项目实施 GEP 影响核算评估，形成了包含政府生态责任、企业生态贡献、项目生态影响、产品生态溢价等在内的核算评价标准。在此基础上，衢州市以 GEP 核算为基础，构建形成集政府、村集体、农户和企业四大主体于一体的“生态账户”。具体而言，衢州市以农户登记、储存、收储到“两山银行”生态共富公司生态资源经营权评估为基础，建立起农户生态账户；以行政村 GEP 核算和村集体生态资源经营权评估为依据，建立起村集体生态账户；以企业生态资源经营权评估和项目实施 GEP 影响核算评估为依据，建立起企业生态账户，从而实现区域层面的 GEP 核算向主体层面的生态责任、生态贡献、生态权属、生态资产评价的延伸。

（3）建立“两山银行”，统筹推进“生态大脑”“生态账户”运营管理及产权交易

为加快构建市级统筹交易、县级主体运营、乡村组织参与、村集体和农民受益的生态产品经营开发平台，2021年，衢州市依托大花园集团正式组建成立市级生态产品交易服务中心（以下简称市交易服务中心），具体负责“生态大脑”和“生态账户”的管理运营，并统筹农村资源产权交易、生态环境权益交易、不良生态资产处置交易，并负责生态资源经营权属信息归集、生态资产价值评估、生态资源项目招商推介等服务，为衢州生态产品价值实现提供平台和运营支撑。同时，衢州市进一步成立县级的生态资源开发运营公司，统筹县域内农村生态资源开发，开展资源清查和流转归集、资源整合和配套建设、项目招商和产业投资、项目服务和融资服务、收益分红和生态反哺，以及全过程风险控制等业务。市级服务中心负责宏观统筹、价值核算和大宗产品交易，县级服务中心负责区域内的资产清产、项目开发服务等工作，通过两级服务中心的相互衔接、配合，推动全市生态资源的有效开发和利用。

（4）创新生态账户金融，推进生态产品与绿色金融的融合发展

衢州市依托生态账户，创新实施“权属有登记、定价有依据、违约有市场”的生态资产抵（质）押制度，并推行“两山银行”承诺收购、确权评估服务、储蓄资源收益抵押等做法，有效推进了生态产品与绿色金融的融合发展。具体而言，2021年12月，中国人民银行衢州市中心支行等6部门联合印发《关于农村生态资产抵（质）押贷款的指导意见（试行）》，支持借款人在不转移对农村生态资产占有的前提下，将农村生态资产的经营权、所有权、收益权等作为债权担保，向金融机构申请贷款，并逐步探索“生态资产权益抵押+项目贷”“生态资源开发项目贷+生态增信贷”“生态资产权益抵押+生态增信贷”等多种信贷模式，推动生态产品金融属性的开发和利用。截至2022年4月，衢州全市共有415家企业、2026户农户、124个村集体依托生态账户，获得各商业银行授信63.8亿元、贷款5.1亿元，贷款利率下降到4%左右。

（5）探索生态信用交易，实现生态占补平衡

在生态信用建设方面，衢州市以开化县为试点，依托生态账户启动生态占补平衡改革试点，以“生态价值权益证明”为起点，建立项目落地GEP影响评价机制。将增加调节服务功能量的项目换算成“生态信用积分”，存入“生态账户”，并对减少调节服务功能量的项目通过自补或交易实现生态价值的平衡。具体而言，开化县通过建立“生态信用积分”储备库，将政府部门组织实施的生态保护修复项目产生的“生态信用积分”统一纳入储备库。实行交易平衡的可以从储备库中购买“生态信用积分”，也可以从各主体“生态账户”中购买“生态信用积分”，由“生态信用积分”售出方代为履约。通过在生态敏感地区实施项目生态占补平衡，确保淘汰既有项目获得的“生态信用积分”大于建设新项目所需的“生态信用积分”。

（6）推进生态共富分红机制，助力构建共同富裕先行示范区

衢州市现已构建形成“生态资源可储蓄、生态资产可入股、涉农资金可整合、生态反哺可操作”的生态富民新机制。具体而言，衢州市基于“两山银行”，通过建立生态

资源储蓄机制，每年向社会公布生态资源储蓄引导清单，农户可将符合要求的生态资源储存到县级生态资源开发运营公司，享受固定“利息”收入并获取“期权”。资源被开发后，“期权”转化为股权，每年按股权份额参与县生态资源开发运营公司项目利润分红。同时，衢州市探索实施农村污染地块生态修复和合理开发一体化工程，将生态修复后的闲置土地向企业出租，从而获得生态收益，并将河道疏浚、砂石资源收益等按比例反哺乡镇、村集体，推动乡镇、村集体的生态修复项目。

4.3.3 武夷山市

武夷山市位于福建省西北部、闽赣交界处，武夷山脉贯穿全境。得益于得天独厚的气候、地理条件，武夷山市具有丰富的自然生态资源。全市森林覆盖率达到 80.5%，林地面积占市域总面积的 84.7%（图 4-8），保存着地球同纬度最完整、面积最大、最典型的亚热带原生性森林生态系统。武夷山市是全国首批国家全域旅游示范区、全国 4 处世界文化与自然双遗产地之一及第一批国家公园。同时，武夷山市也是世界 6 大茶类中乌龙茶和红茶的发源地，全市共有茶园 14.8 万亩，从事茶叶生产的人员近 8 万人，包含大、小茶叶加工厂 710 多家。

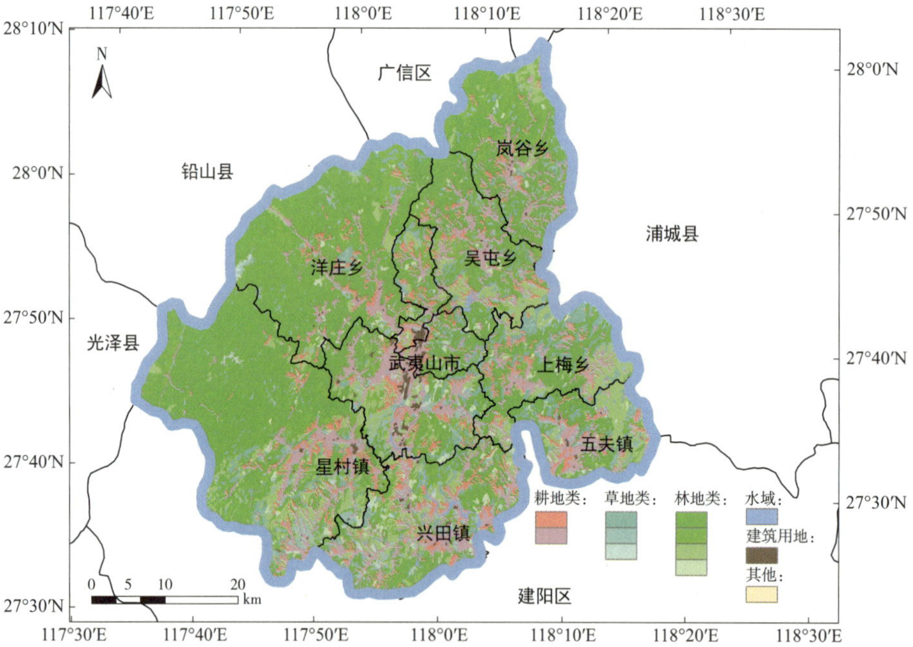

图 4-8 武夷山市城镇、农业、生态空间地图

模式 1：依托地区茶产业优势，推动生态茶叶产业化发展[95]

据统计，2021 年武夷山市干毛茶产量 2.1 万 t，产值 22.85 亿元，全年茶行业主业务税收预计突破 1.2 亿元。2021 年 3 月 22 日，习近平总书记在星村镇燕子窠生态茶园调研时提出：“要把茶文化、茶产业、茶科技统筹起来。过去茶产业是你们这里脱贫攻坚

的支柱产业，今后要成为乡村振兴的支柱产业。”为此，武夷山市依托地区资源及产业优势，从生态茶园建设、茶旅融合发展和生态茶企 / 品牌建立等多个方面推进生态茶叶产业化发展。

（1）推动生态茶园建设，提升茶叶产品溢价

2021 年 8 月，武夷山市发布《建设国家级生态茶园示范基地行动方案》，全面启动生态茶园建设。一方面，武夷山市实施有机肥替代化肥项目，通过“等量有机肥替代 + 绿肥轮作”的种植方式实现成本降低、产量提高和品质提升的目的。另一方面，武夷山市选派科技特派员深入农户茶园，通过加强科技帮扶助推茶叶产业发展。其中，武夷山市气象科技特派团队通过创建“智慧茶山”气象服务品牌，帮助茶农获得“特优等级”农产品气候品质认证，有效提升了茶叶自主品牌价值。截至 2021 年上半年，全市 11 601 户茶农、1 683 户茶企已自觉做出禁用除草剂、生产无公害茶叶的承诺，并完成新建生态茶园试点 4.5 万亩，整治违法违规茶山 611.69 亩，复绿造林 451.3 万亩。通过上述努力，武夷山市茶园产茶量由原来的 500 斤 / 亩上升到 700～800 斤 / 亩，平均每亩茶园碳汇量能够达到 1 t，实现了茶园由过去的“碳亏损”转变为现在的“碳盈余”。

（2）打造茶旅融合产业，推动地方生态旅游业发展

在茶旅融合方面，武夷山市星村镇立足乡村自然环境、田园景观、农耕文化、农家生活等资源，依托 2020 年成立的“茶生态银行”，积极推进智慧茶园项目。通过开展茶叶有机肥替代化肥、茶园绿肥等措施，打造优质高效生态茶园示范点；以夜景星村、九曲花街、景区西路口、九曲度假酒店等为资源，打造旅游形象窗口；通过开展评星活动，打造星村镇精品民宿、餐饮、茶叶销售等旅游示范产品。现阶段，星村镇已形成茶园、茶乡、茶体验、休闲品茗、农耕文化、茶文化相结合的茶旅产业链，走上了“以旅促茶、以茶兴旅”的茶旅融合发展道路。

（3）建立生态产品品牌体系，推动生态优势向品牌优势的转化

品牌效应是推动产品发展的重要因素，武夷山市依托良好的自然生态，孕育出众多的生态产品，但由于缺乏品牌影响力，大多数产品面临着“好产品”卖不出“好价钱”的困境。为此，武夷山市成立了“武夷品牌”建设工程领导小组，通过支持龙头企业打造生态品牌，一方面，明确由武夷山市数字武夷电子商务发展有限公司作为品牌运营管理服务实体机构，与武夷山水品牌公司开展“武夷山水”品牌建设联动对接，健全武夷山水品控体系。另一方面，启动武夷岩茶和武夷红茶实物标准样复制，发布实施武夷龙须茶团体标准、陈年武夷岩茶团体标准、陈年武夷岩茶仓储技术规范，通过促进武夷山茶产业规范化、标准化发展，提升武夷山茶业品牌的生态价值。截至 2020 年，“武夷岩茶（大红袍）”已连续 3 年被评为“中国茶叶区域公用品牌价值十强”，连续 4 年蝉联中国茶叶类区域品牌价值第二，并被列入中欧 100+100 地理标志产品互认互保清单。

模式 2：建立五夫镇“生态银行”，拓宽生态市场的“生态金融”模式[95]

南平市 76% 以上的山林林权处于“碎片化”状态，农民人均林地近 15 亩，森林资源难以聚合、资源资产难以变现、社会化资本难以引进等问题凸显。为有效解决上述问

题，2018 年 4 月，南平市发布实施《南平市生态银行实施方案》，通过建立自然资源管理、开发、运营平台，对山水林田湖草茶等碎片化、分散化的生态资源进行规模化收储、整合、优化，推进“绿水青山”向“金山银山”的转化。

（1）构建“六位一体”运作体系，打造生态资源可持续运营的市场化平台

2018 年，五夫镇被选作南平市“生态银行”试点镇，开始探索“绿水青山”向“金山银山”的转化路径。经过多年的发展，五夫镇“生态银行”已形成“专委会 + 政府 + 平台公司 + 市场主体 + 村集体 + 农户”的六位一体运作体系。具体而言，第一，五夫镇通过聘请生态环境领域顶尖专家学者，形成“生态银行”专委会，对建设工作进行顶层设计、方向把控、战略指导。第二，武夷山市政府出资成立五夫文化公司，作为五夫镇“生态银行”运营平台公司。通过政府的信用背书，提升“生态银行”对社会资本的吸引力，并通过市政两级政府统筹行政力量，支撑平台公司业务开展，把控平台风险。第三，充分发挥五夫文化公司作为运营管理公司的积极作用，主导资源资产的摸底、定价、整合、提升，以及绿色产业项目的策划、社会资本引入等工作。第四，五夫镇积极引导市场主体进入，通过引入设计咨询公司、评估机构、金融投资机构等主体参与项目规划编制、资产定价和项目开发运营等工作，发挥多元市场主体的专业化优势，提升资源资产的利用效率与开发收益。

（2）实施“六化六步”运作模式，推动碎片化资源向规模化资产转变

五夫镇“生态银行”通过借鉴商业银行“分散化输入、整体化输出”的模式，构建“生态银行”自然资源管理、开发和运营的平台，对分散零碎的资源进行集中收储和整合优化，并利用赎买租赁、托管、股权合作、特许经营等形式，将自然资源流转至“生态银行”运营机构，形成集中连片的资源资产。在此基础上，基于“政府搭台、企业主体、农户参与、市场运作”的原则，将“碎片化”的资源转换成连片优质的“资产包”，通过专业的运营商推动资源交易变现，从而打通资源变资产、资产变资本的通道。目前，五夫镇已基本形成了包括精细化摸底调查、专业化规划策划、多元化评估定价、定向化流转整合、精准化治理提升和市场化开发运营在内的“六化六步”运营模式。

（3）打造“文化 +”旅游线路，推动人文经典与生态旅游的融合发展

五夫镇“生态银行”通过自身影响力和产业凝聚效应，以朱子文化为主流脉络，将镇域内原本相对独立的生态旅游产品进行串联，形成了包括“文化 + 研学”的朱子研学线路、“文化 + 自然”的户外探索线路、“文化 + 文创”的制作体验线路、“文化 + 遗产”的迎世遗大会线路在内的 4 条符合当下市场需要的旅游经典线路，通过将文化产业与旅游产业相融合，进一步丰富了五夫镇文旅、农旅的内涵，并提升了五夫镇对游客的吸引力。

4.3.4 崇义县

崇义县隶属于江西省赣州市，地处赣湘粤三省交界地带、罗霄山脉东麓，具有独特

的湖泊生态环境及南岭山地自然禀赋。境内的阳明湖是赣南最大的蓄水湖，水域面积 31 万 m^2，蓄水量 8.2 亿 m^3，是赣州中心城区、上犹、大余等多个地区的备用饮用水水源地。同时，崇义县森林资源丰富，全县林地面积 269 万亩，占总面积的 89.3%；森林覆盖率 88.3%，在全国森林覆盖率排名中位列第一（图 4-9）。

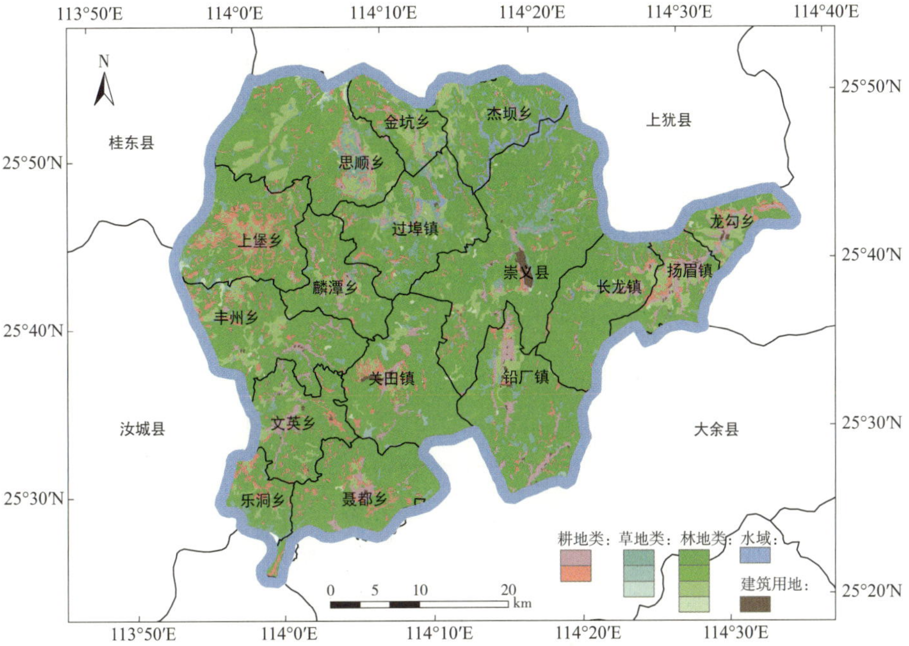

图 4-9　赣州市崇义县城镇、农业、生态空间地图

21 世纪以前，崇义县依托丰富的钨矿资源和森林资源，大力推动矿业和林业发展，并使其迅速成为当地的支柱产业。1985 年，崇义县钨矿开采突破 1 500 t; 2004 年，钨矿开采达到历史最高峰的 7 000 t。林业方面，崇义县率先开展了“搞活非规格木材和计划外毛竹流通渠道改革试点”和“农村综合改革试点”，使得地方林产业得到快速发展。但到 21 世纪初，由于长期过度开采，使得崇义县钨矿资源快速减少，并造成了严重的水土流失、环境污染和废弃矿山问题。同时，崇义县 80% 的山林由农户个人承包，无序性砍伐也造成资源开采利用率逐步降低，并消耗了大量的原木原竹资源。“资源消耗量过大、利用率过低”的问题日益突出。

进入 21 世纪，崇义县逐步转变经济发展思路，开始探索“坚持资源开发和资源保护并重”的发展道路。2001 年，崇义县政府工作报告中指出：“抓好生态旅游开发，把旅游业作为新兴支柱产业来培养。”2002 年，县政府工作报告进一步提出“以发展绿色旅游和实现经济可持续发展为目的，大力发展生态经济”，首次提到了“绿色旅游”和“生态经济”的理念。经过二十余年的探索，崇义县先后开展了矿产资源管理共同责任机制改革、森林分类经营机制改革等一系列改革措施，并通过降低资源消耗、提升资源利用率和“三产”融合等方式，逐步实现了由资源型城市向生态型城市的转变。

模式：以“三产融合”为基础推动绿水青山向金山银山的转化 [96]

崇义县具有典型的“九分山半分田，半分道路、水面”格局，广泛的山地分布使得崇义县面临着“宜果山地少、宜田耕地少，缺乏规模发展空间”的窘境。据统计，崇义县耕地面积仅为 19.2 万亩，未开发一般耕地仅余 3 000 亩，林地总面积 269 万亩，但可适度开发利用的、坡度 25° 以下的林地仅为 2.6 万亩。可利用空间的缺乏使得崇义县难以走上传统的规模化发展道路。同时，崇义县还面临着农业产业品类多，但规模较小；产业加工基础良好，但产业不丰富；生态旅游资源丰富，但品牌效应较弱等问题。

为解决上述困境，崇义县提出了打造极致小产区的思路，即通过提升品质和提高单产来实现产业规模的扩张，整体可概括为：“一产突出管理提升、品质种植；二产围绕一产精深加工，加强产业创新研发，丰富产业线；三产突出品牌打造，推进农旅、茶旅、文旅、康旅、体旅、工旅等多业融合，打造特色品牌，提升产品附加值，推进全域旅游业发展。”

（1）打破产业屏障，推进三大产业之间及内部多向融合发展

在一二产融合方面，崇义县通过培育龙头企业及农业规模化建设，以工业化的理念谋划农业发展，促进农产品加工能力的提升。具体而言，首先，通过贷款贴息、技术创新、市场开拓等方式，扶持与农户利益关系较密切且经营业绩显著的加工型、流通型农业产业化龙头企业，建立龙头企业数据库和农户档案，保障每一特色农业产品至少涉及一家龙头企业，从而利用该龙头企业带动农业产业的规模化发展。其次，通过推广测土配方施肥等农业新技术，从源头上防治农业污染，将品质种植与绿色种植、生态种植相融合，进一步打造出高山有机大米、有机蔬菜、有机茶等生态产品，推动农产品的生态品质及生态附加值的提升。

在一三产融合方面，崇义县依托“把产品卖出去”和“把人引进来”相结合的战略，推动产业发展模式的转变。崇义县依托地区丰富的生态旅游资源，通过扩展产业发展链条，发展农业观光、休闲度假、科普体验等多种业态，先后发展了上堡梯田、君子谷野果世界、龙勾冷杉花海等乡村旅游示范点，实现了农业产业和旅游产业的相互促进、相互发展。在茶产业方面，崇义县结合自身茶产业优势，推进县内茶园标准化开发、生态化管理，先后打造出万长山茶旅融合综合示范园、乐洞龙归茶厂乡村旅游示范点及“四点三线”茶旅融合体系，实现茶产业与旅游产业的融合发展。

在二三产融合方面，崇义县将可视化生产、体验式制作、工业观光旅游融为一体，推动游客参与感与体验感的提升。具体而言，将有潜力的生态工业融入旅游产业的文化创意、娱乐元素中，利用君子谷野生水果世界有限公司获评全省工业旅游示范基地的基础，推进“刺葡萄小镇”的建设，并打造集农业植物科普、工业生产观光和餐饮服务为一体的精品旅游路线，游客通过葡萄酒、野果酒的个性 DIY，饼干、糕点 DIY 等方式，切身感受、见证产品生产制作过程。

在三产内部融合方面，崇义县结合县内文化、康养、体育等产业布局，将优质文化、康养、体育等资源与旅游业发展互通互助，实现倍增效应。在“旅游 + 文化方面”，

崇义县聚焦明代理学家王阳明文化、中央苏区的红色文化以及上堡梯田的农业文化，将文化资源转化为旅游资源，推进文旅融合发展。在“旅游＋康养”方面，崇义县依托境内丰富的森林资源，构建形成“1+2+3”康养产业发展模式，以“康养”为统领，以游养、医养两条主线为特色，通过整合阳明文化、旅游观光、体育健身、休息农业等产业，形成了以阳明山国家森林公园、阳明湖、上堡梯田三大核心景区为载体的康养度假旅游目的地。在“旅游＋体育”方面，崇义县依托国家体育总局的对口支援优势，以《崇义县体育产业发展规划（2015—2025年）》为基础，围绕崇义县体制机制建设、体育设施建设和系列赛事活动举办等，逐步推动体育旅游、体育会展、体育培训、体育康复等产业的融合发展。

（2）打造生态品牌，提升农产品影响力及销售量

在打造生态品牌方面，崇义县在坚持绿色生产、有机生产的前提下，依托地区得天独厚的自然环境和资源禀赋，在满足消费者对农产品的品质、口味及产品消费精神追求的同时，不断挖掘崇义农产品中的生态元素，先后打造了赤水仙高山茶、龙归绿茶、高山梯田米等多个绿色生态农产品，有效提升了崇义农产品品牌的影响力。与此同时，崇义县通过组建崇天然食品公司，以崇天然为主体企业，整合竹木、南酸枣、刺葡萄、高山茶等系列品牌，试行OEM（贴牌委托生产）和“1+N”双品牌双轨运行机制，形成了以“崇水山田”为整体形象的崇义县农产品品牌。

（3）加强资源确权登记及平台建设，支撑生态产品价值实现

为解决“三产融合”中存在的土地、林地流转效率偏低，流转方式单一的问题，崇义县一方面不断推进农村集体产权制度改革，成立村级股份经济合作联合社，推进“三改合一”（统筹农村集体产权制度改革、发展壮大农村集体经济，农村土地改革与管理，发展新型农业经营主体和多种形式适度规模经营等三项改革）和“三权分置”（农村土地所有权、经营权、承包权分置）改革，探索农村土地确权确股不确定改革，建立和完善集体资产股份有偿退出机制，盘活农村产权。另一方面，依托农村产权交易平台，引导农业主体通过经营权流转、互换并地、代耕代种等方式流转土地，实现由小面积流转向整村流转、由零星分散流转向集中连片流转、由农户之间流转向新兴主体流转的三大转变。

在平台建设方面，崇义县实施绿色金融改革创新行动，推进普惠金融、绿色金融、股改上市、金融服务乡村振兴“四改合一”，打造金融服务体验区、金融服务自助区、林权收储服务中心、县城金融企业路演中心、金融产品地摊活动中心的“两区三中心”平台。建设乡村普惠金融站，通过“银行＋公司＋站长”三方合作，推动崇义县金融产业发展，支撑地区生态产品价值实现。

4.3.5 地方实践：总结与展望

（1）经验总结

建立健全生态产品价值实现机制，是贯彻落实习近平生态文明思想的重要举措，是

践行“绿水青山就是金山银山”理念的关键路径。自党的十八大以来，经过10年的探索与发展，各地区在生态产品价值实现机制方面均取得了一定的进展，并逐步形成了以GEP核算为基础，以产权明确为前提，以交易平台为支撑，以生态金融为补充，政府参与，市场化运行的基本模式。

以GEP核算为基础。确定生态资源价值是实现生态资源流转、整合、借贷等生态产品价值实现机制的基础。面对生态资源“度量难”“确权难”的问题，各地区逐步确立了以GEP核算为基础的生态资源价值体系。2020年6月，丽水市发布全国首个生态产品价值核算地方标准——《生态产品价值核算指南》（DB3311/T139—2020）。同年，浙江省发布了全国首个省级GEP核算技术规划——《生态系统生产总值（GEP）核算技术规范 陆域生态系统》。此外，深圳、南京、江西等地区陆续发布了本地区的GEP核算技术标准。通过统一、标准的生态产品价值核算体系，明确了生态资源的价值，为后续生态产品的开发利用提供了重要基础。

以产权明确为前提。清晰的生态资源权属是推进生态产品市场化交易的前提。在自然资源产权制度明确的前提下，才能进一步促进自然资源流转的高效化和合法化，进而为提升后期自然资源交易的透明度和可预期性以及维护自然资源合理的交易秩序、流转秩序和监管秩序奠定坚实的基础。为此，各地区一方面通过产权制度改革，划定各类产权边界，明确产权类型，确立产权统一登记制度，加强各类资产产权的确权。另一方面，通过建设“生态大脑”“数智两山银行”等多种方式，对境内的生态资源进行系统性的调查摸底，并通过数字化的形式进行存储，提升资产调查的高效性、可靠性。

以交易平台为支撑。推进生态资源整合、探索生态产品应用场景是实现生态产品价值的重要路径。生态资源具有显著的“碎片化”特征，为整合生态资源，形成规模化开发，浙江、福建、江西等地区先后开展了“两山银行”、“生态银行”、碳普惠平台等生态产品统一管理、交易平台的建设工作。通过借鉴银行分散式输入、集中式输出的模式，将碎片化的生态资源进行规模化的收储、专业化的整合、市场化的运作，从而实现生态资产向生态产品的有效转化。

以生态金融为补充。生态金融产业的发展为生态项目建设及生态产品应用场景开发提供了重要的资金保障。生态信贷是以生态资产的经营权、所有权、收益权等作为债权担保，向金融机构申请贷款。该机制一方面能够满足与“两山银行”相类似的生态产品供给市场主体的融资需求，另一方面能够激活生态产品的金融属性，助推生态资产向生态资本的转化。现阶段，各地区已先后探索出“生态资产权益抵押＋项目贷”“生态资源开发项目贷＋生态增信贷”“生态资产权益抵押＋生态增信贷”等多种信贷模式，为生态产品价值实现提供了新的活力与动力。

（2）完善方向

现阶段，我国部分地区已初步建立起生态产品价值实现机制，但在取得一定成效的同时，也存在一些急需完善创新的方向。

规范生态价值核算。现阶段，各地区对生态产品价值的评估主要采用GEP核算方法，但就全国而言，科学的生态产品价值评估体系尚未形成，各地区在价值核算标准、核算方法上存在一定的差异或分歧，使得地区间的生态产品交易存在困难。生态产品不但具有天然价值（如质量、储量、品级、区位等），还具有人工价值（勘探、开发、采掘、加工、生产、运输过程中的人工劳动增加的价值量），更具有代际补偿价值、外部补偿价值（如生态破坏和环境污染等）。但目前的评估体系主要考虑资源的天然价值和人工价值，闲置资产价值则主要参考市场房屋征迁标准，缺乏对代际补偿价值和外部补偿价值的考虑。

清晰生态资源产权。一方面，河流、森林、气候等生态系统是天然的公共资源，具有明显的弥散性、流动性，跨区域特征，使得产权界定较为困难，受益主体也难以标识。另一方面，各地区产权制度改革主要聚焦于农地、林地等产权较为明确的领域，森林、草地、湿地以及重点生态功能区、自然保护区等自然资产要素，产权仍不清晰，缺乏完整、成体系的生态资源资产产权制度，造成自然资源所有者缺位、所有权边界模糊等问题。

推进农村“三权分置”。农村闲置土地、宅基地已成为除生态资源外地方交易平台主要的规模化开发对象。为促进农村土地资源合理利用，发展多种形式适度规模经营，推动现代农业发展，国家已开始推进农村土地所有权、承包权、经营权“三权分置”。但在实际实施中，仍然面临着所有权主体的虚化与处分权缺失、“一户多宅”和宅基地使用权流转限制等众多问题，制约着农村土地资源的开发利用[97]。

完善政策及制度支撑。目前，我国及各地区尚未针对“生态+”产业、生态产品等形成系统的政策支持体系，现行相关政策体系多分散于财税、投资、金融、土地、产业等多个部门，且多为方向性的规定，缺乏细化的政策路径设计。在数据支撑方面，我国仍未建成统一的生态资源统计调查和监测体系，生态产品类型复杂，涉及管理部门众多，造成各部门数据统计缺乏统一的口径，部分数据差异较大[98]。同时，我国生态资源变化较快，但由于不同数据开放时间不一致、调查数据滞后等问题，基层生态产品价值转化推进滞缓。

参考文献

[1] Tobin J, Nordhaus W. Is Growth Obsolete? In Economic Research: Retrospect and Prospect [J]. Cambridge: National Bureau of Economic Research, 1972.

[2] Daly H, Cobb J. For the Common Good [M]. Boston: Beacon Press, 1989.

[3] Hamilton K. Genuine Saving as a Sustainability Indicator [M]. Washington DC: World Bank Environment Department, 2000.

[4] Lawn P, Sanders R. Has Australia Surpassed Its Optimal Macroeconomic Scale: Finding Out with the Aid of “Benefit” and “Cost” Accounts and a Sustainable Net Benefit Index [J]. Ecological Economics, 1999, 28: 213-229.

[5] King R. Roosevelt Widife Bulletin [M] . New York：Roosevelt Widife Forest Experiment Stattion，1950.

[6] Helliwell D. R. Valuation of Wildlife Resources [J] . Regional，1969，3：1-7.

[7] Westman W. How Much Are Nature's Services Worth? [J] . Science，New Series，197：4307，1977.

[8] Ehrlich P，Ehrlich A. Extinction：The Causes and Consequences of the Disappearance of Species [M] . New York：Random House，1981.

[9] Wackernagel M. Our Ecological Footprint：Reducing Human Impact on the Earth [M] . Gabriola Island：New Society Publishers，1995.

[10] Daily G C. Nature's services：Societal Dependence on Natural Ecosystems [M] . Washington DC：Island Press，1997.

[11] Costanza R，Arge Groot R D，et al. The Value of the World's Ecosystem Services and Natural Capital [J] . Nature，1997，387（15）：253-260.

[12] Costanza R，Chichakly K，Dale V，et al. Simulation Games That Integrate Research，Entertainment，and Learning Around Ecosystem Services [J] . Ecosystem Services，2014，10（2）：195-201.

[13] Costanza R. Valuing Natural Capital and Ecosystem Services Toward the Goals of Efficiency，Fairness，and Sustainability [J] . Ecosystem Services，2020，43：101096.

[14] Dasgupta P. "The Nature of Economic Development and the Economic Development of Nature" [J] . Cambridge Working Papers in Economics，2013，No. 1349.

[15] Dasgupta P. The Economics of Biodiversity：The Dasgupta Review [R] . Abridged Version，London：HM Treasury，2021.

[16] United Nations. Multilateral Convention on Biological Diversity（with annexes）[M] . New York：United Nations Treaty Series Vol. 1760，No. 30619，1993.

[17] United Nations.Kyoto Protocol to the United Nations Framework Convention on Climate Change [R] . New York，1998.

[18] United Nations. The Millennium Development Goals Report [R] . New York，2006.

[19] United Nations. World Population Prospects [R] . New York，2006.

[20] United Nations，European Commission，International Monetary Fund，Organization for Economic Cooperation and Development，World Bank. System of Environmental-Economic Accounting 2012—Experimental Ecosystem Accounting [R] . New York，2014.

[21] United Nations，European Commission，International Monetary Fund，Organization for Economic Cooperation and Development，World Bank System of Environmental-Economic Accounting 2012—Ecosystem Accounting [R] . New York，2021.

[22] Millennium Ecosystem Assessment. Ecosystems and Human Well Being：Synthesis [R] . Washington DC：Island Press，2005.

[23] TEEB The Economics of Ecosystems and Biodiversity for National and International Policy

Makers［R］. 2009.
［24］Eurostat. SERIEE European System for the Collection of Economic Information on the Environment［R］. 2002.
［25］Hein L，Edens B，Bagstad K. A Perspective on Capacity and Capability in the Context of Ecosystem Accounting［R］. 2015.
［26］World Bank Group. WAVES Annual Report［R］. 2015.
［27］Asian Development Bank. Greening Development in the People's Republic of China［R］. 2021.
［28］Cárdenas Rodríguez M.，Hai I.，Souchier M. Environmentally Adjusted Multifactor Productivity：Methodology and Empirical Results for OECD and G20 Countries［S］. OECD Green Growth Papers. Paris：OECD Publishing，2016.
［29］谢高地，甄霖，鲁春霞，等. 一个基于专家知识的生态系统服务价值化方法［J］. 自然资源学报，2008（5）：911-919.
［30］欧阳志云，王如松，赵景柱. 生态系统服务功能及其生态经济价值评价［J］. 应用生态学报，1999（5）：635-640.
［31］王兵，任晓旭，胡文. 中国森林生态系统服务功能及其价值评估［J］. 林业科学，2011，47（2）：145-153.
［32］刘世锦. 基于“生态元”的全国省市生态资本服务价值核算排序评估报告［R］. 2019.
［33］王金南，马国霞，王志凯，等. 生态产品第四产业发展评价指标体系的设计及应用［J］. 中国人口·资源与环境，2021，31（10）：1-8.
［34］王金南，王志凯，刘桂环，等. 生态产品第四产业理论与发展框架研究［J］. 中国环境管理，2021，13（4）：5-13.DOI：10.16868/j.cnki.1674-6252.2021.04.005.
［35］王金南，王夏晖. 推动生态产品价值实现是践行“两山”理念的时代任务与优先行动［J］. 环境保护，2020，48（14）：9-13.DOI：10.14026/j.cnki.0253-9705.2020.14.002.
［36］Ma G，Peng F，Yang W，et al. The Valuation of China's Environmental Degradation From 2004 to 2017［J］. Environmental Science and Ecotechnology，2020：1-10.
［37］Jiang H，Wu W，Wang J，et al. Mapping Global Value of Terrestrial Ecosystem Services by Countries［J］. Ecosystem Services，2021，52：101361.
［38］Office for National Statistics UK Natural Capital Accounts：2019［R］. 2019.
［39］Inter-jurisdictional Environmental-Economic Accounting Steering Committee Environmental-Economic Accounting：A Common National Approach Strategy and Action Plan［R］. Commonwealth of Australia，2018.
［40］Statistics NetherlandsWageningen University & Research. Experimental Monetary Valuation of Ecosystem Services and Assets in the Netherlands［R］. 2019.
［41］张小全，侯振宏. 森林、造林、再造林和毁林的定义与碳计量问题［J］. 林业科学，2003，39（2）：145-152.
［42］李怒云，龚亚珍，章升东. 林业碳汇项目的三重功能分析［J］. 世界林业研究，

2006（3）：1-5.
［43］孙清芳，马燕娥，刘强．基于 CDM 机制对我国林业碳汇项目发展的探析［J］．林业资源管理，2017（5）：125-128.
［44］李怒云，徐泽鸿，王春峰，等．中国造林再造林碳汇项目的优先发展区域选择与评价［J］．林业科学，2007（7）：5-9.
［45］The Global Environment Facility，Investments on Payment for Ecosystem Services Schemes［R］. 2020.
［46］雷静品，肖文发，白彦锋，等．全球环境基金的森林可持续经营发展战略分析［J］．林业经济，2014，36（10）：78-86.DOI：10.13843/j.cnki.lyjj.2014.10.019.
［47］中华人民共和国自然资源部．生态产品价值实现典型案例（第三批）［R］. 2021-12.
［48］张宁．德国生态账户制度对我国生态文明建设的启示［J］．中国土地，2016（9）：39-41.
［49］International Institute for Environment and Development. Learning From 20 Years of Payments for Ecosystem Services in Costa Rica［R］. 2013.
［50］《关于设立统一规范的国家生态文明试验区的意见》［EB/OL］. http：//www.gov.cn/xinwen/2016-08/23/content_5101548.htm.
［51］中共中央办公厅、国务院办公厅印发《关于设立统一规范的国家生态文明试验区的意见》及《国家生态文明试验区（福建）实施方案［EB/OL］. http：//www.fjrd.gov.cn/ct/4-113910.
［52］中共中央办公厅、国务院办公厅印发《国家生态文明试验区（江西）实施方案》和《国家生态文明试验区（贵州）实施方案》［EB/OL］. http：//www.gov.cn/zhengce/201710/02/content_5229318.htm.
［53］中共中央办公厅、国务院办公厅印发《国家生态文明试验区（海南）实施方案》［EB/OL］. http：//www.gov.cn/zhengce/2019-05/12/content_5390904.htm.
［54］国家发展改革委关于印发《国家生态文明试验区改革举措和经验做法推广清单》的通知［EB/OL］. https：//www.ndrc.gov.cn/xxgk/zcfb/tz/202011/t20201127_1251538.html?code=&state=123.
［55］中国工程院．福建国家生态文明试验区建设情况评估报告［R］. 2021-02.
［56］赖瑞联，李振武，叶菁，等．基于福建生态文明试验区建设的乡村产业振兴与农业绿色发展对策［J］．亚热带资源与环境学报，2021，16（2）：47-54.
［57］张和平．关于国家生态文明试验区（江西）建设情况的报告［N］．江西日报，2022-02-15（006）.
［58］江西 35 项做法入列国家生态文明试验区改革举措和经验做法推广清单［J］．鄱阳湖学刊，2020（6）：2.
［59］李强．引导绿色生活，生态积分成效有多大？——基于抚州碳普惠公共服务（绿宝）平台的政策设计和实施效果分析［J］．中国生态文明，2021（6）：65-69.
［60］吴大旬．建设国家生态文明试验区创新机制初探——以贵州省为例［J］．绿色科技，

2019（2）：2.

［61］贵州省市场监管局关于公开征求《内陆山区生态系统生产总值（GEP）核算技术规范》地方标准意见建议的通知［EB/OL］. http：//amr.guizhou.gov.cn/zwgk/xxgkml/zdlyxx/zlfz/202106/t20210617_68621215.html.

［62］吴大旬 . 国家生态文明试验区建设“贵州新路”的脱贫攻坚经验——基于玉屏侗族自治县的考察［J］. 凯里学院学报，2021，39（1）：86-94.

［63］曲春梅，朱济帅，冉慧，等 . 关于自然资源资产离任审计的几点思考——以海南省某市为例［J］. 中小企业管理与科技（中旬刊），2020（5）：74-77.

［64］浙江省人民政府办公厅关于印发浙江（丽水）生态产品价值实现机制试点方案的通知［EB/OL］. http：//www.zj.gov.cn/art/2019/3/28/art_1229019365_61763.html.

［65］江西省人民政府办公厅关于转发省发展改革委抚州市生态产品价值实现机制试点方案的通知［EB/OL］. http：//jx.gov.cn/art/2020/1/8/art_4969_1347999.html.

［66］国务院发展研究中心资源与环境政策研究所 . 浙江（丽水）生态产品价值实现机制试点评估报告［R］. 2020-06.

［67］浙江省发展和改革委员会 . 丽水生态产品价值实现机制试点综合评估报告［R］. 2020-07.

［68］欧阳志云，林亦晴，宋昌素 . 生态系统生产总值（GEP）核算研究——以浙江省丽水市为例［J］. 环境与可持续发展，2020，45（6）：80-85.

［69］抚州市发展和改革委员会 . 抚州市金融助推生态产品价值实现机制试点案例选编［R］. 2020-09.

［70］抚州市人民政府 . 抚州市生态产品价值实现机制试点情况工作汇报［R］. 2022-05.

［71］抚州市发展改革委 . 抚州市生态产品价值实现机制试点工作［R］. 2021-12.

［72］江西省抚州市人民政府 .“活化利用”让古村重焕生机——金溪县创新探索古村古建价值实现“金溪模式”［R］. 2022-05.

［73］中华人民共和国生态环境部 . 国家生态文明建设示范县、市指标（试行）［EB/OL］. https：//www.mee.gov.cn/gkml/hbb/bwj/201601/W020160128368938295704.pdf.

［74］中华人民共和国生态环境部 . 国家生态文明建设示范区规划编制指南（试行）［EB/OL］. https：//mp.weixin.qq.com/s?__biz=MzI2OTUyMzA0Nw==&mid=2247616043&idx=2&sn=8b41ac39e491268920bfc425c45181da&chksm=eadc4723ddabce3539b0aa7995fcad73c9d9b160bd09898c5486d5776b00b72785270c63d3c8&scene=21#wechat_redirect.

［75］中华人民共和国生态环境部 .“绿水青山就是金山银山”实践创新基地建设管理规程（试行）［EB/OL］. https：//www.mee.gov.cn/xxgk2018/xxgk/xxgk03/201909/W020190919344656829212.pdf.

［76］中华人民共和国生态环境部 .“绿水青山就是金山银山”实践模式与典型案例［R］. 2021-07.

［77］“绿水青山就是金山银山”实践模式与典型案例——内蒙古自治区库布其立体治沙促循环产业发展［EB/OL］. https：//mp.weixin.qq.com/s?__biz=MzI2OTUyMzA0Nw==

&mid=2247613638&idx=1&sn=00def0d5f1efe60fe2578e3d8e2ab1f3&chksm=eadc7dceddabf4d8d20612026019d95bfc6733ea71d4291fcde808679bf613979d4d4711f495&scene=2.

［78］“绿水青山就是金山银山”实践模式与典型案例——浙江省安吉县“两片”叶子助推绿色发展［EB/OL］. https：//mp.weixin.qq.com/s?__biz=MzI2OTUyMzA0Nw==&mid=2247614409&idx=2&sn=7487c33d7f740f1464d6294759d6868a&chksm=eadc7ec1ddabf7d79f3754258c97312d224b49f3649839d48d913dde5d80e0c0bb1be557d9b1&scene=2.

［79］“绿水青山就是金山银山”实践模式与典型案例——北京市延庆区聚焦特色园艺引领发展生态旅游［EB/OL］. http：//mp.weixin.qq.com/s?__biz=MzI2OTUyMzA0Nw==&mid=2247615061&idx=2&sn=0d508298b700561693867457c58383d9&chksm=eadc435dddabca4b8b2e51265607a9644c471b0dca22e9c4330ecfbdad37e5de44091d842298&scene=21#wechat_redirect.

［80］“绿水青山就是金山银山”实践模式与典型案例——吉林省集安市打造人参产业链融合发展新模式［EB/OL］. http：//mp.weixin.qq.com/s?__biz=MzI2OTUyMzA0Nw==&mid=2247615391&idx=2&sn=9631c44cade4b0761a0adf46c83c024a&chksm=eadc4297ddabcb816c1cf6e5c8c969c705ecaba7c26a19f1a66d21f8c74947a1d6b34eac0743&scene=21#wechat_redirect.

［81］“绿水青山就是金山银山”实践模式与典型案例——福建省永春县探索培育生态产品“三级市场”［EB/OL］. http：//mp.weixin.qq.com/s?__biz=MzI2OTUyMzA0Nw==&mid=2247615728&idx=1&sn=f9afce9ca772f3f97692970f2be9e8be&chksm=eadc45f8ddabccee9041474730b11b5ec665d163a23ca5d6924ba0774765e042352d4c494f69&scene=21#wechat_redirect.

［82］“绿水青山就是金山银山”实践模式与典型案例——浙江省淳安县探索“生态银行”绿色金融模式［EB/OL］. http：//mp.weixin.qq.com/s?__biz=MzI2OTUyMzA0Nw==&mid=2247615764&idx=1&sn=6ef1f7e8481c87cb19b4aa73e60d5758&chksm=eadc441cddabcd0a0d2343dd8beb8214250b2d9f36bbed1598d767e104f480897b1f5c8e2eac&scene=21#wechat_redirect.

［83］“绿水青山就是金山银山”实践模式与典型案例——湖南省资兴市释放生态补偿红利促一湖碧水保护与发展［EB/OL］. https：//mp.weixin.qq.com/s?__biz=MzI2OTUyMzA0Nw==&mid=2247616043&idx=2&sn=8b41ac39e491268920bfc425c45181da&chksm=eadc4723ddabce3539b0aa7995fcad73c9d9b160bd09898c5486d5776b00b72785270c63d3c8&scene=21#wechat_redirect.

［84］“绿水青山就是金山银山”实践模式与典型案例——江苏徐州市贾汪区演绎化蛹成蝶新篇章［EB/OL］. https：//mp.weixin.qq.com/s?__biz=MzI2OTUyMzA0Nw==&mid=2247615231&idx=2&sn=c51eb60dc740c76e690b6c8aa45d5768&chksm=eadc43f7ddabcae180160c029d1ebfe811ab65ebb9c7dd2279ca4a6756ff26fffc-

c307c26e27&scene=21#wechat_redirect.
[85] 中共中央办公厅、国务院办公厅印发《关于建立健全生态产品价值实现机制的意见》[EB/OL]. http://www.gov.cn/xinwen/2021-04/26/content_5602763.htm.
[86] 我市入选全国自然资源领域生态产品价值实现机制试点[EB/OL]. http://www.zoucheng.gov.cn/art/2021/6/2/art_24298_2728956.html.
[87] 河南省3地入选生态产品价值实现机制国家试点[EB/OL]. https://www.henan.gov.cn/2021/08-26/2300688.html.
[88] 南平获批自然资源领域生态产品价值实现机制试点[EB/OL]. https://www.np.gov.cn/cms/html/npszf/2021-04-29/637553296.html.
[89] 自然资源部批复同意我省苏州市吴中区、江阴市自然资源领域生态产品价值实现机制试点方案[EB/OL]. http://zrzy.jiangsu.gov.cn/xwzx/xwbb/2021/06/ 07094022341336.html.
[90] 中华人民共和国自然资源部. 生态产品价值实现典型案例（第一批）[R]. 2020-04.
[91] 中华人民共和国自然资源部. 生态产品价值实现典型案例（第二批）[R]. 2020-10.
[92] 中共湖州市委调研组. 绿水青山就是金山银山——来自湖州的探索与实践[M]. 杭州：浙江人民出版社，2020.
[93] 张子翔. 安吉县以“两山银行”探索共同富裕先行示范的基层实践[R]. 人民三农乡村振兴观察报告，2020，19：31-36.
[94] 衢州市人民政府. 衢州市开展建立“生态账户”机制推进生态产品价值实现改革试点方案[Z]. 2022.
[95] 武夷山市人民政府. 武夷山市“绿水青山就是金山银山”实践创新基地建设实施方案[Z]. 2021.
[96] 潘金城.“三产融合”助力生态产品价值实现——“绿水青山就是金山银山”的崇义实践[M]. 南昌：百花洲文艺出版社，2021.
[97] 韩文龙，谢璐. 宅基地“三权分置”的权能困境与实现[J]. 农业经济问题，2018（5）：60-69.
[98] 杨艳，李维明，谷树忠，等. 当前我国生态产品价值实现面临的突出问题与挑战[J]. 发展研究，2020（3）：54-59.

第5章 体系框架

构建产业发展体系框架是建立和壮大生态产品第四产业的前提。作为一个新兴的产业，生态产品第四产业理论体系与传统产业的理论基础有着根本的区别。构建这一理论与发展体系框架也是发展生态产品第四产业的重要任务。本章在梳理生态产品第四产业基本原理和国内外实践的基础上，根据习近平生态文明思想和“绿水青山就是金山银山”理论，提出构建和发展生态产品第四产业的初步体系框架，主要包括生态产品第四产业的内涵、第四产业与产品分类、第四产业生产函数、第四产业供需关系、生态产品市场交易和第四产业生产模式等，为后续各章深入探讨和分析提供方向和参考。

5.1 生态产品第四产业内涵

我们正处于“人类世”的全新地质时代，人类活动对地球生态系统的影响不断扩大，“社会—经济—自然”复合生态系统已成为地球生物圈的主导系统，高质量生态产品日益成为稀缺品。习近平于2005年8月15日提出了“绿水青山就是金山银山”的科学论断，多次强调“生态环境本身就是一种生产力，保护生态环境就是保护生产力，破坏生态环境就是破坏生产力”。随着“绿水青山就是金山银山”理念的探索实践不断深入，围绕生态产品供给和价值实现形成的新产业、新业态、新模式不断涌现，生态产品第四产业正在形成。

5.1.1 绿色发展相关概念辨析

从第一章梳理生态产品第四产业发展的脉络和第二章有关生态经济学发展历史可以发现，生态产品第四产业的内涵具有很强的不确定性。确定其内涵，关键是清晰认识生态产品第四产业与学术界和产业界理解的绿色发展、绿色经济、绿色产业、生态经济、生态产业、环保产业之间的关系。

（1）绿色发展

绿色发展是当今世界的一个发展模式，是以效率、和谐、持续为目标的经济增长和社会发展方式。绿色发展已经成为当今社会的一个重要趋势，许多国家把发展绿色产业作为推动经济结构调整的重要举措，突出绿色的理念和内涵。绿色发展已经成为我国

“创新、协调、绿色、开放、共享”五大发展理念的重要一环，是绿色执政思想的重要组成部分。绿色发展与可持续发展在思想上是一脉相承的，既是对可持续发展的继承，也是可持续发展中国化的理论创新。从内涵来看，绿色发展是在传统发展基础上的一种模式创新，是在生态环境容量和资源承载力的约束条件下，将环境保护和气候变化应对作为实现可持续发展重要支柱的一种新型发展模式，主要体现在生产消费经济活动过程和结果的“绿色化”“生态化”“零碳化”[1]。

（2）绿色经济

绿色经济是绿色发展模式下的一种经济形态，是以市场为导向、以传统产业经济为基础、以经济与环境的和谐为目的而发展起来的一种新的经济形式，是产业经济为适应人类环保与健康需要而产生并表现出来的一种发展状态。绿色经济是以效率、和谐、持续为发展目标，以生态农业、循环工业和持续服务产业为基本内容的经济结构、增长方式和社会形态[2]。历史表明，绿色经济是人类社会继农业经济、工业经济、服务经济之后新的经济结构，是更加高效、和谐、持续的增长方式，也是继农业社会、工业社会和服务经济社会之后人类最高的社会形态，绿色经济、绿色新政、绿色社会是21世纪人类文明的全球共识和发展方向。

（3）“两山”经济

“两山”经济是实现生态环境与经济发展协调统一、互济共生的经济形态。通过扩大生态价值的时间和空间核算范围，以经济主体的劳动链接自然循环与社会循环的价值供给，在满足经济主体及其社会、自然关联体的总体价值需求的同时，激活传统经济的价值奇点，最终在提高生态环境质量与自然资源价值的同时，获取溢出价值的经济形态[3]。

专栏5-1　傅涛：“两山”经济与环境产业4.0版

发展模式的跨越式升级需要新的文明体系来支撑，这个体系就是生态文明。如何将生态环境的价值融入社会经济主流，实现绿色发展，完成绿水青山与金山银山的统一，还需要经济理论的突破。“两山”经济就是力图突破经济理论的尝试。

经济理论的突破首先需要建立新的需求理论。通过利他来实现利己，是中国传统的价值观。非直接利己的直接消费占总消费的比重，是人类社会生态文明发展水平的标志。建立新的价值规律，还要重新构建价值供给的形式。大自然中飘逸的能源和资源的绝大部分都没有被人类生产生活所捕捉。人类劳动更大的价值在于连接自然界中生态循环的价值增量。通过师法自然，可以在保护自然存量的基础上，连接大自然的循环增量，创造经济价值。这个价值供给的方式，就是“两山”经济所揭示的生态供给规律；建立新的经济规律，要拓宽我们的空间和时间视野。“塞翁失马，焉知非福”，在不同的时空范围下，同样一件事，经济核算的利害结果会不同。“两山”经济就是要拓展价值核算的时空范围，并把不同时空下的价值在当下核算，让经济行为自身可持续，让我们的经济核算更有高度和远见；建立新的价值规律，还需要透视经济价值的本质。工业经济的价值流总体是线性的。“两山”经济的价值流和物质流是网状的、循环的，像中国文化的五行，金木水火土之间相生相克。在五行循环的产业链中，每个环节的价值都是链接，而非占用。

能够连接不同价值线路的中转站，就是“两山”经济中的价值基点。在价值基点上才能实现生态循环增量价值的捕捉。“两山”经济的增长空间，就在于无穷无尽的自然生态循环增量价值的激活。“两山”经济就是实现生态文明社会的生态支撑。与“两山”经济最贴近的产业肯定是环境产业。不同时期的环境产业具有明显的时代特征，1.0 版的环保产业专注于污染物的末端治理，2.0 版的环境产业致力于面向环境效果的系统整治，3.0 版的环境产业称为绿色产业，关注污染物从产生到治理利用的全过程。在当代生态文明下，4.0 版的环境产业着力于从环境治理成本中心成为新循环起点的价值中心，着力于通过生态保护修复、扩大和增强环境容量，致力于生态产品第四产业的发展，已经成为“两山”经济的产业支柱。

来源：傅涛.“两山”经济，2022-5.

（4）绿色产业

绿色产业是绿色发展模式下的一种产业型态，主要是指积极采用清洁生产和循环经济技术，采用无害或低害的新工艺、新技术，大力降低原材料和能源消耗，实现少投入、高产出、低污染、零碳化，尽可能把环境污染物和温室气体的排放消除在生产过程之中的产业[4]。实践中，生产环保设备的有关产业，它们的产品称为绿色产品。国际绿色产业联合会（IGIU）认为，绿色产业是指在生产过程中，基于环保考虑，以绿色生产机制，力求在资源使用上节约，以及减少污染或者节能减排的产业。2019 年 3 月，国家发展改革委等六个部门联合印发《绿色产业指导目录（2019 年版）》（专栏 5-2），提出了我国绿色产业发展重点，并根据绿色产业发展情况定期更新目录，作为各地区、各部门明确绿色产业发展重点、制定绿色产业政策、引导社会资本投入的主要依据。

专栏 5-2 《绿色产业指导目录（2019 年版）》

《绿色产业指导目录（2019 年版）》共分三级，其中一级包括节能环保、清洁生产、清洁能源、生态环境产业、基础设施绿色升级和绿色服务 6 大类。

第一部分是节能环保产业，主要是从事资源能源节约和循环利用、生态环境保护的装备制造和产业活动的相关产业，主要包括高效节能装备制造、先进环保装备制造、资源循环利用装备制造、新能源汽车和绿色船舶制造、节能改造、污染治理和资源循环利用等内容。

第二部分是清洁生产产业，主要是指从事生产全过程的废物减量化、资源化和无害化的产业，主要包括产业园区绿色升级、无毒无害原料替代使用与危险废物治理、生产过程废气处理处置及资源化综合利用、生产过程节水和废水处理处置及资源化综合利用、生产过程废渣处理处置及资源化综合利用等内容。

第三部分是清洁能源产业，主要是构建清洁、高效、系统化应用能源生产体系的装备制造和相关设施建设运营的产业。主要包括新能源与清洁能源装备制造、清洁能源设施建设和运营、传统能源清洁高效利用、能源系统高效运行等内容。

第四部分是生态环境产业，主要是服务于我国生态系统的保护修复，优化生态安全屏障，提升生态系统质量和稳定性的产业。主要包括生态农业、生态保护、生态修复等内容。

第五部分是基础设施绿色升级，主要是提升重大基础设施建设的绿色化程度，提高人民群众的绿色生活水平。主要包括建筑节能与绿色建筑、绿色交通、环境基础设施、城镇能源基础设施、海绵城市、园林绿化等内容。

第六部分是绿色服务，主要是指为相关绿色产业提供智力支持和专业化服务的产业。主要包括咨询服务、项目运营管理、项目评估审计核查、监测检测、技术产品认证和推广等内容。

来源：国家发展和改革委碳交易网，2019-03-10。

（5）生态经济

生态经济是指在生态系统承载能力范围内，运用生态经济学原理和系统工程方法改变生产和消费方式，挖掘一切可以利用的资源潜力，发展一些经济发达、生态高效的产业，建设体制合理、社会和谐的文化以及生态健康、景观适宜的环境。生态经济是实现经济腾飞与环境保护、物质文明与精神文明、自然生态与人类生态的高度统一和可持续发展的经济[5]。

（6）生态产业

生态产业是生态经济发展模式下的一种经济形态。根据生态学原理，仿照自然生态系统物质循环的方式，通过两个或两个以上的生产体系或环节之间的耦合，使物质、能量得到多级利用，构成具有良好经济过程与和谐生态功能的网络型产业。因此，生态产业是按生态经济原理和产业经济规律，以产业生态学理论为指导，基于生态系统承载能力，在社会生产活动中应用生态工程的产业。生态产业突出了整体预防、生态效率、全生命周期等重要概念，是模拟自然生态系统建立的一种高效的产业体系。实践中，生态产业是包含工业、农业、旅游业等行业的一个有机生态系统，横跨初级生产部门、次级生产部门、服务部门，可以分为生态农业、生态工业、生态旅游业等[6]。

（7）环保产业

环保行业也称环境产业（Environmental Industry）。相较于绿色产业和生态产业，环保产业的概念更具有可操作性，如经济合作与发展组织（OECD）、欧盟（EU）专门发布了环境货物和服务部门（EGGS）统计手册[7]。通过对发达国家、国际组织，以及我国在不同时期环保产业研究范畴的梳理发现，环保产业的概念内涵随着经济社会情况、公众对环境的认识、科学技术水平等发展而变化。在不同时期，被赋予不同的定义与内涵，分别被称为“环保工业”“环保产业”“环保相关产业”“生态产业”“生态商务”等。目前，一些经济发达国家和经济组织都统一使用“环境产业”这个名称。环保产业有狭义和广义之分，狭义的环保产业是为环境污染控制与减排、污染治理及废弃物处理等方面提供设备和服务的行业，主要指“末端治理”。广义的环保产业是国民经济结构中为环境污染防治、生态保护与恢复、有效利用资源、满足人民环境需求，为社会、经济可持续发展提供产品和服务支持的产业。广义的环保产业不仅包括为污染控制与减排、污染清理及废物处理等方面提供产品与技术服务的狭义内涵，还包括产品生命周期中对环境友好的技术与产品、节能技术、生态设计及与环境相关的服务等。比较我国环保产业与国外发达经济环保产业的定义与内涵，我国环保产业现阶段同样是处在转型期，产业重心已经由核心环保产业向外延展，已经由开始仅局限于末端治理的狭义环保产业向全过程防控的广义环保产业发展[8]。自 1988 年以来，我国开展了六次全国环保产业调查，第一次环保产业调查对象主要有环保专用设备、仪器（部分通用仪器）、材料、药剂、“三废”处理及综合利用技术、装备，而 2011 年开展的最近一次全国环保产业调查对象扩大到环境保护产品、环境保护服务、资源循环利用产品、环境友好产品等。

（8）生物经济

生物经济（Bio-economy）的概念最先是由斯坦·戴维斯和克里斯托弗·迈耶于 2000 年 5 月提出的[8]。托夫勒在《第三次浪潮》中预言，社会经济的发展将由农业经济、工业经济进入信息经济和生物经济时代[10]。实际上，生物经济是伴随生物技术革命产生的，特别是 21 世纪，在系统生物学基础上产生的合成生物技术与系统生物工程突破，促进了新一轮生物经济的发展。生物经济以生命科学和生物技术的发展进步为动力，以保护开发利用生物资源为基础，是一种广泛深度融合医药、健康、农业、林业、能源、环保等产业的经济形态。2019 年 3 月 5 日，美国生物质研究与开发理事会发布《生物经济计划：实施框架》战略报告，提出美国生物经济发展战略和目标。美国 Schmidt Futures 智库于 2022 年 4 月发布了《美国生物经济：为灵活和竞争性的未来规划路线》报告，预计全球生物经济的规模高达 4 万亿美元。我国于 2022 年 5 月首次发布了《“十四五”生物经济发展规划》，明确了 2025 年我国生物经济总量规模、生物技术、生物产业和生物安全风险防控等目标，提出了生物经济 4 大重点发展领域：顺应“以治病为中心”转向“以健康为中心”的新趋势，发展面向人民生命健康的生物医药；顺应“解决温饱”转向“营养多元”的新趋势，发展面向农业现代化的生物农业；顺应“追求产能产效”转向“坚持生态优先”的新趋势，发展面向绿色低碳的生物质替代应用；顺应“被动防御”转向“主动保障”的新趋势，加强国家生物安全风险防控和治理体系建设。

通过上述概念分析发现，绿色发展是一个全面的可持续发展模式，而绿色经济、生态经济、生物经济、绿色产业、生态产业和环保产业都是绿色发展模式下的经济和产业形态。绿色、生态和环境是体现可持续发展的当今社会经济发展的主要潮流。因此，无论是绿色发展模式还是绿色产业形态，都以尊重自然规律、降低资源能源消耗、减少有害于生态和人类健康的污染物排放、保护全球气候环境为主要目标。既包括经济产业的生态化和绿色化，也包括绿色生态的经济化和产业化，前者以环境污染治理和生态保护修复为主要方式。

5.1.2 生态产品第四产业定义

绿色发展通常有两个维度的任务：一是经济生态化或产业生态化，也就是对传统经济和产业进行生态化改造，降低资源能源消耗、污染排放和温室气体排放，以最小的消耗和排放实现经济产出的最大化；二是生态经济化或生态产业化，也就是通过一定的政策引导和人为创建市场，让自然生态系统提供的生态服务、投入资金和劳动力产生的生态服务转变成为经济价值，成为产生经济价值、收入和就业的行业。我们认为，生态产品第四产业主要还是指生态经济化或生态产业化这个过程，主要是以生态资源为核心要素，以生态产品价值实现为目标，表现为生态产品保护、生产、开发、经营、交易等经济活动。

基于上述概念的逻辑分析、生态产品价值实现实践、产业生态化和生态产业化的绿色发展二维过程，我们认为，生态产品第四产业概念和内涵可以从狭义、中义、广义三个角度去理解。狭义上的生态产品第四产业，或称生态产品产业、生态产品和服务，主要指为实现人与自然和谐共生，以生态资源为核心要素，以生态系统过程为主要生态生产力，通过生态保护修复建设、市场交易、开发经营等方式将生态产品所蕴含的内在价值转化为经济价值的产业集合，包括生态保护和修复、生态产品经营开发、生态产品监测认证、生态资源权益指标交易、生态资产管理等产业形态。从生态系统价值核算角度来看，狭义的生态产品第四产业就是自然生态系统提供的供给价值、调节服务价值和旅游文化价值之和，是“生态产品 +”系列。

广义的生态产品第四产业除了上述范围外，还包括围绕传统产业资源减量、环境减排、生态减占，即产业生态化形成的产业集群[11]，也就是绿色产业、生态产业、环保产业的集合；而中义的生态产品第四产业，除了狭义范围外，主要包括目前国内狭义的环保产业，主要是以水污染治理、大气污染治理、固危废污染治理为核心的环境服务业及以废旧资源再生利用、工业固废综合利用、建筑垃圾综合利用为主的资源循环利用业。有关广义、中义、狭义的生态产品第四产业概念比较，见表 5-1；核心范畴，见图 5-1。

表 5-1 广义、中义和狭义生态产品第四产业概念比较

比较指标	广义	中义	狭义
内涵和范围	绿色产业或者生态产业	环境物品和服务 + 生态产品和服务	生态产品和服务
与绿色发展吻合度	高	高	高
与绿色产业吻合度	高	中	中
与生态产业吻合度	高	低	中
与环保产业吻合度	较高	高	中
现有国民经济核算包含程度	多	多	少
价值核算难度	易	中	难
价值实现难度	易	中	难

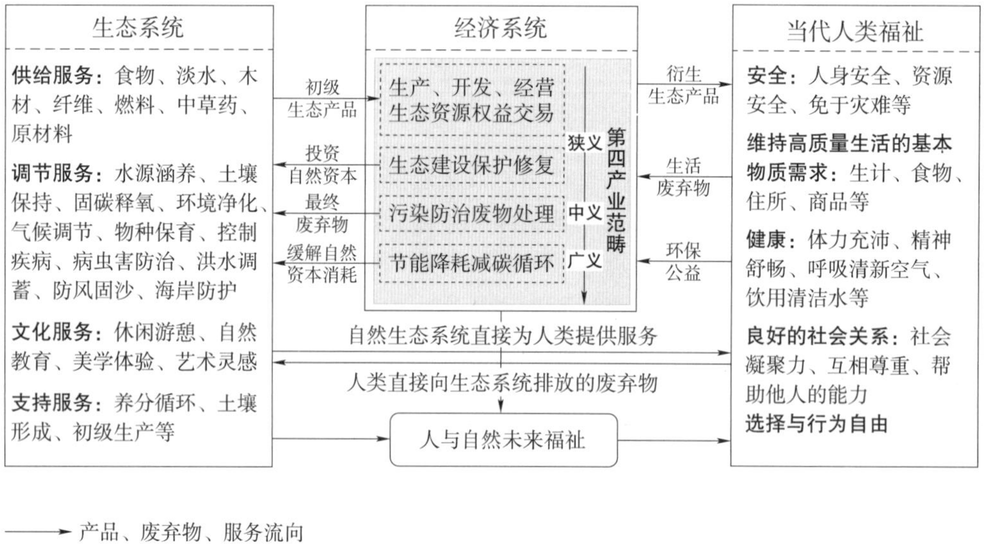

图 5-1 生态产品第四产业核心范畴

5.1.3 生态产品第四产业特征

生态产品第四产业涉及人类价值观的重塑、生产体系的彻底变革，有效打通了自然生态系统和人类经济社会系统的分割。生态产品第四产业将生态资源作为核心生产要素纳入经济体系，将生产活动从人类扩展到生态系统。生态系统通过第一性生产、次级生产以及能量流动、物质循环和信息传递等功能生产生态产品的过程称为生态生产[12]。因此，将生态系统视为价值创造者并将其纳入生产、分配、交换、消费等现代经济体系是生态产品第四产业的本质特征。

生态产品第四产业与传统三次产业在服务对象、创造价值、主导生产要素等方面具

有本质区别（表5-2）。这些不同或者特征表现在产业目标、价值观、生产过程、满足需求、生产要素、生物圈影响和服务对象等方面。

表5-2 第四产业和传统三次产业比较

维度	第一产业	第二产业	第三产业	第四产业
产业内涵	直接从自然界获取产品的行业	对第一产业的产品或第二产业的半制成品进行加工的行业	生产物质产品以外的行业	生产生态产品的行业
根本目标	增进人类福祉			人与自然和谐共生
产业形态	农业、林业、畜牧业、渔业	工业、建筑业	服务业	生态产品产业
核心产品	农业品	工业品	服务产品	生态产品
服务对象（需求方）	人类			人与自然生命共同体、自然生态系统、人类及一切生物
时空属性	一般主要服务于当代人的需求			跨时空属性，不仅满足当代人需要，也满足未来可持续发展的需要
创造价值	物质需求		物质及精神需求	人类福祉（社会属性）+生态系统服务保值增值（自然属性）
主导生产要素	土地、劳动力	资本、劳动力	资本、数据等	生态资源
生产属性	以人类生产为主			以生态生产为主，人类生产为辅
主导文明	农业文明	工业文明	商业&信息文明	生态文明
主导消费观念	主要关注产品使用周期的效用			蕴含全生命周期绿色消费理念

第一是产业目标不同。传统三次产业均是以满足人的需求为核心价值，而生态产品第四产业则以包含人类与自然生态系统在内的人与自然生命共同体为服务对象，以促进人与自然和谐共生、增进人类生态福祉和生态系统服务保值增值为根本目标。作为支撑生态文明的产业形态，第四产业的发展水平就是衡量生态文明程度的重要标志。

第二是价值观不同。新时代生态文明背景下，价值的本质是对地球及其所有居民的可持续福祉的贡献，生态系统显然是价值创造者的核心组成部分，但长期以来并没有融入我们的经济体系中[13]。生态产品第四产业将生态资源作为核心生产要素纳入经济体系，将生产活动从人类经济生产扩展到生态系统生产。因此，将生态系统视为价值创造者并将其纳入生产、分配、交换、消费等现代经济体系，是生态产品第四产业的本质特征。

第三是生产过程不同。传统三次产业主要强调人类经济生产过程，而生态产品第四产业则以自然生态生产过程为核心，并与经济生产过程实现融合。生态产品第四产业虽然也关注人类活动的投入，但这种投入的产出是以生态资源为前提的，生态资源转化为生态资产，生态资产转化为生态资本和经济福利。

第四是满足需求不同。传统三次产业均是以满足人的需求为核心价值，而生态产品第四产业以包含人类与自然生态系统在内的人与自然生命共同体为服务对象，以促进人与自然和谐共生、保护濒危动植物物种、增进人类福祉和生态系统服务保值增值为根本导向。

第五是主导生产要素不同。传统三次产业主要以资本、劳动力等为核心生产要素，而生态产品第四产业则以生态资源为核心要素。生态产品第四产业的发展水平不仅可以作为生态文明程度的重要标志，也可以衡量经济社会系统的绿色低碳发展水平。

第六是对生物圈的影响不同。传统三次产业本质是耗散结构，体现为大量资源消耗和污染排放的“熵增”，只能尽可能通过绿色低碳循环等技术减少熵增，但不可能归零。而生态产品第四产业由于生态生产过程的介入，绝大部分的产业活动都是基于自然的解决方案（NbS），因此对生物圈和生态环境来说是“负熵”或“零熵”，影响非常小，甚至是正面的影响。

第七是产业服务对象不同。生态文明时代的价值观将人与自然视为生命共同体。“万物各得其和以生，各得其养以成。”大自然是包括人类在内一切生物的摇篮，是人类赖以生存发展的基本条件。大自然孕育抚养了人类，人类应该以自然为根，尊重自然，顺应自然，保护自然。不尊重自然，违背自然规律，只会遭到自然界的报复。自然遭到系统性破坏，人类生存发展就成了无源之水、无本之木。习近平总书记曾说：“我们要像保护眼睛一样保护自然和生态环境，推动形成人与自然和谐共生新格局。”传统三次产业的划分，本质上仍是以“人类中心主义”为价值观，以满足当代人类自身需求为根本出发点，显然不适应生态文明时代的要求。生态产品第四产业形成伊始就以人与自然生命共同体为服务对象，以促进人与自然和谐共生、增进人类可持续福祉和生态系统服务保值增值为根本目标。

第八是时空属性不同。传统三次产业主要服务于同一时间维度特定人群的需求，而生态产品第四产业具有跨时空属性，其价值更多体现在未来更长远的时间跨度和更宽广的区域范围。如生态建设提升的生态资产价值不一定在当下直接转变为经济社会价值，而是更多面向未来更长一段时间更大范围的受益客体，以满足可持续发展的需要。同时，由于其服务流的特殊性，生态产品往往具有普惠性特征。优质生态产品是最普惠的民生福祉，所有的人类，不论性别种族、经济条件、社会地位、宗教信仰，都可从中受益。最典型的，如生态系统碳汇可使全球受益。

5.1.4 生态产品内涵及分类

生态产品是第四产业的核心产品，因此，厘清生态产品的概念内涵和分类，是理解和划分生态产品第四产业的前提和依据。但目前尚未有完全统一的生态产品概念。本节系统介绍生态产品的概念演进，辨析相关概念，在讨论现有生态产品定义的基础上，确定生态产品的概念、内涵及分类。

（1）生态产品概念演进

生态产品是具有鲜明中国特色的概念，我国政学界对生态产品内涵的认识经历了不断深化的过程，大致可分为以下五个阶段：

第一阶段（1980s），概念的提出。“生态产品”概念见于文献报道最早可追溯至20世纪80年代，中国家畜生态学学者杨再和洪子燕在研究黄土高原家畜生态时，将“通过水土保持措施所得到的牧草，以及在不影响森林保护法前提下所获取的树叶和嫩枝条”统称为“生态产品”，并提到了“生态产品转化”概念[14, 15]。1987年，著名生态经济学家刘思华基于马克思劳动价值论建立生态价值论，将生态系统直接供给的产品称为“生态产品”，认为其蕴含的生态价值与商品价值一样，都是人类抽象劳动的凝结，主要表现在人类劳动对生态环境的补偿、保护和建设[16]。该阶段对生态产品的认识蕴含了朴素的自然生态生产的内涵，类似于生态系统服务中的“生态物质产品”。但受制于传统马克思劳动价值论，学者在意识到生态环境价值的同时，也特别强调生态产品中凝结的人类劳动才是价值的根源。该阶段虽提出了“生态产品”概念，但并未引起广泛重视，相关研究报道也较少。

第二阶段（20世纪90年代初至20世纪末），从生态环境友好和生态设计的角度界定生态产品。1992年，任耀武和袁国宝首次系统界定了“生态产品”概念，即“通过生态工（农）艺生产出来的没有生态滞竭的安全可靠无公害的高档产品”，将“生态产品”看作人与环境在物质生产过程中和谐合作的产物[17]。该定义得到了产业界较多认可，开始出现生态农产品、生态设计产品、生态产品开发等相关研究，其内涵不断演化为当前的“生态标识产品”或“绿色产品”。

第三阶段（21世纪初至2009年），生态公共产品阶段。1997年以后，生态系统服务成为世界主流生态经济学界研究的前沿和热点[18]，我国对生态系统作用的认识进一步深化。与此同时，我国提出“西部大开发”战略，40余名专家学者深入西部开展深入调查，一致提出，将生态环境建设作为西部大开发切入点及核心。中央对西部的要求从提供资源产品转向提供生态公共产品，将生态环境资源视为有偿的、公共的产品，如涵养水源、气候调节等[19-22]。“生态公共产品”概念就此诞生，政学界对“生态公共产品”的定价、支付形式、生态环境补偿等探讨研究开始大量涌现，其内涵实质已基本接近后期官方话语中的“生态产品”，侧重于生态系统服务中的生态调节服务。

第四阶段（2009年至今），提高生态产品生产能力阶段。2010年，国务院印发了《全国主体功能区规划》（国发〔2010〕46号）首次在国家政策文件中明确了“生态产品”概念，将其定义为“维系生态安全、保障生态调节功能、提供良好人居环境的自然要素，包括清新的空气、清洁的水源和宜人的气候等”，将其与农产品、工业品、服务品并列为人类必需的第四类产品，作为我国制定主体功能区规划的重要科学依据和理论基础。党的十八大进一步提出“增强生态产品生产能力”。我国政府文件用“生态产品”

代替生态学界已广为接受的“生态系统服务”，将生态环境这一古典经济学家眼中单纯的生产原料、劳动对象转变为提升人民群众获得感的增长点、经济社会持续健康发展的支撑点、展现我国良好形象的发力点。这是生态文明建设领域重大创新性战略举措，具有重大战略作用和现实意义[23]。

第五阶段（2016 年至今），生态产品价值实现带来生态产品概念的延展和发展。2016 年 8 月，中共中央办公厅、国务院办公厅印发《国家生态文明试验区（福建）实施方案》，首次提出“生态产品价值实现”的概念，将“生态产品价值实现的先行区”作为国家生态文明试验区的战略定位，将生态产品概念由提高生产能力扩展到价值实现理念。2017 年 8 月，中共中央、国务院印发《关于完善主体功能区战略和制度的若干意见》，提出开展“生态产品价值实现机制试点”，将贵州等 4 个省份列为国家生态产品价值实现机制试点地区。党的十九大进一步深化了对生态产品的认识和要求，将生态产品稀缺看作新时代我国社会主要矛盾的一个方面，明确要求“提供更多优质生态产品，以满足人民日益增长的优美生态环境需要”。该阶段，“生态产品”概念迅速普及，广为所知，关于生态产品概念解析、产品供给、价值核算、价值实现等多元化的研究开始大量涌现[24]。在全国各地实践中，生态产品具体内涵也不断拓展，从最初侧重干净水源、清新空气的自然要素扩展为优质的生态农产品、生态旅游服务等兼具自然属性和社会属性的产品，甚至农业文化遗产、古镇古屋、人文景观等人类生产属性较强产品也被纳入其中，围绕生态产品价值实现的探索实践开始呈现多种多样的新产业、新业态、新模式。

（2）生态产品概念内涵

由于生态产品类型繁多，属性特征差异巨大，价值表现形式多样，对其内涵的解读呈现多样化态势，虽在生态价值属性等方面达成了一定共识，但仍缺少较为统一的内涵界定。从字面语法的角度，对“生态产品”有两种不同的理解：一种偏正结构下的“生态的产品”，生态是一种功能或者修饰，强调产品全生命周期的无害性、绿色性等生态环境友好型特征，与国际上的“生态标签产品”和国内的“生态设计产品”等概念基本相通；另一种则是动宾结构下的“生态系统产出的产品”，即“生态系统产品”，强调生态系统产出的特征，与“生态系统服务”概念基本相通[25, 26]。“生态产品价值实现”语境下的“生态产品”则倾向于后者的解释。

从具体内涵角度来看，国内学术界对生态产品的认识主要存在以下三个方面的争议：①产品范畴，是否将传统农产品归为生态产品；②产品属性，是否涵盖人类社会属性；③产品的产出过程，是否强调产出对生态系统的负面影响。具体则表现为以下三个方面：第一，认为生态产品基本等同于生态系统服务，或称“生态系统产品和服务”（Ecosystem Goods & Services），单向强调自然生态系统为人类福祉所做的贡献，其将“生态产品”定义为“生态系统与生态过程为人类生存、生产与生活所提供的条件与物质资源”“生态系统为人类提供的物质和服务”，将“生态系统生产总值（Gross Ecosystem Product，GEP）”定义为“一定区域在一定时间内，生态系统为人类提供最终产品与服务及其经济价值的总和”[27-30]，包括生态物质产品、生态调节服务、生态文化服务等类型。为避免重复计算，不将生态系统服务中的“支持服务”等中间服务纳入生态产品范畴，但包含农业生态系统生产的所有农产品。第二，认为生态产品必须由生态系统和人类社会共同作用，缺一不可，既反映自然与人的关系，也反映人与人之间的社会关系，其将“生态产品”定义为：“生态系统生物生产和人类社会生产共同作用提供给人类社会使用和消费的终端产品或服务，包括保障人居环境、维系生态安全、提供物质原料和精神文化服务等人类福祉或惠益。”该定义明确生态产品必须包含生物生产和人类劳动两种生产劳动形式，且生产目的是用于市场交易以供人类消费使用，认为生态产品具有生物生产性、人类受益性、经济稀缺性、保护成效性等本质特征[30]。第三，强调产品产出的“可持续性”，主要针对人类的索取和生产活动对自然生态系统的影响。部分学者或相关技术规范在界定生态产品时，突出生态系统生产主要地位的同时，附加相应的前提条件，如“不损害生态系统完整性和稳定性的前提下，生态系统为人类生产生活所提供的物质和服务”[31, 32]“在维系生态安全、保障生态调节功能的条件下，生态系统通过生物生产及其与人类劳动共同作用为人类福祉提供的，用以满足人类美好生活需求的最终产品或服务”[33]。也有专家强调生态产品中的物质供给类产品（如农产品等）和文化服务类产品（如旅游景区等）是通过“产业生态化、生态产业化进行经营开发的”[34]，把“生态产品”定义为“良好的生态系统以可持续的方式提供的满足人类直接物质消费和非物质消费的各类产出”[35, 36]。也有部分学者如潘家华，将“以人类社会生产为主但生产过程没有引致生态退化、环境破坏及负外部性，通过生态中性原则的产品”作为“生态标识产品”纳入生态产品范畴，进一步扩展了生态产品的内涵[37]。

综合分析“生态产品”已有研究成果，生态经济学相关理论及地方生态产品价值实现相关实践，我们主要基于其价值属性，将“生态产品”定义为：在不损害生态系统完整性和稳定性的前提下，生态系统通过生态生产或与人类生产共同作用，为增进人类及自然可持续福祉提供的产品和服务。与过去研究成果相比，该定义具有以下鲜明特点：

第一，在突出生态生产主体地位的同时，兼顾人类社会生产的作用。生态系统在生态产品生产中具有主导地位及不可替代性，生态产品的生产以生态系统的生态生产为主，生态产品的核心“提供者”是自然生态系统本身，而不是人类及其活动，生态系统在无须人类活动参与的情况下，也可以维持自身的生态生产活动。人类可以破坏生态产品，也可以通过自身行为保护自然生态系统，提高生态产品生产能力，但不能直接生产生态产品。人类更多的是从自然系统“租借”生态产品，因此有保持生态产品保值增值的义务，可通过人力、技术、资金等各类资本的投入开展生态系统管理、生态保护及恢复等活动，提高生态系统生产能力，间接生产生态产品，或者基于初级生态产品生产衍生性生态产品。

第二，强调生态产品从生产到消费的全生命周期过程不能损害生态系统完整性和稳定性，也就是对生态产品的开发利用不能以自然资本的净消耗为代价，这主要是针对人类活动而言。生态生产不同于经济生产，生态系统的完整性和稳定性是维持生态系统生产能力的基础保障，一旦遭受损害，将大幅影响生态再生产能力，甚至遭受不可逆的影响。不同类型生态产品的消费存在平衡，对生态物质产品和文化服务的过度开发消费可能会引起生态系统生产能力的下降和不可持续性。因此，生态产品不等同于生态系统全部产出的产品，且强调生态再生产属性，不包括化石能源、矿产资源及大量使用化肥、农药等工业品生产出的农产品及无序开发导致不可持续的旅游休闲服务等[38, 39]。

第三，强调生态产品生产的目的是人及自然共同的、可持续的福祉。提供生态产品是生态文明时代的标志，生态文明要求打破工业文明时期的“人类中心主义”，将人与自然视为命运共同体，人和自然生态系统均是“社会—经济—自然”复合生态系统的组成部分。过去对生态产品的界定大多强调自然对人类福祉的贡献，而忽视人类对自然可持续福祉的贡献及自然生态系统自身保值增值的需求。本书定义强调，生态产品生产的目的不仅仅是满足人的需求，而且是为满足人与自然命运共同体的可持续福祉。生态产品生产不仅仅是以交换为目的，即生态产品不都是为了转化为生态商品进入经济系统，而是有一部分给自然生态系统本身，满足其保值增值和可持续的需要，即沉淀为生态资产的增量。

从生态产品范畴来看，对应狭义生态产品第四产业的生态产品范畴大致等于生态调节服务和通过生态中性原则认证的生态物质产品及生态文化服务。所谓“生态中性”，就是产品从生产到消费全生命周期的生态影响对生态系统的结构和功能不造成损害（或虽有损害，但短期内可以修复）且不影响生态系统的长期稳定性的程度[40]。对应中义生态产品第四产业的生态产品还包含通过人类活动直接生产的类生态产品，即环境服务，如清新空气、干净水源、安全土壤、消纳污染等。对应广义生态产品第四产业的生态产品范畴还包括人类生产为主的通过生态中性认证的“生态标识产品”。从具体实践来看，是否为生态中性则依赖于生态产品认证评价体系的建立健全。

与强调产品生产符合生态环保、低碳节能、资源节约等要求并通过一定标准认证的绿色产品、环境标志产品不同，生态产品是与农产品、工业品、服务产品并列的一类产品，属于上位类产品，且更加强调生态系统生产属性[38]。关于生态设计产品、生态原产地产品、环境标志产品、生态产品概念比较，见表 5-3。

表 5-3　生态产品相关概念辨析

产品类型	产品内涵	管理机关	相关标识
生态设计产品	通过生态设计产品标识认证的产品，强调产品全生命周期中最大限度降低资源消耗，尽可能少用含有毒有害物质的原材料，减少污染物产生和排放（《生态设计产品标识》GB/T 32162—2015）	国家质量监督检验检疫总局	

续表

产品类型	产品内涵	管理机关	相关标识
生态原产地产品	在生命周期中符合绿色环保、低碳节能、资源节约要求并具有原产地特征与特性的生态良好型产品（《生态原产地产品保护评定通则》SN/T 4481—2016）	国家质量监督检验检疫总局	
环境标志产品	取得环境标志产品认证，表明其不仅质量合格，而且在生产、使用和处理处置过程中符合特定的环境保护要求，与同类产品相比，具有低毒少害、节约资源等环境优势（ISO 14020 系列标准），类似国际上的“生态标志”产品	生态环境部	
绿色产品	通过绿色产品认证；在产品全生命周期中具有资源节约、环境友好、消费友好等特征的绿色属性产品，包括节能、节水、环保、低碳、循环、再生、有机等产品	中国国家认证认可监督管理委员会	

（3）生态产品类型划分

依据人类参与程度，生态产品可分为主要依赖生态系统直接生产的初级生态产品，以及基于初级生态产品的市场开发经营而形成的衍生性生态产品[41]。初级生态产品按产品形态可分为生态物质产品、生态调节服务、生态文化服务等。除少数物质产品外，大多初级生态产品不能直接交换，如清新的空气、清洁的水源、宜人的气候等。衍生性生态产品与人类活动关联密切，主要包括可交易的生态资源权益性生态产品和可直接供人类消费的增值性生态产品，如碳排放权、水权、生态文化产品、生态康养服务等，一般具有显著交换价值[41]。

依据产品的市场属性，生态产品可分为纯公共性生态产品、准公共生态产品、经营性生态产品三种类型[12]。纯公共性生态产品具有非竞争性和非排他性特征，主要包括水源涵养、土壤保持、物种保育等生态调节服务，对于维持自然生态系统可持续性至关重要，但一般较难实现市场交易。准公共性生态产品具有有限的竞争性和非排他性特征，需要人类通过制度设计及开发经营形成经营性产品，包括基于固碳、水质净化等初级生态产品开发的生态资源权益产品，公共湿地、公共林地等公共资源性产品，以国家公园为主体的自然保护区、风景名胜区、自然文化遗产及其蕴含的休闲旅游、自然景观、美学体验等。经营性生态产品是人类劳动参与度最高的生态产品，可直接参与市场交易，主要包括生态农、林、牧、渔、中草药产品，生态能源产品及通过延伸生态产品产业链生产的生态有机食品，工业品及文化产品等，还包括通过生态旅游、休闲农业、生态康养等生态产业化形成的经营性服务。

5.2 生态产品第四产业分类及形态

基于狭义的生态产品第四产业概念总体上给出了生态产品的范围，也就是自然生态系统提供的生态产品，从保护生产、建设修复到经营交易、技术平台等环节组成的全过程。作为第四产业主要产出的生态产品，其分类可以借鉴环境产业和生态产品总值 GEP 的组成分类。

5.2.1 生态环境产业分类基础

环境产业是 20 世纪 80 年代发展起来的新兴产业，主要依附于传统经济和产业的绿色化改造，以环境污染治理的方式出现，所以也称环境治理产业。我国的环境产业快速发展始于“十一五”时期，也就是具有强约束性的总量控制污染减排时期。环境产业分类主要参照联合国环境署（UNEP）和我国环保产业普查调查技术规范。

（1）联合国统计署：环境产业分类

环境货物和服务部门（Environmental Goods and Services Sector，EGSS），即通常所说的“环保产业”，是联合国倡导的绿色经济的重要组成部分，其发展规模和水平被认为是衡量绿色经济发展水平以及绿色就业的重要标准。2012 年 3 月，联合国统计署通过了环境经济核算体系中心框架（SEEA），其中对于 EGSS 统计框架进行了专门描述，并将其作为核算环境货物和服务的国际标准，为各个国家和地区的环保产业统计与核算提供参考。

EGSS 概念最早是由经济合作与发展组织（OECD）提出来的，在不同时期有不同的名称和定义，概念和内涵的变化也反映了对环境货物与服务的认识和实践一直在变化，其发展变化过程如图 5-2 所示。从发展历程来看，欧盟统计局（Eurostat）和 OECD 开展了大量的工作。1992—1996 年，OECD 开展了多项研究，并与欧盟统计局在 1999 年共同发表了《环境货物和服务产业：人工数据收集与分析》报告，定义了环保企业及环境领域的基本概念。2005 年，OECD 制定了统一的用于数据收集的初步标准表格和指导意见，德国、瑞典、荷兰、英国、匈牙利和芬兰等国开展了数据收集试点。2009 年，欧盟统计局出版了《环境货物和服务部门数据收集手册》，2014 年又出版了《EGSS 统计数据收集实用手册》，进一步细化了 EGSS 统计框架的内容。自 2017 年起，上报 EGSS 数据成为欧盟成员国一项强制要求。目前，EGSS 统计框架主要在欧盟范围内得到了较为广泛的应用，已经开展了三次大规模的数据收集。2018 年，在联合国环境规划署、生态环境部、国家统计局支持下，生态环境部环境规划院等单位在湖北省和重庆市开展了基于 EGGS 的环保产业统计试点研究。

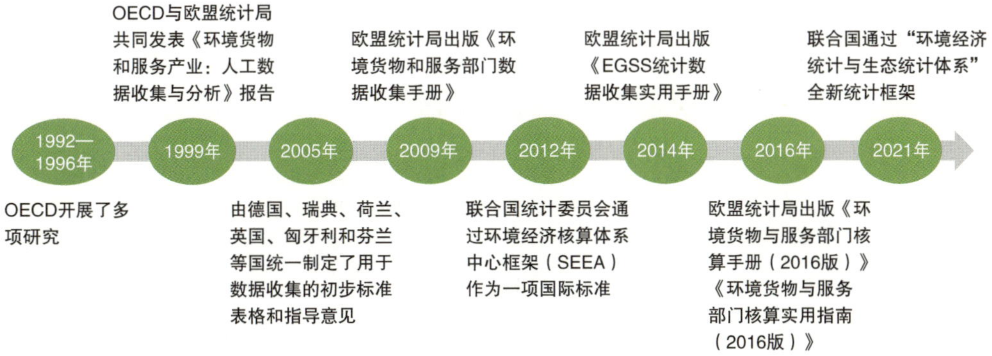

图 5-2 EGSS 统计框架的发展历程

环境货物和服务不同于传统的行业或者产业，没有统一的分类标准，多采用“环境目的法”来界定一种产品、技术或服务是否属于 EGSS 范畴。也就是说，如果一类生产活动的主要目的是“环境目的”，那么这种生产活动所产生的产品、技术或服务就属于 EGSS。在《EGSS 统计数据收集实用手册》中，将以环境为目的的活动分为“环境保护”和“资源管理”两类，其中，环境保护型活动采用国际统一标准的环境保护活动分类体系（CEPA），分为 9 个小类；资源管理型活动采用资源管理活动分类体系（CReMA），分为 7 个小类。对于环境保护类和资源管理类的活动分类，见表 5-4。

表 5-4 EGSS 统计框架中的环境活动分类

环境活动类型	代码	分类
环境保护型	CEPA 1	大气环境保护与应对气候变化
	CEPA 2	废水治理
	CEPA 3	废物治理
	CEPA 4	土壤、地下水、地表水保护与修复
	CEPA 5	噪声和振动削减
	CEPA 6	生物多样性与景观保护
	CEPA 7	辐射防护
	CEPA 8	研发活动
	CEPA 9	其他环境保护相关活动
资源管理型	CReMA 10	水体管理
	CReMA 11	森林资源管理
		11 A：森林区域管理
		11 B：森林资源的最小化索取
	CReMA 12	野生动植物群管理

续表

环境活动类型	代码	分类
资源管理型	CReMA 13	能源管理
		13 A：可再生能源生产
		13 B：节能及其管理
		13 C：减少化石能源使用
	CReMA 14	矿产资源管理
	CReMA 15	研发活动
	CReMA 16	其他自然资源管理活动

资料来源：董战峰等译著．欧盟环境货物和服务部门统计使用手册［M］．北京：科学出版社，2014.

（2）生态环境部：环保产业分类

1988年至今，生态环境部、国家发展改革委、国家统计局等部门已经联合开展了6次环保产业调查，调查基准年依次是1988年、1993年、1997年、2000年、2004年和2011年（表5-5）。从调查对象上看，这些调查都是根据当时环境保护工作的需要进行的，对环保产业的具体分类界定有所差异。

表5-5 我国历次环保产业统计调查分类情况[42]

年份	调查范围	调查分类
1988	环保工业	环保专用设备、仪器（部分通用仪器）、材料、药剂、“三废”处理及综合利用技术、装备
1993	7大领域	环境产品生产、环保产品营销、环保技术开发、工程设计施工、“三废”综合利用和自然生态保护
1997	5大领域	环保技术开发、环保产品生产、环保产品营销、环境工程设计施工、“三废”综合利用、自然生态保护和低公害产品生产
2000	5大领域	环保产品生产、环境保护服务、洁净产品生产、自然生态保护、废物处理与循环利用
2004	4大领域	环保产品生产、环境保护服务、废物处理与循环利用、洁净产品生产
2011	4大领域	环境保护产品、环境保护服务、资源循环利用产品、环境友好产品

2011年，即最近一次环保产业调查包括环境保护产品、环境保护服务、资源循环利用产品、环境友好产品4大类。其中，环境保护产品包括用于环境污染防治、生态环境保护及资源循环利用的生产设备、材料和药剂、环境监测仪器仪表等；环境保护服务包括污染治理及环境保护设施运行服务、环境工程建设服务、环境咨询服务、生态修复与生态保护服务等；资源循环利用产品包括经国家、省级资源综合利用认定的资源循环利用产品等；环境友好产品包括经过认证，具有有效认证证书的环境标志产品、节能节水产品及有机产品等。这个分类展示了我国环保产业的最新分类。

专栏5-3 原环境保护部、国家发展改革委、国家统计局：环保产业调查分类

环境保护相关产业包括环境保护产品、环境保护服务、资源循环利用产品、环境友好产品4个大类、18个中类。其中，列入调查范围的环境保护产品共计7类、427个类别、5 827项产品。

环境保护产品：

（一）水污染治理产品；

（二）大气污染治理产品；

（三）固体废物处理处置产品；

（四）噪声与振动控制产品；

（五）辐射防护与土壤修复产品；

（六）环境监测仪器设备；

（七）资源循环利用产品生产设备；

环境保护服务：

（八）污染治理及环境保护设施运行服务；

（九）环境工程建设服务；

（十）环境咨询服务；

（十一）生态修复与生态保护服务；

资源循环利用产品：

（十二）矿产资源综合利用产品；

（十三）产业“三废”综合利用产品；

（十四）再生资源回收利用产品；

环境友好产品：

（十五）环境标志产品；

（十六）节能产品；

（十七）节水产品；

（十八）有机产品。

来源：环境保护部、国家发展改革委、国家统计局发布的《2011年全国环境保护相关产业状况公报》（公告2014年 第29号）。

从我国环保产业概念内涵及其分类情况来看，环保产业是广义及中义生态产品第四产业的有机组成部分，其范畴主要是污染防治、资源循环利用等，旨在减缓人类活动对生态环境的侵占，更好地利用自然生产有机产品等，不涉及生态产品第四产业中自然生态系统生产的供给与服务价值等。环保产业与狭义生态产品第四产业具有一定的交集，包括生态保护和修复，以及部分生态产品监测认证、生态资源权益指标交易等。

（3）国家林草局：生态产业分类

森林生态系统是提供生态产品、发展第四产业的重要部门。2007 年 10 月，党的十七大第一次把“建设生态文明”写进报告，赋予林业建设生态文明的重大使命。林业活动领域由传统的森林资源培育、管理与利用，拓展到湿地资源的保护与利用，以及防沙、治沙和荒漠化防治，特别是野生动物驯养、林业生物产业（如生物质能源、生物质材料、生物制药以及林业绿色化学产品等）等新兴产业。在此背景下，2008 年 2 月，由国家林业局牵头，制定并发布了《林业及相关产业分类（试行）》（以下简称《林业分类》）。《林业分类》依据《国民经济行业分类》对林业的界定，结合我国林业管理的实际情况，将林业及相关产业界定为：依托森林资源、湿地资源、沙地资源，以获取生态效益、经济效益和社会效益为目的，为社会提供（也包括部分自产自用）林产品、湿地产品、沙产品和服务的活动，以及与这些活动有密切关联的活动的集合。

《林业分类》主要界定了“林业相关活动”的范围。林业相关活动主要包括林业产品加工制造活动、泥炭采掘与人工湿地建造活动。从产业链的角度确定林业产品加工制造活动的范围，依据以下两个标准：一是“成本显著性标准”，即对于一种产品加工活动，若其产品生产成本中，林业产品原料价值超过 50%，则可以认为该产品具有显著的林业产品属性，其生产活动属于林业相关活动；二是“原料的不可替代性标准”，即对于一种产品加工活动，尽管加工产品的原料构成中，林业产品原料的含量和价值不是主要的，但以林业产品原料作为关键性原料，而且不可替代，则可以认为该产品加工活动属于林业相关活动。但是，随着生态文明建设的深入推进和林草部门生态保护职能的扩大，这个《林业分类》已经不能适应新的林业发展需求，亟待完善和调整。

专栏 5-4 《林业及相关产业分类（试行）》共分 13 大类

《林业分类》将林业及相关产业分为林业生产、林业旅游与生态服务、林业管理和林业相关活动 4 个部分，共 13 个大类、37 个中类和 112 个小类。其中，小类与《国民经济行业分类》（GB/T 4754—2002）的行业小类相一致，实现了《林业及相关产业分类（试行）》与《国民经济行业分类》的衔接。

林业生产：

（一）森林的培育与采伐活动；

（二）非木材林产品的培育与采集活动；

（三）林业生产辅助服务；

林业旅游与生态服务：

（四）林业旅游与休闲服务；

（五）林业生态服务；

林业管理：

（六）林业专业技术服务；

> （七）林业公共管理及其他组织服务；
>
> 林业相关活动：
>
> （八）木材加工及木制产品制造；
>
> （九）以木（竹、苇）为原料的浆、纸产品加工制造；
>
> （十）以竹、藤、棕、苇为原料的产品加工制造；
>
> （十一）野生动物产品的加工制造；
>
> （十二）以其他非木材林产品为原料的产品加工制造；
>
> （十三）林业其他相关活动。
>
> 来源：国家林业局、国家统计局印发的《林业及相关产业分类（试行）》（林计发〔2008〕21号）。

5.2.2 生态产品第四产业分类

（1）分类原则

生态产品第四产业分类主要遵循以下原则[43]：①国际标准原则。第四产业是基于完善三次产业分类体系构建的，且三次产业分类标准体系已经高度成熟，因此有必要遵循相关标准原则。第四产业分类遵循联合国《所有经济活动的国际标准产业分类》（ISIC Rev. 4），将产业定义为：从事同样或类似种类的生产性经济活动的所有生产单位的集合，主要以产业活动单位和法人单位作为划分行业的单位。②互斥原则。分类中每一层级的所有类别都必须是非此即彼、相互排斥的。这是一项非常重要的原则，这样就能够避免在统计和核算时出现重复统计和核算问题。③用于界定和划分类别的定义及限定类别的原则。该原则和标准是建立在产品、服务及生产要素投入，生产工艺及技术，产出特点及产出的用途等基础之上的。相似的经济活动按这些标准被划入《国际标准行业分类》中的有关类别。在最为详细的分类层级上，在界定分组时，更优先考虑生产工艺及技术。在较高的层级上，建立便于分析的类别时，产出的特点及用途更为重要。从此意义上看，生态产品第四产业的定义是基于产品服务的生态生产属性，而绿色产业是基于产出的特点（对生态环境较友好），环保产业是基于其用途，三者并非同一个维度。④衔接性原则。与《国民经济行业分类》（2017）保持衔接，因此，分类名称尽可能与其保持一致，能和国民经济行业分类基本对应的就用原名称，无法对应的再用新词。⑤避免泛化原则。强调生态生产属性特征，强调生产、开发、运营以不损害生态系统健康稳定为前提。

（2）分类思路

生态产品第四产业分类的基本思路是：①按照产品和服务特性，可分为有形物品（含能源）和无形服务。按照要素投入，将纯生态生产、生态生产＋人类生产、以人类生产为主（主要是基于初级生态产品的开发经营）分别归类；②部分细分产业已散布于当前的三次产业分类中，直接调整到第四产业或加以限定进行区分调整；③由于第四产业将自然生态系统视为“人格化”的一类供给者，其直接提供的生态产品，尤其是生态调节服务的生态生产以及围绕生态产品价值实现形成的新业态和新模式，即生态产品开发、经营、交易等活动构成第四产业不同于前三次产业的主体；④产业分类体系应是动态的，随着研究和产业探索的深入，第四产业分类可不断进行调整，纳入国民经济体系则至少需两步：第一步是类似战略性新兴产业、绿色产业、数字经济等产业单独核算，不影响三次产业分类，并不断完善产业统计核算体系，尽可能与国民经济行业分类有较好的衔接；第二步则是相关统计核算体系完善之后，融入现有国民经济核算体系，将三次产业划分改为四次产业（倾向于广义第四产业）划分，第四产业所占比重不断上升表明生态文明及生态经济体系的构建取得进展。

（3）分类方案

具体的生态产品第四产业初步分为生态物质产品生产、生态调节服务、生态文化服务、生态产品开发交易服务、生态保护和修复 5 大门类，共 9 个大类、51 个小类，见表 5-6。

5.2.3 生态产品产业形成环节

生态产品第四产业形成和发展主要包括生态资源调查、生态系统生态生产、生态资源资产化、生态资产资本化、生态资本经营、生态建设反哺 6 个环节，生态资源、初级生态产品、生态资产、生态资本、终端生态产品（或“生态商品”）、生态现金流等节点就是产品价值对应的 6 个载体（图 5-3）。产业参与主体主要有自然生态系统、政府、社会公众、生态产品市场经营开发商、以生态环境综合服务商、绿色金融机构、生态产品交易平台、技术支撑服务企事业单位，共 8 类，分别承担着供给者、需求者及产业服务方等不同角色。

生态资源是生态产品第四产业的主导生产要素，也是产业形成的起点。生态资源作为生态产品的自然本底和生产载体，可以理解为生态系统经过长期历史积累形成的具有生态生产功能的存量，而经生态系统的生态生产过程产出的生态产品则可视为生态资源存量生产出的流量[44]。生态“资源—资产—资本”转化是产业形成的基础。生态资产是具有稀缺性、有用性特点且产权明确的生态资源，具有经济的一般属性[45]。生态资源资产化是生态资源存量或经由生态系统生产出的初级生态产品，在经济稀缺性和产权界定的双重前提下转化为生态资产[46]。生态资产资本化是将生态资产投入市场获得经济效益，从而维持自身的良性循环，强调自身的增值性。

表 5-6 生态产品第四产业范围与初步分类

门类	投入	一级分类	二级分类	原国民经济分类有否	解释及对应产品 / 服务
生态物质产品生产	纯生态生产	初级生态物质产品	纯天然产品供应	无	纯自然生态系统生态生产的野生食品、纤维、淡水、燃料、中草药和各种原材料
			优美自然要素生产	无	干净水源、清新空气、洁净土壤等
	生态生产 + 人类生产	生态农、林、牧、渔业	生态农业	有，限定	采用生态种植模式，从健康农业生态系统获得的初级生态农产品，如谷物、豆类、油料、薯类、棉、麻、糖、烟草、蔬菜、水果、茶、坚果、含油果、香料、饮料作物、中药材等
			生态林业	有，限定	采用生态种植模式，从森林生态系统获得的林木产品、林产品以及与森林资源相关的初级产品，如木材、竹材、松脂、生漆、桐油等
			生态畜牧业	有，限定	采用生态养殖模式，利用水域中生物的物质转化功能，通过捕捞、养殖等方式取得的水产品，如鱼、虾、蟹、贝和其他水生动物等
			生态渔业	有，限定	采用生态养殖模式，从健康生态系统中，利用放牧、散养、饲养等方式获得的产品，如牛、羊、猪、家禽、奶类、禽蛋等
	以人类生产为主，以生态生产初级产品为前提	衍生性生态物质产品	瓶（罐）装饮用水制造	有，限定	非地下水资源可持续开发、矿泉水等
			天然自来水供应	有，限定	天然自来水可持续开发供应
			生态（有机）食品饮料加工	有，限定	指直接以生态农、林、牧、渔业产品为原料进行的谷物磨制、饲料加工、植物油和制糖加工、屠宰及肉类加工、水产品加工，以及蔬菜、水果和坚果等食品的加工。加工过程要求清洁无污染

续表

门类	投入	一级分类	二级分类	原国民经济分类有否	解释及对应产品 / 服务
生态物质产品生产	以人类生产为主，以生态生产初级产品为前提	衍生性生态物质产品	生态农产品初加工	有，限定	指对各种生态农产品进行脱水、凝固、打蜡、去籽、净化、分类、晒干、剥皮、初烤、沤软或大批包装，以提供初级市场的服务，以及其他农产品的初加工
			生物质能	有	生物质燃料加工：包括生物质液体燃料和致密成型燃料加工。前者指利用农作物秸秆和农业加工剩余物、薪材及林业加工剩余物、禽畜粪便、工业有机废水和废渣、城市生活垃圾和能源植物等生物质资源作为原料，转化为液体燃料的活动；后者指林木致密成型燃料，秸秆致密成型燃料，废物、废料致密成型燃料的加工
				有	生物质燃气生产和供应业：利用农作物秸秆、林木废弃物、食用菌渣、禽畜粪便等生物质资源作为原料，转化为可燃性气体能源
				有，限定	生物质发电：指主要利用农林废弃物，采用直接燃烧或气化等方式进行的发电活动（不含城市垃圾发电）
			生物基材料制造	有	生物基化学纤维制造：指以生物单体或天然有机高分子材料为原料生产纤维的活动，除天然动植物纤维外，特指生物基再生纤维、生物基合成纤维等；生物基、淀粉基新材料制造：指使用可再生生物资源（如玉米、木薯、秸秆等）经过糖化、发酵、聚合等步骤制成聚乳酸等生物基、淀粉基材料的活动
			生物产业	有，限定	借用生物工程等技术，基于优质的天然生物（如植物、高等真菌、微生物等）提炼新材料、药物、保健品等活动
			天然植物纤维编织工艺品制造	有	指以竹、藤、棕、草、柳、葵、麻等天然植物纤维为材料，经编织或镶嵌而成具有造型艺术或图案花纹，以欣赏为主的工艺陈列品、礼仪用品以及工艺实用品的制作活动
			其他基于初级生态产品的加工	有，限定	其他基于初级生态物质产品直接加工的产品，加工过程要求清洁无污染

续表

门类	投入	一级分类	二级分类	原国民经济分类有否	解释及对应产品 / 服务
生态调节服务	纯生态生产	生态调节服务	水源涵养	无	生态系统通过林冠层、枯落物层、根系和土壤层拦截滞蓄降水，增强土壤下渗、蓄积，从而有效涵养土壤水分，调节地表径流和补充地下水
			土壤保持	无	生态系统通过林冠层、枯落物层、根系等各个层次消减雨水的侵蚀力，增加土壤抗蚀性，从而减少土壤流失，保持土壤；减少泥沙淤积，减少面源污染等
			空气净化	无	生态系统能吸收、过滤、阻隔和分解大气污染物，从而有效净化空气，包括净化二氧化硫、氮氧化物、粉尘等，提供清新空气
			水质净化	无	水域湿地生态系统能吸附和转化水体污染物，从而降低污染物浓度，净化水环境。如净化 BOD、COD、总氮、总磷等，提供干净水源
			气候调节	无	生态系统通过植被蒸腾作用、水面蒸发过程吸收太阳能，降低夏季气温，增加空气湿度，从而改善人居环境。如林地、灌丛、草地、水面等能降低夏季气温，增加空气湿度，提供适宜气候
			固碳释氧	无	陆地生态系统能吸收大气中的二氧化碳，合成有机质，将碳固定在植物或土壤中。植物在光合作用过程中，能释放氧气，维护大气中氧气的稳定，改善人居环境，减缓气候变化
			病虫害控制	无	生态系统由于自身稳定性，可以通过食物链、植物生长环境、生物多样性、天敌等因素控制病虫害发生，减少化学农药的使用，降低化学农药对自然生态环境的负面影响。包括森林病虫害控制、农田病虫害控制等
			物种保育	无	为动植物提供生态空间
			减灾降灾	无	洪水调蓄：生态系统具有特殊的水文物理性质，能够吸纳大量的降水和过境水，蓄积洪峰水量，削减并滞后洪峰，以缓解汛期洪峰造成的威胁和损失。包括植被调蓄、湖泊调蓄、水库调蓄、沼泽调蓄等
				无	防风固沙：生态系统通过增加土壤抗风能力，降低风力侵蚀和风沙危害的功能
				无	海岸防护：生态系统避免或减轻海浪对海堤或海岸侵蚀的功能

续表

门类	投入	一级分类	二级分类	原国民经济分类有否	解释及对应产品 / 服务
生态调节服务	生态生产 + 人类生产	衍生性生态调节服务	碳排放权开发	无	碳排放权
			排污权开发	无	排污权
			用水权开发	无	用水权
			用能权开发	无	用能权
			清水增量指标开发	无	清水增量指标
			绿化增量指标开发	无	绿化增量指标
			碳汇开发	无	碳汇
			其他衍生性产品	无	如地票、碳积分等
生态文化服务	生态生产 + 人类生产	生态文化服务	农业休闲观光	有，限定	以生态农林牧渔业等生产和服务领域为对象的休闲观光及配套服务
			休憩服务	无	生态公园、景区等提供休闲娱乐的场所及配套服务
			生态旅游	无	基于景区、名胜古迹、古屋等资源开发的，强调对自然景观的保护、可持续发展的旅游服务
			生态康养	无	基于优质生态产品和优美生态环境开发的（森林）康养基地、疗养康复场所、养生小镇、体育运动基地等，以及相关配套服务
			自然教育	无	基于优美生态环境，充分利用自然所开展的各种活动，如野营、徒步、滑雪、独木舟等野外活动，观察动植物和星空的自然、环境学习活动，使用自然物的手工以及在自然中举办音乐会等文化、艺术活动

续表

门类	投入	一级分类	二级分类	原国民经济分类有否	解释及对应产品 / 服务
生态文化服务	生态生产 + 人类生产	生态文化服务	生态美学服务	无	基于优美自然风景、地域风貌、原生态民俗文化等开发的美学体验场所、文创产业园及配套服务
			生态文化资源开发	无	基于与自然生态系统协调统一的古屋、古村落、古镇等生态资源的旅游文化开发运营
生态产品开发交易服务	以人类生产为主，但以生态生产为前提	生态产品开发服务	生态产品综合开发	无	基于生态导向的生态产品综合开发经营，如“生态 + 光伏”“生态 + 充电站”等
			生态金融服务	无	以生态资源产权和生态产品价值为信用基础的金融服务，包括信贷、基金、保险、证券等
			生态资源集中收储开发	无	围绕生态资源管理整合、收储托管、转换提升、市场化交易和可持续运营的平台
			生态资源监测	有	对海洋资源、森林资源、湿地资源、荒漠化、珍稀濒危野生动植物资源及外来物种的调查与监测活动，以及对生态工程的监测活动
			生态产品评估	无	如生态产品价值核算、生态资产评估等服务
			生态园区管理服务	有，限定	基于优质生态产品开发的生态农业园区、生态工业园区管理服务
			生态咨询	无	生态保护咨询，生态资源调查，生态产品开发项目勘查、设计、实施方案、技术咨询等服务
		生态产品交易服务	生态产品认证推广	有，限定	生态产品溯源认证、信息平台、品牌推广、公共品牌运营等
			生态资源权益交易服务	有，限定	碳排放权、排污权、用能权、用水权、绿证等生态资源权益交易服务；绿化增量责任、清水增量责任指标交易服务等
			交易平台建设运营	有，限定	生态产品贸易代理、交易中心、网络交易平台等建设运营

续表

门类	投入	一级分类	二级分类	原国民经济分类有否	解释及对应产品 / 服务
生态保护和建设	以人类生产活动为主，但能否取得成效取决于生态生产	生态保护和修复	生态保护	有	自然生态系统保护管理：对自然生态系统的保护和管理活动，包括对森林、草原和草甸、荒漠、湿地、内陆水域以及海洋生态系统的保护和管理；如生态功能区建设运营维护，自然保护区建设维护，国家公园、世界遗产、国家级风景名胜区、国家森林公园、国家地质公园、国家湿地公园等保护性运营
				有	自然遗迹保护管理：包括地质遗迹保护管理、古生物遗迹保护管理等
				有	野生动物保护：对野生及濒危动物的饲养、繁殖等的保护活动，以及对栖息地的管理活动
				有	野生植物保护：对野生及濒危植物的收集、保存、培育及其生存环境的维持等保护活动
				有	动物园、水族馆管理服务
				有	植物园管理服务
				有	其他自然保护活动
			生态修复	有	空气及大气保护和修复工程施工活动
				有	水资源保护和水生态修复工程施工活动
				有	森林资源保护和修复工程施工活动
				有	湿地资源保护和修复工程施工活动
				有	土地资源保护和修复工程施工活动
				有	野生动物栖息地保护和修复工程施工活动
				有	濒危植物保护和修复工程施工活动
				有	生态环境保护工程建设
				有	其他生态保护和修复工程施工活动

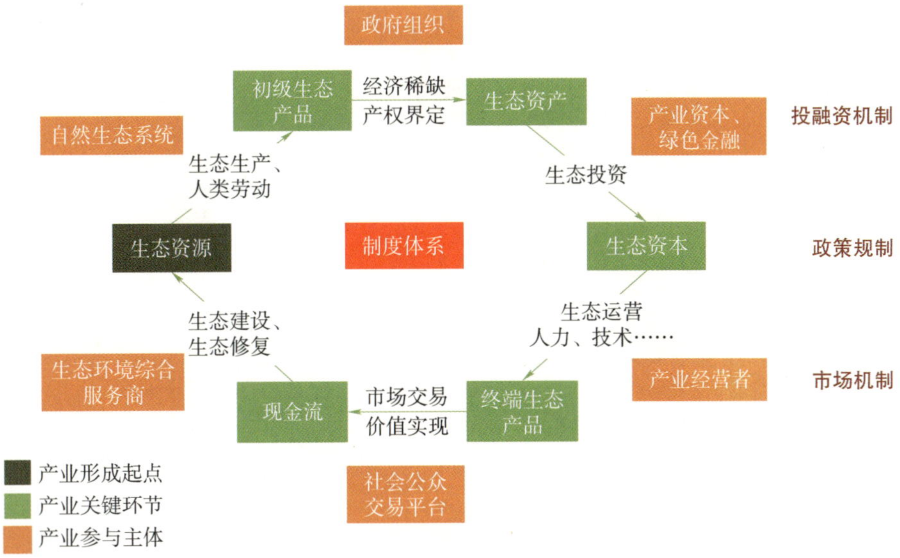

图 5-3 生态产品第四产业形成发展机制

生态资本经营是产业形成和发展的核心环节。生态资本经营指产业运营方等市场主体通过人力、技术等要素投入开展生态产品的市场化经营管理，最终形成面向终端消费者或可以在生态市场实现交易的生态产品和服务，即终端生态产品或称生态商品，并通过对价支付形成可持续的现金流收入，以实现生态资本的增值和主体投资的退出。

生态建设是产业实现可持续发展的保障。生态建设主要包括生态保护、修复及可持续生态系统管理[47]。通过生态产业化经营和市场交易变现的一部分产品价值以实物、技术、资金等形式再次投入到生态保护恢复和生态建设中，从而实现生态反哺。这是打通生态产品产业链闭环，实现生态资本持续增值、生态产品可持续再生产的关键和保障[48]。

生态产品第四产业参与主体主要包括供给方、需求方和产业服务方，围绕生态产品开发、经营、交易、支撑服务等技术经济关系形成的关联关系称为生态产品产业链。

5.2.4 生态产品主要产业形态

产业形态是指围绕生态产品生产、开发、经营、交易形成的终端产品服务形式、供需关系、支付形式、交易方式、商业模式等经营形态。生态产品本身具有多样性、复杂性特征，同时，不同市场属性的生态产品也有着不同的价值实现路径，这就决定了生态产品第四产业形态具有多样性特征，见图 5-4。

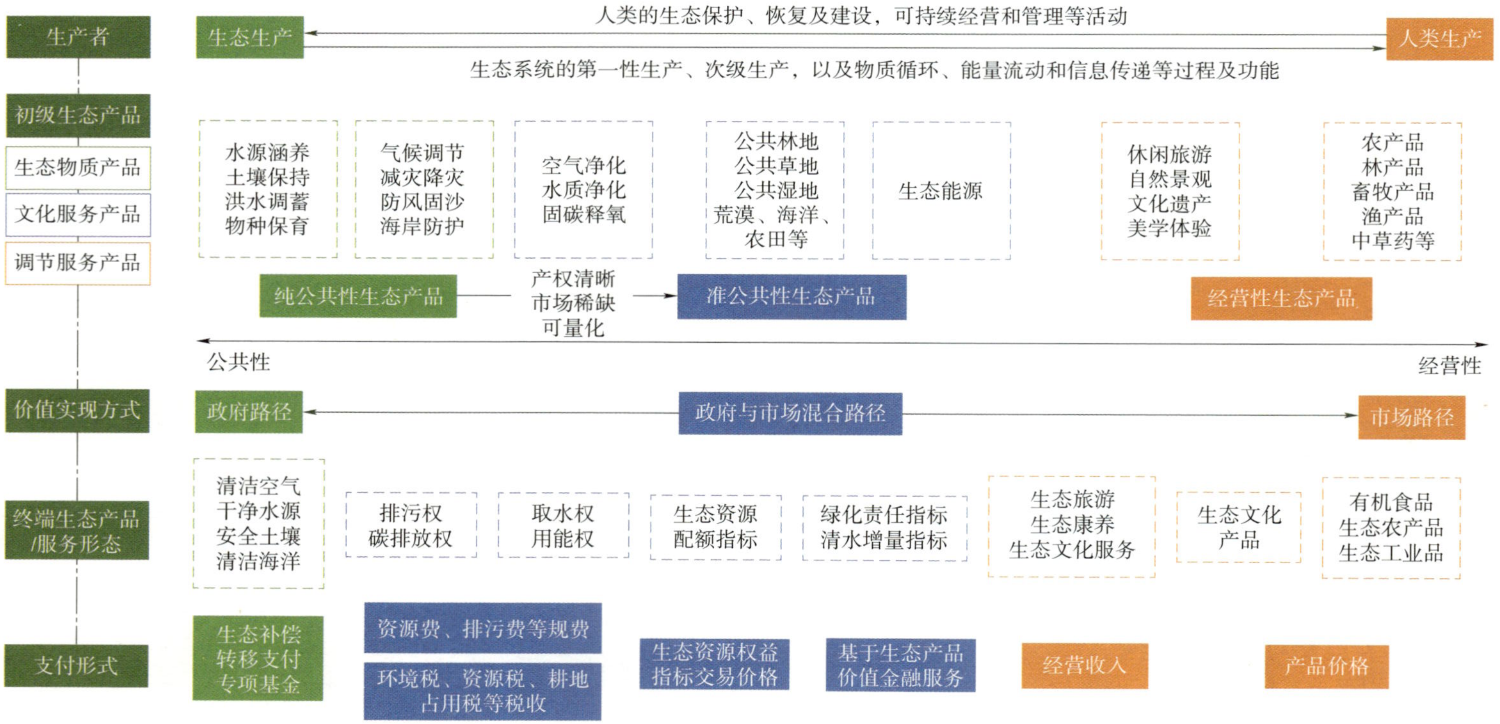

图 5-4　不同类型生态产品价值实现路径及生态产品第四产业形态

资料来源：张林波，虞慧怡．生态产品价值实现理论、实践与任务［M］．济南：山东人民出版社，2021.

纯公共性生态产品的产权是区域性或共同性的，难以通过市场交易实现经济价值，主要依赖政府路径实现价值，价值支付形式有转移支付、生态补偿及定向支持生态保护的政府性专项基金。从产业的角度来看，纯公共生态产品的供应和消费不同于一般产品的“点对点”（生产者对消费者）形式，而是“面对面”（区域对区域）。由于生态产品的空间流特征，生态产品生产者和受益者很难一一对应，转移支付、生态补偿等形式就相当于确定“生产者”和“消费者”的主体，即由政府代表全民向生态产品“支付”或“收费”。

准公共性生态产品在政府管制下可通过税费、构建生态资源权益交易市场实现价值。部分公共性生态产品在满足产权明晰、市场稀缺、可精确定量 3 个条件下，可通过收取税费或开展生态资源权益交易等方式实现价值，价值支付形式为生态环境资源税费及相关权益的市场交易价格。

经营性生态产品通过市场交易直接实现价值，支付形式为产品自身价格，包括生态物质产品及生态产业化经营形成的生态服务。生态物质产品的生态溢价一般需要有公信力的第三方认证评价及品牌培育推广才能顺利实现。国家公园、风景名胜区等公共资源性生态产品通过明晰产权、直接经营、委托经营等方式，交由市场主体提供终端生态产品服务，具体表现为生态旅游、生态康养、生态文化服务等，价值支付形式为门票、会员费等相关生态产业化经营收入。

5.3　生态产品生产函数与产品核算

作为一种区别于传统经济和产业的生态产品第四产业，需要构建基于生态价值转化的生态经济体系模型和生态产品生产函数，建立生态产品分类统计和核算体系，这是目前构建生态产品第四产业理论框架的重点和核心。本节试图在生态经济体系模型探讨的基础上，提出生态产品第四产业生产函数以及生态产品总值核算框架。

5.3.1　生态经济体系模型

传统经济体系模型（图 5-5）以土地、劳动力和资本为主要生产要素，通过要素组合生产出以 GDP 衡量的商品和服务。随着社会分工分化为第一产业、第二产业和第三产业三大经济部门，生产出的商品和服务一部分被消费，转化为人类效用和福利，另一部分再投资转化为固定资产。主要的生产要素之间可以相互替代，要素之间的界限都可以被忽略。财产权常被简化为私有和公有，分配常被视为固定的。传统经济学模型基本思想主要包括：①自由市场体系；②规模更大、效率更高的工厂，为市场制造更多产品；③ GDP 增长可最大限度提高人们的福利；④任何产品短缺，都会引起替代物的发展；⑤对环境的关心必须与经济增长相平衡。传统经济学诞生于工业文明时代，其成立的基本前提为：自然资本没有出现稀缺性[49]。

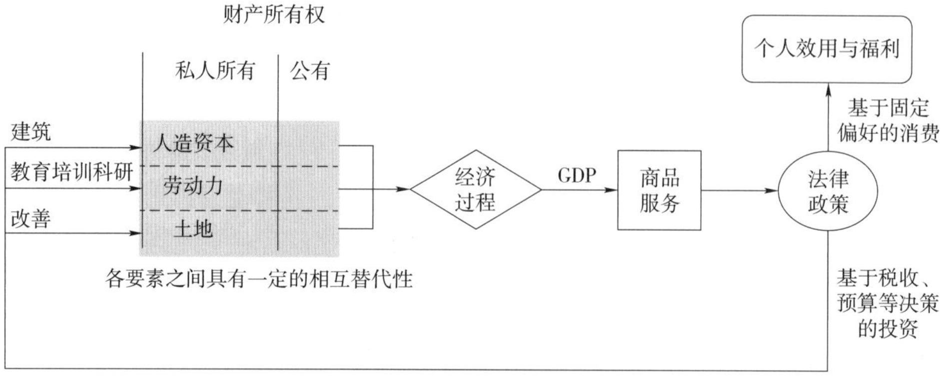

图 5-5 传统经济体系模型

资料来源：Costanza R. Visions, Values, Valuation and the Need for an Ecological Economics［J］. Bioscience, 2001, 51: 459-468.

工业文明发展至今，经济稀缺模式已经发生了根本改变，生态承载力面临极限，自然资本已成为关键的生产要素[50]。传统经济学模型的基本前提已不成立，必须基于自然资本重构经济学模型，构建新的生态经济学模型。生态经济模型基本思想包括：①需要生态系统包容、供应和支持整个社会经济系统，生态系统成为生态资产，与不可再生的自然资源共同构成自然资本；②生态系统为人类提供生态产品，多具有公共物品属性；③一个区域需要提供一般产品和服务，也要提供生态产品和服务，以满足需求；④为保障生态产品的充分供给和合理消费，生态资产和生态产品价值需要得到充分评价和实现。基于此，可构建生态与经济并行的双系统生态经济模型（图 5-6）[49]。

在该模型中，生产要素增加为四个：①自然资本（以前是土地），包括生态系统、矿藏和自然环境；②人力资本（原劳动力），包括人类的体力劳动和智力劳动；③人造资本，主要包括维持经济运行的基础设施和生产设备；④社会（文化）资本，包括人际关系、制度安排、社会规则规范等。产权制度是多元化的、复杂和灵活的，跨越从个人到集体，再到公共财产的范围，如我国自然资源资产产权制度中，所有权主要归国家，但使用权可以承包到个人或集体。生态生产过程具有不可替代性，但是可以投入人力资本、人造资本及社会资本，开展生态基础设施建设、生态保护恢复、生态系统管理等“投资自然”的行为活动，优化生态系统结构，提升生态系统功能，改善生态生产过程，进而提升生态产品生产能力和产出质量。

自然资本表现为一个自主复杂的系统，遵循热力学基本定律，通过不断从外界获取太阳能来维持自身的“熵减”，实现生态系统平衡有序[49]。自然资本不仅可以通过自然资源（如能源、矿藏等）的形式进入以传统三次产业为主的经济生产过程，以生产最终商品和服务，间接增进人类福祉，也可以通过生态生产过程直接向人类提供生态产品（如干净的空气、宜人的气候等）以满足人类生产生活需求。未被消耗的生态产品则沉淀为生态资产，为自然生态系统所用，从而实现自然资本保值增值。而且，部分关键自然资本无法用人造资本来替代，或者说，用人造资本替代自然资本损失的成本会高到无

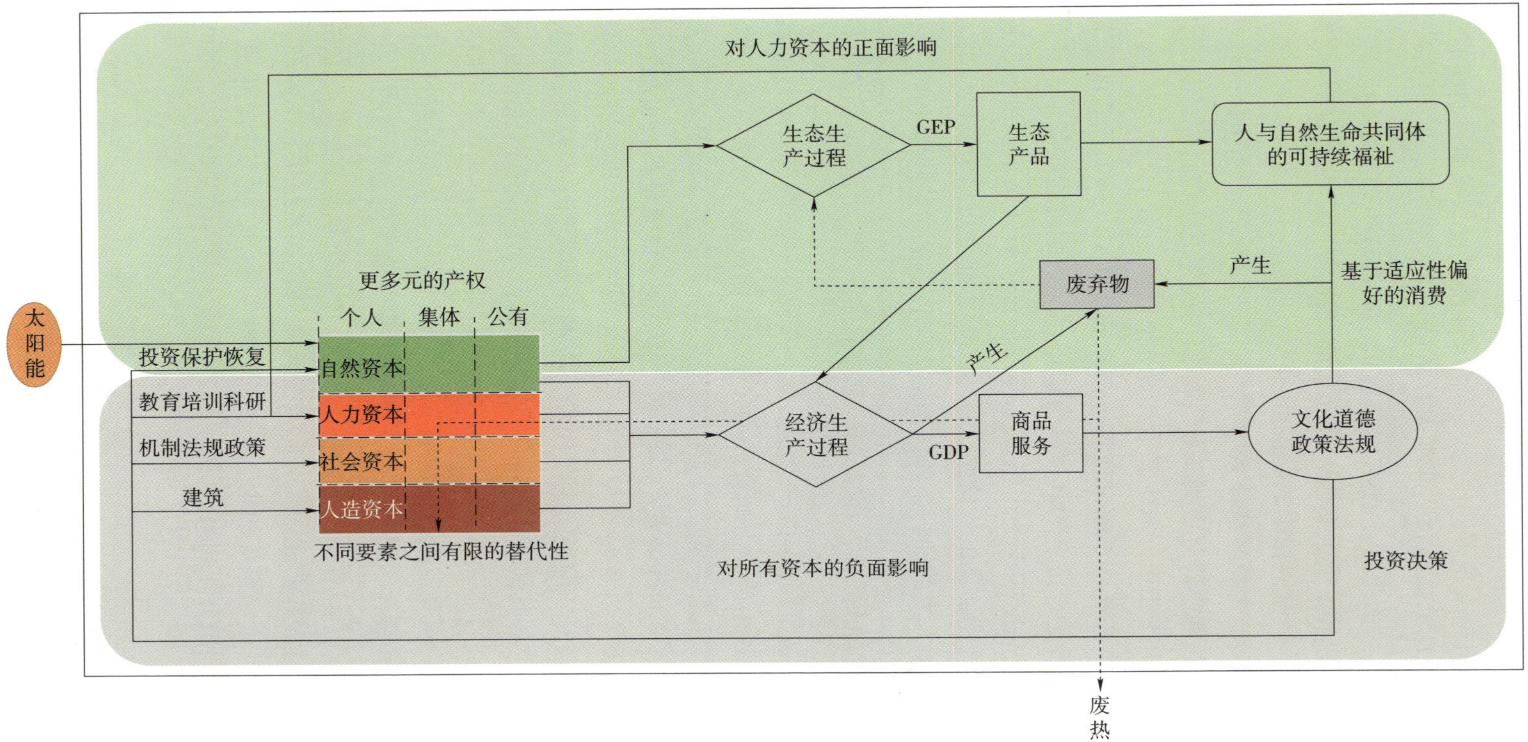

图 5-6　生态经济体系模型

资料来源：Costanza R. Visions，Values，Valuation and the Need for an Ecological Economics［J］. Bioscience，2001，51：459-468.

法承受，尤其是对于地球生命支持系统[51]。长期以来，除了少部分物质文化产品外，自然资本没有得到合理的经济回报，主要是由于生态产品大多并未显化在经济过程中。全新的生态经济体系则将越来越多的生态产品纳入经济过程，或通过制度的安排（如税费、生态补偿等）、交易体系的构建（如生态资源权益市场等）、与传统三次产业的融合（如生态产业化经营、品牌提升等）获取生态溢价，或通过生态反哺的形式（如生态建设及修复）将生态产品纳入生产、交换、分配、消费体系，实现价值的显化，使得自然生态系统及投资自然的主体获得相应的回报。

从以上分析可以看出，生态经济体系中存在一个与三次产业为主体的传统经济生产过程并行、但对人类同等重要甚至更具基础保障作用的生态生产过程。基于此，也存在一个以生态资源为核心生产要素，以生态生产为主导生产过程的与传统三次产业本质不同的第四产业。著名的生态经济学家莱斯特・布朗曾引用一句颇有深意的警句：中央计划经济崩溃于不让价格表达经济学的真理，自由市场经济则可能崩溃于不让价格表达生态学的真理[52]。生态产品第四产业正是以实现人与自然和谐共生为根本目标，运用经济发展规律和生态运行规律，尝试让价格表达生态学，建立自然生态过程与人类经济过程的连接，从而大大扩展人类的经济循环，构建人与自然生命共同体。

5.3.2　生态资产形成原理

生态资产是具有明确产权，且在一定技术经济条件下能够带来效益的稀缺生态资源[53]。生态资产包括体现生产能力的资产“存量”与体现生产产量的资产“流量”。生态资产存量指标包括各类生态系统面积、物种组成、种群数量、碳氮磷等物质储量、储水量等；流量指标包括单位时间的农产品产量、固碳量、释氧量等，水源涵养、土壤保持、防风固沙、消纳污染等功能量[53]。生态系统组分与结构是生态资产存量的主要构成，生态系统服务是生态资产流量的主要构成。生态资产作为生产要素，通过开发投入转化为生态资本，再通过与其他资本劳动等要素相结合产出可市场交易的生态产品（或称终端生态产品）[54]，即生态商品，见图 5-7。生态系统过程产生生态系统服务，生态系统组分、结构、过程共同决定生态系统服务的类型和数量。生态系统过程可简单理解为系统内部的运转方式和程序，是形成生态系统功能、输出生态产品的“生产线”，也就是本书所称的“生态生产过程”。生态资产与生态产品的数量和质量，直接依赖于生态系统的组分、结构、过程和功能，其分布与变化遵循生态系统生态学原理、生物繁衍及其资源环境约束原理、生态系统的生态平衡原理等生物学、生态学及地理学原理，同时也受人为活动与开发利用方式的影响[55]。

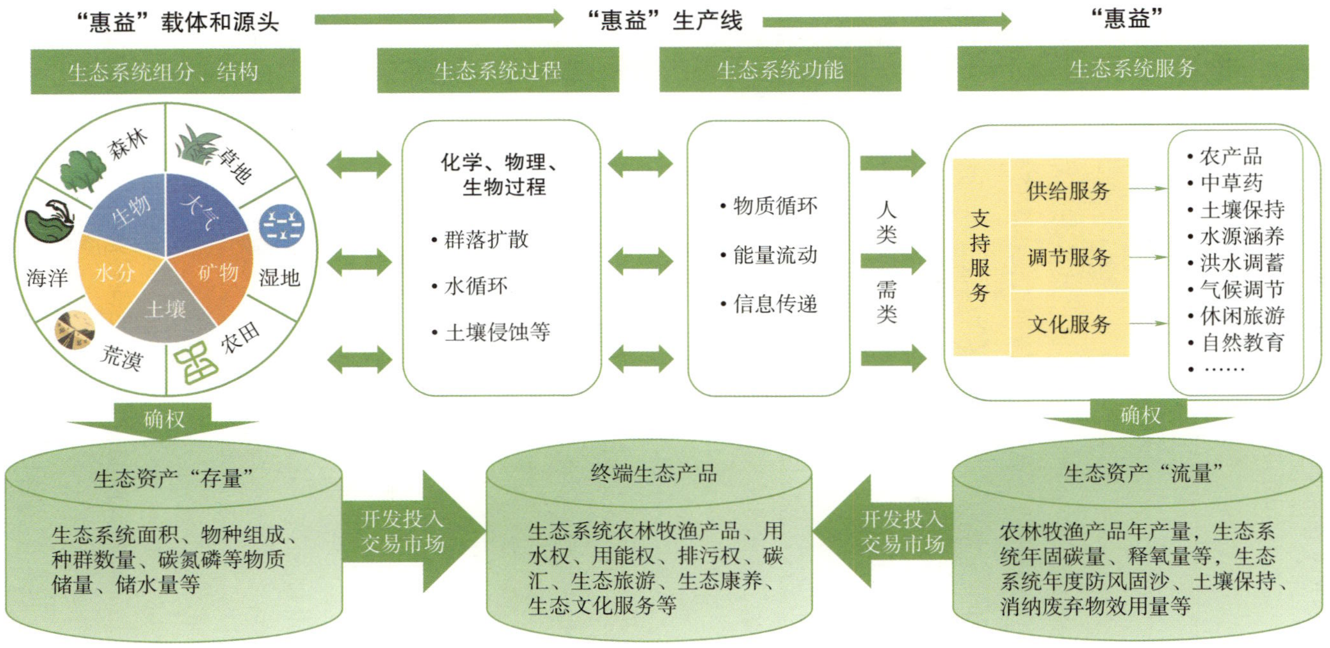

图 5-7　生态资产与生态产品形成的生态学过程[55]

资料来源：改自于贵瑞，杨萌．自然生态价值、生态资产管理及价值实现的生态经济学基础研究——科学概念、基础理论及实现途径［J］．应用生态学报，2022，33（5）：1153-1165.

5.3.3 生态产品生产函数

生产函数是指要素投入如何转化为产品产出的一种关系，本质是为把劳动、资本和资源转化为某种商品或服务的技术性配方[50]。生态产品第四产业生产函数如下：

$$Q = E^{\varepsilon} K^{\alpha} L^{\beta} T$$

式中，Q 为生态产品总产出，具有实物量（Biophysical Value）和货币形式表现的价值量（Monetary Value）两种形式，后者即生态产品总值（Ecological Value）；α、β、ε 为常数系数。

E 为生态资源（Ecological Resource）投入量，是生态产品第四产业的主导生产要素，在生态产品的生产中具有不可替代性。具体而言，生态资源泛指具有提供生态服务或生态承载能力的各类自然资源[56]，可以理解为生态系统经过长期历史积累形成的具有生态生产功能的存量，是可再生的自然资源，不包含地质矿产、化石能源等自然资源。生态资源既包括“山水林田湖草”等自然资源要素、野生动植物等生物性资源，也包括由基本自然要素组成的森林、草地、湿地、农田、荒漠、海洋等自然生态系统，还包括人类活动长期形成的融入自然生态系统且相互协调的生态文化资源，如农业文化遗产、名胜古迹、传统村落、特色古屋等[56]。在生态产品的生产函数中，投入的生态资源主要是其产生的流量，相当于“土地”的租金或资本的利息。生态资源是生态产品的“第一”生产力或生产者，或者说在很多情况下是提供生态产品的最大贡献者。一个生态系统的物种组成越复杂、结构越稳定、功能越健全，生产能力就越强。生态资源的投入往往是整体投入、不可分割的，因此，保持生态系统完整性和稳定性至关重要。

K 为资本（Capital）投入量，主要包括人力资本（Labor Capital）、人造资本（Built Capital）和资金投入（Invested Funds）等，是提高生态产品价值及市场转化的关键要素。进入“人类世”时代，人类对生态系统的影响已无处不在，人类劳动保护、恢复及建设对保障生态系统的生产能力至关重要[57]。同时，人类可持续的生态系统经营和管理对于提高生态产品溢价、促进市场交易、打通生态产品产业链闭环是不可或缺的。比如，丽水市通过“两山银行”及“生态贷”等试点，采用“生态资产权益抵押＋项目贷”等模式，盘活存量资产，引入金融资本，开展生态建设及生态产品开发，大幅提升生态产品生产能力。

T 为技术（Technology）水平，主要包括生态建设、保护修复等相关技术和开发生态产品的生态科技。前者主要通过恢复生态系统平衡提高生态系统生态生产能力，间接提高生态产品产出；后者通过生态产品的开发经营直接提高生态产品溢价能力，促进生态价值转化为经济价值。现代生态科技应用的广度和深度，直接决定了生态要素价值进入生态产品的范围和程度。通过引入生态科技开发终端生态产品，延伸生态产品产业链和价值链，可大幅提升其生态溢价。如浙江方格药业有限公司利用先进的食药用菌精深加工技术，基于灰树花开发了我国第一个抗肿瘤药品灰树花胶囊，相比前者溢价达

60 倍。基于区块链等先进溯源技术的投入可有效解决产品交易过程中信息不对称的问题，大幅提升生态产品产出价值、生态产品交易的效率。

L 为土地（Land）投入量，与传统产业土地要素相当，指从事生态产品经营开发所占用的狭义概念的土地。

传统三次产业的生产函数较为重视要素之间的替代性，而生态产品第四产业更强调要素之间的互补性。生态资源的替代性是很有限的，甚至部分关键生态资源是不可替代的[51]，在生态产品生产函数中处于主导地位。而资本、技术等生产要素主要通过提高生态资源本底价值间接提升生态产品产出，或基于初级生态产品开发经营直接提高生态产品产出。资本、技术、土地要素在一定程度上符合边际报酬递减规律，彼此之间具有一定的替代性。

5.3.4　生态产品价值核算

通过科学的核算方法，对无价的生态系统服务贴上“价格标签”，建立生态产品第四产业统计评价指标体系，是解决生态产品第四产业“度量难、抵押难、交易难、变现难”的第一道关口。基于目前的生态价值理论和生态产品价值实现实践，第四产业核算的核心就是生态产品价值核算，以及据此拓展的生态产品第四产业发展评价指标体系。

生态产品价值核算主要集中在两个方面：一是生态系统资产存量变化导致生态系统和生态系统服务流量的变化，二是生态系统服务流量变化给人与自然系统带来的效益变化。根据目前的研究基础，生态产品第四产业核算可以用生态产品总值（Gross Ecological Products，GEP）或者生态系统生产总值（Gross Ecosystem Products，GEP）衡量，具体核算框架可参考生态环境部于 2020 年 9 月印发的《陆域生态系统生产总值 GEP 核算技术指南》。该技术指南是目前国际上发布的第一个 GEP 核算技术规范，由生态环境部环境规划院和中国科学院生态环境研究中心提出。生态产品价值核算指标体系由供给服务（EPV）、调节服务（ERV）和文化服务（ECV）3 大类服务构成，其中，供给服务主要包括农业产品、林业产品、畜牧业产品、渔业产品、生态能源和其他；调节服务主要包括水源涵养、土壤保持、防风固沙、海岸带防护、洪水调蓄、固碳、氧气释放、空气净化、水质净化、气候调节和物种保育；文化服务主要包括休闲旅游和景观价值。

生态产品总值核算方法包括实物量核算方法和价值量核算方法。基于资源环境经济学与生态系统服务价值核算的理论方法体系，采用遥感解译技术、机理模型、实地监测法、统计分析法、现场调查法、环境经济学等方法体系，对森林生态系统、湿地生态系统、草地生态系统、农田生态系统、城镇生态系统等不同生态系统的产品供给服务、生态调节服务和文化服务的实物量和价值量进行核算。具体的生态产品价值核算技术方法将在第 6 章介绍。

5.4 生态产品第四产业市场机制

根据 4.2.4 节生态产品第四产业形态分析，生态产品产业主要涉及生态资源调查、生态系统生态生产、生态资源资产化、生态资产资本化、生态资本经营、生态建设反哺等环节，同时关联生态资源、初级生态产品、生态资产、生态资本、终端生态产品、生态现金流等载体。这些产业环节和产业载体相互作用，包括与传统第一产业和第三产业的融合，构成了生态产品第四产业的市场供需关系。很明显，生态产品的供给需求关系与传统经济和传统产业有着明显的不同。因此，本节将简要介绍生态产品供需关系、市场机制、产业模式。

5.4.1 生态产品的供给和需求

生态产品的供给和需求关系是非常独特的，这主要是由于，生态产品的公共物品特性和自然生态系统同时参与供给和需求。也就是说，生态系统既是供给方，也是需求方。

（1）生态产品供给方

生态产品第四产业供给方主要包括生态系统、政府、企业等经营主体。其中，生态系统是生态产品第四产业的核心供给方，政府是制度供给的关键主导方，企业是重要的市场主体。社会公众通过对生态保护做出贡献，也可以成为生态产品的供给者。

第一供给方为自然生态系统。生态系统指在一定地域范围内，生物及环境通过能流、物流、信息流形成的功能整体，包括各类“山水林田湖草”自然生态系统及以自然生态过程为基础的人工复合生态系统，如森林、草地、湿地、荒漠、海洋、农田、城市等。生态系统作为初级生态产品的生产主体，是生态产品第四产业的核心供给方。

第二供给方为政府。首先，政府是生态产品第四产业的核心推动主体和制度保障主体，如生态资产确权登记、权益流转经营制度、交易市场构建等机制；其次，政府是生态产品第四产业的规范引导主体，通过产业政策予以引导激励，在生态产品监测、核算、认证等环节制定标准和规范；最后，政府是生态产品第四产业的直接投资主体，中央及地方政府是国有或集体生态资产所有权的代表主体，也是依法向社会企业、组织或个人出让生态资产使用权的第一投资主体[44]。

第三供给方为企业。生态产品市场经营开发商通过政企合作、特许经营等方式获得生态资产经营及使用权，开展生态产品开发、生态资产管理、生态资本运营，实现生态资本持续循环、保值增值，是生态产品第四产业的市场主体。如以生态环境导向的开发（EOD）等模式统筹实施生态环境综合治理和生态产品开发经营的生态环境综合服务商，在产业链中具有重要支撑作用。

（2）生态产品需求方

生态产品第四产业需求方主要包括社会公众和自然生态系统。当然，从自然生态系统向社会经济系统提供资源能源、环境容量、人类生存环境角度来看，整个社会经济系统都是生态产品产业的需求方，这也是一些专家把自然生态产品产业划分为第零产业的重要原因。从生态产品第四产业服务于人与自然和谐共生角度出发，社会公众和生态系统是生态产品第四产业的主要需求方。

社会公众是第一需求方。社会公众是生态产品第四产业的消费主体和受益主体。社会公众作为产业的终端消费者，可享受更优美的生态环境，更优质的生态物质产品，更丰富的休闲旅游、健康养老等服务。同时，社会公众通过消费生态产品，可直接或间接地支持生态产品第四产业，增强产业的整体效益，带动更多社会资本投入生态产品第四产业，形成良性循环。

自然生态系统是第二需求方。由于产业经营产生的部分现金流通常以生态反哺形式流入生态建设和保护修复，自然生态系统不仅是生态产品的核心供给者，也是生态产品第四产业的最终受益主体之一。

5.4.2 生态产品的市场交易

作为纯公共物品和准公共物品的生态产品，在运用市场机制进行交易、价值转换时会遇到各种约束、困难和挑战。一般来说，生态产品价值主要由生态系统提供的产品供给服务价值、生态调节服务价值以及附带的文化旅游价值组成，其中第一部分和第三部分的价值，很大一部分已经通过现有的市场经济转化成为以农林畜牧业为主的第一产业和以旅游文化业为代表的第三产业。生态产品总值或生态系统生产总值（GEP）展示的是生态系统价值转化为经济价值的一个总潜力，实践中也不能够全部转化为经济价值，而且，由于一些生态产品具有纯公共物品特性，也不可能通过市场交易转化为经济价值，或实现生态产品价值。

（1）生态产品交易价格机制

按照公共物品属性和市场属性，生态产品主要分为纯公共性生态产品、准公共性生态产品和经营性生态产品三种类型。建立生态产品市场交易价格机制，需要针对不同类型的生态产品来进行。对于那些劳动力和资本投入比较多的生态产品，其交易价格更多地通过市场来实现，而对那些纯公共物品、人类基本上没有投入的生态产品，可以通过政府定价方式进行交易。生态产品的交易价格要充分反映当地经济发展水平、生态产品需求状况、生态环境容量、生态产品生产成本投入等因素。如果是政府给生态产品定价，可以参照生态产品总值核算和生态产品生产成本，当然，前者一般要大于后者。

（2）生态产品主要交易模式

依据不同类型的生态产品价格形成机制，选择适用于不同类型生态产品的交易模式。对于纯公共物品和准公共物品性质的生态产品，为了提高交易效率和公众受益水平，可以选用政府购买方式进行交易。对于经营性生态产品，可以采用直接市场交易方式，如进入生态产品交易中心，定期举办生态产品推介博览会，组织开展生态产品线上云交易、云招商，推进生态产品供给方与需求方、资源方与投资方高效对接。同时，为了畅通生态产品交易的途径，需要采取完善产权制度、统一度量标准、制定交易规制、壮大交易平台、建立溯源机制等配套措施。

（3）生态产品交易支撑服务

生态产品第四产业交易相关方主要包括促进生态产品交易、服务生态产品供给保障的资金、技术等支持者，主要有生态产品交易平台、技术支撑服务单位、绿色金融机构等。

生态产品交易平台。这是生态产品服务供需双方重要的交易场所。除了物质产品交易，还包括人为界定的生态资源权益及绿化增量责任指标、清水增量责任指标等配额指标的交易，是生态产品价值变现的最后一环。

技术支撑服务单位。技术支撑服务单位是在生态产品监测核查、价值核算、认证推广、生态资产管理及交易等领域提供基础支撑和技术服务的企事业单位，如从事生态资产（如碳资产、排污权等）管理技术咨询服务、生态产品交易服务、溯源认证、品牌推广的单位，是生态产品第四产业的基础支撑。

绿色金融机构。绿色金融机构是助力生态资产实现资本化、为生态产品第四产业市场主体提供资金支持的重要力量。基于生态产品价值的信贷、基金、保险、证券等创新型绿色金融产品是打通自然生态系统与经济社会系统的重要媒介，也是盘活存量生态资源价值、畅通生态产品第四产业链的关键路径。

5.4.3 生态产品第四产业模式

生态产品第四产业的模式是指产业各参与者基于各类资源要素进行优化组合，开展生态产品生产、开发、经营、交易等活动而形成的一系列具有一般性、可操作性、可复制性的做法。生态产品第四产业的模式形成主要与两个因素有关：一是生态产品属性特征，如纯公共性产品、准公共性产品和经营性产品，由于生态价值实现路径的不同，形成了不同的产业模式；二是行为主体参与产业链的主要环节，即生态产品初级生产、综合开发、资本经营、产品交易、生态反哺等环节，形成了不同模式。当前，随着各地的探索实践，生态产品第四产业已形成了丰富多样的发展模式，主要有生态产品生产经营开发、生态产品交易、生态产品开发服务、生态资本增值四类模式。

（1）生态产品生产经营开发模式

生态物质产品：主要包括天然物质产品、优美自然要素、生态农产品的生产和衍生性生态物质产品的生产。生态农产品的生产形成了生态种植、生态养殖、林下经济等生态农业模式，通过向消费者提供优质、特色、安全的农产品实现生态溢价。围绕初级生态物质产品的衍生使用形成了饮用水及饮料供应、生态农产品初加工、生物基材料、生物质利用等多种产业模式。

生态调节服务：大多数初级生态调节服务主要依靠生态系统的纯生态生产过程。人类主要通过对生态系统的可持续管理和生态保护修复，间接提高生态调节服务的生产能力。多数情况下，不能直接参与其生产过程。在制度设计的前提下，生态调节服务可通过整体价值核算进入生态系统服务付费（PES），或通过生态补偿机制进入交易环节，或者依托固碳、环境净化等单项生态调节服务，开发碳排放权、排污权、用能权、用水权、碳汇等各类生态资源权益产品，作为衍生性生态调节服务产品，再通过后续的生态资源交易将生态调节服务价值转化为经济价值。

生态文化服务：以生态文化服务为核心资源开展经营开发过程中，不断形成了休闲观光、田园综合体、生态旅游、生态康养、民俗产业园等模式，如基于景区、名胜古迹等资源开发的，强调对自然景观的保护、可持续发展的生态旅游服务；基于优质生态产品和优美生态环境开发的（森林）康养基地、疗养康复场所、养生小镇、体育运动基地以及相关配套服务；基于优美自然风景、地域风貌、原生态民俗文化等开发的美学体验场所、文创产业园及配套服务；基于与自然生态系统协调统一的古镇、古村落、古屋等生态资源的文化旅游。

（2）生态产品交易模式

生态物质产品和生态文化服务交易：大多数生态物质产品和文化服务产品是经营性生态产品，主要依托商品市场定价和市场化经营交易实现价值，依靠生态产品认证推广、品牌培育等手段实现生态溢价。

生态调节服务：大多数生态调节服务是纯公共产品，其交易主要依靠生态补偿机制，形成了纵向生态补偿、横向生态补偿、“异地开发”生态补偿等模式。在制度设计的前提下，依托固碳、环境净化等生态调节服务，形成了各类生态资源权益，通过生态资源交易模式将生态调节服务价值转化为经济价值，如碳汇、碳排放权、排污权、用能权、用水权等各类权益交易模式。

（3）生态产品开发交易服务模式

为统筹生态环境治理和产业开发一体化实施，融合开发，形成了以生态环境导向的开发（EOD）模式为代表的生态产品综合开发模式；为保持生态系统的完整性，往往需要整合零散的生态资源，形成了“两山银行”“生态银行”等为代表的生态资源集中收储开发模式；为生态产品第四产业提供资金融通服务，则形成了“两山贷”、“生态资源权益抵押贷”、产品订单抵押、“生态资产权益抵押+项目贷”、古屋贷、资产证券化等多类生态金融模式；为促进生态产品交易的达成，形成了品牌推广、产品溯源认证、电子商务及交易平台等服务模式。

（4）生态资本增值模式

为维护、恢复、提升生态资本，开展生态建设、保护和修复，形成了国土空间生态修复、生态系统管理、山水林田湖草一体化治理、基于自然的解决方案、全域国土空间综合整治等多种模式。如国土空间生态修复遵循生态系统演替规律和内在机理，对生态功能退化、生态系统受损、空间格局失衡、自然资源开发利用不合理的生态、农业、城镇空间，统筹和科学地开展山水林田湖草一体化保护修复活动，以提高生态产品生产能力。

5.5 生态产品第四产业发展政策

生态产品第四产业尚处在探索期和形成期，需要从顶层设计层面进一步厘清产业的内涵、范围、发展定位和发展路径，也亟须政府部门从生态产品生产、消费、交易、分配全流程制定和完善政策，促进生态产品第四产业健康发展。构建政府主导、企业和社会各界参与、市场化运作、可持续的生态产品价值实现路径是发展生态产品第四产业的重要基础。

5.5.1 着力提高生态产品供给能力

建立健全生态产品的供给体系，要求从制度上打通生态资源进入生产要素体系的渠道，并协同资金、技术、人才等要素的支撑作用，大力培育生态产品市场供给主体，提升生态产品供给质量和效率。一是以生态空间管控保住生态资源存量，以保护修复生态资源，提高生态资源增量；二是建立生态产品调查监测机制，完善资源确权和流转配套制度；三是建立生态产品价值核算规范和评价体系；四是培育生态产品市场经营开发主体，形成一批综合性、创新性、专业性的龙头骨干企业；五是将生态环境保护修复与生态产品经营开发权益挂钩，实施市场经营开发模式创新，实施生态环境治理和产业综合开发等经营模式试点示范；六是构建生态产品第四产业财税金融支持政策体系，开展基于生态产品价值的绿色金融产品服务创新；七是加强生态技术创新应用，包括生态系统保护、恢复及可持续管理技术、生态产品开发技术，提高生态产品的溢价能力；八是加强生态产品开发经营及管理人才培养，尤其是具有生态建设、产业开发、绿色金融等交叉背景的人才。

5.5.2 培育壮大生态产品消费需求

壮大生态产品消费基础的核心是在以终端消费需求为导向的生态产品的基础上，协同推进全社会形成绿色生活方式和绿色消费模式，带动全社会对生态产品的消费需求。一是构建生态产品政府采购优先机制，综合考量生态产品质量、产地等因素，确定优先采购的生态产品名录，建立完善的采购平台，规范采购流程、竞价机制和采购标准，不断加强对政府采购行为的监督和约束，完善政府采购供应商诚信体系建设。二是着力培育绿色消费理念、规范消费行为，激励引导居民践行绿色消费、勤俭节约、绿色低碳、文明健康的生活方式和消费模式，加强生态产品的宣传推广和推介，提升生态产品的社会关注度，在全社会厚植绿色消费的社会风尚。三是构建生态产品品牌培育管理体系，形成一大批类似“丽水山耕”“丽水山居”“丽水山泉”“赣抚农品”“武夷山水”等特色鲜明的生态产品区域公用品牌，提升生态增值溢价。

5.5.3 建立健全生态产品交易体系

健全生态产品交易体系的关键在于，通过搭建多元化的交易平台和精准化的生态产品供需对接机制，不断降低生态产品交易成本，从而推进更多优质生态产品以便捷的渠道和方式开展交易。一是建立生态产品质量追溯机制，健全生态产品交易流通全过程监督体系，完善生态产品信用制度和统一的生态产品标准、认证和标识体系，推进区块链等溯源新技术的应用推广，实现生态产品信息可查询、质量可追溯、责任可追查，解决生态产品信息不对称问题，奠定产品交易的信任基础。二是丰富公共性生态产品的交易渠道，强化相关顶层设计，完善相关交易机制，扩大市场交易量，通过政府管控或设定限额的形式，创造权益交易的供给和需求，开展绿化增量责任指标、清水增量责任指标、碳排放权、碳汇权益、排污权、用能权、水权等各类生态资源权益交易。三是建设生态产品交易中心，定期举办生态产品推介博览会，组织开展生态产品线上云交易、云招商，推进生态产品供给方与需求方、资源方与投资方高效对接。

5.5.4 不断完善产业利益分配体系

完善产业利益和产品价值分配体系的关键在于建立生态产品保护者受益、使用者付费、破坏者赔偿的利益导向机制，真正实现让保护修复生态环境获得合理回报，让破坏生态环境付出相应代价，实现生态产品第四产业的可持续发展。一是建立生态产品价值考核机制，让地方充分认识，生态系统同样是价值主体，也是经济价值分配主体。二是构建自然资源有偿使用制度和生态补偿制度，充分反映市场供求状况、资源稀缺程度、生态环境损害成本，让原住民从保护生态环境、保障优质生态产品供给中受益，让生态产品供给地区与提供农产品、工业产品、服务产品的地区同步发展。三是保障参与生态产品经营开发的村民利益，鼓励将生态环境保护修复与生态产品经营开发权益挂钩，建立生态建设反哺机制，确保生态产品开发经营实现的经济收益按一定的比例反哺村民，反哺生态保护—恢复—建设，从而确保村民获益，同时实现生态系统服务保值增值。

参考文献

[1] 中国科学院可持续发展战略研究组 . 2010 中国可持续发展战略报告——绿色发展与创新［M］. 北京：科学出版社，2010.

[2] 牛文元 . 中国科学发展报告 2010［M］. 北京：科学出版社，2010.

[3] 傅涛 . 两山经济［M］. 北京：中国环境出版集团，2018.

[4] 牛艳梅 . 基于反梯度推移的绿色产业发展问题研究［J］. 农业经济，2012（7）：46-48.

[5] 肖良武，等 . 生态经济学教程［M］. 成都：西南财经大学出版社，2019.

[6] 沈满洪 . 生态经济学［M］. 北京：中国环境出版社，2016.

[7] 董战峰，等 . 欧盟环境货物和服务部门统计使用手册［M］. 北京：科学出版社，2014.

［8］王世汶，常杪，杨亮．环保产业发展理论与实践［M］．北京：中国社会科学出版社，2020.

［9］Stan Davis，Christopher Meyer.What Will Replace the Tech Economy［J］. Time，2000，55（21）：76–77.

［10］托夫勒．第三次浪潮［M］．北京：中信出版社，2006.

［11］谷树忠．产业生态化和生态产业化的理论思考［J］．中国农业资源与区划，2020，41（10）：8–14.

［12］张林波，虞慧怡，李岱青等．生态产品内涵与其价值实现途径［J］．农业机械学报，2019，50（6）：173–183.

［13］赵斌．如何重塑我们的价值观［J］．金融博览，2018（6）：22–23.

［14］洪子燕，杨再．从黄土高原的历史变迁讨论种草种树和生态产品的转化问题［J］．豫西农专学报，1985（1）：70–76.

［15］杨再，洪子燕．黄土高原的种草种树和生态产品转化［J］．人民黄河，1986（2）：50–53.

［16］刘思华．生态经济价值问题初探［J］．学术月刊，1987（11）：1–7.

［17］任耀武，袁国宝．初论“生态产品”［J］．生态学杂志，1992（6）.

［18］Costanza R，d’Arge R，De Groot R，et al. The Value of the World’s Ecosystem Services and Natural Capital［J］. Nature，1997，387（6630）：253–260.

［19］郎维伟．论西部大开发中的生态经济建设［A］．中国民族理论学会第六届理事会、第七次全国民族理论学术讨论会暨第九次顾问座谈会论文集［C］．中国民族理论学会，2000：22.

［20］袁本朴，袁晓文，李锦．西部大开发与四川民族地区生态经济建设［J］．民族研究，2001（2）：31–39，107.

［21］苏多杰．关于西部为全国提供生态公共产品的思考［J］．青海社会科学，2001（5）：48–53.

［22］董智勇，司洪生．关于西部大开发的生态经济建设和制定规划的几个问题［C］．西部大开发，建设绿色家园学术研讨会论文集．中国治沙暨沙业学会，2001：28–31.

［23］《党的十九大报告辅导读本》编写组．党的十九大报告辅导读本［M］．北京：人民出版社，2017.

［24］杨琴．基于 CiteSpace 的生态产品研究进展可视化分析［J］．农业与技术，2021，41（8）：8120–8122.

［25］黄如良．生态产品价值评估问题探讨［J］．中国人口·资源与环境，2015，25（3）：26–33.

［26］孙博文，彭绪庶．生态产品价值实现模式、关键问题及制度保障体系［J］．生态经济，2021，37（6）：13–19.

［27］欧阳志云，朱春全，杨广斌，等．生态系统生产总值核算：概念、核算方法与案例研究［J］．生态学报，2013，33（21）：6747–6761.

［28］欧阳志云，靳乐山，甄霖，等．面向生态补偿的生态系统生产总值核算方法［M］．北京：科学出版社，2017.
［29］欧阳志云，林亦晴，宋昌素．生态系统生产总值（GEP）核算研究——以浙江省丽水市为例［J］．环境与可持续发展，2020，45（6）：80–85.
［30］张林波，虞慧怡．生态产品价值实现理论、实践与任务［M］．济南：山东人民出版社，2021.
［31］欧阳志云，肖燚，朱春全，等．生态系统内生产总值（GEP）核算理论与方法［M］．北京：科学出版社，2021.
［32］石敏俊．生态产品价值的实现路径与机制设计［J］．环境经济研究，2021，6（2）：1–6.
［33］浙江省市场管理局．《生态系统生产总值（GEP）核算技术规范 陆域生态系统》（DB33/T 2274—2020）.
［34］李佐军，黄俊勇．做好核算为生态产品价值实现奠定基础［N/OL］．中国环境报，2020–10–09.http：//49.5.6.212/html/2020–10/09/content_98316.htm.
［35］马建堂，俞敏，李维明，等．生态产品价值实现：路径、机制与模式［M］．北京：中国发展出版社，2019.
［36］俞敏，李维明，高世楫，等．生态产品及其价值实现的理论探析［J］．发展研究，2020（2）：47–56.
［37］潘家华．生态产品的属性及其价值溯源［J］．环境与可持续发展，2020，45（6）：72–74.
［38］李忠，刘峥延，夏晶晶，等．践行“两山”理论，建设美丽健康中国［M］．中国市场出版社，2021.
［39］Helm D. Natural Capital：Valuing the Planet［M］. Yale University Press，2015.
［40］陈洪波．构建生态经济体系的理论认知与实践路径［J］．中国特色社会主义研究，2019（4）：55–62.
［41］廖茂林，潘家华，孙博文．生态产品的内涵辨析及价值实现路径［J］．经济体制改革，2021（1）：12–18.
［42］樊宇，吴舜泽，赵云皓，等．中国与国外环境保护统计方式与内容比较［J］．统计与决策，2015（21）：4–7.DOI：10.13546/j.cnki.tjyjc.2015.21.001.
［43］联合国经济和社会部统计司．《所有经济活动的国际标准产业分类》（修订本第 4 版）（ISIC Rev. 4）．纽约：2009.
［44］钟方雷，徐中民，张志强．生态经济学与传统经济学差异辨析［J］．地球科学进展，2008（4）：401–407.
［45］高吉喜，李慧敏，田美荣．生态资产资本化概念及意义解析［J］．生态与农村环境学报，2016，32（1）：41–46.
［46］张文明，张孝德．生态资源资本化：一个框架性阐述［J］．改革，2019（1）：122–131.
［47］王如松，欧阳志云．生态整合——人类可持续发展的科学方法［J］．科学通报，

1996（S1）：47-67.
［48］胡咏君，吴剑，胡瑞山．生态文明建设“两山”理论的内在逻辑与发展路径［J］．中国工程科学，2019：5.
［49］Costanza R. Visions，Values，Valuation and the Need for an Ecological Economics［J］. Bioscience，2001，51：459-468.
［50］赫尔曼·E. 戴利，乔舒亚·法力．生态经济学：原理和应用［M］．2 版．金志农，陈美球，蔡海生，等译．北京：中国人民大学出版社，2014.
［51］石敏俊，陈岭楠．GEP 核算：理论内涵与现实挑战［J］．中国环境管理，2022（2）：5-10.
［52］陈一壮，何嫣．莱斯特·布朗生态经济理论述评［J］．中南大学学报（社会科学版），2005，11（4）：446-452.
［53］高吉喜，范小杉，陈雅林，等．区域生态资产评估：理论、方法与应用［M］．北京：科学出版社，2013.
［54］严立冬．农业生态经济学［M］．武汉：武汉大学出版社，2015.
［55］于贵瑞，杨萌．自然生态价值、生态资产管理及价值实现的生态经济学基础研究——科学概念、基础理论及实现途径［J］．应用生态学报，2022，33（5）：1153-1165.
［56］严立冬，谭波，刘加林．生态资本化：生态资源的价值实现［J］．中南财经政法大学学报，2009，2：3-8.
［57］Subramanian M. Anthropocene Now：Influential Panel Votes to Recognize Earth's New Epoch［J］. Nature，2019.

第6章 价值核算

发展生态产品第四产业，首先需要有一个产业分类、统计和核算体系。生态产品价值核算是实现生态产品价值的基础和前提，也是目前发展生态产品第四产业的主要障碍和挑战之一。生态产品价值核算是最近10年国内外环境经济学和生态经济学的研究热点和焦点。基于目前国内外的大量研究和探索实践，本章在分析生态产品的绿色核算的基础上，提出生态产品第四产业核算的基本框架和内容，重点介绍核算的关键指标、生态产品总值（GEP）核算方法和案例，最后提出生态产品第四产业发展评价指标体系。

6.1 基于生态产品的绿色核算发展

生态产品第四产业是相对独立于传统经济中第一产业、第二产业和第三产业的新兴产业，主要体现为：没有包括现行国民经济核算体系中的生态产品和服务的价值。建立生态产品第四产业核算体系，需要首先分析传统经济核算存在的问题，借鉴国内外蓬勃开展的环境经济和生态价值核算经验和基础。

6.1.1 传统国民经济核算的缺陷

国民经济核算主要是通过一系列的指标，从实物量到价值量，从存量到流量，从投入到产出，从费用到收益，对社会再生产的循环过程进行量化描述与分析。20世纪40年代，西蒙·库兹涅茨提出了国民生产总值（GNP）的核算思路，衍生出国内生产总值（GDP）的概念，并被联合国采用。1953年，联合国正式发布了《国民经济核算体系及其辅助表》，标志着国民经济核算体系（SNA）的正式诞生[1]。50多年来，几经扩充和修订，SNA逐步成为全世界衡量经济发展的重要指标[2]。西蒙·库兹涅茨（1971年）、瓦西里·列昂惕夫（1973年）和理查德·斯通（1984年）三位经济统计学家，因其在国民经济核算领域的突出贡献而荣获诺贝尔经济学奖。SNA为世界各国宏观经济管理的科学化与战后经济的高度繁荣做出重要贡献。但随着全球性的资源短缺、生态环境恶化等问题的出现，传统SNA的历史局限性也日益显露出来，一些经济学家和有识之士开始意识到使用GDP来表达一个国家或地区经济与社会的增长与发展存在的明显缺陷，他们强烈呼吁改进国民经济核算体系，纠正国民经济核算的缺陷。

（1）SNA 无法反映经济增长的生态环境代价

GDP 概念源自交换产生财富的原理，以满足政府宏观经济分析与决策需要为主要目的。从设计思想考察，SNA 并不涵盖全部人类活动，而只是计量具有市场交易与收益性特征的经济活动成果，以经济论经济。SNA 货币交换主要基于资源的稀缺性，而对没有市场价格的环境、空气、水等自然资源的消耗不进行计量；只记录人造资本的消耗，未将人类经济活动过程中所消耗的环境与自然资源视为投入成本，反而将产生环境污染的经济活动的收益也计入 GDP 之中，甚至将环境污染算成经济的贡献。SNA 中“因经济决定而产生的非生产性自然资产等其他物量变化”就一律与自然灾害损失一样，被视为资产的“其他物量变化”，而不是作为资本消耗（积累）处理[3]，未能将环境和自然资源真正纳入国民资产负债核算。正如 1993 年 SNA 中所指出的，“忽视危及经济持续生产能力的自然资源匮乏，忽视环境质量的下降”，是“传统 SNA 的两个常见的主要缺陷”。SNA 对经济增长中生态环境投入的忽视，助长了生态资源的过度消费和生态环境的破坏，产生一系列生态环境问题。

（2）SNA 不能完全反映人民的福祉水平

SNA 核算体系建立在工业经济的基础上，以凯恩斯的劳动、资本、土地“三要素”理论为依据，主要反映其经济发展水平，但不能完全反映人民的福祉水平。人民的福祉水平主要包括经济福祉和生态福祉两部分。在经济福祉部分，GDP 的增长并不意味着社会财富和国民福利的等量增加，在不同经济体制和社会环境下，同一数量的 GDP 及增量，其社会财富和国民福利的含量往往大不相同。如基建行业中的“豆腐渣工程”、不断增多的假冒伪劣产品、缺少收益的“形象工程”，都为 GDP 做出了“贡献”，但不会增加社会财富和国民福利水平。在生态福祉部分，SNA 没有完全反映生态福祉给人类经济和福祉带来的贡献。清洁的空气、干净的水、洁净的土壤以及不同生态系统提供的各种生态服务，为人民提供了高质量的生态福祉，但这些生态福祉并没有包括在 SNA 的核算体系中，使得高品质的生态产品价值长期被忽视或低估。

（3）SNA 不能反映经济增长的全部社会成本

GDP 只记录了价格化的、能被官方观察到的经济，不反映非价格化的、未进入市场的经济活动。联合国专家曾认为，全世界约有一半劳动量没有计入 GDP[4]。未进入市场的经济主要包括各种单位和个人从事的有意或无意逃避政府监管的经济活动，以及未列入官方统计要求的规模较小、组织水平较低的各种经济活动，如无照经营、非法生产、隐性就业、走私和无须注册统计的偶然性生产，以及人们普遍从事的家务劳动、照顾老年人和儿童、自己进行的各种修理、自己生产的粮食和蔬菜、自己盖房和装修等无工资和无现金收入的劳动。这些活动对于一个国家来说都是其经济的重要组成部分。同时，SNA 对人力资本与社会资本在经济发展中的作用重视不够，SNA 只将教育支出中用于校舍等固定资产的部分作为投资，而将用在教师工资、图书购置等方面的开支不作资本处理，没有完全计算经济增长的各种成本。

（4）SNA 不能反映经济增长的效率、效益和质量

由于 GDP 仅衡量经济过程中通过交易的产品与服务的总和，假定任何货币交易都会“增加”社会福利，但在交易过程中到底是增加社会财富还是减少社会财富，无法辨识。把造成社会无序和发展倒退的“支出”，如犯罪、家庭解体等成本均视为社会财富。经济产出成果的计量无法反映其效率和质量，只反映了增长部分的“数量”，无法反映增长部分的“质量”[5]。我国自 1978 年改革开放以来，GDP 一直保持较快增长，创造了现代世界经济发展的奇迹，已成为第二大经济体，但与发达国家相比，我国经济结构相对较重，经济增长的资源产出效率较低。2015 年，我国创造了世界 15.5% 的 GDP，消耗了世界 25% 的能源、45% 的钢铁、54% 的水泥。为提高我国经济增长的效率和质量，我国提出经济的高质量发展模式和绿色发展绩效考核体系，降低 GDP 预期增长目标，引导各方面把工作着力点放到加快转变经济发展方式、提高经济发展质量上来。

6.1.2 中国绿色核算的发展历程

为纠正国民经济核算的缺陷，科学反映地区经济的可持续发展能力，联合国、世界银行、欧盟等国际组织呼吁，大力发展绿色国民经济核算。2011 年 6 月，欧洲议会（EP）通过了“超越 GDP”决议及欧洲环境问题新法规（环境经济核算法规）。这项法规的颁布意味着可以在第一时间取得与国民核算体系相融的三项数据：空气污染、物质流和环境税数据。联合国统计署、世界银行和国际货币基金组织共同开发的综合环境经济核算（SEEA）、世界银行的真实储蓄（GS）、生态足迹、里昂惕夫提出的绿色投入产出模型等，都是绿色核算的典型代表。中国的绿色核算始于 20 世纪 80 年代。1981 年，全国第一次环境经济学术讨论会上提出了“环境污染和生态破坏经济损失”的概念，开始了探索性的研究。2000 年以来，中国的绿色核算进入快速发展阶段，以环境保护部环境规划院为引领的研究团队持续开展绿色 GDP 相关研究，不断升级核算体系，从 1.0 版本的经环境调整的 GDP（也就是 EDP）到 2.0 版本的生态产品总值（GEP），进一步升级到 3.0 版本的经济生态生产总值（GEEP），为我国绿色核算体系的构建奠定了坚实基础。

（1）经环境调整的生产总值：EDP

EDP 是在国民经济核算（GDP）的基础上，扣除人类在经济生产活动中产生的环境退化成本、生态破坏成本和突发环境事件造成的损失[6-8]，所得到的生产总值，俗称绿色 GDP。自 2000 年启动 EDP 研究以来，环境保护部环境规划院重视与国际接轨，开展试点研究，细化核算方法，不断扩展研究内容，成为绿色 GDP 的领跑者和践行者。2000 年，国家环境保护总局与世界银行合作，启动中国环境污染损失项目研究，构建环境退化成本核算方法；2004 年，国家环境保护总局和国家统计局共同启动绿色 GDP 核算研究，召开“建立中国绿色国民经济核算体系”国际研讨会；2005 年，启动北京、天津、河北、辽宁等绿色 GDP10 个试点地区的调查核算，与世界银行合作开展“建立环境经济核算体系研究”；2006 年，国家环境保护总局和国家统计局联合发布《中国绿

色国民经济核算研究报告2004》。该报告是我国第一份环境经济核算研究报告，引起了社会的广泛关注。同年，以环境保护部环境规划院为主的“绿色GDP”研究组荣获2006年度“绿色中国人物”特别奖，绿色GDP成为搜索引擎中的热门词汇；2008年，环境保护部环境规划院启动《全国生态破坏经济损失调查与绿色GDP核算》项目研究，完成全国森林、草地、湿地、荒漠和矿产开发生态破坏损失核算，初步构建主要陆地生态系统服务价值核算体系；2010年，物质流与碳排放核算纳入中国环境经济核算体系，完成全国物质流和碳排放账户核算。目前，生态环境部环境规划院已完成2004—2020年共17年的EDP核算，形成了年度EDP核算制度。

规范环境退化成本和生态破坏成本核算是EDP研究的重点发展方向。为此，生态环境部环境规划院发布了《绿色GDP（GGDP）核算技术指南（试用）》，就具体核算方法进行了规定。就核算体系而言，环境退化成本主要包括大气污染、水污染和土壤污染导致的环境退化成本。其中，大气污染导致的环境退化成本主要包括大气污染导致的人体健康损失、种植业产值损失、室外建筑材料腐蚀损失、生活清洁费用增加成本四部分；水污染导致的环境退化成本主要包括水污染导致的人体健康损失、污染型缺水损失，污水灌溉导致的农业损失，水污染造成的工业用水额外治理成本，水污染引起的家庭洁净水成本等；土壤污染导致的环境退化成本包括土壤污染修复成本和固体废物占地损失成本两部分。其中，土壤污染修复成本主要包括农用地土壤修复成本、建设用地污染地块修复成本和矿山修复成本（表6-1）。生态破坏成本主要对森林、草地、湿地、农田等生态系统因人类不合理利用而产生的生态调节服务损失量进行核算（表6-2）。

表6-1　环境退化成本核算方法和指标说明

环境污染	危害终端	实物量核算方法	价值量核算方法	指标说明
大气污染	人体健康损失	剂量反应模型	人力资本法 疾病成本法	$PM_{2.5}$和臭氧浓度超过人体健康阈值后，产生的过早死亡损失、住院和休工损失、慢性支气管炎导致的失能等损失
	种植业损失	剂量反应模型	市场价值法	酸雨和SO_2污染导致农作物产量下降的损失
	室外建筑材料腐蚀损失	剂量反应模型	市场价值法 防护费用法	酸雨和SO_2污染加剧户外各种建筑材料的腐蚀而产生的经济损失
	生活清洁费用增加成本	统计调查法	防护费用法	大气污染导致洗车、洗衣和清洁成本增加的损失
水污染	人体健康损失	剂量反应模型	人力资本法 疾病成本法	饮用不安全饮用水而产生的过早死亡、住院和休工损失
	污染型缺水损失	统计调查法	影子价格法	污染导致的水资源短缺损失成本
	污灌造成的农业损失	统计调查法	替代成本法	污水灌溉导致的农业减产和降质损失

续表

环境污染	危害终端	实物量核算方法	价值量核算方法	指标说明
水污染	工业用水额外处理成本	统计调查法	防护费用法	由于供水水质超标，需要额外安装预处理设施或添加特殊药剂等额外措施增加的治理成本
	水污染引起的家庭洁净水成本	统计调查法	市场价值法	城市居民因担心水污染而增加的家庭纯净水和自来水净化装置的防护成本
土壤污染	农用地土壤污染修复成本	统计调查法	恢复成本法	为修复农用地土壤污染而花费的修复治理成本
	建设用地污染地块修复成本	统计调查法	恢复成本法	为修复建设用地污染地块而花费的土壤修复治理成本
	矿山修复成本	统计调查法	恢复成本法	为修复矿山污染土壤而花费的土壤修复治理成本
	固体废物占地损失	统计调查法	机会成本法	固体废物占用土地产生的土地占用机会成本

表 6-2　生态破坏主要核算指标及说明

生态系统	生态系统调节服务价值量	破坏率
森林生态系统	固碳释氧、水流动调节、土壤保持、防风固沙、大气净化和气候调节服务价值量	森林超采伐率
草地生态系统	固碳释氧、水流动调节、土壤保持、防风固沙、大气净化、水质净化和气候调节服务价值量	草原人为破坏率
湿地生态系统	固碳释氧、水流动调节、土壤保持、防风固沙、大气净化和气候调节服务价值量	湿地重度威胁比例
农田生态系统	固碳释氧、水流动调节、土壤保持、防风固沙、大气净化和气候调节服务价值量	耕地占有比例

2004—2020 年全国 EDP 核算结果显示，我国 EDP 呈现先上升后下降的发展趋势。2004—2017 年，我国环境退化成本持续增加，从 5 118.2 亿元增加到 22 256.5 亿元。从 2017 年开始，我国环境退化成本出现“拐点”，此后步入下降通道。2018 年，我国环境退化成本为 22 114.1 亿元，比 2017 年下降 0.6%；2019 年，环境退化成本为 20 480 亿元，比 2018 年下降 7.4%；2020 年，环境退化成本为 18 862.9 亿元，比 2019 年下降 7.9%。“十三五”期间，在《大气污染防治行动计划》《打赢蓝天保卫战三年行动计划》《水污染防治行动计划》等一系列政策措施下，我国环境质量显著提高，促使我国环境退化成本下降。“十三五”期间，全国地级及以上城市优良天数比 2015 年增长 5.8%，细颗粒物

未达标地级及以上城市，平均浓度下降 28.8%；全国地表水优良水体比例由 66% 提高到 83.4%，劣Ⅴ类水体比例由 9.7% 下降到 0.6%。

（2）生态产品总值：GEP

生态产品价值核算主要是对生态系统提供的各种最终服务和产品进行价值量核算。生态环境部环境规划院[9-10]、中国科学院生态环境研究中心[11]、中国科学院地理科学与资源研究所、中国林业科学研究院、中国环境科学研究院等相关单位开展了大量的 GEP 核算相关研究。原国家林业局在技术规范和具体核算监测等方面开展了大量的研究，先后发布了《荒漠生态系统服务评估规范》（LY/T 2006—2012）、《自然资源（森林）资产评价技术规范》（LY/T 2735—2016）、《湿地生态系统服务评估规范》（LY/T 2899—2017）、《岩溶石漠生态系统服务评估规范》（LY/T 2902—2017）、《森林生态系统服务功能评估规范》（GB/T 38582—2020）等规范导则。

生态环境部环境规划院在过去开展的 EDP 核算的基础上，从 2013 年开始启动并持续开展了生态产品总值核算，完成了 2015—2020 年覆盖全国 31 个省（区、市）和所有地级以上城市的 GEP 核算，形成了国家层面的 GEP 年度报告制度，同时指导福建、西藏、青海、江西、云南、内蒙古等省（区）开展了大量的 GEP 核算试点。为提高 GEP 核算的科学性、规范性和可操作性，生态环境部环境规划院联合中国科学院生态环境研究中心，编制完成了《陆地生态系统生产总值（GEP）核算技术指南》。该指南被生态环境部以技术文件的形式，向全国 31 个省（区、市）和新疆生产建设兵团生态环境厅（局）印发，并指导福建省完成我国首个海陆统筹的《福建省生态产品总值核算技术指南》，为地方开展 GEP 核算提供了全面的技术支撑。

为践行“绿水青山就是金山银山”理念，地方政府积极开展 GEP 核算实践，探索建立 GEP 核算制度。2019 年 8 月，《中共中央　国务院关于支持深圳建设中国特色社会主义先行示范区的意见》明确提出，要“探索实施 GEP 核算制度”。2021 年 6 月公布的《中共中央　国务院关于支持浙江高质量发展建设共同富裕示范区的意见》提出，“探索完善具有浙江特点的 GEP 核算应用体系”。截至目前，浙江省、贵州省、福建省、江西省已发布了各自的 GEP 核算技术规范。青海省、山西省、海南省、内蒙古等省（区、市），深圳市、丽水市、福州市、厦门市、兴安盟、承德市、南平市等市（州、盟）以及武夷山市、阿尔山市、丰城市、将乐县、崇义县、万年县、赤水县等 100 多个县（市、区）进行了 GEP 核算试点示范，从时间、空间、生态系统等多个维度对生态系统提供的生态产品价值进行了核算。

（3）经济生态生产总值：GEEP

EDP 核算扣除了经济系统增长的资源环境代价，但并没有把生态系统为经济系统提供的全部生态福祉都进行核算，只做了“减法”，没有做“加法”，无法体现“绿水青山”就是“金山银山”的绿色理念。GEP 只是从生态系统的角度考虑，单独对生态系统给经济系统提供的福祉进行了核算，并没有把生态系统和经济系统完全纳入同一核算体系。为把资源消耗、环境损害、生态效益纳入社会经济发展评价体系，践行“绿水青山就是金山银山”的理念，2017年，环境保护部环境规划院综合绿色GDP和GEP的研究体系和方法，构建了经济生态生产总值（GEEP）综合核算体系[12]。

GEEP是在经济系统生产总值的基础上，考虑人类在经济生产活动中对生态环境的损害和生态系统对经济系统的福祉。GEEP既考虑了人类活动产生的经济价值，也考虑了生态系统每年给经济系统提供的生态福祉，还考虑了人类为经济系统产生的生态环境代价。GEEP是一个有增有减、有经济有生态的综合指标。GEEP同时考虑了人类活动和生态环境对经济系统的贡献，纠正了以前只考虑人类经济贡献或生态贡献的片面性。这一指标把“绿水青山”和“金山银山”统一到一个框架体系下，是践行“绿水青山就是金山银山”的价值集成，是践行“绿水青山”就是“金山银山”理念的重要支撑。与GDP相比，GEEP更有利于实现地区可持续发展，是更为科学的地区绩效考核指标。GEEP已逐步成为我国重要的绿色核算体系，我国福建省武夷山市、福州市，河北承德市，江西省崇义县、万年县、丰城市，以及山西省都已开展了GEEP核算。

经济生态生产总值的概念模型：

$$
\begin{aligned}
\mathrm{GEEP} &= \mathrm{EDP}+\mathrm{GEP}-(\mathrm{EDP}\cap\mathrm{GEP}) \\
&= (\mathrm{GDP}-\mathrm{EnDC}-\mathrm{EcDC})+(\mathrm{EPS}+\mathrm{ERS}+\mathrm{ECS})-(\mathrm{EPS}+\mathrm{ECS}) \\
&= (\mathrm{GDP}-\mathrm{EnDC}-\mathrm{EcDC})+\mathrm{ERS}
\end{aligned}
\tag{6-1}
$$

式中，EDP为经环境调整后的GDP，GEP为生态产品总值，EDP ∩ GEP为EDP与GEP的重复部分，GDP为国内生产总值，EnDC为环境退化成本，EcDC为生态破坏成本，ERS为生态系统调节服务，EPS为生态系统供给服务，ECS为生态系统文化服务。

目前，生态环境部环境规划院已完成2015—2020年全国GEEP核算报告。核算结果显示，我国GEEP年均增速5.8%，“金山银山”和“绿水青山”同步增加，生态文明建设和生态环境保护取得明显进展。其中，体现“金山银山”价值的绿色GDP从2015年的66.2万亿元增加到2020年的98.6万亿元，年均增速为8.3%，基本与GDP增速一致；体现“绿水青山”价值的GEP从2015年的70.6万亿元增加到2020年的82.2万亿元，年均增速为3.1%。从具体省份看，福建、重庆、四川、贵州、北京、上海、海南等省（市）的GEEP年均增速较高，均在9.5%以上。其中，北京、上海、重庆、四川、福建GEEP在GGDP和GEP增速双高情况下，快速增加。贵州和海南GEEP增速中，GEP的贡献度较高。福建、贵州、江西、海南等省作为生态文明示范区，探索建立政府主导、企业和社会各界参与、市场化运作、可持续的生态产品价值实现路径，为全国的生态文明建设树立了样板。

6.2 第四产业绿色核算体系构建

SNA 以国民收入账户为中心，把投入产出表、资金流量表、国民资产负债表、国际收入平衡表等五个账户有机结合起来，构成一个完整的系统。生态产品第四产业只有部分进入经济系统的产业在 SNA 中建立了产业关联。为全面认识资源环境与经济之间的关系，促进生态产品第四产业的发展，提高经济的可持续发展能力，基于 SNA 国民经济核算体系，借鉴环境经济核算体系中心框架 SEEA2012 构建卫星账户的做法，探索将生态资产纳入《中国国民经济核算体系 2016》的扩展核算，构建包含生态资产负债表的国家负债表，实现生态产品第四产业与国民经济的有机融合。

6.2.1 基于 SNA 的第四产业核算体系

6.2.1.1 SEEA 中心框架

为了构建一个能够统筹考虑环境与经济关系的核算体系，联合国统计署牵头，联合欧盟、世界粮农组织、国际货币基金组织、经济合作与发展组织和世界银行共同开展环境经济核算体系（SEEA）研究，目前已编制发布了 SEEA-1993、SEEA-2000、SEEA-2003 和 SEEA-2012（以下简称 SEEA 中心框架）4 个版本。其中，SEEA 中心框架[13]已被联合国统计委员会第 43 届会议通过，确定为一项国际标准，成为第一个环境经济核算的国际统计标准。

SEEA 中心框架是一个多用途概念框架，用于考察经济与环境之间的相互作用，描述环境资产存量及其变化。SEEA 中心框架以广泛认同的概念、定义、分类和核算规则为基础，将环境统计及其与经济的关系置于国民经济统计的核心，定量评估经济发展中资源消耗和环境成本，衡量经济真实增长情况，促进世界各国对环境保护和资源利用的重视，将对可持续发展起到重要推动作用。

SEEA 中心框架是一个基于 SNA 发展出的多用途概念框架，它继承了 SNA 中投入产出表、资金流量表、资产负债表、收入平衡表等核心账户，构成了一个主要用来描述经济与环境之间的相互作用、环境资产存量及其变化的完整系统（图 6-1）。SEEA 中心框架可以指导可交易的生态产品第四产业与其他国民经济产业建立实物流量（Physical Flow）和现金流量（Monetary Flow）的相关关系，同时，对于无法交易的生态产品第四产业，SEEA 中心框架可以指导建立卫星账户（Satellite Accounts），反映部分生态产品和国民经济体系之间的关系。SEEA 中心框架利用广泛的信息，通过其组织架构，使源数据成为可比较和可对比的，并支持针对各种生态环境和经济问题进行总量、指标和趋势的开发分析，如评估自然资源的可获得性和可利用性、经济活动产生的环境污染物排放程度以及以环境为目的实施的经济活动规模。

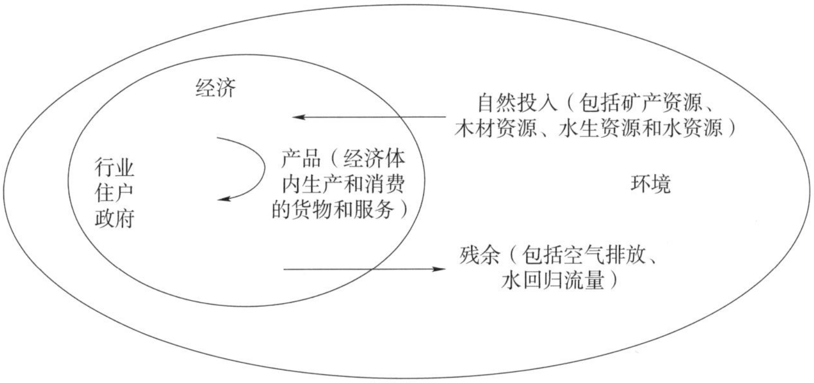

图 6-1　SEEA 中心框架：经济 - 环境系统关系

6.2.1.2　环境流量账户核算和规则

SEEA 中心框架定义了 SNA 中环境活动、环境产品以及环境支出和其他交易的功能性分类体系，即环境活动分类（CEA）（表 6-3）。CEA 是支撑生态产品第四产业的基础。在 SEEA 中，CEA 的范围超过生态产品第四产业的边界，一些矿产资源、辐射保护等并未纳入生态产品第四产业的活动、服务或产品，但在 SEEA 中被纳入环境流量账户。

表 6-3　SEEA 的环境活动分类（CEA）体系

一级指标	二级指标
Ⅰ：环境保护（EP）	1. 空气和气候保护
	2. 废水管理
	3. 废物管理
	4. 土壤、地下水和地表水的保护与恢复
	5. 噪声和震动消减（不包括工作场所保护）
	6. 生物多样性和景观保护
	7. 辐射防护（不包括外部安全）
	8. 环境保护的研究与开发
	9. 其他环境保护活动
Ⅱ：自然资源管理（RM）	10. 矿产与能源管理
	11. 木材资源管理
	12. 水生资源管理
	13. 其他生物资源（林木资源和水生资源除外）管理
	14. 水资源管理
	15. 资源管理的研究与开发活动
	16. 其他自然资源管理活动

在 CEA 的基础上，SEEA 建立了两套与环境活动有关的账户信息。第一套是在 SEEA 核算框架内针对环境保护而开发的，记录关于环境活动的支出和有关国民账户流量的环境保护支出账户（EPEA）（表 6-4）。该账户涵盖了生态产品第四产业中“生态产品开发交易服务”和“生态保护和建设”两个门类，但需要注意的是，“生态产品开发交易服务”中，并非所有的产业活动都会被纳入 EPEA（表 6-5），例如，生态金融服务业、生态资源权益交易等，但“生态保护和建设”基本都是环境保护类的支出，应纳入支出账户。目前 EPEA 中关于资源管理活动的账户和统计体系尚未建立，但是 SEEA 建议各国遵循与 EPEA 环境相同的概念和定义，加快制定资源管理活动的账户和统计体系。由于 SEEA 原始定义中，EPEA 并未将生态保护支出明确纳入账户，建议将 EPEA 与生态产品第四产业的概念框架相结合，将 EPEA 优化为生态环境保护支出账户，将生态产品相关的保护支出纳入统计范围。

表 6-4 环境保护支出账户（EPEA）的生产账户（货币单位）

支出账户	生产者				合计
	专业生产者		非专业生产者	自给性生产者	
	政府生产者	其他专业生产者			
专门性环保服务总产出					
中间消耗					
专门性环保服务					
其他货物与服务					
总增加值					
雇员报酬					
生产税减生产补贴					
固定资本消耗					
净营业盈余					
补充项目					
劳动力投入（工作时数）					
固定资本形成总额					
非生产非金融资产获得减处置					

表 6-5 环境保护支出账户（EPEA）的支出账户（货币单位）

	购买者						
	产业			住户	一般政府	非营利机构	合计
	专门性环保服务的生产者		其他生产者				
	专业生产者	非专业生产者和自给性生产者					
分产品支出类型							
专门性环保服务							
中间消耗							
最终消费							
固定资本形成总额							
关联品							
中间消耗							
最终消费							
固定资本形成总额							
适用品							
中间消耗							
最终消费							
固定资本形成总额							
特征活动的资本形成							
上面未包括的环境保护转移							
对国外的以及来自国外的环境保护转移（净额）							
国民环保总支出							

第二套信息关注的是环境货物与服务的供给，包括一套反映环境货物与服务部门（EGSS）的统计指标。这些统计指标反映各种环境货物服务的生产，包括环境保护与资源管理服务、单用途环境产品以及适用品。与 EPEA 不同，EGSS 统计并没有完整的账户形式，不过，其统计指标的定义和测算方法与国民账户原则保持一致。虽然 EGSS 在 SEEA 中并未形成完整的账户，但是依然具有较强的指向和引导作用。根据 SEEA 定义，EGSS 主要包括四类产品与服务：第一类包括典型的环境保护和资源管理产品，如废物与废水的管理和处理服务、节能和节水活动；第二类是单用途环境产品，如催化转化器、化粪池（包括维护服务）、可再生能源生产技术（如太阳能板的安装）；第三类是适用品，指为了更“环境友好”或“更清洁”而专门改进、有益于环境保护或资源管理的产品，如电动汽车或节水设备；第四类是环境技术，指以环境保护或资源管理作为其性质或目的的技术工艺、装置和设备（产品），以及方法或知识（服务）。

EPEA、EGSS 和生态产品第四产业在 SEEA 框架下都反映出环境友好、资源节约等符合可持续发展理念的账户体系构建原则，但是在账户结构、活动范围、产品与服务的范围、生产者的范围、产品的估价、与国际贸易相关的核算范围以及税与补贴的处理方式方面还有较大差距（表 6-6），无法用其中一个体系简单替代另外一个。

生态产品第四产业中可用于市场交易的产品或服务已经被 EPEA 或 EGSS 所涵盖，因此，生态产品第四产业可以在 EPEA 和 EGSS 的基础上进行扩充和修订，从而形成生态产品第四产业账户，而生态产品第四产业中无法用于市场交易的产品和服务，应以 SEEA 卫星账户的形式进行统计核算。

表 6-6 EPEA、EGSS 和生态产品第四产业的差异比较

差别领域	EPEA	EGSS	生态产品第四产业
账户结构	完整的功能性账户	与生产有关的统计表	既有功能性账户，也有统计表
活动的范围	环境保护特征产品	用于环境保护和资源管理的货物服务的生产	包括 EGSS 和 EPEA 中可交易的生态产品和服务，以及大量暂时无法在市场中交易的生态产品
产品与服务的范围	所有的环保货物与服务，以及出于环保目的的其他货物服务支出	所有环境保护和资源管理货物服务	广义：绿色产业或者生态产业范围 中义：环境物品和服务 + 生态产品和服务 狭义：生态产品和服务
生产者的范围	仅包括与专门性环保服务有关的生产者	与所有环境货物服务有关的生产者	与所有生态产品服务有关的生产者
产品的估价	仅包括净成本或额外成本	总价值（基本价格）	既包括净成本，也包括总价值，取决于不同的生态产品
与国际贸易相关的核算范围	支出总量中包括进口	生产总量中包括出口	生态产品中出口的部分
税与补贴的处理	以购买者价格对支出估价	以基本价格对产出估价	以基本价格对产出估价

6.2.1.3 生态资产账户核算和规则

生态资产是地球上自然存在的生物和非生物成分，它们共同构成生物—物理环境，为人类提供福利，也是生态产品提供的基础。生态产品第四产业中所考虑的生态资产既侧重于构成生态环境的单项资产，也考虑这些成分作为生态系统组成部分之间的相互关系，这与 SEEA 的准则有较大差异，SEEA 仅考虑了前者。在 SEEA 的定义中，生态资产可通过收获、开采或其他搬运方式直接用于经济生产、消费或积累，此范围中还包括可为经济活动开展提供空间的土地和内陆水域。SEEA 和生态产品第四产业共同考虑的生态资产包括土壤资源、木材资源、水生资源、其他生物资源（不包括木材资源和水生资源）以及水资源。

生态产品是因生态资产存量发生变化而产生的，因此，对于生态产品第四产业来说，生态资产的核算也非常重要。生态资产核算的范围、估价方式、账户原型、核算原则等可以借鉴 SEEA 已有规则，此外，还应明确生态资产和经济资产的边界和相互关系（图 6-2）。

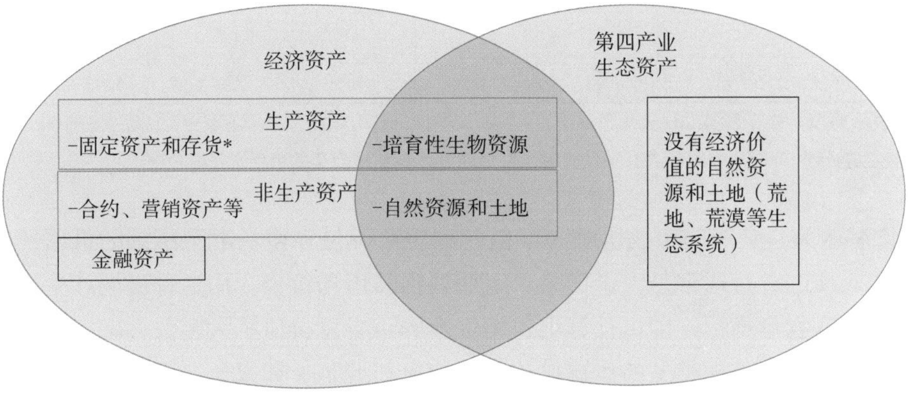

图 6-2 生态产品第四产业中生态资产与经济资产之间的关系

生态产品第四产业的实物量资产账户（表 6-7）通常是针对具体的某类资产而不是许多不同类资产而编制，因为不同资产通常会用不同单位记录。这也就意味着，不同资产的实物数据通常是不可加总的。由于一般情况下，只有价值数据才可以加总，在没有生态资产交易的时候，实物量资产账户项目对于编制价值量生态资产账户显得至关重要。

表 6-7 生态产品第四产业涉及生态资产实物量核算

	土地（含林地）	土壤资源	木材资源		水生资源		水资源
			培育的	天然的	培育的	天然的	
期初资源存量	是	是	是	是	是	是	是
资源存量的增加							
存量增长	是 *	土壤形成，土壤沉积	生长	自然生长	生长	自然生长	降水回流
新存量的发现	na	na	na	na	是 *	是 *	是 *
再评估上调	是	是 *	是 *	是 *	是 *	是	是 *
重新分类	是	是	是	是	是	是	是
存量总增加							
资源存量的减少							
开采	na	土壤提取	搬运	搬运	收获	总渔获量	取水
存量的正常减少	na	侵蚀	自然损失	自然损失	正常损失	正常损失	蒸发蒸散
灾害损失	是 *	是 *	是	是	是	是	是 *

续表

	土地（含林地）	土壤资源	木材资源		水生资源		水资源
			培育的	天然的	培育的	天然的	
再评估下调	是	是*	是*	是*	是*	是	是*
重新分类	是	是	是	是	是	是	na
存量总减少							
期末资源存量	是	是	是	是	是	是	是

注：空格表示要填写核算数据；na 表示不适用；* 表示该项目对该资源而言通常不重要，或数据源中通常未单独识别该项目。实际上，并非所有可能含有项目的单元格都能单独显示在公布的单项资产账户中。

SEEA 认为，资产的市场价格观察值的理想来源是在市场上观察到的价值：每种资产是完全同质的，且通常是大量交易，定期列出其市场价格。用这种市场产生的价格数据乘以存量实物量指标，即可计算出各类资产的市场总价值。大多数金融资产、新购买的生产资产，包括各种类型的运输设备（如汽车和卡车）和家畜，都可以得到这样的价格观察值。

SEEA 中关于生态资产估算的方法主要有重置成本法和净现值法（NPV）两种，这两种方法同样适用于评估生态产品第四产业中生态资产的价值。重置成本法的估算原理是，当一项自然资产的价值将随时间的推移而下降时，购置价格也会因固定资本消耗而减少。理论上，在资产寿命期内的某一时点上，它的价值是由等效新资产的现行购置价格减去寿命期内的累计固定资本消耗而得到的。如果无法得到此类在用资产的可靠的、直接观测到的价格，这一程序可给出该资产用于销售时的市场价格的合理近似值。对于生态资产而言，这一方法可用于估计作为固定资产的培育性生物资源（如果园）的存量价值。

许多生态资产特别是提供大量生态系统调节服务的生态系统并没有相关的市场交易或购置价格，所以也无法使用市场价值和重置成本的方法。尽管可以找到价格来估计生态资产开采或收获的产出价值，却无法得到资产本身在原地的价值。在这种情况下，可用未来回报折现价值法，通常称为 NPV，使用生态资产未来开采率（服务流量价值）的预测值以及价格的预测值，得到期望回报的时间序列。通常，这些预测值应以该生态资产的历史回报为基础。假定当期获得的回报对开采者而言比未来获得的回报更值钱，则应对未来回报流折现，以反映购买者在当期愿意为该资产支付的价值，例如，在评估森林作为资产的固碳价值时，其未来的回报期通常为 100 年[14]。

6.2.1.4 第四产业核算体系

生态产品第四产业作为与传统 SNA 体系有交叉重叠又有延伸的新兴产业业态和概念框架，无论是产品实物流量、价值流量还是资产存量核算方面，都可以借鉴 SEEA 体系中已有的概念方法和核算框架。

在范围边界上，生态产品第四产业既和 EPEA 与 EGSS 有交叉，又包含了生态系统调节服务等无法在市场直接交易获得价值的经济活动。因此，生态产品第四产业的统计核算框架应该分为两个部分：一是与传统 SNA 体系一致的部分，包括国民经济核算表，二是应按照 SEEA 核算规则设计生态产品第四产业实物量供应 – 使用核算表（表 6–8）、生态产品价值量供应 – 使用核算表（表 6–9）、生态产品与生态资产关联表以及实物量和价值量合并表。

在表 6–8 和表 6–9 中，SEEA 是按照自然投入和一般产品进行统计核算的。为了开展生态产品第四产业核算，可以用生态产品替代自然投入和一般产品，这样在价值量供应 – 使用核算表中，可以按照国民经济核算体系分类，筛选出各行业生态产品价值量，进行统计核算。在实物量供应 – 使用核算表中，可以根据国民经济各行业核算生态产品的投入、中间消耗、残余物收集和处理情况进行核算，从而保证生态产品在经济循环中达到平衡的状态。

表 6–8　生态产品第四产业实物量供应 – 使用核算表

实物量供应							
	生产产生的残余物			积累	来自国外的入境流量	来自环境的流量	合计
	产业（包括住户的自给性生产）按照国民经济核算体系分类	住户产生的残余物					
生态产品	产出				进口	来自生态环境的流量	
残余物	产业产生的残余物	住户最终消费产生的残余物		报废和拆解生产资产产生的残余物	来自国外的残余物	从环境中回收的残余物	
				受控填埋场的排放			
合计							
实物量使用							
	中间消耗、生态产品使用量、残余物回收量	最终消费		积累	流向国外的出境流量	流向生态环境的流量	合计
	产业，按照国民经济核算体系分类						
生态产品	生态产品开发投入中间消耗	住户最终消费		资本形成总额	出口		
残余物	残余物的收集和处理			受控填埋场的废物积累	转移到国外的残余物	流向环境的残余物	
合计							

表 6-9　生态产品第四产业价值量供应－使用核算表

<table>
<tr><td colspan="7">价值量供应（Supply）</td></tr>
<tr><td></td><td colspan="2">生产（包括住户的自给性生产）</td><td colspan="3">来自国外的入境流量</td><td rowspan="2">合计</td></tr>
<tr><td></td><td colspan="2">产业，按照国民经济核算体系分类</td><td colspan="3"></td></tr>
<tr><td>生态产品</td><td colspan="2">产出</td><td colspan="3">进口</td><td></td></tr>
<tr><td>合计</td><td colspan="2"></td><td colspan="3"></td><td></td></tr>
<tr><td colspan="7">价值量使用（Use）</td></tr>
<tr><td></td><td>中间消耗</td><td colspan="2">最终消费</td><td rowspan="2">积累</td><td rowspan="2">流向国外的出境流量</td><td rowspan="2">合计</td></tr>
<tr><td></td><td>产业，按照国民经济核算体系分类</td><td>住户</td><td>政府</td></tr>
<tr><td>生态产品</td><td>中间消耗</td><td>住户最终消费支出</td><td>政府最终消费支出</td><td>资本形成总额</td><td>出口</td><td></td></tr>
<tr><td>合计</td><td></td><td></td><td></td><td></td><td></td><td></td></tr>
</table>

生态产品与生态资产关联表，见表 6-10。可以清晰地看出，无论是生态产品的价值量供应使用，还是实物量的供应使用，都会改变自然资产的存量。生态资产期末和期初的存量变化可以反映生态产品供应的情况。通过出口、中间消耗、居民消费等情况，又可以核算生态产品的使用情况。

表 6-10　生态产品与生态资产关联表

<table>
<tr><td colspan="2" rowspan="4"></td><td rowspan="3">产业</td><td rowspan="3">住户</td><td rowspan="3">政府</td><td rowspan="3">国外</td><td colspan="2">资产账户</td></tr>
<tr><td colspan="2">（以实物和货币单位测算）</td></tr>
<tr><td>生产资产</td><td>生态资产</td></tr>
<tr><td></td><td></td><td></td><td></td><td colspan="2">期初存量</td></tr>
<tr><td rowspan="2">价值量供应使用</td><td>生态产品－供应</td><td>总产出</td><td></td><td></td><td>进口</td><td></td><td></td></tr>
<tr><td>生态产品－使用</td><td>中间消耗</td><td>住户最终消费支出</td><td>政府最终消费支出</td><td>出口</td><td>资本总额</td><td></td></tr>
<tr><td rowspan="4">实物量供应使用</td><td>生态产品－供应</td><td>产出</td><td></td><td></td><td>进口</td><td></td><td>开采生态资产量</td></tr>
<tr><td>生态产品－使用</td><td>中间消耗</td><td>住户最终消费</td><td></td><td>出口</td><td>资本形成总额</td><td></td></tr>
<tr><td>残余物－供应</td><td>产业产生的残余物</td><td>住户最终消费产生的残余物</td><td></td><td>从国外接收的残余物</td><td>拆解和报废生产资料产生的残余物；受控填埋场的排放</td><td></td></tr>
<tr><td>残余物－使用</td><td>废物和其他残余物的收集和处理</td><td></td><td></td><td>出口国外的残余物</td><td>受控填埋场的废物积累</td><td>流向环境的残余物</td></tr>
<tr><td></td><td></td><td></td><td></td><td></td><td></td><td colspan="2">资产物量其他变化（如自然增长、发现、灾害损失）</td></tr>
<tr><td></td><td></td><td></td><td></td><td></td><td></td><td colspan="2">重估价</td></tr>
<tr><td></td><td></td><td></td><td></td><td></td><td></td><td colspan="2">期末存量</td></tr>
</table>

根据对生态产品实物量供应 - 使用核算表、生态产品价值量供应 - 使用核算表、生态产品与生态资产关联表等核算表格的调整，可以将生态产品第四产业的生态物质产品生产、生态调节服务、生态文化服务、生态产品开发交易服务、生态保护和建设 5 大门类、9 大类纳入核算框架[15]。其中，供应端包括生态产品从国民经济部门的产出以及从国外进口的生态产品；使用端包括产业的中间消耗、住户最终的消费支出、政府最终的消费支出和对外出口。同时，为了满足存量核算，加入了资产账户核算以及不可在市场中交易的部分生态产品，单独在 SNA 核算表外形成卫星账户，进行单独核算。基于 SNA 的生态产品第四产业核算框架见表 6-11。

表 6-11 基于 SNA 的生态产品第四产业核算框架

	投入	分类	产业	住户	政府	国外	资产账户	
							生产资产	生态资产
							期初存量	
			产出			进口		
生态产品供应	生态物质产品生产	生态农业 生态林业 生态畜牧业 生态渔业 瓶装饮用水制造 天然自来水供应 生态食品饮料加工 生态农产品初加工 生物质能 生物基材料制造 生物产业 天然植物纤维编织工艺品制造 其他基于初级生态产品的加工						
	生态文化服务	农业休闲观光						
	生态产品开发交易服务	生态资源监测 生态园区管理服务 生态产品认证推广 生态资源权益交易服务 交易平台建设运营						
	生态保护和建设	生态保护 生态修复						

续表

<table>
<tr><td rowspan="3"></td><td rowspan="3">投入</td><td rowspan="3">分类</td><td>产业</td><td>住户</td><td>政府</td><td>国外</td><td colspan="2">资产账户</td></tr>
<tr><td></td><td></td><td></td><td></td><td>生产资产</td><td>生态资产</td></tr>
<tr><td></td><td></td><td></td><td></td><td colspan="2">期初存量</td></tr>
<tr><td></td><td></td><td></td><td>中间消耗</td><td>住户最终消费支出</td><td>政府最终消费支出</td><td>出口</td><td></td><td></td></tr>
<tr><td rowspan="4">生态产品使用</td><td>生态物质产品生产</td><td>生态农业
生态林业
生态畜牧业
生态渔业
瓶装饮用水制造
天然自来水供应
生态食品饮料加工
生态农产品初加工
生物质能
生物基材料制造
生物产业
天然植物纤维编织工艺品制造
其他基于初级生态产品的加工</td><td></td><td></td><td></td><td></td><td></td><td></td></tr>
<tr><td>生态文化服务</td><td>农业休闲观光</td><td></td><td></td><td></td><td></td><td></td><td></td></tr>
<tr><td>生态产品开发交易服务</td><td>生态资源监测
生态园区管理服务
生态产品认证推广
生态资源权益交易服务
交易平台建设运营</td><td></td><td></td><td></td><td></td><td></td><td></td></tr>
<tr><td>生态保护和建设</td><td>生态保护
生态修复</td><td></td><td></td><td></td><td></td><td></td><td></td></tr>
<tr><td colspan="7">卫星账户</td><td></td><td></td></tr>
<tr><td colspan="3">投入</td><td colspan="4">分类</td><td></td><td></td></tr>
<tr><td colspan="3">生态物质产品生产</td><td colspan="4">纯天然产品供应
优美自然要素生产</td><td></td><td></td></tr>
</table>

续表

<table>
<tr><td rowspan="3"></td><td rowspan="3">投入</td><td rowspan="3">分类</td><td>产业</td><td>住户</td><td>政府</td><td>国外</td><td colspan="2">资产账户</td></tr>
<tr><td></td><td></td><td></td><td></td><td>生产资产</td><td>生态资产</td></tr>
<tr><td></td><td></td><td></td><td></td><td colspan="2">期初存量</td></tr>
<tr><td colspan="3">生态调节服务</td><td colspan="4">水源涵养
土壤保持
空气净化
水质净化
气候调节
固碳释氧
病虫害控制
物种保育
减灾降灾
碳排放权开发
排污权开发
用水权开发
用能权开发
清水增量指标开发
绿化增量指标开发
碳汇开发
其他衍生性产品</td><td></td><td></td></tr>
<tr><td colspan="3">生态文化服务</td><td colspan="4">休憩服务
生态旅游
生态康养
自然教育
生态美学服务
生态文化资源开发</td><td></td><td></td></tr>
<tr><td colspan="3">生态产品开发交易服务</td><td colspan="4">生态产品综合开发
生态金融服务
生态资源集中收储开发
生态产品评估
生态咨询</td><td></td><td></td></tr>
<tr><td colspan="3"></td><td colspan="4"></td><td colspan="2">资产物量其他变化（如自然增长、发现、灾害损失）</td></tr>
<tr><td colspan="3"></td><td colspan="4"></td><td colspan="2">重估价</td></tr>
<tr><td colspan="3"></td><td colspan="4"></td><td colspan="2">期末存量</td></tr>
</table>

6.2.2 生态资产负债表编制框架体系

开展生态资产核算，建立生态资产负债表是全面记录当期经济主体对生态资产的占有、使用、消耗、恢复和增值情况，是国民经济核算体系和自然资源负债表在生态环境领域的应用和延伸。一是可以有效反映生态环境家底，为生态文明建设和生态环境管理提供决策、监督、评价和考核等有用的信息，为决策层提供监督决策的数据基础，有效支撑国家和地区的可持续发展；二是通过定期核算和编制生态资产负债表，有效保护生态资产，确保生态产品第四产业健康发展，有效防止生态环境资源资产流失和破坏；三是通过领导干部生态资产离任审计和领导干部生态环境绩效评估考核等一系列制度的设计，有效促进经济转型发展，彻底扭转只关注经济发展、不考虑生态环境破坏和生态资源消耗的传统经济模式，有效促进生态文明建设，践行“绿水青山就是金山银山”的理念。

6.2.2.1 生态资产负债表编制的研究基础

党的十八届三中全会提出：“探索编制自然资源资产负债表，对领导干部实行自然资源资产离任审计。”《生态文明体制改革总体方案》对探索编制自然资源资产负债表做了进一步细化。2015 年，国务院办公厅印发了《编制自然资源资产负债表试点方案》，成立由国家统计局、国家发展改革委、财政部、国土资源部、环境保护部、水利部、农业部、审计署、国家林业局有关人员组成的编制自然资源资产负债表试点工作指导小组，先后开展了市级、县级试点工作，出台了自然资源资产负债表编制制度，掀启了我国自然资源负债表编制的研究热潮。

负债表就研究主体而言，可分为微观的企业负债表和宏观的国家负债表。企业负债表是反映企业某一特定日期财务状况的报表，是反映企业财务状况的平衡表，形成“资产 = 负债 + 所有者权益”的平衡关系[16]。国家负债表是表列整个国家在某一时点上的“家底”，通过提供一整套基础数据，与 GDP 等国民账户中其他数据一起，揭示各经济主体主要经济活动之间的对应关系。国家资产负债表中的资产包括金融资产和非金融资产，非金融资产主要包括固定资产、存货和其他非金融资产（资源资产、无形资产等）。其中，资源资产主要包括具有经济价值的土地、矿产和能源、非培育性生物资源、水资源、其他自然资源。但负债仅包括金融负债，没有自然资源负债，核算重点是直接作用于 GDP 的生产资产，未进入生产环节的自然资源被排除在外。国家资产负债表建立“资产 = 负债 + 净资产”恒等关系。SEEA2012 核算的自然资源比 SNA 范围更宽，分类也更细，分为矿产和能源资源、土地资源、土壤资源、木材资源、水生资源、其他生物资源（不包括木材和水生资源）、水资源。但 SEEA2012 也没有涉及自然资源的所有权和负债问题，也不编制自然资源资产负债表，所以，如何编制宏观经济体自然资源资产负债表，就成为学界探索的热点问题。

自然资源资产负债表的理念提出后，有关自然资源资产负债概念、内涵和外延的探讨较多，其核算表模式主要有两种。①国家统计局主导的统计学模式，该模式遵循“期末资源存量＝期初资源存量＋本期资源增加量－本期资源减少量”的平衡关系，主要从实物量的角度，重点反映资源的数量、质量等实物量变动情况。2018年年底，国家统计局联合自然资源部等八部门印发《自然资源资产负债表编制制度（试行）》，分不同资源门类设立自然资源资产账户，核算土地资源、林木资源、水资源和矿产资源等4类自然资源资产，每个账户下设不同报表，分别反映该类自然资源资产的存量及变动、质量及变动等情况，不反映资源流量变动缘由，不涉及价值量。②中科院地理所主导的生态环境核算模式。该模式遵循“资产＝负债＋所有者权益（净资产）”的恒等式，从价值量的角度，通过核算土地资源、水资源、林木资源和矿产资源等主要的自然资源资产，厘清因资源消耗、环境损害和生态破坏产生的自然资源负债。该模式由中科院地理所封志明团队推进，已选择浙江湖州市和河北承德市进行了试编，形成了“湖州模式”[17]（图6-3）和“承德模式”[18]。

6.2.2.2 生态资产基本范畴

资产是一种价值储备，反映经济所有者在一段时间内通过持有或使用该实体所产生的某种利益或系列利益。它是价值从一个核算期向另一个核算期结转的载体[19]。自然资源资产是指其中具有稀缺性、有用性（包括经济效益、社会效益、生态效益）且产权明确的自然资源[20]，分为国土空间资源（土地资源、海洋资源）和物质资源（林木资源、干草资源、矿产资源、水资源）两大类。生态资产的计量可以从两个角度分析：一是广义的生态资产，包括为所有经济活动提供物资和空间的各个组成部分，即各单项环境资产，包括土地、土壤、水、木材、水生资源、矿物资源和能源。二是狭义的生态资产。前者包括矿物资源和能源，且包括耕种的作物和植物（如木材和果树）、牲畜和水产养殖设施中的鱼类等资产，但后者不包括[21]。本书的生态资产的核算范围以狭义的概念为主，不包括矿产和能源。

通过对第四产业概念的解析，本书对生态资产的范围界定如下：①从生态资产的内容角度分析，主要包括三个方面：第一是指满足人类生活和发展需要的环境要素或生态系统，包括这些环境要素或生态系统的数量和质量；第二是指为人类生活和发展所提供的生态服务功能，包括吸收二氧化碳、水源涵养、防风固沙等内容；第三是指人类通过精神感受、知识获取、休闲娱乐和美学体验从生态资产中获得的非物质惠益。②从与经济的关系角度分析，生态资产也包括三类：第一类是来自经济资产、同时又属于生产资产的生态资源，如各类人工培育的动植物资源；第二类是来自经济资产、属于非生产资产的生态资源，如非人工培育的动植物资源和水资源；第三类是未包括在生态资产中的生态环境要素，如生态服务功能。③从产权归属角度分析，本文中生态资产概念既包括国民经济账户中已明确确权的生态资产，也包括没有确权的生态资产。

生态资产账户建立、生态资产价值核算和生态资产负债表是一脉相承的。生态资产价值核算是生态资产负债表的编制基础，生态资产负债表实现了核算数据的集约化并展

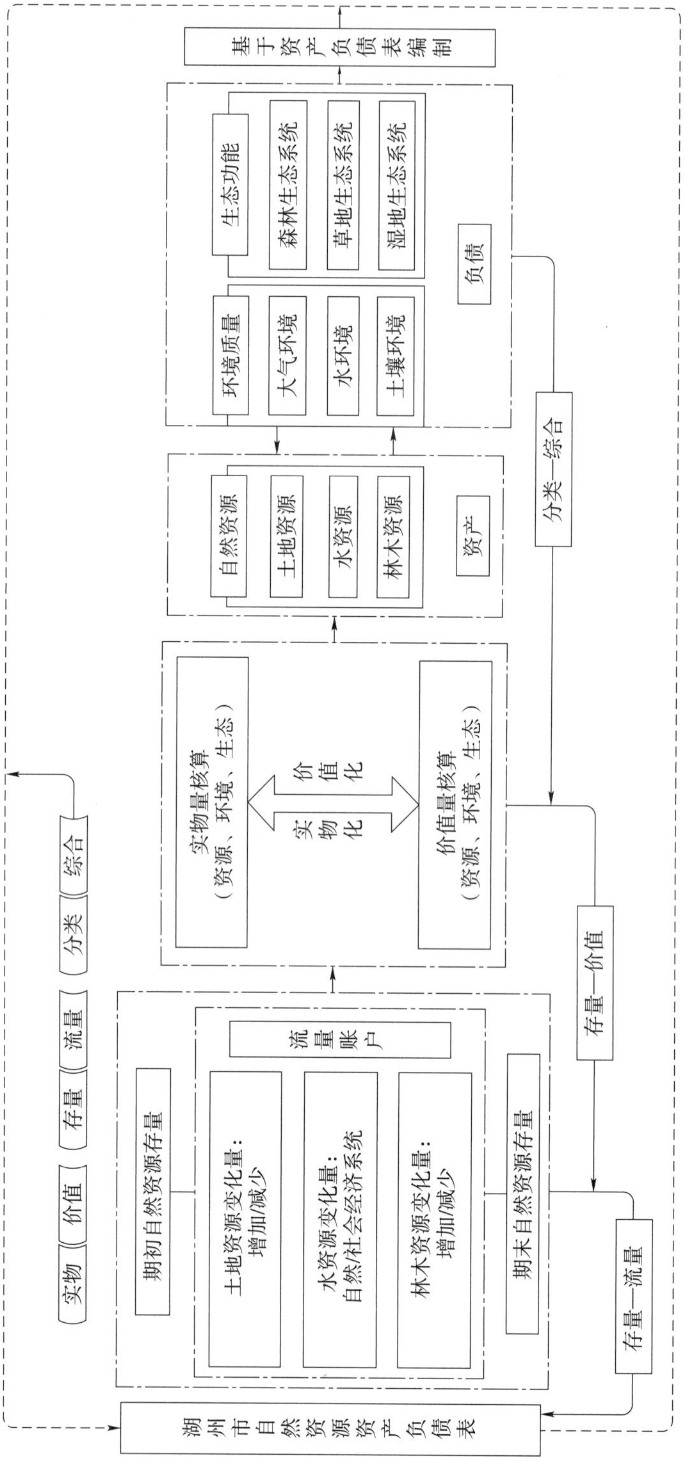

图 6-3　湖州市自然资源资产负债表编制技术路线[17]

现了数据的相互关系。生态资产核算偏重对生态资产的指标数据进行统计，是对现有国民经济的扩充；生态资产负债表更强调，不能开发利用和其他因素造成生态环境资源的减少和损失，防止过度和不合理开发和使用生态环境资源。无论是生态资产价值核算还是生态资产负债表，都包括对某一时间点生态资产产量的实物量和价值量进行统计，同时考虑生态环境的数量和质量。

生态资产价值核算和生态资产负债表都是在生态资产核算账户的基础上核算某个时点的存量，而生态产品价值核算的是某个时期流量，两者存在勾稽关系。生态环境资源核算账户、生态资产价值核算、生态资产负债表和生态产品价值核算的关系，如图 6-4 所示。

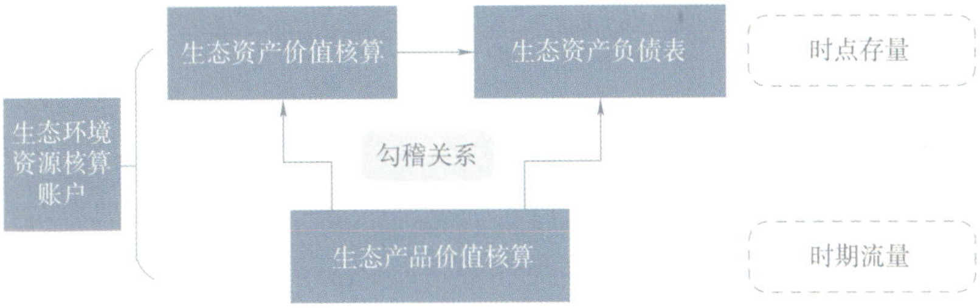

图 6-4　生态资产价值核算和生态资本负债表关系

生态资产核算账户范围与国民经济体系、SEEA 和我国自然资源负债表中核算范围的关系，见表 6-12，其主要区别包括以下几个方面：一是国民经济体系和我国现有自然资源负债表只考虑所有权已确定且可以获得经济利益的生态环境资源，而 SSEA 体系和本书中还考虑所有权未确定或在现有经济技术条件下无法获得经济利益的生态资产部分；二是 SNA、SEEA 和我国自然资源负债表中都包括土地、矿产和能源部分，但本书中生态资产核算和生态资产负债表不考虑这两部分内容；三是自然资源负债表的生物资源中不包括培育型生物资源，也就是说，只包括天然生长的生物资源。生态资产核算和生态资产负债表中包括所有生物资源，不仅包括有确权且有经济效益的非培育（天然生长）生物资源，也包括人工培育生物资源，以及没有确权或者在现有经济技术条件下无法产生经济效益的生物资源。

表 6-12　生态资产核算和负债表与现有其他核算体系的关系

分类		SNA	自然资源负债表	SEEA	生态资产核算和负债表
所有权已确定且可以获得经济利益	矿产和能源储备	√	√	√	—
	非培育性生物资源	√	√	√	√
	培育性生物资源	√	—	√	√
	水资源	√	√	√	√
	土地	√	√	√	√
	土壤	—	—	√	√

续表

分类		SNA	自然资源负债表	SEEA	生态资产核算和负债表
所有权未确定或现有经济技术条件下无法获得经济利益	矿产和能源储备	—	—	√	—
	天然生物资源	—	—	√	√
	水资源	—	—	√	√
	土地	—	—	√	√
	土壤	—	—	√	√
	大气环境	—	—	√	—
	水环境	—	—	√	—

注：“√”表示考虑了该类型，“—”表示没有考虑该类型。

6.2.2.3 生态资产价值核算

生态资产核算是对一定时间和空间范围内的生态资产进行真实调查统计和合理估价的基础上，从实物量、价值量和质量的角度统计、核实和测算其总量和结构的变化情况。生态资产核算是将生态环境价值纳入传统经济核算范围，并与经济活动关联起来，通过定量分析自然环境资源存量和变量变化，评估经济活动对生态环境的影响，确保经济活动和经济增长的可持续性。

生态资产核算主要包括生态资产实物量核算、生态资产价值量核算以及质量（指数）核算，三者互为基础，相互补充[22]。其中，生态资产实物量核算是生态资产价值量核算和质量（指数）核算定级的基础，主要通过调查统计数据核算得到；生态资产分等定级评价，是评价生态资产价值的重要依据。从理论上说，生态资产价值量核算主要包括生态资产的使用价值和非使用价值（表 6-13）。

表 6-13　生态资产价值构成

总经济价值	使用价值	直接使用价值
		间接使用价值
		选择价值
	非使用价值	遗传价值
		存在价值

在实际核算中，不同生态资产的具体核算方法不同，且同一种生态资产，核算方法的理论基础不同，选取的方法也会不同（表 6-14）。本节重点对土地资源资产和水资源资产价值核算的方法进行分析。

表 6-14　生态资产核算方法

生态资产	具体指标	实物量	价值量
生态资产	非培育性生物资源	统计调查法	直接市场法
	培育性生物资源	统计调查法	直接市场法
	天然生物资源	统计调查法	直接市场法
	水资源	统计调查法	直接市场法 / 影子价格法
	土地	统计调查法	收益还原法 / 基准地价修正法 / 市场比较法

（1）土地资源资产价值量核算方法

1）收益还原法

收益还原法是指将待估宗地未来正常年纯收益（地租），以一定的土地还原率还原，以此估算待估宗地价格的方法。收益还原法以预期原理为基础，根据预期原理，决定土地当前价格的不是其过去的价格、开发成本、收益或市场状况，而是市场参与者对其未来所能产生的收益或能够获得的满足、乐趣等的预期，即土地未来收益高，当前价格就高。土地未来收益与目前地价的关系类似于存款利息与存款本金的关系，利息高，则本金高。

假设净收益不变，收益为有限年限，各相关因素不变，收益还原法的公式为

$$P=\left(\frac{a}{r}\right)\left[1-\frac{1}{(1+r)^n}\right] \tag{6-2}$$

式中，P 为待估宗地价格，a 为年纯收益，r 为土地还原率，n 为未来土地收益年期。

收益还原法适用的估价对象是具有现实和潜在收益的土地。能否采用收益还原法估价，不在于在估价时点，在于待估宗地是否有收益存在。只要待估宗地具有产生收益的潜质，就可以采用收益还原法估价。住宅用地、写字楼用地、商店用地、宾馆用地等，均可采用收益还原法估价。

2）基准地价系数修正法

基准地价系数修正法是指利用城镇基准地价及其地价修正系数表等成果，按照替代原理，将待估宗地的区域条件、个别条件等与基准地价的条件相比较，进而通过修正求取待估宗地在估价期日价格的方法。

基准地价系数修正法的理论依据与市场比较法类似，都是替代原理。不同的是比较的对象不一样，市场比较法是将比较实例与待估宗地在交易情况、交易日期、区域因素、个别因素等方面进行比较，而基准地价系数修正法是将基准地价所规定的该土地级别、该用途的区域因素、个别因素与待估宗地进行比较。

$$P=P_{1b}\times\left(1+\sum K_i\right)\times K_j+D \tag{6-3}$$

式中，P 为待估宗地地价，P_{1b} 为某一用途、土地级别（均质区域）的基准地价，

$\sum K_i$ 为待估宗地地价修正系数，K_j 为估价期日、容积率、土地使用年期等修正系数，D 为土地开发程度修正值。

基准地价系数修正法适用的前提是，该城镇已经编制并公布基准地价和基准地价修正系数表。

3）市场比较法

市场比较法是指根据替代原则，将待估宗地与具有替代性，且在估价期日近期市场上交易的类似宗地进行比较，并对类似宗地的成交价格进行修正，以此估算土地价格的方法。市场比较法的理论依据是土地价格形成的替代原则。尽管土地具有独一无二性，但在现实的土地交易中，任何理性的交易者都会将拟交易地块与市场上相似的地块进行比较，使其成交价格既不能过高，也不能过低，即可用相似土地价格替代待估土地价格。就土地估价而言，替代原则要求在同等条件下，将评估价值与估价对象类似的土地价值或价格的偏差控制在合理范围之内。

根据替代原理，如果能够在市场上找到相似成交实例，就可以用相似成交实例的价格来估算待估宗地的价格。当然，在用比较实例价格估算待估宗地价格时，因为比较实例与待估宗地在交易情况、区域因素、个别因素等方面存在差异，成交日期与估价期日也不尽相同，需要对比较实例进行交易情况、估价期日、区域因素、个别因素等方面的修正。市场比较法的公式如下：

$$V = \mathrm{VB} \times A \times B \times D \times E \tag{6-4}$$

式中，V 为待估宗地价格，VB 为比较实例价格，A 为交易情况修正系数，B 为交易日期修正系数，D 为区域因素修正系数，E 为个别因素修正系数。

（2）水资源资产价值核算方法

采用影子价格法进行水资源资产价值核算。影子价格是指水资源投入每增加一单位所带来的追加效益，实际上是资源投入的边际效益。水资源的影子价格反映了水资源的边际使用价值，可以用来评价水资源的使用效率，同时也反映了水资源的稀缺程度。整个经济系统的生产活动可以转换成一个资源最优配置问题，并且可以将这个最优配置问题转化为一个线性规划问题，其对偶规划的最优解是影子价格，可以通过建立和求解区域资源最优化配置模型，得到水资源的影子价格。水资源优化最优配置模型为

$$\mathrm{Max}\ F = \sum_{i=1}^{42} ad_j \cdot X_j$$

$$\text{s.t.}\ g(x) \leqslant b \tag{6-5}$$

式中，F 为国民经济各部门使用水产生的增加值总量。由于 GDP 的总产出不仅有水资源的投入，还有其他资源（包括资本、劳动力、能源和土地等）投入，为了求出水资源的影子价格，必须剔除其他资源投入产生的价值，只考虑水资源产生的增加值。X 为水资源的投入，$g(x) \leqslant b$ 为对水资源的消费约束。

6.2.2.4 生态资产负债表表式

生态资产负债表编制是为了揭示经济过程对生态环境的利用，从而显示对生态环境的正面和负面影响，包括经济活动对生态环境的破坏以及环境保护和资源管理对生态环境的有效保护作用，以及因为政府、单位或个人等自然资源主体违法违规管理、利用自然资源，造成自然资源在数量上、质量上低于法律法规要求的标准，从而引起生态资产增加或减少的实物量和价值量。但我国在进行相关研究的过程中，对“负债”概念存在不同看法，因此，在自然资源负债表中，只将自然资源在期初和期末的自然资源资产存量作为自然资源资产，将期初的自然资源存量减去期间的自然资源耗减作为自然资源净资产。

在生态负债表中，主要包括生态资产的数量、质量和价值。生态资产负债表框架体系主要由三个核心账户组成：一是生态资产负债实物量核算表，包括生态资产实物量核算账户（具体分为土地资源、林木资源、水资源、生物资源）和环境质量实物量核算账户（具体分为水环境质量、大气环境质量和土壤环境质量）；二是生态资产负债价值量核算表，包括生态资产价值量核算账户（具体分为土地资源、林木资源、水资源、生物资源）和环境质量价值量核算账户（具体分为水环境质量、大气环境质量和土壤环境质量）；三是生态资产负债总核算表。总核算账户表是基于价值量核算的汇总表，主要包括生态系统资产价值和环境质量价值，在各分项的生态资产核算账户的基础上编制总的生态资产负债表，可以全面反映一个国家或地区的生态资产负债情况。

生态资产负债表平衡关系，参考SEEA核算自然资源所遵循的平衡关系：（1）期末存量 = 期初存量 + 本期增加 − 本期减少；（2）本期增加 = 自然增加 + 经济增加 + 生态增加 + 其他因素引起的增加；（3）本期减少 = 自然破坏 + 人为破坏 + 生态破坏 + 其他因素引起的减少。

（1）土地资源资产负债表

土地资源资产核算表反映土地资源在核算期初、期末的存量水平以及核算期间的流量变化，具体包括耕地、林地、草地、园地、水域资源的资产变化情况（表6-15）。土地资源存量减少主要是建设占用（经济性原因）、灾害损毁（自然性原因）、生态退耕（生态性原因）、农业结构调整（其他原因）等土地利用变化导致的土地资源减少。

土地资源资产增加主要来自土地的综合整治和农业结构调整。土地综合整治是指对农村地区低效利用和不合理利用的农用地、建设用地以及未利用地，通过田、水、路、林、村综合整治，增加有效耕地面积，提高耕地质量，改善农村生产生活条件和生态环境的土地利用活动，包括土地整理、开发、复垦。农业结构调整，是指由于经济发展和生态环境保护需要，对原有种植业、林业、牧业、水产养殖业、副业等使用土地在农业生产中所占比例进行调整，并由此产生的原其他农业用途的土地改为耕地，或将原耕地改为其他农业用途的土地。

表 6-15　土地资源资产负债表

指标名称	耕地			林地			园地			草地			水域			总计
	水田	旱地	水浇地	有林地	灌木林	其他林地	果园	茶园	其他园地	天然草地	人工草地	其他草地	河流水面	湖泊水面	坑塘水面	
期初存量																
存量增加																
自然性增长																
经济型增长																
生态性增长																
其他因素导致的增长																
存量减少																
自然性减少																
经济性减少																
生态性减少																
其他因素导致的减少																
期末存量																

（2）水资源资产负债表

水资源是与人类生产生活有关的可供利用或可能被利用的天然水源。水资源包括地表水和地下水两类（表 6-16）。地表水主要包括河流、湖泊和水库。

表 6-16　水资源资产负债表

指标名称	合计	地表水	地下水
期初存量			
存量增加			
降水形成的水资源			
流入与调入量			
从区域外流入量			
从区域外调入量			—
从区域内其他水体流入量			
其他水源水量			
经济社会用水回归量			
灌溉水回归量			
非灌溉水回归量			—

续表

指标名称	合计	地表水	地下水
存量减少			
取水量			
生活			
工业			
农业			
人工生态环境补水			
流出与调出量			
流向区域外水量			
流向海洋水量			
调出区域外水量			
流向区域内其他水体水量			
非用水消耗量			
期末存量			

（3）林木资源资产负债表

林木资源指生长于森林或其他林地的立木。林木资源的储量称为立木蓄积量，是指一定林地面积上存在的林木树干部分的总材积。林木资源总蓄积量和单位面积蓄积量是衡量林木资源的丰富程度和森林质量的重要指标。林木资源资产负债表通过面积和蓄积量两个指标进行构建（表 6-17）。林木资源增加主要通过人工造林、人工更新、飞播造林、封山育林等方式实现，林木资源减少主要是森林合理采伐、非法采伐、灾害损失等原因导致的。

表 6-17　林木资源资产负债表

<table>
<tr><td rowspan="4">指标名称</td><td colspan="11">森　林</td><td rowspan="3">其他林木</td></tr>
<tr><td rowspan="2">合计</td><td colspan="6">乔木林</td><td colspan="2">竹林</td><td colspan="2">特殊灌木林</td></tr>
<tr><td colspan="2">合计</td><td colspan="2">天然</td><td colspan="2">人工</td><td>天然</td><td>人工</td><td>天然</td><td>人工</td></tr>
<tr><td>面积</td><td>面积</td><td>蓄积</td><td>面积</td><td>蓄积</td><td>面积</td><td>蓄积</td><td colspan="2">面积</td><td colspan="2">面积</td><td>蓄积</td></tr>
<tr><td>期初存量</td><td></td><td></td><td></td><td></td><td></td><td></td><td></td><td></td><td></td><td></td><td></td><td></td></tr>
<tr><td>存量增加</td><td></td><td></td><td></td><td></td><td></td><td></td><td></td><td></td><td></td><td></td><td></td><td></td></tr>
<tr><td>存量减少</td><td></td><td></td><td></td><td></td><td></td><td></td><td></td><td></td><td></td><td></td><td></td><td></td></tr>
<tr><td>期末存量</td><td></td><td></td><td></td><td></td><td></td><td></td><td></td><td></td><td></td><td></td><td></td><td></td></tr>
</table>

（4）生物资源资产负债表

生物资源包括动物资源、植物资源和微生物资源三大类（表 6-18）。

表 6-18 生物资源资产负债表

指标名称	合计	动物	植物	微生物
期初存量				
存量增加				
存量减少				
期末存量				

（5）生态资产负债表编制挑战

生态环境经济信息需求量大。在核算生态环境资产和生态环境资产负债表时，需要掌握大量科学翔实的生态环境经济基础信息，主要包括核算时期内社会经济发展相关数据、生态系统在期初期末的资产量、环境要素在期初期末的质量等，同时需要借助同时期，甚至更长时期的气象数据、遥感数据和现场调查监测数据等，分析生态环境资产变化过程中当期经济主体对生态环境资产的占有、使用、消耗、恢复和增值情况，并将其与自然增长和质量净化相区别。这些数据涉及统计部门、自然资源管理部门、生态环境管理部门和经济管理部门等多个单位，收集数据庞杂，处理过程难度较大。

生态资产核算方法不统一。生态资产不仅具有使用价值，还具有生态价值和社会价值，核算方法复杂。目前，生态资源资产价值量核算内容主要为经济价值，核算方法有市场法、非市场法，方法不统一，核算结果难以验证。生态资产负债表还没有确切的定义，尤其是其中“负债”的概念和内涵还有待统一，负债核算技术更是亟待突破。

亟待建立完整的生态环境资产负债表理论体系。在生态资产负债表编制过程中，需要一套完整的基本理论框架、一系列定位准确的核心概念、一套数据核算技术方法体系和一套动静结合报表体系。目前，生态资产负债表编制刚刚起步，还需要长期的研究和探索过程。目前，在政策实践需求超过理论研究的情况下，亟须从我国实际出发，推进实际应用，同时考虑满足政府部门的业务化应用需要，达到生态环境保护和经济发展“双赢”的目的。

6.3 生态产品总值（GEP）核算与实践

GEP 核算是践行“绿水青山就是金山银山”理论、开展生态产品价值实现的基础和前提，也是生态产品第四产业的重要内容。科学的 GEP 核算方法体系是解决生态产品价值实现“四难”问题中“度量难”的关键，也是对生态产品开展抵押、进行交易和价值变现的重要基础。本节通过构建生态产品总值核算的框架体系，从全球—全国—省域—流域等不同尺度的核算实践，进行生态产品总值核算案例分析。

6.3.1　生态产品总值核算框架

GEP 是指对生态系统提供的最终生态产品和服务进行价值核算的总和。生态产品价值核算是在实物量核算的基础上，进行价值量核算。GEP 的核算体系主要包括供给服务、调节服务和文化服务三大类。其中，供给服务主要包括农业产品、林业产品、畜牧业产品、渔业产品、生态能源和其他；调节服务主要包括水源涵养、土壤保持、防风固沙、海岸带防护、洪水调蓄、固碳、氧气释放、空气净化、水质净化、气候调节和物种保育；文化服务主要包括休闲旅游和景观价值（表 6-19）。

$$GEP = EPV + ERV + ECV \tag{6-6}$$

式中，GEP 为生态产品总值，EPV 为生态供给服务，ERV 为生态调节服务，ECV 为生态文化服务。

表 6-19　生态产品价值核算指标

序号	一级指标	二级指标	指标说明	实物量指标	价值量指标
1	供给服务	农业产品	从农业生态系统中获得的初级产品，如稻谷、玉米、谷子、豆类、薯类、油料、棉花、麻类、糖类、烟叶、茶叶、药材、蔬菜、水果等	农业产品产量	农业产品产值
2		林业产品	林木产品、林产品以及与森林资源相关的初级产品，如木材、竹材、松脂、生漆、油桐子等	林业产品产量	林业产品产值
3		畜牧业产品	利用放牧、圈养或者两者结合的方式，饲养禽畜获得的产品，如牛、羊、猪、家禽、奶类、禽蛋等	畜牧业产品产量	畜牧业产品产值
4		渔业产品	利用水域中生物的物质转化功能，通过捕捞、养殖等方式获取的水产品，如鱼类、其他水生动物等	渔业产品产量	渔业产品产值
5		生态能源	生态系统中的生物物质及其所含的能量，如沼气、秸秆、薪柴、水能等	生态能源总量	生态能源产值
6		其他	用于装饰品的一些产品（如动物皮毛）和花卉、苗木等	装饰观赏资源总量	装饰观赏资源产值
7	调节服务	水源涵养	生态系统通过其结构和过程拦截滞蓄降水，增强土壤下渗，涵养土壤水分和补充地下水，调节河川流量，增加可利用水资源量的功能	水源涵养量	水源涵养价值

续表

序号	一级指标	二级指标	指标说明	实物量指标	价值量指标
8	调节服务	土壤保持	生态系统通过其结构与过程保护土壤、降低雨水侵蚀的能力，减少土壤流失的功能	土壤保持量	减少泥沙淤积价值
					减少面源污染价值
9		防风固沙	生态系统通过增加土壤抗风能力，降低风力侵蚀和风沙危害的功能	固沙量	草地恢复成本
10		海岸带防护	生态系统减低海浪，避免或减小海堤或海岸侵蚀的功能	海岸带防护面积	海岸带防护价值
11		洪水调蓄	生态系统通过调节暴雨径流、削减洪峰，减轻洪水危害的功能	洪水调蓄量	调蓄洪水价值
12		固碳	生态系统吸收二氧化碳，合成有机物质，将碳固定在植物和土壤中，降低大气中二氧化碳浓度的功能	固定二氧化碳量	固碳价值
13		氧气释放	生态系统通过光合作用释放出氧气，维持大气氧气浓度稳定的功能	氧气提供量	氧气释放价值
14		空气净化	生态系统吸收、阻滤大气中的污染物，如 SO_2、NO_x、颗粒物等，降低空气污染浓度，改善空气环境的功能	净化二氧化硫量	净化二氧化硫价值
				净化氮氧化物量	净化氮氧化物价值
				净化颗粒物量	净化颗粒物价值
15		水质净化	生态系统通过物理和生化过程对水体污染物吸附、降解以及生物吸收等，降低水体污染物浓度、净化水环境的功能	净化 COD 量	净化 COD 价值
				净化总氮量	净化总氮价值
				净化总磷量	净化总磷价值
16		气候调节	生态系统通过植被蒸腾作用和水面蒸发过程吸收能量、降低气温、提高湿度的功能	植被蒸腾消耗能量	植被蒸腾调节温湿度价值
				水面蒸发消耗能量	水面蒸发调节温湿度价值
17		物种保育	生态系统为珍稀濒危物种提供生存与繁衍场所的作用和价值	珍稀濒危物种数量 保护区面积	珍稀濒危物种保育价值 保护区保育价值
18	文化服务	休闲旅游	人类通过精神感受、知识获取、休闲娱乐和美学体验、康养等旅游休闲方式，从生态系统中获得的非物质惠益	游客总人数	游憩康养价值
19		景观价值	生态系统为人类提供美学体验、精神愉悦，从而提高周边土地、房产价值的功能	受益土地与房产面积	土地、房产升值

6.3.2　生态产品总值核算方法

生态产品总值核算方法包括实物量核算方法和价值量核算方法。生态产品核算方法基于资源环境经济学与生态系统服务价值核算的理论方法体系，采用遥感解译技术、机理模型、实地监测法、统计分析法、现场调查法、环境经济学等方法，对森林生态系统、湿地生态系统、草地生态系统、农田生态系统、城镇生态系统等不同生态系统的产品供给服务、生态调节服务和文化服务的实物量和价值量进行核算，核算方法见表 6-20。

表 6-20　生态产品总值核算方法

服务类别	核算项目	实物量	价值量
供给服务	农业产品	统计调查	市场价值法
	林业产品		
	畜牧业产品		
	渔业产品		
	生态能源		
	其他		
调节服务	水源涵养	水量平衡法，水量供给法	替代成本法
	土壤保持	修正通用土壤流失方程（RUSLE）	替代成本法
	防风固沙	修正风力侵蚀模型（REWQ）	恢复成本法
	海岸带防护	统计调查	替代成本法
	洪水调蓄	水量储存模型	影子工程法
	空气净化	污染物净化模型	替代成本法
	水质净化	污染物净化模型	替代成本法
	固碳	固碳机理模型	替代成本法
	氧气释放	释氧机理模型	替代成本法
	气候调节	蒸散模型	替代成本法
	物种保育	统计调查	保育价值法
文化服务	休闲旅游	统计调查	旅行费用法
	景观价值		享乐价格法

6.3.3　核算案例：全球 GEP 核算

以王金南为代表的生态环境部环境规划院团队，在深入总结联合国千年生态系统评估、SEEA 实验生态系统账户、CICES V4.3 通用型服务分类方案、《陆地生态系统生产总值核算技术指南》、《森林生态系统服务功能评估规范》等国内外相关成果经验的基础上，充分考虑数据可获得性并剔除重复计算部分，于2018年最终确定了全球陆地生态系统生产总值的核算框架与指标体系[23]。该研究团队利用空间分辨率为1 km的遥感影像解译数据，分别从实物量和价值量两个角度，于2020年对2017年全球179个主要国家涉及森林、湿地、草地、荒漠、农田等生态系统类型提供的物质产品供给服务、生态系统调节服务和生态文化服务进行了核算，其中生态系统调节服务主要核算了气候调节、固碳调节、释氧调节、水源涵养和土壤保持等功能（图6-5）。

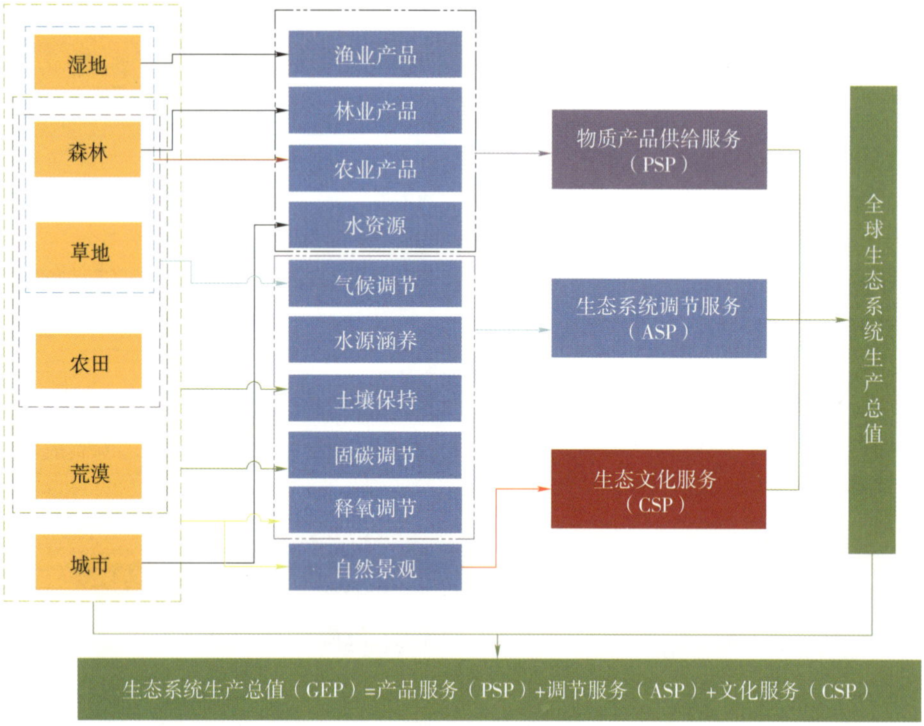

图6-5 全球GEP核算指标体系

（1）各国主要核算结果

2017年全球生态系统生产总值达到931.00万亿元。其中，全球生态系统的调节服务功能价值达到833.32万亿元，占比89.51%；随后依次是全球生态系统的物质产品供给服务价值，达到54.34万亿元；旅游文化服务价值，达到43.34万亿元。全球生态系统的调节服务功能中，以气候调节功能的价值最高，达到609.77万亿元，其次是水源涵养功能价值，达到208.28万亿元；在全球不同的生态系统类型中，以湿地生态系统的生产总值最高，尤其是湿地生态系统的气候调节能力最为突出，而森林生态系统的其他服务功能价值均最高。

全球GEP最高的国家分别是俄罗斯、加拿大、美国、中国、巴西、刚果（金）、印度尼西亚、印度，除此以外，赞比亚、阿根廷、刚果（布）、哥伦比亚、博茨瓦纳、澳大利亚也都具有较高的 GEP。中国在全球 GEP 总量中排名第 4（表 6-21）。全球 GEP 总量的空间分布极为不均，从国家层面来看，不到 10% 的国家（排名前 15 位）的 GEP 总量占据了全球总量的 72%，且主要分布在美洲；从五大洲的 GEP 总量的分布来看，亚洲占 20.59%，欧洲占 21.96%，美洲占 38.52%，非洲占 17.43%，大洋洲占 1.50%；从不同发展程度国家的 GEP 总量来看，发展中国家 GEP 总量远大于发达国家，发展中国家占 68.34%，发达国家占 29.91%。2017 年，GEP 总量排名前五位的国家为俄罗斯、加拿大、美国、中国和巴西，这五个国家均以生态系统的气候调节服务价值为主，其次是生态系统的水源涵养功能价值。这五个国家的 GEP 之和已经占全球 GEP 总量的一半以上；而 GEP 总量排名前十的国家主要分布在美洲、欧洲、亚洲和非洲，这十个国家的 GEP 之和占全球 GEP 总量的 67.13%，其中又以美洲国家占比最高，占全球总量的 30.67%。

表 6-21　2017 年全球生态系统生产总值排名情况

国家	GEP/ 万亿元	排名	国家	GEP/ 万亿元	排名
俄罗斯	143.7	1	刚果	46.3	6
加拿大	124.7	2	印度尼西亚	31.4	7
美国	84.9	3	印度	25.5	8
中国	69.3	4	赞比亚	23.2	9
巴西	57.9	5	阿根廷	18	10

从全球各个国家和地区的人均 GEP 来看，2017 年人均 GEP 排名前五位的国家为列支敦士登、格陵兰（丹）、马尔维纳斯群岛、土耳其、圣多美和普林西比，均属于人口稀少国家，每个国家的 GEP 总量均不足 5.5 万亿元。这五个国家的 GEP 之和也仅占全球 GEP 总量的 0.99%，但人均 GEP 却是全球平均水平的 58～300 倍。从全球各个国家和地区的单位面积 GEP 来看，2017 年单位面积 GEP 排名前五位的国家为列支敦士登、荷属安的列斯、新加坡、圣多美和普林西比、特立尼达和多巴哥，均属于微型国家，每个国家的 GEP 总量均远低于 5.5 万亿元。这五个国家的 GEP 之和仅占全球 GEP 总量的 0.98%，但单位面积 GEP 为全球平均水平的 50～1 137 倍。全球各国人均 GEP 和单位面积 GEP 空间差异明显，列支敦士登的人均 GEP 和单位面积 GEP 均位居全球第一，中国人均 GEP、单位面积 GEP 分别为 4.98 万元 / 人、722.02 万元 /km^2，位于 122 位和 89 位，人均 GEP 远低于全球平均水平；从五大洲的人均 GEP 来看，美洲为 35.55 万元 / 人，大洋洲为 34.72 万元 / 人，欧洲为 29.13 万元 / 人，非洲为 13.06 万元 / 人，亚洲仅为 4.37 万元 / 人；从五大洲的单位面积 GEP 来看，美洲为 682.30 万元 /km^2，非洲为 628.07 万元 /km^2，亚洲为 603.31 万元 /km^2，欧洲为 557.20 万元 /km^2，大洋洲仅为 181.74 万元 /km^2；从不同发展程度国家来看，发达国家人均 GEP 和单位面积 GEP 均优于发展中国家。

（2）绿金指数及转化率对比分析

绿金指数是指以全球生态系统生产总值作为是全球"绿水青山"的价值，以全球国民经济生产总值作为全球"金山银山"的价值，将两者相比得到一个新的衡量国家和地区生态环境保护、经济发展水平之间矛盾和互补关系的指标。有关全球各国家和地区绿金指数的统计结果见表6-22。绿金指数排名最前的国家和地区包括：圣多美和普林西比、中非、刚果（布）、刚果（金）、赞比亚、毛里塔尼亚、博兹瓦纳、几内亚比绍、瑙鲁和莫桑比克，绿金指数值均超过60。这些国家和地区的一个共同特征是，都位于非洲，且各国经济总量相对较低，同时，其生态环境状况良好，生态系统提供的服务价值高，这是其具有较高绿金指数的直接原因。此外，一些绿金指数较低的国家，像伊朗、以色列和阿联酋等国的生态环境本底状况较差，但其经济水平却很高。还有一些国家，如日本，其生态环境状况良好，但国土面积很小，自然生态系统可以提供的生态服务功能价值较低。同时，日本的国民经济总量却极高，这是日本绿金指数较低的直接原因。

表6-22 2017年全球绿金指数排名情况

国家	绿金指数	排名	国家	绿金指数	排名
圣多美和普林西比	568.43	1	毛里塔尼亚	80.30	6
中非	181.45	2	博茨瓦纳	79.65	7
刚果（布）	177.88	3	几内亚比绍	72.53	8
刚果（金）	177.86	4	瑙鲁	65.32	9
赞比亚	130.59	5	莫桑比克	62.93	10

绿金转化率是指全球生态系统的物质产品供给服务和文化旅游服务占全球生态系统生产总值的比例。也可以认为，它是表征"绿水青山"向"金山银山"转化的指数。有关全球各国家和地区绿金转化率的统计结果见表6-22。绿金转化率排名最前的国家和地区包括科威特、新加坡、卢森堡、卡塔尔、比利时、以色列、阿联酋、黎巴嫩和德国，绿金转化率均高于80%。这些国家和地区的一个共同特征是其生态系统的文化旅游服务功能都很发达，生态系统文化旅游服务价值在其生态系统生产总值中占比很高；同时，一些经济水平较低但生态环境状况较好的非洲国家在绿金转化方面表现较差，如圣多美和普林西比，其绿金指数虽然全球最高，但国家绿金转化率基本为零。

（3）国际重点区域GEP分析

从重点区域对比来看，"一带一路"国家各项指标均处于中上水平，GEP总量为344.14万亿元，占全球总量的36.96%，而人均GEP和单位面积GEP分别为9.89万元/人、570.12万元/km^2，均低于全球平均水平；金砖国家成员数量仅有五个，但各国疆域辽阔，单位面积GEP远低于其他区域；欧盟虽然在人均GEP上略低于"一带一路"国家，但在GEP总量和单位面积GEP上都是"一带一路"国家的1.2～1.4倍，其单位面积生态禀赋更好，且优于全球平均水平（表 6–23）。

表 6–23 全球重点区域 GEP 核算情况统计

重点区域	GEP 总量 / 亿元	人均 GEP/（万元 / 人）	单位面积 GEP/（万元 /km^2）
“一带一路”国家	344.14	9.89	570.12
金砖国家	298.13	9.44	598.14
欧盟	426.24	9.55	791.27
全球	931.00	12.60	602.88

从发达国家和发展中国家的对比来看，发达国家 GEP 总量不足发展中国家的一半，仅占全球总量的 29.91%，但其人均 GEP 却是发展中国家的 2.67 倍，单位面积 GEP 比全球平均水平还要高 61.91 万元 /km^2；发达国家的人均 GEP 和单位面积 GEP 禀赋都远高于全球平均水平，发展中国家人均 GEP 和单位面积 GEP 禀赋与全球平均水平相当；在发达国家中，GEP 总量排名前十的国家主要分布在美洲和欧洲，这十个发达国家 GEP 之和占全球总量的 27.79%。在发展中国家中，GEP 总量排名前十的国家主要分布在亚洲和非洲，这十个发展中国家 GEP 之和占全球总量的 46.81%（表 6–24）。

表 6–24 全球不同经济收入国家 GEP 核算情况统计

经济收入	GEP 总量 / 万亿元	人均 GEP/（万元 / 人）	单位面积 GEP/（万元 /km^2）
发达国家	278.44	27.05	676.13
发展中国家	636.26	10.14	605.23
经济合作与发展组织	293.58	24.04	648.39
全球	931.00	12.60	602.88

从全球五大洲之间的对比来看，GEP 总量最大的是美洲，最小的是大洋洲，而美洲的 GEP 总量又聚集在少数国家，美洲 GEP 总量排名前十的国家全部位居全球 GEP 总量的前三十，这十个国家的 GEP 之和高达 332.09 万亿元，占美洲 GEP 总量的 92.60%，是大洋洲 GEP 总量的 23.79 倍；美洲的人均 GEP 和单位面积 GEP 也排名第一。其中，人均 GEP 是亚洲的 8.12 倍，单位面积 GEP 是大洋洲的 3.75 倍。

6.3.4 核算案例：中国 GEP 核算

自 2015 年以来，以生态环境部环境规划院为代表的技术团队已完成 2015—2020 年全国 31 个省（区、市）的 GEP 核算。中国 GEP 核算以空间分辨率 1 km 的土地利用数据为基础，结合 MODIS NDVI 数据进行生态系统功能量计算。土地利用数据来源于中国科学院资源科学数据中心，温度和降水量数据来自中国气象数据网（http：//data.cma.cn/），NPP 数据来自中国科学院地理科学与资源研究所提供的数据集，NDVI 数据来源于美国国家航空航天局（NASA）的 EOS/MODIS 数据产品（http：//e4ftl01.cr.usgs.gov），土壤类型数据来源于中科院南京土壤研究所。中国 GEP 核算以森林、草地、湿地、农田、城市、荒漠、海洋生态系统为主，对供给服务、调节服务和文化服务三大指标体系进行核算（表 6-25）

表 6-25　不同生态系统生态服务核算

指标		森林	草地	湿地	农田	城市	荒漠	海洋
产品供给		√	√	√	√	—	—	√
调节服务	气候调节	√	√	√	×	×	×	—
	固碳	√	√	√	×	×	×	—
	释氧	√	√	√	×	×	×	—
	水质净化	—	—	√	—	—	—	—
	大气净化	√	√	√	√	√	√	—
	水流动调节	√	√	√	—	—	—	—
	病虫害防治	√	×	×	—	—	—	—
	土壤保持	√	√	√	√	×	×	—
	防风固沙	√	√	√	√	√	√	—
文化服务		—	—	—	—	—	—	—

注：√拟评估，× 未评估，—不适合评估。

（1）生态系统面积及净初级生产力分析

全国 GEP 核算根据土地利用类型图划分了六大生态系统：森林生态系统、草地生态系统、农田生态系统、湿地生态系统、城镇生态系统、荒漠生态系统。根据遥感解译的土地利用数据，2020 年我国各生态系统面积统计如下：草地总面积约为 268.30 万 km^2，占生态系统的 27.95%；森林总面积约为 229.92 万 km^2，占比为 23.95%；农田总面积约为 180.30 万 km^2，占比为 18.78%；湿地总面积约为 43.45 万 km^2，占比为 4.53%；城镇总面积约为 27.18 万 km^2，占比为 2.83%；荒漠生态系统面积为 210.85 万 km^2，占比为 21.96%（图 6-6）。从空间分布上看，森林主要分布于长江沿岸及长江以南大部分省份，东北的大兴安岭和长白山周边地区也有广泛的森林分布；草地主要集中在西藏、新疆、内蒙古、青海等西部省份；农田主要集中在东北、黄海、淮海以及四川盆地等地区的省份；湿地主要集中在西藏、内蒙古、黑龙江、青海等省份。

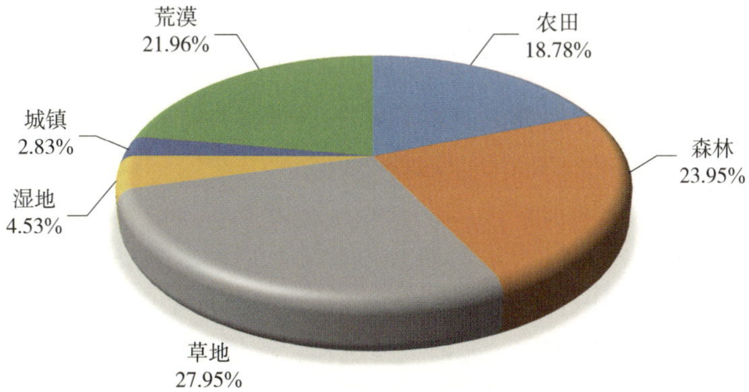

图 6-6　2020 年不同生态系统面积占比

净初级生产力（Net Primary Productivity，NPP）是生态系统中绿色植被用于生长、发育和繁殖的能量值，也是生态系统中其他生物生存和繁衍的物质基础。面积是反映不同生态系统的数量指标，净初级生产力是反映不同生态系统质量的重要指标。2020 年，我国森林生态系统 NPP 为 12.56 亿 t，占比为 39.5%；农田生态系统 NPP 为 11.94 亿 t，占比为 37.5%；草地生态系统 NPP 为 4.80 亿 t，占比为 15.1%；湿地、城镇和荒漠生态系统 NPP 相对较少，占比分别为 2.2%、4.6% 和 1.2%（图 6-7）。从单位生态系统面积的 NPP 指标看，森林和农田生态系统相对最高，分别为 546.30 t/km^2 和 662.12 t/km^2；草地和湿地生态系统单位面积的 NPP 分别为 178.77 t/km^2 和 159.39 t/km^2；荒漠生态系统单位面积的 NPP 最小。从各省（区、市）NPP 的空间分布看，云南（2.55 亿 t）、黑龙江（2.39 亿 t）、四川（2.05 亿 t）、内蒙古（1.89 亿 t）、广西（1.58 亿 t）、河南（1.38 亿 t）、广东（1.35 亿 t）、湖北（1.20 亿 t）、陕西（1.20 亿 t）、湖南（1.19 亿 t）等省份的 NPP 相对较高，占全部 NPP 的比重约为 52%。

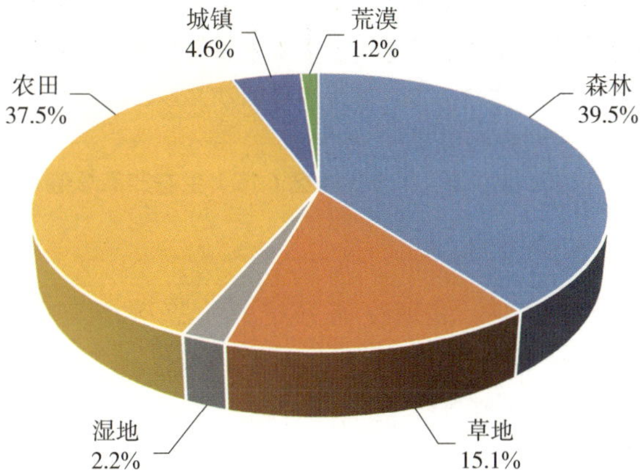

图 6-7　2020 年不同生态系统 NPP 占比

（2）全国 GEP 总体核算结果

2015—2020 年，我国 GEP 由 70.6 万亿元增长到 82.2 万亿元，其中 2020 年受新冠肺炎疫情影响，全年国内旅游人数28.79亿人次，比上年同期下降52.1%；文化旅游价值2020年降幅较大，比2019年下降47.5%。所以，2020年全国GEP为82.2万亿元，比2019年下降10.8%。其中，产品供给14.5万亿元，比2019年下降9.5%；调节服务59.3万亿元，比2019年下降1.5%。而2015—2019年，我国生态产品总值GEP呈现增加趋势，由70.6万亿元增长到92.1万亿元。其中，产品供给由13.1万亿元增长到16.1万亿元，调节服务由49.7万亿元增长到60.3万亿元，文化旅游由7.7万亿元增长到15.8万亿元。2015—2019年，我国GEP年均增速为6.9%，其中，北京（11.6%）、内蒙古（18.2%）、黑龙江（15.6%）、海南（13.3%）、贵州（15.7%）、陕西（12.2%）等省（区、市）的GEP增速相对较高（图6-8）。绿金指数通过地区GEP与GDP的比值，反映地区“绿水青山”和“金山银山”的价值关系。2015—2020年，我国绿金指数分别为0.98、0.98、1.01、0.98、0.96、0.81。从具体省份看，西藏和青海的绿金指数一直最高，2020年分别为34.2和15.4，说明这两个省份“绿水青山”价值GEP远高于其“金山银山”价值GDP。上海、北京、浙江、江苏、天津、广东等发达地区的绿金指数小于0.4，且呈现逐年下降的趋势，说明这些省份“金山银山”价值高于其“绿水青山”价值，且“金山银山”价值的增速快于“绿水青山”价值的增速。

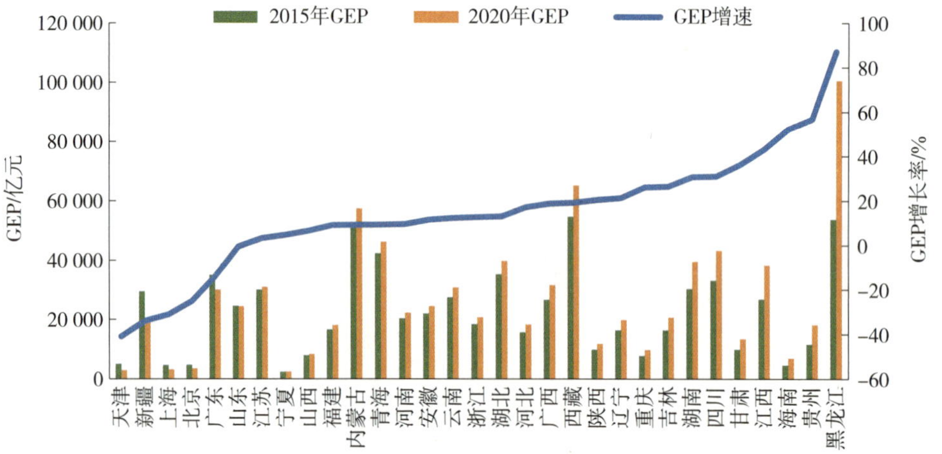

图6-8 2015—2020年中国31个省（区、市）生态产品总值GEP变化情况

（3）分生态系统核算结果

分生态系统来看，2020年，湿地生态系统的生态服务价值相对最大，为46.0万亿元，占比为62.2%；随后依次是森林生态系统，为11.6万亿元，占比为15.6%；草地生态系统为5.05万亿元，占比为6.84%；农田生态服务价值为11.0万亿元，占比为14.9%；荒漠和城市生态系统提供的生态服务价值最小，分别为0.25万亿元和0.08万亿元，占比为0.33%和0.11%。与2019年相比，森林、草地和农田生态服务量占比有所增加，湿地生态系统服务量占比下降。从全部生态系统提供的不同生态服务价值看，2020年，全部生态系统提供的产品供给服务为14.5万亿元，占比为17.7%；调节服务为

59.3 万亿元，占比为 72.2%；文化服务为 8.29 万亿元，占比为 10.1%。在调节服务中，气候调节服务价值最大，为 39.2 万亿元；其次是水流动调节，为 12.5 万亿元；土壤保持价值为 3.7 万亿元（表 6-26）。

表 6-26　2020 年中国不同生态系统的生态服务价值量　单位：亿元

指标	森林	草地	湿地	耕地	城市	荒漠	海洋	合计
产品供给	5 961.6	8 863.2	27 452.1	103 151.7	—	—	0.0	145 428.6
气候调节	26 549.7	12 894.7	352 171.8	×	×	×	—	391 616.2
固碳释氧	21 550.4	8 229.4	1 188.2	×	×	0.0	—	30 968.0
水质净化	—	—	2 357.6	—	—	-	—	2 357.6
大气环境净化	207.4	105.2	25.9	205.6	41.0	45.8	—	630.9
水流动调节	37 417.1	11 926.7	75 515.5	—	—	—	—	124 859.3
病虫害防治	75.3	×	×	—	—	—	—	75.3
防风固沙	298.4	2 484.4	159.1	523.5	0.0	2 017.2	—	5 482.7
土壤保持	23 452.0	6 040.4	710.0	5 999.4	739.1	389.0	—	37 330.0
文化服务	—	—	—	—	—	—	—	82 926.1

注：文化服务无法分解到不同生态系统，只有合计。大气环境净化服务以不同生态系统的面积为依据进行分解。×表示未评估，—表示不适合评估。

（4）重要指标核算结果

气候调节。2020 年，气候调节总价值为 39.2 万亿元，占 GEP 总价值的 47.5%，与 2019 年相比，占比减少了 7.8%。其中，森林生态系统气候调节价值为 2.7 万亿元，占气候调节总价值的 6.8%；草地为 1.3 万亿元，占气候调节总价值的 3.3%；湿地为 35.2 万亿元，占气候调节总价值的 89.9%。全国气候调节价值较高的省份有 4 个，分别为黑龙江（7.5 万亿元）、西藏（5.8 万亿元）、内蒙古（4.2 万亿元）、青海（4.1 万亿元）。而华东大部、华北地区的气候调节价值则相对较小，如上海（0.04 万亿元）、北京（0.06 万亿元）、天津（0.12 万亿元）。

水流动调节。水流动调节由水源涵养和洪水调蓄两部分组成。2020 年，我国森林、湿地和草地的水源涵养价值为 5.7 万亿元。其中，森林生态系统的水源涵养价值为 3.7 万亿元，草地生态系统的水源涵养价值为 1.2 万亿元，湿地生态系统的水源涵养价值为 0.6 万亿元。我国水源涵养价值呈现自东南向西北递减的空间趋势，江西（0.72 万亿元）、湖南（0.68 万亿元）、广西（0.46 万亿元）、黑龙江（0.39 万亿元）等省（区）水源涵养价值较大，占全国水源涵养价值的 39.6%。我国湿地生态系统的洪水调蓄价值为 6.8 万亿元。从各省（区、市）的水流动调节看，江西（1.77 万亿元）、黑龙江（1.44 万亿元）、湖北（1.05 万亿元）、湖南（1.00 万亿元）、江苏（0.77 万亿元）5 省的水流动调节价值最大，占全国各省（区、市）总量的 48.4%。

固碳释氧。2020 年，我国生态系统固碳 29.2 亿 t，释放氧气 21.7 亿 t。利用 2020 年各省（区、市）的碳交易价格计算固碳价值量，全国生态系统固碳价值量为 862.6 亿元。云南（91.9 亿元，11.0%）、黑龙江（63.1 亿元，7.6%）、内蒙古（59.3 亿元，7.1%）、四川（55.1 亿元，6.6%）、广西（52.0 亿元，6.2%）、广东（44.8 亿元，5.4%）等省（区）的固碳价值量较大，占我国固碳总价值量的 43.8%。按照《森林生态系统服务功能评估规范》（LYT_1721—2008）中推荐的氧气价格，将 CPI 折算到 2020 年，得到全国生态系统释氧价值为 30 131.8 亿元。云南（3 312.5 亿元，11.0%）、黑龙江（2 275.0 亿元，7.6%）、内蒙古（2 137.8 亿元，7.1%）、四川（1 985.3 亿元，6.6%）、广西（1 875.0 亿元，6.2%）和广东（1 615.4 亿元，5.4%）等省（区）的释氧价值量较大，占我国释氧总价值量的 43.8%。

土壤保持。2020 年，生态系统土壤保持功能价值为 3.7 亿元，占 GEP 总量的 4.5%，与 2019 年（3.68%）相比，占比下降 0.97%。其中，森林生态系统为 2.35 万亿元，占比为 62.8%；草地生态系统为 0.60 万亿元，占比为 16.2%；湿地生态系统为 0.07 万亿元，占比为 1.9%；农田生态系统为 0.60 万亿元，占比为 16.1%。全国土壤保持价值较高的省（区）有 7 个，分别是西南地区的四川、西藏和云南，华南地区的广西、广东、福建，华中地区的湖南。除此之外，江西、浙江和贵州也有较高的土壤保持价值，而华北大部分地区土壤保持价值较低。从各省（区、市）土壤保持价值排序来看，云南的生态系统土壤保持价值最高，达到 4 973.9 亿元；其次是四川，为 4 437.9 亿元。

6.3.5 核算案例：西藏自治区 GEP 核算

西藏自治区是青藏高原的主体，地形复杂，地貌类型多样，被誉为“世界屋脊”“地球第三极”“亚洲水塔”，是亚洲乃至东半球气候变化的“启动器”和“调节区”，在全球碳循环中起着重要碳汇的作用，是我国及东亚最重要的生态安全屏障。西藏自治区生态环境类型既有从热带到寒带的生态环境类型，又有从低山谷地到高原高山的生态环境类型，还有多样性的人工生态环境类型和原始状态下的自然生态环境类型。这种独特的生态环境造就了世界上独一无二的高海拔多种特殊生态系统类型，在维护全国气候稳定、保障国家淡水资源安全、保护国家生物多样性等方面发挥着不可替代的作用。西藏不仅是我国重要的生态安全屏障，也是重要的战略资源储备基地、高原特色农产品基地、中华民族特色文化保护地和世界旅游目的地，其天然草原、森林蓄积量，水资源储存量，河流湖泊分布面积以及水能资源都位居全国第一。利用遥感影像解译、土地调查、普查、清查、统计、监测、现场调查等多种数据源，对 2010 年和 2015 年西藏自治区森林、湿地、草地、农田、荒漠、城镇、冰川等不同生态系统的实物量和价值量进行核算（表 6-27）。

表6-27 西藏自治区生态系统服务核算指标

指标	森林	草地	湿地	农田	荒漠	城镇	冰川
产品供给	√	√	√	√	√	×	×
微气候调节	√	√	√	×	×	×	√
固碳	√	√	√	×	×	×	×
释氧	√	√	√	×	×	×	×
水质净化	×	×	√	×	×	×	×
空气净化	√	√	√	√	×	×	×
水源涵养	√	√	×	√	×	×	×
冰川径流调节	×	×	×	×	×	×	√
洪水调蓄	×	×	√	×	×	×	×
土壤保持	√	√	√	√	√	√	√
防风固沙	√	√	√	√	√	√	√
生物多样性保育	√	√	√	×	×	×	×
文化旅游	√	√	√	√	√	√	√

（1）生态系统现状评估

西藏自治区生态类型多样，拥有除海洋生态系统以外的几乎所有陆地生态系统，森林、湿地、草原、荒漠、冰川等生态系统均有分布，是世界上山地生物物种最主要的分化与形成中心，有高寒生物自然种质库之称，生物资源较为丰富，但高寒的自然条件决定了西藏生态系统的脆弱性特征。西藏生态环境的脆弱性主要表现为，高原高寒环境下形成的植被生态系统具有生长期短和生态安全阈值幅度窄的特点。外界环境变化，如生长季干旱低温的出现、降水量下降、霜冻冰雹的发生或者降雪的提前，对植被生长可产生严重的影响、损伤和破坏，草地容易变成荒漠沙地。

西藏自治区草地生态系统面积占自治区总面积的70%以上，草地生态系统的生态质量状况很大程度上反映了西藏生态环境的总体状况。2010—2015年，西藏草地生态系统的面积减少50.8 km^2，减少面积占草地总面积的0.01%，但草地生态系统的净初级生产力NPP下降了11.2%（图6-9）。草原退化主要分布于中西部地区，即那曲、阿里地区的西北部。特别是阿里地区的改则县，那曲市的双湖县、安多县、尼玛县等地区，草地NPP的降低量超过了50%。这些地方生态环境脆弱，自然条件恶劣，草地质量较差。由于降水量的下降，局部蒸发量高，使其植被长势变差，导致草地植被蓄积的净初级生产力NPP减小。阿里和那曲地区生态系统极其脆弱，在西藏具有极其重要的生态战略地位，是境内外多条江河源头，被誉为“万山之祖”“百川之源”。如果说西藏是国家生态安全屏障，那么阿里地区在西藏具有极其重要的生态战略地位。阿里高原地区气候寒冷干燥，属高寒草甸、草原区，生态系统极其脆弱。阿里地区的改则县和革吉县，那曲地区的双湖县、日土县、尼玛县、班戈县都是国家重点生态功能区，保护好阿里地区的草地生境是义不容辞的重大政治责任。

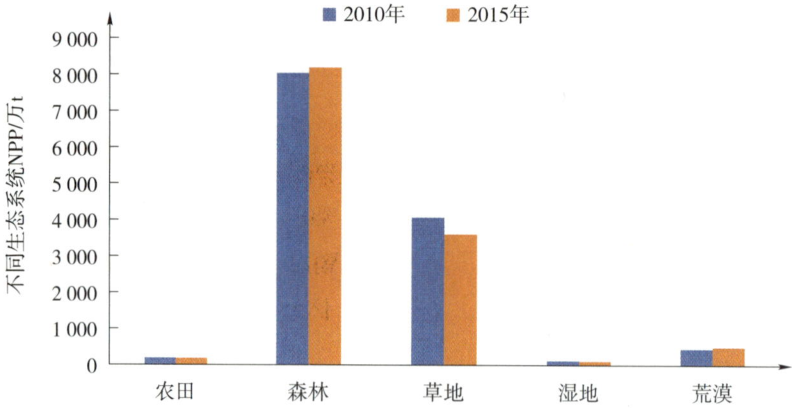

图 6-9　2010 年和 2015 年西藏自治区生态系统 NPP

（2）GEP 总体核算结果

西藏自治区 2010 年和 2015 年 GEP 分别为 68 980.8 亿元和 76 591.3 亿元，2015 年比 2010 年提高 11%。根据生态环境部环境规划院开展的全国其他 30 个省（区、市）生态系统核算结果和本报告的核算结果，西藏自治区生态系统提供的生态服务价值位居全国第一。如果把 GEP 作为“绿水青山”价值，GDP 作为“金山银山”价值，构建“绿水青山”和“金山银山”的绿金指数，2010 年和 2015 年西藏自治区绿金指数分别为 133 和 76。生态环境部环境规划院核算的 2015 年全国的绿金指数为 1.01，西藏自治区的绿金指数位居全国第一。2010 年和 2015 年西藏自治区人均 GEP 分别为 235.2 万元 / 人和 238.1 万元 / 人，单位面积 GEP 均为 0.06 亿元 /km^2，西藏自治区人均 GEP 远高于其他省（区、市）和全国的平均水平。2015 年，全国人均 GEP 为 5.3 万元，西藏自治区人均 GEP 是全国的 45 倍，位居全国第一（表 6-28）。

表 6-28　中国不同地区 GEP 核算结果对比

地区	年份	GEP/ 亿元	人均 GEP/（万元 / 人）	单位面积 GEP/（亿元 /km^2）
西藏自治区	2015	76 591.3	238	0.06
青海祁连山区[24]	2017	4 207.6	29.0	0.06
武夷山[25]	2015	2 219.9	96.6	0.79
厦门[26]	2015	1 210	3.13	0.71
南平[27]	2015	6 202.6	19.4	0.24
贵州[28]	2010	20 013.46	5.75	0.11
昆明[29]	2003	248.75	0.5	0.01

续表

地区	年份	GEP/ 亿元	人均 GEP/（万元 / 人）	单位面积 GEP/（亿元 /km^2）
西藏[30]	2012	7 300.77	12.74	0.01
福州[31]	2007	743.82	1.68	0.06
重庆[32]	2010	4 621.18	1.6	0.06
全国[9]	2015	72 8012.7	5.3	0.08

（3）分生态系统核算结果

西藏自治区草地提供的 GEP 最大，2010 年为 32 038.3 亿元，2015 年为 38 035.7 亿元，占比分别为 46.4% 和 49.7%。其次是森林生态系统、湿地生态系统、冰川生态系统。2015 年，这三大生态系统提供的 GEP 分别为 23 196.8 亿元、8 845.4 亿元、5 926.1 亿元，占比分别为 30.3%、11.5%、5.3%（图 6–10）。由于冰川消融，冰川生态系统提供的生态服务价值有所降低，由 2010 年的 8 732.7 亿元下降到 2015 年的 5 926.1 亿元（图 6–10），降低了 32%。从不同生态系统单位面积提供的 GEP 看，冰川生态系统和湿地生态系统相对较高。2010 年和 2015 年，冰川生态系统单位面积 GEP 为 4 199 万元 /km^2 和 2 849 万元 /km^2。湿地生态系统单位面积 GEP 为 1914 万元 /km^2 和 1 827 万元 /km^2，森林生态系统为 1 148 万元 /km^2 和 1 436 万元 /km^2。荒漠生态系统单位面积提供的 GEP 较小，2010 年和 2015 年分别为 21 万元 /km^2 和 32 万元 /km^2。冰川生态系统单位面积 GEP 大，主要由于冰川的径流调节量大。由于冰川对径流调节功能主要体现在改变降水—径流的年内分布，寒冷季节以降雪的形式将水资源蓄积在冰川和积雪中，产流量少；在温暖季节，一方面，以降雨的形式落到冰川和积雪覆盖地区，产流系数相对于其他土地较大。另一方面，冰川和积雪表面温度高于冰雪融化温度，自身也产生一部分流量，增加了径流的产生量。此外，在全球变暖背景下，青藏高原升温效应比其他地区更为显著，冰川面积也呈现退缩趋势，退缩的冰川也将贡献一部分径流。

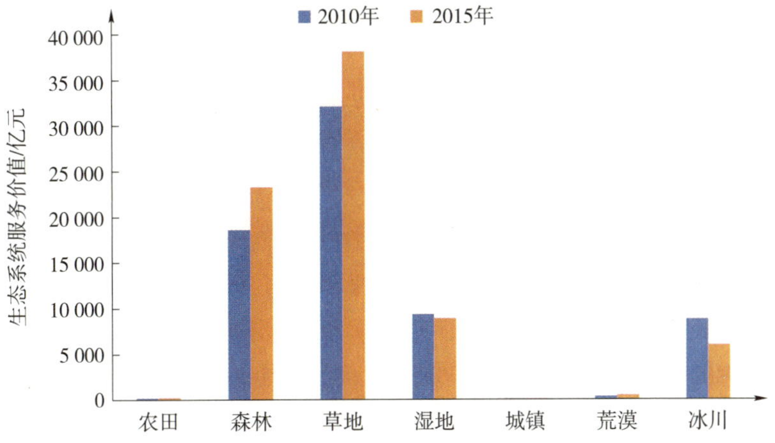

图 6–10　西藏自治区不同生态系统提供的 GEP

（4）分区域核算结果

西藏自治区 GEP 受各生态环境自然禀赋差异的影响，其 GEP 价值空间分布不均，主要分布在林芝市、那曲市和阿里地区，其 GEP 均在 10 000 亿元以上；拉萨市 GEP 较低，2010 年和 2015 年分别为 1 843.7 亿元和 2 330.9 亿元（图 6-11）。从单位面积生态系统服务价值来看，2015 年林芝市单位面积 GEP 为 1 433 万元 /km^2；其次是山南市和昌都市，分别为 908 万元 /km^2 和 897 万元 /km^2；阿里地区最低，为 379 万元 /km^2。从区县来看，2015 年那曲双湖县、阿里日土县、林芝墨脱县和山南错那县人均 GEP 较高，均在 2 000 万元以上。西藏自治区共有 74 个县，属于国家重点生态功能区的县有 9 个，主要包括阿里地区改则县、革吉县、日土县，那曲市班戈县、尼玛县、双湖县，林芝市的察隅县、墨脱县，山南市的错那县。2015 年，这 9 个县提供的生态服务价值为 33 726 亿元，占西藏自治区生态系统服务价值的 44%。

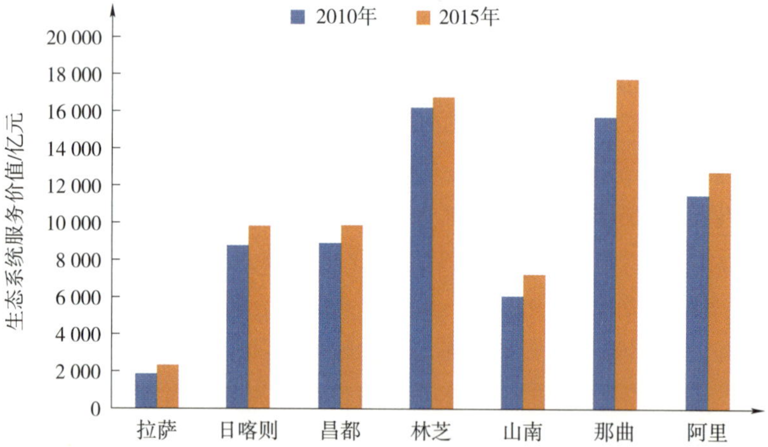

图 6-11　2010 年和 2015 年西藏自治区各地市生态系统服务价值

6.3.6　核算案例：长江流域 GEP 核算

长江流域生态系统类型多样，包含多个重要生态功能区，在中国整个生态区划中占有重要地位。近年来，习近平总书记曾多次主持召开长江工作会议，提出长江流域“共抓大保护，不搞大开发”，长江经济带发展保护和高质量发展已经上升为国家战略。国民经济与社会发展“十四五”规划确定，在长江和黄河流域开展生态产品价值实现试点。为此，生态环境部环境规划院开展了长江流域 GEP 核算[33]。核算以县域为空间单元，共包括 859 个县（区、旗），涉及上海、江苏、浙江、安徽、江西、湖北、湖南、河南、重庆、陕西、甘肃、贵州、广西、四川、云南、青海和西藏，面积约为 193.3 万 km^2。从时间和空间两个维度，对长江流域生态产品总值进行 GEP 核算，探析流域生态产品价值实现机制，为落实“绿水青山就是金山银山”理念，促进长江流域高质量发展提供科学依据，核算体系见表 6-29。

表 6-29 长江流域 GEP 评估指标体系

服务类别	评估指标	实物量评估方法	价值量评估方法
产品供给	农、林、渔、畜产品及生物能源等	统计调查	市场价值法
调节服务	水源涵养	水量平衡法	影子工程法
	土壤保持	通用土壤流失方程	替代成本法
	防风固沙	风力侵蚀模型	替代成本法
	洪水调蓄	水量储存模型	影子工程法
	空气净化	污染物净化模型	替代成本法
	水质净化	污染物净化模型	替代成本法
	固碳释氧	净生态系统生产力法	替代成本法
	气候调节	蒸散模型	替代成本法
文化服务	休闲旅游	统计调查	旅行费用法

（1）生态系统格局变化

长江流域森林生态系统面积明显大于其他类型，2018 年达到 76.0 万 km^2，占比约为 39%；农田和草地生态系统面积相差不多，占比均在 25% 左右。2015—2018 年，长江流域城镇和森林面积增加量分别为 1.1 万 km^2 和 0.8 万 km^2，农田和草地减少量分别为 0.7 万 km^2 和 0.9 万 km^2。长江流域农田生态系统集中分布于四川盆地、湖北中部、长江下游沿岸、河南与湖北交界处以及江浙一带；森林生态系统在整个流域内都有分布，尤其以中下游地区更广；草地生态系统主要分布在四川西北和青海南部区域。2015—2018 年，研究区的城镇范围明显扩张，大多占用了周边农田；长江流域中西部地区部分草地向森林转换；其他类型空间变化不明显。

（2）GEP 核算结果

长江流域 2015 年 GEP 为 211 480.6 亿元，2016 年为 229 024.9 亿元，2017 年为 243 375.1 亿元，2018 年为 255 154.1 亿元，年均增速为 6.5%。2015—2018 年，长江流域在经济快速发展的带动下，城镇面积增加了 1.1 万 km^2，农田和草地面积减少了 0.7 万 km^2 和 0.9 万 km^2。2015 年和 2018 年，单位面积 GEP 分别为 1 099.2 万元 /km^2 和 1 330.6 万元 /km^2。长江流域调节服务的价值都高于供给服务和文化服务。2018 年，长江流域供给服务为 48 445.4 亿元，占比为 18.99%；调节服务为 156 569 亿元，占比为 61.36%；文化服务为 50 139.7 亿元，占比为 19.65%。2015—2018 年，长江流域生态系统服务价值量呈现增长趋势，其中，文化服务增加量和增加速率都大于供给和调节服务，体现出长江流域文化旅游的生态产品价值。长江流域 GEP 呈现上游高、下游次之、中游低的空间分布特征。位于长江源头的青海省玉树藏族自治州各区县 GEP 最高。总价值量与调节服务价值量的空间分布具有相似性，在长江中上游地区，调节服务与供给和文化服务在空间上具有一定的互补性，如四川盆地是重要的农业区，产品供给能力突出，且该地人口密集，经济水平高，生态文化旅游产业发展相对完善，文化服务价值量高，但由于森林、草地和湿地等生态系统分布较少，调节服务能力相对周边地区较低。

从生态系统服务功能来看，湿地生态系统对气候调节服务的贡献度高，水源涵养空间分布差异较大。2015—2018 年，气候调节占长江流域的调节服务价值量比例分别高于 70% 和 60%（表 6-30），主要来自湿地生态系统。水源涵养价值量空间分布呈现出较大的差异性，长江以南的中下游地区，水源涵养价值量较高；其次是四川盆地西缘山地区域，其他区域均较小。土壤保持价值量在研究区中部较高，尤其是四川盆地的西部和北部，土壤保持能力较强。除湿地区域外，长江流域大部分地区气候调节价值量处于 80～100 万元 /km^2 范围内。

（3）流域生态系统格局与 GEP 的关系

长江流域源头地区大面积荒漠向草地转变，整体生态系统格局趋于改善，GEP 呈现增加趋势（表 6-31）。虽然近些年流域内的城镇化建设依然处于增长过程，城镇周边农田面积和范围呈现缩小趋势，但是，一系列的生态环境保护制度和政策的实施，切实使自然生态系统减少了不利影响。2015—2018 年，长江流域内的森林、草地和湿地生态系统总体稳定，面积基本处于增长态势，长江源头地区大面积的荒漠变成草地。可以看出，随着两个流域内生态环境状况的逐渐改善，2015—2018 年黄河和长江流域 GEP 都呈增加趋势。

表 6-30 长江流域 2015—2018 年各类型调节服务价值量 单位：亿元

服务类型	2015 年	2016 年	2017 年	2018 年
固碳释氧	9 682.2	10 864.9	10 487.2	10 336.5
水源涵养	18 194.4	20 706.8	18 079.1	19 090.8
洪水调蓄	11 727.3	12 681.1	12 992.0	13 340.8
气候调节	88 570.1	90 258.4	97 534.3	97 086.6
土壤保持	14 532.3	15 816.7	14 341.6	16 250.0
防风固沙	475.8	440.5	412.9	464.3

生态环境状况的改善为生态产品总值的增加提供了基础条件，调节服务价值量高于供给服务和文化服务。湿地生态系统在气候调节和洪水调蓄服务功能上的单位面积价值量最高，所以在湿地分布较广的长江源头地区以及长江下游各县（市）的总服务价值量较高，而中部总价值量较低。固碳释氧生态系统服务以 NPP 为数据基础进行评估，森林的 NPP 蓄积能力较其他生态系统都高。据统计，长江流域单位面积 NPP 值为 517.4 t/km^2，固碳释氧价值量的高值区域与森林生态系统在空间上也极具重合性（表 6-31）。除受生态系统格局影响外，气象因素也是生态产品总值产生差异的重要原因，如水源涵养、气候调节、土壤保持和防风固沙等的评估，都以降水量、蒸发量、气温和风速等数据为基础。所以，当气象条件发生变化时，相应调节服务的价值量也会随之变化。另外，生态

系统本底条件得到改善，不同生态系统可提供的生态物质产品也更加丰富，区域生态环境也更具吸引力，逐步成为更多人群的旅行目的地，供给和文化服务价值量也随之提高。

表 6-31　长江流域 2015—2018 年主要生态类型单位面积 GEP　　单位：万元 /km^2

流域	2015 年			2018 年		
生态系统类型	森林	草地	湿地	森林	草地	湿地
固碳	96.4	50.0	7.52	101.14	53.13	7.62
水源涵养	214.1	43.3		218.7	49.9	
洪水调蓄			3 380.7			3 623.2
气候调节	83.2	29.6	23 318.7	83.1	28.2	24 274.7
土壤保持	117.8	62.0	23.6	120.6	91.4	23.7
防风固沙	1.5	4.4	2.73	2.3	3.0	3.9
总计	513.04	189.32	26 733.21	525.86	225.68	27 933.12

6.4　生态产品第四产业发展评价体系

产业分类是社会分工的体现，其概念与内涵应随着社会生产力发展不断演化和发展[34]。人与自然之间的物质运动和信息流量存在于人的生产、物质生产、环境生产三大系统中[35]，三大系统物质流动的不平衡是环境、社会问题产生的根源。工业文明时代，人类只认识到物质生产和人的生产这两个环节以及它们之间的联系，而忽视了环境生产环节的存在，导致社会经济的不可持续发展。进入生态文明时代，经典的三次产业分工已不能满足生态文明时代的产业发展需求，构建生态产品第四产业已成时代之需[36-37]。本节借鉴产业组织理论等产业经济学研究框架，结合生态产品第四产业特征和发展阶段，基于生态产品分类和生态产品总值核算，构建生态产品第四产业指标体系，为完善生态产品第四产业统计调查制度、评价区域生态产品第四产业发展绩效、科学规范采集产业发展相关数据、推动生态产品第四产业发展相关政策制定等提供重要支撑。

6.4.1　产业发展指标体系设计

生态产品第四产业发展评估指标体系以生态产品总值核算为核心进行构建，包括“总量 + 变化 + 结构 + 实现 + 关联”5 大类评估指标体系。具体包括：生态产品第四产业总量指标 3 个、生态产品第四产业变化指标 2 个、生态产品第四产业结构指标 3 个、生态产品价值实现指标 3 个和生态产品第四产业产业关联指标 3 个（图 6-12）。

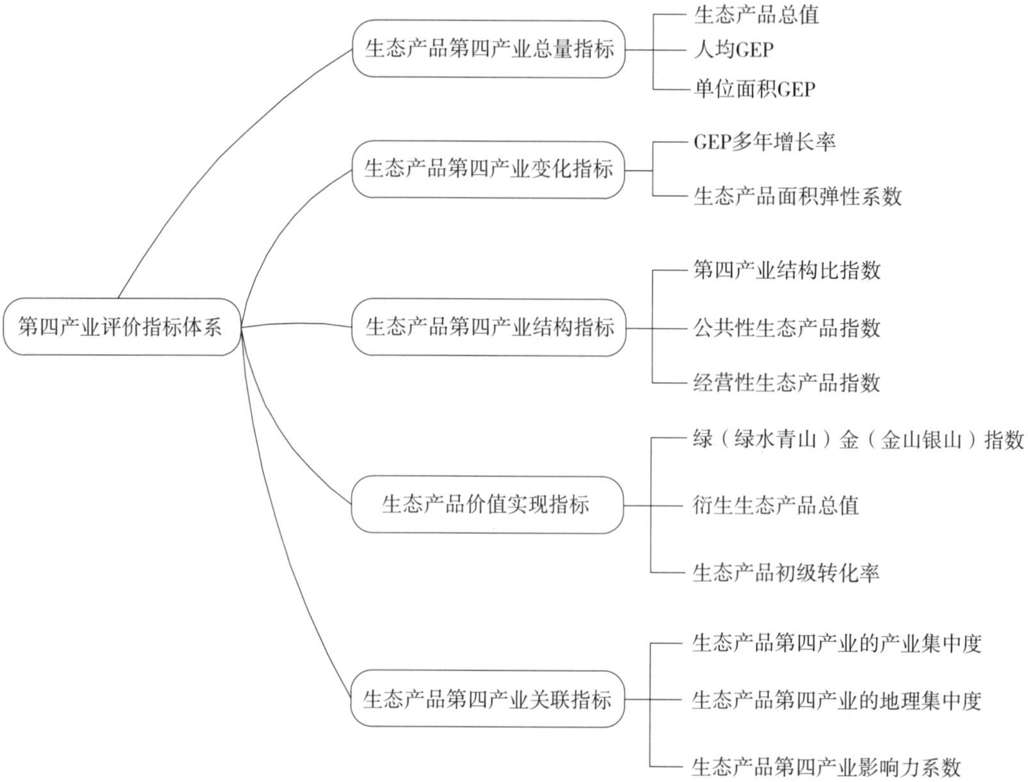

图 6-12　生态产品第四产业发展状况评价指标体系

生态产品第四产业总量指标主要通过 GEP、单位面积 GEP 和人均 GEP 评估区域生态产品的数量和质量特征。生态产品第四产业变化指标从多年平均 GEP 增长率和生产产品面积弹性系数两个方面，评估区域生态产品总值变化情况、生态恢复和服务能力。

生态产品第四产业结构指标旨在通过第四产业结构比指数、公共性生态产品指数和经营性生态产品指数等指标，反映第四产业中各产业的构成及各产业之间的联系和比例关系。不同的产业结构反映区域经济发展的潜力和产业关系，通过产业之间时间、空间、层次、要素相互转化，实现生产要素改进、产业结构优化、生态产品第四产业附加值提升。

生态产品第四产业价值实现指标主要通过绿金指数、生态产品初级转化率、衍生生态产品总值等指标构成，用于测度生态产品从“绿水青山”向“金山银山”的转化程度，即生态产品价值转化为真金白银的市场价值比例和程度，为打通“绿水青山就是金山银山”转化通道、探索生态产品价值实现新模式、新机制提供量化依据。

产业的空间集聚和产业关联指标是经济活动最突出的地理特征。生态产品第四产业关联指标主要反映生态产品的区域分布特征和产业特征，采用产业集中度、地理集中度和产业影响力系数三个指标进行表征。

6.4.2 产业发展指标定义与内涵

（1）生态产品第四产业总量指标

生态产品第四产业总量指标反映地区生态产品的数量和质量特征，主要通过 GEP、单位面积 GEP 和人均 GEP 三个指标进行体现。

GEP 是指生态系统提供的生态产品和服务价值之和，主要由供给服务价值、调节服务价值和文化服务价值组成。GEP 是反映地区生态系统提供最终福祉的总值，是地区生态产品第四产业发展的基础。

$$\mathrm{GEP} = \mathrm{EPV} + \mathrm{ERV} + \mathrm{ECV} \tag{6-7}$$

式中，GEP 为生态产品总值，EPV 为供给服务价值，ERV 为调节服务价值，ECV 为文化服务价值。

人均 GEP（$\mathrm{PER_{GEP}}$）是指地区 GEP 与人口的比值。该指标考虑了地区生态产品总值的受益人群，与人均 GDP 作为衡量地区经济发展重要指标相同，人均 GEP 是衡量地区生态福祉惠益的重要指标。人均 GEP 越高，说明该地区人口享受的生态福祉越高。

$$\mathrm{PER_{GEP}} = \frac{\mathrm{GEP}}{\mathrm{pop}} \tag{6-8}$$

式中，$\mathrm{PER_{GEP}}$ 为人均 GEP，pop 为地区人口。

单位面积 GEP（$\mathrm{UA_{GEP}}$）是指 GEP 与其面积的比值。因 GEP 是一定地域面积上生态系统提供的最终生态福祉，采用单位面积 GEP 指标，可以反映不同区域的生态系统提供的生态福祉的质量和生态产品的产出效率。对于城市生态系统而言，其 GEP 可能较小，但其单位面积 GEP 较高。采用单位面积 GEP 指标，可以更科学地反映城市生态系统的区域特征。

$$\mathrm{UA_{GEP}} = \frac{\mathrm{GEP}}{A} \tag{6-9}$$

式中，$\mathrm{UA_{GEP}}$ 为单位面积 GEP，A 为核算区面积。

（2）生态产品第四产业变化指标

GEP 增长率（R_{GEP}）是指核算期 GEP 与基期 GEP 相比的增长率，通过第 t 年生态产品 GEP 与第 t-n 年 GEP 的比值进行 n 年 GEP 增长指数开方，减去 1 的方式进行计算。因地区 GEP 不一定每年都核算，采用 GEP 多年增长率指标，可以反映一定时期生态产品总值 GEP 变化程度。因此，该指标是反映一个地区生态福祉一定时期是否具有活力的基本指标。

$$R_{\mathrm{GEP}} = \left[\left(\frac{\mathrm{GEP}_t}{\mathrm{GEP}_{t-n}}\right)^{\frac{1}{n}} - 1\right] \times 100\% \tag{6-10}$$

式中，R_{GEP} 为 GEP 多年增长率，GEP_t 为第 t 年 GEP，GEP_{t-n} 为第 $t-n$ 年 GEP，n 为核算期与基期的时间差。

生态产品面积弹性系数是指通过计算生态产品变化率和生态产品面积变化率两个变量的比值，考察两个有联系现象间的数量关系、变化特征和规律。一般来说，两个变量之间的关系越密切，相应的弹性值就越大；两个变量越是不相关，相应的弹性值就越小。生态系统生态产品的变化量与具体生态系统的面积有关，通过构建生态产品面积弹性系数，分析生态系统生态产品变化与其面积之间的变化关系。

$$E_{area} = \frac{\dfrac{GEP_t - GEP_{t-n}}{GEP_{t-n}}}{\dfrac{A_t - A_{t-n}}{A_{t-n}}} \tag{6-11}$$

式中，E_{area} 为生态产品面积弹性系数，A_t 为地区生态系统 t 年的面积，A_{t-n} 为地区生态系统 $t-n$ 年的面积。

（3）生态产品第四产业结构指标

生态产品第四产业结构指标反映第四产业中各产业的构成及各产业之间的联系和比例关系。不同的产业结构反映区域经济发展的潜力和产业关系，通过产业之间时间、空间、层次、要素相互转化，实现生产要素改进、产业结构优化、生态产品第四产业附加值提升。

第四产业结构比指数（RS_{GEP}）是指供给服务（EPV）、调节服务（ERV）和文化服务（ECV）分别占生态产品总值 GEP 的比值，反映生态产品内部结构。供给服务和文化服务作为初级生态产品，其占比越高，区域生态产品市场化程度越高。

$$RS_{GEP} = R_{EPV} : R_{ERV} : R_{ECV} \tag{6-12}$$

式中，R_{EPV} 为 EPV 与 GEP 的比值，R_{ERV} 为 ERV 与 GEP 的比值，R_{ECV} 为 ECV 与 GEP 的比值。

公共性生态产品指数（R_{ERV}）是指公共性生态产品价值与 GEP 的比值，用于反映公共性生态产品比重大小。公共性生态产品占比越高，区域生态功能就越突出，且生态产品的市场化程度较低，需要依赖政府和市场的共同作用实现价值。

$$R_{ERV} = \frac{ERV}{GEP} \tag{6-13}$$

式中，R_{EPV} 为公共性生态产品指数，ERV 为调节服务。

经营性生态产品指数（R_{EE}）是指经营性生态产品与 GEP 的比值。经营性生态产品是指 EPV 和 ECV 中已被完全市场化的部分，通过 EPV 和 ECV 与其市场化比重 r 的乘积进行反映。经营性生态产品指数越高，说明生态产品的市场化程度越高，生态产品价值实现度越高。

$$R_{\mathrm{EE}}=\frac{(\mathrm{EPV}+\mathrm{ECV})\cdot r}{\mathrm{GEP}} \tag{6-14}$$

式中，R_{EE} 为经营性生态产品指数，r 为供给服务和文化服务的市场化比重。

（4）生态产品价值实现指标

生态产品价值实现指标用于测度生态产品从“绿水青山”向“金山银山”的转化程度，主要用绿金指数（RGE）、生态产品初级转化率（R_{E}）、衍生生态产品总值（EEP）等指标进行表征。

绿（绿水青山）金（金山银山）指数（R_{GE}）是指“绿水青山”价值与“金山银山”价值的比值，反映“绿水青山就是金山银山”的结构与关系。“绿水青山”价值用GEP进行表征，“金山银山”价值用EDP进行表征。而EDP是指经生态环境因素调整的国内生产总值，即GDP扣减掉人类不合理利用导致的生态环境损失成本，包括生态破坏成本（EcDC）和环境退化成本（EnDC）。

$$R_{\mathrm{GE}}=\frac{\mathrm{GEP}}{\mathrm{EDP}}=\frac{\mathrm{GEP}}{\mathrm{GDP}-\mathrm{EnDC}-\mathrm{EcDC}} \tag{6-15}$$

EEP与传统产业一样，生态产品第四产业除了提供生态产品主体之外，也将促进生态产品交易，保障生态产品供给，保护资金、技术等产业服务方利益，如生态产品交易平台、技术支撑服务单位、绿色金融机构以及其他衍生生态产品（$\mathrm{EE_O}$）。这些产业是由生态产品生产派生出来的，可能已经包含在传统的服务业之中。

$$\mathrm{EEP}=\mathrm{EP_M}+\mathrm{ER_F}+\mathrm{EC_T}+\mathrm{EE_O} \tag{6-16}$$

式中，EEP为衍生生态产品总值，$\mathrm{EP_M}$ 为生态产品交易平台，$\mathrm{ER_F}$ 为技术支撑服务单位，$\mathrm{EC_T}$ 为绿色金融机构，$\mathrm{EE_O}$ 为其他衍生生态产品。

生态产品初级转化率（R_{E}）是指初级生态产品与生态产品GEP的比值，反映初级生态产品价值实现程度。初级生态产品近似由EPV和ECV组成，实际上要小于两者之和。

$$R_{\mathrm{E}}=\frac{\mathrm{EPV+ECV}}{\mathrm{GEP}} \tag{6-17}$$

式中，R_{E} 为生态产品初级转化率，其他指标同前。

（5）生态产品第四产业产业关联指标

产业的空间集聚和产业关联是经济活动最突出的地理特征。生态产品第四产业关联指标主要反映生态产品的区域分布特征和产业特征，采用产业集聚度、地理集中度和产业影响力系数三个指标进行表征。

生态产品第四产业的产业集中度（$\mathrm{CR_5}$）：第四产业的产业集中度（CR_n）是用规模最大五个生态产品指标价值之和（$\sum_{i=1}^{n}\mathrm{GEP}_i$）占全部GEP（$\sum_{i=1}^{N}\mathrm{GEP}_i$）的份额进行度量，用于反映我国第四产业的产业集聚程度。

$$\mathrm{CR}_5 = \frac{\sum_{i=1}^{5} \mathrm{GEP}_i}{\sum_{i=1}^{N} \mathrm{GEP}_i} \tag{6-18}$$

生态产品第四产业的地理集中度（G_h）：用来分析生态产品第四产业在空间的集中程度。G_h 越大，表明 GEP 的区域集中度越高。从人类受益的角度来说，GEP 的空间集中度越高，相对受益人群就越有限。对于两个 GEP 总量相当的区域，G_h 越小，越有利于提高生态福祉的均等化和有效性。

$$G_h = \sum_{k=1}^{n} S_K^2 - \frac{1}{K} \tag{6-19}$$

式中，G_h 为赫芬达尔指数，S_k 为第 k 个地区 GEP 占区域 GEP 的比重，K 为地区个数。

生态产品第四产业影响力系数：是测度某产业最终需求增加对各产业部门产生的生产波及效果相对于全行业平均值强弱程度的指标[13]。把第四产业纳入投入产出表，从产业联系的角度，分析第四产业对其他产业的影响力。影响力系数大于 1，说明产业对其他产业的拉动效应和辐射大。一般来说，原材料投入比例大的制造业部门或文化服务业部门，影响力系数大于 1。影响力系数小于 1 的产业多为原材料部门。第四产业中，产品供给服务影响力系数小于文化旅游服务。

$$F_j = \frac{\sum_{i=1}^{n} \bar{b}_{ij}}{\frac{1}{n}\sum_{i=1}^{n}\sum_{j=1}^{n} \bar{b}_{ij}} \quad (j=1,2,\cdots,n;\ i=1,2,\cdots,n) \tag{6-20}$$

式中，F_j 为产业影响力系数，$\sum_{i=1}^{n} \bar{b}_{ij}$为列昂惕夫逆矩阵的第 j 列之和；$\frac{1}{n}\sum_{i=1}^{n}\sum_{j=1}^{n} \bar{b}_{ij}$为列昂惕夫逆矩阵列和的平均值。

6.4.3 产业发展评价应用：中国

本节利用生态环境部环境规划院完成的 2015—2020 年全国 31 个省（区、市）GEP 核算结果，基于构建的生态产品第四产业评价指标体系，对中国 31 个省（区、市）生态产品第四产业的发展进行评估。

（1）第四产业发展趋势分析

2015—2020 年，中国生态产品总值 GEP 呈现增加趋势，由 70.6 万亿元增长到 82.1 万亿元。其中，产品供给由 13.1 万亿元增长到 14.5 万亿元，调节服务由 49.7 万亿元增长到 59.3 万亿元，文化旅游由 7.7 万亿元增长到 8.2 万亿元。2015—2020 年，我国 GEP 年均增速为 3.08%。其中，黑龙江（16.9%）、海南（10.9%）、贵州（11.7%）、江西（9.2%）等省的 GEP 增速较高。从生态系统的角度看，湿地生态系统是我国 GEP 的主要提供者。2020 年，湿地生态系统提供的 GEP 占比为 55.9%；其次为森林生态系统，占比为 14.06%。

绿金指数通过地区 GEP 与 GDP 的比值，反映地区“绿水青山”和“金山银山”的价值关系。2015 年，我国绿金指数为 1.01，2020 年绿金指数为 0.99。从具体省份看，西藏和青海的绿金指数最高，2020 年分别为 39 和 40，说明这两个省（区）“绿水青山”价值 GEP 远高于“金山银山”价值 GDP。上海、北京、浙江、江苏、天津、广东等发达地区的绿金指数小于 0.4，且呈逐年下降的趋势，说明这些省（市）“金山银山”价值高于“绿水青山”价值，且“金山银山”价值的增速快于“绿水青山”价值的增速。

（2）第四产业空间分布特征

通过人均 GEP 和单位面积 GEP 两个相对指标，揭示我国生态产品空间分布特征。2020 年，我国人均 GEP 为 5.83 万元 / 人，西部地区人均 GEP 为 8.05 万元 / 人，东部地区为 3.76 万元 / 人，其中，西藏（178.21 万元 / 人）、青海（77.91 万元 / 人）、内蒙古（23.91 万元 / 人）、黑龙江（31.72 万元 / 人）、新疆（7.48 万元 / 人）等省（区）人均 GEP 都高于全国平均水平。全国单位面积 GEP 为 854.99 万元 /km^2，东部地区为 2 070.35 万元 /km^2，西部地区为 539.78 万元 /km^2，上海、天津、北京、江苏、海南、浙江等省（市）的单位面积 GEP 都超过了 2 000 万元 /km^2（图 6-13）。我国 GEP 呈现人均 GEP 西部地区较高，单位面积 GEP 东部地区较高的空间分布特征。

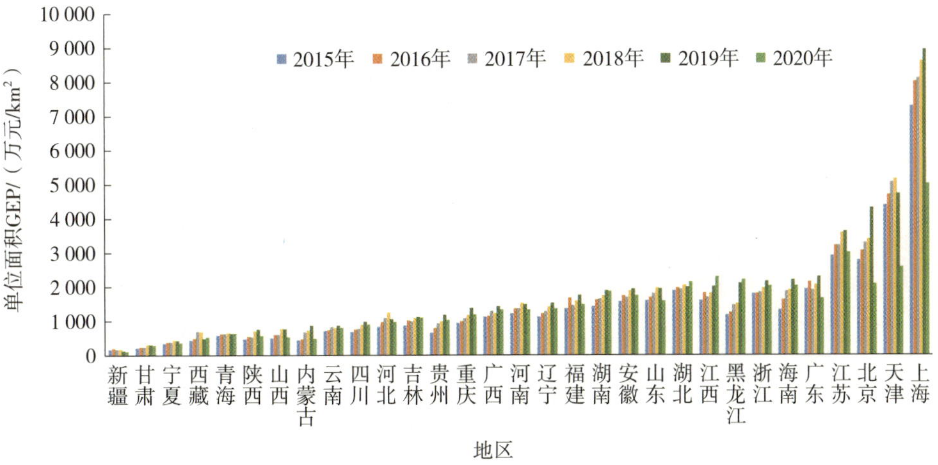

图 6-13　2015—2020 年中国 31 个省（区、市）单位面积 GEP

利用产业集聚度和地理集中度两个指标，分析我国生态产品的产业和空间集聚特征。我国生态产品的地理集中度指数呈现增加趋势，从 2015 年的 0.012 上升到 2020 年的 0.019，表明我国生态产品地理空间集聚程度有所提高。究其原因，我国生态产品价值高的地区不仅是我国生态功能突出区域，也是我国生态建设重点投入区。我国林业建设投资从 2015 年的 4 290.1 亿元增加到 2019 年的 4 525.6 亿元[15]，且空间分布不均衡，主要集中在贵州、四川、湖北、江西、北京、内蒙古、河南等省（区、市）。从产业集聚度看，生态产品第四产业的产业集聚度高，以产品供给、水源涵养、气候调节、土壤保持、文化旅游五大服务占 GEP 的比重进行计算，产业集聚度为 95.1%，表明我国生态系统提供的生态服务相对集中，调节服务主要来自水源涵养、气候调节和土壤保持三大指标。

（3）第四产业价值实现度分析

"绿水青山就是金山银山"是习近平生态文明思想的核心精髓[16]，生态产品价值实现是践行生态文明思想的重要抓手。通过生态产品初级生产率、生态产品第四产业结构比等指标，可以衡量生态产品价值实现的程度和效果。2015—2020 年，我国生态产品初级生产率呈现上升趋势，从 2015 年的 29.6% 上升到 2019 年的 34.6%。2020 年受新冠肺炎疫情影响，生态产品初级生产率有所下降。总体而言，我国生态产品价值从"绿水青山"向"金山银山"的转化程度在逐年提升。从生态产品第四产业的结构比看，2015 年，我国供给服务、调节服务和文化服务结构比为 18.6 : 70.4 : 11；2020 年，其结构比为 17.7 : 72.2 : 10.1，第四产业中文化服务业的比重逐年提高，第四产业结构趋于优化。从具体省份看，上海、北京、天津、山西、贵州等省（市）文化服务占比在 20% 以上（图 6-14）。我国旅游业正发生深刻转型，在旅游需求上，由观光旅游为主体向观光、休闲度假、体验等复合型旅游转变；在空间形态上，由景区、景点旅游向全域旅游转变。从产业融合、区域融合、全域开发等角度，抢抓旅游业的转型机遇，着力寻找旅游业发展新思维、新路径、新模式，将成为我国生态产品价值实现的重点。

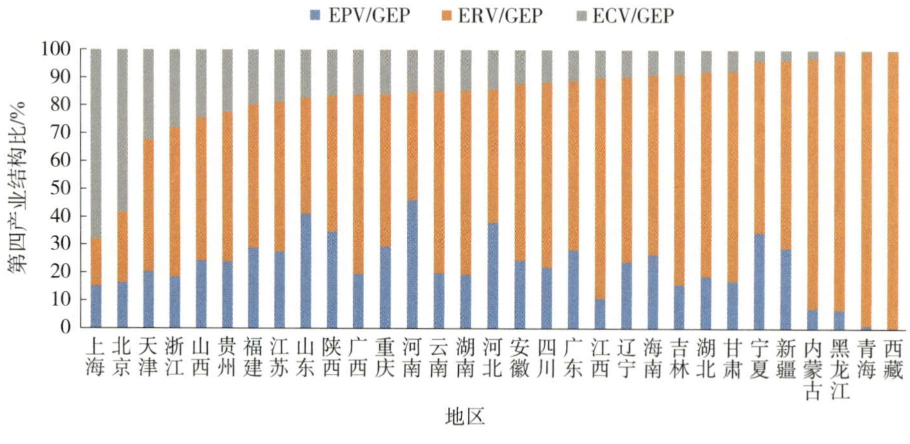

图 6-14　2020 年中国 31 个省（区、市）生态产品结构比

从公共性产品指数可知，西藏、青海、黑龙江、内蒙古等公共性产品指数都在 90% 以上。这些地区生态区位重要，是我国公共性生态产品的主要提供区，但经济相对落后，其生态产品价值实现需要政府和市场共同作用，实现经济和生态"双增长"。这些地区需以 GEP 核算价值为基础，牢固树立"保护生态环境就是保护生产力、改善生态环境就是发展生产力"的理念，正确处理经济发展同生态环境保护的关系。同时，也需要寻找变生态要素为生产要素、变生态财富为物质财富的道路，提高绿色产品的市场供给，争取国家的生态补偿，转变社会经济发展的考核评估体系，实现“绿水青山”向“金山银山”的重要转变。

6.4.4 产业发展评价应用：衢州

衢州市地处浙江省西部、钱塘江上游、金衢盆地西端，是全国九个生态良好地区之一，是浙江省乃至整个华东地区重要的生态屏障。衢州市作为全国首批“绿水青山就是金山银山”实践创新基地、国家生态文明建设示范市县和国家生态文明建设示范区，其生态产品第四产业发展具有鲜明特色。本节基于衢州市“十三五”期间社会经济发展状况、生态环境保护情况和生态产品价值核算，利用生态产品第四产业核算框架和指标体系进行编写。生态环境部环境规划院王倩、吴琼等于 2021 年开展了衢州市 2015—2020 年生态产品总值核算和生态产品第四产业发展状况评价，为衢州市生态产品第四产业发展提供参考。

（1）第四产业价值量评估

2020 年，衢州市 GEP 为 2 507.3 亿元。其中，EPV 104.0 亿元，ERV 2 353.2 亿元，ECV 50.1 亿元（图 6-15）。从时间变化来看，2020 年，衢州市 GEP 较 2019 年的 2 932.4 亿元有所下降，与 2015 年的 2 547.9 亿元持平。受新冠肺炎疫情影响，2020 年衢州市全年接待游客 5 983.9 万人次，较 2019 年下降 13.6%，2020 年 GEP 较 2019 年下降 14.5%，说明文化旅游市场低迷是 2020 年 GEP 降低的主要原因。2015—2020 年，衢州市 ERV 不断增加，说明衢州市“十三五”期间生态环境保护成效显著，气候调节、洪水调蓄、水源涵养、土壤保持等各项功能得到持续改善。

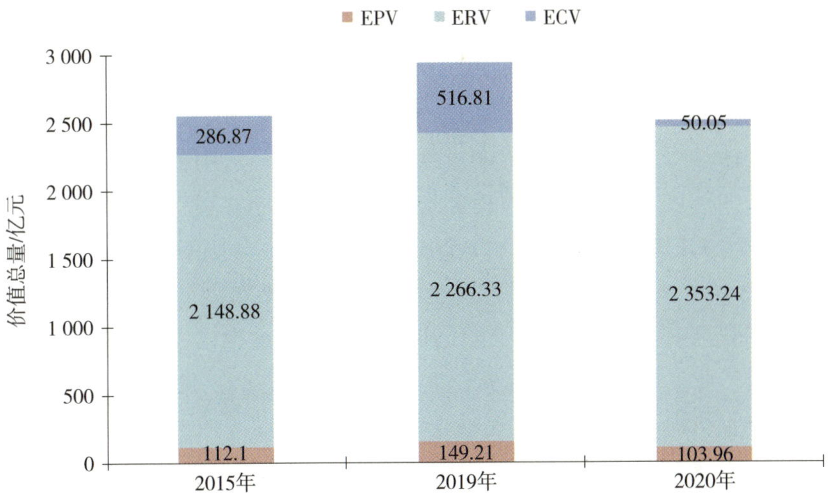

图 6-15 2015 年、2019 年和 2020 年衢州市 GEP 核算

“十三五”期间，衢州市人均 GEP 由 2015 年的 11.8 万元 / 人增长到 2019 年的 13.0 万元 / 人，增长了 10.3%；2020 年，受 GEP 总量下降和常住人口上升的双重影响，

人均 GEP 降低至 11.0 万元 / 人（表 6-32）。人均 GEP 反映的是人均“绿水青山”资源占有量和生态系统服务能力。对比全国和浙江省平均水平，衢州市人均 GEP 约为全国均值的 2 倍，是浙江省均值的 3～4 倍。全市多年平均人口数量占浙江省的 3.6%，而 GEP 贡献率达到 13.1%，反映出全市人均生态资源占有量高，人均能够获得更多的生态资源和服务价值。

表 6-32　2015 年、2019 年和 2020 年衢州市人均 GEP 总值　　单位：万元

年份	全国人均 GEP	浙江省人均 GEP	衢州市人均 GEP
2015 年	5.1	3.1	11.8
2019 年	6.5	3.5	13.0
2020 年	5.8	3.2	11.0

“十三五”期间，衢州市单位面积 GEP 从 2015 年的 3 853.5 万元 /km^2 降为 2019 年的 3 314.0 万元 /km^2，降低了 14%。“十三五”期间，受农田生态系统面积大幅增长的影响，单位面积 GEP 呈现下降趋势。从 2016 年起，衢州市开展了系列打造永久基本农田保护示范区、农村人居环境提升三年行动和 100 个以上全域土地综合整治与生态修复工程整治等“整治 + 农田保护”项目，优化了耕地布局，增加了耕地面积。单位面积 GEP 反映的是单位面积“绿水青山”资源占有量和实际提供生态服务的能力。对比全国和浙江省平均水平，衢州市单位面积 GEP 为全国均值的 3～5 倍，是浙江省均值的 1～2 倍。2019 年，衢州市以占全省 8.4% 的土地面积贡献了全省 13.3% 的 GEP，表明衢州市以森林为主导的生态系统提供生态服务价值高于全省平均水平。整体来看，衢州市在优化市域土地利用、增加生态系统面积时，更需要注重由量向质转变，提高单位面积的生态服务能力。

排除受到新冠肺炎疫情影响的 2020 年，2015—2019 年 GEP 多年增长率为 3.6%。衢州市生态系统实际提供的产品和服务价值量呈现增加态势。考虑到 GEP 受自然地理、气象条件、人类活动等多种因素的影响，年际变化较大，采用多年增长率核算一定年限内平均每年增长的速度。这样，能够更好地把握第四产业发展趋势。规划院开展的全国 31 个省（区、市）GEP 核算结果显示，2015—2019 年，全国 GEP 多年增长率为 6.9%。衢州市 GEP 多年增长率约为全国年均增速的一半。究其原因，一方面与衢州市本身绿色底色好、起点较高有关，另一方面也反映出未来仍需重视第四产业的发展，迫切需要以生态产品第四产业发展为核心，探索建立更有效的生态产品价值转化通道。

（2）第四产业结构评估

随着“绿水青山就是金山银山”转化理论和实践的不断深入，围绕生态产品供给和价值实现形成的新产业、新业态、新模式不断涌现。衢州市紧密围绕生态产品价值实现，全面推进“两山银行”省级试点，依托生态资源撬动生态产业，以“生态 + 旅游”“生态 + 农业”等新业态、“绿色期权”“一县一品”等新模式，全面推动传统产业

绿色转型。

从生态产品第四产业结构比看，衢州市生态产品 EPV、ERV 和 ECV 结构比值从 2015 年的 5：84：11 变为 2019 年的 5：77：18。第四产业中，文化服务的比重显著提高，结构趋于优化。2020 年，受新冠肺炎疫情影响，旅游市场低迷，衢州市文化服务价值量仅为 50.1 亿元，约为 2019 年的 1/10，供给服务、调节服务和文化服务结构比为 4：94：2。

受新冠肺炎疫情影响，衢州市公共性生态产品占比经历了先减少、后增加的变化。2015 年，衢州市 R_{ERV} 为 0.84。2019 年，该值减少到 0.77，2020 年增加到 0.94。作为钱塘江源头重点生态功能区和全国森林旅游示范市，衢州市是浙江省公共性生态产品的重要提供区，但经济相对落后，其生态产品价值实现一直处于较为低迷的状态。“十三五”期间，衢州市一直在寻找变生态要素为生产要素、变生态财务为物质财务的道路。增加生态产品的市场供给、提高生态系统文化服务市场化比例，是加快生态产品市场化的有效手段。

衢州市经营性生态产品占比先增加、后减少。2015 年，衢州市 REE 为 0.16。2019 年，该值增加到 0.23，2020 年减少到 0.06。经营性生态产品占比增加，说明衢州市第四产业发展向好，生态环境价值正在加速变现。2021 年，衢州市全面启动“两山银行”改革试点，依托生态环境资源资产，开发设计可计价、可交易、可融资生态产品，探索以市场化机制推进生态产品价值实现，以生态引领实现生态富民。

衢州市生态产品第四产业集中趋势明显，排名前三的分别为气候调节服务、文化服务和洪水调蓄服务。2015 年，衢州市规模最大的五个生态产品产业分别为气候调节服务（1 726.8 亿元）、文化服务（287.0 亿元）、洪水调蓄服务（253.6 亿元）、水源涵养服务（83.6 亿元）和土壤保持服务（73.1 亿元），累计占全市 GEP 总量的 95%。同年，衢州市生态产品第四产业集中度（CR_5）为 0.95。2019 年，规模最大的五个生态产品产业分别为气候调节服务（1 910.1 亿元）、文化服务（5 16.8 亿元）、洪水调蓄服务（270.2 亿元）、农业产品供给（72.4 亿元）和水源涵养服务（51.3 亿元），累计占全市 GEP 总量的 96%。同年，衢州市 CR_5 为 0.96。从价值量占比来看，气候调节服务价值量稳居首位，占全市 GEP 比例均超过 65%，与衢州市超过 70% 的森林覆盖率有密切联系。

衢州市产品供给增速较快，产品供给占比代替土壤保持服务，跻身前五行列，说明衢州市发展高效生态绿色农业、推进农村三产融合已然产生积极效果。“十三五”期间，衢州市瞄准生态宜居城市建设目标，以人才集聚为导向、以山水融合生态宜居为特色，坚持走以配套完善能级提升为核心的新型城市化道路，加快构建“县乡一体、条抓块统”高效协同的治理格局。统计数据显示，截至 2020 年年底，衢州市有效期内“三品一标”产品达 488 个（其中无公害产品 278 个、绿色食品 79 个、地理标志农产品 11 个），拥有国家级“互联网 +”农产品出村进城试点 1 个和省级试点 3 个，种养基地数字化改造 83 个。未来在三产融合推进农业结构转型、美丽经济幸福产业、数字经济智慧产业、生态绿色农业发展等方面，还有进一步拓展空间。

在不考虑供给服务的情况下，各区县生态产品区域聚集程度有所降低。生态产品地理集中度反映的是一定时期内不同区县生态产品价值量的差异。受到各区县生态系统特征、种类结构、产品供给和文化旅游差异等因素影响，本研究缺少分区县的产品供给价值量核算结果，仅对包括调节服务和文化服务在内的价值量开展地理集中度评价。根据核算结果，衢州市生态产品的地理集中度从 2015 年的 0.037 降至 2020 年的 0.019。衢州市生态产品主要分布在开化县、江山市、衢江区（图 6-16）。2015 年，这三个区县占比为 71.9%，2020 年占比下降到 69.4%，地理空间聚集程度有所降低。柯城区、龙游县和常山县的生态产品价值增速较快，生态产品空间分布趋于均质。

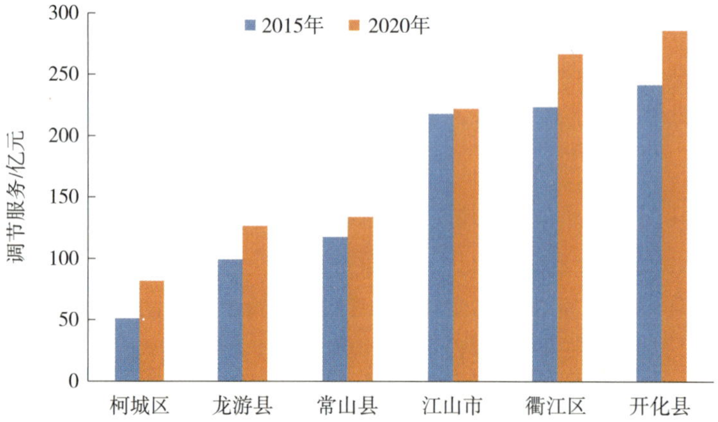

图 6-16　2015 年和 2020 年分区县生态系统调节服务价值量

（3）生态产品价值实现评估

生态产品价值实现指标用于测度生态产品从“绿水青山”向“金山银山”的转化程度。“十三五”以来，衢州市不断加大对生态建设投入，开展生态资产确权和生态产品开发经营与利用，打通衢州“绿水青山”向“金山银山”的转化通道，系统构建“绿水青山就是金山银山”实践的理论体系、评价体系、任务体系、实施体系和支撑体系。通过体制机制创新，促进生态产品价值市场化实现的制度供给，以新模式、新探索，切实将生态资源、生态资产转化为拉动地方经济增长、推动社会发展的新动力。

2015—2020 年，衢州市绿金指数呈下降趋势。根据核算结果，2015 年，经生态环境因素调整的衢州市地区生产总值（EDP）为 1 117.6 亿元，绿金指数为 2.28。2020 年，经生态环境因素调整的衢州市 EDP 为 1 624.1 亿元，较 2015 年增加 45.3%，年均增速 7.8%。2020 年，绿金指数为 1.54，较 5 年前降低了约 1/3，说明衢州市“金山银山”价值的增速快于“绿水青山”价值的增速。一方面，衢州市拥有丰富的湖泊、湿地、自然保护区、森林公园、资源重点开发区等自然资源，生态产品价值实现具有较大潜力。另一方面，经过 5 年的努力，衢州市社会经济发展取得了一定成效，但将“绿水青山”转化为带动全市经济增长的“金山银山”，动力略有不足。从横向对比来看，根据生态环境部环境规划院 GEEP 核算结果，2015 年衢州市绿金指数分别是当年全国绿金指数、浙江省绿金指数的2.3倍、4.2倍；2020年衢州市绿金指数分别是当年全国绿金指数、浙江省绿金指数的1.9倍、5.1倍。衢州市生态环境家底丰厚，在浙江省乃至全国具有一定优势，生态产品第四产业发展空间较大。

2015—2020年，衢州市生态产品初级转化率呈波动态势。2015年，衢州市生态产品初级转化率为15.7%，2019年增加至22.7%，较2015年提高了7个百分点。2020年，受新冠肺炎疫情影响，当年生态产品初级转化率下降到6.1%，较上年降低16.6个百分点。结合产业发展趋势，衢州市第三产业已反超第二产业，成为主导产业，表明大力发展生态旅游、绿色旅游，助力文化服务业发展，对于加快推进“绿水青山”向“金山银山”转化具有积极意义。

从长期来看，随着我国经济社会发展，国内旅游市场正在经历转型升级，市场需求已经从“有没有，缺不缺”蜕变为“好不好，精不精”，以观光游为主体的需求逐渐被集观光、休闲、度假、体验于一体的复合型旅游需求替代，生态旅游、绿色旅游、文化旅游等新兴旅游正在悄然兴起。衢州市拥有得天独厚的旅游资源，抢抓生态旅游转型契机，以生态旅游带动经济发展，以经济发展反哺生态保护，以生态保护培育更优质的生态环境，以优质的生态环境吸引更多的生态旅游，是衢州市生态产品价值实现的重要路径。

（4）发展生态产品第四产业的政策

制订生态产品第四产业发展规划，深入推进生态产品价值实现机制改革试点。建立衢州市生态产品第四产业分类名录，参考国民经济核算体系，设计构建衢州市生态产品第四产业统计核算框架，探索开展衢州市国民经济核算统计制度改革，建立生态产品第四产业核算账户。总结“十三五”生态产品价值实现特色亮点，研判生态产品第四产业未来发展趋势，研究制订“十四五”衢州市生态产品第四产业发展规划。

加强自然恢复和生态环境保护，建设美丽衢州、生态衢州。通过封山育林、造林抚育、补植补造、提质改造等措施，提升森林蓄积量和覆盖率。加强水产养殖污染治理，合理开展野生动植物利用。开展污染地块生态修复，大力推进农业农村环境综合整治，严格控制化肥和农药使用。按照宜林则林、宜湿则湿的原则，开展森林、湿地、园地等生态系统保护、自然恢复和人工修复。

大力发展林下经济、湿地经济、数字经济、绿色经济和生态经济，推动“互联网+生态”农产融合。发展林下种植、林产品加工等林下经济，申请国家公益林、天保林等补助，帮助林农增收。根据不同区县农、林、牧、副、渔业发展特色，深入推进“一县一品”试点，继续培育壮大无公害、绿色食品和地理标志农产品“三品一标”品牌建设。以生态富农、绿色惠农、科技兴农为目标，扩大优质的生态农、林、牧、副、渔产品生产、加工规模和销售渠道，构建“互联网+”生态产品认证、产品加工、销售推介的农产融合全产业链条。

全面推进生态产业化和产业生态化，助力经济社会绿色低碳发展。以运动休闲、森林康养、精品线路、竹木工艺品制造、农耕体验、特色民宿、生态矿业和创意文化等为亮点，加大生态旅游资源开发利用。充分挖掘当地文化历史和自然生态环境特色，以政策导向、资金投入、技术支持等支持当地打造集产品生产、产品加工、生态观光、文化体验于一体的“生态 +”文化旅游新模式。加大对柯城区、衢江区等区县传统制造业绿色转型引导力度，鼓励传统制造业开展绿色低碳技术更新升级和清洁化改造。带动形成数字农业、绿色产业等一批具有爆发力和引领力的创新型增长点，助推引领全市高质量发展，带动农民增收致富。

积极探索 EOD 模式下的产业生态化新道路，加快推进生态产品价值实现。站在生态角度，探索适合乡村发展的绿色生态可持续发展模式。以“农户 + 村集体 + 公司”合作形式，以“生态账户”推动生态资产入市，加快“绿水青山”价值变现。出台“绿色信贷”“碳增信贷”等绿色金融政策，探索建立绿色产业发展投融资配套政策，借助绿色金融杠杆作用，撬动金融资本，助力全市业态发展。

完善生态产品第四产业发展评估规范，探索建立生态产品价值实现考核机制。修订完善生态产品第四产业评估标准规范，探索建立以生态产品第四产业发展评价为核心的衢州市生态产品价值实现情况考核指标和管理办法，以第四产业发展绩效考核推动经济高质量发展和生态环境高水平保护。

6.5 生态产品第四产业营收核算

营业收入是指一定时期内商业企业销售商品或提供劳务所获得的货币收入。生态产品第四产业营收核算是指生态产品第四产业各单位从事生态产品生产、开发、经营、交易等经济活动所取得的营收总额。主要包括三部分内容：①从事生态保护和修复活动，从而增值生态资本取得的现金收入；②通过生态产品开发经营转化为生态商品，或通过构建市场实现交易对价支付形成的现金收入；③围绕生态产品开发、经营、交易等环节开展的生态金融、咨询、评估等服务活动，获取的现金收入。如果说生态资产核算的是某一时点生态产品第四产业的经济存量，生态产品总值核算的是一定时期产业的总产出流量（含未直接转化为经济价值的部分），则生态产品第四产业营收核算的则是一定时期内产业实际发生的经济流量，是从纯经济视角下衡量生态产品第四产业规模的指标。

6.5.1 第四产业营收核算原则

借鉴国民经济核算和会计准则等框架，考虑生态产品产业形态和模式特征，生态产品第四产业营收核算应遵循以下原则：

权责发生制原则。是指以取得收到现金的权利或支付现金的责任、权责的发生为标志来确认本期收入和费用及债权和债务。凡是在本期发生的应属于本期收入和支出的，无论其款项是否收到或支付，一律作为本期收入和支出核算，交易达成的时间为权益转让而不是支付货款的时间。

经济交易原则。是指以生态产品价值是否发生实质的经济交易为准，判定是否纳入生态产品第四产业营收核算。经济交易实质反映了机构单位或部门相互之间的经济流量关系，包括累积交易，即生态资产产权交易和终端生态产品的直接交易，按实际交易额来记录价值量。通过生态补偿、生态资源权益交易、生态产权流转、物质产品市场销售及资本经营收取服务费等方式实现的实质经济交易部分，均可纳入应收核算，但是自然生态系统自身生产且为自身所使用的自我服务、自然生态系统生产但未进入经济系统直接为人类提供免费服务，或人类自身保护生态系统的纯公益性行为，未产生实质的经济交易，不计算在内。

社会化原则。营收核算反映的是人与人之间的社会性活动。生态产品第四产业将自然生态系统纳入整个生态经济体系范围之内，但其毕竟是非社会化的，在生态资产和生态产品总值中已经体现其生产价值，而在产业营收核算体系中应当遵循社会化原则，即核算的基本单位是个人、集体组织、企业、政府、事业单位等社会化组织。而自然生态系统参与分配的环节主要通过生态资产产权主体的资产性收入及进行生态保护修复的投入的增值生态资本来实现。

6.5.2　第四产业营收核算框架

生态产品的多样性、复杂性特征决定着不同市场属性的生态产品有着不同的价值实现路径，最终交易模式和支付形式的多样性，决定了生态产品第四产业营收核算的对象和范围略有不同，生态产品第四产业营收核算框架见表 6-33。

表 6-33　生态产品第四产业营收核算框架

门类	一级分类	二级分类	核算对象	核算范围
生态物质产品生产	初级生态物质产品	纯天然产品供应	生态产权主体：家庭、集体或企业	产品销售收入
		优美自然要素生产	政府	生态补偿相关收入、相关税费
	生态农、林、牧、渔业	生态农业	市场化经营主体：家庭、集体组织、企业等	产品销售收入
		生态林业		产品销售收入
		生态畜牧业		产品销售收入
		生态渔业		产品销售收入
	衍生性生态物质产品	瓶（罐）装饮用水制造	市场化经营主体：一般为企业	产品销售收入
		天然自来水供应	自来水供应企业	相关产品销售收入
		生态（有机）食品饮料加工	食品饮料企业	产品销售收入
		生态农产品初加工	市场化经营主体：集体组织、企业等	产品销售收入 / 加工服务费

续表

门类	一级分类	二级分类	核算对象	核算范围
生态物质产品生产	衍生性生态物质产品	生物基材料制造	新材料企业	产品销售收入
		生物质能	生物质能企业	产品销售收入
		生物产业	相关企业	产品销售收入
		天然植物纤维编织工艺品制造	相关企业	产品销售收入
		其他基于初级生态产品的加工	相关企业	产品销售收入/加工服务费
生态调节服务供给	生态调节服务	水源涵养	政府	生态补偿、转移支付、专项基金、相关税费等收入
		土壤保持		
		空气净化		
		水质净化		
		气候调节		
		固碳释氧		
		病虫害控制		
		物种保育		
		防灾减灾		
	衍生性生态调节服务	碳排放权开发	产权主体：集体组织、企业、政府等	交易额
		排污权开发		
		用水权开发		
		用能权开发		
		清水增量指标开发		
		绿化增量指标开发		
		碳汇开发		
		其他衍生性产品开发		
生态文化服务	生态文化服务	农业休闲观光	市场化经营主体：一般为集体组织或企业	经营性收入
		休憩服务		
		生态旅游		
		生态康养		
		自然教育		
		生态美学服务		
		生态文化资源开发		

续表

门类	一级分类	二级分类	核算对象	核算范围
生态产品开发交易服务	生态产品开发服务	生态产品综合开发	生态环境综合服务商	经营性收入
		生态金融服务	金融机构	相关服务费收入
		生态资源集中收储开发	生态银行、"两山银行"、"两山公司"等	相关服务费收入
		生态资源监测	监测服务企业	相关服务费收入
		生态产品评估	咨询服务机构	相关服务费收入
		生态园区管理服务	园区管委会 / 企业	租赁收入 / 配套服务收入
		生态咨询	咨询服务机构	相关服务费收入
	生态产品交易服务	生态产品认证推广	认证机构	相关服务费收入
		生态资源权益交易服务	交易平台	相关服务费收入
		交易平台建设运营		
生态建设	生态保护和修复	生态保护	生态环保企业	工程及运营服务收入
		生态修复		

6.5.3 第四产业调查核算流程

由于生态产品第四产业营收的核算以经济交易、社会化为基本原则，其大多已在国民经济核算框架体系中有所体现，只是尚未区分其产业特征。重要的是，通过识别生态产品第四产业各部门群体建立相关供应商数据库，通过其产品服务特征识别相关产业活动，并通过调查问卷等方式统计相关数据。

第一步，识别核算对象，根据生态产品第四产业标准分类体系，对应产品分类体系，从国民经济行业分类体系、行业协会、互联网等多个渠道识别出开展生态产品生产、开发、经营、交易等活动的机构单位，建立生态产品第四产业供应商数据库。

第二步，开展登记调查，从而识别相关的经营活动及其收入。登记调查主要包括调查单位基本情况、主营业务及其占比、财务状况、从业人员及工资总额、生产经营情况、科技活动等内容。

第三步，识别主要活动为生态产品第四产业相关内容的企业，将其收入纳入生态产品第四产业营收，排除重复计算内容，并分析收入分配。

6.5.4 第四产业收入分配核算

收入分配核算旨在反映机构部门之间进行的各种交换性分配交易，以及各部门对初始收入的占有状况。从经济运行过程的逻辑顺序来看，收入初次分配可细分为两个过程：第一是立足于生产者进行分配的收入形成过程；第二是在收入形成基础上，立足于收入获得者进行的初始收入分配过程。生态产品第四产业初始收入分配目标是立足于收入接受者核算各机构部门在核算期内获得的生产性收入，主要有财产收入、劳动者报酬、生态资源税费、营业盈余等。

（1）财产收入

财产收入，是指由于生态资产的所有者将其所拥有的资产使用权让渡给其他单位使用而从对方获得的回报。不同类型的资产产生了不同类型的财产收入，在生态产品第四产业中主要有四类：

生态资产“租赁”所得：生态资产产权所有者从承租方所得的收入或特许经营权使用费。在我国，生态资源资产的所有权大多归属于中央政府，而地方政府行使其代理权。在自然资源资产产权改革的背景下，家庭、集体组织、企业可拥有其使用权或经营权。提高生态资产的财产性收入是将生态财富变现、促进共同富裕的重要路径。

生态资源税费：生态产品第四产业开发经营主体向政府缴纳的生态资源相关税费等，是向政府缴纳的现金或实物，具有强制性、无回报性特征。生态资源税费可看作政府部门因掌握生态资源而获得的相关资产“租赁”收入。

利息：提供生态金融债权服务的债权所有者应收的财产收入，是按照双方达成的金融契约条件，债务人在给定时间内有义务支付给债权人的金额。本金偿还不包括在内。

红利：企业分配的、股票和股权所有者应收的财产收入。生态产品第四产业中，集体经济组织扮演重要的角色，而且是具有准公司性质的非法人企业，股东可看作集体经济组织的成员，如广大村民。因此，集体经济组织创造的利润分配也应纳入其中。

（2）劳动者报酬

劳动者报酬，是指生态产品第四产业就业人员通过参与生产活动而获得的报酬。劳动者参与生产活动主要有两种方式：一是作为其他经济单位的雇员，如生态产品第四产业市场经营主体的就业人员；二是个体生产经营业主及家庭里的其他参与成员。如青海三江源地区从生态功能区转移支付或其他生态补偿收入中雇用的“生态工人”，通过参与生态系统的保护、管理获取报酬。

（3）生态资源税费

生态产品第四产业的经营部门向政府税务部门缴纳的与生态资源税费无关而与产业经营相关的税额。相当于政府部门因为应用所掌握的社会资源，为生产过程直接或间接提供公共服务而获得的收入。

（4）营业盈余

营业盈余，是指在增加值分配给雇员报酬、生产税净额、固定资本消耗等剩余下来的部分，是生态资本经营主体预留的可用于投入再生产或预留的分配额，表现为当年的预留利润。

参考文献

[1] 威廉·配第.配第经济学著作选集[M].北京：商务印书馆，1981年中译版.

[2] 海因茨，沃尔夫岗，阿恩特.经济发展思想史[M].北京：商务印书馆，1997.

[3] 戴亦一.传统国民经济核算范式（SNA）的三大缺陷及其改进趋势[J].东南学术，2001（4）：55-58.

[4] 张运平.浅谈GDP在经济评价中的科学尺度[J].生产力研究，2005（8）：19-20.

[5] 中国科学院可持续发展研究组.1999中国可持续发展战略报告[R].北京：科学出版社，1999.

[6] 於方，王金南，曹东，等.中国环境经济核算技术指南[M].北京：中国环境科学出版社，2009.

[7] Guoxia Ma，Fei Peng，Weishan Yang，et al. The Valuation of China's Environmental Degradation from 2004 to 2017[J]. Environmental Science and Ecotechnology，2020（1）：1-10.

[8] Jinnan Wang，Fang Yu，Guoxia Ma，et al. Revive China's Green GDP Programme[J]. Nature，2016（534）：37.

[9] 马国霞，於方，王金南，等.中国2015年陆地生态系统生产总值核算研究[J].中国环境科学，2017（4）：1474-1482.

[10] Ma G X，Wang J N，Yu F，et al. Framework Construction and Application of China's Gross Economic-Ecological Product Accounting[J]. Journal of Environmental Management，2020，264.

[11] Ou-yang Z Y，Song C S，Zheng H. Using Gross Ecosystem Product（GEP）to Value Nature in Decision Making[J]. Proceedings of the National Academy of Sciences，2020，117（25）：201911439.

[12] Jinnan Wang，Fang Yu，Guoxia Ma，et al. Gross Economic-ecological Product as an Integrated Measure for Ecological Service and Economic Products[J]. Resources，Conservation & Recycling，2021（171）105566：1-5.

[13] United Nations，European Commission，International Monetary Fund，Organization for Economic Cooperation and Development & World Bank. System of Environmental-Economic Accounting-Central Framework[R]. United Nations.2013.

[14] Clark，R. Is Corporate Natural Capital Accounting Appropriate for Monitoring Nature Reserves? An Assessment for National Nature Reserves Managed by Natural England[R]. Natural England Research Reports. 2017.

[15] 王金南，王志凯，刘桂环，等.生态产品第四产业理论与发展框架研究[J].中国环境管理，2021，13（4）：5-13.

[16] 杨世忠，谭振华，王世杰.论我国自然资源资产负债核算的方法逻辑及系统框架构建[J].管理世界，2020（11）：132-142.

[17] 闫慧敏，封志明，杨艳昭，等.湖州/安吉：全国首张市/县自然资源资产负债表编制

［J］. 资源科学，2017，39（9）：1634-1645.
［18］杨艳昭，封志明，闫慧敏，等. 自然资源资产负债表编制的“承德模式”［J］. 资源科学，2017，39（9）：1646-1657.
［19］United Nations，European Commission，Organization for Economic Co-operation and Development，et al. System of National Accounts 2008［M］. New York：United Nations，2009.
［20］本书编写组. 党的十八届三中全会重要决定辅导读本［M］. 人民出版社，2013.
［21］United Nations，European Commission，Food and Agriculture Organization of the United Nations，et al. System of Environmental-Economic Accounting 2012 Central Framework（SEEA Central Framework）［M］. New York：United Nations，2014.
［22］谷树忠. 从自然资源核算到自然资源资产负债表［N］. 中国经济时报，2015-11-20，第 14 版.
［23］Jiang H，Wu W，Wang J，et al. Mapping Global Value of Terrestrial Ecosystem Services by Countries［J］. Ecosystem Services，52，101361，2021.
［24］生态环境部环境规划院. 青海省祁连山区生态系统服务价值核算报告［R］. 2017.
［25］生态环境部环境规划院. 武夷山市生态系统服务价值核算报告［R］. 2015.
［26］中国环境科学研究院. 厦门市生态系统价值核算报告［R］. 2015.
［27］生态环境部环境规划院. 南平市生态系统服务价值核算报告［R］. 2015.
［28］欧阳志云，朱春全，杨广斌，等. 生态系统生产总值核算：概念、核算方法与案例研究［J］. 生态学报，2013，33（21）：6747-6761.
［29］朱英豪. 昆明市土地利用的生态系统价值评价［J］. 云南财经大学学报，2006（6）：111-115.
［30］唐小平，徐明. 青海省生态系统服务价值评估研究［M］. 北京：中国林业出版社，2016.
［31］胡喜生，洪伟，吴承祯. 福州市土地生态系统服务功能价值的评估［J］. 东北林业大学学报，2011，39（12）：90-94.
［32］张艳军，官冬杰，翟俊，等. 重庆市生态系统服务功能价值时空变化研究［J］. 环境科学学报，2017，37（3）：1169-1177.
［33］Chun sheng Wu，Guoxia Ma，Fang Yu，et al. Assessment of Ecosystem Service Value and Its Differences in the Yellow River Basin and Yangtze River Basin［J］. Sustainability，2021，13，3822：1-16.
［34］叶文虎，韩凌. 论第四产业——兼论废物再利用业的培育［J］. 中国人口·资源与环境，2000（2）：25-28.
［35］叶文虎，万劲波. 从环境—社会系统的角度看“建设和谐社会”［J］. 中国人口·资源与环境，2007（4）：14-18.
［36］王金南，王志凯，刘桂环，等. 生态产品第四产业理论与发展框架研究［J］. 中国环境管理，2021，13（4）：5-13.
［37］“绿水青山就是金山银山”理念提出 15 周年理论研讨会召开［N/OL］. 北京：人民日报，2020-8-16.http：//paper.people.com.cn/rmrb/html/2020-08/16/ nw.D110000 renmrb_20200816_2-02.htm.

第7章 供给需求

提供优质生态产品是我国提高人民生活品质、推进绿色发展和建设美丽中国的必然要求。当前，生态产品存在供给不均衡、供给不足、供给效率低下等问题，具有公共物品属性的生态产品面临着供给和需求的突出矛盾[1]。因此，扩大生态产品供需、推动生态产品供需平衡等问题贯穿于生态产品第四产业发展的始终。生态产品第四产业的发展目标是人与自然和谐相处，其供给需求具有不同于前三产业的独特性。本章重点阐述生态产品第四产业供给与需求的内涵和特点，研究扩大生态产品第四产业供给和需求的主要路径。

7.1 生态产品供给与需求的内涵

《关于建立健全生态产品价值实现机制的意见》中明确指出，要“深化生态产品供给侧结构性改革”“激励各地提升生态产品供给能力和水平”“推进生态产品供需精准对接”。生态产品第四产业参与主体主要包括产品供给方、产品需求方、产业服务方等，围绕生态产品开发、经营、交易、支撑服务等技术经济关系，形成了生态产品产业链。其中，供给方与需求方是生态产品第四产业的核心参与主体，肩负着生态“资源—资产—资本”转化的基础职能。由于生态产品具有典型的公共物品特征和正外部性，其供给总量并不一定等于生态环境和自然资源的原始存量，其供给方式也与传统经济学中的商品有所差异。因此，厘清生态产品供需基本内涵是分析生态产品第四产业与其他三产之间关联性与异质性的基础，能够为推动生态产品第四产业持续健康发展提供科学的概念性框架。

7.1.1 生态产品供给的内涵

在传统西方经济学中，供给是指在一定技术条件下，提供方或生产方通过一定的价格机制出售（或提供）产品的数量。理论上，在信息完全的有效市场中，供给方首先通过市场价格信号，获得需求方对于该产品的相关信息，然后计算自身的生产成本，根据收益曲线即边际总收益等于边际总成本，来实现自己利益的最大化，从而确定产品的总供给量。供给的数量、质量、范围受到社会平均生产力发展以及相关行业竞争程度的影响。生态产品第四产业的供给与传统经济学中的概念有很大区别，因为生态产品供给的核心主体是自然生态系统。只有包含自然生产要素的产品，才能被划入生态产品第四产业的范畴。自然生态系统在供给时不会像人类供给主体一样考虑价格问题，因此，其供给量就等同于生态产品的潜在供给量。

生态产品供给的概念源头是生态系统服务供给。美国昆虫学家 Paul Ehrlich 等[2]在 1980 年探究物种灭绝的研究中最早提出了“生态系统服务供给”的概念。此后，研究者从不同的学科视角对其进行了越来越多的研究和探讨。Benjamin Burkhard 等[3]对于该概念的解释是，生态系统于一段时间与空间中所给予的自然资源与服务，并指出，其具有一定的时效性与可及性。梳理已有文献，可将生态系统服务供给定义为，由个体、种群、群落、生态系统及无机环境组成的空间单元所提供的产品和服务。党的十八大以来，国内学者进一步延伸出了生态产品供给的概念：生态产品供给就是生态产品的提供者或生产者通过一定的机制提供生态产品的过程。依据 Elinor Ostrom 的公共事务治理理论[4]可以分析得出，生态产品的供给主要包含以下 6 种要素，见表 7-1。生态产品的供给主体一般包括生态系统、政府和企业。其中，生态系统是生态产品第四产业的核心供给方，政府是制度供给的关键主导方，企业是核心的市场供给方。社会公众通过个人对生态保护的贡献也可成为生态产品的供给者。

表 7-1　生态产品供给的基本要素

要素	案例
生态产品供给活动的利益相关者	如产品供给方、产品需求方、产业服务方
生态产品供给的目标数量、质量标准、覆盖范围	如流域生态补偿中的补偿范围、上游来水水质、补偿标准等
生态产品供给活动中的规定、规则与限制	如碳交易市场的相关规定、政策、文件等
生态产品具体的生产活动，包括具体的生产方式及相关技术问题	如流域生态补偿中上游水质改善的具体过程
供给活动中所需资金的融资方式	如政府生态购买中的财政拨款、环境 PPP 项目中的社会资本参与等
供给活动中工作人员的管理方式	如相关生态产品价值实现中工作人员的雇佣、管理等

生态产品的供给总量与生态资源的原始存量并不等价，前者代表生态产品的实际供给，后者则代表生态产品的潜在供给。相对于潜在供给，生态产品的实际供给与价值实现的关系更为密切。两种供给的差异源于，经济社会的发展一方面受到地理因素和自然禀赋的限制，另一方面也会反向影响自然界本身的更新、循环、流动、传递等能力。一般来说，人类通过三种方式影响生态产品的实际供给：一是从自然环境中攫取资源的物质生产活动。在人类社会的超高速发展背景下，生产活动已经使可再生资源的更新速度落后于消耗速度，并透支不可再生资源的代际存量，造成资源枯竭、生态环境恶化等难

以逆转的生态危机。二是人类生产生活中的排污活动。当污染排放超过自然界生态环境容量所能纳污的最大阈值时，生态损失与经济损失将无法估量[5]。三是生态环境治理活动。随着人类生活水平提高和前沿技术进步，生态环境保护意识不断增强，对于生态产品的需求大大扩张，通过在环保领域加大物质资本、人力资本、金融资本投入，改善和发展生态生产力，拓宽生态产品供给主体与供给渠道，从而达到增强生态产品供给能力的效果。生态产品第四产业正是在“人类世”全新地质时代围绕扩大生态产品供给、促进生态产品价值实现形成的新产业、新业态、新模式的集合。

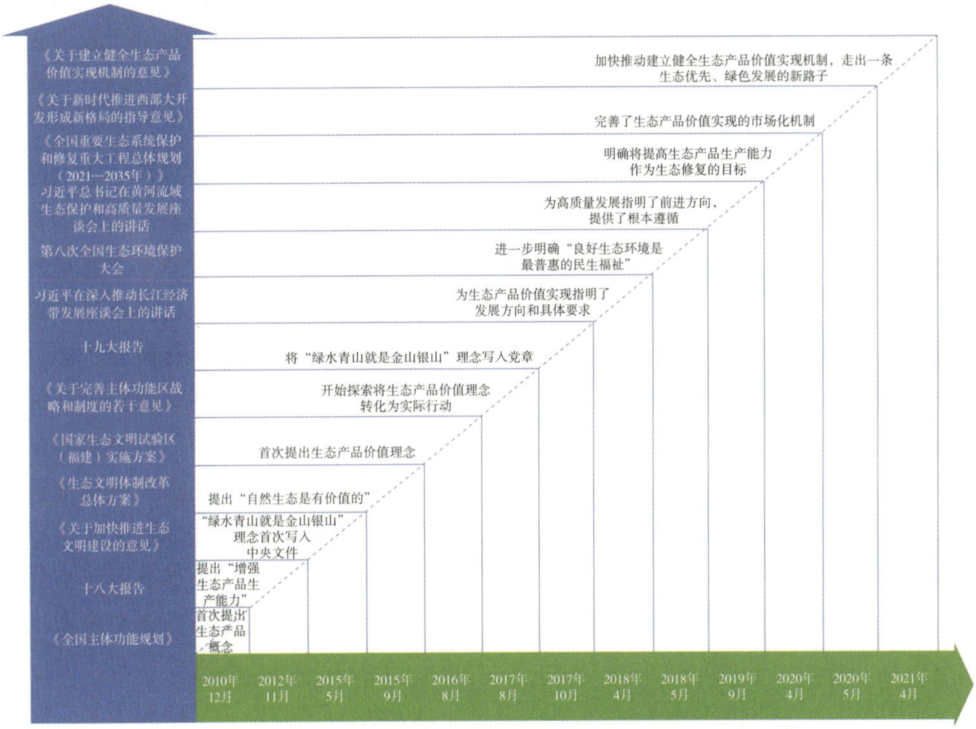

图 7-1 提高生态产品供给能力的政策梳理

专栏 7-1 建设生态文明创建示范 提高生态产品供给能力

国家高度重视生态产品供给能力和供给水平建设。2013 年 6 月，经中央批准，生态文明建设示范区工作在全国范围开展。2015 年《生态文明体制改革总体方案》中指出，自然生态是有价值的，保护自然就是增值自然价值和自然资本的过程，就是保护和发展生产力，就应得到合理回报和经济补偿，生态产品是自然生态在市场中实现价值的载体。2016 年《国家生态文明试验区（福建）实施方案》提出建设“生态产品价值实现的先行区”目标。这是生态产品理念发展的一个重要标志，表明我国对生态产品生产能力的要求进一步提高。党的十九大把“必须树立和践行绿水青山就是金山银山的理念”作为重要内容，写入习近平新时代中国特色社会主义思想，深刻回答了发展与保护的关系，揭示了保护生态环境就是保护生产力、改善生态环境就是发展生产力。党的十九大报告和习近平总书记在深入推动长江经济带发展座谈会上的讲话为提高生态产品供给指明了发展方向、路径和具体要求。2021 年 4 月，《关于建立健全生态产品价值实现机制的意见》进一步提出，要“加快推动建立健全生态产品价值实现机制，走出一条生态优先、绿色发展的新路子。”“激励各地提升生态产品供给能力和水平。”这已成为新时代生态文明建设的重要任务。生态产品的有效供给是其价值实现的基础，也是价值实现的目的。但由于生态产品具有显著的公共物品特征，具有很强的外部性，目前我国存在生态产品供给动力不足的问题。如何提升政府、企业和社会投资主体供给生态产品的内生动力，建立政府主导、企业和社会各界参与、市场化运作、可持续的生态产品价值实现路径，已成为当前我国“绿水青山就是金山银山”转化探索的关键挑战。

2018 年，中共中央、国务院印发了《中共中央 国务院关于全面加强生态环境保护 坚决打好污染防治攻坚战的意见》，将生态文明创建示范正式提升为国家生态文明建设战略任务，明确了生态文明创建示范的定位。截至 2021 年 9 月，生态环境部已经分五批命名了 368 个国家生态文明建设示范市县和 136 个“绿水青山就是金山银山”实践创新基地，多层次示范体系得到进一步丰富。已命名地区涵盖了山区、平原、林区、牧区、沿海、海岛等不同资源禀赋、区位条件、发展定位的地区，提供了一批生态文明建设的先进典型，在全国范围内，为生态产品供给能力建设起到了良好的示范引导作用。

多年来，生态文明创建示范逐渐成为提高生态产品供给能力的有效载体，对于实现美丽中国这一新时代中国特色社会主义强国建设目标具有重要意义，在生态产品供给的制度建设方面取得了突出成效。第一，促进了生态文明相关制度改革的落地与实施。通过积极构筑生态文明制度保障体系，广泛探索和积累了改革经验，最终确保生态文明相关制度改革的落地见效。第二，推动了生态经济体系建设。创建示范地区着重建立以生态产业化、产业生态化为主体的生态经济体系，有效推动了区域高质量发展。第三，显著提升了区域生态环境质量。前四批生态文明建设示范区的空气质量、水环境质量都排在各省前列，全面、提前、超额完成了“水十条”“大气十条”“土十条”的各项任务，为打好污染防治攻坚战做出了有力支撑。比如深圳市罗湖区、坪山区、大鹏新区，厦门市海沧区、思明区，贵阳市观山湖区、乌当区，温州市洞头区，南宁市邕宁区等示范区和“绿水青山就是金山银山”基地所在城市的空气质量均位于全国前列。第四，在全社会培育了良好的生态文化氛围。生态环境部相关数据显示，示范区的政府绿色采购比例均超过 80%，党政领导干部的绿色政绩观、绿色执政观、绿色发展观得到了显著提升；群众生态文明建设参与度和满意度均达到 80% 以上，人民群众在生态文明建设方面的参与度和获得感极大增强；企业依法治污排污、保护生态环境的法治意识、主体意识正在形成，全社会的绿色消费、绿色生活水平不断提升。

第五，探索出一批“绿水青山就是金山银山”的转化经验和模式。通过生态文明创建示范，打造了许多“绿水青山就是金山银山”转化实践样本，开拓了生态补偿、生态产业、生态修复、生态产品市场、绿色金融等多元化生态产品价值实现路径。例如，福建省南平市基于“分散化输入、整体化输出”模式，构建了“生态银行”这一自然资源管理、开发和运营平台；浙江省余姚市梁弄镇通过推进全域土地综合整治，构建国土空间新格局，等等。这些典型案例为全国践行“绿水青山就是金山银山”理念提供了具有示范推广价值的榜样。

7.1.2 生态产品需求的内涵

西方经济学中的需求概念指的是在某一时期内、某一价格水平上消费者购买的商品数量。需求量随价格发生变动。消费者的有效需求基本上是在其购买欲望与能力上建立的。除了时间和价格外，影响需求的因素还包括消费者的收入、消费者偏好、替代品和互补品的价格、消费者预期，以及其他政治经济社会文化因素。在价格理论的阐释中，需求由价格决定，二者之间的关系构成了需求曲线。

随着生态产品的概念在国内兴起，生态产品的需求问题也得到了越来越多的关注。要准确获取生态产品的需求信息，科学界定生态产品需求的内涵是基础。目前，国内学者对于生态产品需求的界定有两种看法，一是基于传统西方经济学的供需理论，将生态产品需求定义为，消费者所使用的具有一定品质要求的生态产品数量。二是将生态产品需求定义为，在一定收入水平及现行生态产品供给基础上，社会公众对扩大生态产品供给的支付意愿。二者的区别在于，前者更注重消费者实际使用的生态产品，即实际物理性的需求量；后者更注重消费者预期将来会使用生态产品的数量，即潜在需求量中未被满足的部分。本研究采取前者的定义方式，更加关注生态产品的实际需求。

基于上述定义，可将生态产品需求分为3类。第一，物质需求，即人类从生态系统中获得物质资源（如食物、生产原材料等）的需求，与生态产品第四产业中的供给服务相对应。区域人口状况和经济发展水平都会对生态产品物质需求产生影响。第二，环境需求，既有人类的，也有自然的。人类对区域基本生存条件和优美生活环境的需求，与生态产品第四产业中的调节服务相对应，包括清洁的空气、舒适的气候、洁净的水源和优美的环境，以及生物多样性。同时，还要考虑自然界动植物生命体对自然环境的需求，如濒危动物特殊生存环境，以及栖息地要求。第三，文化需求，即人类在游憩、娱乐和文化传播等方面的需求，与生态产品第四产业中的文化服务相对应。

生态产品的需求主体包括社会公众和自然生态系统。一方面，社会公众是生态产品第四产业的消费主体和受益主体。社会公众作为产业的终端消费者，可享受到更优美的生态环境，更绿色的生态物质产品，更丰富的休闲旅游、健康养老等服务。同时，社会公众通过消费生态产品可直接或间接地支持生态产品第四产业，增强产业的整体效益，带动更多社会资本投入生态产品第四产业，形成良性循环。另一方面，自然生态系统不仅是生态产品的核心供给者，也是生态产品第四产业的最终受益主体。产业经营产生的部分现金流通常以生态反哺形式流入生态建设和保护修复，最终回馈给与人类和谐相处的自然生态系统及其各种生命体。

在实践中，各级政府和部门印发了众多扩大生态产品需求的政策文件，初步建立了相关制度体系，对强化生态产品消费理念、促进生态产品供需平衡发挥了重要作用。生态产品需求作为需求结构升级的一个方面，对宏观经济的运行有重要影响。特别是党的十八大以来，我国扩大生态产品需求政策的颁布数量平稳增加，强调协同经济高质量发展和生态环境保护，落实绿色发展理念。从健全政策体系、完善配套设施建设、提高生态产品供给质量和效率、推动新技术新业态发展等方面共同推进；同时，将培育生态产品需求、建立全民行动体系作为重要目标，重视激励型工具的使用，通过探索绿色产品消费积分制度、建立居民“绿色账户”“环保档案”等方式，促进了全民参与。多途径促进数字经济和生态产品消费融合发展。深化大数据、互联网、云计算等技术的应用，如利用数字化技术创新资源回收利用方式，促进传统产业转型升级，构建新型智慧产业生态，搭建数据开放和信息共享平台，使数字经济在扩大生态产品需求中的作用不断增强。此外，加快完善统一的生态产品标准标识体系，促进政、产、学、研、用广泛结合，推动生态产品需求形成多元化、普遍化、高级化格局（图 7-2）。

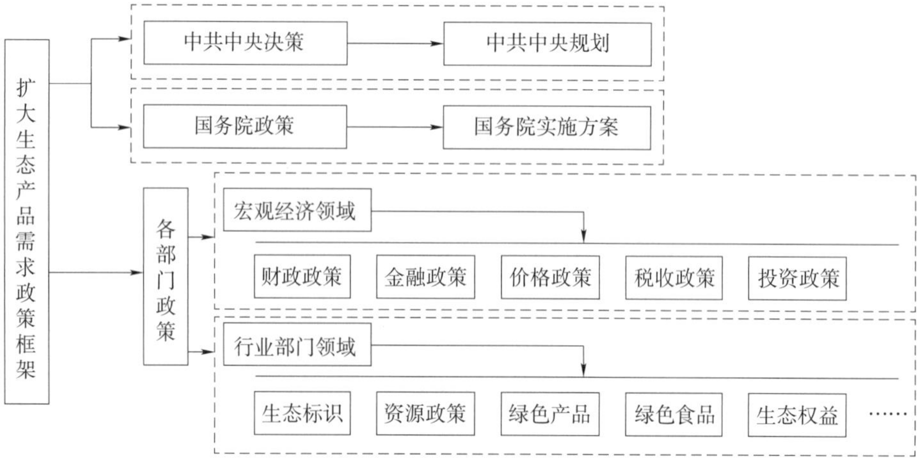

图 7-2 扩大生态产品需求的政策框架

7.1.3 生态产品服务流

生态产品的供给与需求过程，实质上是生态产品在一定时空范围内发生传递和流动的过程[6]。随着生态系统服务以及生态产品价值实现研究的不断深入，学界倾向于使用“服务流”的概念来表征生态产品因供给与需求而发生的潜在和实际的转换。生态产品服务流是在自然因素或人为因素的干扰下，生态产品经某种载体或不经载体，由供给区向受益区或需求区流动的空间传输过程[7]。这一过程既反映了生态产品的供给量[8]，也体现了生态产品的需求量[9]，最终反映了生态产品供给和需求之间的平衡性。非人工干预的自然界生态产品的服务流可以发生在不同的自然生态系统之间、同类但不同级的生态系统之间，以及具有“食物链”关系的自然界动物之间。已有研究根据生态产品服务流的不同属性，将其划分为多种类型：可根据生态产品供给方和需求方的地理位置关系，将生态产品服务流分为原位服务流、定向服务流、全向服务流[10]；可根据生态产品供需主体的移动性，把生态产品服务流分为供给移动服务流和使用移动服务流[11]；可根据生态产品的供给驱动来源，将生态产品服务流分为自然驱动服务流、人为驱动服务流和自然—人为复合驱动服务流[12]。不同体系分类方法之间既有差异也有关联，实际的生态产品服务流往往是几种类型的组合，而且在一个复杂的自然生态系统中，生态产品服务流的供给方和受益方是相对的，某一个自然生态系统下的受益方可能又是另一个自然生态系统的供给方。

从生态产品供需双方的角度出发，生态产品服务流的平衡性反映了生态产品第四产业发展的可持续性，反映了特定生态系统的生态平衡性。该平衡包含两个方面，一是生态产品服务流中潜在供给量与实际供给量的平衡，二是服务流内涵的实际生态产品供给与实际生态产品需求的平衡。其基本框架，如图 7-3 所示。

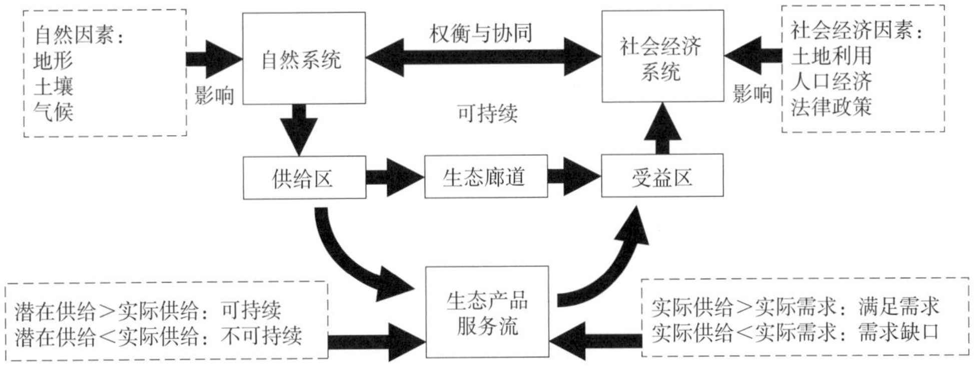

图 7-3　生态产品服务流框架

第一，生态产品服务流的潜在供给与实际供给平衡。生态产品服务流中存在生态产品传递的实际量与潜在量的差别[13]。自然环境中原本就存在大量的生态产品，这是由区域先天的自然禀赋决定的。需要特别指出的是，并非所有生态产品都能够进入生态产品第四产业链，只有在自然生产力和人类生产力共同作用下发挥其经济和生态双重价值，以直接和间接方式提高人类福祉的生态产品才是生态产品的实际供给量。也就是说，潜在供给是生态系统基于自身生态属性与功能所提供某种生态产品的供给潜力；实际供给是人类实际使用的生态产品。部分学者认为，生态产品的服务流等价于生态产品实际供给[14]；也有学者将潜在供给也纳入服务流分析框架[15]。无论如何定义潜在供给的范畴，必须肯定的是，只有生态产品的潜在供给大于等于生态产品的实际供给时，生态产品服务流才是平衡的、可持续的。生态产品的实际供给超过潜在供给，则意味着产业发展超过了生态承载力的限制，生态产品服务流就有断裂的风险。

第二，生态产品服务流的实际供给与实际需求平衡。在我国生态产品第四产业发展的实践中，生态产品服务流实际供给与实际需求未能匹配的情况比较常见。一方面，生态产品服务流的供给方和受益方往往在地理空间上具有很强的异质性，因而服务流供求对接的成本大幅增加。另一方面，生态产品服务流的实际需求受到许多与生态产品市场无关的因素影响，例如，文化价值观、社会公序良俗和行为规范等，有可能导致实际需求超过实际供给。当生态产品服务流实际供给能够在不透支未来供给能力的情况下满足实际需求时，生态产品服务流是平衡且可持续的；若当前实际供给无法满足实际需求，或需要透支未来发展权而满足需求时，生态产品服务流是不平衡、不可持续的。

不同类型的生态产品，其服务流的度量方式也存在差异。对供给服务来说，一般认为其服务流等同于最终产品产出（如木材生产、矿产资源生产）。对文化服务来说，通常是以受益方文化体验的持续时间和质量来衡量文化服务类生态产品的服务流。但是文化体验往往具有主观性和离散性的特点，并受到社会或道德因素影响，因此，这种非直接市场的衡量方法在准确性上面临挑战[16]。与上述两类生态产品相比，调节服务类生态产品服务流的衡量难度更大，因为现实中缺乏一定规模的调节服务类生态产品交易市场。单纯的环境价值评估并不能准确反映调节服务类生态产品的流量，因为大多生态环境要素都仅是作为存量而存在，不能进入市场形成生态产品供给。如何准确衡量调节服务类生态产品的服务流，是未来学术研究需要着重关注的问题。

在实践中，生态功能区保护工程是维持生态产品服务流的典型措施。中国更加注重国土空间优化布局和国家生态安全格局构建，通过数十年的努力，形成了以自然保护区为核心，重点生态功能区、生物多样性保护优先区为重要补充的自然保护地体系。目前，正在从这种保护地体系向以国家公园为主体、自然保护区和自然公园为补充的新的自然保护地体系发展。2007 年 7 月，国务院发布编制全国主体功能区规划的通知，将国土空间划分为优化开发、重点开发、限制开发和禁止开发四类，确定主体功能定位，明确开发方向，控制开发强度，规范开发秩序，完善开发政策，逐步形成人口、经济、资源环境相协调的空间开发格局。经过两年的时间，2010 年，国务院发布了《全国主体功能区规划》，作为限制开发区的重点生态功能区，实现生态保护与社会经济发展的协同是主要目标之一。这个规划为全国的生态产品供给划出了空间要求，更加明确了禁止和限制开发区域作为生态产品供给的功能定位。根据全国环境功能区划分，全国禁止和限制开发区分别为 120 万 km^2 和 382 万 km^2，分别占陆域面积的 12.5% 和 41.2%，两者之和达到了 53.7%。换句话说，从生态产品第四产业角度看，全国 50% 以上的地区的主体功能是生态产品供给方和生产方，是生态产品服务流的输出方。

本质上，主体功能区的核心如果是以“开发和发展”功能为首要标准的，就没有全面体现人与自然和谐相处的生态文明思想。表 7-2 是全国 31 个省（区、市）四类主体功能区的划定结果。实际上，当时在地方划定主体功能区时出现了很大的分歧，许多地方对划入“禁止和限制”开发区域有很强烈的抵触，大多愿意划入“集中和优化”开发区域。本质上，“禁止”“限制”“集中”“优化”都不是一个区域的主体功能属性，而是一种开发“行为”和开发“强度”的界定。同时，用这种主体功能在较大空间尺度（如省级和地市级）上去定义地方和区域的开发主体功能，通常也不具有明确的导向价值。同时，在行政区域和基于自然生态系统的地理区域之间又很难协调，如青藏高原地域的国家公园或自然保护区，面积往往是数个省级区域的面积总和，而且跨越西藏和青海以及多个州市。

表 7-2 各省（区、市）四类主体功能区面积所占比重

省份	优化开发区	重点开发区	限制开发区		禁止开发区
			农业	生态	
北　京	45.99%	0	14.12%	31.72%	8.17%
天　津	47.13%	0	37.00%	8.24%	7.63%
河　北	13.05%	14.18%	19.63%	43.90%	9.25%
山　西	0	21.18%	25.12%	50.18%	3.51%
内蒙古	0	11.68%	14.39%	63.08%	10.86%
辽　宁	6.84%	23.66%	42.38%	18.22%	8.90%
吉　林	0	10.94%	43.16%	26.54%	19.36%
黑龙江	0	11.00%	22.00%	67.00%	0
上　海	49.57%	0	29.61%	9.41%	11.41%
江　苏	15.50%	24.10%	50.00%	0	10.40%
浙　江	14.32%	15.50%	5.17%	55.66%	9.34%
安　徽	0	20.42%	47.41%	17.72%	14.45%
福　建	1.03%	27.26%	37.75%	27.63%	6.33%
江　西	0	20.32%	43.71%	35.97%	0
山　东	14.95%	18.18%	46.40%	15.67%	4.80%
河　南	0	27.32%	51.76%	12.57%	8.35%
湖　北	0	15.14%	23.04%	31.96%	29.86%
湖　南	0	16.46%	28.44%	39.50%	15.60%
广　东	12.06%	18.52%	28.17%	30.25%	11.01%
广　西	0	25.52%	35.88%	27.20%	11.40%
海　南	0	20.32%	46.88%	19.62%	13.18%
重　庆	0	27.48%	14.55%	43.57%	14.40%
四　川	0	16.87%	11.25%	53.38%	18.50%
贵　州	0	22.60%	42.85%	25.22%	9.33%
云　南	0	19.05%	33.07%	31.39%	16.50%
西　藏	0	2.73%	17.93%	43.56%	35.78%

续表

省份	优化开发区	重点开发区	限制开发区		禁止开发区
			农业	生态	
陕　西	0	18.30%	13.77%	58.53%	9.40%
甘　肃	0	9.29%	21.25%	51.65%	17.81%
青　海	0	7.70%	0.33%	61.18%	30.79%
宁　夏	0	15.10%	18.50%	57.40%	9.00%
新　疆	0	3.91%	24.12%	57.71%	14.26%

数据来源：环境保护部环境规划院，全国主体功能区规划环境政策研究报告，2010。

按照政策要求，在禁止和限制开发功能区中的国家重点生态功能区，对各类开发活动要进行严格管控，使人类活动占用的空间得到控制并逐步缩小，以腾出更多的空间用于维系生态系统的良性循环，保护自然生态系统供给主体，降低人类对生态产品服务流的干扰程度。到 2022 年，对全国 809 个县域实施了国家重点生态功能区转移支付政策，具有直接性、持续性、集中性的特点。大部分重点功能区属于经济发展落后地区，超过 60% 的重点生态功能区县为贫困县，是共同富裕中需要特别关注的地区。

在上述背景下，环境保护部门提出了生态环境功能区划的概念和方法，直接从空间区域的主体功能着手，按照“自然生态保留、生态功能保育、食物环境安全保障、聚居环境维护、资源开发环境引导”五个功能来划分，得到全国环境功能区划的结果，见表 7-3。根据生态环境部环境规划院划定的结果，在全国环境功能区划中，相当于全国主体功能区的“禁止和限制开发区”的“自然生态保留”和“生态功能保育”面积分别为 227 万 km^2 和 280 万 km^2，分别占陆域面积的 23.8% 和 29.4%，两者之和为 53.2%，基本上与全国主体功能区规划“禁止和限制开发”的结果一致。

表 7-3　全国环境功能区划

类型区	面积 / 万 km^2	占全国比例 /%	管控方向
自然生态保留区	227.2	23.8	依法实施强制性保护，禁止开发活动。控制人类干扰，保留潜在环境功能
生态功能保育区	280.7	29.4	维护水源涵养、水土保持、防风固沙和生物多样性保护功能
食物环境安全保障区	216.2	22.6	保障国家主要粮食生产地、畜牧产品产地、淡水渔业产品产地、近岸海水产品产地环境安全
聚居环境维护区	162.6	17	经济发展和环境保护协调的先导示范区域，提高集聚人口能力，保障环境质量不降低，加大环境治理，改善环境质量
资源开发环境引导区	69.6	7.2	控制资源开发对周边区域环境功能的影响

自国家主体功能区和重点生态功能区设立以来，中央逐年增加对重点生态功能区转移支付的预算安排，并将一些生态价值高但经济基础薄弱的地区纳入补助范围，如西藏自治区、新疆和田地区、青海、云南、四川藏区、四川凉山州、云南怒江州，以及甘肃临夏州等，体现了生态功能区政策在协调区域发展、促进生态产品服务流平衡方面的作用。但是，目前还存在资本与人才流失、基础设施建设有待加强、补偿机制不完善等问题，导致社会福利的整体水平下降。因此，要实现重点生态功能区保护与发展相协调，需要兼顾社会效率与公平，推动多途径的生态产品供给。

7.1.4　生态产品空间流

生态产品空间流的概念源于生态产品的区域性特征。区域是选取并研究地球上存在的复杂现象的地区分类的一种方法。地球表面任何部分，如果它在某种指标的地区分类中是均质的话，即为一个区域。在地理学概念的基础上，区域内涵不断深化。它不仅仅是空间上的概念，更重要的是强调不同地域之间因某种联系而形成共同体，如政治区域是因政治目的所形成的行政管理单元，经济区域是基于描述、分析、管理、计划或制定政策等目的而作为一个应用性整体加以考察的一片地区[17]，是人的经济活动所造就的、围绕经济中心而客观存在的、具有特定地域构成要素且不可无限分割的经济社会综合体[18]。生态产品既有区域差异性，又有区域系统性。区域差异性体现在生态环境差异和社会经济系统差异两个方面。首先，不同区域的地质、气候、水文等地理环境存在差异，进而导致生态产品结构的差异；其次，区域内居住条件、交通条件、经济发展水平的差异必然会造成农业经济系统、工业经济系统的分布不同。各个区域内生态系统、社会经济系统的差异组合起来，形成了生态产品复杂的区域差异性[19]。同时，生态产品也具有区域系统性。生态产品的核心供给方——生态系统，是一个由许多生物体相互作用形成的有机整体，这些组分连接成一个互相协调、密切合作的生态网络，形成了一个“超级有机体”[20]。而生态系统又与社会、经济系统共同组成了一个更大的“复杂巨系统”[21]。因此，生态环境和社会经济发展是一个不断演变前进的整体，不能将各个环境要素作为单独的对象孤立看待。这也意味着在生态产品的研究中，更倾向于把具有某一时空范围内的生态经济系统作为研究对象，注重从空间角度出发，综合地、全面地分析生态产品的有关问题。生态产品空间流的概念因此而产生。

生态产品空间流是指区域内生态系统供给的物质产品、服务和功能通过一定的流通介质流转到区域外的地区，并产生效应，是生态产品供给与需求关联研究的深化。“生态系统服务交付链”理论认为，完整的生态系统服务传输与交付过程发生于服务供给区、服务需求区及连接两个区域的空间流当中[22]。正是依赖于空间流，商品和服务才得以从供给区运送到与之不相邻的需求区[23]。因此，可基于上述概念，将生态空间划分为生态源地和生态需求地。生态源地是生态产品流动和传递的源头，是生态产品的供给地和生产地；生态需求地是生态系统服务的主要受益区和消费区[24]。生态源地和生态需求地之间存在生态廊道，是区域间生态产品流动的载体。生态产品自生态源地经过生态廊道流动到生态需求地，形成了生态产品空间流，并产生了空间溢出效应。生态产品空间流的框架，如图 7-4 所示。

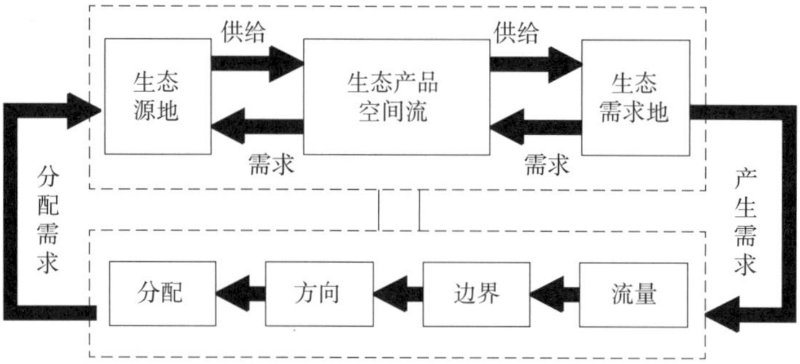

图 7-4　生态产品空间流框架

生态产品空间流在我国的现实基础是国土空间规划以及由此阐发出的生产空间、生活空间、生态空间“三生”空间概念。生态空间直接决定了生态产品空间流的规模，从而影响生态产品的供给和需求。因此，党的十八大报告在阐述生态文明建设要义时，从战略高度提出了国土空间规划的概念。2019 年，中共中央、国务院发布《关于建立国土空间规划体系并监督实施的若干意见》，将科学布局生产空间、生活空间、生态空间作为加快形成绿色生产生活方式、推进生态文明建设、建设美丽中国的关键举措，突出了“三生”空间划定在国土空间规划中的重要地位。“三生”空间强调从功能的角度确立国土空间开发格局，与国土空间规划中的生态空间、农业空间、城镇空间“三区”，以及据此划定的生态保护红线、永久基本农田线和城镇开发边界三条控制线“三线”相对应，促进构建科学合理的生态安全格局，对于优化国土空间开发、促进生态产品供给具有重要意义。生产空间集约高效、生活空间宜居适度、生态空间山清水秀的国土“三生”空间优化目标与生产发展、生活富裕、生态良好的可持续发展之路一脉相承。促进“三生”空间优化是实现经济社会可持续发展的必然选择。

国土空间中的生态空间是承载相应生态功能的空间，是生态产品的主要供给源地，包括一般生态空间和生态保护红线。其中，自然保护地在保护生态空间稳定性和生态安全格局方面发挥着不可替代的作用。我国正在按照《国家公园等自然保护地建设及野生动植物保护重大工程建设规划（2021—2035 年）》的总体目标，加快构建以国家公园为主体的自然保护地体系。国家公园制度作为一种旨在实现资源保护与开发利用双赢的先进管理模式，致力于为社会公众提供旅游、科研、教育、娱乐的机会和场所，引导公众了解、欣赏、认知、保护自然，提高全社会有序、合理、适度开发利用生态产品的能力。

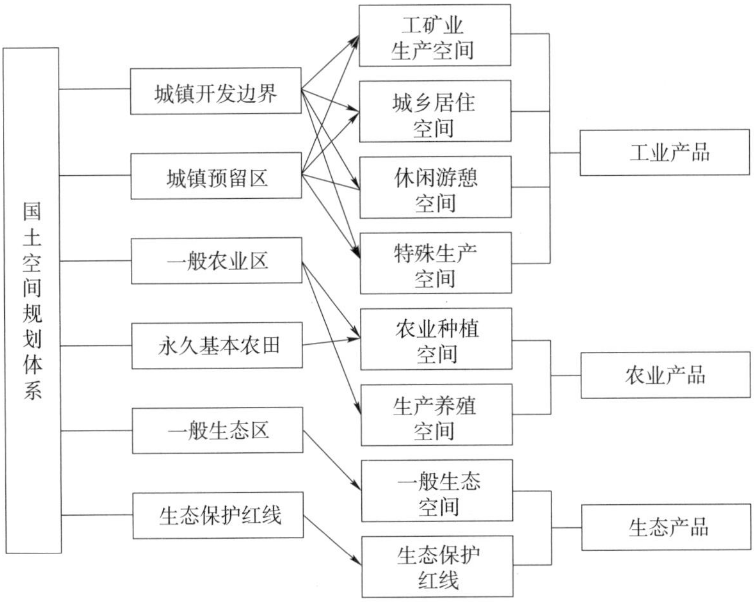

图 7-5　国土空间规划体系下的生态产品空间流

表 7-4　提供重要生态产品的国家公园管理模式

	中央直管型	地方自治型	综合管理型
法律体系	美国：主要由国会立法，有专门的《国家公园基本法》，还有大量针对国家公园体系的规章和行政命令，如《国家公园局长令》；有针对整个国家公园体系的立法，也有各个国家公园的独立授权立法	澳大利亚：颁布多部国家公园方面的法律法规，法律条文详细、可操作性强，每个国家公园都有多层次的法律保障。 德国：联邦政府统一立法，依据《联邦自然保护法》，由各州制定专门法律，一区一法	日本：设立《国家公园法》，十分详细地规定了自然公园保护利用各个方面。 加拿大：国家公园管理通过四级政府的立法进行，即国家级、省级、地区级和市级，法律依据是《国家公园行动计划》
管理理念	美国：保护国家的历史遗迹、文化特征和自然环境，有助于形成共同国家意识；坚持真实性和完整性原则	澳大利亚：以保护生物多样性为核心目标。 德国：维护生态系统，开展公众教育，提供科研活动场所；保护是一切工作的核心	加拿大：为了人民的利益、教育和娱乐而服务，使得下一代使用国家公园时，公园没有遭到破坏；重点是保护国家公园的生态完整性。 日本：保护自然风景，提高其利用价值，为国民提供保健、修养、教化等；坚持自然保护先行，大力提倡发展旅游业

续表

	中央直管型	地方自治型	综合管理型
管理机制	美国：垂直一元化管理体系，国家公园管理局—地方局—基层管理局；管理人员分为固定工作人员和临时工作人员，具备良好的个人素质和较高的服务精神	澳大利亚：各州政府负责其范围内的保护区管理，一般设立国家公园管理机构，进行专门管理；采用社区共治的管理模式，原住民和当地居民都有很强的参与意愿。 德国：由地方政府负责国家公园的建立和管理，管理机构直接对州林业部门负责；对每个国家公园进行分区管理	加拿大：国家公园管理署。 日本：根据公园级别的不同，设立不同的管理机构，中央层面由环境厅负责管理，其他则由地方政府、特许承租人、科学家以及志愿者和社区群众组成的自愿团队进行日常管理，同时采取“地域制”的管理制度
资金机制	美国：联邦政府财政经常性预算占据很大的比例，社会捐赠资金逐年增多；免费或是低价门票	澳大利亚：政府财政拨款和市政税收。 德国：公共财政统一安排；门票免费	加拿大：财政拨款占比76%；门票很低。 日本：中央政府财政拨款为主，也积极鼓励地方投资和有关财团投资
经营方式	美国：经营性项目采用特许经营，以公开招标形式征求经营者	澳大利亚：所有权和经营权相分离，企业或个人经营，国家公园局进行监督管理。 德国：一般不修建住宿餐饮设施，主要依靠周边邻近城镇提供食宿	日本：实行特许承租人制度，特许经营所有权人必须取得国家环保署颁发的国家公园经营执照

7.2 生态产品第四产业供需关系

西方传统的生态经济学的根本目标是，将社会经济系统纳入整个自然界的框架，其核心思想仍然接近新古典主义的机械论，导致旧经济学方法与新生态经济学思想之间存在根本分歧。党的十八大以来，以习近平同志为核心的党中央深刻回答了为什么建设生态文明、建设什么样的生态文明、怎样建设生态文明的重大理论和实践问题，提出了一系列新理念、新思想、新战略，形成了习近平生态文明思想，成为习近平新时代中国特色社会主义思想的重要组成部分。在生态文明思想的基础上创建新时代生态经济理论，用以指导社会主义市场经济条件下的生态产业化和产业生态化，将是今后生态经济理论发展与应用的基本任务。新时代的生态经济学是“五位一体”，即以“生态—政治—经济—社会—文化”五维复合系统作为研究对象，在生态文明思想的指导下，统筹生态建设与经济建设、政治建设、文化建设、社会建设之间的关系。因此，从生态经济学看生态产品的供需关系，就是进一步引申传统经济学相关理论，在“绿水青山就是金山银山”理念的指导下，与中国具体实践相结合，从而阐发出基于新时代生态经济学的生态产品供需理论。

7.2.1 生态产品供给与社会资源配置

1992年，党的十四大提出了建设社会主义市场经济体制的任务。随着市场经济体制改革的推进，计划经济背景下的“国家分配论”丧失了对社会主义市场经济体系下生态环境和自然资源开发保护规律的解释和预测能力，建立基于宏观调控下市场经济的中国特色社会主义生态经济体系成为迫切需求。特别是在党的十八大以来，生态产品概念在国内学术界得到重视，学者们更多使用公共物品理论来分析生态产品价值实现与社会整体福祉之间的关系，这也是由于部分生态产品具有公共物品的属性特征。供给服务类生态产品具有明显的排他性和竞争性，如食物、药材、原材料等；而调节服务类生态产品不存在市场环境，一般不具备这两种属性，如气候调节、生物多样性保护等，因此，这类生态产品往往被视为公共物品。这使消费者在享受生态产品所带来价值的同时，“搭便车”的困境也持续存在。受益区域范围模糊造成的“公地悲剧”效应使得生态环境质量下降，进而导致生态产品供给效率不足，社会资源配置效率降低，社会整体福祉受到损害。要在生态公共物品配置时保障社会整体福祉的最大化，必须满足帕累托最优的原则。在公共物品一元化供给的思路下，政府部门供给生态公共物品的主要目的不是盈利，而在于公平满足社会上每个消费者的消费需求。从这个角度来讲，生态公共物品供给的有效性就是使得每个消费者享受生态公共物品的效用达到最大值，消费者的需求量恰好等于社会供给量，达到公共物品供给与需求的一般均衡。

随着理论与实践的发展，公共物品的供给主体政府一元化暴露出的问题越来越突出，引人深思。特别是生态产品价值实现越来越多元化，单纯的政府供给已经不能满足人民日益增长的美好生活需要。实行政府主导下的生态产品多元化供给机制，既能克服政府财政困难而使地方生态产品供给不足的挑战，又可以通过引入竞争机制提高公共部门的供给效率，提高整体社会福祉。生态产品多元化供给的挑战在于，生态产品的外部性使得市场很难给出生态产品的价格，使得生态环境保护行为不能得到合理补偿、生态破坏行为难以界定责任，从而降低生态产品的供给效率。也就是说，生态产品的正外部性和负外部性都会导致政府和市场的失灵，以致无法实现社会资源配置的帕累托最优。但是，如果给外部性确定一个价格，就会增加生态产品供给的成本，同时减少生态产品的需求，影响社会资源配置。

由此可见，减少生态产品外部性的影响对生态产品价值实现是必要的。一般认为，消除外部性有两种手段。第一，庇古（Arthur Pigou）手段。制定最优庇古税不仅需要了解边际外部成本的信息，还需要了解边际私人纯收益的信息，根据二者曲线的交点确定有效率的污染水平。但是，政府往往难以获取这一信息，因为企业没有动力向政府公开信息，以帮助其制定向自己征收税费的费率，这就是信息不对称问题。因此，现实中很难通过税费征收实现有效率的生态产品供给。第二，科斯（Ronald Coase）手段。科斯定理指出，拥有决定资源使用的产权的人，无论是外部性因素的生产者还是消费者，交易过程的结果都是一样的。因此，只要界定清晰生态产品的产权，就可以促使社会形成向最优点移动的自然趋势。只要能使生态产品的供给方和需求方在零交易成本的情况下谈判，市场自然就能达到帕累托最优。然而，零交易成本在现实中是不可能实现的，因此，生态产品价值实现的效率跟交易成本也息息相关。

7.2.2 生态产品交易成本的有效性

科斯是“交易成本”的发现者和“交易成本学说”的创立者，他对正统经济学的挑战正是从“市场零交易成本”的假设开始的。因此，他不会接受“零交易成本假设”和以这个假设为前提的科斯定理。对交易成本大于零的范围里产权安排与资源配置关系的揭示，才构成其研究的核心内容，也就是科斯定理的反定理——科斯第二定理。其含义是：在交易成本大于零的范围里，不同的权利界定会带来不同效率的资源配置。也就是说，由于交易是有成本的，在不同的产权制度下，交易成本不同，对资源配置的效率影响也不同。所以，为了优化资源配置，法律制度对产权的初始安排和重新安排的选择是非常重要的。此外，科斯第三定理揭示了产权的重要性：由于制度本身的生产不是无代价的，选择怎样的生产制度将导致不同的经济效率。如果没有产权的界定、保护、监督等规则，产权的交易将难以进行。合理、清晰的产权界定有助于降低交易成本，但产权制度生产本身也是有成本的。因此，科斯第三定理给人们的启示是，要从产权制度的成本收益比较的角度选择合适的产权制度。

20 世纪 60 年代以来，许多学者提出了与科斯及其之后的 Armen Alchian、Harold Demsetz、Douglass North 等经济学家不同的交易成本定义方式。Kenneth Arrow[25]主张，将一切“阻碍乃至完全阻止市场产生”的力量都纳入交易成本，即“交易成本是经济制度的运行成本”。张五常[26]将交易成本界定为“在鲁滨逊·克鲁索经济中不可能存在的所有的各种各样的成本”，明确指出，交易成本可等同于“制度成本”，包含人类社会中所有交往、互动所产生的成本。Eirik Furubotn 和 Rudolf Richter[27]指出，“交易成本源于建立、使用、维持和改变法律意义上的制度和权利意义上的制度所涉及的费用。”根据成本发生的场景，将交易成本区分为“市场型交易成本（使用市场的成本）、管理型交易成本（企业内部发号施令的成本）和政治型交易成本（政治体制中制度框架的运行和调整所涉及的成本安排）。三种类型的交易成本都包括两个变量：固定的交易成本是指建立某种制度所消耗的成本；可变的交易成本是指规模随着交易的数量而增长的成本。虽然以上这些学者对于交易成本的外延、内涵阐述不尽相同，但整体都表达了“与制度相关的费用应纳入交易成本”的观点。这种广义上的、制度的、与国家或组织相关的交易成本尚没有一个统一公认的名称，但宏观层面也存在交易成本且应纳入制度分析中进行考虑已成为共识。

在实践中，生态产品价值实现过程存在众多因交易环节、利益相关方和交易内容不同而产生的不同类型交易成本[28]。结合第 2 章中对理论基础的梳理可知，当前研究对于生态产品价值实现过程中交易成本的模糊范围有着较为一致的共识，但是对于具体的交易成本类型并没有统一的观点。这是由于，学者们在生态产品价值实现这一大框架下有不同的研究聚焦点和关注点。不同生态产品价值实现项目的利益相关者的主体地位和权责分配不同、交易环节设置和交易内容不同，会导致交易成本对项目的影响各不相同[29]。基于已有研究，可将生态产品价值实现中的交易成本界定为：建立、使用、维持和改变生态产品价值实现领域内的权利和制度所涉及的成本，既包括可量化的经济成本（如资金投入等有形的费用和物质投入），也包括不容易直接量化的非经济成本（人力资本投入等）。通常，各类投入越多，交易成本就越高。生态产品的供给效率是由生态产品供给过程中的投入和产出之比所决定的，投入越低、产出越高，生态产品的供给效率就越高。有效率的生态产品供给能够促进生态环境的保护和恢复，实现社会资源的最优分配，有助于推动可持续发展和生态文明建设，实现产业结构的升级和绿色发展。反之，无效率的生态产品供给会造成资源浪费与矛盾激化，削弱生态文明建设相关政策的效果。

可建立一个简易经济学模型，从理论上探讨生态产品市场中交易成本的来源。设生态产品持有者——卖出者使用生态产品来交换货币，也就是生态产品的价值实现行为。但是，在交易合约发起、签订、监督和执行过程中，不可避免地会产生交易成本。也就是说，假如卖出方试图出售 1 单位生态产品给买入方，而后者只会得到 0.8 单位的生态产品，那么交易成本就是 0.2 单位的生态产品，或者说，1 单位生态产品的 20%。这一关系的一般表达式可以理解为如下交易函数：

$$Y_c=F(Y_p) \tag{7-1}$$

式中，p 表示卖出方愿意出售的生态产品，c 表示买入方愿意购买的生态产品，交易函数曲线如图 7-6 所示。OA 之间的距离是卖出方出售的生态产品数量，AB 之间的距离是买入方买到的生态产品数量，BD 线代表交易成本。显然，由图可以看出，如果交易成本为正，那么交易曲线一定在 45 度线以下。交易曲线的斜率可以称为交易过程的边际产出率，表示当卖出方额外提供 1 单位生态产品时，买入方能够得到多少生态产品。此边际产出率随着交易规模的增加而减少。

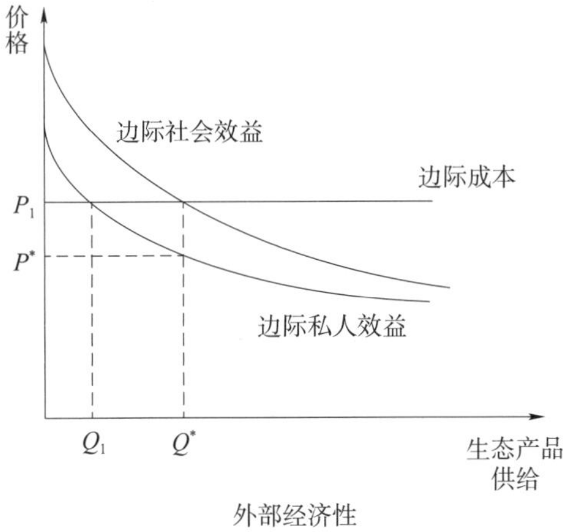

图 7-6 生态产品交易函数曲线

这里不妨假设交易活动由一个特殊的商业实体承担，该企业以价格 P_p 从卖出方购买生态产品，又以价格 P_c 将生态产品出售给买入方。那么，该企业就可以被看作实现了交易成本约束下的利润最大化：

$$\text{Max}R=P_cY_c-P_pY_p \quad (7\text{-}2)$$

$$\text{s.t. } Y_c=F(Y_p) \quad (7\text{-}3)$$

于是，该企业利润最大化的条件就变为

$$dY_c/dY_p=P_p/P_c \quad (7\text{-}4)$$

如图 7-7 所示，理想的交易计划 Q 位于等利润曲线 SS 和交易曲线相切处。那么均衡时有：

$$P_p/P_c<1 \quad (7\text{-}5)$$

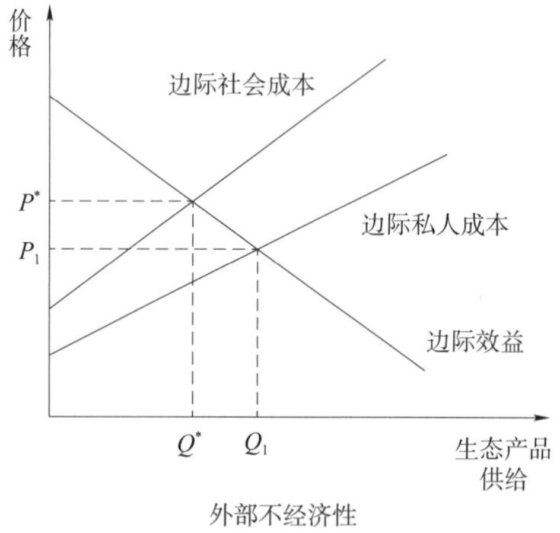

图 7-7　利润最大化的生态产品交易方式

以上结论表明，买入方所支付的要比卖出方所获得的更多，其中的差额就是交易成本。若交易活动存在规模效益递减，那么该企业存在最优规模。

7.2.3　生态承载力约束下的生态产品供需关系

生态承载力又被称为环境承载力、生态容量、环境容量。Mathis Wackernagel[30] 提出，生态产品供给是人类生存和发展的重要基础，而生态承载力正是这一基础的具体表现，直接影响生态产品的供给数量和品质。承载力的概念源于工程地质学，其本意是地基的强度对建筑物负重的能力。1921 年，Robert Park 和 Ernest Burgess[31] 基于 Thomas Malthus 的人类种群增长论和逻辑斯蒂模型，把这一概念引入生态学，用于衡量生态环境条件（如地域空间、可利用自然资源等）稳定不变的情况下可生存于该地域个体的最大数量。也有学者将其定义为，自然生态系统能够提供给人类可用的自然资源和吸纳人类产生的废弃物的能力[32]。

1972 年，罗马俱乐部《增长的极限》[33] 指出，人类增长如果超越地球所能承受的极限，就会引发世界的崩溃。该书的出版标志着人类开始抛弃传统的工业化模式，转而注重在生态环境承载能力的约束下实现长期的、可持续的增长。1987年，联合国世界环境与发展委员会的报告《我们共同的未来》中，提出了“可持续发展”概念。此后，生态经济学、人类生态学以及“生态安全”“自然与人类耦合系统”等与生态承载力和可持续发展有关的学科和研究主题得到了快速发展。国外研究学者对生态承载力的研究多以群生态学的理论为依据。例如，C. S. Holling等[34]提出，在注重环境资源开采速度和总量的同时，也应明确生态环境对人类物质社会发展两个方向的作用；William Rees和Mathls Wackemagel[35]分别提出了区域生态承载力的计算思路和具体办法，将生态足迹融入生态承载力评估的研究；Gary Peterson[36]以北美洲哥伦比亚河流域鲑鱼种群的动态变化为例，系统分析了流域生态系统生态承载力的变化规律；Andrew Hudak[37]在对南非土地管理进行研究时认为，生态承载力是特定时期内植被所能提供的最大种群数量。

中国的生态环境承载力研究晚于国外，虽然生态足迹模型在1992年就已被提出，但直到1999年，一些留学国外的中国学者才将生态足迹模型的相关理论与方法介绍到中国来，使得生态承载力成为国内研究的热点话题。特别是最近10年，我国生态环境承载力评估研究进展非常迅速。生态环境部环境规划院、中国科学院生态环境研究中心、中国环境科学研究院等有关研究单位开发了一系列评估方法，并在国家生态功能区划、主体功能区规划、国家环境功能区划、生态保护红线划定中全面应用。“十三五”启动的全国国土空间规划，基于现有的环境和资源承载力评价方法，建立了国土空间规划资源环境承载力评价（简称“双评价”）方法，据此完成了第一轮全国31个省（区、市）的国土空间总体规划。随着研究的不断深入，量化生态承载力的技术手段逐步完善，具有代表性的评价方法有5类：第一，净初级生产力（NPP）评价方法。净初级生产力指的是生产者能用于生长、发育和繁殖的能量值，也是生态系统中其他生物成员生存和繁衍的物质基础。第二，能值分析法（EMA）。能值是指劳务或产品形成过程中直接或间接投入应用的一种有效能总量。第三，生态足迹法（EF）。生态足迹是指维持一个人、地区、国家生存所需要的或者能够容纳人类所排放的废物的、具有生物生产力的地域面积。第四，AHP综合评价法。以“基于全球平均产量的生物生产性土地面积——全球公顷”作为度量生态承载力的生物物理指标，实现了指标的统一性、可加性和全球的可比性，成为近年来国内外关注最多、研究最广的生态承载力评价方法。第五，环境容量法，即直接依据环境质量改善目标和水文气象边界条件核定主要污染物允许排放量，以此判断生态环境容量及其承载力。

生态产品供给和需求受到生态承载力的严格约束。具体来说，生态产品的供需必须限定在生态承载力的范围之内。例如，对自然资源的开发不能超越当地资源禀赋的限制，对旅游资源的使用必须在保持自然环境反退化的条件下进行，等等。此外，生态产品的价值也与生态承载力关系密切。生态承载力下降或者承载力低于生态足迹时，生态产品就会变得稀缺，致使其生态价值上升。但受区域地理环境的影响，该区域的生态承载能力存在极限值，而生态足迹也在极限范围之内。因此，对于不同区域生态产品具有的生态价值存在总量限定问题。财权和事权分离的时代，我国的纵向转移支付制度仅仅考虑了中央政府和地方政府在生态产品供给中责任的划分，并没有考虑各地方政府的供给能力，特别是供给的财政能力上的差别。此外，自然资源的非平均分配造成的地方经济发展的差距、生态资源分布不均造成的生态承载力的不同，使得生态产品大多是由生态资源丰富的欠发达地区流向经济发达地区。因此，积极探索建立横向转移支付制度、构建生态产品供给的横向转移支付体系是我国生态产品供给的必然选择。

7.2.4 生态系统完整性约束下的生态产品供需关系

生态系统完整性是建立在生物完整性和生态健康相关概念的基础之上的，是生态系统评价领域中的一个重要概念。这一概念最早由 Aldo Leopold[38] 提出。生态系统完整性评价是指评价一个生态系统的结构、功能以及过程的完整性[39]，其评价内容见专栏 7-2。具体来说，生态系统完整性表示一个生态系统的物理环境、原生物种的组成和丰度、生物群落、物质和能量变化速率和生态过程由所处区域的自然特征决定并随之发展演变[40]。美国国家公园管理局将生态系统完整性定义为：以特定区域自然条件下的生态系统为参照，能维持具有相同物种组成、丰度和结构的生态系统运转的能力[41]。生态系统完整性越高，该生态系统的抵抗力和恢复力就越强。基于上述定义，美国国家公园管理局提出了生态系统完整性评估体系。该体系要求管理者根据国家公园内森林、湿地、草原等多种生态系统的典型特征，仔细筛选最具代表性的监测指标，在不同尺度下独立构建针对不同生态系统的评估标准。

专栏 7-2 生态系统完整性评价

生态系统完整性评价以生物完整性评价（Biologic Integrity Assessment，BIA）为基础，通过统计学的方法，采用生态系统关键生物物种、物理和功能属性等指标来评估生态系统的完整性。目前常用的方法主要有 3 种：生物完整性指数评估框架（Index of Biotic Integrity，IBI）、生态系统完整性评估框架（Ecosystem Integrity Assessment Framework，EIAF）和三级渐进评估框架（Three Level Approach，TLA）。IBI 是通过选择对生态变化较为敏感的物种群落为指示物种，通过研究该物种的种类丰富度、组成、数量、营养组织、生殖行为、健康状况等，反映生态系统完整性；EIAF 通过记录生物和非生物的退化过程来反映生态系统是否完整，利用生态系统完整性指标计分矩阵来反映评价结果，每个指标（如生态系统景观、植被、理化性质、自然干扰机制等）通过计算测量值和参考值得到。TLA 包括远程型评价、快速型评价和密集型评价，是美国国家环境保护局根据其国家公园和野生动物保护区的实际生态情况研发的、用来评价和监测其生态系统完整性的方法，每种评价方式可以单独进行，也可以层层递进、组合使用，尤其适用于复杂的陆地生态系统。目前常用的指标有土地覆被、景观格局、初级净生产力、道路密度、指标物种指数、地面实测数据等生态指标和压力指标。TLA中，远程型评价属于成本比较低廉且适用于大部分自然生态系统的评价方式，主要通过地理信息系统和遥感数据来获取生态系统类型空间分布信息，并评估大尺度区域的生态系统完整性。近年来，该评价方式被广泛运用于流域、国家公园和野生动物保护区的生态系统完整性评价。例如，美国鱼类和野生动物管理局开发了一套遥感指标，并将其与湿地指标结合，评估流域自然栖息地生态系统完整性趋势，识别需要优先考虑生态恢复的潜在区域。

生态产品的供给和需求都应被限定在生态系统完整性的约束之下。如果由于增加生态产品供给、明确产权而导致生态系统的破碎化，就会因“围栏效应”而降低生态环境质量[42]，同时影响自然生态系统整体效益使用的最大化。传统的科斯定理认为，通过有效的产权界定，经济系统最终就能实现资源的最优配置，市场的参与者对于资源的使用也必然是有效率的。但是，传统的科斯定理只是从单纯的经济利益出发考虑产权界定对于资源配置的作用，而忽略了人类经济活动对于自然生态的影响，其对于公地悲剧问题的解决仅仅局限于如何充分利用自然资源实现经济效益最大化，却没有考虑经济活动对于自然生态产生的外部性问题。在这样的前提下，科斯定理得出的明晰产权的结论就忽视了生产活动的生态成本。虽然对经济资源实现了有效利用，在一定程度上解决了公地的悲剧问题，却将人类经济活动引入了“围栏效应”的误区。因此，有必要结合实际情况对科斯定理进行修正。在考虑到生态成本等外部性因素的时候，单单依靠产权界定就无法实现整体的最优。必须设计这样一种机制，在充分发挥产权界定与市场这只“看不见的手”的作用的同时，通过“另外一只手”对市场失灵的方面进行调整，以实现整个社会资源的最优配置。要对市场进行一定程度的干预与调节，只能由政府这只“看得见的手”与社区共同管理机制相结合来完成。

7.3 生态产品第四产业的供给分析

把生态环境视为资源纳入生产力内在要素，是新时代保护、发展、改善生产力的基本条件。《关于建立健全生态产品价值实现机制的意见》中明确指出，“积极提供更多优质生态产品满足人民日益增长的优美生态环境需要，深化生态产品供给侧结构性改革，不断丰富生态产品价值实现路径，培育绿色转型发展的新业态新模式，让良好生态环境成为经济社会持续健康发展的有力支撑。”创新生态产品的供给方式，实质上是发展生态生产力；建立多元化的生态产品供给机制，是完善由生态生产力发展所派生出来的新型生产关系。

7.3.1 生态产品供给机制

7.3.1.1 生态产品供给的特征

由于生态产品具有许多与一般商品不同的性质，生态产品供给有异于一般商品供给的特征，具体包括生态产品供给的整体性、时空异质性、范围有限性、用途多样性和外部性。

第一，生态产品供给具有整体性。生态系统作为生态产品的核心供给方，是一个整体的功能单元，其存在方式、目标和功能都表现出统一的整体性。实践表明，新时代建设生态文明、推进生态产品价值实现，必须坚持系统观念，按照生态系统的整体性、系统性及内在规律来开发和经营生态产品，保证生态产品供给不超过生态系统完整性约束。

第二，生态产品供给具有时空异质性。由于生态产品在时间和空间上都不是均匀分布的，在现实中，生态产品的供需往往出现错配。生态产品供给源往往是经济欠发达、生态环境质量较高的地区，而生态产品需求地往往是经济发达地区。通过生态产品价值实现，能加快生态产品的时空流动，从而促进生态产品供给的均等化。以浙江省为例，见表 7-5，除杭州这一省会城市外，人均森林面积和森林覆盖率较高的丽水、衢州、金华等地区，人均 GDP 在省内反而处于靠后水平；而舟山、嘉兴、宁波等经济发达、人均 GDP 较高的城市，森林覆盖率和人均森林面积在省内相对较低。

表 7-5 浙江省 2020 年森林覆盖与经济发展情况

城市	森林覆盖率 /%	人均森林面积 /m^2	人均 GDP/ 万元
杭州	66.9	1 384.1	13.7
宁波	48.0	767.8	13.3
温州	61.0	888.5	7.2
嘉兴	12.5	143.6	10.3
湖州	48.2	1 047.2	9.6
绍兴	55.2	1 020.2	11.4
金华	61.9	1 370.5	6.7
衢州	71.5	2 462.1	7.2
舟山	50.7	768.3	13.0
台州	61.4	1 016.1	8.0
丽水	81.7	5 213.0	6.2

第三，生态产品供给具有范围有限性。生态产品的供给与自然禀赋和地理区位关系密切，大多数生态产品的供给都需要限定在一定的空间范围内。例如，在区域和流域生

态补偿中，价值实现的前提是补偿方和受偿方同在一个区域或流域内。唯有满足这一条件，交易才能成立。但是，也有少数生态产品具有较大的可供给范围，如碳排放权。

第四，生态产品供给具有用途多样性。生态产品兼具经济功能和生态功能，产品专用性较低，因此产品用途并不单一。这是由于，随着经济社会的发展，人类对生态产品的价值认知由完全经济意义上的价值取向逐渐拓展到伦理价值、文化价值、社会价值、生态价值等方面。人类对生态产品的要求已经由单一的经济价值逐渐转向整体的综合价值。

第五，生态产品供给具有外部性。前文已经详细论述了生态产品的外部性特征。根据产权理论，外部性不过是没有界定清楚的稀缺资源的产权而已。对于产权能够界定的生态产品，可以将其转变成私人产品并通过市场交易实现供给。随着市场经济的逐步建立和完善，许多非市场价值在市场上也有了自己的价值，例如，排污权、碳汇等都可以在市场上进行交易；我国黄土高原丘陵沟壑区的生态环境建设中，政府收购由市场生产的生态建设成果（生态产品），促使生态效益转化为经济效益。

7.3.1.2 生态产品供给的主体

与传统的市场经济不同，由于生态产品的公共性和外部性影响了供给主体的生产积极性和投入强度，导致生态产品供给和生产的多元化。从理论和实践上看，生态产品第四产业的供给主要有以下五个主体：

第一，自然生态系统供给生态产品。自然生态系统是生态产品供给的核心主体。自然生态环境的类型和状况决定了生态产品供给的数量、质量、分布和结构。良好的生态环境质量和足够的自然生态空间是确保生态产品持续供给的前提。生态产品第四产业的基本内涵就是要包含自然生态系统供给的要素，它首先是生态系统的产出物，是大自然生产的产品。它体现了人类在物质文化需求以外，对于良好自然生态的必要需求。对于其他供给主体，无论是政府、企业还是社会，都是在自然生态系统供给的基础上进行供给的。因此，提高生态产品供给能力最关键的是，要从保护和扩大自然界生态产品供给能力入手，设计构架系统完善的生态产品供给制度体系。

第二，政府供给生态产品。在公共生态产品产权与受益者不清晰、管理成本较高时，出于高效、公平等考虑，还是要通过政府投资来扩大其供给并实现其价值，尤其是为人类提供生存环境和生命支持系统、维护自身生态平衡与生物多样性的生命支持类生态产品的供给。政府作为公共利益的代表，为满足人们对于优美环境质量的需求，在明确公众对于生态产品需求的基础上，应将这些生态产品作为公共服务提供给社会公众。政府供给生态产品的主要资金来源于公共财政，主要是环境财政资金。通过公共财政支出，由政府供给生态产品，促进生态产品平等消费，也是社会财富再分配的一种形式，是实现社会公平的有力手段。政府供给生态产品主要有以下三种方式：政府直接生产生态产品；政府通过建立有效的、可以鼓励生态产品供给的政策和制度来提高生态产品的供给水平；通过增加自然保护区面积等方式来间接地提供生态产品，如表 7-6 所示。

表 7-6　2020 年各省（区、市）国家级自然保护区数量及面积

省区市	国家级自然保护区数量 / 个	国家级自然保护区面积 / 万 hm^2	国家级自然保护区面积占比 /%
北京	2	2.9	1.8
天津	3	3.1	2.6
河北	13	27.1	1.4
山西	8	14.1	0.9
内蒙古	29	434.9	3.7
辽宁	19	90.5	6.1
吉林	24	122.8	6.6
黑龙江	49	389.4	8.2
上海	2	6.5	10.3
江苏	3	30.2	2.8
浙江	11	14.8	1.5
安徽	8	14.4	1.0
福建	17	22.7	1.9
江西	16	26.1	1.6
山东	7	22.1	1.4
河南	13	44.2	2.6
湖北	22	54.6	2.9
湖南	23	60.6	2.9
广东	15	33.9	1.9
广西	23	37.2	1.6
海南	10	16.3	4.6
重庆	6	25.5	3.1
四川	32	304.9	6.3
贵州	10	29.0	1.6
云南	20	152.2	3.9
西藏	11	3 712.3	30.2
陕西	26	62.8	3.1
甘肃	21	671.7	15.8
青海	7	2 116.2	29.3
宁夏	9	46.6	7.0
新疆	15	1 232.0	7.4

第三，市场供给生态产品。政府供给的低效率、市场经济的逐步建立与完善（尤其是虚拟市场的创建和规范）、生态环境资源的产权界定和价值化、自愿追求私人利益的企业经济人动机以及消费者对于生态产品的迫切需求，使生态产品的市场化供给成为可能。无论是直接的市场经济交易（排污权交易、碳汇交易等）、生态资本产业化经营，还是生态购买所生产和提供的生态产品，其运行所需要的经济投入都源于企业，而生态产品的生态和经济效益具有潜在性和长期滞后性，为了提高企业供给生态产品的积极性，政府在相关政策方面必须有一定的引导，以激励企业对生态产品进行投资[43]。另外，即使是通过市场机制供给的生态产品，也具有一定程度的公共性。因此，在生态产品的市场化供给过程中，营利性企业或组织也必须承担公共责任，接受政府的规制和公众的监督。

第四，政府与社会资本合作（PPP）供给生态产品。基于 PPP 模式的生态产品价值实现机制可以概括为，基于政府与基于市场两种机制的融合。虽然政府与私人部门提供生态产品的初衷不同，但其目的都是增加生态产品供给数量和质量，二者为了这个共同目标达成合作，互利互惠，不仅创造公共福利，也带来了私人收益。PPP 模式中，政府和私营部门是优势互补的合作伙伴关系，同是决策者和生产者。政府出于政绩考核、提高政治支持率，以及提高财政收入、减少支出的激励，希望以最低的成本提供令公众满意的生态产品。通过 PPP 的合作模式，政府可以在招标时就规定生态产品的质量和数量，并在合约中依据私人部门对目标的完成状况规定支付方式，而且政府需要协调各方面的关系，帮助降低项目交易成本。同时，引入私人部门的技术、管理手段和社会资本可以减少政府的财政支出，分担风险。私人部门参与 PPP 项目，可以借助政府良好的信誉及资源，协调各方面的关系，降低手续办理、谈判等方面的交易成本，降低在金融机构的融资成本，提高自身收益[44]。

第五，社会供给生态产品。基于社会的生态产品供给机制能够有效弥补市场失灵和政府失灵。具有社会责任感的自愿组织或者个人出于利他动机，在充分了解当地社区需求的情况下，可通过聚集社会资本供给生态产品，为所在社区带来利益。自愿供给的决策方式常常是自愿和分散的，供给生态产品的种类、数量和质量均由私人部门自己决定。自愿供给的资金来源通常是社会捐款，或者向受益群众收取的会费。生产机制方面，由私人部门根据受益区群众的需要自行安排生产活动，机动性较强。激励方面，非营利组织应当是不以营利为目标，但当外部监督缺失时，依然有可能产生机会主义行为，需要政府和群众对资金使用状况、生态产品的供给状况进行监督。

7.3.1.3 生态产品供给的模式

作为维系生态安全、保障生态调节功能、提供良好人居环境的自然要素，生态产品具有典型的公共物品特征。从国内外已有的实践来看，生态产品供给的主要做法与模式有 4 种：生态资源及其产权交易、生态保护修复与自然资本增值、市场化的生态产业化经营和基于政府购买的生态补偿。

（1）作为政府拥有的生态资源及其产权交易模式

该模式在生态产品产权明确的前提下，借助政府管控或设定限额以创造需求，通过市场方式解决生态产品供给中的外部性问题。在政府管制产生稀缺性的条件下，交易主体之间就会形成市场交易需求，生态权益就转变为准公共生态产品或生态商品，以生态产品本身作为价值实现的物质载体，采用市场化机制，在产权人和受益人之间进行直接交易[45]。进行产权交易的生态产品既可以是公共性生态产品，也可以是经营性生态产品。在产权交易中，生态产品供给通过生态资源资产化过程实现。其具体类型包括资源权益流转和生态权益交易两种。资源权益流转包括耕地产权流转、林地产权流转、生态修复产权流转和保护地役权流转。生态权益交易包括生态服务付费、污染排放权益和资源开发权益交易。以碳排放权交易为例，生态环境部 2020 年出台《碳排放权交易管理办法（试行）》，对重点排放单位准入门槛，碳排放配额分配和清缴，碳排放权登记、交易、结算，温室气体排放报告与核查活动，以及对前述活动的监管和违约惩罚进行了全面规定。在配额分配的基础上，依托碳排放报告与分级监管制度，开展全国碳排放权登记、交易、结算活动（图 7-8）。

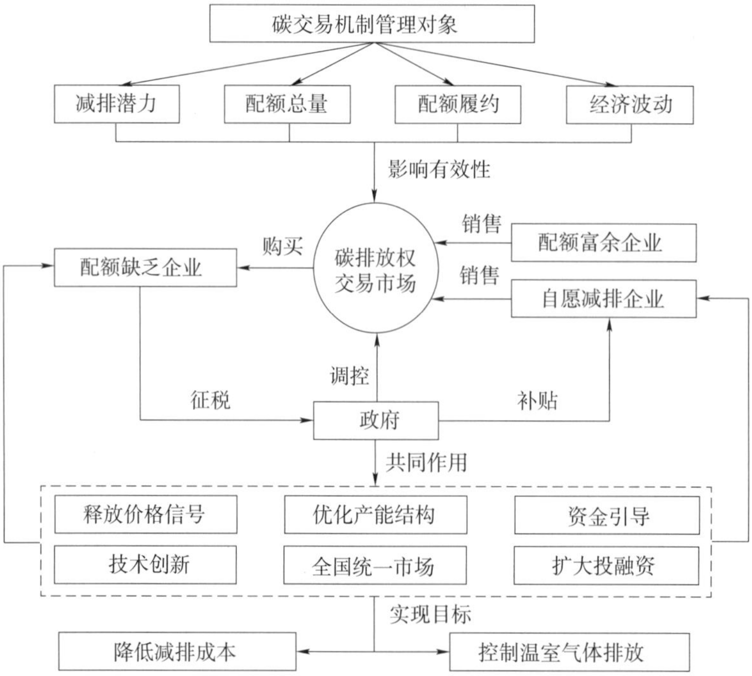

图 7-8 碳排放权交易市场运行机制

（2）由政府、企业和社会组织实施生态保护修复，实现生态产品和自然资本增值的模式

该模式是在自然生态系统被破坏地区或生态功能缺失地区，通过生态修复、系统治理和综合开发，恢复自然生态系统的功能，增加生态产品的供给，并利用优化国土空间

布局、调整土地用途等政策措施发展接续产业，实现生态产品价值提升和价值“外溢”。生态修复的本质是提高生态产品载体的溢价。公共性生态产品的价值大多难以直接量化，而是附着在载体产品（如土地）上，无法直接进行交易。通过生态修复和生态价值提升，提高生态载体的使用品质、效能或知名度，促使购买者在消费载体产品的同时消费生态产品。以淮南市采煤沉陷区生态修复为例，采煤沉陷区村庄搬迁工作由所在县人民政府负责，采取按人口支付搬迁安置费和据实补偿两种方式。煤矿企业对土地沉陷稳沉后的土地进行复垦；对稳沉后积水超过 1.5 m 的宜渔区，由煤矿企业整治后，交给原集体土地所有者使用，同时给予一定补偿；对不宜渔区，由煤矿企业予以征收，并修复生态环境。通过机械化施工平整土地，将废弃土地转变为可以种植农作物的农业用地，种植对环境要求较低的果木，以实现沉陷区土地的有效利用。

（3）面向市场交易的生态产业化经营

该模式是经营性生态产品通过产业化实现价值并得到保护的过程。该模式的实质是经营性生态产品由具有使用价值的产品转变为商品的过程，价值规律在经营性生态产品的生产、流通与消费过程中发挥作用。也就是说，生态产业化，是指不能仅仅考察生态资源的生态功能，还要考察其经济价值；不能将它们当作免费使用的自由物品，而要视作宝贵的具有价值的资源。生态产业开发模式可以根据经营性生态产品的类别相应地分为两类：物质原料开发和精神文化服务开发。物质原料开发主要是指农林产品、生物质能等与第一产业紧密相关的产业发展。精神文化服务开发主要包括旅游休憩、健康休养、文化产品等依托生态资源开展的精神文化服务。生态环境导向的开发模式（EOD）也属于此类。该模式以生态环境保护和治理为基础，以特色产业发展与区域综合开发为载体，采用联合开发经营等方式，统筹规划推进，一体化实施，从而实现无明显经济效益的生态环境治理项目与收益较好的关联产业的有效融合，将生态环境治理带来的经济价值内部化。

专栏 7-3　山东沂南县马泉创意休闲园生态产业化项目

马泉山在 20 世纪 80 年代初是一片几乎被废弃的荒山，粗放式的采伐和开垦导致当地水土流失严重、生物多样性低下，岩体裸露，植被稀疏。低效的传统农业使得马泉山周边地区的经济发展缺乏动力。马泉村周边共有 4 个省定贫困村、7 个“插花村”（有贫困户分布，贫困户占总体农户数量比例较少的村，黄娟娟等，2018）。由于交通闭塞、土地贫瘠、经济发展落后，当地青年劳动力多选择前往城市务工，以改善生活质量，马泉山周边村落逐渐变为“空心村”。

为进一步整合区域资源，沂南县人民政府以生态产业化带动乡村振兴和脱贫攻坚，在《沂南县旅游总体规划》和《旅游产业发展行动计划》的基础上，推动政府与社会资本合作，于 2013 年引入山东吉利旅游开发公司，投资 10 亿元建设马泉创意休闲园项目。该项目一方面注重生态修复，完善基础设施建设，包括填土造田、建成小型水库及塘坝、修建盘山公路等，完成近万亩山坡丘陵地综合开发；另一方面发展生态产业，形成了110家林业合作经济组织及种植基地，年增加过亿元的社会经济效益。园区流转村集体荒山林地和贫困户土地，建设田园综合体，实现规模化经营；组织专业技术人员对贫困户进行分类培训，设置扶贫岗位，促进增收；政府也拨付扶贫资金，与园区共建特色园区，实施动态管理、分类量化，通过入股方式激发当地居民的积极性，促进当地的整体脱贫。马泉休闲园整合了优质林果生产、农业观光示范、休闲旅游养生等诸多项目，成功转型成为符合消费者需要的创意休闲园区，并于2017年被评为国家AAAA级旅游景区，实现了生态美、人气旺和百姓富的统一，被称为“临沂莫干山，沂南小普陀”。

（4）生态补偿成为政府购买的主要方式和提供生态产品的模式

该模式是按照“谁受益、谁补偿，谁保护、谁受偿”的原则，由各级政府或生态受益地区以资金补偿、园区共建、产业扶持等方式向生态保护地区购买生态产品，是以政府为主导的价值实现路径。生态补偿的核心是通过对生态系统保护行为的激励，获得持续稳定的生态产品供给。因此，受偿者在获得合理的生态补偿的同时，也必须尽到生态保护的义务，明确生态保护的责任、范围，由此实现权利义务的对等。生态补偿可以分为4种方式，包括以上级政府财政转移支付为主要方式的纵向生态补偿、流域上下游跨区域的横向生态补偿、中央财政资金支持的各类生态建设工程、对农牧民生态保护进行的个人补贴补助。以赤水河生态补偿为例。赤水河上游农户将土地经营权以财产权信托方式，进入水基金信托（1～3年），赤水河水基金获得流域土地经营权；下游受益企业通过第三方向水基金信托投入资金，或者通过出售生态产品等方式筹集资金。水基金信托管委会由政府、销售渠道代表、村民代表和出资企业代表、NGO组成（图7-9）。当地企业代表、NGO、村民代表共同决定信托内产品的使用（包括土地管理和资金使用）。

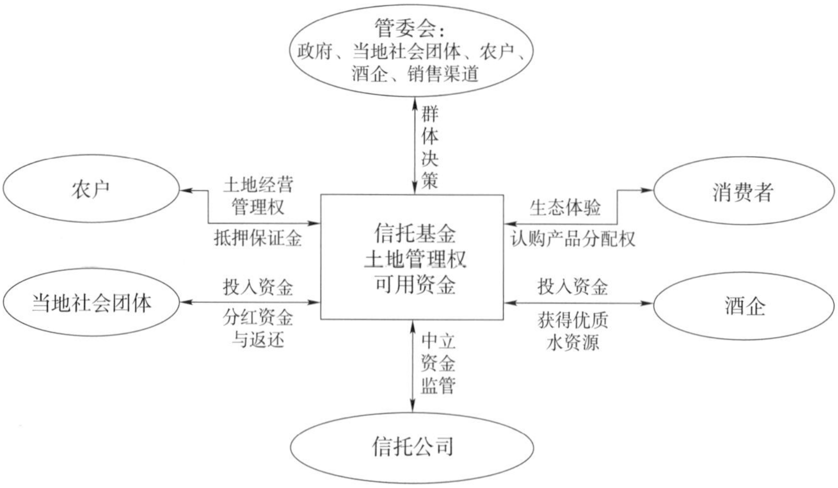

图7-9　赤水河生态补偿中的水基金信托构架

信托公司作为中立机构对信托内产品进行管理，起到把关作用，只对管委会做出的有效决策负责。政府代表在水基金管理中，虽然不对具体决策负责，但是在法律和合规上对管委会做出的决策给予指导。每份土地的认购资金中，有固定比例的土地经营权补偿金，分两批次发放给农户，财年初一次，财年结束前一次，每次发放 50%。从日常信托账户发放土地经营权补偿金。在支付农户抵押保证金和水基金运维费用之后，对水基金本财年信托日常账户进行核算，剩余资金的 60% 直接进入水基金成长账户，作为水基金未来发展用途。40% 作为分红资金，按酒企入股份额进行分红，提高酒企参与积极性。

7.3.1.4 生态产品供给的影响因素

生态产品第四产业发展规模和水平取决于供给和需求双方，但在目前阶段，供给不足是主要矛盾。从生态产品第四产业理论和实践来看，影响生态产品供给的主要因素有以下 3 个方面。

（1）生态产品固有特性对生态产品供给的影响

首先，生态产品属于公共产品或者准公共产品，具有非竞争性和非排他性，因此，会产生“搭便车”“公地悲剧”等问题，单纯依靠市场提供公共产品难以达到公共产品供给的最优水平。其次，生态产品的空间异质性对供给存在影响。各个地区地形、气候等自然条件不同，自然资源禀赋差异较大，生态产品的数量和质量差异也较大。因此，每个区域的居民对于生态产品的需求差异较大，需要因地制宜供给生态产品，不能统一标准、同一而论。再次，生态产品的不可位移性和范围有限性对供给存在影响。生态产品多具有不可位移性，对于干净的空气、宜人的气候、干净的水源，很难在技术上实现由其他地区提供再运输到目标区域。即使像水源这样有形的生态产品也难以实现。即便技术上可行，成本也会很高。因此，本区域生态产品的生产问题需要在区域内解决。我国幅员辽阔，对于生态产品的供给可以有整体的规划，但具体到某个区域的供给问题，仍需要区域内部结合实际情况决定。最后，生态产品的用途多样性对供给存在影响。生态产品关系到人类生产与生活的方方面面，每一种生态产品都有多种用途，肩负着多种责任。例如，同一片林地，在用途选择上，既可以作为经济林，向下游企业出售木材，也可以作为生态公益林，发挥涵养水源、调节气候、防风固沙等生态作用。然而，林地的经济价值和生态价值两者不可兼得，一旦将树木砍伐、实现其经济价值，就意味着树木停止发挥其生态功能。同时，由于生态产品具有外部性和公共物品性，人们更倾向于实现生态产品的经济功能而非生态功能，企业更倾向于选择污染行为而非治理行为，造成公地的悲剧。生态产品具有多种用途的性质强化了其外部性，使其生态价值有价无市，造成生态产品的供给无效。

（2）经济发展水平对生态产品供给的影响

生态产品既是促进经济发展不可或缺的投入，生态产品的供给水平也受到经济发展水平的限制。首先，发展国民经济，实现人民富裕是我国政府的重要目标。在技术条件不变的情况下，经济越发展，对于生态产品的需求也越高。随着经济的不断发展，对自然资源的利用水平也将相应提高，这对自然界产出生态产品造成很大的压力。其次，经济发展会增加国民财富，从而更多地投入到生态产品生产中。改革开放以来，我国实现了国民经济的持续快速发展，人民生活水平不断提高，生理需求和安全需求基本得到满足，人们的行动将受到更高层次需求的驱动，追求生态产品带来的教育、休闲、体验功能，从而关注和提高生态产品的供给水平。在实践中，环境治理投资随着人均 GDP 的增加逐渐增加，如图 7-10 所示。如果经济发展过程中生态产品的供给能力遭到损伤和破坏，就会导致生态产品对人类生理和安全需求满足的缺失，促使人们加大对于恢复生态产品供给能力的投入。最后，经济发展带来的技术进步将会对生态产品供给产生重要影响。一方面，新的技术发明的出现可能会降低污染治理的成本，或者降低对现有资源的消耗速度，直接降低人类活动对于生态环境的负面影响，也可以保护和改善生态环境质量，提高生态产品的供给水平。另一方面，如前文所述，公共产品的排他性与技术水平高度相关，技术的进步可能使某些生态产品消费的排他性成为可能，进而排除“搭便车”等市场失灵现象，为市场有效供给这类生态产品提供了可能。

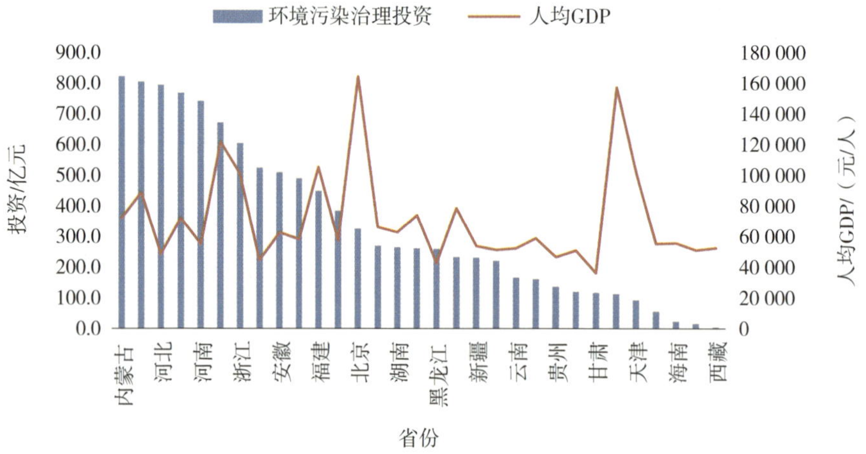

图 7-10　2020 年环境污染治理投资和人均 GDP

（3）供给主体对生态产品供给的影响

我国公共产品的供给主体逐渐向多元化发展。政府、市场与非营利组织都可以成为生态产品的供给者，而且三者各有优劣，供给主体本身的特点对于生态产品的供给水平有着重要的影响。当政府作为生态产品的供给主体时，在实现社会公平、协调各方关系、供给制度安排、制定统筹政策、监管供给质量等方面有着其他供给主体难以相比的优势，但同时，政府运行缺乏效率；企业作为供给主体时，由于追求企业受益最大化，其行动能力强，判断力、运营能力强，但缺点在于，只注重效率而不考虑公平；非营利组织出于公益或是慈善的目的，能在环境生态保护等方面发挥作用，但仍需要加以规范。同时，企业具有追求自身效益最大化的特性，在缺乏有效监管和惩处措施的情况下，容易产生机会主义行为，选择损害他人利益而使自身获益的行为。

7.3.2 生态产品供给与生产的区别

生态产品第四产业的第一生产力来源于自然生产力，这是其与传统的第一、第二、第三产业之间最大的区别。只有包含自然生产要素的产品，才能被划入生态产品第四产业的范畴。生态产品生产因此可被划分为两种类型，第一是完全由自然生产力提供给人类的福祉，包括清新的空气、清洁的水源、宜人的气候以及环境容量、生物多样性等自然产品供给、调节服务、支持服务和文化服务；第二是人类与自然合作进行的生态产品生产，包括部分农产品和工业产品。这也构成了生态产品价值的双重属性，即同时包括由自然生产力创造的价值和人类劳动创造的价值。正是由于生态产品生产必须包括自然生产力，并非所有生态产品都具有可再生性，因为自然生产力必须在生态环境承载力的范围之内。当对自然生产力的开发大于生态承载力时，生态产品的生产就是不可持续的。

生态产品的价值及其双重属性扩展了马克思劳动价值论中的劳动与生产[46]。在传统认知中，马克思劳动价值论提到的"生产"专指人类具有目的性的产品加工与提供服务。2013 年，习近平总书记在海南考察时提出了"保护生态环境就是保护生产力，改善生态环境就是发展生产力"的科学论断，并把良好的生态形象地比喻为绿色银行。此后的多次讲话中，习近平总书记不断强调，要牢固树立这一思想。不管是对人与自然、人与社会之间关系的认识，还是对生产力本身的意义与其组成部分的变化的认识，"生态环境生产力论"是我们对生产力最深刻的认识，也是中国化马克思主义生产力思想的最新理论成果。习近平总书记提出的"生态环境生产力论"，超越于传统生产力资源"无限论、无价论与无主论"，是保护、改善、建设生态环境的全局性、战略性的理念，与马克思主义"自然生产力"所体现的精神与发展理念相符合。人类为了改善生态环境而进行的投入、经营等生态建设行为，就是保护与改善生产力，是生态文明建设时期形成的生态生产力。

生态产品的供给并不等同于生产。国内外在公共事务管理中的长期实践经验证明，许多公共产品由政府来提供，但并不意味着一定要由政府亲自生产。实际上，公共产品的生产和供给是两个并不相同的概念。公共需要的供应，并不要求它必须有公共生产的管理，正如公共生产的管理并不需要它必须有公共需要的供应。在决定各自的适当范围时，应根据各自非常不同的标准。因此，对于生态产品这种典型的公共产品来说，可以通过区分其生产者与供给者，拓宽供给渠道。

Emanuel Savas[47]依据公共物品供给过程中各参与人职能的不同，将其分为三类：消费者、生产者、安排者。Elinor Ostrom 在她的著作《制度激励与可持续发展》[48]中提到了生产与供给的区分问题。有时政府部门既是公共物品的生产者，也是供给者；有时政府部门只是公共产品的供给者，通过将项目外包等方式，由私人机构或者其他公共机构进行公共物品的生产。Elinor Ostrom 对于产品供给者需要决定的问题有以下界定：第一，指定供给活动参与者；第二，确定供给活动目标数量与质量；第三，给出相关规则、规定及限制；第四，安排具体生产活动，包括生产活动与方式等；第五，选择与限制对于提供与生产这类物品和服务所需资金的融资方式；第六，选择与决定生产这类物品和服务的人员管理方式。因此，产品的供给者需要考虑的问题大致有：生产过程的组织与安排、物品与服务的消费，以及对物品与服务生产过程等方面的监督。根据前文对于生态产品的界定，广义上，生态产品的生产者分为两类：一类是直接参与生态环境质量改善、生态建设相关工作；另一类是生产生态农产品、生态工业产品、生态服务产品的劳动者。而供给者需要考虑的因素更多，包括生态产品市场需求信息的调研分析，生产过程的安排、组织、监督，资金的筹措，产品与服务的消费等全周期环节。

7.3.3 扩大生态产品供给的路径

提供丰富多彩的生态产品是生态文明和美丽中国建设的重要目标和任务，因此，要通过制度和技术创新、发挥政府市场作用等多种路径，全面提高生态产品有效供给。第8章、第9章和第10章将详细探讨这些路径、方法、模式和政策。概括起来，主要包括以下路径：

第一，明确生态产品产权和供给模式。在制度层面，应根据生态产品的性质和特征及政府供给和社会供给具有的优势进行生态产品供给的模式选择。从非竞争性和非排他性两个属性进行分类，可以分为纯公共生态产品、拥挤性和排他性公共生态产品；从供给时间来分，则可以分为连续型和离散型公共生态产品；从分布的空间来看，可分为全国性、地方性和社区性的公共生态产品；从营利性出发可分为非经营性、准经营性和经营性公共生态产品。适于市场化供给的有拥挤性、排他性、离散型、地方性、准经营性和经营性公共生态产品。离散型公共生态产品供给的时间较短，前期投入成本较连续型公共生态产品小，收益时间也短，资金量也较连续型公共生态产品要小。因此，离散型公共生态产品更适合市场供给方式。同样地，地方性公共生态产品较全国性公共生态产品，资金量、投入成本和收益周期都要少，因此也更加适合市场供给模式。准经营性公共生态产品和经营性公共生态产品都能够为生产者带来收益，非经营性公共生态产品却不能。所以，市场供给方式适用于准经营性和经营性公共生态产品。在此过程中，当一种生态产品具有两种供给方式时，就是一种混合的市场供给方式，如“私人企业—政府”联合供给、“私人企业—社区”联合供给等。在选择供给模式的基础上，可以对生态产品类别和产权进行有效界定。

第二，充分发挥市场机制在生态产品供给中的作用。市场机制在资源配置方面被证明是有效率的。目前，市场化改革激发市场竞争活力的作用在生态产品供给中没有得到充分体现，行政性垄断扭曲了市场结构，这就需要改变政企不分的现象。市场化改革要真正做到转变政府的角色，让政府从生态产品市场参与者转变为监督者，使得民营企业、外资企业能够与国有企业公平竞争。市场对于资源的调控依赖于价格信号，对于能够明晰产权、形成交易市场的生态产品，政府应当发挥监督者的作用，如碳汇市场。对于外部性较强，无法向特定消费者收取费用的生态产品，如清洁的空气和水源，政府可以发挥主导性作用。市场化供给生态产品的重要方式之一是生态购买。生态购买是购买生态建设者的成果，即生态产品，帮助建设者适当完成前期投资与成本的回收，并投入到再生产过程中，改善建设者的生活水平。通过政府与市场力量的结合，可以发挥两者各自的优势，形成更加有效的结果。

表 7-7 环境功能类型区划分条件

分类	亚类	划分条件
Ⅰ类区——自然保留区	Ⅰ-1. 自然文化资源保护区	（1）依据《自然保护区条例》划定的国家级自然保护区； （2）依据《保护世界文化和自然遗产公约》纳入《世界遗产目录》的地区； （3）依据《风景名胜区条例》划为国家级风景名胜区范围的地区； （4）依据《森林公园管理办法》批准的国家森林公园； （5）依据《国家地质公园规划编制技术要求》批准为国家地质公园的地区
	Ⅰ-2. 保留引导区	（1）人类活动影响较少，人口密度小； （2）资源储量小且不具备开发价值
Ⅱ类区——生态功能调节区	Ⅱ-1. 水源涵养区	（1）重要河流上游和重要水源补给区； （2）依据《全国主体功能区规划》列入重点生态功能区的地区
	Ⅱ-2. 水土保持区	（1）土壤侵蚀敏感性高，对下游的影响大； （2）依据《全国主体功能区规划》列入重点生态功能区的地区
	Ⅱ-3. 防风固沙区	（1）干旱、半干旱地区等沙漠化敏感性高的地区；沙尘对周边影响范围广、影响程度较大的地区； （2）依据《全国主体功能区规划》列入重点生态功能区的地区
	Ⅱ-4. 生物多样性维护区	（1）濒危珍稀动植物的分布较广、典型的生态系统分布较多的地区； （2）依据《全国主体功能区规划》列入重点生态功能区的地区
Ⅲ类区——食物安全保障区	Ⅲ-1. 农产品环境安全保障区	（1）农业部门确定的主要粮食（油料、经济作物等）产地分布区； （2）国土部门划分的全国主要耕地分布地区
	Ⅲ-2. 牧产品环境安全保障区	（1）以放牧为主的草原地区； （2）农业部门确定的重点牧区、牧业县等地区
	Ⅲ-3. 近海水产品环境安全保障区	（1）海岛县、半海岛县和南海诸岛等地区； （2）参考海洋部门海洋功能区划确定的近海渔业养殖捕捞区
Ⅳ类区——集居环境维护区	Ⅳ-1. 高度集居区	（1）人口密度较高、城镇化水平较高、经济规模较大、综合实力较强、区域开发强度较高的地区； （2）参考《全国主体功能区规划》确定的重点开发区域
	Ⅳ-2. 一般集居区	（1）人口密度高、城镇化水平高、经济规模大、综合实力强、区域开发强度高的地区； （2）参考《全国主体功能区规划》确定的优化开发区域
Ⅴ类区——资源开发引导区	—	（1）具备开发矿产资源经济技术条件的地区； （2）国土部门确定的主要矿产资源分布地区； （3）参考《全国主体功能区规划》确定矿产资源点状开发的地区

资料来源：环境保护部环境规划院，全国环境功能区划初步方案报告，2011 年 5 月。

第三，建立长期的生态产品质量高效监管体系。通过政企分离，确保政府监管的独立性，确保消费者的合法权益和公众环境利益不受损失。建立科学合理的价格评估机制，并对投资者拥有的公用事业利润进行控制和问责，防止生态产品供给过程中由于寻租而使社会利益遭受不可逆转的损失。同时，政府需要对企业的资产状况、设备与服务质量做长期的规划和监督，在合同要求的每个时间段进行设备维修，并审计实际执行情况，作为支付产品价格和延续合同的条件。总之，作为监管者，政府需制定严格完备的生态产品质量管理控制体系，以最严格的管控制度确保生态红线、产业布局与能源资源的节约，确保生态产品高质量、高效率地供给。另外，我国目前的环境管理政策冗杂繁多但缺乏系统性，不同的政策也在实践的过程中演变为不同部门的权力抓手，不注重地方实际与政策协调性。而生态产品的供给需要持续稳定的政策环境，它不是单向政策的重拳出击，而是各项政策的协同作用。这就需要加强各个部门的协调性与各项政策的顶层设计，探索建立有效的生态产品质量监管制度体系。

第四，建设多主体参与的生态产品供给机制。在造成公共部门和私人部门相互冲突的生态保护问题上，应该形成公共部门和私人部门共同参与、正式制度和非正式制度共同作用的网络化治理体系。一是合理界定政府行为边界，推动公共部门职能由管制性向服务性转变。管制职能为政府带来了寻租的可能。而信息提供、技术和市场支持、冲突调节、基础设施建设等服务，超出了私人部门的能力范围，理应成为政府公共部门发挥作用的重点领域。二是重视诱导性规则和非正式制度的作用。在强制性规则和正式制度基本形成的基础上，诱导性规则和非正式制度的弹性更强，更适应现阶段分权化决策的环境。诱导性规则主要包括市场化的生态补偿机制和财政金融工具，非正式制度则以乡规民约、传统习俗为主体，正式制度的构建应尽可能少地破坏非正式治理结构。三是提高私人部门的自我治理能力。私人部门自主治理的优势在于对当地经验和内生人群的吸收，更有利于治理措施的适应性和信息有效性。一方面，要培养专业化合作组织，实现森林经营者的再组织化，特别要注重培养合作组织权益维护和意愿表达的能力；另一方面，要注重维护信息的公开性和竞争的公平性，保障私人部门的知情权和参与权。

第五，完善生态产品供给的法律与制度体系。建立生态产品市场化供给机制需要法律的支持，需要制定完善的规则，规范各方行为，明确权利和义务，使市场发展成熟和规范，以利于机制的形成。立法明确生态产品的属性，明确生态产品相关权利的初始分配、登记与管理制度。依法建立科学合理的生态产品市场化供给体系，界定利益相关各方的权利和义务。将生态产品占比纳入绩效考核指标，由政府带动，形成生态产品的有效竞争市场，而政府再以产权转让的形式推出，形成政府扶持产业发展的基本路径。可以将 GEP 纳入地方政府考核指标，改变地方政府作为生态产品供给主体的行为激励，使其有动力解决区域内的生态环境问题。同时，建立总量约束下的稀缺性约束机制。在对生态产品进行整体设计时，重点考虑资源总量，并以此为生态产品总体目标，体现可持续发展的总体概念。在此基础上，设立不同的分配方式，对不同的利益主体、不同的项目等也确立总量控制目标。在确定产权的基础上，对于不同的利益主体如政府、企业进行资源使用分配，使得资源消耗的每一个环节都是可控的，每一个主体都受到资源稀缺性的制约，这种机制与监管机制、激励机制相辅相成，不仅有利于实现单周期的环境目标，更可以实现跨周期的复杂环境目标。此外，建立和完善生态产品信息公开、公平披露制度，其目的是实现生态产品的完全对称，从而保证生态产品的高效供给。

第六，为生态产品供给提供有力的技术支持。从政府角度来说，应该鼓励企业污染控制核心技术的发展。在许多情况下，企业作为公共产品和服务的供给方，其核心要求是，私营企业具有提供大型基础设施建设运营的核心技术，而决定企业发展的核心也是技术生产力。政府希望推动提高生态产品供给质量，就需要在资金、政策、人才等多方面鼓励污染控制技术的研发，使高质量生态产品供给的核心技术得到快速发展。从企业角度来说，应专注于本行业核心技术研发。无论规模大小和经营方向如何，企业盈利的根本保证是有自己的核心技术，在自己的行业领域内具有核心竞争力。对于生态产品的供给，参与的企业可以大致分为两类：一类是以污染物处理或生态环境保护区维护为盈利点的环保行业；另一类是注重自身产业技术革新，以绿色生产技术代替原有资源消耗型生产技术的其他产业。环保企业应该专注于本行业，立足于原有的业务，专注生态产品细分市场领域，在细分产品供给上创建出自己的品牌，打造自身的核心竞争力。而对于传统的工业制造业，需要研发制造技术，以最小的环境资源代价创造更大的利润。

7.4　生态产品第四产业的需求分析

生态产品的需求与一般私人产品不同。消费者可以通过其购买行为表达对私人产品的需求，即用货币投票。但是，由于大多数生态产品具有公共物品的非排他性和非竞争性，追求自身利益最大化的经济理性人倾向于不承担成本来享受他人行为产生的外部性，即不用货币投票。这就造成许多生态产品的需求难以直接揭示，造成市场失灵。生态产品的消费者是经济社会中十分重要的参与人，生态产品需求是资源配置的关键性信息。因此，需要对生态产品需求进行深入分析。

7.4.1　生态产品需求机制

7.4.1.1　生态产品的消费者需求

人本主义心理学家 Abraham Maslow 曾在他的著作《动机与人格》[49] 中提出了需求层次理论，他将人类的需求分为五个层次（图 7-11），从低到高分别是生理需求、安全需求、归属需求、尊重需求和自我实现的需求。其中，自我实现是人类最高级的需求，需要付出努力完成目标，对于自己的工作与生活有认同感和成就感。而生理需求最为基础，假如一个人生活中所有需求都未满足，那么生理需求最有可能成为其消费的主要动机。如果生理需求相对充分地得到了满足，就会出现安全需求（人身安全、健康保障、资源所有性、财产所有性、道德保障、工作保障、家庭安全等）。如果上述要求都得以满足，友情、爱情、亲情、归属感等归属需求就会产生。除此之外，社会上所有人都有一种对于自尊、信心、成就、尊重他人和来自他人尊重的需求，也就是尊重需求。即使以上四项需求都得以满足，新的不安仍将出现，除非个人正在从事着自己所适合的事情，在道德、创造力、自觉性、问题解决能力、公正度、接受现实能力等方面得到满足，即自我实现需求得到满足。生态产品既能够满足人类在低级阶段的需求，也能够满足人类在高级阶段的需求。

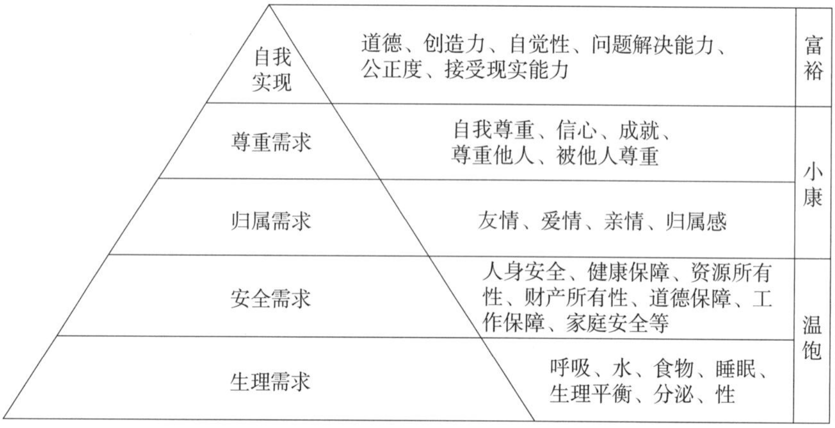

图 7-11　Maslow 需求层次理论

第一，消费者对生态产品有生理需求和安全需求。首先，生态产品包含了食品、药品等基本生活必需品，以及作为产品生产基础性原料的生态资源。生态资源处于生产体系中产业链的上游，是生产和制造的基础性资源。这些生态产品是人类生存、生产所必需的物质产品。其次，生态产品包含了生命支持性生态资源，即为人类提供生存环境和生命支持系统、维护自身生态平衡与生物多样性的生态资源。这类生态产品是一切生态资源存在的基础，其存量决定了其他生态资源的自我调节、自我恢复能力，也影响人类的生存和发展。如果没有这类生态产品，生态安全红线就会被突破，人类的基本生存安全就无法得到保障。生命支持性生态资源的生态价值一般可以分为三个部分，主要包括选择价值、存在价值和遗赠价值。由于人类目前对自然的认识具有有限性，生命支持性生态资源依然蕴含着大量潜在生态价值。此外，生态产品中包含了环境容量类生态资源，即人类生存和自然生态不致受害的前提下，某一环境所能容纳的污染物的负荷量。其生态价值在于用自然环境的承载能力接收了人类经济社会发展运行过程中产生的各类废物、污染、有害物质，并通过自然规律进行分解、消除、转化等。这对于人类的发展有极其关键的作用。环境容量类生态资源必须通过人类妥善的管理经营，才能得到有效率的配置，既实现其生态价值，又不会造成生态环境不可逆转的破坏。上述需求的最直接体现就是生态足迹。

第二，消费者对生态产品有更高层次的需求。Maslow 在阐释人类自我实现这一需求的内涵时指出，人类有着对美的需要，人的成长和发展离不开美。生态产品所满足的人类审美的需要，是其他任何人工产品都难以替代的。生态产品对于人类最基本的生理需要和安全需要的重要意义是不言而喻的，同时，生态产品提供的教育功能、休闲旅游功能、体验感受功能对于人类的成长和发展的作用也是不可替代的。Maslow 的五种需求之间不是相互并列而是递进的关系，当第一层次的需要得到满足时，人类才会追求更高层次的需要。

7.4.1.2 生态产品需求的基本特征

生态产品需求存在许多一般商品需求不具备的特征，包括多样性、发展性、时代性、普遍性、可导性等。

第一，生态产品需求具有多样性。不同消费者对于生态产品存在不同类别、不同用途、不同获取方式等多样化需求。例如，同样是森林生态产品，消费者对其具有水源涵养生态调节价值需求、林木开采物质供给价值需求，以及休闲旅游文化价值需求等不同形式的需求。

第二，生态产品需求具有发展性和时代性。随着社会经济的发展，人民生活水平不断提高，对于生态产品的需求也在发生变化。在生活水平较低时，消费者对于生态产品主要有低级需求，包括生理需求和安全需求。随着我国全面建成小康社会，消费者对生态产品的需求逐渐高级化，更多追求其审美、文化、教育、舒适性等价值。

第三，生态产品需求具有普遍性。与一般经济商品不同，生态产品是维系人类社会正常运行的基本保证，是维护生态安全的重要屏障。因此，只要是生活在人类社会中的主体，都对生态产品有必要的需求，只是因绿色偏好的差异而程度不同。无论收入水平、受教育程度、居住区位、职业、民族等因素如何，都对清洁的空气、干净的水源等生态产品有普遍的、广泛的需求。

第四，生态产品的需求具有可导性。消费者心理需要的产生、发展和变化，同现实生活环境有密切关系。生活水平的提升、社会各界的宣传、文化艺术的熏陶、包装广告的引导等，都可能使消费者对生态产品的需求朝着特定方向变化。时代变迁和社会环境的变化从方方面面引导着现代消费者的需求，使生态产品需求的内容、形式、层次不断改变和进化，并呈现出一系列新的消费趋向。

专栏 7-4 公共选择下的生态产品需求

公共选择经济学是西方经济学的一个重要流派，其否认主流经济学中政府善良无私的假设，认为“一个生活中的经济理性人一旦去政府部门工作就立即变为无私公务员”这一假设并不合理。作为公共选择经济学的重要代表，Buchanan 认为，公共选择经济学就是将以往经济学用以研究市场机制的不足时使用的方法以及积累的经验，同样运用到研究公共部门中去。Buchanan 还关注了集体的选择是如何由个人的选择转化形成的，认为不应该将公共部门与个人割裂，公共部门也不存在自己的福利函数。公共选择经济学的研究逻辑主要是以个人的行为作为研究起点，理性的个人选择是否参与集体行动，如果能形成自愿加入的集体，集体的行动是由参与者的选票经过一定的投票机制产出一种结果而形成的。在西方国家体现为，选民通过选票选择主张与倾向迥异的政党来实现自己的需求。同时结合生态产品本身的性质，意味着政府不能从已经存在的市场价格和交易信息中寻找线索。因此，需要政府寻求其他方式收集生态产品的信息，确定较优的供给量与供给方式。依照公共选择的逻辑可以得出，政府的行为究其根本还是公众的选择、生态产品消费者的需要以及政府消化汇总这种需要的程序与机制，最终产出政府对于生态产品产权的界定、生态产品的供给决策以及各类管制与奖惩措施。因此，我国的生态产品的需求由表达到最终决定的过程，与我国居民需求显示机制以及政府行为决策机制息息相关。

我国与西方国家的国家性质不同，国体与政党制度相差很大。西方资本主义国家多实行两党制和多党制，政府首脑和议会席位通过选举决定。一般而言，在实行议会内阁制的国家，在议会席位争夺中取胜的成为执政党；在实行总统制的国家，在总统选举中获胜的政党成为执政党。不同的政党对于生态产品供给问题有不同的倾向和措施，选民可以通过投票选择执政党，进而选择自己合意的供给政策。与此不同的是，我国实行中国共产党领导的多党合作和政治协商制度，中国共产党是唯一执政党。西方国家的公共选择机制与相关理论研究在我国实施会产生水土不服。我国公共选择与西方国家之不同在于，集体决策形成过程实质是集体主义原则下的公共选择。个人意志将由集体表决的形式表达出来，个人不再只是追求自身利益最大化，而是通过实现集体福利实现个人福利的最大化。也就是说，我国的决策是基于整个国家福利最大化的。在我国公共产品决策过程中，国家决策是先于个人选择的，个人在既定集体选择下，通过个人决策的行为对集体选择产生影响和反馈。

由于我国具有独特的历史发展历程，对于生态产品供给的公共选择过程与西方国家有所不同。我国的基本政治制度是人民代表大会制度，人民通过选举人大代表参与到政治决策中，由人大代表集中反映民智民意。因此，我国生态产品的需求信息由人民代表汇集民意形成议案，在各级人代会讨论协商，政府依据议案形成生态产品的生产规划或方案，提交决策后加以实施。人民意见的反馈与评价，官方形式仍是通过人大代表向各级人民代表大会反映，由政府进行调整。除此之外，在我国生态产品公众反馈与评价方面发挥重要作用的还有政府提供的网上沟通平台，有的地方政府还在政府网页上设置了专题讨论模块。关于生态环境的信访、投诉与举报的数量也在急剧升高，发挥越来越重要的作用。另外，当生态产品的匮乏产生了较严重的后果时，或发生了较恶劣的生态环境安全事件时，新闻媒体也能将公众诉求迅速传达出去，引起政府部门的重视。

7.4.1.3 生态产品需求的影响因素

生态产品的需求有其独特性，需求主体既包括社会公众，也包括自然生态系统，而且不同区域，这两个主体差异性和主导性还非常大，影响两个主体生态产品需求的因素和程度也有差异。归纳起来，主要有以下 4 个因素。

第一，自然生态系统对生态产品需求的影响。稳定的自然生态系统是生态产品功能和服务的基础。生态环境状况不佳的地区，生态产品价值也难以体现。以森林生态系统为例，该地可提供水源涵养和自然游憩两种类型的生态产品，在空间上的相互匹配程度较高。频繁的人类活动不可避免地对当地生态价值造成破坏，最终在满足人类游憩需求的同时，降低了对水源涵养的保护。例如，交通可达性较高的地区，道路网络建设在提升便捷度的同时，加剧了景观的破碎化。再如，低干扰的完整栖息地可以为各种生物提供优越的环境，进而提高自然生境的观赏价值。高覆盖率林区既为生物的栖息提供了相对充足和稳定的生存条件，同时具有较高的游憩潜在价值，由此表现出两种服务之间相同的变化趋势。以哺乳动物栖息地为例，濒危哺乳动物、大型哺乳动物、猫科动物等分布多的地方，自然生态系统需要更多的生态产品、占用更多栖息地。

第二，收入水平对生态产品需求的影响。收入水平对生态产品存在两方面影响。首先，从经济学角度来说，收入水平是需求量的核心解释变量，对生态产品需求存在约束作用。一般来说，生态产品属于正常商品而非低档商品，因此，收入越高，对生态产品的需求量就越大。消费者收入增加，才能有购买生态产品的能力。此外，从社会心理学角度来说，对生态产品的需求层次与收入直接相关。由 Maslow 需求层次理论可知，在收入仅能覆盖温饱和安全的状况下，对生态产品的需求也仅仅是生理需求和安全需求。随着收入水平的提高，对生态产品的需求层次也逐渐提高。例如，绿色生态农产品相对一般农产品来说是“奢侈品”。当居民收入普遍处于较低水平时，大多会选择前者；只有当收入水平提高后，绿色消费才成为居民关注的重点。

第三，社会文化对生态产品需求的影响。由于社会文化的多样性，在一定的可支配收入条件下，不同消费品在消费选择中的排序及购买欲望是不同的。特别是在我国，公众的环境意识更多处于“政府依赖型”的状态，认为环境责任的承担者是政府。在这种情况下，生态产品的需求水平与全社会环境保护氛围、政府的宣传教育、舆论环境等因素关系十分密切。处在分散和自发状态下的企业和公众只有通过有效的宣传教育，才能形成促进生态需求发展的强大合力，使公众以主人翁的姿态积极主动地参与到生态消费活动中去。

第四，替代品对生态产品需求的影响。生态产品需求存在替代效应。在经济收入一定的条件下，生态产品会出现因结构替代与价格替代而产生的替代效应。生态产品的结构替代是指新消费对象与原有消费对象在消费结构中相互的替代变化，它是由新产品消费的预期效应、原有产品的消费效应，以及这种消费结构调整成本决定的。价格替代是指新消费对象的价格或价格变化与原有消费对象的价格或价格变化的对比关系，它是在一定收入条件下消费者追求消费满足的最佳化所决定的。生态产品的替代效应主要表现在价格替代，因为生态产品的价格是高于普通产品的，消费者在收入较低的情况下，首先考虑的是消费品的价格。生态产品消费的替代效应在一定程度上决定着生态消费动力的变化。例如，绿色生态农产品相对一般农产品价格更高，因此，消费者在购买时会对比二者的价格，权衡为高绿色度额外付出的金额是否值得，最终决定自己的消费行为。

7.4.2 生态产品需求与消费的区别

消费是利用产品来满足人们各种需要的过程。Shridath Ramphal[50]认为，消费问题是环境危机问题的核心，人类对生物圈的影响正在产生着巨大的环境压力并威胁着地球的承载能力。从本质上说，这种影响是通过人们使用或耗费能源和原材料所产生的。消费和生产是相对应的概念，两者都是社会经济的支撑点。没有生产就没有消费，没有消费也没有生产。从宏观系统看，消费是人类与自然界进行物质能量交换的过程。在整个交换过程之中，人类对自然界的索取和对废弃物的排放必须控制在一定的范围内，也就是在自然界的承受范围之内，这是可持续发展思想的具体体现。例如，国家、企业或个人在一定时间内直接或间接产生温室气体排放，就需要通过植树造林、节能减排等形式抵消排放，实现“碳中和”。发展生态经济、倡导绿色消费是我国生态文明建设的重要政策方针。全国各省（区、市）部分年份人均碳排放量见图 7-12。

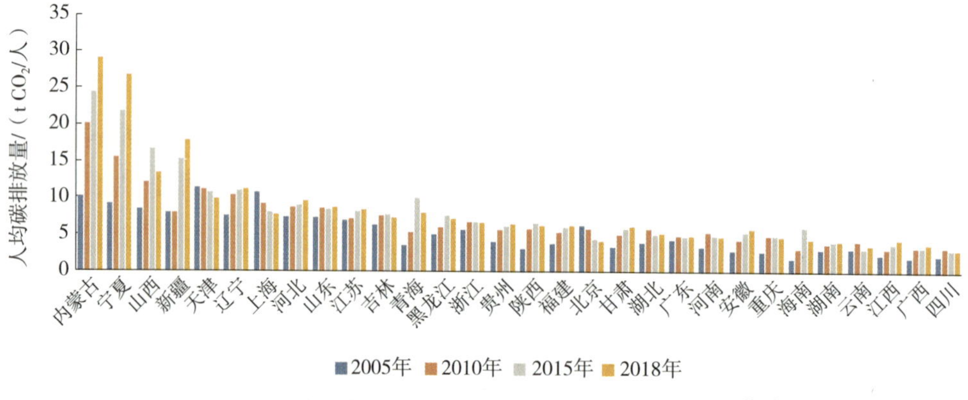

图 7-12 全国各省（区、市）部分年份人均碳排放量[51]

生态产品的需求并不等于消费。二者的区别在于，需求意味着支付意愿，消费意味着支付行为。理性经济人的支付行为一定在支付意愿的范围之内。因此，一般来说需求大于消费。西方经济学认为，收入是影响消费和需求最为核心的因素[52]。消费者的生态产品需求函数可以表示为

$$Q=F(P,\ P',\ I,\ E) \tag{7-6}$$

式中，Q 为生态产品需求，P 为生态产品价格，P' 为替代商品价格，I 为收入，E 为支付心理。消费者的需求由消费者的实际需要决定。

7.4.3 生态产品效用函数与需求函数

可将商品分为一般商品与生态产品两类。假定消费者对于一般商品有位似偏好，而对生态产品有非位似偏好，同时消费者必须在保证基本生存消费的前提下才会消费其他商品，则消费函数为

$$C(q): q \in [0, +\infty] \to C \in \{0, 1\} \tag{7-7}$$

式中，$C(q)$ 表示消费者对商品 q 的需求。若消费者消费商品，则 $C(q)=1$；否则，$C(q)=0$。假设生态产品市场产权清晰且交易成本为 0，则效用函数的一般形式为

$$U = F(c_1, c_2, \cdots, c_n) = \sum_{i=1}^{n}(c_i - c_{i0})^{\beta_i} \tag{7-8}$$

式中，β_i 表示消费者对第 i 种产品的支出比例，n 表示产品种类数，c_{i0} 表示为维持生存所必需的一般产品最低消费量。以 X 表示生态产品需求量，Y 表示一般产品需求量，可得如下效用函数：

$$U = X\frac{\sigma_1}{\sigma_1 - 1} \cdot Y\frac{\sigma_2}{\sigma_2 - 1} \tag{7-9}$$

$$\text{s.t.} X_{p_x} + Y_{p_y} \leqslant I \tag{7-10}$$

式中，σ_1 和 σ_2 分别表示 X 和 Y 的支出在总支出中的比例，I 表示收入，p_x 和 p_y 分别表示一般产品和生态产品的价格。求解此最优化问题，可得生态产品需求函数为

$$X = \frac{\sigma_2(\sigma_1 - 1)\left(I - p_y c_{i0}\right)Y}{p_x(2\sigma_1\sigma_2 - \sigma_1 - \sigma_2)} \tag{7-11}$$

7.4.4 提高生态产品需求的路径

在生态产品第四产业实践中，经常出现两种情况：一种是生态产品供给远远大于需求，另一种是生态产品需求远远大于供给。前者表现为生态产品过剩，后者表现为生态产品短缺。对于生态产品比较丰富甚至过剩的情景，需要采取各种措施和路径提高生态产品的需求，实现生态产品价值最大化，让生态产品生产成为经济高质量发展的新动力。

第一，创新价值供给，发掘生态产品消费潜力。促使企业寻求有社会责任感的、亲和环境的发展道路，为社会提供更为优质的生态产品。在企业内部推行环境营销教育与激励计划，开发环境友好型产品，进行清洁生产。借助各类宣传手段，让消费者了解生态产品，由此形成一种消费者根据生产方期望实施消费的局面。生产为消费提供方向，市场供给方不应仅注重对于需求方的满足，还应通过持续创新，开发出新的需求热点，以引领消费需求。形成一种“供”创造“需”的市场氛围，借助开发新产品激发需求方的消费欲望，扩大生态产品需求，推动消费结构绿色化调整，与生态产品供给侧改革协同配合。

第二，强化绿色信息公开，保障消费者权益。完善市场监管机制，打击劣质产品及扰乱市场秩序的不法行为，保护公众权利。推动市场建设，发挥生态产品市场对于社会分工与资源分配方面的价值，抵制不道德的竞争方式，保障生态产品需求方的权益。建立生态标签体系，向符合环境保护要求的生态产品或服务颁发特定标志，以此向消费者表明，该产品或服务在开发、生产、使用、回收、利用和处置的整个过程中符合生态环境保护的要求，从而对所涉及的各个市场环节进行有力监管。

第三，建立有效的生态产品需求表达渠道，拓宽需求表达途径。首先，重视生态产品相关议案提案，增设生态产品专用举报、投诉点。其次，在当地开展大型生态项目时，地方政府应当在事前通过宣传方式告知当地公众，并通过听证会等方式听取公众意见。运用互联网、多媒体等新兴工具，拓展多样化的需求表达渠道。

第四，优化投资转型，引领消费升级。调整产业结构，支持资源节约、环境友好型的高质量生态产品开发，适应消费者新时代的生态产品需求。增强市场灵活度，引领消费升级。通过财政投资刺激潜在的生态产品消费需求。坚持提升供给、适应消费、调整结构、优化民生、自然保护、整体方向等原则，提高生态投资精准度，完善产业构架，优化服务质量，增强可持续发展的驱动力。

第五，推进税收优化和生产消费补贴，提升消费需求。调整增值税征收机制，梳理税负前转系统，有效实行留抵退税，以控制绿色经营主体的税负。优化行业消费税，降低生态产品的附加成本，降低生态产品的市场价格，逐步推动公众绿色消费观念的形成。建立合理的绿色生产和绿色消费补贴机制，提高绿色生产能力，增强生态产品的市场竞争力，扩大生态产品的市场需求量，提高企业绿色生产和公众绿色消费的积极主动性。

参考文献

[1] 曾贤刚 . 生态产品价值实现机制［J］. 环境与可持续发展，2020，45（6）：89-93.

[2] Ehrlich P R，Murphy D D，Singer M C，et al. Extinction，Reduction，Stability and Increase：The Responses of Checkerspot Butterfly（euphydryas）Populations to the California Drought［J］. Oecologia，1980，46（1）：101-105.

[3] Burkhard B，Kroll F，Nedkov S，et al. Mapping Ecosystem Service Supply，Demand and Budgets［J］. Ecological Indicators，2012，21：17-29.

[4] 埃莉诺·奥斯特罗姆 . 公共事务的治理之道——集体行动制度的演进［M］. 上海：上海译文出版社，2012.

[5] 孙庆刚，郭菊娥，安尼瓦尔·阿木提 . 生态产品供求机理一般性分析——兼论生态涵养区“富绿”同步的路径［J］. 中国人口·资源与环境，2015，25（3）：19-25.

[6] Kroll F，Muller F，Haase D，et al. Rural-urban Gradient Analysis of Ecosystem Services Supply and Demand dynamics［J］. Land Use Policy，2012，29（3）：521-535.

[7] Syrbe R, Walz U. Spatial Indicators for the Assessment of Ecosystem Services: Providing, Benefiting and Connecting Areas and Landscape Metrics [J]. Ecological Indicators, 2012, 21: 80–88.

[8] Serna–Chavez H, Schulp C, Van Bodegom P, et al. A Quantitative Framework for Assessing Spatial Flows of Ecosystem Services [J]. Ecological Indicators, 2014, 39: 24–33.

[9] Bagstad K, Villa F, Batker D, et al. From Theoretical to Actual Ecosystem Services: Mapping Beneficiaries and Spatial Flows in Ecosystem Service Assessments [J]. Ecology and Society, 2014, 19 (2): 64.

[10] Fisher B, Turner R K, Morling P. Defining and Classifying Ecosystem Services for Decision making [J]. Ecological Economics, 2009, 68 (3): 643–653.

[11] 李双成，谢爱丽，吕春艳，等 . 土地生态系统服务研究进展及趋势展望 [J]. 中国土地科学，2018，32 (12)：82–89.

[12] 刘慧敏，范玉龙，丁圣彦 . 生态系统服务流研究进展 [J]. 应用生态学报，2016，27 (7)：2161–2171.

[13] 王嘉丽，周伟奇 . 生态系统服务流研究进展 [J]. 生态学报，2019，39 (12)：4213–4222.

[14] 刘慧敏，刘绿怡，任嘉衍，等 . 生态系统服务流定量化研究进展 [J]. 应用生态学报，2017，28 (8)：2723–2730.

[15] Villa F, Bagstad K J, Voigt B, et al. A Methodology for Adaptable and Robust Ecosystem Services Assessment [J]. PloS one, 2014, 9 (3): e91001.

[16] Chan K, Satterfield T, Goldstein J. Rethinking Ecosystem Services to Better Address and Navigate Cultural Values [J]. Ecological Economics, 2012, 74: 8–18.

[17] Hoover E M. 区域经济学导论 [M]. 王翼龙，译 . 北京：商务出版社，1990.

[18] 程必定 . 区域经济学——关于理论和政策问题的探讨 [M]. 合肥：安徽人民出版社，1989.

[19] 胡宝清 . 区域生态经济学理论、方法与实践 [M]. 中国环境科学出版社，2005.

[20] Jorgensen S E. 系统生态学导论 [M]. 北京：高等教育出版社，2013.

[21] 马世骏，王如松 . 社会 – 经济 – 自然复合生态系统 [J]. 生态学报，1984 (1)：1–9.

[22] Vigl L, Depellegrin D, Pereira P, et al. Mapping the Ecosystem Service Delivery Chain: Capacity, Flow, and Demand Pertaining to Aesthetic Experiences in Mountain Landscapes [J]. Science of the Total Environment, 2017, 574 : 422–436.

[23] Serna–Chavez M, Schulp C, Van Bodegom P, et al. A Quantitative Framework for Assessing Spatial Flows of Ecosystem Services [J]. Ecological Indicators, 2014, 39: 24–33.

[24] 张豆，渠丽萍，张桀滈 . 基于生态供需视角的生态安全格局构建与优化——以长三角地区为例 [J]. 生态学报，2019，39 (20)：7525–7537.

[25] Arrow K J. The Organization of Economic Activity: Issues Pertinent to the Choice

of Market Versus Nonmarket Allocation [J] . The Analysis and Evaluation of Public Expenditure: the PPB System, 1969, 1: 59-73.

[26] 张五常 . 佃农理论：应用与亚洲的农业和台湾的土地改革 [M] . 北京：商务印书馆，2002.

[27] Furubotn, Richter. 新制度经济学：一个交易费用分析范式 [M] . 上海：格致出版社，2015.

[28] 高晓龙，程会强，郑华，等 . 生态产品价值实现的政策工具探究 [J] . 生态学报，2019，39 (23): 8746-8754.

[29] Liu J Y, Dou S Q, Hmeimar A E H. Cost-Effectiveness Analysis of Different Types of Payments for Ecosystem Services: A Case in the Urban Wetland Ecosystem [J] . Journal of Cleaner Production, 2020, 249: 119325.

[30] Wackernagel M, Rees W E. Our Ecological Footprint [M] . Philadelphia: New Society Publishers, 1996.

[31] Park R E, Burgess. 城市社会学：芝加哥学派城市研究 [M] . 北京：商务印书馆，2012.

[32] Dietz T, Rosa E A, York R. Driving the Human Ecological Footprint [J] . Frontiers in Ecology and the Environment, 2007, 5 (1): 13-18.

[33] Meadows D, Randers J. 增长的极限 [M] . 北京：商务印书馆，1984.

[34] Holling C S. The Resilience of Terrestrial Ecosystems: Local Surprise and Global Biosphere [M] .Cambridge: Cambridge University Press, 1986.

[35] Rees W, Wackernagel M. Urban Ecological Footprints: Why Cities Cannot be Sustainable and Why They are a Key to Sustainability [J] . Environmental Impact Assessment Review, 1996, 16 (4-6): 223-248.

[36] Peterson G. Political Ecology and Ecological Resilience: An Integration of Human and Ecological Dynamics [J] . Ecological Economics, 2000, 35: 323-336.

[37] Hudak A. Rangeland Mismanagement in South Africa: Failure to Apply Ecological Knowledge [J] . Human Ecology, 1999.27 (1): 55-78.

[38] Leopold A. Sand County Almanac and Sketches Here and There [M] . New York: Oxford University Press, 1949.

[39] Parrish J D, Braun D P, Unnasch R S. Are We Conserving What We Say We are? Measuring Ecological Integrity Within Protected Areas [J] . Bioscience, 2003, 5: 851–860.

[40] Woodley S. Ecological Integrity and Canada's National Parks [J] . The George Wright Forum, 2010: 27 (2), 151-160.

[41] Unnasch R S, Braun D P, Comer P J, et al. The Ecological Integrity Assessment Framework: A Framework for Assessing the Ecological Integrity of Biological and Ecological Resources of the National Park System [R] . Report to National Park Service, 2018.

[42] 曾贤刚，唐宽昊，卢熠蕾 . "围栏效应"：产权分割与草原生态系统的完整性 [J] . 中

国人口·资源与环境，2014，24（2）：88-93.
［43］曾贤刚，虞慧怡，谢芳．生态产品的概念、分类及其市场化供给机制［J］．中国人口·资源与环境，2014，24（7）：12-17.
［44］贾康，孙洁．公私伙伴关系（PPP）的概念、起源、特征与功能［J］．财政研究，2009（10）：2-10.
［45］张林波，虞慧怡，郝超志，等．国内外生态产品价值实现的实践模式与路径［J］．环境科学研究，2021，34（6）：1407-1416.
［46］黎元生．生态产业化经营与生态产品价值实现［J］．中国特色社会主义研究，2018（4）：84-90.
［47］Savas E S. Privatization and Public-Private Partnerships［M］. New York：Chatham House，2000.
［48］Ostrom E. 制度激励与可持续发展［M］．上海：上海三联书店出版社，2000.
［49］Maslow A. 动机与人格［M］．北京：中国人民大学出版社，2012.
［50］Ramphal S. 我们的家园地球［M］．北京：中国环境科学出版社，1993.
［51］王鹏，冯相昭，王敏，等．我国省域碳排放特征识别及类型划分［J］．环境与可持续发展，2021，46（3）：31-36.
［52］王小华，温涛，韩林松．习惯形成与中国农民消费行为变迁：改革开放以来的经验验证［J］．中国农村经济，2020（1）：17-35.

第8章 交易机制

生态产品价值主要由生态系统提供的物质产品供给价值、生态调节服务价值以及附带的文化旅游价值组成。生态产品作为一种纯公共物品和准公共物品，运用市场机制进行交易、实现生态产品价值转化会遇到各种约束、困难和挑战。本章在识别生态产品第四产业交易特点基础上，重点阐述生态产品价格形成机制、交易运行机制和主要交易模式，并以碳汇交易、湿地银行、生态银行等政策工具为典型案例，介绍国内外生态产品市场交易的典型做法与经验，提出疏通生态产品交易的途径和政策。

8.1 生态产品价格形成机制

生态产品价格是生态产品价值的货币表现，是生态产品市场交易体系中最重要的决策依据。生态产品价格形成机制是指在生态产品价格形成过程中，具有直接定价权、间接定价权或价格干预权的各价格决策主体间的相互关系，以及由此决定的生态产品价格形式、价格体系、价格调控方式等。生态产品价格形成机制是生态产品市场化改革的核心，生态产品价格形成机制是否健全，将直接影响生态产品供给质量和效率、消费需求、交易成本和利益分配。

8.1.1 生态产品交易市场现状

我国积极探索生态产品市场交易机制，探索构建纯公共性生态产品、准公共性生态产品和经营性生态产品价格体系，为掌握合理的定价机制、避免交易的价格风险奠定了基础。

（1）纯公共性生态产品

纯公共性生态产品因具有非竞争性和非排他性特征，主要是由政府主导创造交易市场，通过政府手段，采用生态补偿机制进行交易，交易双方主体一般为生态功能重要区域或流域中的受益者（如受益区政府）和保护者（如保护区政府），纯公共性生态产品的价格主要体现在生态补偿标准的制定中。

在生态补偿标准方法研究上，国外将生态服务价值评价作为生态补偿评估的参考依据，注重补偿效益，综合考虑补偿区域、机会成本以及受偿意愿和支付意愿，基于直接市场法、替代市场法、模拟市场价值法、双方博弈协商等，确定生态补偿金额。国内生态补偿金额的确定常参照以下 5 个方面进行初步核算：按生态保护者的直接投入和机会成本、按生态受益者的获利、按生态系统服务功能的价值、按支付意愿与受偿意愿和按生态足迹评估。

在实践中，生态补偿标准的确定一般遵照经济适用性与社会公平性相统一原则。我国生态补偿标准的确定依据可以归纳为参考国家生态补偿标准执行和各地因地制宜开展生态补偿标准核算两类。其中，退耕还林（草）和国家级公益林补贴主要参考国家生态补偿标准执行。退耕还林（草）始于 1998 年，由国家对退耕农户无偿提供粮食、种苗费和管护费补助；对于国家级公益林，森林生态效益补偿根据国家级公益林权属实行不同的补偿标准，包括管护补助支出和公共管护支出两部分（表 8-1）。

表 8-1 退耕还林（草）和国家级公益林交易定价标准

交易类型	交易定价（生态补偿标准）		依据
退耕还林（草）	粮食补助标准	长江流域及南方地区为 150 kg，黄河流域及北方地区为 100 kg，补助粮食的价款按照每千克 1.4 元折价计算	国家退耕还林（草）政策
	生活补助费标准	每年每亩[①] 20 元	
	种苗造林补助费标准	每亩 50 元	
国家级公益林	管护补助支出	国有：每年每亩 4.75 元 集体和个人所有：每年每亩 14.75 元	《中央财政林业补助资金管理办法》（财农〔2014〕9 号）
	公共管护支出	国有：每年每亩 0.25 元 集体和个人所有：每年每亩 0.25 元	

各地结合自然要素、水源涵养、水土保持、水质净化等纯公共性生态产品交易领域、区域特征等，开展差异化的横向生态补偿标准和综合生态补偿标准实践探索。流域上下游地区根据流域生态环境现状、保护治理成本投入、水质改善的收益、下游支付能力、下泄水量保障等因素，建立流域上下游横向生态补偿机制。浙江、福建、江西、广东、南京、江苏、山东、海南等地，在流域以及重点生态功能区、生态保护红线、自然保护区等有明确边界的生态功能重要区域，综合考虑水环境、森林生态、水资源等反映区域生态功能和环境质量的基本要素，以及区域级别、类型、面积等，开展综合性生态保护补偿标准探索与实践（表 8-2）。

① 1 亩≈666.67 m^2。

表 8-2 综合性生态补偿标准核定方法

省市	领域	生态补偿标准核定方法
浙江省	流域	按照生态功能保护、环境质量改善两大因素设置相关指标。生态功能保护类根据公益林、水库等的面积比例来设定系数，环境质量改善类根据水环境质量和空气质量的优劣等级来设定相关系数进行奖惩
福建省	重点生态功能区	综合性生态保护补偿分为保持性补偿和提升性补偿两部分，根据各县（市）的考核分数排名来进行资金的扣减及奖励
江西省	流域	根据水环境质量、森林生态质量、水环境管理 3 个因素进行生态补偿资金的权重设定，并且根据保护区划定范围、主体功能区区划设定综合补偿系数来进行资金分配
广东省	重点生态功能区	生态保护补偿转移支付分为基础性补偿和激励性补偿两部分：某县基础性补偿额 =［（某县基本财力保障需求 × 类别系数 × 调整系数）/∑（县级基本财力保障需求 × 类别系数 × 调整系数）］× 省生态保护补偿资金分配总额 ×50%；某县激励性补偿额 =［（基础性补偿 × 某县生态考核指标综合增长率）/∑（基础性补偿 × 县级生态考核指标综合增长率）］× 省生态保护补偿资金分配总额 ×50%
南京市	生态红线区域、耕地、生态公益林、水利风景区	生态红线区域补偿 = 市级生态保护补偿资金总额（扣除耕地、水稻田、公益林和水利风景区补偿资金）×（区生态红线区域面积 / 各区生态红线区域面积总和）
江苏省	生态红线区域	生态补偿转移支付分为补助和奖励两部分：补助部分根据各市、县（市）列入转移支付测算范围的生态红线区域的级别、类型、面积以及地区财政保障能力等因素计算；奖励部分按照对上一年度各市、县（市）生态红线区域保护任务完成情况进行综合考核的结果分配
山东省	自然保护区	依据年度补偿总资金和符合补偿条件的所有自然保护区的重要性系数和考核分值确定
海南省	饮用水水源保护区、生态公益林、湿地、自然保护区	生态补偿转移支付资金分为生态保护基础性补偿资金与生态保护激励性补偿资金两部分：某市县生态保护基础性补偿资金 = 生态基础性补偿资金总额 ×［（该市县饮用水水源保护区面积 /∑ 市县饮用水水源保护区总面积）×20%+（该市县生态公益林面积 /∑ 市县生态公益林总面积）×25%+（该市县湿地面积 /∑ 市县湿地总面积）×20%+（该市县纳入国家级和省级自然保护区面积 /∑ 市县纳入国家级和省级自然保护区总面积）×20%+（该市县总人口 /∑ 市县总人口）×15%］。生态保护激励性补偿资金根据相关指标考核结果确定

（2）准公共性生态产品

准公共性生态产品具有一定程度的竞争性或排他性，主要包括排污权、碳排放权、用水权、用能权等生态资源权益产品，可通过市场交易方式实现价值。当前，我国生态资源权益交易市场主要包括一级市场和二级市场，一级市场旨在通过对生态资源摸底、评估、整合、确权、确股，实现资源变资产，二级市场旨在盘活一级市场闲置资源，缓解生态资源权益一级市场的供应压力，引入市场化资金和专业运营投资商，实现生态资产向资本转变，同时完善价格形成机制。生态资源权益交易一级市场的初始分配是免费的，可能会导致价格低廉的权益配额进入市场，进而导致生态资源权益价格暴跌、供给过剩等问题，最终导致市场失灵[1]。例如，2005—2007 年，欧盟分配过多碳排放权配额指标，一度导致碳排放权的单价降到 0.1 欧元[2]。生态资源权益交易二级市场的市场化水平直接决定了生态资源权益交易机制能否保证公平、公开、公正交易。

进入 21 世纪以来，党中央、国务院陆续出台《国务院关于做好建设节约型社会近期重点工作的通知》《中共中央关于全面深化改革若干重大问题的决定》《生态文明体制改革总体方案》《中共中央 国务院关于加快推进生态文明建设的意见》等政策，做出建立排污权、水权、碳排放权、用能权交易制度，推行生态资源权益交易，培育交易市场等重要决策部署。自 2007 年起，财政部、环保部、国家发展改革委、水利部等部门先后在江苏、浙江、北京等省（区、市）启动排污权、碳排放权、水权、用能权交易试点（图 8-1）。截至 2021 年，在各部门积极推动、指导下，全国建成 28 个排污权有偿使用和交易试点［其中部委正式批复 12 个，16 个省（区、市）自行开展试点］、10 个碳排放权交易市场（1 个全国性碳市场和 9 个区域碳市场）、约 16 家水权交易平台（其中国家层面 1 家、省级层面 5 家、省级以下级层面至少 10 家）、4 个用能权交易试点。

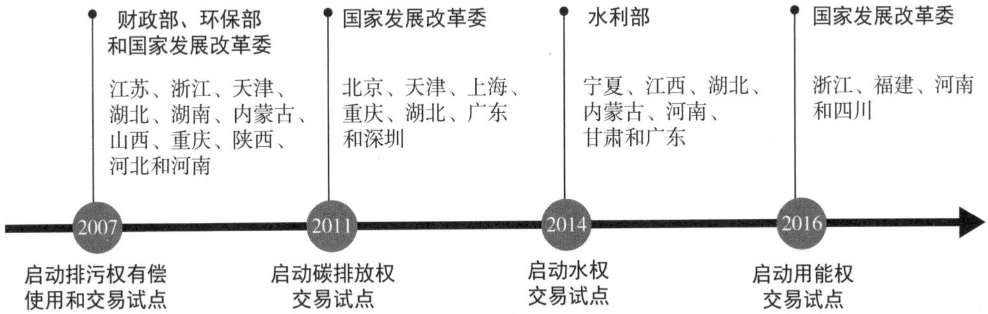

图 8-1 我国生态资源权益交易试点启动历程

我国生态资源权益交易市场建设取得了初步进展。2014—2020 年，中国碳交易市场成交额由 4.89 亿元增长至 2020 年的 12.67 亿元[3]；排污权有偿使用和交易金额显著增加，截至 2018 年 8 月，一级市场征收排污权有偿使用费累计 117.7 亿元，二级市场累计交易金额 72.3 亿元[4]。但是用水权和用能权的交易量和交易规模还不大，2021 年，全国水权交易成交量为 3.08 亿 m^3，交易金额为 1.59 亿元[5]；2018 年年底至 2019 年年底，4 个用能权交易试点正式启动用能权交易，但仍处于起步阶段。

目前，我国生态资源权益交易存在交易价格差异大，交易市场不活跃，二级市场发育不成熟，各地经济结构、交易规则、总量计算方法等不同导致无法进行跨区域交易，以及交易成本高等问题。因此，加快构建全国统一的生态资源权益交易市场制度规则，完善跨区域生态产品交易机制，是推动生态资源权益交易市场健康有序发展的基础支撑和内在要求。2022 年 4 月 10 日，中共中央、国务院发布《关于加快建设全国统一大市场的意见》，对培育发展全国统一的生态环境市场做出重要部署，提出建设全国统一的碳排放权、水权交易市场，实行统一规范的行业标准、交易监管机制，推进排污权、用能权市场化交易。这将推动我国生态资源权益交易市场加快发展。

专栏 8-1　生态资源权益探索实践

在排污权交易方面，浙江湖州积极探索排污权二级市场交易，开展印染企业富余排污权二级市场公开竞拍；宁夏紧盯企业初始排污权、新增排污权、可交易排污权和政府储备排污权“四笔账”与排污许可、环境评价、总量减排等管理制度紧密衔接，探索建立了方法一致、标准统一、结果准确的确权核算体系。

在碳排放权交易方面，配额分配是碳市场的核心，北京探索利用历史法和基准线法相结合的配额分配方法，湖北探索“低价起步、适度从紧”的配额分配方式，广东则以欧盟碳市场为蓝图，率先引入配额拍卖机制，从一级市场层面对配额分配进行控制，鼓励企业积极减排。

在用水权交易方面，甘肃在河西内陆河流域探索实施取水权交易和灌溉用水户水权交易，江西探索区域水权有偿配置，浙江探索水价综合改革、拓展节水融资模式，宿州探索地区间、行业间等多种水权交易。

在用能权交易方面，浙江侧重以“控产能”手段控制能源消费量，福建侧重通过对年度配额总量进行调控实现每年的能源消费总量控制，河南更加突出将煤炭消费量作为重要的确权因素，四川将节能量、绿色电力证书等作为抵消因素。

（3）经营性生态产品

经营性生态产品主要包括生态农、林、牧、渔、中草药产品，生态能源产品等以实际物质为代表的生态物质产品，以及生态产业化经营形成的生态旅游、休闲农业、生态康养等经营性服务。相对于纯公共性生态产品和准公共性生态产品，经营性生态产品市场化程度较高，其中生态物质产品具有强大的、可强制执行的产权，可通过直接市场交易实现产品价值，交易成本较低；经营性服务通常有明确的界限，可基于产权强制执行，经营部门可通过收取门票等方式提供服务。

专栏 8-2　生态农产品价格形成

20 世纪 80 年代，针对我国农业生态环境逐步恶化的趋势，原农业部提出了发展生态农业的总体思路，在保证生态农业生态效益和社会效益的基础上，实现经济效益最大化。截至 2016 年年底，我国生态农业试点个数已达 2 000 多个，试点土地面积达到 1 亿亩，占全国耕地总面积的 7%。

生态农产品价格既体现了农产品的劳动价值，又体现了生态价值，因此生态农产品的价格比同类普通产品的价格要高。2014—2018年，连续1年的“中央一号文件”都特别强调要完善粮食等重要农产品的价格形成机制，提出坚持市场定价原则，探索推进农业产品价格形成机制与政府补贴脱钩的改革，确定了“市场定价、价补分离”的思路。一系列的农产品价格形成机制改革取得了积极成效，以有机菜价格为例，2016年，有机菜价格为普通蔬菜的6～10倍，2021年，部分有机菜价格已降至普通蔬菜的1.5～2倍[6]。

随着社会经济发展水平的提高，特别是后疫情时代，人们对健康越来越重视，市场对优质生态农产品的需求越来越大。提高生态农产品供给能力和质量，是农产品实现生态价值的重要途径，“中央一号文件”也对增加优质生态农产品供给做出了顶层设计。2020年“中央一号文件”强调，要加强绿色食品、有机农产品、地理标志农产品认证和管理，打造地方知名农产品品牌，增加优质绿色农产品供给。2022年“中央一号文件”提出，开展农业品种培优、品质提升、品牌打造和标准化生产提升行动，推进食用农产品承诺达标合格证制度，完善全产业链质量安全追溯体系。

8.1.2 生态产品价格影响因素

生态产品供给具有自然垄断属性和市场竞争属性，这决定着在生态产品市场化中的生态产品价格形成必然受到多重因素影响，包括生态产品价值、稀缺性、供需及其关系、生产成本、价格主体及其权力（利）配置、市场结构等，这些影响因素同样是生态产品价格形成机制的有机组成部分，生态产品价格是生态产品市场上所有因素综合作用的结果。

（1）生态产品价值

生态产品价值决定生态产品价格。生态产品价值是指在特定时间内，按生态保护投入成本法或生态系统服务价值评估方法核算的价值；生态产品价格是在生态产品市场交易中形成的，反映出特定市场条件下，特定的买方和（或）卖方对生态产品价值的认可。生态产品价值与价格的关系，与该生态产品的市场化程度有关：对于已市场化的生态产品，生态产品的价格就是其生态产品价值的体现；对于部分市场化的生态产品，如固碳功能，在市场交易的时候只会捕获部分生态溢价，一般将基于生态保护投入成本法核算的价值作为其价格的参考下限，将基于生态系统服务价值评估方法核算的价值作为其价格的参考上限。

（2）生态产品稀缺性

稀缺性是经济学研究的前提和出发点，生态产品稀缺性是衡量生态产品经济价值的重要尺度。生态产品源于自然生态系统，其稀缺程度取决于自然禀赋，在历史长河中是动态变化的。在人类社会早期，受限于人口数量和人们的开发利用能力，森林、草原、河流、湿地、湖泊等生态资源相对充沛，生态产品并不存在稀缺性。进入工业社会以来，人们对生态资源的开发利用范围和程度不断加大，逐渐逼近甚至超过生态承载力界限。同时，随着社会经济水平和人民物质生活水平的提高，人们对生态产品的需求日益增长，尤其是相当一部分生态资源不可再生，生态产品存量难以有效满足社会主体对美好生态生活品质的实际需求[7]。此时，生态产品稀缺性日益凸显。当生态产品存量呈现稀缺状态时，经济系统做出反应，生态产品的相对价格上升，从而减少对该生态产品的过度开发或寻找替代资源，进而缓解该生态产品的稀缺程度，因此，合理的生态产品价格既要包含其外部经济性的内部化，又要体现其稀缺性的溢价。

（3）生态产品供需及其关系

生态产品供给、需求及其供求关系是生态产品价格形成的核心影响要素，生态产品价格受生态产品供求关系而产生波动：当生态产品供大于求时，生态产品价格下降；当供小于求时，生态产品价格上升。反过来，生态产品价格的变化又会作用于生态产品供给和需求的变化：生态产品价格上升，促进生态产品供给，需求相对减少；生态产品价格下降，生态产品供给减少，需求相对增加。在生态产品自由竞争环境下，生态产品的配置将会尽可能地实现该自由竞争市场的均衡。以碳排放权交易价格为例，从供给角度，政府制定的碳排放配额的总额度，直接影响了碳排放配额的供给水平：如果碳排放配额分配总量小，各企业获得的碳排放配额量减少，导致分配量不能够满足企业的生产实际排放量，企业会进入碳排放权交易二级市场，购买不足的碳排放配额，从而引起碳价格的波动；另外，如果企业采取了减排技术，且减排技术成本低于进行碳排放权交易获取的利润时，企业会将多余的碳排放配额进行交易，从而增加碳排放权的供应量，引起碳排放权价格的下降，同时，碳交易价格也会影响企业技术创新的积极性。从需求角度，当石油、煤炭、天然气等能源价格上升，或当经济处于下行期时，对化石能源的需求量减少，从而对碳排放权的需求减少，碳排放配额供给大于需求，碳交易价格下降[8]。

（4）生态产品生产成本

生态产品的生产成本是生态产品价格形成的主导性因素。与普通商品不同，为了实现生态产品的外部经济，通常情况下生态产品生产成本包括生产成本、环境污染控制成本和末端环境治理成本。以水权交易为例，水权交易是利用市场机制优化配置水资源、解决水资源问题的重要途径。作为国内外都认可的水权交易定价方法，全成本定价法综合考虑了资源、工程、环境影响等成本，并反映在水价中，由用水户承担这部分成本。其中，水资源费主要反映水资源的稀缺性以及开发利用的投入成本，我国的水资源费主要是由相关政府部门根据地域性差异制定，并在实践中结合社会发展需要不断调整收费标准；工程费用即水利工程成本，由水利工程建设成本和水利工程运行维护成本构成；环境水费，也叫水环境补偿费，是一种“先破坏后补偿”的收费方式，目的是补偿水资源开发利用过程中对生态环境的破坏[9]。水资源开发利用投入成本、水利工程成本和生态保护成本将直接影响水权交易的价格。

（5）生态产品价格主体及其权力（利）配置

生态产品价格主体及其权力（利）配置是生态产品价格形成机制的核心构成要素之一。《中华人民共和国价格法》明确规定，我国的基本价格制度是“实行并逐步完善宏观经济调控下主要由市场形成价格的机制”。2021 年，中共中央办公厅、国务院办公厅印发的《关于建立健全生态产品价值实现机制的意见》强调，要加快完善政府主导、企业和社会各界参与、市场化运作、可持续的生态产品价值实现路径。这意味着多元化的生态产品供给主体包括政府、市场、公众 3 类，各方主体对生态产品价格形成的决定权与参与权的配置结构决定了生态产品的价格形成方式、价格体系、价格形式等[10]。生态产品价格必然反映需求水平、供给成本等，同时也受生产者价格政策和政府干预的影响。生态产品价格形成机制背后所反映的是错综复杂的多元利益保护与冲突关系，涉及多元价值目标的冲突与平衡，其中，政府的供给任务、市场的经济目标、公众的环境利益诉求在生态产品价格形成机制中构成了相互掣肘的利益互动关系。

（6）生态产品市场结构

市场结构是指构成一定系统的诸要素之间的内在联系方式及其特征，它包括市场供给者之间、市场需求者之间、市场供给者与需求者之间的各种经济联系。按照市场结构，生态产品市场可划分为完全竞争市场、垄断竞争市场、寡头垄断市场和完全垄断市场。在完全竞争市场的条件下，市场的效率最高，均衡条件能达到帕累托最优状态。相反，在完全垄断竞争条件下，垄断方能够控制市场价格，导致市场无效率产生[11]。以生态资源权益交易为例，若垄断的市场结构引发了市场失灵，只能打破垄断僵局，应采取激励措施鼓励更多主体参与到市场竞争中，并在公平、平等、自愿、诚实信用等原则下，尊重市场配置资源的规律，规范生态资源权益交易价格，通过供需关系由市场自主决定生态资源权益交易价格，政府在生态资源权益价格决定过程中发挥调节的作用，不能操控交易价格的形成，可以通过招标拍卖等多种方式确定生态资源权益交易价格。

8.1.3 生态产品定价机制

当前我国生态产品定价机制主要有以下 4 类：

一是生态产品价值核算，如 GEP 核算，其标准化核算流程是根据核算目的，确定 GEP 或生态产品总值核算区域范围，明确生态系统类型以及生态系统服务的清单，确定核算模型方法与适用技术参数，开展 GEP 实物量与价值量核算（具体核算详见本书第 5 章）。

二是市场价格机制，由市场机制决定价格，主要适用于经营性生态产品。消费者认可并愿意支付生态服务引致的溢出价格，如农产品“三品一标”或“丽水山耕”、“武夷山水”等区域品牌标识等。在政府部门的监管下，第三方认证机构通过建立一套促进优质生态产品供给的技术、管理标准，采用收费或公益的形式向生态产品提供者提供认证服务，从而使生态产品提供者可以依据认证章或认证资质设定较高的市场价格，通过市场交易获得生态产品溢价[12]（图 8-2）。

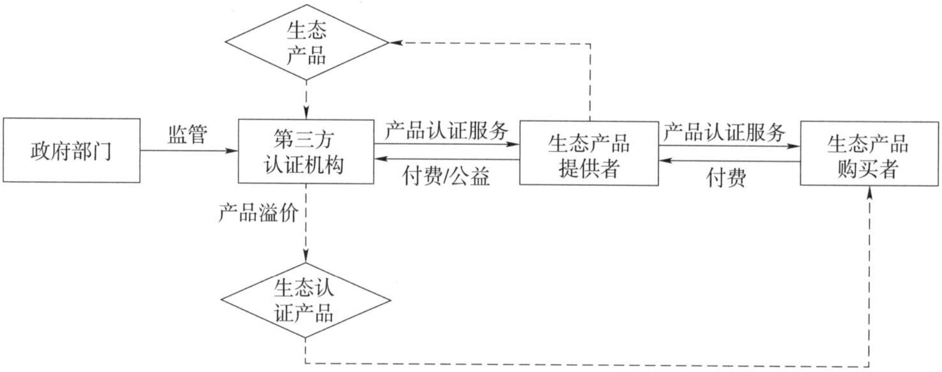

图 8-2 生态（产品）认证定价机制

三是政府规制机制，从政府规制角度去评估，政府规定权利和义务，市场针对这种权利或义务进行交易，此时的配额价值体现了一部分调节服务类生态产品的价值。以碳排放权交易为例，政府主管部门确定碳排放强度控制目标并设立年度碳排放总量控制目标，计算年排放量配额总量，在碳排放权一级市场上通过招标、拍卖或无偿分配的形式向重点单位发放碳排放配额；一个履约年度届满，重点排放单位向政府主管部门报告年度碳排放情况，第三方核查机构核查重点单位碳排放报告并出具核查报告，政府主管部门确认重点单位碳排放量，若其碳排放量与排放配额相等，则完成其履约义务；若碳排放量与排放配额不等，则进入碳排放权二级市场交易，排放配额不足的，可向拥有多余配额的企业购买碳排放权，排放配额有结余的，可将碳排放权卖给配额需求方（图 8-3）。

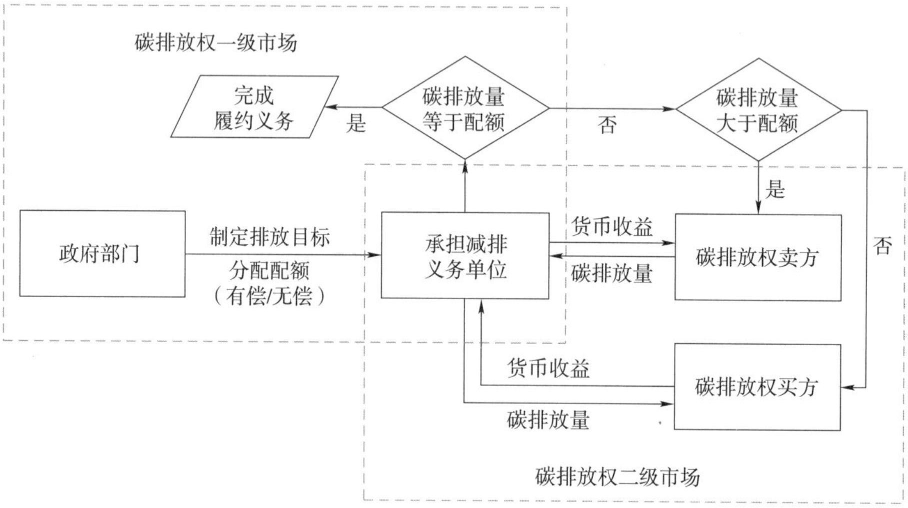

图 8-3 碳排放权定价机制

四是生态补偿，即以保护和可持续利用生态系统服务为目的，以经济手段为主调节相关者利益关系，这种方式具有明显的政府定价特点，适用于纯公共性生态产品。生态补偿参与方包括政府、生态产品供给者和生态产品受益者。其中，政府通过协商或者按照市场规则，确定补偿基准和补偿资金额度；生态产品供给者通过参与工程、项目，按照生态环境保护要求科学合理地转变土地利用类型，提升生态系统服务水平；生态产品受益者受益于一种或多种生态系统服务功能，并以资金补偿、对口协作、智力支持、产业扶持、政策帮扶、共建园区等形式予以补偿（图 8-4）。

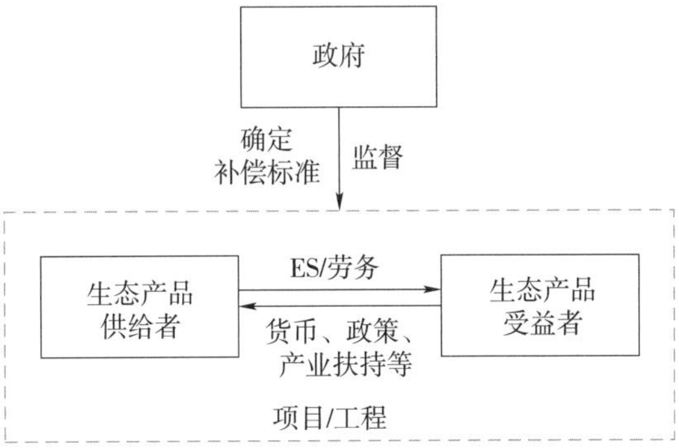

图 8-4 生态补偿定价机制

整体上，上述定价机制或考虑了生态系统提供的供给、调节、文化服务全部的价值，或通过市场机制捕获生态溢价，或通过政府管制、定价直接体现政府的价值目标。生态产品定价涉及自然生态系统与人类社会经济系统两个方面，在充分体现生态环境价值的同时也要遵循市场规律。为更好践行“绿水青山就是金山银山”理念，最大化实现生态产品的经济价值和生态价值，需结合我国生态产品交易定价实践基础，综合考虑生态产品价值、稀缺性、供需及其关系、生产成本、价格主体及其权力（利）配置、市场结构等生态产品价格影响因素，以市场化为导向，建立反映生态产品保护和开发成本的价值核算方法，进一步发展完善以价值为基础、体现市场供需关系、与经济发展相适应的生态产品价格形成机制。

8.2 生态产品交易运行机制

生态产品交易运行机制是生态产品交易市场良性健康发展的基础和保障，交易主体、交易标的、交易流程、交易平台是生态产品交易运行机制的重要组成要素，旨在界定谁参与交易、交易什么、怎么交易、在哪里交易。

8.2.1 生态产品交易主体

生态产品交易主体指生态产品交易过程中享有权利和承担义务的组织和个人，法律、法规和政策没有限制的法人和自然人均可以进入生态产品交易市场参与生态产品交易，现阶段生态产品交易主体主要包括交易双方、第三方机构、第四方平台和监管部门。

交易双方指直接参与生态产品市场交易的合同主体。对于生态物质产品，交易双方即商品的购买者和出售者；对于生态调节服务产品，交易双方主要是指生态资源权益出让方（转让方）与受让方；对于生态文化服务产品，交易双方即农业休闲观光、生态旅游、生态康养等服务的消费者和提供者。

第三方机构指为交易双方提供各类辅助服务的专业机构，包括监测与核查核证机构、咨询公司、评估公司、会计师事务所、律师事务所，以及为交易双方提供融资服务的机构。

第四方平台指为生态产品交易市场各方主体开展交易相关活动提供交易场所、交易规则、交易系统和信息等的服务机构。

监管部门指对生态产品交易市场的合规稳定运行进行管理和监督的各类主管部门，主要包括行业主管部门、金融监管部门及财税部门。

各交易主体分工协作、功能互补（表 8-3），共同构成生态产品交易结构图谱。交易主体多元化，有利于带动社会资本参与生态产品开发经营，激发生态产品交易市场活力。

表 8-3　生态产品交易主体及其作用

交易主体		主要作用或动机
交易双方	买方（受让方）	享有生态产品和服务； 实现最低成本减排（履约），完成减排目标
	卖方（出让方）	提供符合要求的产品和服务； 获得经济、社会效益
第三方机构	监测与核证机构	保证交易产品可监测、可报告、可核查； 维护交易市场的有效性
	金融机构	丰富交易产品； 吸引资金入场； 激发市场活力
	其他（如咨询公司、评估公司、会计师事务所及律师事务所等）	提供咨询服务； 生态产品价值评估； 生态产品交易相关审计
第四方平台	交易平台	交易信息汇集发布； 统一交易市场； 降低交易成本，提高交易效率； 增强交易市场流动性
监管部门	各类产品交易主管部门	制定交易市场监管条例，并依法依规行使监管权利，规范市场运行； 对交易产品、交易活动、信息公开情况等进行监督管理； 配合相关部门对违法违规行为进行查处

8.2.2　生态产品交易标的

交易标的品种的丰富程度，一方面反映了生态产品交易市场的流动性，是衡量生态产品交易市场发达程度的重要标志；另一方面也是生态产品交易市场功能能否发挥的重要基础，丰富的交易品种有利于激发市场创新动力，吸引长期资金入市。现阶段，生态物质产品、生态调节服务产品、生态文化服务产品的主要交易标的如表 8-4 所示，标的种类主要是有形财产（物）和无形财产（财产权利）两类。

表 8-4　生态产品交易主要标的

<table>
<tr><th colspan="3">生态产品类型</th><th>主要交易标的</th><th>标的类型</th></tr>
<tr><td rowspan="4">生态物质产品</td><td rowspan="2">初级生态物质产品</td><td>纯天然产品</td><td>纯天然产品</td><td>有形财产</td></tr>
<tr><td>优美自然要素</td><td>明确权责归属的生态产品权益</td><td>无形财产</td></tr>
<tr><td colspan="2">生态农、林、牧、渔业产品</td><td>“三品一标”农产品；
原木、原竹、生漆等生态林产品；
牛、羊、猪等生态畜牧业产品；
鱼、虾等生态水产品</td><td>有形财产</td></tr>
<tr><td colspan="2">衍生性生态物质产品</td><td>矿泉水、生态（有机）食品饮料等衍生性生态物质产品</td><td>有形财产</td></tr>
<tr><td rowspan="4">生态调节服务产品</td><td colspan="2">生态调节服务</td><td>明确权责归属的生态产品权益，如：
农村集体所有林地上的生态产品权益（调节服务价值）；
农民以户承包的林地上的生态产品权益（调节服务价值）；
各类法人、社会组织投资的林地上的生态产品权益（调节服务价值）；
其他自然人投资林地上的生态产品权益（调节服务价值）</td><td>无形财产</td></tr>
<tr><td rowspan="3">衍生性生态调节服务</td><td>碳排放权</td><td>碳排放配额（CEA）；
核证减排量（CER）；
核证自愿减排量（CCER）；
适用于其他标准的自愿减排量（VER）</td><td>无形财产</td></tr>
<tr><td>排污权</td><td>二氧化硫排污权；
氮氧化物排污权；
化学需氧量排污权；
氨氮排污权；
烟尘排污权；
工业粉尘排污权</td><td>无形财产</td></tr>
<tr><td>用水权</td><td>水量</td><td>无形财产</td></tr>
</table>

续表

生态产品类型			主要交易标的	标的类型
生态调节服务产品	衍生性生态调节服务	用能权	用能权指标； 综合能源消费量（不含煤炭消费量）指标； 煤炭消费实物量指标； 可再生能源指标； 生物质能指标	无形财产
		清水增量指标	达到一定水质标准的再生水资源指标	无形财产
		绿化增量指标	绿化增量指标	无形财产
		碳汇	林业碳汇； 蓝碳	无形财产
		其他衍生性产品	地票； 林权	无形财产
生态文化服务产品	生态文化服务产品		生态旅游景点、旅游项目、生态旅游路线等生态旅游产品； 生态康养产品； 观光农园、农业公园、生态公园、教育公园、民俗观光村等生态文化服务产品	有形财产

为进一步丰富生态产品交易标的，在生态产品交易市场运行良好的基础上，建立完善区域间互联互通机制，依托交易平台实现信息及时共享，逐步扩大市场覆盖范围，逐步拓展交易品种、交易方式和交易主体。

8.2.3 生态产品交易流程

交易双方、第三方机构和监管部门依托第四方平台开展生态产品交易。主要交易流程如下（图 8-5）：①生态物质产品、生态调节服务产品或生态文化服务产品权益所有人在交易机构进行注册登记；②权益主管部门进行确权登记，清晰界定自然资源资产产权主体，划清所有权和使用权边界，界定出让、转让、出租、抵押、入股等权责归属，依托自然资源统一确权登记明确生态产品权责归属；③买方或卖方提交交易申请（出让申请或受让申请），明确交易需求，并由主管部门审定登记；④第三方机构根据交易需求开展生态产品价值评估、核查核证等工作；⑤主管部门依据第三方机构评估和核查确认结果进行产权市场化配置，在市场化配置过程中，也会有绿色金融的参与，为资源优化配置提供绿色信贷、绿色债券和绿色保险等金融工具；⑥买卖双方在主管部门监督下进行交易履约。

整体上，生态产品交易流程贯通了生态产品调查监测—价值评价—开发经营—保护补偿的生态产品价值实现全链条，实现了生态产品的调查、确权、交易、变现，以生态增值为核心，形成“资源—资产—资本”的完整闭环。

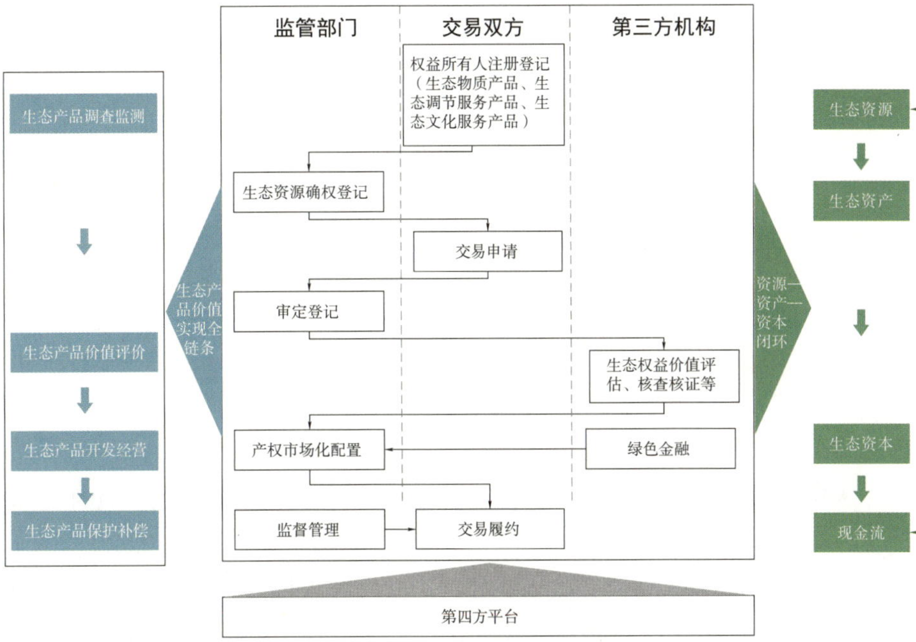

图 8-5　生态产品交易流程

要保障上述交易流程顺利进行，要遵循一定原则，以有效地规范、监督、管理生态产品交易。主要包括：①生态产品交易要充分发挥市场在资源配置上的决定性作用，以交易双方自愿为基础，坚持诚信、公开、公平、公正的原则；②生态产品交易必须遵循生态要素的自然和客观规律，坚持生态优先的原则，保证生态产品功能量不下降，同时也要尊重其商品性与价值规律；③生态产品交易必须以明确产权为基础，所转让的相关权利必须依法取得，遵守产权明晰的原则；④生态产品交易必须服从国家对生态要素的统一管理和宏观调控，探索政府主导、企业和社会各界参与、市场化运作、可持续的生态产品价值实现路径；⑤生态产品交易须坚持生态保护红线、永久基本农田、城镇开发边界 3 条控制线不突破，坚持国土空间用途管制原则。

8.2.4　生态产品交易平台

交易平台是生态产品统一进场交易的服务平台，是将丰富优质的生态产品进行优化配置的重要载体。规范化、市场化的生态产品交易平台可以促进生态要素的高效流通，降低交易成本，提高交易效率。经过认证的生态物质产品和生态文化服务产品可以通过平台在现有市场中进行交易，而调节服务产品则需要通过各级生态产品交易平台进行确权登记、核查核证、推介交易等。交易平台可为生态产品交易提供场所设施、政策咨询、信息发布、交易组织、交易鉴证、交易登记等，构建资源调查、确权登记、价值评估、优化重组、招商推介、开发交易、金融交互等多维一体运行模式。

（1）功能组成

交易平台遵循“区域共建、多元共治、平台共用、资源共享、数据互通”的建设原则，功能上一般包括平台运行管理保障体系、生态产品交易综合数据库、生态产品交易业务系统、生态产品交易一张图（图 8-6）。

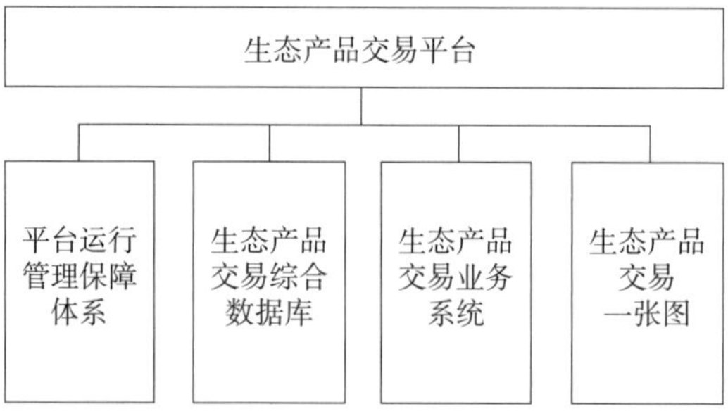

图 8-6　生态产品交易平台功能组成

平台运行管理保障体系是从业务、技术、实施及运行管理等方面综合考虑形成的一套具有内在联系的、科学的有机整体，包括国家和相关行业部门生态产品交易相关标准规范、交易管理办法和激励政策、信息系统管理规范和技术标准、数据管理策略和安全机制等，以实现开发、应用和服务的统一化，优化生态产品交易管理和服务。

生态产品交易综合数据库针对生态产品交易业务需求，采集、整合区域生态资源和生态资产，以及交易主体主要污染物排污权、用能权益额度、用水权、碳排放配额、核证自愿减排量（CCER）、林权等信息，并实时更新各类生态产品交易信息，实现多源数据的综合集成管理与应用。

生态产品交易业务系统是集生态产品交易数据报送、注册登记、交易、管理于一体的生态产品交易核心系统，为交易主体、监管部门等提供开户、交易、清算交收、查询及信息披露、管理等服务。

生态产品交易一张图可及时发布信息、跟踪区域生态产品交易动态、推介生态产品，为决策者提供科学的决策支撑平台，为社会公众提供公开透明的信息共享和监督平台。

（2）技术架构

交易平台在运行保障体系支撑下，逻辑自上而下分为用户层、业务应用层、应用服务支撑层、数据资源层和基础支撑层共 5 层（图 8-7）。生态产品交易平台面向不同用户，在基础设施和数据资源支撑下，依托生态产品交易技术体系，实现生态产品交易相关业务运行。

基础支撑层主要指支撑平台运行的软件和硬件设备，主要包括存储、网络、服务器、云服务等。

数据资源层包括生态资源、生态资产等本底数据，生态物质产品、生态调节服务产品和生态文化服务产品交易及管理数据，生态产品台账和生态产品产业目录等数据。

应用服务支撑层指时空大数据、人工智能、物联网、空间信息技术等先进的技术手段和生态产品监测评估、生态产品价值评价、生态系统碳汇监测核算、生态补偿等技术方法。

业务应用层指贯穿生态产品交易的业务链条，包括自然资源确权登记、生态产品价值评估、生态产品交易、生态产品监管等业务应用系统和开放共享的一张图系统。

用户层包括政府机构、企业、第三方机构、科研院所、社会公众等。

运行保障体系包括标准规范体系、政策保障体系、运行管理体系、安全保障体系。

图 8-7　生态产品交易平台架构

（3）运行框架

信息机制、定价机制、交易机制和监管机制构成了生态产品交易运行的完整脉络，其中信息机制是基础，定价机制是核心，交易机制是支撑，监管机制是保障，四者相互制约、相互促进[13]。生态产品交易平台在统一信息发布、统一交易规则、统一审核签证、统一定价标准、统一监管机构的基础上，将信息、价格、交易、监管有机融合，构建生态产品交易的一体化运行平台。生态产品交易平台运行框架如图 8-8 所示。

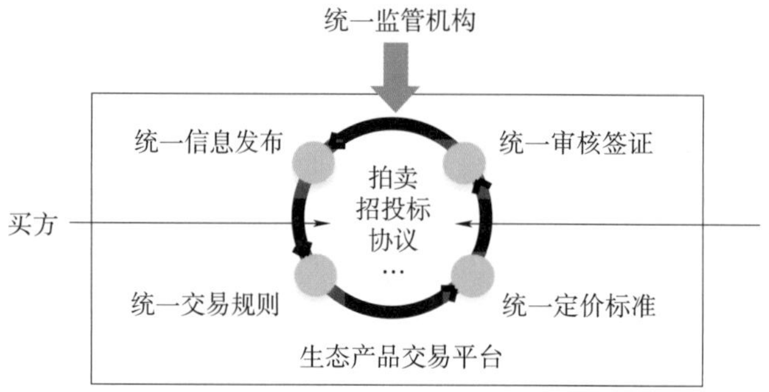

图 8-8 生态产品交易平台运行框架

专栏 8-3 浙江省开化县 GEP 交易平台[14]

作为率先提出并坚持实施“生态立县”发展战略的县，开化县日前创新推出项目建设生态价值占补平衡机制，进一步提高项目建设的生态准入门槛——新项目落地前，先评估其对当地 GEP 的影响，如导致 GEP 负增长，项目方须通过出资补偿或实施生态修复项目等方式实现占补平衡，方可开工建设。

2022 年 5 月 12 日，开化县钱学森学校项目负责人汪东升通过县“GEP 交易平台”，完成一笔项目建设生态价值占补平衡交易，这是国内在该领域的首笔交易，也是“绿水青山就是金山银山”理念在浙江的一次生动实践。

钱学森学校占地 84.5 亩，根据新上线的开化县 GEP 核算分析“绿水青山就是金山银山”资源转化数字化应用，以及单位面积森林生态系统价值量评估等指标体系综合测算，该项目将导致当地 GEP 减少 108.9 万元。按照占补平衡机制，需补偿 21.78 万元用于植树造林，抵消 GEP 的损失量。

GEP 核算分析“绿水青山就是金山银山”资源转化数字化应用，归集开化各部门近 3 000 万条生态数据，建立了一套覆盖全县域的 GEP 核算体系，并将全域空间细化为 3.6 万个网格单元，可对县域内各建设项目进行 GEP 增减值精准测算，破解了生态产品度量难、抵押难、交易难、变现难等问题。

在精准测算基础上，项目建设生态价值占补平衡机制凸显“保护者受益、使用者付费”导向。“GEP 交易平台”运营方、开化县“绿水青山就是金山银山”投资集团董事长徐浩表示，对助推 GEP 增长的项目，项目方可以在“GEP 交易平台”上将 GEP 指标进行出售，所得补偿款可用于企业发展，主动享受生态红利。

为进一步加强生态保护，开化县于 2021 年出台 GEP 综合考核奖补办法，对 2021 年各乡镇（办事处）GEP 增减情况进行综合考核。开化县政府相关负责人表示，作为钱塘江发源地，开化县正积极建设现代化国家公园城市，“双碳”背景下实施生态价值占补平衡，不仅有利于吸引低碳、优质项目落地，带动区域协调发展，还将为百姓增收致富、实现共同富裕开辟新路。

8.3　生态产品主要交易模式

在生态产品定价机制的基础上，基于第 4 章关于生态产品第四产业范围与初步分类，综合考虑生态产品市场属性和人类参与程度，按照纯公共性、准公共性和经营性生态产品进行交易分类，构建起政府对生态保护修复补偿、开发者对自然资源有偿使用、消费者对生态产品附加值付费的交易模式[15]。

8.3.1　生态产品市场属性及交易类型

依据市场属性和人类参与程度，纯公共性生态产品、准公共生态产品、经营性生态产品分别对应纯生态生产，生态和人类共同生产，以生态生产初级产品为前提、以人类生产为主，以此为基础确定不同类型生态产品交易模式（表 8-5、表 8-6）。

表 8-5　生态产品分类及交易模式

市场属性	特征	人类参与程度	交易原则	交易模式	市场成熟度
纯公共性生态产品	非竞争性和非排他性	纯生态生产	政府为主保护优先	纵向生态补偿；（全国性公共生态产品）横向生态补偿（区域性公共生态产品）	未建市场
准公共性生态产品	有限的竞争性和非排他性	生态和人类共同生产	多方参与协同治理	生态资源权益交易；资源产权流转经营	准市场（新建市场）
经营性生态产品	竞争性和排他性	以生态生产初级产品为前提、以人类生产为主	市场交易企业主导	生态产业开发；生态品牌培育；供需精准对接	商品市场（已有市场）

表 8-6　生态产品第四产业分类及交易模式

<table>
<tr><th colspan="3">生态产品第四产业范围与初步分类</th><th>市场属性</th><th>交易模式</th></tr>
<tr><td rowspan="3">生态物质产品</td><td rowspan="2">初级生态物质产品</td><td>纯天然产品供应</td><td>经营性生态产品</td><td>生态产业开发；
生态品牌培育；
供需精准对接</td></tr>
<tr><td>优美自然要素生产</td><td>纯公共性生态产品</td><td>生态补偿</td></tr>
<tr><td>生态农、林、牧、渔业</td><td>生态农业；
生态林业；
生态畜牧业；
生态渔业</td><td>经营性生态产品</td><td>生态产业开发；
供需精准对接</td></tr>
</table>

续表

<table>
<tr><th colspan="3">生态产品第四产业范围与初步分类</th><th>市场属性</th><th>交易模式</th></tr>
<tr><td>生态物质产品</td><td>衍生性生态物质产品</td><td>瓶装饮用水制造；
天然自来水供应；
生态（有机）食品饮料加工；
生态农产品初加工；
生物质能；
生物基材料制造；
生物产业；
天然植物纤维编织工艺品制造；
其他基于初级生态产品的加工</td><td>经营性生态产品</td><td>生态品牌培育；
供需精准对接</td></tr>
<tr><td rowspan="3">生态调节服务产品</td><td>生态调节服务</td><td>水源涵养；
土壤保持；
空气净化；
水质净化；
气候调节；
固碳释氧；
病虫害控制；
物种保育；
减灾降灾</td><td>纯公共性生态产品</td><td>纵向生态补偿；
（全国性公共生态产品）
横向生态补偿
（区域性公共生态产品）</td></tr>
<tr><td rowspan="2">衍生性生态调节服务</td><td>碳排放权开发；
排污权开发；
水权开发；
用能权开发；
清水增量指标开发；
绿化增量指标开发；
碳汇开发</td><td rowspan="2">准公共性生态产品</td><td>生态资源权益交易</td></tr>
<tr><td>土地经营权开发；
集体林权开发</td><td>资源产权流转经营</td></tr>
<tr><td colspan="2">生态文化服务产品</td><td>农业休闲观光；
休憩服务；
生态旅游；
生态康养；
自然教育；
生态美学服务；
生态文化资源开发</td><td>经营性生态产品</td><td>生态产业开发；
生态品牌培育；
供需精准对接</td></tr>
</table>

纯公共性生态产品是纯生态生产的生态产品，具有非竞争性和非排他性特征，主要包括水源涵养、土壤保持、物种保育等生态调节服务，对于维持自然生态系统可持续性

至关重要。纯公共性生态产品往往还具有协同生产性，很难将其生产过程界定到某一个地方，这就决定了其产权是全国性或区域性的，而不属于某个人或团体组织，因此，其难以通过市场交易实现经济价值[16]，需要政府代表全社会购买生态产品，以中央向地方的转移支付和地区间、流域上下游横向生态补偿等形式为主。

准公共性生态产品是需要人类通过制度设计及开发经营实现市场交易的公共性生态产品，介于纯公共性生态产品和经营性生态产品之间，具有有限的竞争性和非排他性特征，包括基于固碳、水质净化等初级生态产品开发的生态资源权益产品，公共湿地、公共林地等公共资源性产品，以国家公园为主体的自然保护区、风景名胜区、自然文化遗产及其蕴含的休闲旅游、自然景观、美学体验等。准公共生态产品类似于文化馆、博物馆一类的准公共产品，涉及利益主体广泛，强调多方参与、协同治理和协商共识，寻求利益最大化[17]，一方面，可通过收取税费、开展生态资源权益交易等方式实现价值；另一方面，可以采用“政府授权＋市场经营”机制，培育生态产品市场开发经营主体，推进相关资源权益集中流转经营，通过统筹实施生态环境系统整治和配套设施建设，提升生态产品开发利用价值。

经营性生态产品是可以直接通过市场交易的产品，具有竞争性和排他性特征，包括生态物质产品及生态产业化经营形成的生态服务，是人类劳动参与度最高的生态产品，具有与传统农产品、旅游服务等经济产品完全相同的属性特点，国民经济中有明确分类，生产和消费对象明确，可以通过业态创新、品牌培育和市场推广等途径在生产流通与交换过程中实现其价值[16]。科学运用先进技术实施精深加工，拓展延伸生态产品产业链和价值链，打造特色鲜明的生态产品区域公用品牌，加强品牌培育和保护，在产品形式、产品质量和交易方式等方面不断推陈出新，提高产品附加值[17]，提升生态产品的社会关注度，扩大开发经营收益和市场份额，实现供需精准对接，以优质优价的品牌优势收获生态溢价，实现生态产品价值[18]。

8.3.2 纯公共性生态产品交易

纯公共性生态产品依据受影响的地理范围不同可分为全国性纯公共性生态产品和区域性纯公共性生态产品，全国性纯公共性生态产品与经济发展和当地的资源禀赋相关联，这些生态产品供给一般列入基本公共服务均等化范畴，由政府实现纵向生态保护补偿。区域性纯公共性生态产品跨越了单个主体的管辖范围，其生产和供给涉及多个行政主体的参与，无法由单个地方政府有效解决，地方政府之间的合作是解决跨区域生态产品供给的重要途径[19]。

（1）纵向生态保护补偿

纵向生态保护补偿制度以实现区域综合均衡和公共服务均等化为目标，利用中央财政转移支付，采用完全生态补偿的方式对提供生态产品的地方政府、企业或个人进行补偿，弥补因提供生态产品导致的区域发展差距[20]，是生态产品价值实现的重要方式。国际上的生态补偿是有条件地支付，兼顾法定和约定双重属性，具有政府和市场不同补偿手段，其中政府购买是政府代表全体人民向生态系统服务的提供者购买生态服务或产品，购买价格依据生态服务价值评估法或者机会成本法等方法确定。我国纵向生态保护补偿以政府财政投入为主，一般针对林、草、水等资源环境要素或者生态功能重要区域制定生态保护补偿目标，按照生态系统面积、生态环境保护成本等因素，采取生态保护规划、工程建设项目、居民补助补贴等形式进行补偿。

①纵向生态保护补偿总体成效

在党中央、国务院的高度重视下，国家有关部门依据部门分工，分别开展了森林、草原、湿地、荒漠、海洋、水流、耕地等重点领域和生态功能重要区域生态保护补偿工作，自1998年起，我国中央财政累计投入生态保护补偿资金超16 750亿元，特别是从2001年起，我国启动了森林生态效益补偿，各类生态保护补偿资金规模大幅上升[21]。“十五”时期，中央财政拨付的生态保护补偿资金约1 300亿元；“十三五”时期，中央财政拨付的各类生态保护补偿资金达到8 000亿元以上[22]（图8-9）。在政府大量的资金支持下，我国生态保护补偿取得显著成效，实现了“两个覆盖”，即重点领域生态保护补偿已基本覆盖生态系统所有重要领域，区域性综合性生态保护补偿已基本覆盖生态功能重要区域。

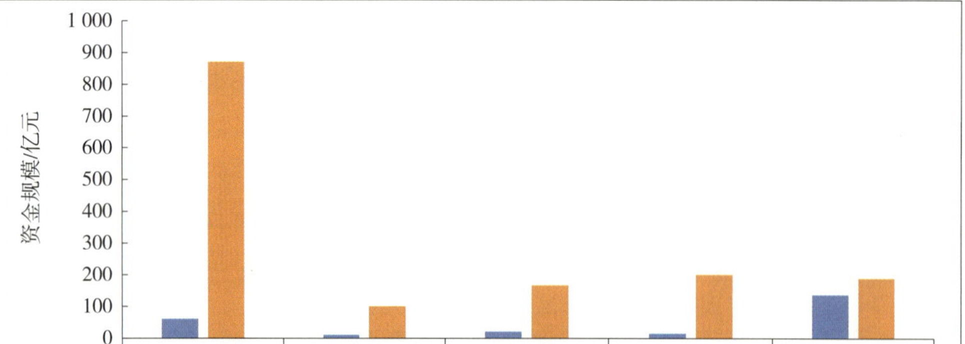

	重点生态功能区转移支付	中央森林生态效益补偿	天然林资源保护工程	退耕还林工程	草原生态奖补资金
2008年	60.5	10	20.64	14.66	136
2021年	870.65	100.72	166.25	200	187.6

图8-9 我国纵向生态补偿资金规模

②重点生态功能区转移支付

我国重点生态功能区转移支付政策是指中央财政在均衡性转移支付项下设立国家重点生态功能区转移支付，对属于国家重点生态功能区的区（县）给予的均衡性转移支付。2008年，为推动地方政府加强生态环境保护和改善民生，中央财政在均衡性转移支付项下设立国家重点生态功能区转移支付，对属于国家重点生态功能区的区（县）给予均衡性转移支付。2009年财政部正式印发《国家重点生态功能区转移支付（试点）办法》（财预〔2009〕433号），明确了国家重点生态功能区转移支付的范围、资金分配办法、监督考评、激励约束措施等，正式建立国家重点生态功能区转移支付机制。10多年来，该项政策设计不断优化完善，补助范围不断扩大，补助资金不断增加，到 2022 年，该项政策已经覆盖全国 31 个省（区、市）809 个县，累计投入 7 800 余亿元（图 8-10），是迄今为止国家对重点生态功能区唯一的具有直接性、持续性和集中性的生态保护补偿政策，大规模的转移支付范围和大力度的转移支付资金有效保证了国家重点生态功能区生态产品的产出能力，对维护国家生态安全、平衡生态保护地区和生态受益地区之间的利益关系起到重要作用。

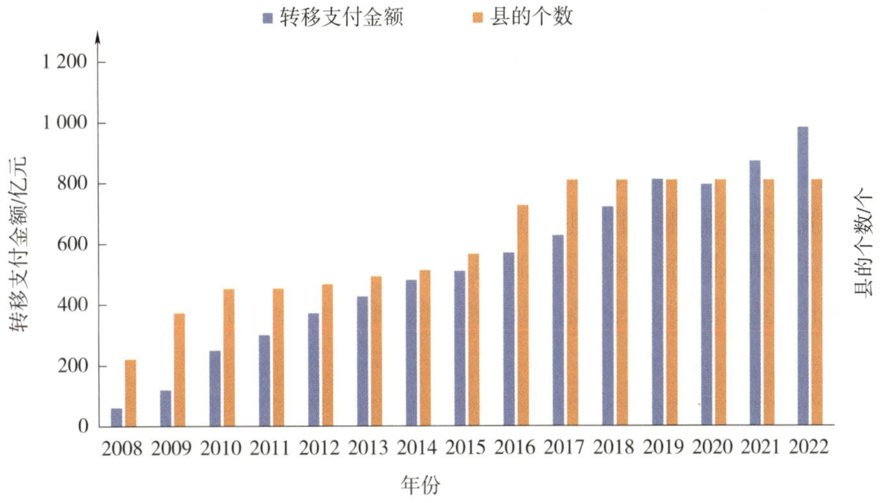

图 8-10　国家重点生态功能区转移支付进展情况

重点生态功能区转移支付政策是生态产品价值实现的直接体现。一是补偿目标以“改善民生”和“进行生态环境保护”的双重目标为基本结构，不断完善资金分配机制的生态导向功能，激励国家重点生态功能区持续稳定提供优质生态产品；二是补偿标准综合考虑地方生态环境保护方面的减收增支情况、生态保护区面积、产业发展受限对财力的影响情况和贫困情况等因素实施分档分类的补助，并以县域生态环境状况动态变化评估作为激励约束的主要指标，体现了“优质优价、多劳多得”；三是县域生态环境保护结果评价与保护过程评价有机融合，同时将生态重要空间人类活动监测、生态环境违法与突发环境事件、产业准入负面清单实施等纳入评估体系，在不断厚植生态产品价值的同时引导培育绿色转型发展的新业态、新模式，推动生态产品价值有效转化。

（2）横向生态保护补偿

横向生态保护补偿是对某一范围内相关生态产品外溢价值的量化和分配，实质是按照责任对等的基本理念，由生态服务受益地区就享受的生态环境正外部性价值补偿生态服务提供地区，有效解决了区域生态资源和经济发展错位和不平衡问题。与纵向生态保护补偿相比，虽然都是以政府补偿为主，但是横向补偿具备一定的市场交易色彩。以流域为例，某一区域内的水环境所具有的抽象的生态、环境、资源价值及其稀缺性在河流的上下游之间具备可标准化、可质量定性、可对价值量化的基本特征，使得横向补偿标准可量化，加之权利边界较为清晰、产权结构较为完整，为可交易提供了可能[23]。当前，全国已有18个省（区、市）13个流域（河段）探索开展了跨省流域上下游横向生态保护补偿，主要把断面水质达标情况作为资金流向和补偿标准的主要参考依据，上游地区承担保护生态环境的责任，下游地区则根据上游所提供的生态产品做出相应的补偿，并同时享有对水质恶化、上游用水过度进行监督的权利（表8-7）。横向生态保护补偿不仅推动流域水环境质量稳中有升，还建立了多层次多元化补偿关系，产业共建、多元合作转型，形成更多的造血机能与自我发展机制，激发上游生态保护动力，推动上下游生态共富，使流域不断产生巨大的经济社会效益。

表8-7　我国跨省流域生态保护补偿协议签订情况

序号	流域	涉及省（区、市）	首轮协议签订时间
1	新安江流域	安徽、浙江	2011年11月
2	九洲江流域	广西、广东	2016年3月
3	汀江—韩江	福建、广东	2016年3月
4	东江流域	江西、广东	2016年10月
5	引滦入津	河北、天津	2017年6月
6	赤水河流域	云南、贵州、四川	2018年2月
7	潮白河流域	河北、北京	2018年11月
8	滁河流域	安徽、江苏	2018年12月
9	酉水流域	重庆、湖南	2019年1月
10	渌水流域	江西、湖南	2019年8月
11	长江干流和濑溪河流域	四川、重庆	2020年12月
12	黄河流域（河南—山东段）	河南、山东	2021年5月
13	黄河流域（四川—甘肃段）	四川、甘肃	2021年9月

横向生态保护补偿的交易方式除了资金补偿以外，还有对口协作、产业转移、人才培训、共建园区等多种形式。例如，浙江金华与磐安的园区合作是最早的园区合作探索，之后，浙江省绍兴市也探索了类似做法，由环境容量资源相对丰富地区向环境敏感地区提供发展空间，建立“异地开发生态补偿试验区”，促进生产力合理布局，进一步增强环境敏感地区发展动能。四川省阿坝藏族羌族自治州和成都市通过双方协商，在成都市郊区共同建设成都阿坝工业园，阿坝藏族羌族自治州把现有工业企业迁入成都阿坝工业园区，州内集中发展特色农业、旅游业、水电等产业，成都、阿坝按6∶4的比例投入，共同开发经营，对园区内的招商引资、工业增加值、创汇、税收等主要经济指标，成都、阿坝按4∶6的比例分享。生态产品供给地区与受益区域通过经济、社会或科技等方式开展合作，是实现生态产品价值的重要模式，是让提供生态产品的地区和提

供农产品、工业产品、服务产品的地区同步发展的有效途径。

8.3.3　准公共性生态产品交易

市场经济的本质是交换经济，在市场中交换商品实质是交换产权，可交易性是界定产权的最主要目的。准公共性生态产品交易的关键性问题是产权界定，通过创建市场、规范市场、明细产权实现外部性内部化[19]。

（1）生态资源权益交易

生态资源从其功能来看可以划分为生态功能、环境容量功能和资源开发利用功能，由此生态资源权益可以分为生态权益（如碳汇交易）、排放权益（如碳排放权交易、排污权交易）和资源开发利用权益（如用水权交易、用能权交易、绿化增量责任指标交易）（表 8-8），与经营性生态产品已有市场相比，生态资源权益交易市场是一种人为创建市场，通过总量控制使生态资源权益成为一种稀缺性资源，产生价格信号并发挥市场的调节功能，实现生态资源权益在不同主体、部门或地区之间的高效配置[24]。

表 8-8　生态资源环境权益交易特点

交易类型	交易权益	交易对象	交易手段
生态权益	碳汇	生态系统保护者、碳排放源（地区或企业）	总量控制 + 配额交易
排放权益	碳排放权	碳排放源（地区或企业）	总量控制 + 配额交易
	排污权	所有排污单位	总量控制 + 配额交易
资源开发利用权益	用水权	区域、部门（产业）、个人等用水主体	总量控制 + 权益交易
	用能权	重点用能单位、新进入企业	节能目标 + 增量控制 / 减量置换
	绿化增量责任指标	绿化目标责任地区	约束指标 + 指标交易

水权、排污权、碳排放权等各类资源环境权益交易的核心是健全生态产品价格形成机制，前提是建立一个信息公开、市场透明、规则合理以及竞争的生态产品市场[25]。生态资源权益市场交易不适合分散经营，只有适度统一才能扩大交易规模和数量，产生流动性，形成合理定价。交易的核心体现在：①清晰界定产权。我国的土地所有权属于集体或国家，农民享受土地承包权，经营权可以在允许的范围内交易，需要对土地产权以及与土地相关联的生态资源权属进行界定和规范，明确权利属性、数量、所有者信息、有效期限、用途等内容。②统一交易标准。在统一的规范和标准下交易可降低交易成本，有利于市场的创建，例如，《京都议定书》将温室气体确定为一种可交易的商品，表示为 1 t 二氧化碳当量，形成了可比较的单位。③搭建交易平台。交易平台是开展生态资源权属交易的中介组织，提供权益信息、转让意向信息、交易信息等。我国既有专门针对水权、碳排放权的交易平台，又有集用能权、用水权、碳排放权、排污权等多类

权利交易的综合平台，既有国家和省级交易平台，也有省级以下交易平台，满足不同类型、不同尺度的资源权属交易。④增加交易需求。生态资源稀缺产生的资源供需矛盾是推动资源权益交易的主要因素，由于生态资源权属交易需求主要源于政府，需要政策合理设置排放限额、信用抵消，将利益相关方有效纳入交易中，增加市场交易动力[26]。⑤加强政府的监督管理。有效的监督管理可为交易纠纷、违规转让等行为提供准确的界定依据，保障交易双方的权益不受侵害[27]。例如，美国湿地缓解银行（WMB）的有效运行，最重要的保障是湿地事务管理体系的审核与监管，湿地缓解银行的设立、湿地缓解银行客户与信贷内容的确定、湿地补偿监测与评估、开发者的湿地治理顺序均受到美国湿地事务管理体系的审核与监管。

（2）资源产权流转经营

资源产权流转经营是指具有明确产权的生态资源通过所有权、使用权、经营权、收益权等产权流转实现生态产品增值的过程。目前最常用的方法是设立生态银行，它不是传统意义上的金融机构，而是借鉴商业银行“分散化输入、整体化输出”的模式，由政府搭建的生态产品价值实现的自然资源资产管理交易平台，目前国际上具有代表性的生态银行主要有美国的湿地缓解银行、森林生态银行、土壤银行、水银行等。资源产权流转经营主要侧重于信用交易，在政府审核与监管下，由生态银行主办者通过恢复/保护/新建生态资源产生生态信用，并通过交易将生态信用出售给资源开发者，实现生态产品向经济产品的转化[28]。我国生态银行探索始于2017年福建省南平市的“森林生态银行”，之后浙江省安吉县、常山县，江西省资溪县等地陆续探索“两山银行”试点，与国际生态银行相比，我国生态银行在交易目标、交易标的物、交易范围等方面存在不同[29]（表8-9），我国生态银行是围绕自然资源进行整理整合、转换提升、市场化交易和可持续运营的平台，是基于我国自然资源产权制度的自然资产运营平台。

表 8-9　国内外生态银行交易运行机制的对比

	美国湿地缓解银行	福建南平森林生态银行
交易目标	湿地占补平衡	创新绿色发展模式
交易标的物	湿地生态信用，其实质交易的是湿地生态系统服务功能	生态资源资产的使用权、经营权等用益物权
交易范围	湿地开发许可证拥有者，交易对象范围相对明确、单一	不确定的相关专业运营商（优质社会资本），交易对象范围相对广泛

我国生态银行主要由前端交易和后端交易两个环节组成闭环（图8-11），前端交易环节实现生态资源到生态资产的转换，后端交易环节实现生态资产与产业资本的对接[30]。

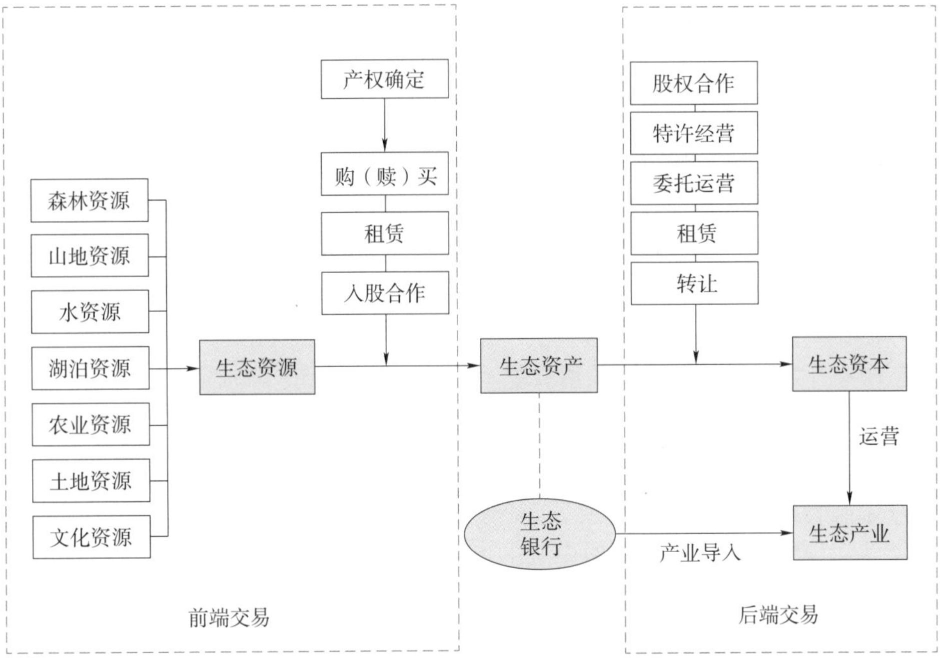

图 8-11 生态银行交易流程

生态资源转化为生态资产的前端交易环节。在确权登记和资产评估的基础上，将生态资源从农民和农场手上流转过来，通过生态修复、空间捆绑、产业导入等措施进行整合和增信，形成资产包。这一环节的重点是开展确权登记，结合“三权分置”改革，将当地生态资源的资格权、经营权和使用权流转到生态银行[31]。集中收储的方式主要有购买 / 赎买、租赁、入股合作等模式。购买 / 赎买是生态银行按照市场统一的商品材价格作为定价标准，一次性买断生态资源经营权和所有权；租赁是农民或农场将生态资源租赁获得租金回报；入股合作是以生态资源资产作价入股，农民和生态银行按照一定比例分成[32]。

生态资产对接产业资本的后端交易环节。生态银行通过产业导入，将生态资产分类分块打包形成产业包，对接资本市场，引入专业的产业运营商，通过持续产业经营和市场化融资实现生态资产的保值增值。对接资本市场的方式主要有股权合作、特许经营、委托运营、租赁、转让等。股权合作是由生态银行通过引入专业运营商共同出资成立专业运营公司对生态资产和产业进行融资、开发和运营，双方按照出资额承担责任和分享收益；特许经营是由政府通过竞争性方式选择合适的专业运营商（产业资本），授予特许经营权，由专业运营商全权独资负责指定生态资产和产业一定时期内的融资、开发和运营；委托运营是将特定的生态资产通过协议方式委托给专业运营商（产业资本）在一定时期内进行运营，生态银行保持产权并支付委托费用；租赁是将特定的生态资产通过协议方式租赁给专业运营商（产业资本）在一定时期内进行运营，运营商支付租赁费，并通过运营获取收益；转让是将持有的部分生态资产权益直接一次性转让给专业运营商

（产业资本），收取转让费[30]。

8.3.4 经营性生态产品交易

市场手段是经营性生态产品的实现途径，可以依托商品市场实现价值。对于普通的农、林、牧、渔业等生态物质产品，可以通过品牌培育与保护，提升生态产品附加值。文化类生态产品可以依托当地优美自然风光、历史文化遗存等优势条件，打造集生态保护与生态旅游于一体的发展模式，提升教育文化旅游开发价值[33]。

（1）生态产业开发

生态产业开发是指在自然系统承载能力内，对特定地域空间内产业系统、自然系统与社会系统进行耦合优化[34]，以可持续的方式开发经营生态产品，将生态产品的价值附着于农产品、工业品、服务产品的价值中，并转化为可以直接市场交易的商品。

针对生态物质产品开发，主要有 3 种模式：①摸清制约农产品产量与质量的关键影响因素，利用生态学原理，采取合理的原生态种养模式，实现生态资源的高效利用；②科学运用先进技术实施精深加工，探索“生态＋农业”“生态＋工业”等多种业态，使生态要素成为产业发展必不可少的生产要素，让其价值转移到生态产品产业链中[35]；③依托洁净水源、清洁空气、适宜气候等自然本底条件，适度发展数字经济、洁净医药、电子元器件等环境敏感型产业，推动生态优势转化为产业优势（表 8-10）。

表 8-10 经营性生态产品交易模式

生态产品	开发类型	典型案例
生态物质产品	原生态种养	浙江省龙泉市种植对生态环境要求严苛的铁皮石斛，通过原生态有机种植，在提高土地水土保持能力的同时显著提升经济实力，中药材产业成为龙泉市农业经济发展增长极
	拓展“生态＋”产业链	四川省平昌县大力发展花椒、茶叶等特色生态农业，“平昌青花椒”“江口青鳙”“镇龙山瓦灰鸡”等获“国家地理标志保护产品”称号，大力发展食品饮料、机械制造、清洁能源＋农产品精深加工“3+1”生态工业主导产业，深入拓展“平昌产”产业链条，实现集约集群发展
		浙江省淳安县利用千岛湖畔独特的自然优势，构建无污染、低排放、高效益的绿色产业体系，大力推进包括天然优质饮用水、啤酒、果蔬饮料等在内的水饮料产业有序发展，打造出产值超百亿规模的绿色“水产业”
	发展环境敏感型产业	贵阳市贵安新区以优越的气候条件、充足的能源供给、稳定的地质条件，为数据中心建设选址提供了得天独厚的环境优势，引进了国内三大运营商、富士康、华为、高通、苹果、现代、腾讯、FAST 天文大数据中心、超算中心等一批标志性项目企业，培育了白山云、数据宝等数据产业新秀，成为全省乃至全国数据中心产业的新引擎

续表

生态产品	开发类型	典型案例
文化服务产品	开发气候资源	福建省在全省深度、全面挖掘优质、特色气候旅游资源，因地制宜打造避暑清凉、滨海度假、气候养生、气象景观等多种旅游胜地，截至2021年1月底已发掘出41个“气候福地”
	文旅农康融合发展	广西金秀瑶族自治县以“瑶山瑶水立县、瑶俗瑶宿稳县、瑶药瑶茶强县”为发展主线，做足、做精、做细瑶乡生态文旅和绿色农业产业，突出“生态、民族、长寿”三大品牌，打造“世界瑶都”“长寿之乡”“特色产业”品牌圣地，涌现了“瑶族民俗村、特色瑶族民宿群、瑶族文化博物馆、瑶药产业基地、药茶产业示范园”等一大批生态产品开发载体

针对文化服务产品开发，主要有两种模式：①利用气候优势，打造气候养生、避暑康养、气候旅游体验、气象研学等基地，挖掘气候价值，提升气象景观水平，设计气候产品，推动气候资源转化为气候经济；②将得天独厚的自然优势和文化底蕴充分融合，推进文旅农康融合发展，甚至还可与绿色能源产业进一步融合发展，例如，水能开发促进农业灌溉，开发水利文化，开展水库旅游，推进水域康养等。生物质能开发能增加相关农产品需求，如发展农业循环经济、开发相关文旅产品等[36]（表8-10）。

（2）供需精准对接

从供给侧来看，培育和保护生态产品区域公共品牌是增加优质生态产品供给、更好满足市场需求的必然选择。我国生态资源富集地区与山区大多交叠存在，山区经济的典型特点是产业主体低小散、产品品牌零弱乱，迫切需要公共品牌将区域不同品类生态产品进行整合，彰显区域生态产品价值精华。生态产品区域公共品牌的核心是将物质供给类生态产品、调节服务类产品和文化服务类产品捆绑经营，通过统一质量标准、检验检测、营销运作，以品牌建设倒逼生态产品品质提升，提升生态产品溢价价值[37]。品牌化是生态产品市场化和产业化过程的前提和基础。

从需求侧来看，生态产品异质性需求是刺激生态产品供给的主要推动力。人们对生态产品的需求与生活水平密切相关，主要包括两个层次：一是维持生命的需求，主要是维持人类生存及其经济活动的服务；二是寻求舒适生活的需求[38]，包括自然生态自身禀赋特性产生的物理价值以及从生态要素衍生出的服务价值、审美价值[39]。生态产品的需求呈现多层次特征，即使是同类生态产品，对产品的品质层级的需求也不尽相同[40]。立足于生态产品需求的多层次性，综合运用认证标识、税收、补贴等激励和约束手段引导需求，逐渐形成绿色消费偏好。

从供需精准对接来看，价值需要在供需关系的建立中实现，交易场所、数据信息、金融保障是将供需双方进行合适的连接的重要途径。①交易场所可以快速将优质生态产品在供给端和需求端形成精准高效的匹配。通过生态产品交易中心、生态产品推介博览会、生态产品线上云交易和云招商等多种途径，推进生态产品供给方与需求方、资源方与投资方高效对接。②数据信息联通了生态产品基础信息数据、产业链数据、企业数据、金融数据等，既是促进生态产品开发经营、供需有效对接的基础，也是构建生态产品认证和质量追溯体系的关键[37]。例如，浙江丽水市利用数字化技术，基于现有自然资源和生态环境调查监测体系，建立了生态产品云平台，精准量化了绿水青山，精确界定了产权边界，并建立了“从田头到餐桌”链条监管平台，整合了主体管理、产品流向、监管检测、积分兑换等各类数据，推动产销互动。③金融保障为社会资本顺畅进入生态产品开发、引导公众绿色消费提供通道。由于各区域自然生态系统的种类、结构与功能各异，生态产品开发经营方式与水平也存在差异，我国各地立足本地实际，通过判断生态技术、市场需求、生态产品内涵及其开发潜能，围绕绿色基金、绿色信贷、绿色债券、绿色保险等领域，积极培育了各具特色的绿色金融发展模式[41]，推动生态产业快速发展。

生态产品供需对接机制如图 8-12 所示。

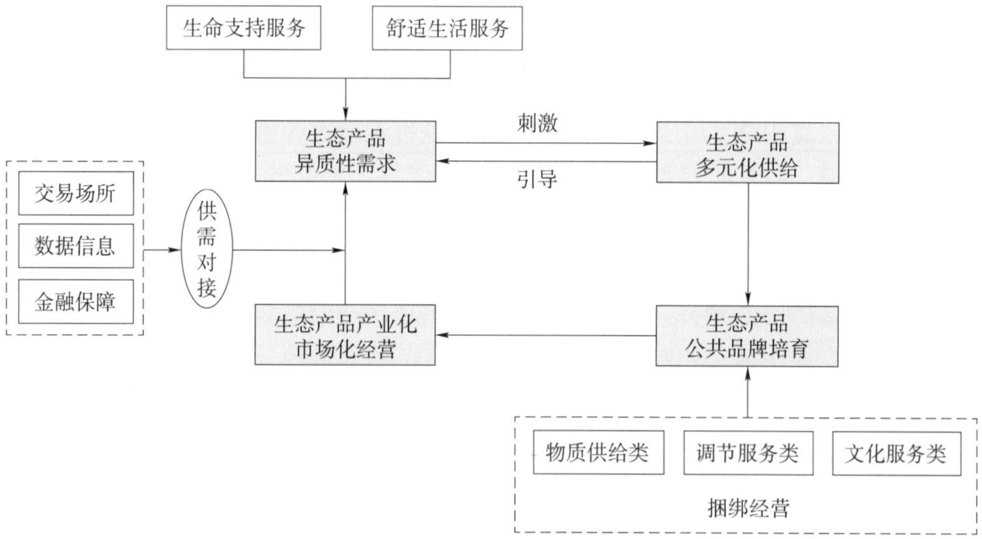

图 8-12　生态产品供需对接机制

8.3.5　畅通生态产品交易途径

生态产品具有很强的纯公共物品和准公共物品特性，在很多情况下公共性和经营性兼顾，因此生态产品交易要比传统的产品市场交易难度更大、交易更加复杂。发展生态产品第四产业，需要通过制度创新和政策改革，畅通生态产品交易渠道和机制。

（1）建立多权分置、归属清晰的自然资源产权制度

围绕自然资源所有权、使用权和监管权的主体范围，积极推进自然资源产权制度改革，清晰界定权能体系中各项权利的内涵及持权人的权责范围，规范使用权，保障收益权，激活转让权，理顺监管权，建立归属清晰、权责明确、监管有效的自然资源资产产权制度。在符合国土空间规划和用途管制的前提下，赋予各类使用权人转让、出租、抵押、继承、入股等他项权利，推进承包土地、集体林权“三权分置”模式向水权、草权

等领域延伸，创新自然资源资产所有者权益的多种有效实现形式[42]。推进集体土地股份制改革，成立集体土地农业经合组织、股份合作社或股份公司等，完善和强化各类用益物权，使农村集体资源资产所有者权益实现最大化。

（2）建立体现市场供需关系的生态产品价格形成机制

实现生态产品价值需要根据生态产品质量、供求关系、生态保护成本等因素形成生态产品价格，生态产品价格形成的前提是价值核算结果可重复、可比较，技术体系可在不同地区推广移植[18]。建议以《陆域生态系统生产总值GEP核算技术指南》为基础，继续改进优化生态产品GEP核算和统计方法，建立可复制推广的计量核算方法。考虑不同类型生态产品商品属性，将生态产品的生产过程成本化，探索建立科学的、统一的规范标准，探索建立体现市场供需关系的生态产品价格形成机制[41]。对于纯公共性生态产品，无法直接定价，可将其生态服务价值捆绑到物质型或文化型产品上以委托产品的价格间接实现市场定价。对于准公共性和经营性生态产品，其定价对象是界定清晰的产权属性，通过产权竞价促进合理价格形成，政府发挥制定和维护市场的作用[42]。

（3）建立健全生态产品交易市场规则

生态产品具有公益性、收益低、周期长的特点，其价值实现需要良好的市场交易规则，需要制定统一规范的市场交易政策，包括：合理的价格政策，传递准确的市场信息和价格信号，引导调节合理的市场预期；防止垄断的政策，维持充分的市场竞争；降低交易成本的政策，运用数字技术消除信息壁垒，运用模型或算法得到相对准确的各主体权益利用数据，解决确权、核算成本过高等问题，使买卖双方了解生态产品质量及其相对价格[43]。建立规范生态产品认证评价标准，建立健全生态产品质量追溯、交易流通全过程监督机制，建立企业统一的能源消费、碳排放量、污染物排放量、用水量核算标准，强化数据交互验证机制，实现生态产品的信息倒查、质量追溯和责任检查[44]。

（4）培育规范开放的生态产品交易平台

扩大生态资源权益交易范围，探索基于数量、质量、生物量的森林、草地、湿地等生态要素的绿化、清水增量责任交易机制[45]，通过政府管控或设定限额的形式，创造权益交易的供给和需求。基于各类市场发展基础，推动生态资源权益交易市场在初始分配、有偿使用、交易规则、金融服务等关键环节设计上的协同融合，在各类生态资源权益交易关键环节中建立统筹协调的技术方法，将各类环境权益交易融合为一个系统的制度体系，准确把握各类生态资源权益市场定位、特征和作用，明确界定生态产品的资产性质类别、高效合理的审批流程、适度的交易成本、完善的知识产权保护制度、广泛而受监督的核查监管体系。在整合优化基础上，探索用能权、水权、碳排放权、排污权交易的"大协同"，打破行政边界和行业壁垒，打造区域共建、多元共治、平台共用、资源共享、数据互通的绿色交易中心，形成区域间生态资源自由流动、互联互通的生态环境市场，不断扩大生态资源权益交易量。

（5）建立生态产品全过程认证溯源机制

结合生态系统碳汇监测核算体系，开展生态产品基础信息调查，编制生态产品分类目录，制定和规范生态产品质量标准，为生态产品的认证溯源提供科学规范的依据。政企联合搭建认证和溯源网络平台，构建集生态产品品类、特性、来源等重要信息于一体的公用数据库，提高政府部门对生态产品的数字监管能力。建立注册、使用全域生态产品质量可追溯体系企业的常态监管机制，保障生态产品质量的可追溯。加大财政支持力度，对生态产品认证溯源技术研发企业给予资金支持，适当降低税收标准，制定相关金融支持政策，降低生态产品认证溯源的融资成本，激发生态产品认证溯源的积极性[46]。

8.4 生态产品交易典型案例

作为第四产业的市场载体，生态产品交易市场发展方兴未艾，国内外呈现出多种交易市场模式。本节主要介绍基于森林碳汇、农田土壤碳汇的碳汇交易市场，美国的湿地缓解银行和我国地方实践的生态银行、“两山银行”。

8.4.1 发达国家碳汇交易

根据《联合国气候变化框架公约》，碳汇是指从大气中清除温室气体、气溶胶或温室气体前体物（能经过化学反应生成温室气体的有机物）的过程、活动或机制。在国外，碳汇交易作为碳排放权交易体系的一个分支，在减少温室气体排放上发挥重要作用，碳汇交易主要包含林业碳汇、农田土壤碳汇等。下面着重介绍目前国际上发展比较成熟的林业碳汇和农田土壤碳汇。

8.4.1.1 林业碳汇

林业碳汇是指利用森林的储碳功能，通过植树造林、加强森林经营管理、减少毁林、保护和恢复森林植被等活动，吸收和固定大气中的二氧化碳，并按照相关规则与碳汇交易相结合的过程、活动或机制[47]。

研究表明，在地球的森林生态系统内存储着 1.15 万亿 t 碳，森林通过光合作用发挥碳汇作用。根据政府间气候变化专门委员会（IPCC）2018 年 10 月发布的《全球升温 1.5℃》报告，要实现《巴黎协定》所要求的全球平均气温较工业化时期之前的上升不超过 1.5℃的目标，除了节能减排、使用零碳排放的清洁能源等措施外，负排放技术至关重要，林业碳汇作为成本低、使用广、效益明显的负排放技术，在各国实现减排目标上起着重要作用[48]。

自《巴黎协定》中将森林碳汇作为单独的条款，国际社会日益重视森林碳汇的作用，但由于美国特朗普政府退出《巴黎协定》以及森林自身的碳逆转等问题，森林碳汇的交易有限，2020 年交易规模约占全球碳排放交易总量的 6%[49]。林业碳汇交易大致分为合规抵消市场林业碳汇交易、自愿抵消市场林业碳汇交易以及非市场机制林业碳汇交易。

（1）合规抵消市场林业碳汇交易

合规抵消市场林业碳汇交易，又称为管制市场林业碳汇交易，合规抵消市场的特点就是基于法规的强制性。主要的交易机制为发达国家缔约方通过资金和技术，在发展中国家植树造林，并通过清洁发展机制（CDM）的经核证的减排量（CER）抵消等量的碳排放量，合规抵消市场林业碳汇交易统一遵循 CDM 项目标准。

合规抵消市场林业碳汇交易在加拿大、澳大利亚、美国等国发展较好。2007 年加拿大阿尔伯塔省制定了一项减排政策，受监管的实体可以通过购买碳补偿来履行其 60% 的合规义务。2017—2019 年，每年发放的森林碳信用额不到 1 亿 t 二氧化碳当量。2020 年，阿尔伯塔省碳排放限额交易系统的价格约为每吨 30 加元（23 美元），并于 2021 年 4 月 1 日上调至 40 加元。截至 2021 年 6 月，阿尔伯塔省的排放抵消系统已经发放了大约 64 亿碳信用额（$MtCO_2e$）抵消。

澳大利亚 2014 年 7 月设置了减排基金，旨在向土地所有者和企业支付款项，让他们减少碳排放。澳大利亚碳信用单位（ACCU）通过反向拍卖的方式出售，2017—2019 年，价格逐年上涨，但保持在每吨 10 美元以下。项目开发商根据 ACCU 的方法报告承担减排项目所需的最低价格，政府购买成本最低的选项来完成其拍卖配额。拍卖出售的 ACCU 主要用于未来的移除[①]（如政府同意从尚未开发的项目中购买补偿），以农业和林业为基础的抵消项目都有资格参加这个项目。澳大利亚清洁能源监管机构承诺到 2030 年购买 1.92 亿 t ACCU，其中 4 730 万 t 已经交付。

2013 年美国加利福尼亚州实施二氧化碳总量控制与交易计划。加利福尼亚州的限额与交易政策允许企业通过在私人市场购买碳补偿，来降低它们的限额与交易合规成本，美国森林和城市森林补偿被接受为合规单位。自计划实施以来，已有超过 168 亿 t 二氧化碳当量森林碳补偿被用于合规用途（主要是改善森林管理）。2017 年的一项法律要求在 2021—2025 年用于合规用途的碳补偿中，有 50% 是直接给加利福尼亚州带来环境效益的。在加利福尼亚州的限额交易系统中，碳补偿通常比拍卖的排放限额少 5%～20%。2019 年，补贴价格达到每吨 18 美元，根据年份和失效名称的不同，通常为每吨 14～17 美元。

（2）自愿抵消市场林业碳汇交易

自愿抵消市场（voluntary offset markets，VCS）林业碳汇交易主要特点是自发性与公益性，交易机制为经特定认证标准的确认和核证后，成为自愿减排信用（VER），作为企业或个人碳抵消量，项目范围主要包含城市森林项目、改善森林管理项目以及草地管理项目等，项目标准主要有黄金标准（GS），农业、林业和其他土地利用项目核证碳标准（VCS）等。

在英国，英国境内经营的公司可以通过购买林地碳单位来抵消其在英国境内的排放。林业碳单位的购买是自愿的，一个林地碳单位相当于从大气中去除的 1 t 二氧化碳，

---

① 未来的移除是指未来碳排放的抵消，澳大利亚政府通过主动支付企业自愿减排的费用，以抵消企业未来开发项目产生的碳排放。

每单位的价格在 7～22 英镑。截至 2021 年 3 月，《林地碳代码》登记了 708 个碳项目，代表了超过 3.1 万 /hm^2 的林地，预计在这些项目的整个生命周期内将吸收 11.1 $MtCO_2e$。2021 年 3 月，《林地碳代码》已经发行了约 350 万个待发行单位和 7 000 多个林地碳单位。在已发行的单位中，约有 100 万待发行单位和 800 个林地碳单位正在出售。

日本制定了"联合信贷机制（JCM）"，鼓励企业自愿运行碳抵消项目，制定和实施减排行动。JCM 提供了一个框架，通过该框架，可以评估日本对这些国际项目的贡献，并将其计入日本的排放目标。该计划已经开发了 3 个减少森林砍伐和森林退化的排放项目（REDD+）项目。在柬埔寨，一个 REDD+ 项目旨在为三井物产公司提供可核实的碳信用额度。在印度尼西亚波阿莱莫区，一个 REDD+ 项目旨在减少与农业有关的森林砍伐。在老挝，一个旨在减少琅勃拉邦省森林砍伐和森林退化的 REDD+ 项目估计每年可避免 14 万 t 二氧化碳排放。

发展中国家的自愿抵消市场林业碳汇交易自 2016 年以来大幅增长，在 2018 年达到顶峰 51.1 $MtCO_2e$，然后下降约 28% 至 2019 年的 36.7 $MtCO_2e$。2019 年全球林业抵消价格平均为每吨 4.33 美元，较 2018 年增长 28%。碳信用额度越来越多地可以在自愿市场上出售。2019 年，拉丁美洲保持了其作为林业和土地使用信贷交易来源最多的地区的地位，占市场份额的 38%，但由于自愿抵消市场的价格低于合规抵消市场的价格，以及越来越多的自愿抵消市场转入合规抵消市场，自愿抵消市场的成交量日益减少，2015 年美国和加拿大仅交易了 120 万 t、1 130 万美元的自愿林业项目核证碳减排量[50]。

（3）非市场机制下林业碳汇交易

非市场机制下的林业碳汇交易主要是指那些近年来在双方或多方政府之间签订协议，基于林业行动结果付费的融资方式。与市场化途径不同，这些基于结果的付费机构通常不需要取得项目减排量的权属或者使用那些买来的减排量抵消自己的气候足迹，但这些项目碳减排量必须被独立的第三方认证后才能获得相关费用，因此是基于结果的付费行为。项目标准是在本国建立详细复杂的碳核算系统前提下，以全国平均水平的碳核算为参考水平。

2016 年 6 月在巴黎第 14 次森林碳伙伴基金（FCPF）会议上，参与方批准了哥斯达黎加和刚果民主共和国的首期减排项目文件，它们可与世界银行商议签署未来减排付费协议。迄今为止，FCPF 碳基金已批准向阿根廷、巴西、智利、哥伦比亚、哥斯达黎加、厄瓜多尔、印度尼西亚和巴拉圭提供 4.967 5 亿美元的 REDD+ 成果资助。截至 2021 年 4 月，FCPF 已签署了超过 6.68 亿美元的减排支付协议。非市场机制至今采用了 3 种落地方式，即从亚马孙到巴西、从 REDD+ 早期行动项目到哥伦比亚及巴西阿克里州以及从挪威政府到乌干达。更多正在开发的项目有可能通过世界银行碳基金、持续的双边承诺或绿色气候基金来操作[51]。

8.4.1.2 农田土壤碳汇

目前，农田土壤碳汇在国际上尚无统一定义，参考苏子龙等对土壤碳汇的定义，结合国外土壤碳汇的实践，本研究认为农田土壤碳汇就是指作物在生长过程中通过光合作用吸收大气中的二氧化碳并将其以有机质的形式存储在土壤碳库中，从而降低大气中二氧化碳等温室气体的浓度。在国际上，当前主要是美国、澳大利亚等国开展农田土壤碳汇交易实践。

（1）澳大利亚农田土壤碳汇市场交易

澳大利亚农田土壤碳汇项目主要为政府主导下的基于澳大利亚减排基金的土壤碳汇项目和市场自发型农田土壤碳汇项目。参与澳大利亚气候解决方案基金农业土壤碳汇项目，需要四步程序：做项目规划、项目注册、项目执行、做出碳抵消报告及获取碳信用额。为确保碳汇信用的有效性，澳大利亚气候解决方案基金采取了一定的措施。一是设置较长的项目周期，二是严格设置了推荐活动、限制和禁止活动，三是设置碳信用额认定折扣，四是促进农田土壤碳汇供给者之间的竞争。在获取土壤碳信用额后，项目申请者即可直接参与碳市场（或场外）交易，将碳信用额出售给澳大利亚政府、企业或其他碳抵消需求者[52]。自农田土壤碳汇项目开展以来，项目申请数量逐年增加，信用单价也由2019年6月的15澳元增长至2021年6月的19.5澳元，取得了良好的经济效益。

市场自发型农田土壤碳汇项目主要由公司围绕澳大利亚气候解决方案基金或场外交易需求打造。AgriProve等公司基于澳大利亚气候解决方案基金开发农业土壤碳汇项目，按照基金要求的土壤碳汇项目参与流程，面向有意向的农民建立起从项目注册到土壤碳信用额销售的全套服务，如协助基线采样、编写抵消报告等，并在碳信用额销售中获取一定比例的收益。另有部分公司通过建立有碳中和需求或抵消碳排放需求的公司与农户之间的联系而推进形成场外交易。

（2）美国农田土壤碳汇市场交易

芝加哥气候交易所（Chicago Climate Exchange，CCX）在被收购前曾于2003年年末开展农田土壤碳汇交易。美国农户可以在固定范围的土地上开展连续5年以上的保护性耕种，并根据项目及地点的不同，按照标准比率获得碳抵消额，比率通常为0.05～0.06 tC/（hm^2·a）。农民想参与出售自己的碳贮存指标需要经过农场局或农民协会登记并审查其土地及所种作物，由农场局与CCX接洽管理碳交易，并分配收益给农民。芝加哥气候交易所的农田土壤碳汇交易中，早期每吨碳指标值为1～2美元，2008年每吨碳指标的价格达到7美元[53-54]。

目前，美国农田土壤碳交易以场外交易为主，其主要模式为与农民合作实施耕地固碳，提供碳信用额测量和核验服务，并将这些碳信用额出售给对抵消碳排放感兴趣的买家。以Indigo Carbon计划为例，该计划由美国Indigo AG公司制订，并于2021年开始执行，范围涉及阿肯色州、科罗拉多州等22个州[55]。该计划要求农民划定参与计划的农田范围，提交田间管理记录，并引入经认可的验证机构对基线土壤碳量进行核验。计划执行后，农民需要按照Indigo Carbon要求的土地管理方式进行耕种并做记录。每年收获后，通过［如维拉（Verra）等］独立的非营利性标准制定机构验证和发放碳信用额，并由Indigo Carbon负责寻找有碳抵消需求的买家。在碳信用额收益方面，Indigo Carbon

承诺为农民提供底价保障，即向在 2021 年注册 Indigo Carbon 计划的农民保证每个经过验证的碳信用额度至少为 10 美元，若买家的需求上涨，价格将会提高。需要注意的是，相较于澳大利亚农业土壤碳汇项目，上述美国农田土壤碳汇项目持续期普遍较短，一般为 1～20 年，如 Indigo Carbon 项目持续期为 5 年。

8.4.2 中国碳汇交易市场

碳市场是推动中国实现 30、60 碳达峰、碳中和目标的重要政策工具，碳汇交易是碳市场中碳抵消的重要组成部分，也是实现生态价值推动“绿水青山”向“金山银山”转化的重要手段。

8.4.2.1 中国碳市场发展历程

中国碳交易以《京都议定书》中的 CDM 项目为起点，划分 3 个阶段：清洁发展机制阶段（2002—2011 年）、试点交易阶段（2011—2017 年）和全国碳交易阶段（2017 年至今）（图 8-13）。

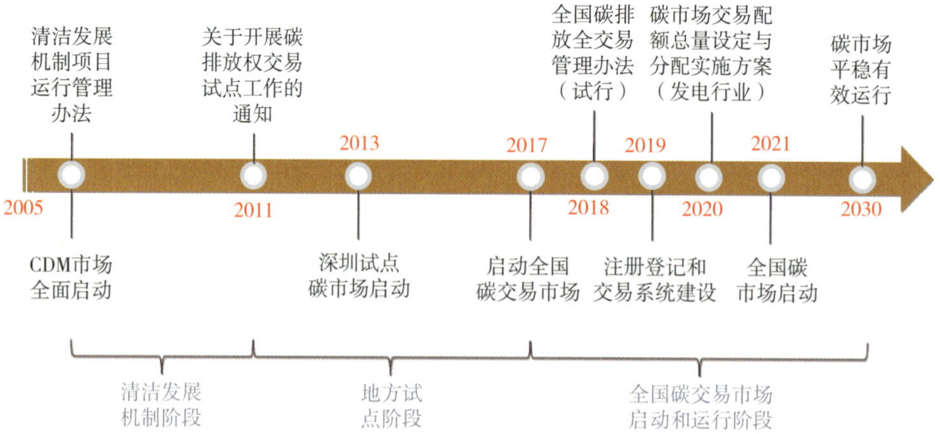

图 8-13 中国碳市场发展历程

（1）清洁发展机制阶段

清洁发展机制（CDM）是《京都议定书》所建立的以成本有效的方式在全球范围内实施温室气体减排的 3 种灵活机制之一。CDM 是指发达国家通过提供资金、技术的方式，与发展中国家开展项目的合作以获得经核实减排量（Certified Emission Reductions，CERs），用于完成议定书下的减排承诺，同时为发展中国家可持续发展做出贡献。中国 CDM 项目主要集中于风力发电、水力发电、余热发电、生物质发电、节能和能效提升、甲烷回收利用以及垃圾焚烧发电等多个领域，截至 2021 年 1 月，国家发展改革委共批准 3 764 个 CDM 项目，主要集中于风电（1 512 个）、水电（1 322 个）、余热回收（209 个）、光伏（160 个）、煤层气（83 个）和碳汇项目（5 个）[56]。碳汇项目占全国注册 CDM 项目总数的 0.13%，其中 2 个项目约 16.78 万 t 减排量获得签发，但签发量仅占全国总签发量的 0.025%。中国通过 CDM 项目实现碳汇交易难度较大，潜力不足。

（2）中国碳市场试点交易阶段

2011 年 10 月 29 日，为满足"十二五"期间逐步建立国内碳排放权交易市场的要求，国家发展改革委发布了《关于开展碳排放权交易试点工作的通知》，尝试将碳排放权交易作为国家低碳减排的政策工具，批准在北京市、天津市、上海市、重庆市、广东省、湖北省、深圳市 7 个省（市）开展碳排放权交易试点工作，试点地区非常典型，横跨东部沿海地区，延伸至中部地区。2013 年 6 月至 2014 年 6 月，七省市碳排放权交易市场陆续启动，逐渐发展成为要素完整、各具特色的地方碳市场。同时，其他省（区、市）也积极响应国家号召，投入碳市场的建设中，开展碳排放权交易市场的相关工作，2016 年，福建碳市场确定成为国内第 8 个试点区域碳市场，且四川启动了自愿减排交易。

碳交易试点陆续启动至今，已基本建成了运行平稳、要素完整、各具特色的地方碳市场。截至 2020 年 12 月底，地方碳市场配额现货累计成交量约为 4.45 亿 t 二氧化碳，累计成交额约为 104.31 亿元人民币[57]。从交易数据可以看出，广东省和湖北省交易规模较大，碳交易中心的市场规模要远超其他地区，其中广东省的碳交易总量和总额都居于首位。从碳交易价格来看，总体比较平稳，北京碳交易价格最高，平均成交价格为 56 元 /t[58]。

从 8 个试点碳市场来看，碳市场最高抵消比例设置也存在明显的差异，北京和上海碳市场可抵消比例最为严格，最高比例为 5%，广东、深圳、天津、湖北和福建 5 个试点碳市场的可抵消比例最为宽松，最高比例为 10%，重庆居中，为 8%[59-66]。而且，可抵消比例限制的参考标准也存在差异。其中，广东、深圳、天津、重庆和福建碳市场的最高可抵消比例参考标准为履约主体年度实际碳排放量，北京、上海和湖北的碳市场最高可抵消比例的参考标准为履约主体年度通过分配获得的配额量[67]。

试点碳市场运行情况如图 8-14 所示。

8.4.2.2 全国碳市场与碳汇交易

党中央、国务院高度重视全国碳交易体系建设，全国碳市场于 2013 年开启设计工作，2020 年开启首个履约周期，如今正式进入运行阶段。

（1）全国碳市场发展历程

2013 年中国共产党第十八届中央委员会第三次全体会议通过《中共中央关于全面深化改革若干重大问题的决定》，全国碳市场设计工作正式启动；2014 年 12 月，国家发展改革委起草了《碳排放权交易管理暂行办法》[68]，确立了全国碳市场总体框架；2017 年 12 月，国家发展改革委印发全国碳市场建设的重要指导性文件《全国碳排放权交易市场建设方案（发电行业）》，标志着全国碳市场完成总体设计，全国碳排放交易体系正式启动。根据方案要求，2018 年为全国碳市场的基础建设期，重点任务是完成全国统一的数据报送系统、注册登记系统和交易系统建设。2019 年则是模拟运行期，重点开

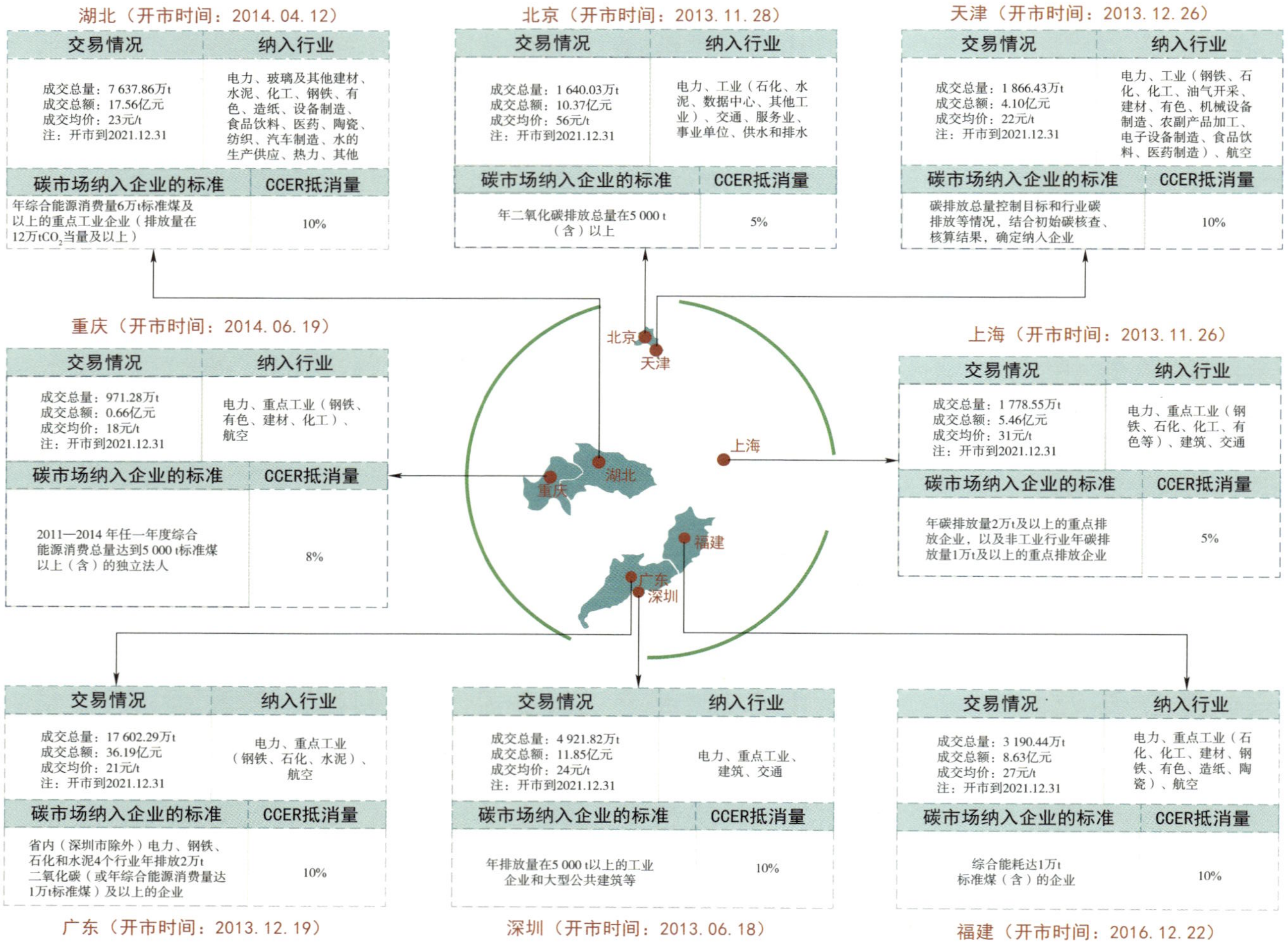

图 8-14　试点碳市场运行情况

展发电行业配额模拟交易，检验全国市场各要素环节的有效性和可靠性。2021年12月，生态环境部公布了《全国碳排放权交易管理办法（试行）》，意味着自2021年1月1日起，全国碳市场首个履约周期正式启动。2021年7月16日，全国碳市场上线交易正式启动，首个履约周期截至2021年12月31日。首批纳入全国碳市场的发电行业重点排放单位共2 162家，年覆盖二氧化碳排放量约45亿t，我国的碳市场是全球规模最大的碳市场。

目前，全国碳排放权交易采用配额交易为主导、国家核证自愿减排为辅的双轨体系。生态环境部于2020年12月发布的《2019—2020年全国碳排放权交易配额总量设定与分配实施方案（发电行业）》，采用基准法核算重点排放单位所拥有机组的配额量，重点排放单位的配额量为其所拥有各类机组配额量的总和。对于市场活跃度而言，上海环境能源交易所数据显示，开市当天碳交易量超百万吨，之后5个交易日的交易量为10多万t，但之后日交易量在万吨以下且部分日成交量不足百吨。自2021年11月开始，全国碳市场交易量逐步放大，2021年11月日均成交量达到104.68万t，总成交量为2 302.97万t，2021年12月全国碳市场单日成交量屡创新高。截至2021年12月31日，全国碳市场首个履约周期上线运行114个交易日，碳排放配额累计成交量1.79亿t，累计成交额76.61亿元[69]。整体来看全国碳市场首个履约周期交易量存在“高开低走”、市场不够活跃、临近履约期推高交易量等现象，碳价总体呈下行趋势[70]。

全国碳市场规定控排企业可使用CCER抵消碳排放配额清缴，抵消比例不超过应清缴碳排放配额的5%，不得使用纳入全国碳市场配额管理的减排项目清缴，这一市场化政策有助于碳汇的开发。由于CCER相关项目存在审批备案项目过于微观具体等问题，2017年3月，国家发展改革委暂缓受理自愿减排全部5个备案事项申请，全国碳市场第一个履约周期可用的CCER均为2017年3月前产生的减排量。目前，生态环境部联合市场监督管理总局以部门规章形式制定并发布实施《温室气体自愿减排交易管理办法（试行）》（以下简称《管理办法》），这将刺激碳汇交易市场的活跃。

（2）碳汇交易

中国碳汇交易还处于起步阶段，《温室气体自愿减排交易管理暂行办法》明确规定了中国建立碳交易市场以及开启碳汇交易的规则和要求。国家发展改革委先后备案并发布了4个林业碳汇项目方法学，即《碳汇造林项目方法学》《竹子造林碳汇项目方法学》《森林经营碳汇项目方法学》《竹林经营碳汇项目方法学》，为开发林业碳汇项目提供了依据。2014年国家林业局制定了《关于推进林业碳汇交易工作的指导意见》，指导各地加快推进林业碳汇的自愿交易，明确提出要完善CDM林业碳汇项目交易、推进林业碳汇自愿交易、探索碳排放权交易下的林业碳汇交易。

碳汇交易市场分为履约交易和自愿交易。履约交易范围包括CDM项目、国家核证自愿减排交易和福建林业碳汇项目碳减排（FFCER），其中FFCER包括碳汇造林项目和森林经营碳汇项目。截至2019年12月，全国共申报2 871个CCER项目，其中碳汇项目95个，占项目总数的3.3%；1 047个项目获得备案，预计减排量1.4亿t，其中碳汇项目

15 个，预计减排量 254 万 t，项目总数和预期减排量占比分别为 1.4% 和 1.8%。FFCER 碳汇市场，已签发 183.9 万 t 碳汇，交易金额近 4 000 万元[71]。

林业碳汇自愿交易涵盖会议碳中和、林业碳票、“一元碳汇”、森林碳汇指数保险、生态司法 + 碳汇、碳汇基金等多种模式。会议碳中和主要通过购买林业碳汇、营造碳中和林等方式，实现会议“零碳排放”。例如，第四十四届世界遗产大会通过购买泰宁县杉阳山区综合开发有限责任公司森林经营碳汇项目的 300 t FFCER，抵消了会议产生的碳排放。林业碳票是林地林碳减排量收益权的凭证，详细记录林地面积、碳固定数量等信息，可直接用于碳排放权交易和银行抵押贷款。“一元碳汇”将碳汇交易与乡村振兴联系，探索林业碳汇资源交易路径。森林碳汇指数保险是用于保护森林所带来的碳汇价值的保险产品，被保人为政府或林业主管部门，保险期间由规定因素造成固碳量减少高于一定标准时，对被保人进行赔付，且赔款必须用于对灾后林业碳汇资源救助、碳源清除、森林资源培育及加强生态保护修复等有关费用支出。生态司法 + 碳汇则是通过认购碳汇量替代修复生态环境，以司法方式约束不利于森林碳汇累积的行为。碳汇基金则是用于鼓励公众参与碳汇造林，以及接受公众捐赠用于碳汇建设[72]。

由于碳汇交易刚刚起步，碳汇交易受到顶层设计和政策不完善、基础研究和投入不足、专业机构和人才缺乏等因素制约。碳汇市场的相关认证、注册制度尚待完善，碳汇核查和技术咨询等相关机构尚待健全，碳汇项目融资渠道尚待建立。目前，碳汇项目资金主要依赖少数投资者以及中国绿色碳汇基金会等公益组织，资金来源渠道较窄[73]。碳汇核算体系缺乏，国内仅出台了森林和竹林的碳汇核算方法学，还没有形成系统的碳汇核算体系。碳汇项目类型较为单一，国内碳汇项目也主要集中于森林碳汇，辅之以少量竹林碳汇项目。

8.4.2.3 中国碳汇市场发展前景和建议

虽然碳汇交易面临诸多问题和挑战，但是中国的碳汇交易和碳汇市场发展潜力巨大，实现 2060 年碳中和目标，林业碳汇必不可少。而且根据 2022 年 3 月中共中央、国务院发布的《关于加快建设全国统一大市场的意见》，我国将培育发展全国统一的生态环境市场，为碳汇生态产品指明了市场化配置方向。下一步，应该以扩大碳汇生态产品市场需求为主要目标，以履约市场、自愿市场等基础较好的交易市场为主要内容，以创新性的普惠市场为重要补充，覆盖大型碳排放履约企业、自愿减排的非履约企业和普通社会公众等多种需求对象，实现碳汇的生态价值转化。为此，提出以下 3 点建议：

深化林权制度改革，进一步明晰林业碳汇产权。转变政府在林业生产中的职能，发挥市场的主导作用，充分赋予林农对林地的自主权，减少政府相关部门对林地流转和林权抵押贷款等的约束和干预。落实林地家庭联产承包责任制，加快明晰林地产权步伐，稳步推进林权制度改革。

完善碳汇政策体系。出台政策保护碳汇交易主体权益，构建规则，规范市场交易规模、交易流程，加速碳汇交易标准化建设。规范第三方核查机构经营管理，加强第三方机构资质审核。统筹监管林业碳减排量生产、监测、报告、核证、签发、交易、注销等全过程。出台针对性强的激励与惩罚政策，建立动态化的评审专家、核查人员和咨询服务公司等相关的资质管理制度，以及项目不同环节参与人员的长期备案问责制度与针对不同市场主体的信用评价机制等，维护公平健康的市场环境。

探索不同交易模式。完善全国碳市场碳抵消机制，推进林业碳汇自愿交易发展，引导社会民间资本进入生态建设领域，充分利用政府与私营企业及公众等多方合作商业模式，结合各类企业履行社会责任，开发自愿碳补偿、碳中和或购碳履责类项目。

8.4.3 美国：湿地银行

湿地银行是指政府、个人与非营利性组织等在得到许可的情况下，事先在一定地域上新建、修复、维护并储备湿地，再通过信贷方式将所储备湿地以合理的市场价格出售给将会造成湿地损失的湿地开发者。目前，国际上最具典型意义的湿地银行是美国的湿地缓解银行（WMB），简称湿地银行。

8.4.3.1 美国湿地银行概述

美国是世界上湿地面积第二大的国家。20 世纪 70 年代以前，美国政府采取鼓励湿地开发的政策，导致湿地面积大幅减少。相较 18 世纪，1970 年美国湿地面积下降了 50.22%，湿地的生态功能遭到严重破坏。在此背景下，美国政府实施湿地保护政策。1972 年颁布了《联邦水污染控制法》，1977 年颁布了《联邦水污染控制法》的修正案《清洁水法》，其中第 404 条规定：授权陆军工程兵团审批在境内掘取与填埋水域的申请许可的职责，美国国家环境保护局负责评估水域环境。1989 年，美国国家环境保护局将湿地保护纳入法案，规定湿地面积在开发建设中不得减少，即“零净损失”原则。1993 年克林顿政府出台了“政府湿地计划”的联邦指导，制定了严格保护湿地的程序和政策，并提出了“湿地银行”的概念和生态补偿方式[74]。2008 年，美国陆军工程兵团和美国国家环境保护局联合通过了湿地损害补偿最终规则，确立了湿地银行的补偿机制[75-76]。

按照 2008 年美国国家环境保护局出台的《水域资源损害补偿最终规则》，可以建设湿地银行的主体主要有 4 类：政府部门或者政府部门的联合、私人实体、非营利性组织或土地信托组织、政府部门和私人实体的联合。湿地银行的资产类型及交易主体等与普通的商业银行有很大的差别，它是将储备湿地以“湿地信用”的名义出售给具有湿地责任的湿地开发者。湿地开发者从湿地银行购买一定的“湿地信用”，从而将湿地责任转移给具有湿地储备的湿地银行建设者[77]。

湿地银行的主要交易主体包括借款方、贷款方和监管机构。借款方，是指由于项目开发方直接或者间接地对湿地生态系统造成损害，需要从湿地银行购买“湿地信用”以替代受损湿地生态功能的湿地开发被许可人。贷款方是指拥有“湿地信用”的湿地银行，即湿地银行的投资方或者建设者。监管机构是批准项目开发活动、为项目开发单位颁发许可证的政府部门，美国湿地开发许可部门是美国陆军工程兵团。监管机构对湿地开发者的具体补偿责任做了相应规定，同时对湿地银行建立、运作等行为实施监管。此外，由多个与湿地保护相关的政府部门代表组成的联合评估小组也有责任对湿地开发者的行为和湿地银行的运作给予必要的监督，并向许可部门提供中肯的建议[78]。

8.4.3.2 美国湿地银行运营特点

美国湿地银行通过合理的机制设计，突出补偿性、同类等值性、管理长效性三大特点，吸引政府等各类组织参与湿地保护工作，并使其成为湿地银行建设中重要的角色，为湿地补偿注入活力，维护市场完善有序的运行，进而活化了对湿地资源的保护与利用。

（1）补偿性

湿地银行经营的是一种特定的湿地，创造、恢复或改良该类型湿地旨在补偿未来因开发用途而被征用的湿地。湿地银行的业务则是向需要进行湿地补偿的申请人（湿地开发者）出售湿地补偿信贷。购买湿地补偿信贷之后，湿地开发者可以使用湿地补偿信贷来抵消开发项目中对湿地造成的不利影响。与传统的银行不同，湿地补偿信贷是进行补偿湿地售卖时使用的统一单位，重点是在补偿，湿地补偿信贷就是湿地银行的“货币”。湿地银行需要通过特定系统来评估因此产生的信贷并确定补偿任何特定项目所需的信贷类型和信贷数量。购买湿地补偿信贷时，湿地开发者按比例支付费用，以获取、恢复、维持、改良或监测湿地。银行通过向湿地开发者出售补偿信贷或者接收纳税人补贴来支付费用。通常，湿地银行认为一个湿地信贷额度等同于 1 英亩①湿地的价值或功能[79]。因此，修复、创造或改善湿地行为所增加的湿地功能或价值越多，湿地银行所获取的补偿信贷额度也就越高，湿地银行交易的这种补偿性愈加明显。

（2）同类等值性

湿地补偿应当优先选择同类补偿，即用同类型的湿地替代受损的湿地，只有在同类补偿不可行的情况下才适用异类补偿。补偿湿地的生态功能应当与受损湿地的生态功能保持一致。同类补偿和异类补偿遵循不同的替代标准。在同类补偿的情况下，各州对补偿比率的规定也不一样，如得克萨斯州的安德森束缓解银行要求对高质量湿地的补偿比率为 7∶1，对中等质量湿地的比率是 5∶1，对低质量的湿地比率是 3∶1，这一补偿比率将由机构以各个项目为基础进行确定[80]。在异类补偿的情况下，若在同一子流域以更高价值的湿地替代受损湿地，则补偿率为 1.5∶1；若在同一主流域以等值或更高价值的湿地替代受损湿地，或者在同一流域以较低或同价值的湿地替代受损湿地，则补偿率为 2∶1；若在相邻的主流域以等值或更高价值的湿地替代受损湿地，则补偿率为 2.5∶1；若受损的是高价值湿地，则补偿比率更高，这一比率将由机构以各个项目为基础进行确定[81]。无论是同类补偿还是异类补偿，补偿湿地的生态价值都应当与受损湿地的生态价值相等或者比受损湿地的生态价值更高。湿地生态功能的补偿必须尽可能与

---

① 1 英亩 ≈ 0.404 7 hm^2。

其原本的形式相接近，价值相等或者更高。

（3）管理长效性

长效管理机制是美国湿地银行取得成功的重要保障，其长效性不仅体现在湿地补偿过程中对湿地交易的监管，还体现在湿地补偿完成之后对湿地效益的后评估和长期管护。1999 年美国国家科学院曾对全美的湿地补偿项目进行了严格的评估，并提出 29 条关于实现占补平衡的建议。2008 年，美国陆军工程兵团和美国国家环境保护局联合通过了《水域资源损害补偿最终规则》，规则规定，成立银行之前，就必须向监管机构提供一系列的材料，包括银行的管理者、如何管理以及如何取得资金保障等[82]。在湿地交易过程中，监管部门必须确保湿地的生态效益得到严格、准确的评估，确保受损湿地的生态效益得到相等甚至更高的补偿。湿地银行必须制订长期的管理计划，包括明确湿地保护的任务、资金预算、长期管理费用等，来确保恢复湿地场址的可持续性和持久性[83]。

8.4.3.3 美国湿地银行的启示和借鉴

从 1995 年美国国家环境保护局和美国陆军工程兵团第一次正式批准建立湿地银行开始，这种政府主导、市场充分参与的湿地补偿模式就取得了很好的效果。不仅实现了湿地总面积的“零净损失”，也平衡了经济发展和生态保护的关系。据统计，美国湿地银行数量呈现出跨越式的上升趋势，从 1992 年的 46 个，到 2001 年的 219 个，再到 2016 年的 3 000 多个[84]。美国湿地银行实践对我国探索生态产品类银行交易模式具有借鉴意义。

（1）建立高效行政管理体系

美国在管理湿地银行等湿地事务上有高效的行政管理体系。美国国家环境保护局和美国陆军工程兵团两个核心的管理部门拥有相互协作、制衡的湿地管理权：美国国家环境保护局负责许可证等相关政策的制定，美国陆军工程兵团负责许可证的颁发，美国国家环境保护局对此进行监督审核，并有权提出异议或否决，同时美国陆军工程兵团负责项目的日常管理；其他联邦机构也根据自身主要职责承担湿地管理任务，如鱼类与野生动物管理局要评估开发项目对鱼类和野生动物的影响；联邦授予地方湿地管理权，并适当给予资金和技术支持；各州、地方政府因地制宜地调整湿地管理措施。美国在湿地保护方面形成了一套权责分明、严密高效的湿地事务管理机制，各部门职权清晰，管理措施有力；美国国家环境保护局和美国陆军工程兵团之间协作与制衡的张力也是湿地银行高效管理和运行的重要原因[85]。

（2）提供良好的资金和技术支持

湿地银行拥有专业的湿地维护人员和设备，能够保证开发者对湿地补偿的有效性，并实现长期监测、监督管理的实施。此外，湿地银行建设需要的资金量大，从而提高了该领域公私合作模式的应用。通过建设并出售“湿地信用”，湿地银行建设者可以利用规模效益获得可观的利润，因此这一制度吸引了众多的社会资本参与。目前，湿地银行的建设者和经营者一般以商业公司为主，地方政府、自然保护组织等非营利机构也可以参与其中。相对于开发者而言，专业的公司或者机构拥有更科学的规划、更专业的技术和更充足的资金，其恢复、保护或新建湿地的速度更快，更易符合相关标准或要求，补偿的效果也更加明显。

（3）节约交易时间和成本

湿地建设者从提出湿地建设的申请到获得建设许可，需要经过一系列的程序，时间比较长。有了湿地银行，使开发者只需通过选择适合的湿地银行、购买相应的“湿地信用”就完成了补偿，并转移了补偿责任，节约了大量的时间成本，提高了补偿效率。“湿地信用”交易完成后，该湿地的管理责任可以由开发商转移给湿地银行的建设者，由其进行专业的管理，同时转移了湿地补偿责任。当湿地银行储备的“湿地信用”全部出售之后，湿地的长期管理责任也可在政府批准后，转移给政府部门、私人土地管理者或非政府组织等实体。

8.4.4 中国：生态银行

生态银行是生态产品供需双方实现交易的一个载体平台，它不是传统意义上的金融机构，而是指政府搭建的生态权属交易平台。在政府审核与监管下，由金融机构通过恢复、保护、新建生态资源产生生态信用，并通过交易将生态信用出售给资源开发者，实现生态产品向经济产品的转化[29]。我国的生态银行主要有森林生态银行、“两山银行”和碳汇银行等形式。下面主要介绍福建省南平市的生态银行。

8.4.4.1 南平生态银行概况

福建省南平市素有“福建粮仓”“南方林海”之称，虽然自然资源丰富、生态价值丰厚，但其生态优势难以有效转化为经济优势，是典型的资源富集欠发达地区。林业是南平市的传统产业，集体林改分山到户后，森林资源呈现碎片化、分散化趋势，存在单家独户经营缺技术、少资金和森林资源变现难等问题，制约了森林可持续、高质量发展。为了有效解决这个问题，2018 年，南平市以顺昌县为试点，创新开展“森林生态银行”建设，通过搭建林业资源管理和运营平台，借鉴商业银行“分散化输入、集中化输出”模式，对零散化、碎片化森林资源实施收储整合、保护提升和开发运营，为促进生态资源资本化搭建起中介平台，这一中介平台本质上是充当了生态资产和绿色产业之间的资源、信息和信用中介。南平市在产权流转、融资、市场化运营、政府与市场边界等方面做出的探索，是通过市场化机制使生态产品价值得以实现的有益探索。南平市各县（市）立足实际，因地制宜探索实践，陆续探索建立了文旅生态银行、建盏生态银行、古厝生态银行、水生态银行，之后浙江安吉县和常山县、江西资溪县也探索建立了“两山银行”，并将范围拓展到全县的山、水、林、田、湖、草等自然资源以及适合集中经营的农村宅基地、集体经营性建设用地、农房、古村、古镇、老街等，因这些银行的原理和运营机制与“森林生态银行”基本一致，本部分着重介绍南平森林生态银行[17, 30, 86-87]。

运行机制。按照“政府主导、农户参与、市场运作、企业主体”的原则，由顺昌县国有林场控股、8 个基层国有林场参股，成立的福建省绿昌林业资源运营有限公司，注册资金 3 000 万元，作为顺昌“森林生态银行”的市场化运营主体。公司下设数据信息管理、资产评估收储“两中心”和林木经营、托管、金融服务“三公司”，前者提供数据和技术支撑，后者负责对资源进行收储、托管、经营和提升；同时整合县林业局资源站、国有林场伐区调查设计队和基层林场护林队伍等力量，有序开展资源管护、资源评估、改造提升、项目设计、开发经营、林权变更等工作[88]。

8.4.4.2 南平生态银行交易环节

南平生态银行的交易环节主要涉及前端、中端和后端 3 个环节，构成前端确权登记、中端流转收储、后端持续经营环环相扣的森林生态产业体系。

交易前端环节：对森林资源进行确权并搭建信息平台。森林生态银行委托福建省林业勘察设计院对全县林地分布、森林质量、保护等级、林地权属等进行调查摸底，并进行确权登记，明确产权主体、划清产权界限，形成全县林业资源“一张图”数据成果，并衔接土地利用总体规划、生态保护红线、城乡建设规划等空间管制数据，建成具备集中展示、综合分析、科学决策等功能的信息管理平台，通过核心编码对森林资源进行全生命周期的动态监管，实时掌握林木质量、数量及分布情况，实现林业资源数据的集中管理与服务，确保信息数据安全有效性，增强交易双方信息对称性和透明度。

交易中端环节：流转收储整合资源。主要任务：一是搭建“森林生态银行”架构。鼓励林农在平等自愿和不改变林地所有权的前提下，将碎片化的森林资源经营权和使用权集中流转至“森林生态银行”，转换成权属清晰、集中连片的优质“资产包”。为保障林农利益和个性化需求，“森林生态银行”共推出了入股、托管、租赁、赎买 4 种流转方式：有共同经营意愿的，以一个轮伐期的林地承包经营权和林木资产作价入股，林农变股东，共享发展收益；无力管理也不愿共同经营的，可将林地、林木委托经营，按月支付管理费用（贫困户无须支付），林木采伐后获得相应收益；有闲置林地（主要是采伐迹地）的，可以通过流转一个轮伐期的林地经营权获得租金回报；希望将资产变现的，可以按照《顺昌县重点生态区位商品林赎买实施方案》的要求，将林木所有权和林地经营权流转给生态银行，林农获得资产转让收益。截至 2021 年年底，顺昌县“森林生态银行”共纳入山林 8.15 万亩，惠及全县林农 2 510 户，促进林农增收 5.94 亿元[89]。二是构建多方位林业金融服务体系。为有效解决林农和竹木加工企业融资难、成本高以及银行不愿放贷等问题，2019 年 10 月，经福建省地方金融监督管理局批准，顺昌县政府授权县国有林场与南平市融桥担保公司合股成立政策性林权担保公司，即“福建省顺昌县绿昌林业融资担保公司”，为境内涉林企业和林农提供林权抵押贷款担保。该公司注册资金 2 000 万元，县财政持股 60%，南平市融桥担保公司持股 40%。银行对借款人原则上按金融市场同期贷款基础利率（LPR）标准执行，公司与商业银行按 8∶2 的比例分担贷款风险责任，并与省闽投融资再担保有限责任公司签订《比例分险再担保合同》，最大限度降低运营风险。同时公司制定了担保业务操作试行流程、内部管理机构设置方案、担保审查委员会工作方案等制度，确保了规范运作。截至2021年年底，已担保贷款3.05亿元，为林农节约融资成本1 500多万元。

交易后端环节：集约经营森林资源。主要任务：一是推动森林质量精准提升。结合国家储备林质量精准提升工程建设，对“森林生态银行”收储的森林资源，重点落实“四改”措施，即改主伐为择伐、改单层林为复层异龄林、改单一针叶林为针阔混交林、改一般用材林为特种乡土珍稀用材林，促进森林质量和价值的提升。创新开发林业碳汇，成功策划并交易全省第一笔林业碳汇项目，成功售出碳排放量15.55万t，成交额288.3万元，完成全国首单竹林碳汇线上交易，售出碳排放量6.9万t，成交额124.2万元，在挖掘国有林碳汇的同时，积极探索开发集体林和个体林碳汇，创新开发“一元碳汇”销售模式，依靠网络平台面向普通消费者完成碳汇交易，实现“一对一”的碳汇精准扶贫。引进国际森林认证，将27.2万亩林地、1.5万亩毛竹林纳入森林管理委员会（FSC）国际森林认证范围，规范传统林区经营管理，为森林加工产品出口欧美市场提供支持。森林资源质量、资产价值和森林生态系统承载能力不断提高，林木蓄积量在碎片化、粗放经营的情况下平均增加20%～30%，部分林区每亩林地的产值增加2 000元以上，单产价值是普通山林的4倍以上。二是推动林业产业多元化发展。积极发展木材经营、竹木加工、林下经济、森林康养等“林业+”产业，采取“龙头企业+基地”模式，实现资源批量无缝导入产业项目，建设杉木林、油茶、毛竹林、林下中药、花卉苗木、森林康养等基地，每年为升升木业、老知青等存量龙头企业提供杉木4万m^3以上，毛竹林3万根以上、花卉苗木200万株以上。采取森林资产管理运营分离模式，将交通条件、生态环境等良好的林场、基地作为旅游休闲景区，把运营权整体出租给专业化市场运营公司，建设木质栈道、森林小屋等，开展商业运营。

8.4.4.3 南平生态银行亮点、特色

南平生态银行是结合林权制度改革的一个生态制度创新，为全国其他地方生态银行的建立提供了实践经验。其亮点和特色主要体现在：一是明晰了生态资源产权。通过确权登记，摸清了资源底数、统一了监管资源、破除了数据重叠，为下一步结合“所有权、资格权、使用权”和“所有权、使用权、经营权”三权分置改革，将资源的经营权和使用权集中化流转到生态银行提供了前提条件。二是创新建立集生态资产管理、整合、转换、融资等为一体的平台。按照“政府搭台、农户参与、市场运作、企业主体”的模式，搭建自然资源管理、开发和运营的平台，化零为整有效发挥了生态资产的规模效应。三是创新多主体参与生态资产资本化融资。由原有的政府融资平台转变为现代化市场主体，引入市场化资金和专业运营商整体运营，形成了规模化、产业化的专业运营机制，推动人才与资本要素进入乡村振兴和自然资源保护开发领域。

参考文献

[1] 胡德胜．美国20世纪天然气产业监管失败的教训［J］．国土资源情报，2016（11）：40-44.

[2] 高风平，滕铎文．碳排放权交易制度与绿色全要素能源效率［J］．金融理论与实践，2022（2）：9.

[3] 华经产业研究院．2021-2026年中国碳交易市场竞争态势及投资战略规划研究报告［R］．北京：2021.

[4] 中华人民共和国财政部．排污权有偿使用和交易试点工作取得阶段性成效［EB/OL］．（2019-01-23）［2022-06-22］．http：//jjs.mof.gov.cn/gongzuodongtai/201901/t20190118_3125090.htm.

[5] 中国水权交易所．交易统计［EB/OL］．［2022-06-22］.http：//www.cwex.org.cn/publiccms/webfile/jyhq/index.html.

[6] 杜倩倩，马本．关于推进农产品生态价值实现的思考［EB/OL］．（2021-11-16）［2022-06-22］．http：//www.china.com.cn/opinion/think/2021-11/16/content_77875617.htm.

[7] 杨汉兵．生态资源利用的规范经济学分析［J］．求索，2013（9）：3.

[8] 崔焕影．碳排放权配额分配与交易定价研究［D］．成都：西南交通大学，2018.

[9] 叶长鑫，苏春生，房春艳，等．不同体制国家水权交易价格比较研究——以湛江市为例［J］．人民珠江，2020，41（4）：7.

[10] 方印，李杰．生态产品价格形成机制及其法律规则探思——基于生态产品市场化改革背景［J］．价格月刊，2021（6）：10.

[11] 冉忠明．生态资源产权制度研究——来自政府参与角色转变的再思考［J］．新经济，2020（11）：7.

[12] 高晓龙．生态产品价值实现机制和模式研究［D］．北京：中国科学院大学，2021.

[13] 丁洁，王姝，张琪．省级产权交易市场一体化运行机制构建［J］．商业时代，2012（22）：2.

[14] 钱关键．开化项目开工前先算生态账 GEP“花”多少补多少［N］．浙江日报，2022-5-13.

[15] 陈光炬．生态产品价值实现的理论逻辑与实践路径［EB/OL］．（2020-04-26）［2022-06-24］．https：//mp.weixin.qq.com/s/2drBhfxWTP51ChtpQ0I2Tg.

[16] 虞慧怡，张林波．对生态产品分类的一点改进和调整［EB/OL］．（2020-09-14）［2022-06-24］．https：//mp.weixin.qq.com/s/UPGg2VyJpNp4c4rar9MQnA.

[17] 李宏伟，薄凡，崔莉．生态产品价值实现机制的理论创新与实践探索［EB/OL］．（2020-07-30）［2022-06-24］．https：//mp.weixin.qq.com/s/768CMwqb9k_sSAxUJP-6RA.

[18] 董玮，秦国伟．生态产品价值实现难在哪里，如何突破［EB/OL］．（2020-04-12）［2022-06-24］．https：//mp.weixin.qq.com/s/vxt2MKtUa_Z9gpqjcWUlYg.

[19] 曾贤刚，虞慧怡，谢芳．生态产品的概念、分类及其市场化供给机制［J］．中国人

口·资源与环境，2014，24（7）：12-17.
［20］范振林，马晓妍，厉里，等．“好山好水”价值如何挖掘？这些生态产品价值实现方式值得学习［EB/OL］．（2020-07-22）［2022-06-24］．https：//mp.weixin.qq.com/s/kDrd8RJfiu9nETaI7UqaEw.
［21］席晶，袁国华，贾立斌．基于市场机制深化生态保护补偿制度的改革思路［J］．科技导报，2021，39（14）：10-19.
［22］俞敏，刘帅．我国生态保护补偿机制的实践进展、问题及建议［J］．重庆理工大学学报（社会科学），2022，36（1）：1-9.
［23］张栋．黄河流域横向生态补偿制度之检视与完善［J］．人民黄河，2022，44（1）：10-14.
［24］刘航，温宗国．环境权益交易制度体系构建研究［J］．中国特色社会主义研究，2018（2）：84-89.
［25］廖茂林，潘家华，孙博文．生态产品的内涵辨析及价值实现路径［J］．经济体制改革，2021（1）：12-18.
［26］李维明，谷树忠．我国水权交易基础条件及其建设［J］．中国发展观察，2019（Z1）：80-83.
［27］中节能生态产品发展研究中心．生态产品价值实现专题研究（2021）成果报告［EB/OL］．（2022-01-11）［2022-06-24］．https：//mp.weixin.qq.com/s/CFU0HMR01-IwfF-MPV9_BIw.
［28］赵晓宇，李超．“生态银行”的国际经验与启示［J］．国土资源情报，2020（4）：5.
［29］颜宁聿，刘耕源，范振林．生态银行运行机制与本土化改造研究：文献综述［J］．中国国土资源经济，2020，33（12）：10-24.
［30］崔莉．生态银行研究与实践——以福建南平市为例［M］．北京：中国林业出版社，2019.
［31］孙雪琳．自然资源资产管理的机制创新与法治保障——以南平市“生态银行”为例［J］．福建工程学院学报，2021，19（2）：140-145，204.
［32］黄颖，温铁军，范水生，等．规模经济、多重激励与生态产品价值实现——福建省南平市“森林生态银行”经验总结［J］．林业经济问题，2020，40（5）：499-509.
［33］方兰．实现生态产品多元价值，2022. http：//m.cssn.cn/zx/zx_bwyc/202203/t 20220311_5398014.htm.
［34］李宏伟．我读《习近平谈治国理政》第三卷丨①加快推进产业生态化和生态产业化［EB/OL］．（2020-08-15）［2022-06-24］．https：//mp.weixin.qq.com/s/lFJeDbVN0WzI-yH9f4ThpSg.
［35］黎元生．生态产业化经营与生态产品价值实现［J］．中国特色社会主义研究，2018（4）：84-90.
［36］李佐军．文旅农康融合发展是实现生态产品价值的主要途径［EB/OL］．（2021-09-15）［2022-06-24］．http：//www.eco.gov.cn/index.php/news_info/48928.html.

［37］高国力，刘峥延．为什么强调生态产品价值实现［EB/OL］．（2021-08-02）［2022-06-24］．http：//paper.cntheory.com/html/2021-08/02/nw.D110000xxsb_20210802_2-A4.htm.
［38］孙庆刚，郭菊娥，安尼瓦尔·阿木提．生态产品供求机理一般性分析——兼论生态涵养区“富绿”同步的路径［J］．中国人口·资源与环境，2015，25（3）：19-25.
［39］刘瀚斌．把握需求特性，有效实现生态产品价值［EB/OL］．（2021-05-17）［2022-06-24］．http：//epaper.cenews.com.cn/html/2021-05/17/content_66034.htm.
［40］唐潜宁．生态产品供给制度研究［D］．重庆：西南政法大学，2017.
［41］吴志远．发展绿色金融，推动生态产品价值实现［EB/OL］．（2021-08-24）［2022-06-24］．https：//www.shanjinshe.cn/mobile/news/show.php?itemid=1048.
［42］董珂，刘畅．以产权明晰和要素流动 促进生态产品的价值实现［EB/OL］．（2020-03-11）［2022-06-24］．https：//mp.weixin.qq.com/s/QI_CrUpj8Rwwykaw0VjP6A.
［43］王斌．生态产品价值实现的理论基础与一般途径［J］．太平洋学报，2019，27（10）：78-91.
［44］秦国伟，董玮，宋马林．生态产品价值实现的理论意蕴、机制构成与路径选择［J］．中国环境管理，2022，14（2）：70-75，69.
［45］宋洋，黄玉花，张林波．从需求侧发力深入推进生态产品价值实现［EB/OL］．（2022-02-18）［2022-06-24］．https：//mp.weixin.qq.com/s/HOzLR32_jFV1WpOGkVaFuw.
［46］李佐军，刘帅．做好认证溯源，助力生态产品价值实现［EB/OL］．（2020-08-18）［2022-06-24］．http：//www.xinhuanet.com/energy/2020-08/18/c_1126379513.htm.
［47］陆霁，张颖，李怒云，等．林业碳汇交易可借鉴的国际经验［J］．中国人口资源与环境，2013，23（12）：22-26.
［48］何桂梅，王鹏，徐斌，等．国际林业碳汇交易变化分析及对我国的启示［J］．世界林业研究，2018，31（5）：1-6.
［49］李岩柏，郭瑞敏．国际林业碳汇交易对我国的启示［J］．河北金融，2022（1）：29-34.
［50］Parrick M，Stephen D，William M，et al. View from the understory：state of forest carbon finance 2021（June）［R/OL］．［2022 - 05 - 07］．http：//www.forest-trends.org/publication.php.
［51］苏子龙，石吉金，周伟，等．国外农田土壤碳汇市场交易实践及对我国的启示［J］．环境保护，2022，50（5）：63-67.
［52］韩松，秦路，张建伦．国际农业土壤碳交易机制发展现状、问题及启示［J］．世界农业，2014（8）：38-42.
［53］袁平红．地毯农业发展的国际经验及对中国的启示［J］．经济问题探索，2012（8）：158-165.
［54］贺大州．低碳农业发展的美国经验和对中国的启示［J］．世界农业，2015（6）：150-155.
［55］Indigo A G. The Road to a New Crop：Indigo's Monitoring Plan for Generating Carbon Credits［ER/OL］．（2021-01-02）［2022-06-24］．https：//www.indigoag.com/carbon.

［56］CDM 项目数据库［EB/OL］.［2022-06-24］. http：//cdm.ccchina.org.cn/project.aspx.
［57］2021 年 7 月 14 日国务院例行吹风会［EB/OL］.（2021-07-14）［2022-06-24］.http：//www.gov.cn/xinwen/2021-07/14/content_5624877.htm.
［58］北京市碳排放权公开交易行情［EB/OL］.［2022-06-24］. https：//www.bjets.com.cn/.
［59］深圳市发展和改革委员会 . 深圳市碳排放权交易市场抵消信用管理规定（暂行）［EB/OL］.（2015-06-08）［2022-06-24］. http：//www.cerx.cn/jystongzhi/1117.htm.
［60］北京市发展和改革委员会 . 北京市碳排放权抵消管理办法（试行）［EB/OL］.（2014-09-02）［2022-06-24］. http：//fgw.beijing.gov.cn/fgwzwgk/zcgk/bwgfxwj/201912/t20191227_1522131.htm.
［61］广东省人民政府 . 广东省碳排放管理试行办法［EB/OL］.（2014-01-18）［2022-06-24］. http：//drc.gd.gov.cn/qtwj/content/post_844024.html.
［62］天津市发展和改革委员会 . 关于天津市碳排放权交易试点利用抵消机制有关事项的通知［EB/OL］.（2015-06-29）［2022-06-24］. http：//fzgg.tj.gov.cn/zwgk_47325/zcfg_47338/zcwjx/fgwj/202012/t20201219_5068664.html.
［63］湖北省发展和改革委员会 . 关于 2015 年湖北省碳排放权抵消机制有关事项的通知［EB/OL］.（2015-04-16）［2022-06-24］. http：//fgw.hubei.gov.cn/fbjd/zc/zcwj/tz/201504/t20150416_3764305.shtml 2015.
［64］福建省发展和改革委员会 . 福建省碳排放权抵消管理办法（试行）［EB/OL］.（2016-11-28）［2022-06-24］. http：//fgw.fujian.gov.cn/zfxxgkzl/zfxxgkml/bwgfxwj/201612/t20161205_820088.htm.
［65］重庆市发展和改革委员会 . 重庆市碳排放配额管理细则（试行）［EB/OL］.（2014-09-23）［2022-06-24］. http：//fzggw.cq.gov.cn/zwgk/zfxxgkml/zcwj/xzgfxwj/sfzggwxzgfx-wj/202004/t20200402_6930921.html.
［66］上海市发展和改革委员会 . 关于上海市碳排放交易试点期间进一步规范使用抵消机制有关规定的通知［EB/OL］.（2015-04-20）［2022-06-24］. https：//fgw.sh.gov.cn/fgw_zyjyhhjbh/20211101/e14d13cc0d6240fc97dfa323da60e5f7.html.
［67］李峰，王文举，闫甜 . 中国试点碳市场抵消机制［J］. 经济与管理研究，2018，39（12）：10.
［68］国家发展和改革委员会 . 碳排放权交易管理暂行办法［E］. 2014.
［69］全国碳市场年度成交数据［EB/OL］.（2022-05-07）［2022-06-24］. https：//www.cnee-ex.com/qgtpfqjy/jysj/ndgk/.
［70］王科，李思阳 . 中国碳市场回顾与展望（2022）［J］. 北京理工大学学报（社会科学版），2022，24（2）：33-42.
［71］中国清洁发展机制网［EB/OL］.［2022-06-24］. http：//cdm.ccchina.org.cn.
［72］张兴，姚震 . 新时代自然资源生态产品价值实现机制［J］. 中国国土资源经济，2020（1）：62-69.
［73］李佐军，俞敏 . 拓展碳汇市场交易，助力生态文明建设［J］. 重庆理工大学学报（社会

科学），2019（4）：1-6.
［74］张立．美国补偿湿地及湿地补偿银行的机制与现状［J］．湿地科学与管理，2008，4（4）：14-15.
［75］沈洪涛，任树伟，何志鹏，等．湿地缓解银行——美国湿地保护的制度创新［J］．环境保护，2008（12）：72-74.
［76］Environmental Law Institute Research Staff. Banks and Fees：The Status of Off-Site Wetland Mitigation in the United States［M］．Washington DC：Environmental Law Institute，2002.
［77］United States Environmental Protection Agency. Mitigation banks under CWA Section 404［EB/OL］．（2019-05-16）［2020-02-19］．https：//www.epa.gov/cwa-404/mitigation-banks-under-cwa-section-404.
［78］刘金淼．美国湿地补偿银行机制及对我国湿地保护的启示与建议［J］．环境保护，2018，46（8）：75-79.
［79］荣冬梅．美国湿地缓解银行制度对我国生态补偿的启示［J］．中国国土经济，2020（8）：65-69.
［80］唐圣囡，李京梅．美国湿地补偿银行制度运转的关键点及对中国的启示［J］．湿地科学，2018，16（6）：764-770.
［81］柳荻，胡振通，靳乐山．美国湿地缓解银行实践与中国启示：市场创建和市场运行［J］．中国土地科学，2018，32（1）：65-72.
［82］Council National Research. Compensating for wetland losses under the Clean Water Act［M］．Washington，D. C.：National Academy Press，2001.
［83］邓琳君．论我国湿地生态补偿市场化——以美国湿地缓解银行机制为借鉴［J］．四川警察学院学报，2020，32（3）：103-108.
［84］Environmental Law Institute. ELI's Compensatory Mitigation Research［EB/OL］．（2022-03-19）［2022-06-24］．https：//www.eli.org/compensatory-mitigation.
［85］张健，刘倡，路文海，等．美国湿地补偿银行机制对我国滨海湿地保护的启示［J］．湿地科学与管理，2021，17（2）：50-53.
［86］孙雪琳．信任合作：自然资源资产改革的重要基石——基于南平市“生态银行”的实践探索［J］．新余学院学报，2021，26（1）：84-91.
［87］张文明．完善生态产品价值实现机制——基于福建森林生态银行的调研［J］．宏观经济管理，2020（3）：73-79.
［88］国家林业和草原局办公室关于印发《林业改革发展典型案例》［EB/OL］．（2021-11-30）［2022-06-24］．http：//www.forestry.gov.cn/main/5461/20211130/153324189712365.html.
［89］绿了山林 富了口袋（新时代新作为）［EB/OL］．（2022-03-01）［2022-06-24］．http：//gs.people.com.cn/n2/2022/0301/c396711-35153800.html.

第9章 产业模式

产业模式本质上是产业发展形成的一系列可复制推广的经验做法。生态产品具有多样性特征，不同市场属性的生态产品价值实现路径及生态产品生产、经营、交易、分配等不同环节，决定了生态产品具有多样的产业形态和发展模式。本章首先确定了生态产品第四产业的产业模式内涵、特征和类型框架，然后从基本内涵、表现形态、产业链和商业模式、政策导向和发展趋势等维度，结合典型案例介绍了生态物质产品生产经营、生态文化服务经营、生态产品交易、生态产品开发服务、生态资本增值等模式，为生态产品第四产业规模化、集聚化、经济化提供模式支撑。

9.1 生态产品第四产业模式框架

9.1.1 第四产业模式内涵

生态产品第四产业的产业模式是指产业各方参与者基于各类自然资源要素进行优化组合，开展生态产品生产、开发、经营、交易等活动形成的一系列具有一般性、可操作性、可复制性的行为做法。生态生产过程本身可以不依赖人类参与而独立进行，但是产业作为生产同类属性产品企业及经济活动的集合，本身则具有经济和社会属性。仅仅依靠优质的生态资源，没有其他劳动、资金、技术等资源要素的投入，就无法将生态产品价值转化为经济价值，也无法形成生态产品第四产业。因此生态产品第四产业的经营主体通过将人力、资金、技术等多种资源资本进行优化组合配置，开展生产开发、经营管理等活动以获取经济收益，这当中探索形成的可推广、可复制的成功经验、做法就形成了产业模式。

根据生态产品第四产业的核心经济活动，生态产品第四产业模式主要内涵包括生态产品的初级生产、产品开发、资本经营、交易及生态资本增值等环节内容：①初级生态产品生产主要指生态系统自身或在人类活动辅助下直接生产生态产品的过程，主要有纯生态生产以及“人类生产+生态生产”方式。②生态产品开发主要指基于初级生态产品及其他生态资源开发面向终端市场交易的衍生性生态物质产品、调节服务产品、文化服务产品，实质上是围绕生态“资源—资产—资本”的转化过程，除开发主体行为以外，还包括围绕生态“资源—资产—资本”转化提供的金融服务、咨询服务等第三方服务，即生态产品开发服务。③生态资本经营是通过开展市场化经营管理最终形成面向终端消费者或可在生态市场实现交易的终端生态产品（生态商品）的过程，资本经营往往需要依托多类生态资源或初级生态产品。④生态产品交易主要指经过生产、开发、经营最终形成的终端生态物质商品、服务商品或权益产品等通过直接交易或借助交易平台对价支付形成可持续的现金流收入的交易模式，也包括为达成交易提供的第三方服务，如认证推广、品牌培育等，即生态产品交易服务。⑤生态资本增值模式指通过一系列有目的、有计划的生态保护与修复建设、生态技术研发等活动，对特定范围内的生态资源进行一定的货币、实物、劳动投入，使生态资源质量及数量指标有所改善，提升生态资产存量价值的行为做法[1]，其实质是生态资本的再生产过程，是发展生态产品第四产业的前提保障及产业收益对生态系统的反哺，是打通生态产品产业链闭环，实现生态资本保值增值、生态产品可持续再生产的重要保障。产业模式的形成以提高生态资本投资效益为目标导向，以尊重自然规律、依据自然条件、利用自然过程为原则，强调系统治理、综合治理，如基于自然的解决方案理念形成的系列模式、山水林田湖草沙一体化治理等。

9.1.2 第四产业模式特征

生态产品第四产业模式本质上是发展生态产品第四产业而形成的一系列经实践检验的行之有效的做法。与传统三次产业相比，生态产品第四产业模式有明显不同，这主要是由生态产品第四产业自身特征所决定的。

以生态产品生产为前提条件。生态产品第四产业本身就是围绕生态产品的保护、生产、开发、经营、交易等经济活动形成的产业集合，因此生态产品第四产业模式不管如何变化多样，都离不开生态产品的这一本质特征。如通过企业或个人减排行为形成的碳排放权交易看似与生态生产过程无关，但其本质还是基于稀缺性的生态系统固碳释氧等调节服务产品衍生的一类生态产品，因此，碳排放权交易是典型的第四产业模式。但是，纯粹的人工景观旅游、风力水力发电等非生态资源的开发利用，完全不依赖生态生产过程，也不以生态生产过程为前提，则不能算为第四产业模式。

以生态系统的保护和改善为目标。传统三次产业的发展模式主要以经济利润最大化为主要目标，而生态产品第四产业追求的是包含生态价值在内的综合价值最大化，以不损害生态资产存量价值为前提。生态产品第四产业将生态价值转化为经济价值过程中所消耗的主要是生态资产的流量价值，发展产业、实现规模增长依赖的也不是生态资产存量的消耗，而是依托生态保护、修复和改善活动提升生态资产存量或依托生态技术提高生态资产流量的转化效率。

寻求生态红利的释放。生态红利主要是指生态产品蕴含的生态价值持续不断地转化为就业增量、经济增长和民生福祉的提升，以及所形成的可持续生态友好的社会收益[2]。产业本身具有经济社会属性，若产业发展不能带来经济社会效益的提升，则其本身存在的意义就会大打折扣。但与传统三次产业主要满足的是同一时间维度内特定人群的需求不同，生态产品第四产业发展催生的生态红利可能不一定在当下就得到全部的释放，而更多地体现在未来更长远的时间跨度和更宽广的区域范围。

行为主体和利益关系更为复杂。由于生态产品具有公共物品特性，并将自然生态系统纳入产业链体系，生态产品的供需关系极为独特，交易模式多样，产业链环节较长，利益相关方较多。供给方有政府、企业、农户等经营主体，需求方主要包括社会消费者、企业用户等，还有生态产品交易平台、技术支撑服务单位、绿色金融机构交易支撑服务机构。除此之外，由于生态产权的特殊性，集体经济组织也在生态产品第四产业模式中发挥重要作用，如何平衡农户、集体经济组织与社会资本等利益相关方的利益诉求对产业模式的成功实践也至关重要。只有通过各利益相关者的产业链的有效整合，构建相对公平公开的利益分配机制，通过畅通产业链各环节，合理确定政府、企业、集体经济组织、农户等不同角色，使其协同行动、同向发力，才能有效提升整个产业链的运作效能，形成行之有效、丰富多样的产业模式。

离不开制度与政策的驱动。不同于传统三次产业主要依赖市场机制的理念，由于生态产品多具有公共物品属性，空间流和服务流往往是网状的，供给和需求并非一般产品的“点对点”方式，生态产品第四产业的形成更多依赖政府机制的建立健全，如产权的界定、交易机制的构建等。甚至政府作为生态产品供给方或需求方的代表直接参与买卖，例如，从产业角度来看，生态补偿就是将政府作为生态产品供给方和受让方的代表向生态产品“支付”或“收费”。但是也要强调的是，更多依赖政府不是意味着全部依赖政府规制，从产业长远可持续发展来看，还是需要市场化的运作机制，政府主导作用更多体现在基础制度的建立健全、制度的规范、法律的保障等方面。

行之有效且可复制、可推广。生态产品第四产业作为新兴的产业类型，本身的发展必须依靠创新驱动。但创新有成功有失败，市场本身就是一个创新的试金石，在优胜劣汰中不断筛选出切实可行的、可复制、可推广的商业模式。部分地方政府为了追求政绩，部分企业为了吸引眼球、追求短期利益等，开展的很多零星的试点示范，完全依赖政府财政补贴或不具有自身“造血”能力，并未形成可复制推广的行为做法，则不能称为生态产品第四产业模式。

9.1.3 第四产业模式类型

生态产品第四产业模式的形成主要与两个因素有关：一是生态产品属性特征，如纯公共性产品、准公共性产品和经营性产品，由于生态价值实现路径的不同形成了不同的产业模式；二是行为主体参与产业链的主要环节，在生态产品初级生产、综合开发、资本经营、产品交易、生态反哺等环节形成了不同模式。从模式特征分析可以看到，每一种产业模式都是基于初级生态产品的生产、开发、经营、交易及其利益分配而形成的，而初级生态产品主要分为生态物质产品、生态调节服务和生态文化服务。结合生态产品第四产业模式典型案例分析，从初级生态产品类型和产业链主要环节两个维度，本部分构建了生态产品第四产业模式矩阵（表9-1）。

结合产业形态特点，生态产品初级生产、衍生产品开发、资本经营本质上都是终端生态产品即生态商品的生产供应过程，模式可归并为生态产品生产经营模式，而生态产品开发服务和交易服务均为第三方服务，可归并为生态产品开发服务模式。因此生态产品第四产业模式可划分为生态产品生产经营模式、生态产品交易模式、生态产品开发服务模式、生态资本增值模式四大类。结合典型案例分析，生态产品第四产业典型模式类型见表9-2。

生态产品生产、开发经营主要基于自然生态系统本身固有的生态价值，如生态物质产品、生态调节服务和隐含的旅游休闲文化价值等，这是主要的部分。人类投入活动甚至消耗额外的生态资源产生的价值，则可通过已有的产业或"生态产品+"方式得到实现。此外，需要指出的是，由于生态调节服务的生产大多依赖生态系统的生态生产过程，一般都具有公共物品属性，多数情况下人类不能直接参与其生产过程，主要通过生态系统的可持续管理和生态保护修复间接提高生态调节服务的生产能力，这与生态资本增值模式在产业发展目标上是基本相同的。利益相关方可通过生态资源权益交易、生态补偿等方式实现生态调节服务价值，其特征主要体现在交易环节，因此生态调节服务的生产经营不再赘述。而生态物质产品生产经营和生态文化服务经营因其产业经营性特征属性显著，形成了多种实践模式。

表 9-1　生态产品第四产业模式矩阵

<table>
<tr><th colspan="2" rowspan="2">生态产品分类</th><th rowspan="2">初级生态产品</th><th rowspan="2">初级生产</th><th colspan="2">开发</th><th rowspan="2">资本经营</th><th colspan="2">交易</th><th rowspan="2">增值 / 反哺</th></tr>
<tr><th>产品开发</th><th>开发服务</th><th>交易方式</th><th>交易服务</th></tr>
<tr><td rowspan="6">生态物质产品</td><td rowspan="2">初级生态物质产品</td><td>纯天然产品</td><td rowspan="2">纯生态生产</td><td>天然生态物质产品开发</td><td rowspan="14">生态产品开发服务：
生态产品综合开发（EOD）、生态金融服务、生态资源集中收储开发、生态资源监测、生态产品评估、生态园区运营、生态咨询、生态资源管理</td><td>生物产业</td><td>市场化经营交易</td><td rowspan="6">生态产品溯源认证；品牌培育；推广运营；展览、展销等供需对接服务；电商直播、电商平台交易中心</td><td rowspan="14">生态资本增值：
生态建设、生态保护、生态修复、生态工程、基础设施、全域土地综合整治、山水林田湖草一体化保护修复、基于自然的解决方案（NbS）</td></tr>
<tr><td>优美自然要素</td><td>衍生性物质和服务产品开发</td><td>生态系统管理景观保护</td><td>生态补偿 / 市场化经营交易</td></tr>
<tr><td rowspan="4">生态农、林、牧、渔产品</td><td>生态农产品</td><td rowspan="2">生态种植</td><td rowspan="4">生态食品饮料、农产品初加工、生物质能、生物基材料</td><td rowspan="4">林下经济、种养结合、沙产业</td><td rowspan="4">市场化经营交易：生态溢价 / 品牌交易</td></tr>
<tr><td>生态林产品</td></tr>
<tr><td>生态畜牧产品</td><td rowspan="2">生态养殖</td></tr>
<tr><td>生态渔产品</td></tr>
<tr><td rowspan="8">生态调节服务</td><td rowspan="8">初级生态调节服务</td><td>水源涵养</td><td rowspan="6">纯生态生产</td><td rowspan="6">碳排放权、排污权、用水权、用能权、清水和绿化增量指标、碳汇、地票、森林覆盖率指标等生态资源权益开发</td><td rowspan="8">自然生态系统可持续管理、自然保护地管理、湿地公园管护、生物多样性保护</td><td rowspan="8">生态资源权益交易：碳排放权、排污权、水权、用能权、清水增量责任指标、绿化增量责任指标、碳汇等交易；
生态补偿 /PES</td><td rowspan="8">生态产品调查评估；
生态产品价值核算服务；
生态资产流转</td></tr>
<tr><td>土壤保持</td></tr>
<tr><td>空气和水质净化</td></tr>
<tr><td>气候调节</td></tr>
<tr><td>固碳释氧</td></tr>
<tr><td>物种保育</td></tr>
<tr><td>病虫害控制</td><td rowspan="2">生态生产 + 人工生产</td><td>生物防治</td></tr>
<tr><td>减灾降灾</td><td>减灾降灾服务</td></tr>
</table>

续表

生态产品分类		初级生态产品	初级生产	开发		资本经营	交易		增值/反哺
				产品开发	开发服务		交易方式	交易服务	
生态文化服务	生态文化服务	休憩旅游服务	生态生产+人工生产	公园开发、休闲观光、旅游开发	生态产品开发服务：生态产品综合开发（EOD）、生态金融服务、生态资源集中收储开发、生态资源监测、生态产品评估、生态园区运营、生态咨询、生态资源管理	公园，田园综合体，生态旅游、生态康养	市场化经营交易	生态服务认证；品牌培育推广；电商平台、直播、VR体验等供需对接服务	生态资本增值：生态建设、生态保护、生态修复、生态工程、基础设施、全域土地综合整治、山水林田湖草一体化保护修复、基于自然的解决方案（NbS）
		科研服务		科研基地开发		科研基地			
		美学服务		美学基地开发		美学体验馆			
		自然教育		教育基地开发		教育基地			
		名胜古迹、人文景观		文化旅游服务产品开发		生态文旅、民宿产业园、风情街			

表 9-2 生态产品第四产业典型模式类型

序	门类	一级分类	二级分类	典型模式	核心推动主体
1	生态产品生产经营模式	生态物质产品	初级生态物质产品生产	纯生态生产	产权主体：家庭、集体或企业、政府等
2			生态农、林、牧、渔业	生态种植、生态养殖、种养结合、林下经济*、沙产业*、农业一二三产融合*	市场化经营主体：家庭、集体组织、企业等
3			衍生性生态物质产品生产	生态（有机）食品饮料、农产品初加工、生物质能、生物基材料等生物产业	市场化经营主体：一般为企业
4		生态调节服务	初级生态调节服务生产	生态生产	政府
5			生态资源权益产品开发	碳排放权、排污权、用水权、用能权、清水增量责任指标、绿化增量责任指标、碳汇、地票、森林覆盖率指标等产品开发	产权主体：集体组织、企业或政府等
6		生态文化服务	休憩服务	公园运营管理、田园综合体*	市场化经营主体：一般为集体组织或企业
7			旅游服务	生态旅游、乡村旅游	
8			科研服务	科研基地	
9			美学服务	美学基地、美学体验馆	
10			自然教育	自然教育基地	
11			名胜古迹、古镇、古街、古屋等	生态文旅、民宿产业园、风情街	
12	生态产品交易模式	生态物质产品交易	市场化经营交易	生态溢价 / 品牌培育	市场化经营主体：一般为集体组织或企业
13		生态调节服务交易	生态资源权益交易	碳排放权、排污权、用水权、用能权、清水增量责任指标、绿化增量责任指标、碳汇、地票、森林覆盖率指标等交易	产权主体：集体组织、企业或政府等
14			生态补偿	纵向生态补偿、横向生态补偿、市场化生态补偿等	政府、企业、农户等
15		生态文化服务交易	市场化经营交易	生态溢价 / 品牌交易	市场化经营主体：一般为集体组织或企业

续表

序	门类	一级分类	二级分类	典型模式	核心推动主体
16	生态产品开发服务模式	生态产品开发服务	生态产品综合开发	EOD 模式	生态环境综合服务商
17			生态金融服务	“两山贷”、生态债券、绿色期权	金融机构
18			生态资源集中收储开发	生态银行、“两山银行”	生态资源资产经营公司、“两山公司”等
19			生态资源监测	生态资源及生态系统质量调查	生态监测服务企业
20			生态产品评估	生态产品价值核算服务	咨询服务机构
21			生态园区管理服务	农业产业园、产业园区等	园区管委会 / 企业
22			生态咨询	EOD 咨询	咨询服务机构
23		生态产品交易服务	生态产品认证推广	生态产品溯源认证、信息平台、品牌推广、公共品牌运营	认证机构
24			交易平台建设运营	生态产品贸易代理、网络交易平台等建设运营	生态产品贸易代理、交易中心、电商平台等
25	生态资本增值模式	保持生态资本	生态系统保护	自然生态系统、自然保护地、自然遗迹、湿地公园等生态系统可持续管理、生物多样性保护、景观保护	生态环境综合服务商
26		恢复生态资本	生态系统修复	国土空间生态修复、山水林田湖草一体化保护修复等、全域国土空间综合整治	
27		提升生态资本	基于自然的解决方案	基于 NbS 固碳增汇 生态基础设施建设	

注：* 该类模式综合了物质产品、调节服务和文化服务等多种经营业态。

9.2 生态物质产品生产经营模式

生态物质产品生产开发经营主要基于产品供给服务及其衍生产品，包括生态种植、生态养殖、林下经济、沙产业、生物质行业等与第一产业相关的自然型生态物质产品生产。

9.2.1 生态种植

生态种植是综合运用系统工程方法和现代科学技术构建起来的一种农业种植方式，主要生产提供初级农业生态物质产品或有机农产品，是一类农业生态处于良性循环的可持续发展农业模式[3]。

（1）基本内涵

生态种植主要是通过提高太阳能的固定率和利用率、生物能的转化率、废弃物的再循环利用率等，促进物质在农业生态系统内部的循环利用和多次重复利用，以尽可能少的投入，求得尽可能多的产出，并获得生产发展、能源再利用、生态环境保护、经济效益等多重效益，使农业生产处于生态系统的良性循环中。生态种植的具体做法[4]：一是采用微生物技术，使土壤形成天然腐殖质，使得水土和营养物质不易流失；二是多种农作物轮作制，以增加土地的氮肥源和氯肥源，并使地下水保持清洁；三是农田、农畜循环利用，以减少农业废弃物，综合利用种植业废弃物和畜养业废弃物，做到变废为宝。

（2）表现形态

生态种植模式的表现形态主要有 3 种：第一种是循环种养模式，即充分利用农田秸秆、牲畜粪便等废弃物转变成有机肥料进行再利用生产，实现能量转化。第二种是立体生态种植模式，即将种植业和畜养业相结合，在同一空间内，既进行种植又进行养殖，充分利用立体空间的一种生态种植方式[5]。第三种是轮作休耕模式，轮作是在同一块耕地上，不同的农作物轮换进行种植；休耕是在同一块耕地上，种植一段时间的农作物后，停止一段时间再继续进行种植。

（3）政策导向

2022 年 2 月，农业农村部印发《关于推进生态农场建设的指导意见》，明确提出[6]：要推广一批生态农业技术模式。鼓励以生态农场为主体，推广应用耕地质量保护与提升、污染修复等产地保育技术，化肥农药减量、有机肥替代、生物防控等技术，生态田埂、生态沟渠、生态廊道等田园生态系统建设技术，农作物秸秆、畜禽粪污、废旧地膜等农业废弃物资源化利用技术，农产品清洁加工、节能贮存、低碳运输等绿色收储运技术，健全完善生态农场技术规范，形成一批生态循环农业发展技术模式。

（4）产业链和商业模式

生态种植产业链主要包括上游的种子、农资服务方，中游的家庭农场、集体组织及专业种植企业以及下游的销售方、贸易方等。大多数生态种植模式属于目前的产业分类体系中的第一产业。生态种植模式在不断丰富发展，部分融合型生态种植模式可归属于第一、第二产业，第一、第三产业或第一、第二、第三产业。商业模式主要是生态种植为主，结合加工—流通—销售环节，结合“工业 +”“旅游 +”“互联网 +”等，探索形成新的生态种植复合型经济商业模式。

（5）发展趋势

尽管生态种植在国际上提出的时间较早，但国内的生态种植发展较国外起步晚，相对滞后，一些生态种植业还处于探索阶段[7]。因此，面对国际和国内农业方面的各种问题，需要探索出一条符合我国农业实际情况的农业生态种植业发展路径与实践模式。

（6）案例：银川市贺兰县“稻渔空间”[8]

贺兰县四十里店村长期面临水稻产量低、农副产品品质低、人均收入低的困境。2012 年以来，四十里店村联合当地农业龙头企业，采取立体种养模式，因地制宜地开发了集农业种植、渔业养殖于一体的“稻渔空间”项目，加大生态产品生产规模。创新开展稻、蟹、鱼、鸭立体种养，建设高密度鱼池、高标准稻田、深水环沟等新型农业设施，并采用“循环水养鱼 + 稻渔共作”技术，让农业用水在“鱼池—环沟—稻田”中闭合循环，将养鱼产生的富营养水用于水稻种植，经稻田净化后的水再用于养殖鱼、蟹、小龙虾等，通过养蟹除草、以渔治碱、养鸭治虫等措施改善稻田生态环境，形成了一田多用、一水多用的“1+*X*”稻渔种养模式，在提高水资源利用效率、重塑农田生态系统的同时，增加了大米、稻田鱼、稻田蟹、稻田鸭等生态产品的产出。四十里店村每年生产优质水稻 0.3 万 t、稻田蟹 2 万斤、稻田鸭 0.2 万只、稻田鱼 15 万斤、稻田小龙虾 0.6 万斤、稻田泥鳅 0.8 万斤左右，结合产品销售和深加工，项目区每年收入达到 1 000 万元以上。2020 年种植区内的稻鱼综合种养（水稻、蟹、泥鳅、龙虾、鸭）亩均净收益达到 3 000 元，是普通水稻种植的 2 倍多。

9.2.2　生态养殖

生态养殖是指利用自然界相关规律进行无污染增殖、养殖，投放无公害饲料，不进行施肥、洒药，最终生产出无公害绿色的有机食品，迅速提升养殖产品的生态品质的养殖模式[9]。

（1）基本内涵

生态养殖就是根据自然界生物的相关规律进行栽培和养育动植物，使其在自然生态环境中按照自身原有的生长发育规律生长，而不是人为地制造生长环境和用促生长剂让其违反自身原有的生长发育规律快速生长[10]。生态养殖可以最大限度地利用资源，减少浪费，降低成本，提高养殖效率。

（2）表现形态

生态养殖模式的表现形态主要有两种：第一种是生态渔业模式。即遵循生态发展规律，利用现代工程技术和生物技术，提高渔业产量。第二种是生态畜牧业模式。即将生态学原理应用在畜牧业，在同一空间内，在不影响生态系统可持续发展的前提下，利用现代工程和生物技术，提高畜牧业产量。

（3）政策导向

2016年，农业部印发《关于养殖水域滩涂规划编制工作规范的通知》和《养殖水域滩涂规划编制大纲》，要求各省（区、市）合理布局水产养殖生产，依法划定禁止养殖区、限制养殖区和养殖区，保护水域滩涂生态环境。

2022年2月，中共中央、国务院印发《关于做好2022年全面推进乡村振兴重点工作的意见》[11]明确提出，鼓励发展工厂化集约养殖、立体生态养殖等新型养殖设施。推动水肥一体化、饲喂自动化、环境控制智能化等设施装备技术研发应用。

（4）产业链和商业模式

生态养殖产业链主要包括上游的育种、饲料服务方，中游的家庭农场、集体组织及专业养殖企业以及下游的销售、贸易方等。大多数生态养殖模式依然属于第一产业。生态养殖模式在不断发展丰富，部分融合型生态养殖模式属于第一、第二产业融合，第一、第三产业融合或第一、第二、第三产业融合。商业模式主要是生态种植以生产—加工—流通—销售为主，结合“工业+”“旅游+”“互联网+”，探索形成新的生态养殖复合型商业模式。

（5）发展趋势

生态养殖是一种生物链式的生态模式，能够不断地循环利用一些原料，生产纯绿色有机食品，这种模式下不需要过多投资就能生产出绿色有机食品，大大降低了生产成本，也增加了生态养殖在市场中受欢迎的程度。

（6）案例：山东省蒙阴县“兔—沼—果”“果—菌—肥”生态养殖[12]

蒙阴县位于沂蒙山区腹地，依托优质生态环境，打造了“兔—沼—果”“果—菌—肥”生态养殖模式。一是“兔—沼—果”生态循环产业链条。蒙阴县依托丰富的林草资源，利用自身的果树和养殖条件，把蜜桃种植、长毛兔养殖和沼气建设结合起来，利用树落叶加工成饲料喂养长毛兔，兔粪进入沼气池发酵，生产的沼气用来做饭、照明，沼渣、沼液用来为桃树施肥，构建形成“兔—沼—果”生态循环农业模式，既提升了果、兔产业附加值，又为果树提供了有机肥料，减少了化肥使用，提高了果品品质，实现了经济效益和生态效益“双赢”。目前蒙阴县70%的村采用“兔—沼—果”模式，长毛兔饲养量达600万只，年产兔毛4 000 t，是中国长毛兔饲养第一大县；蜜桃种植面积71万亩，品种200余个，产量居全国县（区）首位。二是“果—菌—肥”生态循环产业链条。蒙阴县将百万亩果林每年产生的12万t果树枝变废为宝，以果木、果枝为基料，粉碎制成菌棒、菌袋，进行菌种培养后出菇，再利用“废菌包或细小果木枝条+畜禽粪便+微生物菌剂”的轻简化堆肥技术，制成生物有机肥进行还田，达到资源利用最大化、最优化，构建形成“果—菌—肥”循环农业模式，避免了化肥使用过量带来土壤酸化的影响，土壤有机质平均提高35%，1亩大棚以1万个菌棒计算，纯收入可达4万元。目前，蒙阴县建成香菇养殖基地1 500亩，年产菌棒1 000万个，产品出口日韩、欧盟等地区，被评为全国优秀香菇出口基地县。

9.2.3 林下经济

林下经济是指以森林资源为依托发展起来的林下种植业、养殖业和森林旅游业多重复合经营模式[13]。

（1）基本内涵

国家林草局将林下经济作为实现民生林业和生态林业的有机载体，指出林下经济是在可持续发展理念指导下进行的林下种养、相关产品采集与加工及森林景观利用等活动，以实现经济社会发展与森林资源保护双赢为目标，明确了林下经济的发展途径，不仅有林下种植和林下养殖，还包括相关产品采集加工和森林景观利用等，此外，还特别指出发展林下经济可充分利用林地空间，包括林下空间和林缘空间。要在有效保护生态资源的前提下发展林下经济，选择适合的林地资源，利用生态种植、养殖形式，提高林业经济附加值，推动林业产业朝林木、林地、休闲康养资源综合利用的方向转变，促进林业的可持续发展，为农民增收开辟了新的途径，对保护林业资源、改善生态环境也具有重要意义。

（2）表现形态

林下经济模式主要有3种：第一种是林下种植模式，即指有效利用林下土地资源，在林地种植药材、菌类、花卉、农作物等；第二种是林下养殖模式，即充分利用林下空间和林下资源，发展养禽、养畜等特种动物的复合经营模式；第三种是林下产品加工模式，即对天然生长的菌、果、药材，天然的水等产品的采集与加工；第四种是森林休闲，即在森林环境中开展有利于身心健康的各种运动、体验、娱乐活动的总称，目前已发展出森林体验、森林康养、自然教育、户外运动、冰雪旅游、森林步道等多种健康养生形式。

（3）政策导向

2020年11月，国家发展改革委印发的《关于科学利用林地资源促进木本粮油和林下经济高质量发展的意见》提出[14]，到2025年，促进木本粮油和林下经济产业发展的资源管理制度体系基本建立，有关标准体系基本涵盖主要产品类别，木本粮油和林下经济的产业布局和品种结构进一步完善，产业规模化、特色化水平全面提升，新增或改造木本粮油经济林5 000万亩，总面积保持在3亿亩以上，年初级产品产量达2 500万t，木本食用油年产量达250万t，林下经济年产值达1万亿元。

2021年12月，国家林业和草原局印发《全国林下经济发展指南（2021—2030年）》[15]，提出了未来10年全国林下经济发展的指导思想、基本原则和主要目标，并根据地理区位及气候类型，在全国布局了七大区域，对各区域的区域范围、区域特点、发展模式、适宜发展品种等进行了统筹谋划。明确了积极推广林下中药材产业、大力发展林下食用菌产业、科学引导林下养殖产业、有序发展林下采集产业、加快发展森林康养产业等五大重点领域。

（4）产业链和商业模式

林下经济产业链主要包括上游的育种、农资、方案策划、设施配套服务，中游的集体组织或专业企业资本运营主体，以及下游的贸易、代理、康养机构等。主流商业模式是“企业 + 专业合作组织 + 基地 + 农户”模式，以生产—加工—流通—销售为主，结合“产业 +”“工业 +”“旅游 +”“互联网 +”，探索形成林下经济新的复合型经济商业模式。

（5）发展趋势

近年来，林下经济在我国蓬勃发展，取得了十分可观的经济效益和社会效益。林下种植面积和林下经济总产值均逐年增加，2013 年林下种植面积和林下经济总产值分别为 830 万 hm^2 和 4 575 亿元，2020 年分别增加至 4 000 万 hm^2 和 9 000 亿元[16]。许多地区开展较大面积的林下种植，并取得了可观的林下经济产值。江西省 2017 年林下种植面积为 240.623 万 hm^2，占江西省林地总面积的 22.2%[17]；湖南省 2019 年林下种植面积突破 226.4 万 hm^2，林下经济总产值达 412 亿元[18]。截至 2020 年 12 月，已有 9 个省级行政区的林下经济产值超过 500 亿元，其中江西和广西的林下经济产值超过千亿元。发展林下经济可缩短林业经济周期，增加林业附加值，对生态环境保护和林业可持续性发展有促进作用，对保护森林资源、促进农民就业增收、精准扶贫及农村社会发展也有重要意义，林下经济逐渐成为我国林区经济重要的支撑产业。

（6）案例：吉林省抚松县人参林下经济[8]

抚松县位于吉林省东南部、长白山西北麓，是松花江源头和全国重要的林业基地，拥有 10 万 hm^2 长白山国家级自然保护区，森林覆盖率达到 87.6%。抚松县的主要做法是壮大特色人参产业。一是创新人参种植方式，实现生态转型。按照“控制伐林栽参、推广非林地栽参和引导林下参种植”思路，形成了《抚松林下山参标准》等系列科技成果，破解了非林地栽参等技术难题，实行人参产业绿色转型。目前，全县非林地栽参面积占人参种植总面积的 93.88%，林下参留存面积达到 1.87 万 hm^2。二是推动标准化生产，提升产品质量。制定了《“抚松人参”加工技术规程》等 12 项“抚松人参”标准，实现人参生产、加工、仓储、流通等各环节标准化管理。延伸产业链条，打造精品品牌。开发了人参饮品、保健品、化妆品、药品及食品五大系列 500 余种精深加工产品，形成了完整的产业链条，拥有了“抚松人参”“抚松林下山参”2 个国家地理标识证明商标，“和善堂”等 18 个吉林省著名商标，人参米等 3 个吉林省名牌产品。全县“十三五”期间累计交易鲜参 24.9 万 t，交易额达 260.2 亿元，销量占全国的 80% 以上；全县人参种植业产值达到 53.65 亿元，加工业产值达到 248 亿元。

9.2.4 沙产业

沙产业是指在保护修复荒漠生态系统基础上，科学合理利用沙区光、热、水、土、气、生、风、景观等独特资源，适度有序发展特色林草沙产业，主要涉及沙区节水型种植业、循环用水型沙产品加工业、环境友好型沙区服务业等领域。

（1）基本内涵

沙产业是在沙地、荒漠半荒漠地区，利用物理、化学、生物等现代化技术，通过植物的光合作用，固定转化太阳能，使用节水技术，发展知识密集型的以种植业为依托的复合型新兴产业[19-20]。

（2）表现形态

沙产业的表现形态主要有两种：第一种是种植与加工模式，即指种植经济作物、林草、中草药，并对其进行深加工；第二种是融合旅游与康养模式，即将沙地种植产业等与生态旅游、康养开发等有机结合起来形成的产业形态。

（3）政策导向

2022年1月，国家林业和草原局印发《全国沙产业发展指南》，提出要进一步引导合理适度利用沙区资源，推动沙区人口、资源、环境可持续发展。

（4）产业链和商业模式

沙产业主要包括沙区节水型种植业、循环用水型沙产品加工业、环境友好型沙区服务业，依托研发、育苗、绿化、深加工一条龙沙产业链条，形成沙保护、沙科技、沙产业、沙旅游、沙文化产业链[21]。沙区节水型种植业是根据沙产业的空间布局及资源分布特征，以水定产培育和发展的种植业，主要包括经济林果、油料植物、饲草料、草药、绿色食品原料、花卉、生物质能源植物等的种植；循环用水型沙产品加工业主要是依托自然资源和沙区节水型种植业布局发展经济林果、木本油料、生物质能源植物、饲草料、生物药品、花卉等沙区林草系列产品精深加工，延长产业链，提高产品附加值；环境友好型沙区服务业主要有沙区旅游业、沙产品电子商务和物流产业、沙产业会展经济，充分利用独特的沙区自然景观与人文历史建设沙漠公园、草原自然公园等旅游区，发展沙漠旅游业、沙区康养业等；以水循环利用和沙区生态保护为前提，以休闲度假、沙漠探险等为重点，打造区域核心景观，发挥辐射带动作用；在销售环节，可推进沙区服务业数字化、网络化、智能化，通过林草沙产品线上线下融合，形成线上营销、线下成交（体验）模式。

在保护修复荒漠生态系统基础上，科学合理利用沙区独特资源，适度有序发展特色林草沙产业，主流商业模式是“龙头企业＋专业合作组织＋基地＋农户”模式。

（5）发展趋势

截至2022年1月，我国林草沙产业企业已经超过1.55万家，沙产业年产值约5 000亿元；建成国家沙漠公园98个，占地39.2万hm^2；建成沙区特色树种国家重点林木良种基地121个、国家林木种质资源库39个。沙产业已在新疆、内蒙古、青海、甘肃、宁夏等省（区）达到了一定规模。我国沙产业发展将迎来新一波机遇，特色沙产品加工业和沙区服务业将在种植业突破式发展中迎来更多的发展与融合，沙产业将实现整体快速发展和壮大。

（6）案例：甘肃省古浪县八步沙林场沙产业蓬勃发展[22]

八步沙林场地处河西走廊东端、腾格里沙漠南缘的甘肃省武威市古浪县，主要采取接续治沙、发展产业等做法。从 1981 年“六老汉”组建八步沙林场，开始封沙造林治理万亩荒漠，41 年来，八步沙林场三代职工百折不挠，持续治沙造林 21.7 万亩，管护封沙、育林育草 37.6 万亩，建成了一条南北长 10 km、东西宽 8 km 的防风固沙绿色长廊，使 7.5 万亩荒漠得以治理，近 10 万亩农田得到保护，八步沙林场变成了树草相间的绿洲，沙区前沿林草植被由治理前的 20% 恢复到 60% 以上，古浪县森林覆盖率由 2010 年的 9.6% 提高到 2018 年的 12.41%，大幅增加了森林生态服务功能价值。2009 年，成立了古浪县八步沙绿化有限责任公司，建立“按地入股、效益分红、规模化经营、产业化发展”的公司化林业产业经营机制，探索发展多种经营，走出了一条“以农促林、以副养林、以林治沙、多业并举”的新路子，帮助贫困群众发展特色产业，重点发展以枸杞为主的经济林基地和梭梭接种肉苁蓉基地。截至 2021 年，流转沙化严重的土地 1.25 万亩，完成投资 1 300 万元，以枸杞栽植为主的经济林有 7 500 亩、梭梭接种肉苁蓉面积达 5 000 亩。

9.2.5 生物质行业

生物质行业是指将大规模各类生物质通过物理、化学、生物等反应，加工转换成燃料、能源、化学品、有机肥等产品，并进行深加工、流通、销售、利用的产业[23]。

（1）基本内涵

生物质是指利用大气、水、土地等通过光合作用而产生的各种有机体，即一切有生命的、可以生长的有机物质统称为生物质。生物质包括植物、动物和微生物，具有可再生性、低污染性、广泛分布性、资源丰富等特点。

从广义上看，生物质包括所有的植物、微生物，以及以植物、微生物为食物的动物及其生产的废弃物，具有代表性的生物质有农作物、农作物废弃物、木材、木材废弃物和动物粪便等。从狭义上看，生物质主要是指农林业生产过程中除粮食、果实以外的秸秆、树木等木质纤维素（简称木质素），农产品加工业下脚料，农林废弃物，以及畜牧业生产过程中的禽畜粪便和废弃物等物质[24-27]。

生物质能源一般取材于农林废弃物、生活垃圾及畜禽粪便等生物质，可通过物理转换（破碎、固体成型）、化学转换（直接燃烧、气化、液化）、生物转换（如发酵转换成甲烷）等形式转化为固态、液态和气态燃料、能源、化学品以及有机肥。

生物质产业是将可产业化发展的生物质集合在一起，进行统一规划、统一生产的大型化生产模式，在农林生物质发电、垃圾焚烧发电、沼气发电领域中，生物质能源应用广泛，在新能源汽车领域更是表现突出[28-29]。生物质能源发电技术已经成为我国电源建设的主流技术，在能源转型中发挥重要作用。

（2）表现形态

生物质产业的表现形态主要有两种：第一种是收集、加工与肥料化模式，即指收集整理各类生物质，并经过加工转换，生产为肥料，进行流通和销售；第二种是收集、加工与能源化模式，即收集整理各类生物质，并经过加工转换，生产为能源、燃料，进行流通和销售。

（3）政策导向

2021 年 2 月，国务院印发的《关于加快建立健全绿色低碳循环发展经济体系的指导意见》指出，推进生物质资源综合利用是实现碳达峰、碳中和的重要抓手之一。

（4）产业链和商业模式

生物质产业的产业链上游、中游、下游分别为生物质收集整理、生产加工和流通、消费。生物质收集整理等上游行业的发展直接影响生物质的供应数量与品质，决定着中游、下游行业的发展壮大。生物质产业链环节主要有收集整理、加工、流通、消费等。主流商业模式是“龙头企业 + 基地 + 农户”模式。

（5）发展趋势

大规模产业化利用生物质是未来发展方向。我国乙醇汽油已推广应用 15 年，建立了稳定的原料供应渠道、合理的定价机制。粮食基乙醇适度发展，纤维素乙醇由试点示范向产业化过渡的趋势逐渐明朗。生物质行业起步虽晚，但发展迅速，以小桐子油、蓖麻油、废弃油脂、纤维素等为原料，采用不同工艺的技术路线均得到快速发展，同时技术经济性、转化效率、原料供应渠道、劣质原料与工艺的匹配性等问题，在技术放大的过程中受到更多关注，为工业化成套技术研发和工业示范指明了方向。生物沼气已由小规模户用沼气，向规模化大型沼气工程和生物天然气工程升级，高值化利用导向清晰。未来着重推动生物质资源相关碳中和技术与能源、交通、农业、材料、卫生、生物、食品、日化、建筑、国防等多个行业深度融合，构建生物质产业碳中和技术体系，促成一批产学研项目落地，助力符合绿色循环经济体系建设的特色企业成长，有效促进生物质产业技术转型升级，服务于国家“双碳”目标实现。

（6）案例：东北地区秸秆利用的“梨树模式”

吉林省梨树县从 2007 年起，探索黑土地保护性利用方式，经过多年实践，发展出土地保护和农业开发兼容的“梨树模式”。“梨树模式”是以玉米秸秆全覆盖为土地保护措施，以免耕播种一次机械作业为农机措施，以玉米隔行种植轮替休耕为农艺措施，以农户合作实现规模经营为组织措施，达到农业生态、生产和生计互相兼容的复合发展目标。该模式是以玉米秸秆覆盖为核心，建立秸秆覆盖、免耕播种、施肥、除草、防病及收获全程机械化技术体系，解决了东北黑土区玉米秸秆移除导致土壤退化的关键问题，用秸秆覆盖还田的自然解决方案有效保护了黑土层，实现了蓄水保墒、培肥土壤、减少侵蚀、稳产高产、保护生物多样性、节约成本、绿色生产等多重效益。

梨树县在以合作社为抓手推进“梨树模式”、推动机械化过程中，经营规模越来越大，机械化程度越来越高。大大降低了玉米种植成本，提高了玉米产业竞争力，为东北黑土地“玉米带”对标美国密西西比平原“玉米带”创造了条件。据测算[30]，单元 300 hm^2 的大型机械作业，与单元 60 hm^2 的小型机械作业（以 5 年为折旧期），折旧费用从每年 10.2 元 / 亩减少到 5.6 元 / 亩，下降 45%。实施保护性耕作 5 年后，一般单产 833 公斤 / 亩，与美国平均 824 公斤 / 亩接近；户均生产成本 708 元 / 亩，与美国平均

734 元 / 亩相当。表明实施保护性耕作技术的大型合作社经营，初步具备了与美国大农业竞争的规模和技术基础。资料表明，“梨树模式”在吉林省梨树、榆树、农安、德惠、双辽、公主岭、长岭、大安等 8 个县（市）开展整县推广，实施面积达 1 852 亩。在吉林省 1 852 万亩保护性耕作面积中，参与作业的面积为 540 万亩（涉及 1 310 个合作社），平均每个合作社作业面积 4 122 亩，合作社平均作业面积比美国家庭农场平均面积（2 500 亩）高 65%。“梨树模式”已在东北地区建立保护性耕作研发基地 100 个，累计推广保护性耕作面积 5 000 万亩以上，为全面提高我国玉米产业竞争力奠定了规模化的基础。

9.3 生态文化服务经营模式

生态文化服务是以自然生态资源为基础，基于特定文化载体，提供多样化的生态文化产品与服务而形成的模式，主要包括提供休憩、旅游、科研、美学、自然教育等服务。

9.3.1 生态旅游

生态旅游是指以可持续发展为理念，以保护生态环境为前提，以统筹人与自然和谐发展为准则，并依托良好的自然生态环境和独特的人文生态系统，采取生态友好方式开展生态体验、生态教育、生态认知并获得心身愉悦的旅游开发模式。

（1）基本内涵

“生态旅游”这一术语，最早由世界自然保护联盟（IUCN）于 1983 年提出，1993 年国际生态旅游协会把其定义为：具有保护自然环境和维护当地人民生活双重责任的旅游活动。生态旅游是在一定自然地域中进行的有责任的旅游行为。为了享受和欣赏历史的和现存的自然文化景观，这种行为在不干扰自然地域、保护生态环境、降低旅游的负面影响和为当地人口提供有益的社会和经济活动的情况下进行[31-32]。生态旅游不仅是指在旅游过程中欣赏美丽的景色，更强调的是一种行为方式，即保护性的旅游。不破坏生态、认识生态、保护生态，是一种有层次性的渐进行为。生态旅游的内涵更强调的是对自然景观的保护，是可持续发展的旅游。生态旅游以旅游促进生态保护，以生态保护促进旅游，实现环境保护与旅游业发展彼此兼顾、相辅相成、共同发展。因此，生态旅游是践行“绿水青山就是金山银山”理念，在严格保护生态的前提下，科学合理推动生态产品价值实现的重要产业模式。

（2）表现形态

生态旅游产业的表现形态丰富多样，常见的有“农业 + 旅游”模式、“林业 + 旅游”模式等。从旅游对象或目的地来看，生态旅游已从原生的自然景观拓展到半人工生态景观甚至全人文的景观，涌现出了乡村生态旅游、农业生态旅游、城市生态旅游、文化生态旅游、自然保护地生态旅游、国家公园生态旅游等形态。“农业 + 旅游”模式是指依托农业，结合当地居民生产生活、民俗文化，形成高品质农业种植、丰收等场景，开展丰富多彩的旅游开发；“林业 + 旅游”模式是指依托林业，结合多样森林产品和场景，以及当地居民生产生活、民俗文化，形成高品质林业种植、丰收等场景，开展丰富多彩的旅游开发。

（3）政策导向

2016年8月，国家发展改革委、国家旅游局发布的《全国生态旅游发展规划（2016—2025年）》，确定了全国生态旅游发展的指导思想、基本原则、发展目标、总体布局、重点任务，根据区域资源特色、环境承载力和开发利用现状，将全国生态旅游发展划分为八大片区，明确功能定位和发展方向，实施差别化保护措施，完善基础设施和公共服务，打造生态旅游精品，探索人与自然和谐共生的可持续发展模式，提出了6个方面的配套体系建设任务，并就实施保障做了具体安排，是2016—2025年全国生态旅游发展的重要指导性文件。

2021年6月，文化和旅游部发布的《“十四五”文化和旅游发展规划》指出，要深化旅游业供给侧结构性改革，深入推进大众旅游、智慧旅游和“旅游 +”“+ 旅游”，提供更多优质旅游产品和服务，加强区域旅游品牌和服务整合，完善综合效益高、带动能力强的现代旅游业体系，努力实现旅游业高质量发展。

2022年1月，国务院印发的《“十四五”旅游业发展规划》指出，坚持生态保护第一，适度发展生态旅游，实现生态保护、绿色发展、民生改善相统一。充分考虑生态承载力、自然修复力，推进生态旅游可持续发展，推出一批生态旅游产品和线路，加强生态保护宣传教育，让游客在感悟大自然神奇魅力的同时，自觉增强生态保护意识，形成绿色消费和健康生活方式。

2022年2月18日，国家发展改革委、文化和旅游部等14个部门联合印发《关于促进服务业领域困难行业恢复发展的若干政策》，将旅游业作为重点帮扶行业，给予有力政策支持。

（4）产业链和商业模式

生态旅游产业链主要包括生态旅游资源保护、资源开发、旅游产品设计、基础设施建设、宣传推广、旅游代理等环节。旅游资源开发、旅游产品设计等上游行业的发展直接影响生态旅游产品的供应数量与品质，决定着中游、下游行业的发展壮大。主流商业模式是“龙头企业 + 专业合作组织 + 基地 + 农户”模式、“龙头企业 + 基地 + 农户”模式等。

（5）发展趋势

生态旅游正在迅速发展成长为新兴旅游形态，俨然已成为世界性旅游的潮流。20世纪90年代，随着我国实施可持续发展战略，生态旅游概念正式引入中国。经过20多年的发展，生态旅游已成为一种增进环保、崇尚绿色、倡导人与自然和谐共生的旅游方式，并初步形成了以自然保护区、风景名胜区、森林公园、地质公园及湿地公园、沙漠公园、水利风景区等为主要载体的生态旅游目的地体系，基本涵盖了山地、森林、草原、湿地、海洋、荒漠以及人文生态等七大类型。生态旅游产品日趋多样，深层次、体验式、有特色的产品更加受到青睐。生态旅游方式倡导社区参与、共建共享，显著提高了当地居民的经济收益，也越来越得到社区居民的支持。通过发展生态旅游，人们的生态保护意识明显提高，“绿水青山就是金山银山”的发展理念已逐步成为共识。2021 年，我国各类自然保护地、林草专类园、国有林场、国有林区等区域共接待游客 20.83 亿人次，同比增长超过 11.5%[33]。

“十四五”时期，我国将全面进入大众旅游时代，旅游业发展处于重要战略机遇期，在构建现代化经济体系中占据重要位置。旅游业作为国民经济战略性支柱产业地位不断稳固，成为小康社会人民美好生活的刚性需求、传承弘扬中华文化的重要载体、促进结构优化的重要推动力、推动乡村振兴的生力军、加强对外交流和提升国家文化软实力的重要渠道。随着绿色消费理念的深入人心，“绿水青山就是金山银山”的理念成为全社会共识。生态旅游将成为旅游业高质量发展、生态产品价值实现的重要产业模式，并将迎来重要的发展机遇。

（6）案例：江西省崇义县开展多样化生态旅游发展模式[34]

崇义县位于江西省西南边陲，属中亚热带季风湿润区，森林资源丰富，有“江西省绿色宝库”之称，适宜各种植物的繁衍，各类珍稀生物众多，应大力推进农旅融合、茶旅融合、果旅融合。农旅融合方面，开展上堡梯田公益认筹活动，崇天然食品公司转租核心景区内 2 000 亩梯田，采取社会认筹、崇天然食品公司统一运作、原住民古法耕作的合作模式，对认筹者授予“保护非遗首善大使”“服务乡村振兴优秀企业”“上堡梯田荣誉村民”等荣誉，梯田产出的稻米及“崇义五宝”农特产品归认筹者所有，实现把产品卖出去的目的；同时赠送崇义全境游、免门票和部分住宿等配套服务。茶旅融合方面，扶持重点茶场改良制茶工艺，形成了“崇义高山茶”核心品牌，以“高山、富硒、有机”为特点的崇义茶叶在国家、省、市名优茶评比中屡获殊荣。同时，打造了“四点三线”茶旅融合体系（四点即万长山、赤水仙、乐洞龙归、馨阳岭四大茶场，三线即 3 条“茶山行”精品旅游线路），推出了万长山“茶山行”高山帐篷节、龙归“茶之旅”研学活动等，接待游客和品牌商近万人。果旅融合方面，以脐橙、刺葡萄、猕猴桃、百香果等水果产业为基础，丰富乡村民宿、农家乐等旅游业态，推动特色水果种植和乡村旅游融合发展。如脐橙产业，引进 40 多个国内外柑桔品种，打造了国内首个一年四季可采摘的脐橙基地；刺葡萄产业，结合君子谷特色小镇建设，打造了两杰葡萄沟乡村旅游示范点。

9.3.2 生态康养

生态康养是指依托优质的生态资源及其环境，配备相应的休闲、养生、医疗、康体服务设施，在自然环境中开展以修身养性、调理身体、调适机能、延缓衰老为目的的休闲、运动、体验、养生、疗养、养老等一系列有益人类身心健康的活动，基于优美自然要素及生态文化服务等多种初级生态产品开发经营，旨在将生态产品价值转化为经济价值的典型产业模式。

（1）基本内涵

生态康养是在优质生态系统中开展的游憩、养生、度假、疗养、保健、养老等活动[35-36]。与其他养生行为相比，生态康养主要有以下3个特征[37]：①生态康养使人们通过与外部生态环境的和谐互动获得健康长寿；②把自然环境中的生态条件作为主要养生手段；③是一个尊重自然规律和生命学原理的自然修复、循序渐进的过程。生态康养产业是以充沛的阳光、适宜的湿度和温度、洁净的空气、优美的自然环境、完善的食宿设施、高效的医疗保障、畅通的交通设施、完备的通信设施、优质的文化配套等，将健康疗养、生态旅游、医疗美容、休闲度假、体育运动和文化体验等业态聚合起来的产业模式。

（2）表现形态

生态康养产业的表现形态主要包括“森林＋康养”“田园＋康养”等。“森林＋康养”模式是指依托森林生态资源，建设医疗配套、食宿配套、交通配套、商贸配套、通信配套、文化配套设施，开展森林游憩、度假、养生、疗养、保健、养老等活动；“田园＋康养”模式是指依托乡村田园资源，以乡村、田园为生活空间，建设医疗配套、食宿配套、交通配套、商贸配套、通信配套、文化配套设施，开展田园风光游览、度假、养生、疗养、保健、养老等活动。

（3）政策导向

2020年5月，中共中央、国务院印发《关于新时代推进西部大开发形成新格局的指导意见》明确提出，要大力发展旅游休闲、健康养生等服务业，打造区域重要支柱产业。

2020年11月，国家林业和草原局、国家发展改革委等10个部门联合印发《关于科学利用林地资源促进木本粮油和林下经济高质量发展的意见》，提出依托木本粮油和林下经济基地，发展各具优势的特色观光旅游、生态旅游、森林康养、森林人家、自然教育产业。

2021年12月，国家林业和草原局印发《全国林下经济发展指南（2021—2030年）》，提出加快森林康养产业等重点领域发展。

（4）产业链和商业模式

生态康养产业的产业链上游、中游、下游分别为生态产品提供和康养产品设计、宣传流通、消费。生态产品提供、康养产品设计等上游行业的发展直接影响生态康养产品的供应数量与品质，影响中游、下游行业的发展壮大。生态旅游产业链环节主要有生态康养产品提供、设计加工、宣传流通、消费等。主流商业模式是“龙头企业＋专业合作组织＋基地＋农户”模式、“龙头企业＋基地＋农户”模式。

（5）发展趋势

2021年，全国森林康养年接待近5亿人次[38]。森林康养成为浙江林业第一大产业，全省森林康养产值 2 348 亿元，市值 100 亿元以上的企业有 9 个；浙江全省共有 70 多个县（市、区）、600 多个乡镇、3 000 多个村、50 多万人直接从事森林康养经营活动，带动社会就业 200 万人，带动其他产业产值近 1 000 亿元，重点地区农户增收的 40% 以上来自森林康养产业。广西林业生态旅游和森林康养年接待游客 1.45 亿人次，总消费额 1 300 亿元，占广西文旅产业收入总额的 20% 以上。随着人们对健康养生的需求使生态康养产业成为市场的主流趋势和时代发展的潮流，倡导回归自然的生态康养产业也将得到更大发展。

（6）案例：贵州省贵阳市乌当区推动发展生态康养产业[39]

乌当区位于贵州省中部、贵阳市区东北部，地理区位优越，境内民俗活动风情浓郁，旅游资源丰富，年平均气温 14.6℃，森林覆盖率 54.93%，空气质量优良率保持在 93.2% 以上。乌当区的主要做法是以旅游等为载体，推动优美生态与健康产业融合发展。乌当区组合好山水、生态、田园、地热、文化等资源优势，大力发展康体运动、养生养老、民俗休闲、农业观光、文化体验等生态特色健康业态。以香纸沟 5A 级景区创建为龙头，深度挖掘中医药和民族医药温泉健康养生文化，培育以高端温泉景区为支撑的“温泉之城核心区”。以优势特色医药产业为基础，向下延伸健康旅游、运动休闲、养老养生等健康服务业领域，带动乌当区生态农业、生态工业、生态旅游服务业大发展，将清新空气、清洁水源、凉爽气候、绿色农产品等生态资源优势转化为产业发展优势，全业态打造生态健康产业体系，有效促进乌当区产业融合发展。

9.3.3 生态文化产业

生态文化是指把生态文明理念融入文化产业，依托于自然生态资源，以文化创造力为纽带，将生态文化与科技、人文、旅游、经济等相结合，向消费者提供多样化的、符合生态文化概念的产品和服务的产业模式。

（1）基本内涵

生态文化把人、自然、社会看作一个复合的生态系统[40]，倡导人与自然和谐共生。生态文化产业以生态资源为基础，以文化创意为内涵，以科技创新为支撑，以提供多样化的生态文化产品和生态文化服务为主，以促进人与自然和谐共生为理念，向消费者传播生态的、环保的、文明的信息与意识，促进生态、文化、经济协调发展。生态文化产业在消费者对优美山水林田湖草的生态体验之中，向消费者传播人与自然和谐共生的生态文明理念，让消费者在轻松愉悦的生态文化消费过程中，理解自然、爱护自然，逐渐形成生态保护意识。

（2）表现形态

生态文化产业的表现形态包括“生态文化 + 休闲”“生态文化 + 农业”“生态文化创意”等。“生态文化 + 休闲”模式是指以自然景观、特色建筑为载体，以历史人文为内涵，开展生态文化创新。“生态文化 + 农业”模式是以提高农产品附加值为目标，提供乡村民俗文化和田园风光的观光服务。“生态文化创意”模式是以丰富的地域文化底蕴为基础，发挥人的创造力，运用现代科学技术手段，依托产业运营模式，形成生态广播影视业、生态动漫游戏业、生态演艺娱乐业。

（3）政策导向

2015 年 5 月，中共中央、国务院印发《关于加快推进生态文明建设的意见》，首次提出生态文明建设要把培育生态文化作为重要支撑。

2016 年 4 月，国家林业局发布《中国生态文化发展纲要（2016—2020 年）》，明确了生态文化发展的总体思路、重点任务、重大行动等。

2019 年 6 月，国务院出台《关于促进乡村产业振兴的指导意见》，提出要促进乡村特色文化产业发展。

2021 年 2 月，中共中央、国务院印发《关于全面推进乡村振兴加快农业农村现代化的意见》，提出要全面推进乡村产业、人才、文化、生态、组织振兴。

2021 年 4 月，《中华人民共和国乡村振兴促进法》颁布实施，指出要统筹推进农村经济建设、政治建设、文化建设、社会建设、生态文明建设和党的建设，并提出要有计划地建设特色鲜明、优势突出的农业文化展示区、文化产业特色村落，发展乡村特色文化体育产业，推动乡村地区传统工艺振兴，活跃繁荣农村文化市场。

2022 年 2 月，中共中央、国务院印发《关于做好 2022 年全面推进乡村振兴重点工作的意见》，提出启动实施文化产业赋能乡村振兴计划。

2022 年 4 月，文化和旅游部、教育部、自然资源部等联合印发《关于推动文化产业赋能乡村振兴的意见》，提出以文化产业赋能乡村经济社会发展，要建成一批特色鲜明、优势突出的文化产业特色乡镇、特色村落。

（4）产业链和商业模式

生态文化产业的产业链上游、中游、下游分别为生态产品提供和生态文化产品设计、宣传流通、消费。生态产品提供、生态文化产品设计等上游行业的发展直接影响生态文化产品的供应数量与品质，决定着中游、下游行业的发展壮大。生态文化产业链环节主要有生态文化产品提供、生态产品设计、宣传流通、消费等。主流商业模式是“龙头企业 + 基地 + 农户”模式。

（5）发展趋势

我国生态文化产业当前正处于快速发展阶段[41]，各地区由于经济发展程度不等，资源禀赋各异，思想意识、发展理念有差异，生态文化产业发展不均衡。整体来说，东中部生态文化产业发展快于西部地区。在我国文化建设、生态文明建设不断深入推进的大背景下，生态文化产业依托文化产业，融合人与自然和谐共生理念，符合人们对美好生活向往的需求，必将实现良好的生态文化效益和经济收益，有利于推动“绿水青山就是金山银山”理念践行落地。

（6）案例：江苏省苏州市金庭镇大力发展生态文化，带来显著绿色发展效益[42]

苏州市吴中区金庭镇地处太湖中心区域，是全国唯一的整岛风景名胜保护区，拥有长三角经济圈中极为稀缺的生态环境和自然人文资源。金庭镇的主要做法是挖掘“农文旅”产业链，实现“农业劳动变体验活动”。挖掘明月湾、东村2个中国历史文化名村及堂里、植里等6个传统历史村落的文化底蕴，鼓励村民在传统村落中以自有宅基地和果园、茶园、鱼塘等生态载体发展特色民宿、家庭采摘园等，实现从传统餐饮住宿向农业文化体验活动拓展，形成“吃采看游住购”全产业链。提升生态文化内涵，助推“绿色平台变生态品牌”，积极宣传“消夏渔歌”“十番锣鼓”等非物质文化遗产的传承保护，推进全域生态文化旅游发展，形成了丽舍、香樟小院等一批精品民宿品牌，通过游客的“进入式消费”实现生态产品的增值溢价。2019年全镇吸引旅游人数421.06万人次，农家乐、民宿营业收入达到2亿元，近3年营业收入年平均增长35%，新增民宿104家，改造民宿103家，精品民宿增加至37家，直接带动了1 600余人就业。

9.4 生态产品交易模式

生态产品交易模式主要包括生态物质产品交易、生态调节服务交易、文化服务产品交易。大多数生态物质产品和文化服务产品是经营性生态产品，主要依托商品市场定价和市场化经营交易实现价值，依靠生态产品认证推广、品牌培育等手段实现生态溢价，因此大多数生态物质产品和生态文化服务交易与一般商品交易区别较小。生态调节服务类产品具有显著的公共物品属性，积极推进生态调节服务产品实现市场交易是生态产品价值实现多元化路径的重要体现。本节重点介绍生态调节服务产品的交易，其特征主要体现在生态资源权益交易，主要包括碳排放权、排污权、水权、地票、森林覆盖率指标等生态资源权益交易模式。

9.4.1 碳排放权交易

碳排放权是由政府或相关部门为排放单位确立的特定时间和空间的二氧化碳排放数量和排放方式，是具有价值的资产，可以作为商品在市场上进行交换。碳排放权交易的基本原理是减排困难的或边际减排成本高的企业可以向减排容易的或减排边际成本低的企业购买碳排放权，后者替前者完成减排任务，同时也获得收益。

（1）基本内涵

碳交易市场是一项推动全球气候治理的市场经济工具，是我国实现碳达峰、碳中和目标的重要抓手，也是生态产品价值实现的重要途径之一。我国碳排放权交易参与主体包括监管机构、重点排放单位、技术服务机构、全国碳排放权注册登记机构、交易机构、结算银行，以及符合国家有关交易规则的机构和个人等，十大责任主体与监管体系见图9-1。碳交易的特点是通过市场和价格机制对碳排放权在不同经济主体间的分配进行调整，通过发放许可证的形式分配碳排放权份额，创制出排放权的稀缺性并创建市场、体现排放权的经济价值[43]。作为一种控制碳排放的市场机制，碳交易市场能够使生态环境改善所产生的生态产品价值得以实现，是一种通过经济效益牵引生态效益、社会效益，促进三大效益循环往复、螺旋上升的机制[44]。碳市场设计时引入了灵活履约机制，这一碳排放权抵消机制能为低碳项目运营筹集资金、为低碳产业融资，拉动绿色低碳产业发展，实现低碳项目的生态价值和经济价值。

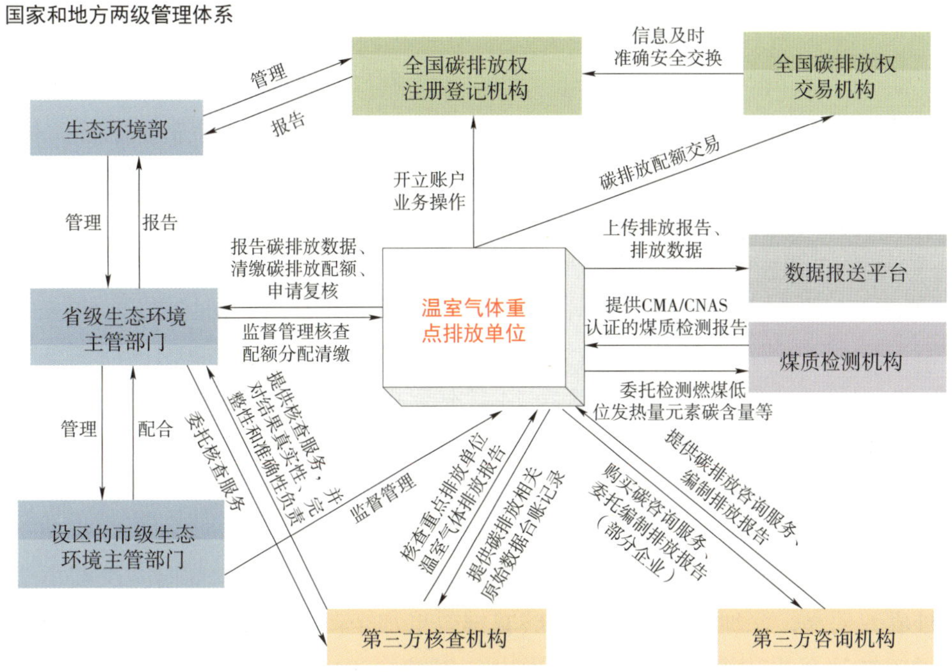

图 9-1 我国碳交易市场责任主体与监管体系

（2）进展与成效

我国自 2011 年 7 月启动碳交易试点工作，2013 年起，北京、天津、上海、重庆、湖北、广东和深圳七省市碳交易试点陆续开市，有效促进了试点省、市企业温室气体减排。截至 2016 年 12 月 31 日，七省市配额总量约为 12 亿 t，绝大多数配额以免费形式发放，仅有少量通过拍卖获得。

2017 年 12 月，国家发展改革委印发了《全国碳排放权交易市场建设方案（电力行业）》，标志着我国碳排放交易体系完成了总体设计并正式启动。

2020 年 12 月，生态环境部出台《碳排放权交易管理办法（试行）》，印发《2019—2020 年全国碳排放权交易配额总量设定与分配实施方案（发电行业）》，正式启动全国碳市场第一个履约周期。

2021 年 7 月 16 日，全国碳排放权交易市场启动上线交易，首个履约周期于 2021 年 12 月 31 日结束。首期全国碳市场共纳入发电行业重点排放单位 2 162 家，年覆盖温室气体排放量约 45 亿 t 二氧化碳。首个履约期全国碳市场累计运行 114 个交易日，碳排放配额累计成交量 1.79 亿 t，累计成交额 76.61 亿元，按履约量计，履约完成率为 99.5%。全国碳市场总体情况向好，首期覆盖范围较广，运行机制稳健，形成了一系列的实践经验，为纳入更多行业奠定了基础。

（3）发展趋势

与欧盟等起步较早的碳市场相比，我国碳市场存在市场主体与交易品种单一、市场活跃度较低、价格机制不完善等阶段性问题，还需进一步发挥碳市场的价格发现功能。我国碳市场将呈现以下发展趋势：一是碳市场覆盖范围从单一的发电行业逐步扩大到石化、化工、建材、钢铁、有色、造纸、航空等重点行业；二是在配额现货交易基础上逐步发展碳金融，交易品种将从当前的以碳配额为主、CCER 为补充，逐步引入期权、期货、远期、互换等碳金融衍生品；三是碳排放配额总量或将逐步收紧，利用拍卖机制进行配额分配，通过增加排放成本倒逼市场活跃度提升[45]。

（4）案例：深圳碳排放权交易助力企业碳减排

2013 年 6 月 18 日，深圳市在国内率先启动碳交易。深圳碳市场自启动以来，市场流动率连续 8 年位居全国第一，成交量第三、成交额第四。截至 2021 年 8 月 3 日，配额累计成交量 6 347 万 t，累计成交金额 14.41 亿元；核证自愿减排量累计成交 2 380 万 t。深圳碳市场以全国试点碳市场 2.5% 的配额规模，实现 16% 的交易量和 17% 的交易额，为深圳绿色低碳发展做出了贡献，有效助力深圳碳达峰工作。

深圳碳市场虽然在 7 个试点省市中管控区域最小，但管控企业数量位居第二，从 2013 履约年度至 2019 履约年度，履约率始终保持在 99% 以上。同时，深圳市的结构性减排成效明显，深圳市企业二氧化碳减排效果和企业成长显著。碳市场的发展对深圳市管控纳管企业碳排放发挥了明显作用，2013—2015 年试点碳市场期间，636 家管控企业超额完成了深圳市“十二五”规划要求的年均碳强度下降目标，实现了碳排放总量和碳强度的双重下降。与 2011 年相比，2018 年 766 家管控企业碳排放绝对量下降 272 万 t，降幅 7.86%，其中，电力、燃气行业碳排放强度分别下降 10.68% 和 8.12%，741 家制造业企业工业增加值增幅达 92.98%，碳强度下降 48.72%；管控单位工业增加值增长 2 812 亿元，增幅高达 92.96%。2013—2019 年管控企业相比 2011 年累计减排 1 976 万 t。企业发展迅速，管控企业 2018 年工业增加值较 2011 年增长 2 800 多亿元，增幅接近 90%。

专栏 9-1　碳交易市场的“深圳模式”经验

深圳碳交易市场经过多年的发展，为当前全国碳市场建设积累了经验，主要有以下 3 点：

率先构建碳排放权交易法律制度框架。2012 年 10 月，《深圳经济特区碳排放管理若干规定》作为我国首部碳交易地方性法规颁布；2014 年 3 月，颁布《深圳市碳排放权交易管理暂行办法》，率先形成国内最完整的碳交易法律制度。深圳逐步形成了国内最完整的碳交易法律制度框架，为碳市场建设平稳运行打下良好的法律基础。

率先引进境外投资者。2014 年 8 月，国家外汇管理局发布《关于境外投资者参与深圳碳排放权交易有关外汇业务的批复》，深圳碳市场正式成为全国首家向境外投资者开放的碳市场。境外投资者直接参与碳交易，有利于利用境外资金促进深圳碳市场的流动性，提升深圳碳市场的交易规模和活跃度。

持续开展碳金融创新。2014 年 5 月，支持首发“碳债券”，即中广核风电附加碳收益中期票据；2014 年 11 月，支持成立首个私募“碳基金”；2014 年 12 月，支持推出首个“绿色结构性存款”产品，推出国内首个配额托管模式；2015 年完成首个纯配额“碳质押”业务；2016 年完成国内首单跨境碳资产回购交易业务，金额为 1 亿元人民币，同时这也是国内单笔最大碳交易业务；2017 年支持达成国内首笔碳配额互换交易；2018 年完成国内家具行业碳资产质押融资贷款业务。

资料来源：卓泳 . 碳市场交易量超 5 800 万 t，深圳将如何助力全国实现“碳中和”? [EB/OL] .（2021-03-18）[2022-05-12] . https://news.stcn.com/sd/202103/t20210318_2927138.html.

9.4.2 排污权交易

排污权交易是指在一定区域内，在污染物排放总量不超过允许排放量的前提下，各污染源之间通过排污权指标买卖交易的方式相互调剂排污量，从而达到削减排污量、降低全社会减排成本和保护环境的目的。

（1）基本内涵

排污权交易的核心机制是建立合法的污染物排放权利，即通常以排污许可证为载体的排污权，并允许这种权利像商品那样被买入和卖出，以此来进行污染物的排放控制。排污权交易可以使存量企业从降污减排中获得收益，又为增量企业落户落地腾出环境空间，将促进工业产业升级改造，实现减污降碳协同增效，从根本上削减污染物的排放，推动产业升级和实现生态环境保护。由排污权交易衍生的排污权抵押贷款，是指向拥有排污权的企业提供抵押融资服务，该服务可以让企业的排污权从“沉睡的资产”变成“流动的资金”，具备经济、环境、社会三重效益。该服务不仅可以拓宽企业融资渠道，还可以提升企业对环境资源的重视程度，进一步促进企业节能减排，助力生态环境改善和生态产品价值实现。

（2）发展历程

我国的排污权交易有近 40 年的发展历史，从早期的排污指标交易到现在的排污权有偿使用和交易，其发展历程可分为以下 3 个阶段：

起步尝试阶段（1987—2000 年）。我国最早的排污权交易开始于 1987 年，上海闵行区的企业首次实施了水污染排放指标的排污权交易，取得了良好的效果[46]。1988 年国家环境保护局发布了《水污染物排放许可管理暂行办法》①，对水污染物进行排放总量控制，是我国排污权交易发展的开端。1989 年我国提出大力推广排污许可证制度，推动我

① 已于 2007 年失效。

国排污权交易的进一步发展。这一阶段我国选取了 16 个省（市）和 6 个城市试点大气领域的排污许可和排污权交易工作。2000 年我国修订《中华人民共和国大气污染防治法》，首次以法律形式明确总量控制制度。总体来看，这一阶段我国排污权交易的各项政策从无到有，排污权交易实践有序进行。

试点探索阶段（2001—2006 年）。2002 年，我国决定在七省（市）试点二氧化硫排污权交易试点工作。2005 年国务院首次以文件形式明确要求有条件的地方开展二氧化硫排污权交易工作，加快了我国推进污染治理的进程。地方层面，2001 年 9 月江苏省南通市顺利完成我国首笔跨行业不同企业间排污权交易，2002 年江苏太仓市和南京市开展了首例跨行政区排污权交易。2001 年嘉兴市开始在水领域试点排污权交易，秀洲区明确开展排污权有偿初始分配工作；其他省（区、市）在此基础上不断摸索前进。总体来看，这一阶段较前一阶段虽然有所发展，但仍未建立起真正的排污权交易市场[47]。

由点到面深化阶段（2007 年以来）。这一阶段的试点工作在前两个阶段的基础上积累了经验，不断扩大交易范围和内容，引入了排污权有偿使用和交易“二级市场”。国家出台相关政策支持排污权交易试点工作，各地方不断扩大交易范围、拓展交易产品、创新交易模式，排污权交易迎来了新的发展机遇。自 2014 年国务院办公厅印发《关于进一步推进排污权有偿使用和交易试点工作的指导意见》以来，减少污染物排放腾出富余的排污权指标用于交易获利，激发了企业引进新工艺、新技术加大污染治理力度的积极性，在通过市场手段促进污染物减排的探索路上迈出一大步。截至 2019 年 1 月，全国已有 28 个省（区、市）开展了试点，大多数试点地区选取火电、钢铁、水泥、造纸、印染等重点行业作为交易行业，浙江、重庆等部分地区拓展到全行业范围。已建立的排污权交易中心、排污权交易储备中心和环境能源交易所等排污权交易管理机构有 36 家。总体来看，我国排污权交易在政策和实践层面都有了新的突破，排污权交易有序推进。

（3）发展趋势

我国的排污权交易市场还不成熟，存在一些制度上的缺陷，排污权交易试点还存在需要完善的地方，呈现以下发展趋势：一是推进全国统一的排污权交易市场的设计与构建，提升行业减排绩效；二是促进排污权融资担保规范化发展，探索发展多种金融衍生交易产品；三是推动排污权交易和碳排放权交易协同发展等。

（4）案例：江苏省首笔超千万元排污权抵押组合贷款绿色助企

江苏省是全国第一批排污权有偿使用和交易试点省份，经过 10 年的试点探索，江苏省大部分设区市都陆续开展了排污权有偿使用和交易工作，累计征收排污权有偿使用费 52.55 亿元，实现排污权交易总金额 34.23 亿元。一个成功的案例就是江苏省首笔超千万元排污权抵押组合贷款绿色助企，见专栏 9-2。

专栏 9-2 江苏省首笔超千万元排污权抵押组合贷款绿色助企

2020 年，江苏出台了《江苏省排污权抵押贷款管理办法（试行）》，从市场角度出发，通过盘活企业环保资产，让减污降碳工作“上心”的企业获得更多绿色信贷支持。

苏州市吴江区聚集了多家纺织印染企业，受疫情影响，不少企业面临用工、出货的压力。2021 年 4 月，盛泽一家纺织印染企业向苏州市生态环境局提交了《排污权抵押登记申请书》，申请后苏州农商银行向企业发放了 1 200 万元的排污权抵押组合贷款。这是自《江苏省排污权抵押贷款管理办法（试行）》出台以来，省内的首笔超千万元的排污权抵押贷款，有效解决了企业燃眉之急，为企业产业升级提供了资金保障。在担保模式上，采取了“排污权＋其他担保”的组合模式，将排污权作为担保必要条件，进一步提高贷款额度、分散信贷风险。

此次创新性贷款模式的成功，将金融服务与排污权交易结合起来，让企业经营者们认识到排污权不仅仅是排污许可证上的一排数字，更是一笔珍贵的隐形资产。随着江苏省排污权抵押贷款、排污权交易等环境经济政策落地生根，环境资源有价的理念日益深入人心，排污权从“沉睡的资产”变成“流动的资本”，帮助企业破解资金短缺困境，实现企业和环境的“双赢”。

资料来源：苏小环，徐红艳．江苏首笔超千万元排污权抵押组合贷款在苏州发放［EB/OL］.（2021-04-12）［2022-05-30］. https：//new.qq.com/rain/a/20210405A06RV800.

9.4.3 水权交易

2016 年，水利部发布《水权交易管理暂行办法》，对水权及水权交易进行了界定。水权包括水资源的所有权和使用权，水权交易是在水资源使用权合理界定和分配的基础上，发挥市场的基础配置作用，实现水资源使用权在地区间、流域上下游、流域间、行业间以及用水户间的流转。

（1）基本内涵

水权交易是现代水资源管理的一项重要制度，既是市场经济条件下高效配置水资源的途径之一，也是建立政府与市场两手发力的现代水治理体系的重要组成内容。开展水权交易是深入探索水资源生态产品价值实现的重要途径，是贯彻落实“节水优先、空间均衡、系统治理、两手发力”治水思路的一项重要举措，有利于充分发挥市场机制在水资源配置中的重要作用，更好地实现“两手发力”。

（2）实施情况

国家对水权改革和水权制度建设高度重视，在党中央和国务院的政策文件以及重大规划中，多次对水权制度建设做出重要部署，《关于建立健全生态产品价值实现机制的意见》明确要求在长江、黄河等重点流域探索完善水权交易机制。

2000 年义乌市和东阳市的水权交易，标志着中国水权改革实践探索的开始。2014 年 7 月，水利部在宁夏、江西、湖北、内蒙古、河南、甘肃、广东等 7 个省（区）启动水权试点，通过实践形成了一批可复制、可推广的经验。在国家水权试点的带动下，地方依据《水权交易管理暂行办法》开展了区域水权交易、取水权交易、灌溉用水户水权交易、政府回购水权等不同类型的水权交易试点，探索形成了多种行之有效的水权交易模式[48]。

2016 年 6 月，为贯彻落实党中央、国务院关于水权市场建设决策部署，由水利部和北京市政府联合发起设立了国家级水权交易平台——中国水权交易所。中国水权交易所运营以来，充分发挥了国家级平台示范引领作用，开发了基于云平台的在线水权交易系统；与内蒙古、山东、山西、陕西、黑龙江等地合作搭建省级虚拟交易平台；在山西、安徽、贵州等 14 个省（区、市）推进水权交易业务。甘肃、新疆等地搭建省（区）、市、县、乡、村五级不同类型水权交易平台 110 余家。总体来看，各级各类水权交易平台的组建和发展，为水权交易业务的开展搭建了有效载体，健全了水权交易市场要素，发挥了市场配置水资源的作用，有力推进了水权市场建设。截至 2020 年年底，除灌溉用水户之间的零星交易外，全国水权交易总量达 44.88 亿 m^3，在国家级水权交易平台中国水权交易所成交 602 单，交易水量 31.89 亿 m^3[49]。

（3）发展趋势

我国水权改革仍处于探索阶段，水权确权基础薄弱，水权交易不够活跃，水市场发育不够成熟，在提高用水效率和效益方面的效果不够明显。将来呈现以下发展趋势：一是推动水权行业流转，探索“*X*+ 水权交易”模式，通过“PPP+ 水权交易”“合同节水 + 水权交易”等方式吸引社会资本，使节水服务企业参与农业节水工程建设工作。二是发挥水资源刚性约束作用，以黄河流域为重点推动形成水权交易示范效应，在黄河流域建立水生态产品定价与实现机制。

（4）案例：河南省跨区域水权交易和宁夏水权转换

河南省是全国 7 个水权试点建设省（区）之一，重点在南水北调受水区内开展水量交易探索。河南地跨长江、淮河、黄河、海河四大流域，南水北调中线工程通水后连通了四大流域，且可为河南省年均增加 37.7 亿 m^3 的丹江水，具备跨流域调水的有利条件。平顶山市—新密市跨流域水权交易是河南省水权交易试点建设迈出的重要一步，也是我国首单跨区域水权交易，开创了国内跨区域水权交易先河，标志着河南开始进入利用市场机制优化配置水资源的时期（专栏 9-3）。

专栏 9-3 平顶山市—新密市跨流域水权交易

新密市位于中原腹地，境内水域较少，全市没有外来水源，主要依靠开采地下水，水资源的短缺严重影响当地经济社会发展。相比之下，平顶山市地处淮河流域，境内共有大中型水库 170 多座，南水北调中线工程给平顶山带来了 2.5 亿 m^3 的优质水源，加上平顶山市通过水资源优化配置、大力开展节水措施，使水资源有部分结余。

在此背景下，2016 年 6 月 28 日，平顶山市水利局与新密市水务局签署水权交易协议书。协议中规定，自 2016 年 7 月 1 日至 2018 年 10 月 31 日，平顶山市分 3 期向新密市转让共 2 400 万 m^3 用水量。交易价格根据国家南水北调中线工程综合水价相关规定，确定为 0.87 元 /m^3，交易总价款为 2 088 万元。协议生效后，平顶山市通过南水北调干渠和配套工程将交易水量输送到郑州市尖岗水库，新密市通过修建引水入密工程，将交易的水量从尖岗水库输送到新密市城区。通过水权交易，有效地解决了新密市城市供水问题，同时为平顶山市带来了经济效益，实现了利益双赢。

资料来源：国地科技技术中心 . 国土整治与生态保护修复系列之六：流域生态保护补偿案例分析［EB/OL］.（2019-10-16）［2022-05-30］. https：//zhuanlan.zhihu.com/p/87009774.

宁夏地区干旱少雨、缺水严重，当地人均水资源量只有 170 m^3，比国际上定义的极度缺水标准还要低，经济社会发展主要依赖限量分配的过境黄河水。近年来，宁夏用水需求呈刚性增长，供需水矛盾特别是新型工业化、城镇化发展和生态建设缺水问题更加凸显，水问题是制约宁夏发展的根本问题。宁夏吴忠市利通区政府与宝丰能源集团股份有限公司水权交易是宁夏首例通过市场机制完成的水权转换，是践行政府和市场“两手发力”治水思路的具体实践，实现了农业节水支持工业发展、工业发展反哺农业的工作闭环和良性循环，既为宝丰能源新增工业项目发展提供用水保障，也为利通区现代化灌区试点建设及区域发展拓宽渠道，实现了“农业节水支持工业发展、工业发展促进地方经济”多赢目标。（专栏 9-4）。

专栏 9-4 宁夏吴忠市利通区政府与宝丰能源集团股份有限公司水权交易

宝丰能源是宁夏回族自治区内大型的现代化煤化工企业，企业每年用水需求量为 2 019.46 万 m^3，随着二期烯烃项目投产，宝丰能源用水量将新增 1 262.06 万 m^3，用水紧缺成为制约企业持续发展的“瓶颈”问题。

为应对企业用水需求增大的情况，解决用水紧张的局面，2018 年 10 月 12 日，宁夏吴忠市利通区政府与宁夏宝丰能源集团股份有限公司水权交易初步协议签订，利通区政府向宝丰集团转换 1 484 万 m^3 水权，交易期限为 25 年，交易金额为 3.82 亿元。

交易的这部分用水权，是利通区政府通过实施 4.43 万亩高效节水灌溉工程，从而节约干渠直开口黄河水量 3 231.59 万 m^3，节约耗用黄河水量 1 832.45 万 m^3 而获取的。

通过企业与政府之间开展水权交易的方式，不仅有效缓解了企业用水紧张的局面，同时也提高了政府开展节水措施、加大节水灌溉工程投入的积极性，有效减少节水工程投入的成本，保障了经济发展和水资源的合理利用。

资料来源：国地科技技术中心．国土整治与生态保护修复系列之六：流域生态保护补偿案例分析［EB/OL］.（2019-10-16）［2022-05-30］. https://zhuanlan.zhihu.com/p/87009774.

9.4.4 地票交易

地票本质上为新增建设用地指标，指的是土地权利人通过将建设用地复垦为农用地而相应增加的建设用地指标，在保障农村发展自用后节余部分所形成的可交易票据[50]。

（1）基本内涵

地票生态功能的价值实现是优化配置自然资源资产的有益探索，通过整体优化、科学配置，可以推进区域生态环境治理，提升自然资产质量及其社会服务能力，全面提升整治优化改造区的经济社会价值，以开发收益反哺生态建设，形成更优的生态环境。实践中，一些城市通过整理工业废弃用地和资源利用效率低下的建设用地，使其转化成为城市绿地和公园用地，直接提高城市生态产品供给。

（2）政策导向

2008 年 12 月，重庆农村土地交易所挂牌成立，地票交易试点正式启动，是创新农村集体建设用地制度，推进征地制度改革，维护和实现农民土地权益的一项有益探索[51]。

2015 年 11 月，中共中央办公厅、国务院办公厅印发《深化农村改革综合性实施方案》，提出要“按照有关法律法规，完善和拓展城乡建设用地增减挂钩、地票等试点，推动利用城乡建设用地增减挂钩政策支持易地扶贫搬迁”。

2016 年 1 月发布的《中共中央、国务院关于落实发展新理念加快农业现代化　实现全面小康目标的若干意见》，再次指出：完善和拓展城乡建设用地增减挂钩试点，将指标交易收益用于改善农民生产生活条件。探索将通过土地整治增加的耕地作为占补平衡补充耕地的指标，按照谁投入、谁受益的原则返还指标交易收益。

2017 年 2 月，中共中央、国务院发布《关于推进农业供给侧结构性改革加快培育农业农村发展新功能的若干意见》，进一步指出：“改进耕地占补平衡管理办法，严格落实耕地占补平衡责任，探索对资源匮乏省份补充耕地实行国家统筹。”

实践中，地票交易试点也在全国多地迅速推广开来，四川、湖南、湖北、浙江、江苏、安徽、山东、广东等地都在进行地票交易试点。

（3）发展趋势

一是持续深化改革，逐步完善地票交易制度，保障地票交易的顺利进行和健康发展。二是注重激励机制，采取激励农民不断耕种的补偿方式，让其边耕种边获得收益和额外补偿，保证可持续发展。三是协调各种利益分配机制，完善地票交易打包方式等。

（4）案例：重庆市拓展地票生态功能促进生态产品价值实现

重庆从开始试验探索地票制度到出台《重庆市地票管理办法》，再到出台《关于拓展地票生态功能促进生态修复的意见》，形成了较为成熟的推动生态产品价值实现的制度框架和创新做法，对全国其他地区具有一定借鉴意义。四川成都"地票"、河南郑州"复垦券"、浙江义乌"集地券"、广东佛山南海"地券"等借鉴重庆地票，因地制宜地落实城乡建设用地增减挂钩政策。重庆市地票模式见专栏 9-5。

专栏 9-5　重庆市拓展地票生态功能促进生态产品价值实现

近年来，重庆市积极拓展地票生态功能，将地票的复垦类型从单一的耕地，拓宽到林地、草地等类型，拓展了地票的生态功能，减少了低效的建设占用，增加了生态空间和生态产品，实现了统筹城乡发展、推动生态修复、增加生态产品、促进价值实现等多重效益。

2019 年，为进一步推动矿山生态修复，重庆市印发《历史遗留废弃矿山复垦指标交易办法》，明确符合复垦条件的历史遗留废弃矿山，经生态修复后形成的减少建设用地指标，可作为地票进行交易。按照这一规定，曹家山煤矿复垦交易后扣除成本，将净收益的 15% 划归村集体所有，用于发展壮大村集体经济组织；剩余收益由财政统筹，优先用于矿山生态修复和解决矿山历史遗留问题。矿山复垦成林地的项目，5 年后还可形成"林票"进行二次交易。重庆市地票交易始终坚持"收益归农"的原则，交易价款扣除成本后的净收益，由农户与农村集体经济组织按照 85∶15 的比例进行分配。

在脱贫攻坚工作中，重庆通过完善地票制度，对建卡贫困户、深度贫困地区实行"优先备案、优先复垦、优先交易、优先拨款"政策，帮助贫困户增加财产性收入、改善居住条件。截至 2019 年年底，重庆市约有 7 600 个农村集体经济组织参与了地票交易，累计获得集体地票收益 150 余亿元，农户获得地票收益约 330 亿元；全市累计交易贫困区县地票 21.98 万亩，实现收益 430.48 亿元，占同期全市地票交易量的 72.4%；累计有 13.63 万个进城落户居民家庭选择以地票方式变现财产权。

资料来源：自然资源部．自然资源部办公厅关于印发《生态产品价值实现典型案例》（第一批）的通知［EB/OL］.（2020-04-23）［2022-05-30］. http://gi.mnr.gov.cn/202004/t20200427_2510189.html.

9.4.5　森林覆盖率指标交易

森林覆盖率指标交易是指对于完成森林覆盖率尽责目标值确有困难的地区，允许其向森林覆盖率高出目标值的地区购买森林面积指标，用于本地区森林覆盖率尽责目标值的计算，形成区域间生态保护与经济社会发展的良性循环。这样，既提高了高森林覆盖率的保护地区的积极性，也为经济发达地区生产更多的森林生态产品提供了途径。

重庆市建立基于森林覆盖率指标交易的生态产品价值实现机制是一个成功的案例。为推动城乡自然资源增值，2018 年重庆市提出了森林覆盖率指标交易，出台《重庆市实施横向生态补偿提高森林覆盖率工作方案（试行）》，将 2022 年全市森林覆盖率达到 55% 作为约束性指标，对各区（县）进行统一考核，并针对各地资源禀赋、发展定位不同等实际，允许完成森林覆盖率目标确有困难的区（县）购买森林面积指标，用于本地区森林覆盖率目标值计算。截至 2021 年 11 月 30 日，全市共签约 8 单横向生态补偿协议，共交易森林面积指标 36.23 万亩、总成交金额 9.057 5 亿元。

重庆市森林覆盖率指标交易建立了生态产品的直接交易机制，主要的生态产品是森林资源及其提供的水源涵养、固碳释氧、净化空气等生态系统服务，形成了森林覆盖率达标地区和不达标地区之间的交易需求，并建立了完整的市场交易循环机制，明确了各方权责。一是探索生态产品价值实现路径，促进生态资源“变现”。2019 年 3 月，位于主城区、绿化空间有限的江北区，为实现森林覆盖率 55% 的目标值，与渝东南的酉阳土家族苗族自治县签订了“森林覆盖率交易协议”，购买 7.5 万亩森林面积指标，交易金额 1.875 亿元。二是激发国土绿化的新动能，助推生态资源“增量”。充分调动了各区（县）政府保护和发展森林资源的积极性，促进形成了全社会广泛参与林业生态建设的局面。三是建立生态补偿激励机制，实现生态与发展“双赢”。通过建立以森林覆盖率为管控目标的生态保护激励机制和补偿机制，探索建立了重点生态功能区转移支付制度，指导生态受益地区人民政府和森林生态保护地区人民政府通过协商等方式进行生态效益补偿，实现了生态受益地区与森林生态保护地区的“双赢”。四是开辟乡村振兴的新途径，生态美与百姓富“融合”。通过建立地区间横向生态补偿机制，“富县”购买森林面积指标后，“穷县”不仅可以利用成交的生态补偿资金大力发展壮大特色经济林，进一步巩固脱贫攻坚成果，还能聘请护林“保姆”巡山护林，实现贫困户就近就业，增加收入。

9.5 生态产品开发服务模式

生态产品第四产业发展不仅需要生态产品生产、生态资本经营、生态资本增值，也需要发展支撑生态产品开发的服务行业。从实践来看，生态产品开发服务主要有生态产品综合开发（主要有生态环境导向的开发、资源导向型可持续发展模式）、生态金融服务、生态资源集中收储（如“两山银行”、生态银行）、生态产品交易服务以及生态评估咨询服务等。

9.5.1 生态环境导向的开发模式（EOD）

生态产品综合开发过程中，往往既需要以生态环境治理提升生态产品生产能力为前提，也需要通过产业的开发经营实现生态产品价值。生态环境导向的开发模式就是面向生态产品综合开发，统筹生态环境治理与关联产业开发一体化实施的新型项目组织实施模式。

（1）基本内涵

生态环境导向的开发模式（Eco-environment-oriented Development，EOD）是指以生态文明思想为引领，以生态保护和环境治理为基础，以特色产业运营为支撑，以区域综合开发为载体，采取产业链延伸、联合经营、组合开发等方式，推动公益性较强、收益性差的生态环境治理项目与收益较好的关联产业有效融合，统筹推进，一体化实施，将生态环境治理带来的经济价值内部化，是一种创新性的项目组织实施方式[52]。EOD 模式在推动生态产品第四产业发展中主要解决 3 个问题：一是通过生态环境保护与产业发展互为依托，有机融合，区域生态产品保值增值的良性机制得以建立；二是充分运用市场化、商业化的方式，有助于解决生态产品“难度量、难抵押、难交易、难变现”等问题，提高了生态价值转化效率；三是 EOD 项目通过“肥瘦搭配”解决生态环境保护项目融资缺乏抵押物和现金流的问题，为市场化融资创造条件。

（2）表现形态

EOD 模式通过统筹投融资与项目实施有效引导社会资本投入生态环境治理，厚植生态产品价值，并通过对生态产品的综合开发经营将生态价值释放到生态农业、生态旅游、生态康养、片区开发等关联产业，从而构建“绿水青山”和“金山银山”相互转化通道，是发展生态产品第四产业的有效路径（图 9–2）。

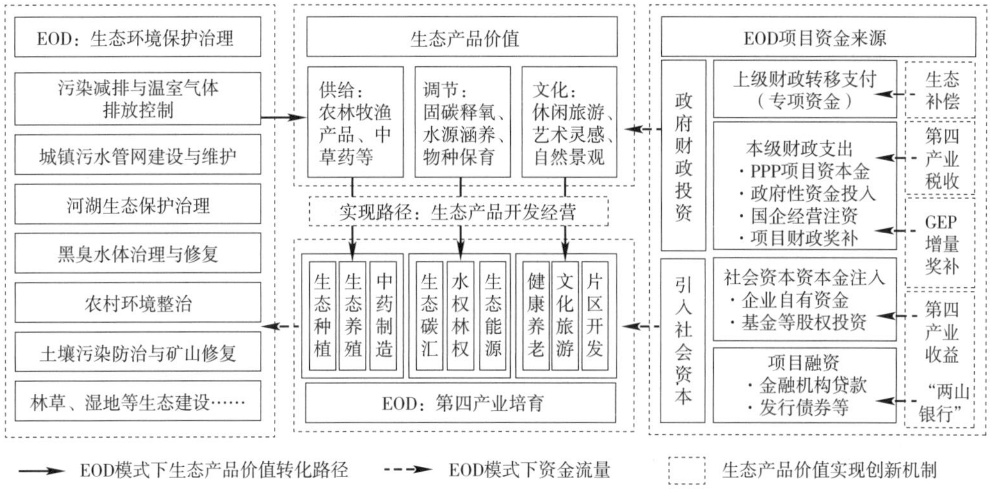

图 9–2 EOD 模式发展生态产品第四产业的路径及创新机制[53]

（3）政策导向

2020 年 9 月，生态环境部、国家发展改革委、国家开发银行联合印发《关于推荐生态环境导向的开发模式试点项目的通知》（环办科财函〔2020〕489 号），正式启动 EOD 项目试点工作。截至 2022 年 5 月，生态环境部已先后确定首批 36 个项目和第二批

58个项目共计94个项目纳入EOD试点。2021年4月，中共中央办公厅、国务院办公厅印发《关于建立健全生态产品价值实现机制的意见》，明确鼓励将生态环境保护修复与生态产品开发经营权益挂钩。2021年9月，中共中央办公厅、国务院办公厅印发《关于深化生态保护补偿制度改革的意见》，提出鼓励地方将环境污染防治、生态系统保护修复等工程与生态产业发展有机融合，完善居民参与方式，建立持续性惠益分享机制。建立健全自然保护地控制区经营性项目特许经营管理制度。2021年10月，国务院办公厅印发《关于鼓励和支持社会资本参与生态保护修复的意见》（国办发〔2021〕40号）鼓励社会资本采取“生态保护修复＋产业导入”方式，利用获得的自然资源资产使用权或特许经营权发展适宜产业；对投资形成的具有碳汇能力且符合相关要求的生态系统，申请核证碳汇增量并进行交易。

（4）产业链和商业模式

EOD模式产业链主要包括上游的项目策划，工程咨询、设计、施工，中游的生态环境综合服务商，下游的关联产业导入及产业运营商等。从EOD模式试点项目实践探索来看，生态环境治理类型主要有河湖生态保护治理、黑臭水体治理与修复、农村人居环境整治、矿山修复、荒漠化治理等，产业开发层面则主要包含生态旅游、康养、生态农业、循环产业、产业园经营、片区整体开发、生态能源开发利用等多种类型。EOD模式下发展生态产品第四产业已涌现出了多种业态，主要表现为4种典型模式，即城市环境综合整治＋土地利用、矿山修复治理＋存量生态资源经营等、农村环境综合整治＋生态种养、荒山荒地综合整治＋生态能源。

（5）发展趋势

目前，我国EOD模式仍处于试点探索阶段，试点项目因地制宜，在实施路径与机制政策等方面开展了有益探索，取得了初步成效，但在实施过程中也存在生态环境效益目标不明确、项目边界不清晰、实施模式不规范、部分项目收益不合规等问题。未来实践中将从4个环节不断完善：一是保护优先，切实解决突出生态环境问题；二是因地制宜，结合地区实际合理有序发展关联产业；三是系统推进，政府和市场协同发力；四是破解瓶颈，探索新机制、新举措，推动生态产品价值实现。在EOD项目运作与投融资实务方面，针对不同类型EOD项目的投资回报机制，探索适用的运作方式、交易结构、投融资模式、招采方式等，明确地方国企、社会资本、金融机构参与的具体方式，引导和规范EOD项目实施与管理。在EOD关键政策制度创新方面，着力深化EOD实施相关土地、财政、金融、税收等政策体系，为生态产品综合开发经营探索一条可复制、可推广的现实路径。

（6）案例：山东日照水库流域生态保护与生态产业项目组合式发展

目前，全国EOD模式试点已经进入第二批阶段，得到了地方政府和企业的高度认可。山东日照水库流域生态保护与产业发展（EOD）试点项目是“农村环境综合整治＋生态种养”的典型案例，该项目由日照市水务集团有限公司作为主体进行一体化实施，通过统筹国家涉农资金及生态文明建设专项资金、国家开发银行和中国农业发展银行政策性银行贷款、水费质押、林权抵押贷款等多元化资金，利用区域内环境整治、湿地修复等生态环境保护工程打造水库生态屏障圈，提升水库及周边环境品质，强化区域独特的生态资源禀赋；以生态资源综合开发为载体，以生态渔业、生态农业和生态旅游等特色产业为支撑，构建生态种植—深加工、生态渔业—平台销售产业链；采用“六不用”模式发展生态农业，科学运用先进技术实施精深加工，提高产品溢价能力，打造日照水库“有机生态”品牌，榛子、苹果、茶叶、鳙鱼等农产品获得有机认证；依托优美自然风光、历史文化遗存，推进旅游与康养休闲融合发展，运行“旅游＋文创”模式打造特色旅游产业链，拓展延伸生态产品产业链和价值链，实现水源地保护、优质资源升值、乡村振兴三大目标有机统一。该项目实施5年以来，EOD模式有效提升了生态环境治理和资源综合开发效率，库区植被覆盖率增长了30%，平均水位提升7.3 m；各类污染物排放得到有效控制，每年减少化肥使用8 500 t、农药34 t，水质稳定保持优良；消失十余年的珍稀野生鸟类中华凤头燕鸥重现，翘嘴鲢子等土著鱼类种群恢复。生态与经济双赢的长效机制逐步形成，库区全年用工超过10万人次，为周边农民创收600万元。以生态产业建设“反哺”环库周边群众脱贫致富，村民通过土地流转费用、景区务工和项目运营等收入实现人均年增收5万元以上。

9.5.2　资源导向型可持续发展模式[①]（RoD）

（1）基本内涵

资源导向型可持续发展模式（Resource-oriented Development，RoD）是以习近平生态文明思想、习近平经济思想为引领，以资源节约集约利用和可持续发展为导向，以提升生态系统质量和稳定性为修复任务，是一种将生态保护修复与资源有效利用有机结合的综合治理方式。核心是将生态保护修复任务与自然资源资产相关权益、支持政策等有机结合，通过生态保护修复项目发展生态产业，形成项目产出交易路径清晰、社会资本投入持久、各方收益回报稳定的生态公共治理长效机制，促进生态美好目标实现。

（2）表现形态

RoD模式通过统筹生态保护修复与生态资源有序开发利用，有效引导社会资本参与生态保护修复，促进生态产品价值实现，是发展生态产品第四产业的有效路径。主要有3类实践路径。一是结合生态保护修复公益属性强、经济外部性显著的特点，通过制定产权激励及其关联权益释放等支持政策，强化自然资源资产的权益保障，在此基础上发挥其使用权、经营权等优势，引导社会资本参与生态公共产品领域。二是发挥环境资源、旅游资源、自然资源等特色资源，以及轨道交通资源等专项资源的特许经营权及其衍生权益的效能，形成各类环境导向型城市发展模式、旅游导向型发展模式、自然资源导向型发展模式、轨道交通导向型发展模式等。三是通过生态保护修复，提高生态系统生产能力，依托生态资源和优质生态产品开展生态产业化经营，多渠道、多路径获得相

---

① 本节内容为自然资源部国土整治中心资金管理部副主任吕婧提供，特此说明，并表示感谢！

应的权益、收益。

（3）政策导向

2021 年 10 月，国务院办公厅印发《国务院办公厅关于鼓励和支持社会资本参与生态保护修复的意见》（国办发〔2021〕40 号），明确提出，“探索建立导向明确、路径清晰、投入持久、回报稳定的资源导向型可持续发展模式”。其总体制度安排是以我国的社会主义经济制度的基础即生产资料社会主义公有制为根基，发挥其制度优势。

（4）发展现状

目前，我国 RoD 模式刚开始实践探索。早在 2000 年，谢强、王红亚就提出资源开发与发展模式按照导向作用总体上划分为自然资源导向型、人文型资源导向型和资源综合导向型 3 种模式[54]；2002 年杨锋探讨知识经济时代自然资源导向型区域资源开发与经济发展问题时提出，对于自然资源导向型区域，在资源开发中应合理开发具有优势的自然资源，注重市场需求，加大对区域的知识和科技投入，协调好与生态环境的关系[55]；2021 年樊建伟开展了基于城市开发视角的生态引领模式的研究，提出城镇化建设中，市场上诞生了诸如 TOD（交通导向）、POD（生态设施导向）、SOD（体育运动设施导向）等在内的多种城市开发模式，还有一些综合模式或复合模式，以及当前生态环境治理领域倡导的 EOD（生态坏境导向的开发模式），以上类型的模式都可以归总为资源导向型可持续发展模式的实践基础[56]。

（5）发展趋势

RoD 模式还在探索阶段，尚无典型的成熟案例。当前主要任务是围绕模式的体制机制创新及落地实施开展系统研究。①参与机制创新研究。围绕生态保护修复需求，主动靠前服务、增加有效需求；引导市场主体充分公开竞争、提供有效供给。需要重点开展研究的内容包括：一是项目生态保护修复方案编制、自然资源资产配置方案编制、项目生态保护修复工程设计编制等；二是生态保护修复协议和自然资源资产配置协议编制；三是优化审批流程，围绕多项审批事项优化审批流程，形成可复制、可推广的审批程序；四是各类支持政策深化、细化、组合运用。②实施方式创新研究。从组织模式方面，研究将鼓励和支持社会资本参与生态保护修复纳入经济社会发展规划的统筹协调机制，优化监管服务具体措施，加强宣传引导。需要重点开展研究的内容包括：一是鼓励先行启动骨干企业的带头引领试点；二是开展项目实施路径创新，重点围绕生态保护修复需求，着力推进 RoD，同时综合运用设施采购施工（Engineering Procurement Construction，EPC）、政府和社会资本合作（PPP）等模式。③投融资模式创新研究。确保不新增地方政府隐性债务，发挥财政资金的带动作用，减少政府投入，平滑财政支出。需要重点开展研究的内容包括：一是探索中长期资金支持；二是综合运用绿色基金、绿色债券、绿色信贷、绿色保险；三是骨干企业上市融资；四是发行绿色资产证券化产品等；五是探索对投资形成的具有碳汇能力且符合相关要求的生态系统，申请核证碳汇增量并进行交易；六是通过经政府批准的资源综合利用获得收益等。④生态保护修复和产业协同发展创新研究。围绕区域生态保护修复重点任务，推进生态保护修复项目实施，释放生态保护修复产业有效需求，推动生态保护修复市场化和产业化。同时，在区域范围内发展生态保护修复关联度高、经济发展带动力强的产业，探索建立“生态保护修复 + 产业导入”方式，利用获得的自然资源资产使用权或特许经营权发展适宜产业等。第五，生态保护修复技术设备研发和基础研究。围绕自然生态系统保护修复、农田生态系统保护修复、城镇生态系统保护修复、矿山生态保护修复、海洋生态保护修复及生态产业发展等重点领域和重点任务，支持社会资本方自主开展生态修复全过程的技术设备等研发，生态产品开发、产业发展、科技创新、技术服务等基础研究。

9.5.3　生态金融服务

生态金融服务是指各类金融机构为生态产品开发、经营、交易等经济活动提供的资金融通及投融资服务，与绿色金融有较强的融合性，包括绿色信贷、绿色债券、绿色保险、绿色基金、绿色期权等类型。

（1）基本内涵

生态金融服务是一种将金融发展和生态环境保护相结合的发展形式。主要包括金融部门在投融资决策中会考虑生态环境保护的因素，通过金融手段促进人类自觉保护生态环境、利用金融方式抵御自然环境灾害带来的经济损失等。相对传统金融活动，生态金融更强调生态效益的提升，强调将资金引入生态产品产业[57]。生态产品价值实现需要资金融通、产品定价、资源配置等，生态金融在生态产品第四产业发展中发挥重要作用。无论是生态农业、生态工业、生态服务业等生态产业发展，还是生态保护与修复产业，都需要金融资源给予支持。此外，生态产品成为有效抵押物后，也能得到更多市场主体的认可，有利于其定价和价值实现。

（2）表现形态

随着我国绿色金融改革试点工作的推进，绿色金融在推进生态环境保护与治理、促进生态产品产业新兴业态发展、加快传统产业绿色转型等方面助力生态产品价值实现。其表现形态可概括为，一是创新利用信贷、债券、基金等金融产品与服务工具为生态环保项目提供资金支持，引导社会资金流向生态建设与管理、山水林田湖草生态保护修复工程、生态环境综合治理等领域；二是通过建立绿色银行等，降低绿色投融资成本，为低污染、低排放、低耗能的绿色企业提供融资支持，推动生态环保产业发展和产业结构优化升级；三是强化专项资金、行业补贴、信贷优惠、绿色债券的组合作用，如通过发行绿色债券为传统产业的绿色技术创新项目提供长周期、低成本的融资来源，为企业提供绿色金融政策支持，辅以相关补贴、价格等政策，强化对绿色技术创新与应用的激励引导作用（图 9-3）[58]。

（3）政策导向

2015 年 9 月 21 日，中共中央、国务院发布了《生态文明体制改革总体方案》，首次明确了建立绿色金融体系的总体思路，结合生态文明建设和绿色发展理念，支持环境改善、资源节约高效利用、应对气候变化等[59]。

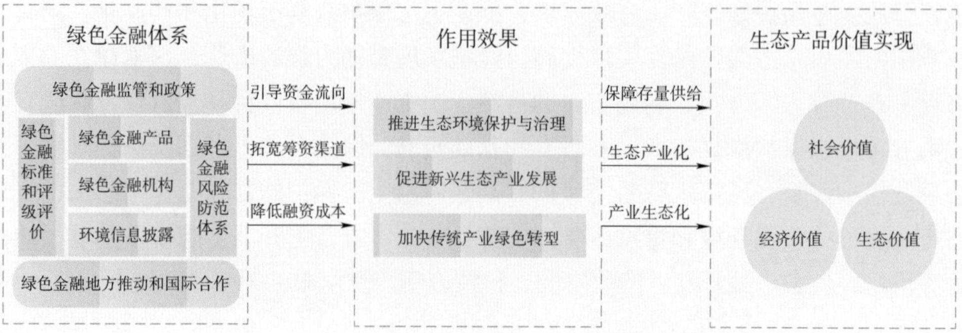

图 9-3 绿色金融助力生态产品产业发展模式框架

2016 年 8 月 31 日，中国人民银行、财政部等七部门联合发布了《关于构建绿色金融体系的指导意见》，建立了国际上首个由中央政府部门制定的绿色金融政策框架体系，提出大力发展绿色信贷、推动证券市场支持绿色投资、设立绿色发展基金、发展绿色保险、完善环境权益交易市场、支持地方发展绿色金融、推动开展绿色金融国际合作、防范金融风险等 8 类措施，构建了绿色金融体系的“四梁八柱”。

目前，我国基本形成绿色金融制度架构，初步建立绿色金融规范标准，金融领域环境信息披露得到加强，金融机构鼓励支持政策不断完善，绿色信贷、绿色债券、绿色发展基金、绿色保险、碳金融等政策日益完善，金融与生态环境保护融合的深度、广度不断扩展。

（4）产业链和商业模式

生态金融服务是以生态资源产权和生态产品价值为基础，通过创新绿色金融产品和金融手段将生态资源股权化、证券化、债券化、基金化，以构建生态资源融资担保体系等方式，为生态产品产业赋能。目前已发展了包括水权和林权等使用权抵押、产品订单抵押、“生态资产权益抵押 + 项目贷”模式、古屋贷和生态产品资产证券化等，以及“绿色金融 + 普惠金融 + 乡村振兴”“金融创新产品 + 搭建平台”“生态资产权益 + 资管业务”“生态旅游项目 + 绿色债券”等多样化实践模式，以生态金融服务推动生态产品价值实现，支持生态产业化和产业生态化，助力“绿水青山”成为“金山银山”。

（5）发展趋势

我国绿色投资将持续加大，绿色金融产品和服务体系将继续创新发展，越来越多的金融企业也将提出自身运营及投融资业务的碳中和目标。绿色金融发展展现出以下发展趋势：一是绿色金融新政策与新标准等将陆续出台，更加发挥绿色金融在生态产品第四产业发展中的重要作用；二是绿色保险、绿色信托、转型金融新工具与产品等新金融工具与产品潜力巨大，为生态产品第四产业的发展壮大赋能；三是生物多样性保护、生态碳汇、甲烷减排等绿色金融服务新领域快速发展，以顺应生态产品第四产业发展变化的新需求。

（6）案例：丽水创新运用区块链技术盘活“数据资产”的金融科技模式

2019 年 1 月，浙江省丽水市获批开展生态产品价值实现机制试点。试点以来，丽水市研究制定《关于金融助推生态产品价值实现的指导意见》，探索金融机构为生态产业发展提供投融资支持，创新推出生态贷和“两山贷”，破解生态产品金融属性激活过程中的度量难、抵押难、交易难、变现难等问题。丽水市金融系统坚持需求导向和问题导向，探索形成了信贷服务、信用服务、支付服务、金融科技服务等有效服务模式，其中创新运用区块链技术盘活“数据资产”的金融科技模式是生态金融服务的一个典型案例，见专栏 9-6。

专栏 9-6　丽水市创新运用区块链技术盘活“数据资产”的金融科技模式

为解决生态产业发展中企业面临的贷款难、融资难的痛点问题，丽水市各金融机构运用区块链技术，创新性地将企业的支付交易数据作为授信核心指标，通过线上审批推进实现贷款秒批秒贷，为企业提供便捷的信用贷款渠道。

松阳县全县 40% 的人口从事茶产业、50% 的农民收入来自茶产业、60% 的农业产值来自茶产业，这种产业格局催生了全国的茶叶交易枢纽市场——浙南茶叶市场，吸引了全国各地 4 000 多名常驻茶商，2020 年共有 8 万 t 茶叶完成交易，金额超 62 亿元。密集、频繁的交易也催生了金融服务需求。2019 年 8 月，以浙南茶叶市场为中心，中国银行推出运用区块链技术的“茶商 E 贷”，为茶商提供金融服务，解决茶叶产业融资中茶商群体规模小、发展不稳定、抵押物缺失等问题。

具体做法包括：一是建立了具有金融支付功能的茶叶质量溯源系统、茶青质量溯源系统、农资溯源系统，共同构建了松阳茶产业溯源链，为“金叶子”产业的健康发展保驾护航；二是向所有在市场进行交易的茶商统一发放茶叶溯源卡，茶商交易时均需使用茶商溯源卡；三是实现金融交易数据去中心化存储，确保茶商交易数据真实可靠，将“茶叶溯源卡”的支付交易数据作为授信核心指标。茶商企业可在线上实时申请信用贷款，根据交易数据情况获得不同额度的信用贷款。截至 2020 年年末，已发放茶叶溯源卡 2.3 万张，使用人数达到 2 万人，年交易量突破 25 亿元，为茶商提供信用贷款 8 783 万元。

资料来源：殷斯霞，李新宇，王哲中．金融服务生态产品价值实现的实践与思考——基于丽水市生态产品价值实现机制试点［J］．浙江金融，2021（4）：27-32.

9.5.4　生态资源集中收储开发

生态资源集中收储开发是指通过搭建“生态银行”和“两山银行”等生态资源运营管理平台，对分散零碎的生态资源进行有序的管理整合、收储托管、转换提升、市场化交易和可持续运营，引进社会资本进行适度开发和盘活经营。

（1）基本内涵

生态资源集中收储开发为“资源—资产—资本”转化搭建桥梁，即为前端资源整合、中端资产提升、后端资本注入提供了可持续的生态产品价值实现路径。借鉴传统商业银行零存整取的方式，将分散化的自然资源“权”与“益”进行运营管理，通过对山水林田湖草等分散化的生态资源权益进行规模化整合、收储，由“生态银行”和“两山银行”生态自然资源平台进行运营，引入产业运营商，吸引市场资本注入，形成集中连片的优质的自然资源资产项目包，整合建成系统集成的项目库，形成规模集聚效应，实施全局性招商、整体性规划，可有力提升单个资源的整体价值，破解生态资源“难出去”、资金资本“不愿进”的难题。

（2）表现形态

主要有两种收储开发模式：一是集中收储零散资源，分类制定收储标准，以租赁、入股等形式集中收储，根据开发方式、开发方向、开发期限进行连片整合、系统优化、配套升级，使其更具有规模优势和可开发价值，实现“碎片化”资源整合聚集。二是运营提升低效资源，对收储的长期闲置、“沉睡”的低效生态资源，根据其所在区位、资源特色、开发强度等情况进行分类包装、精心策划、精准开发，实现“低效化”资源提质增效[60]。

（3）政策导向

2021 年 4 月 26 日，中共中央办公厅、国务院办公厅出台了《关于建立健全生态产品价值实现机制的意见》，全面系统部署生态产品价值实现相关工作，为各地创建“两山银行”、构建生态产品价值实现机制指明了方向、提供了遵循。我国广大农村和农民群众守着得天独厚的“绿水青山”，在生态建设中将其转化为“金山银山”，盘活闲置、抛荒或低效利用的资源资产，将能更好地推进农村产业发展，助力集体经济组织和农民增收。

（4）产业链和商业模式

按照“资源收储—资产整合—项目运作—产业发展—价值变现”的思路，“生态银行”和“两山银行”的运营模式通过对产业项目的先手引导，实现对高质量产业项目的选择与推动。一是推动生态资源向生态资产转化。通过运营主体，对自然资源进行摸底调查、确权登记，有针对性地推进资源收储、整合、提升，形成更具市场价值的综合性优质资产，发挥系统化作用。二是推动生态资产向生态资本转化。“生态银行”和“两山银行”获得生态资产经营权后，通过直接经营、合作开发、出租抵押等商业模式创新，最终促进和支持产业项目建设。三是推动生态资本向产业发展转化。“生态银行”和“两山银行”通过资源整合获得生态资金，通过市场化运营，发展文旅康养、现代农业等产业，实现强村富民。

（5）发展趋势

在深化开展自然资源要素整合、提质、收益分配结构确定等探索的基础上，进一步培养壮大一批运作主体，不断提升“生态银行”和“两山银行”平台的运营水平，强化自然资源资产价值变现，通过产业和项目导入，推动生态价值高效转化为经济价值。

（6）案例：南平“生态银行”推动资源变资产变资本

“生态银行”模式已在多个国家得到应用，也成功推动了包括生物多样性维持等相关生态系统服务交易市场的探索，以及衍生出了森林银行（碳汇交易）、土壤银行（土地保护性储备计划）、水银行（水权交易）等生态银行[61]。近年来，我国开展了“生态银行”试点，探索将生态产品转化为生态资产、生态价值体现为经济价值。

南平市在全国首创的“生态银行”建设，为推进生态产品价值转化实现提供了可复制、可推广的经验。2018年，福建省南平市顺昌县建立了首家“森林生态银行”，随后顺昌“森林生态银行”、光泽“水生态银行”、武夷山“五夫镇文旅生态银行”、建阳“建盏生态银行”、延平巨口乡“古厝生态银行”等多种生态银行实践模式掀起了“绿色旋风”。南平市森林生态银行以森林资源为根，以存储业务为纽，运用现代金融银行的理念、运作模式与生态资源保护和开发有效结合起来，采取“分散式输入、集中式输出”方式，对生态资源进行保护和优化，引入市场化资金和专业运营商，形成规模化、专业化、产业化运营机制（图9-4）。

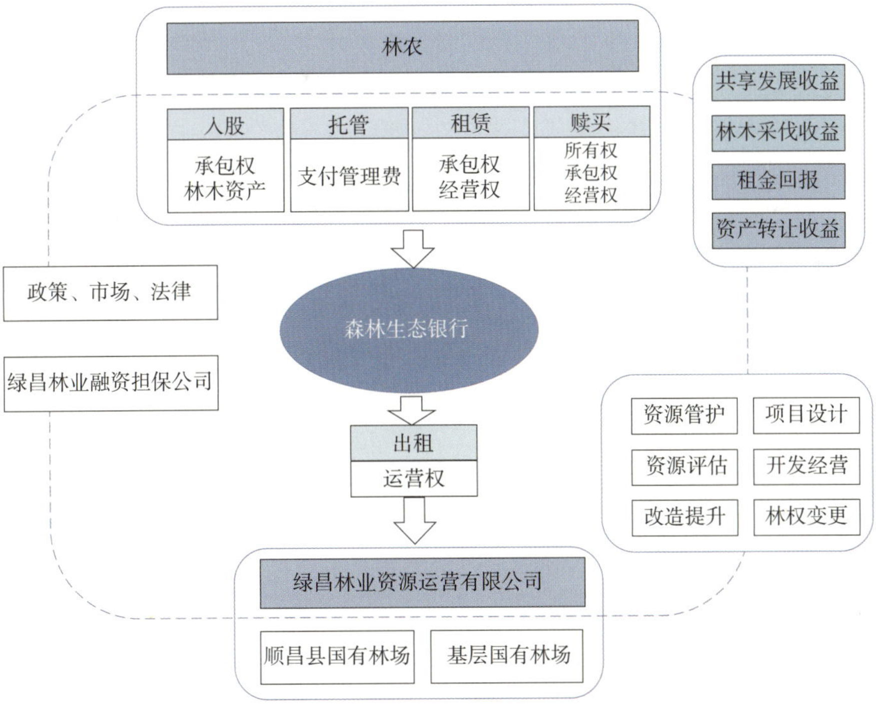

图9-4 南平市森林生态银行运行机制

在实践中，南平逐步构建了“评估、担保、收储、流转、贷款”五位一体的林业服务体系，部分县（市）进一步整合林木资源收储、流转交易、资产评估、抵押担保、信息沟通交流等服务职能，为林业经营者提供林权评估收储、抵押贷款、林权转让变更等手续的“一站式服务、一窗口办理”，有效解决林木资源评估难、收储难、管护难、贷款难、处置难、经营难等问题，促进林业资源整合，实现经营规模化。顺昌生态银行公司立足林农从业意愿，在前端建立了“以民为本”的林权收储体系，采取合股、托管、赎买、租赁等模式将分散的林木资源集中起来，与林农结成利益共同体，两年多时间里共整合碎片化林业资源近 6 万亩。森林生态银行提升了森林资产价值和森林生态承载能力，也增加了当地农民的收入，实现了资源与资本的双赢，成为我国现代林业经营的模板和标杆。

9.5.5 生态评估与咨询服务

随着生态产品第四产业的发展，围绕生态产品产业的评估和咨询服务业也快速成长起来，主要包括生态产品价值核算评估服务、生态产品开发类咨询服务等。

（1）生态产品价值核算评估服务

生态产品价值核算评估服务是将山、水、林等自然生态要素资源进行清查和估价。生态产品价值核算评估是生态产品价值实现的基础，通过建立一套适合的价值评估体系，可以有效解决生态产品定价的问题，给生态产品贴上“价格标签”进行交易[62]。

2020 年，生态环境部和浙江省政府先后发布了《陆地生态系统生产总值（GEP）核算技术指南》和《生态系统生产总值（GEP）核算技术规范　陆域生态系统》，这是我国正式出台关于生态产品价值评估的国家标准和地方标准，其中将市场价值法、影子工程法、代替成本法、旅行费用法等应用在相关产品的价值评估中。对生态产品的价值进行核算评估主要包括：一是明确生态产品类型；二是确定生态产品的评估框架结构和指标体系；三是确定生态产品评估的方法[63]。通过开展生态产品价值核算评估，生态产品价格得以明晰并形成一本“生态账”，为“绿水青山”打下量化基础，为政府采购、金融信贷、市场交易等方式转换价值、盘活生态资源提供重要依据，有利于指导生态保护、促进生态增值。丽水市是我国早期开展生态产品价值核算的城市，其核算经验总结见专栏 9-7。

专栏 9-7　生态产品价值核算评估的“丽水实践”

浙江丽水作为全国生态产品价值实现试点研究的典型示范区，率先建立生态产品价值核算评估应用体系，破解“绿水青山”可量化问题。

一是制定并出台了全国首个市级生态产品价值核算技术办法——《丽水市生态产品价值核算技术办法（试行）》，以生态系统物质产品、调节服务和文化服务 3 个大类核算为重点，形成生态产品功能量和价值量核算的技术流程、指标体系与核算方法。进一步探索完善了生态产品目录、价格评估标准以及基础数据收集体系，准确核算生态系统提供的产品与服务的价值总和。同时，全面推进 GEP“进规划、进决策、进项目、进交易、进监测、进考核”的应用体系建设。建立 GDP 和 GEP 双核算、双评估、双考核机制，确保实现 GDP 和 GEP 规模总量协同较快增长，GDP 和 GEP 之间转化效率实现较快提高。

二是探索建立了市、县、乡（镇）和村四级核算评估体系，实现全域生态产品价值可核算，现已公开发布《丽水市生态系统生产总值（GEP）和生态资产核算研究报告》，发布全国第一份乡镇GEP核算报告——《景宁畲族自治县大均乡GEP核算报告》，发布全国首份以村为单位的GEP核算报告——《遂昌县大田村GEP核算报告》，其中大田村GEP核算是目前国内最小空间单元上的核算。

（2）生态产品开发类咨询服务

生态产品开发类咨询服务包括生态资源调查，生态产品开发项目勘查、设计、实施方案、技术咨询等服务。如EOD项目持续周期长、专业性强，在项目推进过程中，涉及部门及机构多，项目实施机构或投资人可选定专业的咨询服务机构编写项目建议书和可研报告、编写EOD实施方案和提供相关技术咨询服务等。EOD项目咨询服务从项目实施进度出发，贯穿EOD项目的准备阶段（含项目决策、实施机构授权等）、招采阶段（含项目立项、EOD方案编制、报审、选定片区开发主体及联合开发投资人等）、执行阶段（包括项目公司组建，项目建设、实施、运营及管理等）。

9.5.6 生态产品交易服务

生态产品交易服务是以盘活生态资源、推动生态市场交易为主要目标，以构建生态产品及其价值实现的市场化运作和市场交易体系为重点，搭建生态产品市场交易平台，促进生态资源资产化、可量化、可经营，包括生态产品认证推广（生态产品溯源认证、品牌推广、公共品牌运营等）和交易平台建设运营（生态产品贸易代理、交易中心、网络交易平台等建设与运营）。一个成功的案例就是福建省永春县探索培育生态产品“三级市场”、推动“绿水青山”转化的模式。

永春县位于福建省东南部，地热、矿泉水资源丰富，农林产品、药材、水力、矿藏等资源优势明显，是福建省著名南药出口基地县。2018年，永春县被纳入省级生态产品市场化改革试点，以“资源变资本，资金变股金，村民变股东”三变改革理念，通过“摸底评估—流转储备—整理提升—项目策划—开发运营—金融资本”的手段，在桂洋镇桂洋村、桃城镇花石社区、外山乡草洋村探索不同路径的生态产品价值实现，研究设计了“三级市场”的模式。

永春县探索培育生态产品“三级市场”的模式具体做法为，一是建立“一级市场”，推动生态资源向生态资产转变。着力破解生态资源量化难的困境，加强政府财政资金支持，突出山水禀赋和人文资源优势，建立生态资源资产全面调查、统一评估制度，建立生态资源向生态资产转变机制。二是培育“二级市场”，推动生态资产向生态资本转变。着力破解生态资产合作难的困境，探索构建“股权平等、利益共享、风险共担”的合作机制，健全生态资产向生态资本转变体系，大力发展生态产品转化项目，完善投资方的股权划分机制，实现资产变资本。三是筹备“三级市场”，推动资本向股本转化。着力破解生态资本融资难的困境，积极创新生态资本向股本转化路径，探索推进“板外”交易市场建设，建设县产权撮合交易平台，引入股票、期货等手段，让生态资源演化成为可拆分的、可连续交易的产品，通过生态资产交易市场，吸引外部投资人进入。

永春县通过生态产品“三级市场”改革实践推动区域生态资源价值实现，目前3个试点区域已取得阶段性成效，桂洋村以旅游为突破口，实现经营性项目资产增值40%以上；花石社区以教育培训、夜景经济为抓手，着力打造乡创示范区；草洋村以云河谷A级景区为依托，重点发展休闲康养业态。截至2018年年底，桂洋镇8个村集体收入均在5万元以上，7个村集体收入达10万元以上。产业发展后劲不断增强，绿色生态红利加快释放，美岭环保、智森旅游开发投资等相继入驻，年产值1 200万元，吸引了160多名外出务工人员回乡就业。

9.6 生态资本增值模式

生态资本增值是打通生态产品产业链闭环，提升生态产品供给能力、维护生态产品可持续再生产的重要保障。这种增值过程是人类劳动和资金投入过程，主要以投入、支出为主要方式。目前，生态资本增值的主要模式包括生态保护修复、基于自然的解决方案、全域土地综合整治、生态系统管理等类型。

9.6.1 生态保护修复

生态保护修复主要是在自然生态系统被破坏或生态功能缺失地区，通过生态修复和系统治理，恢复自然生态系统的功能，增加生态产品的供给，实现生态产品价值提升，是守住自然生态安全边界、促进自然生态系统质量整体改善的重要保障，也是生态产品第四产业的核心范畴。

（1）基本内涵

生态保护修复是指利用自然的自我修复能力，运用生态学和环境工程等多学科方法，在适当的人工措施辅助下，修复与维护生态系统原有的保持水土、调节气候、维护生物多样性的生态功能的产业模式。生态保护修复具有多学科交叉、影响因素多、过程复杂、时间长等特点，基于整体优化、区域分异、循环再生、和谐共存等原则来开展工作[64-65]。生态修复主要有微生物－物理修复、微生物－化学修复、微生物－物理－化学修复、植物－物理修复、植物－化学修复、植物－物理－化学修复、植物－微生物修复、植物－微生物－化学修复、植物－微生物－物理修复等修复方式[66]。

（2）表现形态

生态保护修复产业的表现形态主要按生态系统类型进行划分，包括自然生态系统保护修复、农田生态系统保护修复、城镇生态系统保护修复、矿山生态系统保护修复、海洋生态系统保护修复等类型。针对受损、退化、功能下降的森林、草原、湿地、荒漠、河流、湖泊、沙漠等自然生态系统，开展防沙治沙、石漠化防治、水土流失治理、河道保护治理、野生动植物种群保护恢复、生物多样性保护、国土绿化、人工商品林建设，提升生态产品供给能力；针对生态功能减弱、生物多样性减少、开发利用与生态保护矛盾突出的农田生态系统，开展全域土地综合整治，实施农用地整理、建设用地整理、乡村生态保护修复、土地复垦、生物多样性保护等，改善农田生境和条件；针对城镇生态系统连通不畅、生态空间不足等问题，实施生态廊道、生态清洁小流域、生态基础设施和生态网络建设，提升城镇生态系统质量和稳定性；针对历史遗留矿山存在的突出生态环境问题，实施地质灾害隐患治理、矿山损毁土地植被恢复、破损生态单元修复等，重建生态系统，合理开展修复后的生态化利用；针对海洋生境退化、外来物种入侵等问题，实施退围还滩还海、岸线岸滩整治修复、入海口海湾综合治理、海岸带重要生态廊道维护、水生生物资源增殖、栖息地保护等。

（3）政策导向

2021 年 11 月，国务院办公厅印发了《关于鼓励和支持社会资本参与生态保护修复的意见》（国办发〔2021〕40 号），明确鼓励和支持社会资本参与生态保护修复项目投资、设计、修复、管护等全过程，允许围绕生态保护修复开展生态产品开发、产业发展、科技创新、技术服务等，对生态保护修复进行全生命周期运营管护。

2021 年 12 月，国家发展改革委、科技部、自然资源部、生态环境部、水利部、农业农村部、应急部、气象局、林草局联合印发了《生态保护和修复支撑体系重大工程建设规划（2021—2035 年）》规划，要求推进生态保护和修复重点实验室、技术创新平台建设，加强生态保护和修复基础研究、关键技术攻关、装备研制、标准规范建设以及技术集成示范推广与应用，大力推进森林、草原、河湖、湿地、荒漠、海洋等自然生态系统保护和修复技术创新。

（4）产业链和商业模式

生态保护修复产业的产业链包括研究规划、设计研发、工程施工、运营管理等环节。生态修复的研究规划、设计研发等上游行业的发展直接影响生态修复的供应数量与品质，决定着中游、下游行业的发展壮大。

根据《关于鼓励和支持社会资本参与生态保护修复的意见》（国办发〔2021〕40 号），社会资本可通过 3 种方式参与生态保护修复：①自主投资模式。社会资本单独或以联合体、产业联盟等形式出资开展生态保护修复。②与政府合作模式。社会资本可按照市场化原则设立基金，投资生态保护修复项目。对有稳定经营性收入的项目，可以采用 PPP 等模式，地方政府可按规定通过投资补助、运营补贴、资本金注入等方式支持社会资本获得合理回报。③公益参与模式。鼓励公益组织、个人等与政府及其部门合作，参与生态保护修复，共同建设生态文明。

（5）发展状况与趋势

近 20 年，中国生态保护修复历经了以生态建设与重点治理为主的阶段（1997—2006 年）、以生态空间和生态功能保护恢复为主的阶段（2007—2011 年）、以山水林田湖草沙系统保护修复为主的阶段（2012 年至今），生态保护修复模式由局部恢复、末端治理逐步转变为生态空间严格管控、生态系统整体保护修复，初步构建起以维护国家生态安全、稳定和提升生态系统服务功能、改善生态环境质量为核心，生态系统结构、过程、格局、功能、质量综合调控的生态保护修复体系[67]。

“十三五”期间，我国实施蓝色海湾整治行动、海岸带保护修复工程、渤海综合治理攻坚战行动计划、红树林保护修复专项行动，全国整治修复岸线 1 200 km、滨海湿地 2.3 万 hm^2，完成防沙治沙 1 000 多万 hm^2、石漠化治理 130 万 hm^2。2016—2019 年，我国生态保护修复行业市场规模不断扩大，且增速也呈现出上升趋势。国内生态修复行业市场规模从 2016 年的 2 640 亿元增长到 2019 年的 3 872 亿元，年均复合增长率 13.62%，而 2020 年全国市场规模超过了 4 000 亿元[68]。

当前，我国自然生态系统总体较为脆弱、生态承载力和环境容量较低、优质生态产品供给能力不足现象尚未得到根本扭转，生态方面历史欠账多、问题积累多、现实矛盾多。一是森林生态系统稳定性不高，乔木林质量指数为 0.62，处于中等水平，纯林占乔木林总面积一半以上。二是草原生态系统整体仍较脆弱，中度和重度退化面积仍占 1/3 以上。三是部分河道、湿地、湖泊生态功能降低或丧失。四是沙化土地面积多达 1.7 亿 hm^2，水土流失面积多达 2.7 亿 hm^2，问题依然严峻。五是近岸海域生态系统整体形势不容乐观，红树林面积与 20 世纪 50 年代相比减少了 40%，珊瑚礁覆盖率下降、海草床盖度降低等问题较为突出，自然岸线缩减现象依然普遍，防灾减灾功能退化。在生态保护修复体系方面，仍存在治理技术及模式单一、生态修复系统性和整体性不足、生态领域监测能力亟待提升等问题。

随着生态保护修复需求的持续加大，我国生态保护修复相关的投入也会加大，生态修复行业市场规模将会进一步增大。我国生态治理及修复投资整体呈上升趋势，生态治理及修复市场前景向好，未来生态修复产业将继续保持增长态势。生态保护修复将不断强化系统性和整体性理念，坚持“山水林田湖草是生命共同体”治理方略，以提升生态系统服务功能、改善生态环境质量、维护生态安全为目标，探索建立生态保护修复综合管理模式，不断完善社会资本参与生态保护修复体制机制，强化生态治理技术、监测技术及数字化技术支撑[66]。生态保护修复与自然资源资产权益挂钩，探索 EOD 模式，开展生态保护修复 + 产业导入、生态资源权益指标交易等路径以提升生态保护修复收益水平，形成政府、社会资本、公众多元参与生态保护修复的格局。

（6）案例：海南省儋州市莲花山矿山生态修复[8]

海南莲花山位于儋州市兰洋镇。20 世纪 50 年代以来，海南农垦集团在莲花山开采石灰矿，留下了 6 个巨大的采石矿坑和塘体，导致区域内森林植被损毁、水土流失和自然生态系统退化，原农场职工和周边群众的生产生活和财产安全受到影响。针对这一问题，主要做法是科学开展生态修复和治理，增加生态产品供给。海南海垦旅游集团专项编制了莲花山生态修复规划。修复过程中，按照“安全功能、生态功能、兼顾景观功能”的次序，对矿坑及周边山体实施自然恢复、山体加固、林草种植和环境治理，消除区域内地质灾害隐患，提高区域环境质量，逐步恢复区域内自然生态系统的水源涵养等功能，有效解决了矿区内水土流失等问题。共修复废弃石坑面积 600 余亩，恢复生态水面 400 多亩，植树造林 6 万余棵、竹子 20 万余丛，铺种草皮和花木近 30 万 m^2，恢复周边林地面积 3 000 多亩，通过生态修复工程将原来的矿山垃圾堆建设成为海南最大的热带樱花园，山水林田湖草生态系统得到恢复，区域内地表水水质、森林覆盖率、空气质量等指标稳步提升，为周边地区提供了良好的生态环境和高质量的生态产品。

9.6.2　基于自然的解决方案

基于自然的解决方案（Nature-based Solution，NbS）是指一系列保护、可持续管理和恢复自然的或改变生态系统的行动，从而有效地、适应性地解决社会挑战，同时提供人类和自然可持续福祉。基于自然的解决方案模式是指采用 NbS 理念与方式方法开展生态修复与保护的一类模式。

（1）基本内涵

基于自然的解决方案是积极地利用自然来实现可持续发展目标（SDGs）的伞形概念，涵盖了一系列基于生态系统的概念、方法或工具，如基于生态系统的适应（EbA）、基于生态系统的灾害风险减缓（Eco-DRR）、自然基础设施（NI）、绿色基础设施（GI）以及基于自然的气候变化解决方案（NCS），也包括基于生态系统原则的可再生食物系统和水资源的管理。NbS 在满足一个或多个社会需求的同时，必须给自然带来净效益[69]。Nbs 强调充分利用生态系统所能提供的涵养水源、改善土壤质量、净化大气环境、固碳释氧、保护生物多样性等重要的生态系统服务，应对目前人类社会面临的气候变化、灾害频发、生物多样性丧失、粮食危机、水安全危机、人类健康威胁及经济衰退等严峻挑战。欧盟委员会对“基于自然的解决方案”从更广阔的视角阐述了其内涵，即一种受到自然启发、支撑并利用自然的解决方案，以有效和适应性手段应对社会挑战，提高社会的韧性，带来经济、社会和环境效益[70]。“基于自然的解决方案”由最初应用于生物多样性保护、减缓和适应气候变化，逐步扩展到与可持续发展相关的多重领域。从国际实践来看，基于自然的解决方案模式正逐渐从理念走向实践，转变为生态保护与修复的主流实践模式。

NbS 是一种既符合自然规律，又能有效促进经济社会可持续发展的绿色方案和方法。在保障自然生态的同时以提高社会福祉为导向目标是 NbS 区别于传统生态保护工作的一大特征。总体而言，一个具有代表性的 NbS 应用具有五大特征：一是从生态保护与修复工作切入，聚焦多目标，服务于经济、生态和环境多重目标；二是以生态环境保护为前提，以维护生物多样性和生态系统为基础任务，制定长期的可持续实施方案；三是具有创新性和综合性，可单独实施或与其他生态化工程技术手段协同实施；四是因地制宜，以跨学科专业和知识为支撑，便于交流、复制和推广；五是可应用于多维空间尺度，与景观等生态资源要素有机结合[71]。

（2）表现形态

从实践来看，NbS 主要有 3 种表现类型[64]：①充分利用自然或受保护的生态系统，即对自然生态系统的干预最小化甚至无干预，目的是保护目标生态系统，维持或提升其服务功能。例如，保护沿海地区的红树林，增强海岸带韧性以抵御极端天气有关的灾害风险。②修复和管理生态系统，即对自然生态系统和景观适度干预，以提升生态系统服务水平。例如，通过近自然农业景观设计提供农业生态系统的功能性和应对自然灾害的韧性。③重构或构建新的生态系统，即对自然生态系统进行高强度的干预或建设新的生态系统。较为广泛地囊括了绿色屋顶和绿墙等以人工营造的生态系统为主体的城市绿色基础设施。

按不同生态系统类型，NbS 具有不同的表现形态[64]。①森林：森林保护、植树造林、可持续森林经营等；②内陆湿地：湿地保护，湿地修复，功能性人工湿地、河漫滩湿地、河岸带缓冲区构建等；③草地：草地保护和改良、放牧管理（以草定畜、划区轮牧）、林牧复合等；④农田：养分管理、种植覆盖作物、秸秆还田、使用秸秆生物炭、农林复合、少耕和免耕、种植蜜源作物等；⑤城市：海绵城市、城市森林和绿地、生境花园、绿色屋顶等；⑥海岸带 / 海洋：红树林、盐沼、海草床、珊瑚礁、贝类礁体保护和修复；可持续渔业管理、修复性水产养殖等。

（3）政策导向

2008 年，世界银行发布了《生物多样性、气候变化和适应性：来自世界银行投资的 NbS》，报告的发布标志着 NbS 开始走入应用领域[72]。2009 年，世界自然保护联盟（IUCN）在联合国气候变化框架公约（UNFCCC）第 15 届缔约方大会提交的工作报告中建议引入 NbS 应对气候变化，并将 NbS 定义为“保护、可持续管理和改良生态系统的行动，以生态适应性的方式应对社会挑战，同时提高人类福祉和生物多样性”，推动了 NbS 的进一步发展。2010 年，IUCN、世界银行和世界自然基金会等机构联合发布了《自然方案报告：保护区促进应对气候变化》，将“基于自然的解决方案”正式应用于生物多样性保护。2013 年，欧盟认为 NbS 理念在改善人与自然关系、塑造可持续竞争力方面具有巨大潜力，将 NbS 纳入“地平线 2020”（Horizon 2020）科研计划，开展更大规模地研究和试点。2015 年，IUCN 发布的《自然解决方案应对全球社会挑战》（*Nature-based Solutions to Address Global Societal Challenges*）报告，提出了以生物多样性和人类福祉为核心的 NbS 实施框架[73]。

2019 年 9 月，联合国气候行动峰会确定 NbS 为全球应对气候变化问题的重要行动之一，指出要通过生物多样性保护等方式，在林业、农业、渔业和粮食生产等领域实现减少碳排放、提高碳汇能力、加强气候减灾能力的目标。作为共同牵头国之一，中国将和其他国家一起致力于推动 NbS 领域工作。IUCN 于 2020 年正式发布了《IUCN 基于自然的解决方案全球标准》和《IUCN 基于自然的解决方案全球标准使用指南》，提出了基于自然的解决方案八大准则及 28 项指标，倡导依靠自然的力量和基于生态系统的方法，应对气候变化、防灾减灾、社会和经济发展、粮食安全、水安全、生态系统退化和生物多样性丧失、人类健康等方面的社会挑战[74]。

近年来，我国统筹推进国土空间生态保护修复工作，借鉴基于自然的解决方案等国际先进理念和经验，推动山水林田湖草沙一体化保护修复，取得了富有成效的进展。我国出台了多项支持政策，不少涉及了NbS的相关内容，特别是2021年年底国务院办公厅印发的《关于鼓励和支持社会资本参与生态保护修复的意见》，为利用社会资本开展NbS项目提供了空间。2021年，自然资源部与IUCN开展合作，组织翻译和出版发布了《IUCN基于自然的解决方案全球标准》《IUCN基于自然的解决方案全球标准使用指南》中文版，并结合我国生态保护和修复重大工程与实践，在全国范围内选取了10个代表性案例，形成了中国实践典型案例。

（4）产业链和商业模式

NbS产业链主要包括规划咨询、工程设计、工程施工、管理维护等环节。NbS在气候变化、流域生态治理、粮食安全、生物多样性等领域进行了典型的实践应用，不仅解决了主要生态环境问题，还会带来新型绿色就业岗位、生态旅游、科普教育、娱乐活动、有机食品等经济社会效益，丰富和拓展了生态产品价值实现机制。其应用模式主要包括通过保护与修复红树林来解决当地气候变化问题并发展生态旅游，通过修复河流来解决流域生态受损问题，通过修建改造堤坝来提高防洪能力和保障粮食安全，通过科学造林来修复森林系统和保护生物多样性等。

（5）发展趋势

基于自然的解决方案模式与我国生态文明理念高度契合，在治理理念、治理目标、治理手段、治理机制等方面有许多相似之处，为推动生态文明建设提供了有效途径。未来实践中应从以下方面不断发展完善：一是研究NbS与早期提出的生态系统综合管理（IEM）、当前推进的山水林田湖草综合管理以及欧盟的蓝绿解决方案（Blue Green Solution）等之间的关系，建立NbS与生态文明建设的融合途径。二是借鉴NbS创新制度举措，系统地总结和梳理我国各地生态文明体制改革试点成果，研究提出我国生态环境治理体系和治理能力现代化的实现路径，加快构建党委领导、政府主导、企业主体、社会参与的现代化生态环境治理体系。三是整合基于生态文明思想和NbS的国内生态文明建设典型案例，建立与生态文明建设相融合的NbS中国案例库，提出“十四五”美丽中国建设科学范式。四是秉持地球生命共同体和人类命运共同体理念，深化与IUCN等国际组织的合作，丰富NbS理论、标准与实践，为全球可持续发展作出贡献。

（6）案例：贺兰山生态保护修复与生态产业项目组合式发展

我国NbS模式实践涌现了一批典型案例，包括官厅水库流域治理、贺兰山生态保护修复、云南抚仙湖流域治理、内蒙古乌梁素海流域保护修复、钱塘江源头区域保护修复、江西婺源乡村建设、黑龙江黑土地保护性利用、重庆城市更新、广西北海陆海统筹生态修复和深圳湾红树林湿地修复等。这些案例涉及自然、农业、城市等生态系统类型和国土空间主体功能，对我国乃至全球基于自然的解决方案本地化应用具有示范和借鉴作用。选取贺兰山生态保护修复典型案例来阐述NbS模式实践应用及促进绿色转型和高质量发展的具体做法和主要成效，见专栏 9-8。

专栏 9-8 贺兰山生态保护与修复与生态产业项目组合式发展

贺兰山横跨宁夏回族自治区和内蒙古自治区，处于青藏高原、内蒙古高原和黄土高原的交界处，山脉呈南北走向绵延 250 余 km，东西宽 20～40 km，最宽处为 60 km，是我国重要自然地理分界线和西北重要生态安全屏障。

其做法主要是通过地貌重塑、土壤重构及原有自然植被恢复，重建自然生态系统，扩展原自然保护区内较为狭窄的生态廊道，扩大生物栖息地；另外，通过修复废弃矿山，治理荒漠化、石漠化土地，发展葡萄庄园生态文化产业，蹚出了一条生态产业化和产业生态化的新路。

贺兰山退化的生态系统逐步恢复，生物多样性增加，石嘴山市贺兰山保护区范围内，生态系统固碳能力显著提升，固碳总量从 2015 年的 11.04 万 t 上升到 2019 年的 14.69 万 t，增加了 33%。贺兰山利用百万亩葡萄文化长廊构建了多功能农业景观，吸引游客 50 万人次，创造旅游收入近 10 亿元；葡萄酒产业每年提供 12 万个工作岗位，工资性收入近 9 亿元，占当地农民人均纯收入的 28%；促进生态旅游业发展，贺兰山下石嘴山市大武口区龙泉村仅 2019 年上半年游客接待量已达 45 万人次，村民人均纯收入由 2017 年的 1.4 万元增加至 2019 年的 1.9 万元。

9.6.3 山水林田湖草一体化保护修复

山水林田湖草一体化保护修复是遵循自然生态规律，以系统治理、综合治理为原则，以提高生态系统质量和强化生态系统服务功能为目标导向的一种典型的生态保护修复模式，是生态资本增值的有效路径。

（1）基本内涵

根据《山水林田湖草生态保护修复工程指南》，山水林田湖草生态保护修复工程指按照“山水林田湖草是生命共同体”理念，依据国土空间总体规划以及国土空间生态保护修复等相关专项规划，在一定区域范围内，为提升生态系统自我恢复能力，增强生态系统稳定性，促进自然生态系统质量的整体改善和生态产品供应能力的全面增强，遵循自然生态系统演替规律和内在机理，对受损、退化、服务功能下降的生态系统进行整体保护、系统修复、综合治理的过程和活动。要求遵循自然生态系统的整体性、系统性、动态性及其内在规律，用基于自然的解决方案，综合运用科学、法律、政策、经济和公众参与等手段，统筹整合项目和资金，采取工程、技术、生物等多种措施，对山水林田湖草等各类自然生态要素进行保护和修复，实现国土空间格局优化，提高社会—经济—自然复合生态系统弹性，全面提升国家和区域生态安全屏障质量、促进生态系统良性循环和永续利用。

（2）表现形态

山水林田湖草一体化治理主要表现为城镇空间和乡村生态系统的保护修复。涉及乡村生态系统的保护修复，主要表现为结合村庄整治、工矿废弃地治理，维护农田原有生境，保护生物多样性，将耕地、林地、草地整治与建设用地布局优化相结合，打造规模相对集中连片的耕地、草地、湿地、林地等生态系统复合格局。涉及城镇空间的保护修复，主要表现为结合“城市双修”“海绵城市”建设，依托现有山水脉络，保护现有生态廊道，完善基础设施，修复自然生态系统，采取必要的生态修复措施治理内涝，系统综合考虑城市自然系统分布与渗水的关系，注意城市基础设施建设与排涝系统的关系；打通城市内部的水系、绿地和城市外围的河湖、森林、耕地，形成完整的生态网络。

（3）政策导向

2020年6月，国家发展改革委、自然资源部联合印发《全国重要生态系统保护和修复重大工程总体规划（2021—2035年）》，明确提出到2035年推进森林、草原、荒漠、河流、湖泊、湿地、海洋等自然生态系统保护和修复工作的主要目标和任务。

2020年8月，自然资源部联合财政部、生态环境部印发《山水林田湖草生态保护修复工程指南》，明确生态保护修复要坚持问题导向、科学修复的原则。追根溯源、系统梳理隐患与风险，对自然生态系统进行全方位生态问题诊断，提高问题识别和诊断精度，从而更好地指导和规范山水林田湖草生态保护修复工程实施。鼓励探索陆域、海域复合利用，发挥生态空间的生态农业、生态牧业、生态旅游、生态文化等多种功能。

2021年10月，国务院办公厅印发《关于鼓励和支持社会资本参与生态保护修复的意见》，明确提出要坚持保护优先、系统修复，遵循自然规律，统筹自然生态各要素，以自然恢复为主，辅以必要的人工措施，增强各项举措的关联性和耦合性，推进山水林田湖草沙整体保护、系统修复、综合治理，提升生态系统质量和稳定性。

（4）产业链和商业模式

山水林田湖草一体化保护修复产业链主要包括工程规划、工程设计、工程实施、管理维护、生态产业经营等环节。具体保护修复过程中则需要根据现状调查结果、生态问题识别与诊断结果、生态保护修复目标及标准等，对各类型生态保护修复单元分别采取保护保育、自然恢复、辅助再生或生态重建为主的保护修复技术模式。

（5）发展趋势

总体来看，我国生态环境质量持续好转，呈现稳中向好趋势，各类自然生态系统恶化趋势基本得到遏制，稳定性逐步增强，国家重点生态功能区生态服务功能稳步提升，国家生态安全屏障骨架基本构筑。但是，我国自然生态系统总体仍较为脆弱，保护和修复成效并不稳固。从生态保护修复的政策导向来看，越来越强调系统治理、综合治理，亟须建立健全山水林田湖草沙治理体系，促进生态系统整体保护、系统修复，全面提升生态系统质量和稳定性。山水林田湖草一体化保护修复也有望成为主要的生态保护修复模式之一。

（6）案例：云南省玉溪市抚仙湖山水林田湖草一体化治理[75]

云南省玉溪市抚仙湖是珠江源头的第一大湖，也是我国内陆湖中蓄水量最大的深水型淡水湖泊，受流域磷矿开发、山地垦植、人口快速扩张等因素影响，抚仙湖 2002 年局部暴发蓝藻，流域生态退化日趋严重。其治理的主要做法是推进“四退三还”。推进抚仙湖退人、退房、退田、退塘，还湖、还水、还湿地等“四退三还”，抚仙湖一级保护区内共退出农田 8 400 亩、鱼塘 493 亩，最大限度地减少面源污染。22 家中央和省、市、县属企事业单位、16 家私营企业全部退出抚仙湖一级保护区，退出地块面积 1 343.19 亩，建筑拆除面积 22.5 万 m^2。开展抚仙湖径流区餐饮住宿专项整治，共关停 153 户，整改达标户全部安装油、气、水等处理设备。抚仙湖径流区内退出规模畜禽养殖 1 090 户、水产养殖 149 户；全面禁止机动船艇，取缔机动船艇 2 000 余艘。同时，抚仙湖环湖生态移民搬迁 3 万余人，采取“进城、进镇、进项目”的方式进行集中安置，将腾退空间用于还湖、还水、还湿地。抚仙湖水质持续保持湖泊 I 类标准，恢复湿地 34 块 2 820 亩，建成湖滨缓冲带 7 425 亩、抚仙湖北岸生态调蓄带 7.85 km，共向抚仙湖补水 950.65 万 m^3，实现了入湖水体的自然净化，生物多样性明显增加，径流区森林覆盖率和生态承载力显著提高。

9.6.4 全域土地综合整治

全域土地综合整治以科学合理规划为前提，以乡镇为基本实施单元（整治区域可以是乡镇全部或部分村庄），整体推进农用地整理、建设用地整理和乡村生态保护修复，对闲置、利用低效、生态退化及环境破坏区域实施国土空间综合治理的系统工程，促进耕地保护和土地集约节约利用，改善农村人居环境，通过乡村生态资源的开发助推乡村生态文明建设，是发展生态产品第四产业的有效路径。

（1）基本内涵

全域土地综合整治是综合运用行政、经济、法律、工程技术等手段，以提升耕地数量质量、优化空间开发格局和建设美化生态环境为目标，对“山水林田湖草”进行全要素综合整治，对农村生产、生活、生态空间进行全域优化布局，连片提质建设高标准农田，集中盘活存量建设用地，统一治理修复农村人居环境，从而调适乡村人地关系，满足乡村内生活发展需求，最终实现人与自然可持续发展的活动[76-77]。全域土地综合整治是自然资源部统一履行所有国土空间用途管制和生态保护修复职责、实施国土空间规划的平台“抓手”，更加着力延展土地整治的产业链和价值链，结合“土地整治 +”，注入新型业态，发掘新增长动能。

（2）表现形态

从当前实践来看，全域土地综合整治主要表现为两种类型：一是通过全域土地综合整治腾退的建设用地，在保障项目区内农民安置、农村基础设施建设、公益事业等用地的前提下，重点用于农村一二三产业融合发展，促进产业振兴，增强乡村自我造血功能；二是显化农村土地资产价值，允许节余的建设用地指标按照城乡建设用地增减挂钩政策使用，并将流转范围从县域扩大到省域，促进土地要素科学配置、合理流动，为乡村振兴提供强有力的资金支持。

（3）政策导向

2001 年，浙江省开始探索以农村建设用地复垦为主要内容的城乡建设用地增减挂钩试点工作，开启了农村土地综合整治工作的序幕。2018 年 6 月，党中央、国务院发布《乡村振兴战略规划（2018—2022 年）》，提出加快国土综合整治，实施农村土地综合整治重大行动，到 2020 年开展 300 个示范村镇建设。《全国国土规划纲要（2016—2030 年）》《全国土地整治规划（2016—2020 年）》分别就实施农村土地综合整治做出部署。2018 年 8 月，浙江省出台《关于实施全域土地综合整治与生态修复工程的意见》，通过全域规划、全域设计、全域整治，进行全要素综合整治；浙江“千村示范、万村整治”工程获联合国“地球卫士奖”。2019 年 12 月，自然资源部印发《关于开展全域土地综合整治试点工作的通知》，提出“在全国范围内统一部署开展全域土地综合整治试点工作”。依托试点工程建设，全国涌现了一批全域土地综合整治典型模式，在产业生态融合、城郊低效建设用地整治、现代农业引领、乡村旅游激活、特色村庄改造、农田整治保护等方面开展了大量探索，为全域土地综合整治的阶段总结与理论提升积累了丰富经验与素材。

2021 年 2 月 21 日，《中共中央　国务院关于全面推进乡村振兴加快农业农村现代化的意见》强调把县域作为城乡融合发展的重要切入点，开展乡村全域土地综合整治试点。2021 年 4 月，《关于建立健全生态产品价值实现机制的意见》在第十二条“促进生态产品价值增值”中提到“鼓励将生态环境保护修复与生态产品经营开发权益挂钩，对开展荒山荒地、黑臭水体、石漠化等综合整治的社会主体，在保障生态效益和依法依规前提下，允许利用一定比例的土地发展生态农业、生态旅游获取收益”。

（4）产业链和商业模式

全域土地综合整治产业链主要包括规划咨询、工程设计、工程施工、管理维护、产业经营等环节。在实践中，各试点地区灵活组合运用激励创新政策，形成多种运作模式，推动以土地整治为平台和纽带的全产业链发展，有效延长了土地整治的产业链、价值链和生态链，主要包括农业开发型模式、指标交易型模式、空间重构型模式、产业驱动型模式等，一般采用“土地整治 + 产业导入”“土地整治 + 生态修复”“1+*N* 模式”等组织实施模式推进全域土地综合整治。

（5）发展趋势

开展全域土地综合整治与生态修复在实际工作中存在整治后劲不足、重指标轻生态、资金平衡困难等问题，未来发展将呈现的趋势为不仅包含农用地整治、农村建设用地整治、未利用地开发和土地复垦等基本类型，还将包括各流域水污染治理等环境整治，海岛利用保护等海洋资源整治和易地搬迁、要素盘活等土地精准扶贫整治等延拓模式；从加强公众参与、多元化资金渠道、建设数据库平台、完善实施调整程序、实施成果动态监控、设计激励保障等方面配套科学有效的全域土地综合整治实施保障措施[78, 79]。

（6）案例：湖北省咸宁市嘉鱼县官桥镇全域国土整治项目

开展全域国土综合整治试点是湖北省贯彻新时期生态文明建设理念的一项新举措。咸宁市嘉鱼县官桥镇全域国土整治项目入选全国首批社会资本参与国土空间生态修复十大典型案例。该项目将“两项指标”收益反哺农村，激励社会资本参与，充分发挥本土集体企业优势，在优化生产、生活、生态空间，建设良好生态环境的基础上，带动一二三产业融合发展，促进乡村治理能力提升，为实施乡村地区生态保护修复与推动区域协调发展进行了实践探索。其具体做法和主要成效见专栏 9-9。

专栏 9-9 湖北省咸宁市嘉鱼县官桥镇全域国土整治项目

项目实施区域北靠长江、东畔西凉湖，是嘉鱼县江湖连通生态廊道。区域内长期存在湿地水田大片开挖养鱼、农村生活污水乱排、空间布局无序、村庄衰败、景观破碎等问题。项目建设规模 6.8 万亩，通过全域整治，重点解决空间布局和生态环境问题，促进绿色生态农村产业、乡村治理融合发展。

项目以“十大公园”建设为引领，统筹实施裸露山体修复、水体面源污染治理、生态特色林保护、零星耕地归整、传统村落保护、空心村整治、茶园产业升级等工程，修复湿地面积 1 665 亩、裸露山体 456 亩，改造退化林 12 000 亩，区域生态服务功能提高。

通过生态引资打造农业技术、康养护理、旅游休闲、教育科研、生猪养殖等产业基地和特色小镇，建立“龙头企业 + 农民合作社（家庭农场）+ 农户”为一体的农业产业化联合体，农民通过“租金保底 + 盈余分红 + 打工收入”形式增加收入，绿色产业格局初步形成，直接带动就业 1 000 余人，预计年可接待游客 50 万人，年新增收入 2 亿元。

资料来源：自然资源部国土空间生态修复司 . 国土空间生态修复司关于印发《社会资本参与国土空间生态修复案例（第一批）》的函［J］. 自然资源通讯，2020（22）：35-50.

参考文献

［1］屈志光 . 生态资本投资收益研究［M］. 北京：中国社会科学出版社，2015.

［2］庄贵阳 . 让绿水青山释放更多生态红利［N］. 中国旅游报，2019-12-23.

［3］张卫群 . 发展生态种植的必然性［J］. 养殖技术顾问，2012（1）：257.

［4］刘畅，王岩，杨明慧 . 黑龙江省生态种植业现状、问题及对策［J］. 现代农业研究，2021，27（5）：120-122.

［5］冀向海 . 果树立体生态种植模式的应用［J］. 中国高新区，2018，（10）：229.

［6］农业农村部办公厅 . 关于印发《推进生态农场建设的指导意见》的通知［EB/OL］.（2022-02-10）［2022-05-15］. http://www.moa.gov.cn/govpublic/KJJYS/202202/

t20220209_6388306. htm.
[7] 金一. 国外生态农业发展对我国的启示[J]. 农业与技术，2016，36(24)：149.
[8] 自然资源部办公厅. 关于印发《生态产品价值实现典型案例》(第三批)的通知[EB/OL]. (2021-12-22)[2022-05-15]. http://gi.mnr.gov.cn/202112/t20211222_2715397.html.
[9] 王立国. 浅谈生态养殖与畜牧业可持续发展[J]. 中国畜禽种业，2021，17(9)：5-6.
[10] 乔春华. 浅谈生态养殖与畜牧业可持续发展[J]. 吉林畜牧兽医，2021，42(2)：91.
[11] 新华社. 中共中央国务院关于做好2022年全面推进乡村振兴重点工作的意见[EB/OL]. (2022-02-22)[2022-05-15]. http://www.gov.cn/xinwen/2022-02/22/content_5675035.htm.
[12] 生态环境部. "绿水青山就是金山银山"实践模式与典型案例(6)山东省蒙阴县打造生态循环立体农业[EB/OL]. (2021-08-03)[2022-05-15]. http://www.gov.cn/zwgk/2012-08/02/content_2197041.htm.
[13] 国家林业局昆明勘察设计院. 国家林下经济示范基地培育和指导督办实施方案[Z]. 2016.
[14] 国家发展和改革委员会. 关于科学利用林地资源促进木本粮油和林下经济高质量发展的意见[EB/OL]. (2020-11-24)[2022-05-15]. http://www.gov.cn/zhengce/zhengceku/2020-11/27/content_5565304.htm.
[15] 国家林业和草原局. 关于印发《全国林下经济发展指南(2021—2030年)》的通知[EB/OL]. (2021-12-03)[2022-05-15]. http://www.forestry.gov.cn/sites/main/main/gov/content.jsp?TID=20211206163312936619699.
[16] 施韶宇. 全国林下经济总产值超过9000亿元利用面积目前已达6亿亩[EB/OL]. (2020-12-08)[2022-05-12]. https://m.gmw.cn/baijia/2020-12/08/1301914223. html.
[17] 袁若兰，李建中，杨幸丽，等. 江西省林下经济发展情况、问题调查及对策建议[J]. 林业科技，2020，45(5)：49-53.
[18] 杨永昶. 林下经济助力脱贫攻坚[J]. 林业与生态，2020(7)：33-34.
[19] 朱俊凤. 沙产业理论概念及其内涵的探讨[J]. 中国沙漠，2004(5)：13-17.
[20] 程科. 浅谈毛乌素沙地沙产业发展前景——以沙棘产业开发为例[J]. 南方农机，2021，52(19)：94-96.
[21] 国家林业和草原局. 关于印发《全国沙产业发展指南》的通知[EB/OL]. (2022-01-18)[2022-05-15]. 2http://www.gov.cn/zhengce/zhengceku/2022-01/23/content_5670024.htm.
[22] 生态环境部. "绿水青山就是金山银山"实践模式与典型案例(3)甘肃省古浪县八步沙林场生态治沙促人沙和谐[EB/OL]. (2021-07-26)[2022-05-15]. https://baijiahao.baidu.com/s?id=1706275062753471439&wfr=spider&for=pc.
[23] Ragauskas A J，Williams C K，Davison B H，et al. The Path Forward for Biofuels and Biomaterials[J]. Science，2006，311(5760)：484-489.
[24] 蒋剑春. 生物质能源应用研究现状与发展前景[J]. 林产化学与工业，2002(2)：

75-80.
［25］孙永明，李国学，张夫道，等 . 中国农业废弃物资源化现状与发展战略［J］. 农业工程学报，2005（8）：169-173.
［26］王久臣，戴林，田宜水，等 . 中国生物质能产业发展现状及趋势分析［J］. 农业工程学报，2007（9）：276-282.
［27］Lal R. Soil Carbon Sequestration Impacts on Global Climate Change and Food Security［J］. Science，2004，304（5677）：1623-1627.
［28］孙振钧 . 中国生物质产业及发展取向［J］. 农业工程学报，2004（5）：1-5.
［29］孙永明，袁振宏，孙振钧 . 中国生物质能源与生物质利用现状与展望［J］. 可再生能源，2006（2）：78-82.
［30］何宇鹏 ."梨树模式"的实践意义与创新价值［N］. 吉林日报，2021-04-24（1）.
［31］钟林生，马向远，曾瑜皙 . 中国生态旅游研究进展与展望［J］. 地理科学进展，2016，35（6）：679-690.
［32］张书颖，刘家明，朱鹤，等 . 国外生态旅游研究进展及启示［J］. 地理科学进展，2018，37（9）：1201-1215.
［33］中研产业研究院 . 2021-2026 年生态旅游行业深度分析及投资战略研究咨询报告 .［EB/OL］.（2022-03-15）. https://www.chinairn.com/hyzx/20220315/152754790.shtml.
［34］生态环境部 ."绿水青山就是金山银山"实践模式与典型案例（13）江西省崇义县依托生态创新引领三产融合发展［EB/OL］.（2021-08-11）［2022-05-15］. https://baijiahao.baidu.com.
［35］吴后建，但新球，刘世好，等 . 森林康养：概念内涵、产品类型和发展路径［J］. 生态学杂志，2018，37（7）：2159-2169.
［36］程臻宇 . 区域康养产业内涵、形成要素及发展模式［J］. 山东社会科学，2018（12）：141-145.
［37］李后强，廖祖望，蓝定香，等 . 生态康养论［M］. 成都：四川人民出版社，2015.
［38］国家林业和草原局 . 2021 森林康养产业大事回眸［EB/OL］.（2022-01-11）［2022-05-25］. http://www.forestry.gov.cn/main/216/20220111/140704345190533.html.
［39］吴楷林，赵林，周雅萌，等 . 绿水青山景常在花园之城正扬帆——贵阳市乌当区高质量创建国家全域旅游示范区［N］. 贵州日报，2020-09-09（16-17）.
［40］尚晨光 . 生态文化与生态旅游融合发展的理论与实践［J］. 四川旅游学院学报，2020（6）：76-80.
［41］李婉婷 . 我国生态文化产业发展现状及对策［C］//2020 中国环境科学学会科学技术年会论文集（第一卷）. 2020：189-192.
［42］自然资源部办公厅 . 关于印发《生态产品价值实现典型案例》（第二批）的通知［EB/OL］.（2020-10-27）［2022-05-15］. http://gi.mnr.gov.cn/202011/t20201103_2581696.html.
［43］康子冉，丁韦娜 . 中国碳交易市场发展的内在逻辑和路径选择［J］. 中国物价，

2022（5）：98-101.
［44］洪睿晨，崔莹．碳交易市场促进生态产品价值实现的路径及建议［J］．可持续发展经济导刊，2021（5）：34-36.
［45］中国碳产业网．全国碳市场发展现状、趋势及建议［EB/OL］．（2022-05-10）［2022-05-12］．https：//tanchanye.net/newsinfo/2824427. html.
［46］徐缘．我国排污权交易法律问题研究［D］．石家庄：河北地质大学，2021.
［47］袁另凤．我国排污权交易发展历程及展望［J］．合作经济与科技，2021（1）：76-77.
［48］陈金木，王俊杰．我国水权改革进展、成效及展望［J］．水利发展研究，2020，20（10）：70-74.
［49］高磊．新形势下中国特色水权交易实践总结与发展对策［J］．水利经济，2022，40（2）：57-60，86.
［50］李维明，李博康．重庆拓展地票生态功能实现生态产品价值的探索与实践［J］．重庆理工大学学报（社会科学），2020，34（4）：1-5.
［51］景荻，黄忠．地票交易试点的比较分析［J］．中国不动产法研究，2018，18（2）：205-220.
［52］生态环境部办公厅，国家发展改革委办公厅，国家开发银行办公厅．关于推荐生态环境导向的开发模式试点项目的通知［Z］．2020-09-16.
［53］赵云皓，徐志杰，辛璐，等．生态产品价值实现市场化路径研究——基于国家EOD模式试点实践［J］．生态经济，2022（7）：1-11.
［54］谢强，王红亚．试论区域持续发展中的资源导向模式［J］．地理科学进展，2000（1）：80-87.
［55］杨锋．知识经济时代自然资源导向型区域资源开发与经济发展问题探讨［J］．河南教育学院学报（自然科学版），2002（2）：42-44.
［56］樊建伟．基于城市开发视角的EOD生态引领发展模式研究——以浙江海山茅埏岛开发和保护为例［J］．中国物价，2021（11）：12-15.
［57］杨喜光，何梅．我国构建生态金融体系探究［J］．商业时代，2012（14）：66-67.
［58］吴平，祝瑗穗．乡村振兴背景下绿色金融助力生态产品价值实现的路径研究［J］．农村金融研究，2022（3）：53-62.
［59］魏丽莉，杨颖．绿色金融：发展逻辑、理论阐释和未来展望［J］．兰州大学学报（社会科学版），2022，50（2）：60-73.
［60］李宏伟，宋昌素．生态产品价值实现的创新实践——南平“生态银行”推动资源变资产变资本［J］．中国林业产业，2021（12）：8-17.
［61］颜宁聿，刘耕源，范振林．生态银行运行机制与本土化改造研究：文献综述［J］．中国国土资源经济，2020，33（12）：10-24.
［62］俞敏，李维明，高世楫，等．生态产品及其价值实现的理论探析［J］．发展研究，2020（2）：47-56.
［63］沈辉，李宁．生态产品的内涵阐释及其价值实现［J］．改革，2021（9）：145-155.

［64］黄铭洪，骆永明 . 矿区土地修复与生态恢复［J］. 土壤学报，2003（2）：161-169.
［65］王治国 . 关于生态修复若干概念与问题的讨论［J］. 中国水土保持，2003（10）：8-9，43，46.
［66］周启星，魏树和，张倩茹 . 生态修复［M］. 北京：中国环境科学出版社，2006.
［67］王夏晖，何军，牟雪洁，等 . 中国生态保护修复 20 年：回顾与展望［J］. 中国环境管理，2021，13（5）：85-92.
［68］中研普华研究院 . 2022—2026 年中国生态修复行业全景调研与发展战略研究咨询报告 . 北京，2021.
［69］大自然保护协会．基于自然的解决方案［M］．北京：中国环境出版集团，2021.
［70］光明网．从自然中来，到自然中去——生态文明建设与基于自然的解决方案［EB/OL］.（2018-09-12）［2022-05-12］. https://news.gmw.cn/2018-09/12/content_31121285.htm.
［71］周佳，王旭豪，王波，等 . 自然解决方案最新发展及其对我国生态文明建设的启示［R］. 北京：生态环境部环境规划院，2021.
［72］World Bank. Biodiversity，Climate Change，and Adaptation：Nature-BasedSolutions from the World Bank Portfolio［EB/OL］. Washington，DC. World Bank. 2008.［2022-05-30］. https：//openknowledge.worldbank.org/handle/10986/7785 License：CC BY 3.0IGO.
［73］Cohen-Shacham Emmanuelle，Walters Marie Gretchen，Maginnis Stewart，et al.Nature-based solutions to address global societal challenges［M］. IUCN，Gland，Switzerland，2016：97.
［74］IUCN. IUCN Standard to boost impact of nature-based solutions to globalchallenges［EB/OL］.（2020-07-23）［2022-05-12］. https：//www.iucn.org/news/nature-basedsolutions/202007/iucn-standard-boost-impact-nature-based-solutions-global-challenges.
［75］自然资源部办公厅 . 关于印发《生态产品价值实现典型案例》（第一批）的通知［EB/OL］.（2020-04-23）［2022-05-15］. http://gi.mnr.gov.cn/202004/t20200427_2510189.html.
［76］陈坤秋，龙花楼 . 土地整治与乡村发展转型：互馈机理与区域调控［J］. 中国土地科学，2020，34（6）：1-9.
［77］贺涌源 . 对实施全域土地综合整治的思考［J］. 浙江国土资源，2018（4）：37-38.
［78］夏方舟 . 全域土地综合整治：发展背景、系统内涵与趋势展望［J］. 浙江国土资源，2018（10）：23-25.
［79］胡一婧 . 关于开展乡村全域土地综合整治与生态修复助力乡村振兴的思考［J］. 浙江国土资源，2020（12）：40-42.

第10章 发展政策

生态产品第四产业是一个以提供更多美好生态产品公共物品、实现生态产品价值的新兴产业，需要在产业发展特别是初期成长阶段给予各种政策支持和制度保障。本章在系统剖析生态产品第四产业发展现行政策的基础上，构建第四产业发展政策创新和改革框架，聚焦生态空间管控、财政税收价格、绿色金融创新、生态产品消费引导、生态资源产权制度等，以及加强法规标准、监测统计、科技创新等支撑能力建设，全面夯实生态产品第四产业发展的政策和制度保障。

10.1 第四产业发展政策框架设计

作为环境保护基本国策和生态文明建设的主要任务，提升生态产品供给能力和水平、营造各方共同参与生态环境保护修复的良好氛围一直是我国各级政府关注和投资的重要公共领域和部门，我国制定和实施了许多相关政策，在生物多样性保护和生态保护建设方面也取得了显著的成效。但是，大部分生态产品的公共、准公共特性决定了其难以像经济商品那样进行实物交割[1]，而且这些政策与全面践行“绿水青山就是金山银山”理论、发展生态产品第四产业要求相比还有较大的差距。为此，需要加快制定一个依据习近平生态文明思想、完全体现“绿水青山就是金山银山”理念、有效促进生态产品供给和需求的政策框架。

10.1.1 政策与实施能力发展现状

随着生态环境保护事业和生态文明制度体系的发展完善，支撑生态产品供给、消费、交易、分配的政策体系以及监测统计、科技支撑等能力建设不断完善。同时，党的十八大以来，我国积极探索生态产品价值实现途径，多层次试点深入推进，体制改革不断深化，机制创新取得重要成效，支撑生态经济化的规范性、基础性制度体系加快建立。

（1）生态环境空间管控制度不断创新突破

基于“三线一单”的生态环境分区管控制度初步建立。自 2011 年环境保护部提出划定生态保护红线，2016 年吸收战略环境影响评价对发展端的考量、推动建立“三线一单”生态环境分区管控体系以来[2]，目前我国 31 个省（区、市）和新疆生产建设兵团均已完成省级“三线一单”成果发布，各地级市“三线一单”成果也在陆续发布中[3]，初步建立生态环境分区管控体系，制度管理体系基本形成。《中华人民共和国长江保护法》将生态环境分区管控与生态环境准入清单作为重要内容纳入法律。天津、山东、江西、湖北等 17 个省（区、市）先后制定 20 多部地方法律法规，明确了“三线一单”生态环境分区管控的法律地位。陆续出台发布《“生态保护红线、环境质量底线、资源利用上线和环境准入负面清单”编制技术指南（试行）》《“三线一单”编制技术要求（试行）》等规范性文件，以及《“三线一单”试点工作方案》等管理性文件 20 余项，基本建立“三线一单”的制度管理框架。2021 年，生态环境部印发了《关于实施“三线一单”生态环境分区管控的指导意见（试行）》，加快推进和建立生态环境分区管控制度。在“把握新发展阶段、贯彻新发展理念、构建新发展格局”要求下，生态环境分区管控是依据区域生态环境功能差异，聚焦解决突出生态环境问题，在一张图上落实生态保护红线、环境质量底线、资源利用上线等管理要求，形成一套全地域覆盖、跨部门协同、多要素综合、多分区叠加的差异化生态环境空间管控体系，是进一步深化国土开发保护、推进环境治理体系和治理能力现代化的重大制度创新。根据资源环境承载能力、主体功能定位、开发强度和发展潜力，生态环境分区管控主要通过科学精准分区，明确生态环境差异化的管理要求，建立从问题到方案的分区域管控策略，筑牢生态优先、绿色发展的底线，有序引导人类活动在自然资源和生态环境可承载限度内优化经济社会开发行为，推动减污降碳协同增效，促进经济社会绿色低碳高质量发展。生态环境分区管控作为国家空间治理体系的重要组成，根据生态环境系统结构、功能、质量、承载等差异化特征，聚焦解决突出生态环境问题，将生态环境保护要求空间化、系统化、集成化，守牢自然生态安全边界，守住环境质量底线，促进形成生产空间集约高效、生活空间宜居适度、生态空间山清水秀的国土空间开发保护格局，建设人与自然和谐共生的现代化。基于“三线一单”生态环境分区管控体系政策见表 10-1。

表 10-1　基于“三线一单”生态环境分区管控体系政策

政策类型	政策名称
文件和法律法规要求	《中共中央关于党的百年奋斗重大成就和历史经验的决议》
	《中共中央　国务院关于全面加强生态环境保护　坚决打好污染防治攻坚战的意见》
	《中共中央　国务院关于深入打好污染防治攻坚战的意见》
	《中华人民共和国长江保护法》
	《中华人民共和国海南自由贸易港法》
	天津、山东、江西、湖北等 17 个省（区、市）的 20 多部地方法律法规先后明确了“三线一单”生态环境分区管控的法律地位

续表

政策类型	政策名称
规范性政策	《"生态保护红线、环境质量底线、资源利用上线和环境准入负面清单"编制技术指南（试行）》
	《近岸海域"三线一单"生态环境分区管控技术说明（试行）》
管理性政策	《长江经济带战略环境评价"三线一单"编制工作实施方案》
	《长江经济带11省（市）及青海省"三线一单"成果技术审核流程》
	《关于加快实施长江经济带11省（市）及青海省"三线一单"生态环境分区管控的指导意见》
	《关于实施"三线一单"生态环境分区管控的指导意见（试行）》（环环评〔2021〕108号）

生态保护红线划定和管控制度稳步推进。生态保护红线制度是我国生态保护工作的核心制度安排。2011年，生态保护红线正式出现在国家层面的文件中。党的十八大以来，中共中央、国务院就加快推进划定并严守生态保护红线工作做出一系列决策部署。2013年，党的十八届三中全会通过《中共中央关于全面深化改革若干重大问题的决定》，明确指出要划定生态保护红线。2014年，新修订的《中华人民共和国环境保护法》首次将生态保护红线写入法律。2017年，中共中央办公厅、国务院办公厅颁布《关于划定并严守生态保护红线的若干意见》，从划定与严守两个方面阐释了国家生态保护红线制度的核心要义和顶层设计，全国生态保护红线的划定与管控制度建设正式全面启动。目前，全国生态保护红线划定工作基本完成[4]，初步划定的全国生态保护红线面积为陆域国土面积的30%左右，覆盖了重点生态功能区、生态环境敏感区和脆弱区，覆盖了全国生物多样性分布的关键区域。自然资源部和生态环境部正在制定《生态保护红线管理办法》和《生态保护红线监督办法》，深入开展生态保护红线管控。这项制度将为生态产品生产提供空间"红线"保障机制。

以国家公园为主体的自然保护地体系改革取得积极进展。国家公园是我国自然保护地最重要类型之一，属于全国主体功能区规划中的禁止开发区域，纳入全国生态保护红线区域管控范围，是具有强公共物品特性的国家生态产品，对国家公园实行最严格的保护[5]。党的十八届三中全会提出建立国家公园体制，并于2015年启动试点工作，希望通过国家公园体制破解保护地长期面临的问题。2017年9月，中共中央办公厅、国务院办公厅印发《建立国家公园体制总体方案》，指出"研究科学的分类标准，厘清各类自然保护地关系，构建以国家公园为代表的自然保护地体系"。党的十九大报告进一步指出，要"构建国土空间开发保护制度，完善主体功能区配套政策，建立以国家公园为主体的自然保护地体系"。目前，三江源等10个国家公园试点逐步制定并实施了管理条例或管理办法，初步建立了国家公园生态环境保护、生态环境损害责任追究、领导干部自然资源资产审计等制度。从生态系统的整体性出发，整合统一了原有自然保护区、地质公园、森林公园、风景名胜区等各种类型的保护地的管理机构和管理区域，初步实现了“一个保护地、一块牌子、一个管理机构”[6]，国家公园的建设管理取得了积极进展。2021 年 10 月，作为第一批国家公园，三江源国家公园、大熊猫国家公园、东北虎豹国家公园、海南热带雨林国家公园、武夷山国家公园正式挂牌成立，涉及青海、西藏、四川、陕西、甘肃、吉林、黑龙江、海南、福建、江西 10 个省（区），均处于我国生态安全战略格局的关键区域，保护面积达 23 万 km^2，涵盖近 30% 的陆域国家重点保护野生动植物种类。

国家重点生态功能区配套管理政策日益完善。2010 年国务院印发的《全国主体功能区规划》，确定了 25 个国家层面的重点生态功能区，包括 436 个县级行政区。2016 年 9 月，国务院批复国家发展改革委《关于调整国家重点生态功能区范围的请示》，同意将 240 个县（市、区、旗）和 87 个重点国有林区林业局新增纳入国家重点生态功能区。至此，国家重点生态功能区的县（市、区、旗）数量由原来的 436 个增加至 676 个，占国土面积的比例从 41% 提高到 53%[7]。为加强重点生态功能区的生态环境保护和民生改善，2008 年中央财政出台了国家重点生态功能区转移支付政策，对限制发展导致的生态保护成本、发展机会成本进行补偿。国家发展改革委、生态环境部、财政部等部委先后发布《国家重点生态功能区转移支付办法》《国家重点生态功能区区域生态环境质量考核办法》《关于加强国家重点生态功能区环境保护和管理的意见》《关于加强国家重点生态功能区产业准入研究与管理工作的通知》等重要文件，对重点生态功能区财政转移政策、环境保护政策、生态环境质量考核等提出具体要求。在此基础上，国家发展改革委印发《关于建立国家重点生态功能区产业准入负面清单制度的通知》，要求按照不同类型国家重点生态功能区的发展方向和开发管制原则，因地制宜制定限制和禁止发展的产业目录，在有效保护和改善生态环境的同时，更有针对性地推动重点生态功能区的产业发展。

（2）激励政策支持力度不断加大

对生态产品价值实现的财政支持不断加大。2020 年 5 月和 6 月，国务院相继发布《生态环境领域中央与地方财政事权和支出责任划分改革方案》和《自然资源领域中央与地方财政事权和支出责任划分改革方案》，推进形成稳定的各级政府生态环境、自然资源事权、支出责任和财力相适应的制度。为加强重点生态功能区转移支付分配、使用和管理，财政部于 2022 年 4 月发布了《中央对地方重点生态功能区转移支付办法》。2016—2020 年，中央财政安排重点生态功能区转移支付资金 3 524 亿元，将青海三江源、南水北调中线工程水源地等纳入补助范围，加大对“三区三州”等深度贫困地区、京津冀地区、长江经济带等重点生态功能区的支持力度。“十三五”时期，我国设立或存续的生态环境相关专项资金主要包括大气污染防治资金、水污染防治资金、土壤污染防治专项资金、农村环境整治资金、重点生态保护修复治理专项资金、城市管网及污水处理补助资金、清洁能源发展专项资金等。2021 年 4 月，中共中央办公厅、国务院办公厅印发《关于建立健全生态产品价值实现机制的意见》，明确中央和省级财政参照生态产品价值核算结果、生态保护红线面积等要素，完善重点生态功能区转移支付资金分配机制。中央生态环境保护投入资金总量呈持续增加趋势，支出结构不断优化，助力推进生态产品价值实现。

专栏10-1 中央对地方重点生态功能区转移支付办法

为加强重点生态功能区转移支付分配、使用和管理，财政部印发了《中央对地方重点生态功能区转移支付办法》（财预〔2022〕59号），这是2009年以来最新版的中央对地方重点生态功能区转移支付办法，是生态产品价值实现的重要政策载体。根据该办法，重点生态功能区转移支付范围包括重点补助、禁止开发补助和引导性补助三大类，有关规定如下：

重点生态功能区转移支付资金测算公式。某省转移支付应补助额＝重点补助＋禁止开发补助＋引导性补助 ± 考核评价奖惩资金；测算的转移支付应补助额（不含考核评价奖惩资金）少于该省上一年转移支付预算执行数的，按照上一年转移支付预算执行数安排。

重点补助范围及测算。①限制开发的国家重点生态功能区所属县（含县级市、市辖区、旗等，下同）以及新疆生产建设兵团相关团场等重点生态县域，未纳入限制开发区的京津冀有关县、海南省有关县、雄安新区和白洋淀周边县等生态功能重要地区，上述两类重点补助按照标准财政收支缺口并考虑补助系数测算。其中，标准财政收支缺口参照均衡性转移支付办法测算，结合中央与地方生态环境领域财政事权和支出责任划分，将各地生态环境保护方面的减收增支情况作为转移支付测算的重要因素；补助系数根据标准财政收支缺口、生态保护红线、产业发展受限对财力的影响情况等因素测算，并向西藏和四省涉藏州县、南水北调中线工程水源地倾斜。重点生态县域和生态功能重要地区补助参照均衡性转移支付办法设置增幅控制机制。对倾斜支持地区、以前年度补助水平较低的地区，适当放宽增幅控制。②长江经济带沿线11个省（市）重点补助根据生态保护红线、森林面积、人口等因素测算。③国家乡村振兴重点帮扶县及原“三区三州”等深度贫困地区等巩固拓展脱贫攻坚成果同乡村振兴衔接地区重点补助根据脱贫人口数、标准财政支出水平等因素测算，并结合脱贫人口占比、人均转移支付水平进行适当调节。

禁止开发补助范围及测算。对于相关省（区、市）所辖国家级禁止开发区域，根据各省（区、市）禁止开发区域的面积和个数等因素测算，根据生态功能重要性适当提高国家自然保护区和国家森林公园权重，并向西藏和四省涉藏州县倾斜。

引导性补助范围及测算。南水北调工程相关地区（东线水源地、工程沿线部分地区和汉江中下游地区）按照相关规定予以补助；其他生态功能重要的县按照标准财政收支缺口并考虑补助系数测算。

生态环境与自然资源保护税收政策进一步完善。资源税方面，我国2016年在河北省先行开展了水资源税改革试点。2017年11月，财政部等部门印发《扩大水资源税改革试点实施办法》，在北京、天津、山西、内蒙古、山东、河南、四川、陕西、宁夏等9个省（区、市）扩大水资源税改革试点，对取用地表水和地下水的单位和个人征收水资源税，地下水超采地区取用地下水、特种行业取用水和超计划用水适用较高税率。2019年8月26日，《中华人民共和国资源税法》正式通过，征税品种包括原油、天然气、煤炭、其他非金属矿原矿、黑色金属矿原矿、有色金属矿原矿和盐7种，实行从价计征方式。2016年12月，我国通过了《中华人民共和国环境保护税法》，对大气、水等的污染物共计117种主要污染因子进行征税，并于2018年正式开征环境保护税。2019年4月，我国出台环境污染治理第三方企业所得税减免优惠政策，明确对符合条件的从事污染防治的第三方企业减按15%的税率征收企业所得税。

专栏 10-2　资源税从价计征改革助推生态保护和修复

《中华人民共和国资源税暂行条例》自1994年开始实施，对矿产品或者生产盐的开采征收资源税。2019年8月，《中华人民共和国资源税法》通过，由暂行条例上升到法律层面，全面推进资源税由从量定额转向从价定率的征收改革。按照《中华人民共和国资源税法》授权事项规定，赋予地方政府确定具体计征方式和适用税率的权限，各省（区、市）陆续审议通过了本地区应税资源的具体适用税率、计征方式和减免税具体办法，并首次将开发资源对生态环境的影响作为确定资源税税率的重要因素。以资源大省山西和云南为例。

山西省为鼓励企业提高资源综合利用率，促进资源应采尽采、充分利用，对纳税人开采共伴生矿、低品位矿的，依据地质勘查报告和矿产资源储量备案证明，减征30%资源税；对纳税人开采尾矿的，免征资源税。云南省对目前已开采并征收的41个税目的税率结构进行优化，增加对开采共生矿、伴生矿、低品位矿和尾矿实施的优惠政策，提升低品位矿等的利用率，建立起税收与价格挂钩自动调节机制，规范了资源开发收益分配程序，累计申报减免资源税超1亿元。云南省财政厅公布数据显示，2021年1—10月，云南省实现资源税收入同比增长36.2%，远高于同期采矿业增加值7.8%的增速，实现了资源保护与经济发展双赢。

相较于从量计征的方式，资源税从价计征建立税收与资源价格挂钩的直接调节机制，将促进市场主体对于资源进行综合开发利用，减少资源浪费并释放生态红利，对促进我国资源节约集约利用、加强生态保护等发挥着重要作用。

自然资源特别是水资源价格机制逐步理顺。2013年12月，国家发展改革委等部门印发《关于加快建立完善城镇居民用水阶梯价格制度的指导意见》，部署全面实行城镇居民阶梯水价制度。2015年10月，《中共中央　国务院关于推进价格机制改革的若干意见》出台，明确加快推进能源资源价格市场化，放开竞争性环节价格，充分发挥市场决定价格作用。2016年1月，国务院办公厅印发《关于推进农业水价综合改革的意见》，提出要夯实农业水价改革基础、建立健全农业水价形成机制。2017年6月，国家发展改革委、财政部、水利部、农业部、国土资源部联合印发《关于扎实推进农业水价综合改革的通知》，深入推进农业供给侧结构性改革，加快完善支持农业节水政策，促进水资源可持续利用，保障农业和经济社会可持续发展。2021年7月，国家发展改革委、财政部、水利部、农业农村部联合印发《关于深入推进农业水价综合改革的通知》，深入推进农业水价综合改革，推动农业用水方式由粗放向节约集约转变。总体来看，市场决定价格机制基本构建起来，科学、规范、透明的价格监管制度也基本建立，价格调控机制基本健全。

专栏 10-3　持续推进农业水价综合改革力促节水提效

2016年1月，国务院办公厅印发的《关于推进农业水价综合改革的意见》提出农业水价按照价格管理权限实行分级管理，在终端用水环节探索实行分类水价，逐步推行分档水价，建立与节水成效、调价幅度、财力状况相匹配的农业用水精准补贴机制，促进农业用水方式由粗放式向集约化转变。2021年7月，国家发展改革委、财政部、水利部、农业农村部联合印发的《关于深入推进农业水价综合改革的通知》强调，将农业水价综合改革与黄河流域水资源节约集约利用、华北地下水超采综合治理、长江流域农业节水减排等工作紧密结合，强化农业用水刚性约束，健全农业节水激励机制，助力优化水资源配置格局、提高水资源承载能力。

截至2020年年底，全国改革实施面积累计达4.3亿亩以上，其中2020年新增1.3亿亩以上，改革正在从局部试点示范向面上整体推进，北京、上海、江苏、浙江已率先完成改革任务，天津、内蒙古、辽宁、山东、云南、陕西、甘肃、青海等省（区、市）改革进度超过50%。

推进农业水价综合改革，是落实“节水优先、空间均衡、系统治理、两手发力”治水思路的必然要求，有助于提升水资源配置效率、提高水资源承载能力，将生态环境成本纳入经济运行成本，利用价格杠杆促进绿色发展。

资料来源：国家发展改革委，财政部，水利部，农业农村部．关于深入推进农业水价综合改革的通知．2021-07-12.

（3）绿色金融工具创新空前活跃

绿色金融制度框架基本形成。2015年，中共中央、国务院印发了《生态文明体制改革总体方案》，首次提出“构建绿色金融体系”的发展战略，通过不断完善金融工具和政策，建立支持经济绿色转型的系统性金融制度安排。2016年8月31日，中国人民银行、证监会等七部门联合出台《关于构建绿色金融体系的指导意见》，提出大力发展绿色信贷，推动证券市场支持绿色投资，设立绿色发展基金、通过政府和社会资本合作模式动员社会资本，发展绿色保险，完善环境权益交易市场、丰富融资工具，支持地方发展绿色金融，推动开展绿色金融国际合作及防范绿色金融风险等，构建了绿色金融体系的“四梁八柱”。2017 年 6 月，中国人民银行、证监会等七部门联合印发了《落实〈关于构建绿色金融体系的指导意见〉的分工方案》，为我国绿色金融体系建设和绿色金融发展制定了时间表和路线图。2021 年，中国人民银行、国家发展改革委和证监会联合印发《绿色债券支持项目目录》，绿色债券标准委员会发布《绿色债券评估认证机构市场化评议操作细则（试行）》及配套文件，不断完善绿色金融政策框架，为绿色金融支持生态产品第四产业发展创造了良好的条件。

专栏 10-4　绿色金融改革创新试验区实践

2017 年以来，国务院先后在浙江省湖州市、衢州市，广东省广州市，新疆维吾尔自治区哈密市、昌吉州、克拉玛依市，贵州省贵安新区，江西省赣江新区和甘肃省兰州新区设立绿色金融改革创新试验区，以金融创新推动各具地方特色的绿色产业发展为主线，以体制机制改革为动力，以推动产业结构优化升级为目标，鼓励在制度、组织、服务、产品、市场、政策保障方面进行先行先试，深化模式创新，加快培育市场，形成了一批可复制、可推广的经验模式。截至 2020 年年末，六省（区）九地绿色金融改革创新试验区绿色贷款余额达 2 368.3 亿元，占其全部贷款余额的 15.1%，比全国平均水平高 4.3 个百分点；绿色债券余额达 1 350 亿元，同比增长 66%。资产质量整体良好，绿色贷款不良率远低于其他贷款不良率，绿色债券尚无违约案例。

绿色金融改革创新试验区率先推出了具有地区特色的差异化的生态产品价值实现机制建设相关方案，明确了绿色金融支持生态产品价值实现的发展方向，在推动生态产品第四产业发展方面发挥了重要作用。浙江省着力探索“绿水青山就是金山银山”理念在金融方面的实现机制，创新绿色金融对传统产业的转型升级服务，探索排污权、碳交易权等抵质押融资业务，如“两山贷”、绿色园区贷、基于单个项目生态价值核算结果的 GEP 绿色金融贷等，先后推出了“GEP 贷”“两山贷”“茶商 E 贷”等金融业务，为生态产品开发经营注入了金融资本。广东省花都区创新推出碳排放权抵质押融资金融产品。江西省林业局推出“林农快贷”，是全国首个基于林业大数据的线上林农普惠信贷产品。新疆先后推出了林果保险、林权抵押贷款、植物新品种权质押贷款等多款产品，首笔植物新品种权质押业务发放贷款 3 000 万元。贵州将森林资源真正变成可存可取的“生态银行”，截至 2021 年 5 月，全省国储林项目已融资金额 523.1 亿元，排名全国第一。江西省鼓励创新绿色金融信贷产品，建立风险缓释基金，创新发展“贷款融资 + 股权投资”模式，推出了基于林业大数据的线上林农普惠信贷产品“林农快贷”。甘肃着力推动碳排放权、生态碳汇、排污权等生态环境权益交易和质押融资等业务，首笔林业碳汇交易实现经济收益 400 多万元。

资料来源：中国人民银行货币政策分析小组 . 中国区域金融运行报告（2021）［R］. 北京：中国人民银行，2021.

鼓励绿色金融产品创新。我国绿色金融产品不断丰富，绿色贷款、绿色债券、绿色保险、绿色基金得到较快发展，有力推进社会资金向生态保护修复、应对气候变化等领域倾斜。在绿色信贷方面，制（修）订《绿色信贷指引》《绿色信贷统计制度》，绿色信贷框架不断完善。我国绿色信贷余额从2013年的5.2亿元增长至2020年的12万亿元。加大政策性银行对生态环保重点项目的支持力度，国家开发银行已向重庆市经济开发区生态环境导向的开发（EOD）试点项目授信260亿元，发放贷款约71亿元。制（修）订《绿色债券支持项目目录》，将二氧化碳捕集利用与封存等列为绿色债券重点支持方向。截至2020年，累计发行绿色债券约1.2万亿元。截至2019年，全国31个省（区、市）均已开展环境污染强制责任保险试点，涉及赔偿范围达到531亿元，保费4.25亿元。

着力推动金融领域的环境信息披露制度改革。2021年5月24日，生态环境部印发《环境信息依法披露制度改革方案》，明确以依法披露为基础、协同管理为重点、加强监督为手段、技术支撑为保障的制度改革思路和框架。2021年8月，中国人民银行发布的《金融机构环境信息披露指南》，是我国第一批制定的绿色金融标准。高质量的环境和气候信息披露，是金融机构做好环境压力测试和风险评估的基础，也是中国人民银行和金融监管部门进行相应的风险管理、审慎管理的依据。2021年12月，生态环境部印发《企业环境信息依法披露管理办法》，规定了环境信息依法披露的部门职责、责任主体、基本要求和信息安全等内容，其中提出生态环境部门应当加强企业环境信息依法披露系统与信用信息共享平台、金融信用信息基础数据库的对接，推动环境信息的共享共用。环境信息披露制度改革为生态产品第四产业发展提供了数据支撑。

（4）绿色低碳消费鼓励政策正在形成

促进绿色消费的制度体系已初步建立。2015年11月，国务院发布《关于积极发挥新消费引领作用加快培育形成新供给新动力的指导意见》，强调了消费升级的重点领域包括绿色消费，推进传统制造业绿色化改造，推行生态设计，加强产品全生命周期绿色管理。2016年2月，国家发展改革委、科技部等十部门联合出台了《关于促进绿色消费的指导意见》，要求积极培养绿色消费理念，形成绿色消费长效机制，抑制奢侈浪费行为，提高绿色产品市场占有率，形成勤俭节约、绿色低碳、文明健康的生活方式和消费模式。2018年9月20日，中共中央、国务院颁布《关于完善促进消费体制机制进一步激发居民消费潜力的若干意见》，提出促进绿色消费是未来消费的发展方向。同年9月24日，国务院办公厅发布《关于印发完善促进消费体制机制实施方案（2018—2020年）的通知》，指出要大力发展绿色消费，建立绿色产品消费积分制，引导流通企业增设绿色产品专区，扩大绿色产品销售，积极发挥绿色商场在促进绿色循环消费方面的示范作用，初步形成绿色消费政策的基本框架[8]。2022年1月，国家发展改革委等七部门印发《促进绿色消费实施方案》，设计了促进绿色消费的制度政策体系，包括全面促进重点领域消费绿色转型、强化绿色消费科技和服务支撑、建立健全绿色消费制度保障体系、完善绿色消费激励约束政策四大方面的政策措施。

地方不断探索绿色消费引导激励政策。2020 年 6 月，青海省西宁市人民政府办公室发布《关于印发西宁市绿色消费（消费券）工作方案的通知》，通过发放“绿色消费券”进一步释放消费潜力，稳定市场主体，倡导绿色消费，提升市民环保意识。2021 年 8 月，国家发展改革委、生态环境部等十六部委联合下发《关于开展 2021 年全国节能宣传周和全国低碳日活动的通知》，以“节能降碳，绿色发展”为主题，传播节能理念、培养节能意识、促进绿色消费、助力绿色发展。上海、北京等地积极响应举办活动，发放“绿色礼包”“绿色消费券”等。2022 年 3 月，江苏省人民政府印发《关于加快建立健全绿色低碳循环发展经济体系的实施意见》，提出促进绿色产品消费，围绕绿色消费、新型消费、文旅消费，发放各具特色的消费券，持续推动消费恢复和升级。2022 年 4 月，北京市商务局印发《关于实施促进绿色节能消费政策的通知》，面向在京消费者发放绿色节能消费券，鼓励消费者购买使用绿色节能商品。

政府及企业绿色采购力度逐步加大。我国于 2003 年颁布并实施《中华人民共和国政府采购法》。2015 年 1 月，国务院发布《政府采购法实施条例》，明确要求财政部门应当根据国家的经济和社会发展政策，会同国务院有关部门制定政府采购政策，通过制定采购需求标准、预留采购份额、价格评审优惠、优先采购等措施，实现节约能源、保护环境、扶持不发达地区和少数民族地区、促进中小企业发展等目标。2014 年，商务部、环境保护部、工业和信息化部三部委联合印发《企业绿色采购指南（试行）》，指导企业实施绿色采购，发布建议企业避免采购的产品“黑名单”，包括被列入环境保护部制定的《环境保护综合名录》中的高污染、高环境风险产品等，还强调采购商可以通过适当提高采购价格、增加采购数量、缩短付款期限等方式激励供应商。绿色采购制度的建立和逐步扩展为生态产品采购奠定了良好的基础，有助于引导全社会建立生态产品消费新风尚。

（5）规范生态产品产业发展的制度初步成形

自然资源资产产权制度改革加快推进。党的十八大以来，党中央对加快构建中国特色自然资源资产产权制度体系连续做出一系列重大部署安排。2015 年，中共中央、国务院印发的《生态文明体制改革总体方案》，要求构建以自然资源资产产权制度为首的生态文明制度体系。2017 年，中共中央办公厅、国务院办公厅印发《关于创新政府配置资源方式的指导意见》，从建立健全自然资源产权制度、健全国家自然资源资产管理体制、完善自然资源有偿使用制度、发挥空间规划对自然资源配置的引导约束作用等方面规定了创新自然资源配置的方式。2019 年，中共中央办公厅、国务院办公厅印发《关于统筹推进自然资源资产产权制度改革的指导意见》，对自然资源资产产权制度改革进行顶层设计，要求以完善自然资源资产产权体系为重点，以落实产权主体为关键，以调查监测和确权登记为基础，着力促进自然资源集约开发利用和生态保护修复，加强监督管理，注重改革创新，加快构建系统完备、科学规范、运行高效的中国特色自然资源资产产权制度体系。2022 年 3 月，中共中央办公厅、国务院办公厅印发《全民所有自然资源资产所有权委托代理机制试点方案》，要求探索建立全民所有自然资源资产所有权委托代理机制。

专栏 10-5 加快推进探索建立自然资源资产产权制度

“十三五”以来，我国不断深化自然资源资产产权制度改革，全民自然资源资产管理取得明显成效，初步实现治理格局从分散到统一、调查监测从单项到系统、国土空间规划管制从交叉到统筹、节约集约利用从浅层到深度、行政审批服务从便管到便民五个转变。

推进自然资源和不动产统一确权登记。制定自然资源统一确权登记办法和操作指南，对各类自然保护地、具有完整生态功能的自然生态空间和单项自然资源开展统一确权登记。完成了国家公园体制试点区、长江干流（宜宾以下）、淮河干流中游段、根河等5个国家重点林区和太湖等区域的自然资源确权登记。开展海域、无居民海岛自然资源确权登记试点。24个省（区、市）组织实施了242个自然保护地、河流、湖泊等重要自然生态空间确权登记项目。加强国有农场土地使用管理，全国农垦国有土地确权登记率达96%以上。

加快自然资源统一调查监测体系建设。制定并实施自然资源统一调查监测制度，完善自然资源以及生态环境管理统计调查制度。完成第三次全国国土调查，全面查清我国陆地国土利用现状等情况。

加快构建全民所有自然资源资产所有者权益管理体系。明确主张所有、行使权利、履行义务、承担责任、落实权益的所有者职责。开展两省四市国有土地资源资产核算试点，推进全民所有自然资源资产清查试点。有序开展全民所有自然资源资产所有权委托代理机制试点。试编全国和省级自然资源资产负债表。推动建立地方各级人民政府向本级人大常委会报告国有自然资源资产管理情况制度。

健全完善全民所有自然资源资产有偿使用制度。印发《国务院关于全民所有自然资源资产有偿使用制度改革的指导意见》。土地、矿产、海域海岛有偿使用制度更加完善。发布自然资源分等定级、价格评估及全民所有土地资源资产核算标准。改革矿产资源储量分类标准，建立健全矿业权出让收益制度，全面推进矿业权竞争性出让改革，推行油气探采合一制度。印发《关于水资源有偿使用制度改革的意见》，组建全国水权交易平台。

自然资源资产产权制度改革促进了自然资源节约集约利用和有效保护，提升了资源要素市场化配置水平，为第四产业发展中生态产品调查监测体系、生态资源资产产权制度、生态产品交易体系、生态产品价格税收政策、绿色金融等资源化、资本化制度建立完善，推动实现生态资源资产保值增值和高效配置奠定了基础。

资料来源：陆昊．国务院关于2020年度国有自然资源资产管理情况的专项报告［EB/OL］.（2021-10-21）［2022-05-30］. http：//www.npc.gov.cn/npc/c30834/202110/ d1fc1e63e20e4dfe9b5fad0839ab8129.shtml.

生态产品价值核算制度探索快速推进。国家层面，2019 年 8 月，《中共中央 国务院关于支持深圳建设中国特色社会主义先行示范区的意见》明确提出，要“探索实施 GEP 核算制度”。原国家林业局先后发布了《荒漠生态系统服务评估规范》《湿地生态系统服务评估规范》《森林生态系统服务功能评估规范》等规范导则。2020 年，生态环境部印发《陆域生态系统生产总值（GEP）核算技术指南》，为开展 GEP 核算提供了全面的技术支撑。生态环境部环境规划院完成了覆盖 31 个省（区、市）和所有地级以上城市的 2015—2020 年的生态产品总值核算以及 2017 年度全球 179 个国家的 GEP 核算，为建立符合国情的生态产品总值核算体系奠定了基础。同时，地方政府积极开展 GEP 核算实践，探索建立 GEP 核算制度。目前，浙江省、贵州省、福建省、江西省均已发布省级 GEP 核算技术规范。深圳、丽水、福州、厦门、兴安、承德、南平等市（盟）以及武夷山、阿尔山、崇义、赤水等 100 多个县（市、区）进行了 GEP 核算试点示范。

专栏 10-6　深圳市率先开展生态价值核算促进优质生态产品供给

2019 年，深圳市建立的全国首个 GEP 核算“1+3”制度体系，包括一个方案、一项标准、一套报表、一个平台，是全国第一个完整的生态产品总值核算制度体系。深圳市 GEP 核算主要有以下特征：一是深圳市出台 GEP 核算实施方案，要求 GEP 核算按技术规范统一核算，按统计报表制度统一填报，确定每年核算结果于次年 7 月底前正式发布，明确 GEP 核算责任分工和工作要求。二是深圳市印发了 GEP 核算地方标准，确立了 GEP 核算两级指标体系，以及每项指标的技术参数和核算方法。三是深圳市推行 GEP 核算统计报表制度，将 200 余项核算数据分解为生态系统监测、环境与气象监测、社会经济活动与定价、地理信息 4 类数据，全面规范了数据来源和填报要求，数据来源涉及 18 个部门，共有 48 张表单。四是深圳市建立 GEP 自动核算平台，设计了部门数据的报送、一键自动计算、任意范围圈图核算、结果展示分析等功能模块，实现数据在线填报和核算结果的一键生成。五是深圳市建立的 GEP 核算体系引入群众对当地生态环境价值的评价，真实反映群众对生态环境的价格认同和生态需求，并通过 GDP 和 GEP 年变化量、年变化率，定量分析城市生态系统的产出对城市的贡献。

深圳市根据 GEP 核算“1+3”制度体系，发布 2020 年 GEP 核算报告，2020 年度 GEP 为 1 303.82 亿元，其中，调节气候价值 488.24 亿元，占比最大，约占 GEP 的 37.4%。占行政区面积 49% 的基本生态控制线内提供了全市 GEP 的 71%，充分说明生态保护区是城市 GEP 的“压舱石”，对推动生态保护红线等相关监管工作、持续加大优质生态产品供给至关重要。

资料来源：深圳市生态环境局，深圳市统计局，深圳市发展和改革委员会．深圳市生态环境局、深圳市统计局、深圳市发展和改革委员会联合发布深圳市 2020 年度生态系统生产总值（GEP）核算结果［EB/OL］.（2021-10-12）［2022-05-30］. http://meeb.sz.gov.cn/szssthjjwzgkml/szssthjjwzgkml/qt/tzgg/content/post_9283650.html.

生态产品认证推广体系基础较好。2021年4月，中共中央办公厅、国务院办公厅印发的《关于建立健全生态产品价值实现机制的意见》，提出要“鼓励打造特色鲜明的生态产品区域公用品牌”“建立和规范生态产品认证评价标准，构建具有中国特色的生态产品认证体系”。虽然我国目前尚未针对生态产品建立一整套的认证推广体系，但农产品认证、绿色食品认证、有机产品认证、生态原产地产品认证以及绿色产品认证政策体系已较为完善，其在产品目录、认证标准、产品评价、产品标识等方面的经验做法，均可为生态产品认证推广体系提供借鉴。同时，在全国各地积极开展的“绿水青山就是金山银山”实践创新基地建设以及生态产品价值实现的实践探索中，涌现出了一批以生态产品认证为基础，推动建立区域公用品牌的鲜活做法，如“丽水山耕”“武夷山水”等，这些也可以为国家生态产品认证推广体系建设提供实践经验。

专栏10-7 生态产品相关认证做法与经验

农产品与食品认证。1990年开始，我国创建了“以技术标准为基础、质量认证为形式、商标管理为手段”的农产品认证发展模式。2003年，实现了“统一标准、统一标志、统一程序、统一管理、统一监督”的全国统一的无公害农产品认证。2004年以来，国家认证认可监督管理委员会统一管理、综合协调和监督有机产品认证，按照《有机产品认证管理办法》和《有机产品认证实施规则》进行。2015年国家质量监督检验检疫总局印发《生态原产地产品保护工作导则（修订版）》《生态原产地产品评定机构管理规范（修订版）》，采取国际上通用的评定模式，规范生态原产地产品的申请、受理、评定、认定和监督管理等工作。

绿色产品认证。依据中共中央、国务院《生态文明体制改革总体方案》和《国务院办公厅关于建立统一的绿色产品标准、认证、标识体系的意见》（国办发〔2016〕86号），国家将按照统一目录、统一标准、统一评价、统一标识的方针，将环保、节能、节水、循环、低碳、再生、有机等产品整合为绿色产品，到2020年，初步建立系统科学、开放融合、指标先进、权威统一的绿色产品标准、认证、标识体系，健全法律法规和配套政策，实现一类产品、一个标准、一个清单、一次认证、一个标识的体系整合目标。目前已发布绿色产品评价国家标准19项，正在制定绿色产品评价国家标准18项。绿色产品认证范围包括人造板和木质地板、涂料、卫生陶瓷、建筑玻璃、太阳能热水系统、家具、绝热材料、防水密封材料、陶瓷砖（板）、纺织产品、木塑产品、纸和纸制品、塑料制品、洗涤用品、轮胎和家用电器等14类产品。

专栏 10-8 探索构建“丽水山耕”农产品区域公用品牌培育体系[9]

健全标准制定机制。建立市级标准化技术委员会，统一规范“丽水山耕”在生态环境、种植（养殖）环节、生产加工、贮运操作、文化内涵、销售方式等6个方面的基本要求。鼓励产业龙头企业主导或参与国际和国内先进农副产品标准的制（修）订工作。鼓励企业、行业协（学）会积极参与研制农产品联盟标准，鼓励及时将科技创新成果转化为标准。积极争取相关国家级、省级标准化技术委员会或分技术委员会、工作组落户丽水，逐步提升丽水市生态精品农业的标准话语权。

建立认证标准体系。“丽水山耕”认证标准体系采用 A+B 形式：A 标准，即《“丽水山耕”建设和管理通用要求》作为认证通用要求，借鉴《可持续农业标准》和有机产品认证要求，融入生态原产地的线管要求；B 标准则是针对相应特定产品所制定的要求，也可根据情况选择采用国际标准、国家标准、行业标准作为 B 标准实施认证。

打造品牌管理标准。按照“国内领先，国际先进”的要求，积极打造覆盖整个产业链各个品类的产品标准体系以及囊括生产经营全过程的管理标准体系。丽水市生态农业协会于 2017 年 9 月 5 日发布《丽水山耕：食用种植产品》《丽水山耕：食用淡水产品》《丽水山耕：食用畜牧产品》《丽水山耕：加工产品》等 4 项团体标准，创新性地提出了涵盖品牌农产品“从田间到餐桌”的 60 多道工艺，突出产地生态环境、种养环节、生产加工、贮运操作、销售推广以及文创内涵等方面。参照绿色食品标准，通过数据的实时录入、全产业链的标准指导、全过程的物联监测，实现生产过程的透明化。

生态保护补偿制度不断完善。党的十八大以来，从《生态文明体制改革总体方案》中明确如何建立生态补偿机制到出台专门针对生态补偿的指导性文件，从党的十九大报告提出“建立市场化、多元化生态补偿机制”到生态补偿机制成为习近平生态文明思想的重要组成部分，生态补偿已被提升到前所未有的高度，具有中国特色的生态补偿体系正在形成，覆盖各生态环境要素的生态补偿制度框架日渐清晰[10]。生态补偿成为社会经济发展和生态环境保护之间的矛盾协调机制，以及“绿水青山”保护者与“金山银山”受益者之间的利益调配手段[11]。2021 年 9 月，中共中央办公厅、国务院办公厅印发了《关于深化生态保护补偿制度改革的意见》，提出了下一步的改革思路框架和重点任务，并提出在强化财政转移支付、重要生态空间与海洋要素补偿、市场化与多元化补偿、提升支撑能力、强化统筹实施等方面要有重要突破。

生态环境损害赔偿制度基本建立。生态环境损害赔偿制度是破解“企业污染、群众受害、政府埋单”的有效手段，是对破坏生态产品行为的经济赔偿，有利于保护生态产品和自然资本增值。2015 年，中共中央办公厅、国务院办公厅印发《生态环境损害赔偿制度改革试点方案》，在吉林等 7 个省（市）开展试点。经过两年试点探索后，

2017年，中共中央办公厅、国务院办公厅印发《生态环境损害赔偿制度改革方案》，提出自2018年起，在全国试行生态环境损害赔偿制度。改革试点全面试行以来，在全国范围内初步构建了生态环境损害赔偿制度，全面完成了阶段性目标。“十三五”期间，全国共办理生态损害赔偿案件4 300多件，赔偿金额超过78亿元。2021年实施的《中华人民共和国民法典》，明确规定生态环境损害赔偿责任，将改革成果上升为国家基本法律。2022年4月，经中央全面深化改革委员会审议通过，生态环境部联合最高人民法院、最高人民检察院和科技部、公安部等11个相关部门共14家单位印发《生态环境损害赔偿管理规定》，重点针对实践中存在的责任落实不到位、部门联动不足、程序规则有待规范等问题，进行了相关制度设计和安排，为深化生态环境损害赔偿工作提供了有力保障。

（6）能力支撑建设不断推进

生态产品保护法规与标准体系初步建立。改革开放以来，生态环境部门出台60多部生态环境保护法律法规，国家层面有效的环境标准2 000多项，各级政府根据国家层面法律法规指导意见出台各类地方性法规，为生态产品第四产业的发展奠定了良好法律法规基础。我国相继在湿地、矿产资源开发、流域和水资源、饮用水水源保护、农业、森林、草原、自然保护区、重点生态功能区、海洋等领域出台法律法规，《中华人民共和国森林法》《中华人民共和国水法》《中华人民共和国土地管理法》《中华人民共和国野生动物保护法》《中华人民共和国草原法》等对提升生态产品供给能力发挥了良好支撑作用。其中，《中华人民共和国森林法》纳入“森林生态效益补偿基金”制度，规定国家建立森林生态效益补偿基金，用于提供森林生态效益的防护林和特种用途林的森林资源、林木的营造、抚育、保护和管理。《中华人民共和国环境保护法（修订版）》提出国家在重点生态功能区、生态环境敏感区和脆弱区等区域划定生态保护红线，研究、开发和利用生物技术，加强生物多样性保护，健全生态补偿制度，为生态产品第四产业发展奠定坚实基础。

生态环境监测体系进一步完善。我国深入落实《生态环境监测网络建设方案》，实施环境卫星和生态保护红线监管平台建设，推进国家和地方监测数据联网，陆海统筹、天地一体、上下协同、信息共享能力明显增强。2021年5月，根据《全国生态状况定期遥感调查评估方案》，生态环境部制定生态系统遥感解译与野外核查、生态系统格局评估、生态系统质量评估、生态系统服务功能评估、生态系统野外观测等11项全国生态状况调查评估技术规范，规定了区域自然生态系统评估的总则、技术流程、指标与方法和生态系统质量分级等要求，初步形成生态系统调查标准体系，为生态产品的监测评价提供了很好的技术支撑。

生态环境监管能力不断增强。近两年，生态环境部印发了《自然保护地生态环境监管工作暂行办法》《自然保护地人类活动遥感监测技术规范》，推进建立自然保护地人类活动监管系统，自然保护地监管能力进一步加强。通过中央生态环境保护督察、“绿盾”自然保护地强化监督、长江保护修复攻坚战行动等工作，严肃查处各类生态开发利用违法违规行为，推动问题整改和生态修复与保护，国家级自然保护区新增人类活动问题总数和面积实现了明显“双下降”，侵占自然保护地和破坏自然保护地生态环境的趋势得到有效遏制。成立中国生物多样性保护国家委员会，制定《中国生物多样性保护战略与行动计划（2011—2030年）》，初步形成了全国生物多样性观测网络，构建了生物多样性保护监管数据库，支撑提升我国生物多样性保护水平和履约能力。

推进生态产品价值核算结果应用。浙江、深圳等地不断探索推动将生态产品总值（GEP）核算纳入统计制度。作为全国首个生态产品价值实现机制试点，浙江省丽水市率先建立GDP和GEP双核算、双评估、双考核机制，2019年、2020年连续两年将GEP和GDP的双增长、GEP向GDP的快转化等4个方面30项指标列入市委对各县（市、区）的年度综合考核指标体系。2021年3月，深圳正式发布全国首个GEP核算制度体系，完成以GEP核算实施方案为统领，以技术规范、统计报表制度和自动核算平台为支撑的“1+3”核算制度体系建设，给出系统性深圳方案。2021年5月，浙江省发展改革委印发《浙江省生态系统生产总值（GEP）核算应用试点工作指南（试行）》，正式确立了全省生态产品价值年度核算与发布制度，明确了GEP核算年度报告内容、成果上报与评审流程、对外发布内容等具体要求。2021年6月，中共中央、国务院印发《关于支持浙江高质量发展建设共同富裕示范区的意见》，提出“探索完善具有浙江特点的GEP核算应用体系”。2022年12月，浙江省制定生态系统生产总值（GEP）核算统计报表制度，设计年度调查报表，统计调查方法为重点调查，明确了GEP统计范围、统计口径、数据来源、采集频率和统计方法，摸清浙江省生态系统服务、生态环境质量等家底，规范GEP核算基础数据归集。

10.1.2 发展政策和支撑存在的不足

从推动生态产品第四产业持续壮大、深入推进生态产品价值实现的发展角度来看，生态资源资产产权、生态产品价值核算、生态保护补偿、生态环境空间管控等制度，以及推动形成产业发展良好营商环境的财税价格政策、绿色金融、科技和法治保障体系等仍存在诸多短板，亟待改革和完善。

（1）生态环境空间管控制度功能不完善

近年来，环境功能区划、生态功能区划、生态保护红线、“三线一单”划定等一系列空间性管理制度相继探索实施，我国初步建立起以自然保护地、生态保护红线为重点，以重点生态功能区为补充的国土生态空间管控制度体系，规范各类自然资源开发和建设活动，重要生态空间得到严格保护[12]，但总体来看，生态空间管控体系依然存在诸多短板，难以为生态产品生产能力持续增强提供有力政策保障。

“三线一单”生态环境分区管理制度体系仍需完善。“三线一单”的制定初衷是加强生态环境源头防控，支撑高质量发展，但在全国层面缺乏法律法规、政策制度保障，各地将“三线一单”纳入法律法规也多体现为“原则性入法”，未做进一步详细规定，与有单独法律支撑的其他制度相比，“三线一单”的支撑力度不足。例如，《中华人民共和国长江保护法》要求“三线一单”与国土空间规划相衔接，但在实际工作中，国土空间规划占绝对优势，“三线一单”的源头准入很多时候必须配合国土空间规划的开发建设。同时，由于自然资源部门的“三区三线”和生态环境部门的“三线一单”在设计阶段均涉及了生态保护红线和生态空间，但两者对生态空间的划定技术路径、管控要求存在一定差异，划定方法衔接难度大，划定技术标准体系亟待完善。生态环境准入清单的性质、格式、内容等尚未形成技术规范[13]。再者，“三线一单”更新调整的原则还不够明确，地方在实施更新调整时缺乏指导，尤其是对调整的内容、程序、主体、频次等尚存在很大的不确定性[3]。各地对“三线一单”的具体应用路径仍处于探索阶段，如何推动政府、各相关部门共享共用“三线一单”，也需要在管理机制层面加强设计。

生态保护红线制度还需完善。《中华人民共和国环境保护法》首次对生态保护红线制度进行规定，其后在《中华人民共和国海洋环境保护法》《中华人民共和国国家安全法》等法律中均有涉及，但在立法和实施层面还有很大进步空间[14]。一方面，生态保护红线制度的法律地位尚未提升，内容建构方面尚不完善。其中对生态保护红线制度的规定仅局限于原则性、抽象性的条文，未对如何划定红线、如何操作做出明确规定。另一方面，单行法中缺乏对该制度的细化规定。生态保护红线制度体系的构建不应该仅仅局限于基本法层面，还应在单行法体系中有所体现，形成具有基本法和单行法的法律规范体系，整体上实现“由无到有”“由粗到细”的规范转换。同时，随着生态保护红线基本完成划定，生态保护红线监管体系、考核评价和激励机制亟待健全，预计还需要一定的时间来理顺生态保护红线的监管体系，以及与自然保护地监管之间的协调机制。

自然保护地管理政策仍需健全。当前我国正在开展国家公园体制试点，但目前保障国家公园体制改革的法律基础明显不足，一些改革举措受到现有法律法规和行政授权掣肘，难以有效推动。例如，《自然保护区条例》中针对自然保护区管理的部分规定对在试点区系统整合各类保护地构成一定限制。自然保护地管理涉及自然资源、林业、生态环境、规划、农业、旅游、水产等，存在部门之间管理职能交叉重叠、职能部门与地方政府之间的权限划分不清晰等问题。在管理体系上，政府绝对主导，多方参与不足，公众参与度较低，直接造成保护效率低下。缺乏利益协调机制，缺乏明确对社区权利及利益保障的内容[15]，保护与发展的矛盾突出。

国家重点生态功能区政策仍需深化。国家重点生态功能区是我国贫困人口集中分布区，大部分县、市都位于我国 14 个集中连片特困区范围内，其中扶贫重点县 85 个[16]。区域功能定位为生态保护，国家财政资金又无法确保公共服务水平的提高和人民生活条件的改善，生态保护与经济发展的矛盾依然突出，生态保护工作持续性差。负面清单核心问题在于处理好区域经济发展与环境保护的关系，也就是发展方式问题，从长远发展来看，还有认识、政策和机制等方面的问题，应予以高度重视并亟待解决。同时，重点生态功能区绩效考核手段不完善，主要限于生态补偿资金拨付额度的控制，未实行生态环境优先的绩效评价。

（2）生态保护财税价格政策的激励不足

长期以来，我国通过加大财政投入、制定环境收费政策、减免税收等措施积极参与生态环境治理，建立了较为完善的激励约束体系，但同时存在支出力度和支出效率不足、管理体制不完善、税收与价格政策体系不健全、难以从源头对生态产品第四产业发展形成持续激励的问题。

财政支出力度和支出效率有待进一步提升。中央层面的环境治理资金主要通过转移支付方式给予地方支持，但中央财政支持事项多以补助地方为主，承担的环境事权相对较少。近年来，中央生态环境转移支付占转移支付总额的比例整体呈现下降趋势，财政投入总量与生态环境治理资金需求之间仍有很大差距。长期以来，我国财政生态环境资金重投资、轻效益的项目实施与管理方式导致后期运行维护缺乏资金，无法有效发挥投资效益。

生态环境财政资金使用管理体制不完善。我国目前实行分税制财政管理体制，各级财政的支出范围按照中央与地方政府的事权划分，生态环境财政投入由中央财政和地方财政分别给予支持。我国环境管理体系秉承属地管理原则，各级地方政府应对自己管辖区内的环境质量负责，中央财政在面对跨区域、跨流域的生态环境需求时的调控能力较弱，在应承担环境事权的范畴内未有明确的政策措施[17]。

生态环境税收政策体系仍不健全。环境税征收的部门协调机制尚不完善，税务部门与生态环境部门主体责任不明确，税务部门面对具体的污染行为时缺乏有效技术支持。生态环境税收范围仍待扩大，未将温室气体纳入税收范围，生态产品与产业发展相关税收优惠不足。

生态产业相关价格政策仍有缺位。资源环境价格机制有待完善，碳排放权等价格体系仍缺位，自然资源的有偿使用制度落实不足。当前生态产品价格形成主要以政府指导价或政府定价为主，市场功能发挥的作用有限，生态产品实际价格与其经济价值不相匹配，价格形成机制尚未建立。

（3）绿色金融政策支持力度不够

绿色金融对促进经济的绿色增长有重要作用，是推动经济可持续发展，兼顾经济、社会和环境协调进步的有力保障。我国绿色金融发展成效良好，已经进入全球第一方阵，为践行“绿水青山就是金山银山”理念提供了重要支撑[18]，但实践中在政策体系和标准体系构建上仍有不足，支撑生态产品第四产业发展所需的资金融汇、激励引导等作用还发挥得远远不够。

绿色金融政策和标准体系尚不完善。目前金融支持生态产品价值实现是一个宽泛的概念，从绿色金融到“绿水青山”向“金山银山”的转化没有建立纲领性的制度安排和政策窗口；生态产品价值评估与核算制度尚未统一，生态产品核算存在主观性问题，生态产品本身有复杂性、多样性、价值多维性等问题，加之目前“生态权”界定不清晰，导致实际生态价值核算过程不够客观，融资能力受限；环境信息披露不到位，目前未要求市场主体进行全面的绿色信息披露，企业主动进行绿色信息披露的意愿不强，还有部分企业存在选择性披露行为，定期主动进行环境信息披露的企业较少。

生态产品法律和政策支持不足。政府出台的生态资产资本化相关法律法规较少，未明确碳减排权、林业权、水权等生态产品的可抵押属性，生态产品供给主体、权利、价值评估、交易规则等尚不明确，绿色金融产品的创新与推广没有得到法律的保障。我国对绿色金融的支持政策主要集中在节能、环保、清洁能源、绿色交通、绿色建筑等领域，尚未针对"生态+"产业、生态产品等形成系统的政策支持体系，现有绿色金融支持领域的财税、投资、产业等政策多为环保主题，缺乏细化的政策路径，在一定程度上制约了生态产品价值实现。准公共产品和非公共产品限于其公共属性没有金融介入。

绿色金融产品与生态产品市场体系创新能力不足。银行业金融机构对生态产业需求创新方面没有突破，"绿色保险+绿色信贷""绿色保险+期货"等多种模式的风险分担机制较少，结合水权、林权等的"生态权"交易建设没有实现有效推广。与生态产品相关的绿色保险、绿色债券、绿色发展基金等业务推进速度缓慢。绿色保险集中在环境污染责任险，不能满足保险的投资需要，未形成风险分摊机制。许多绿色金融创新依然处于试点和示范阶段，没有形成有效的绿色金融市场。

（4）生态产品消费与公众参与政策缺失

我国生态消费是以政策为主导，自上而下的推动模式，长远来看尚未形成生态产品可持续消费的政策机制。主要体现在：

推动生态产品消费的政策力度不足。目前我国出台的有关绿色消费的政策集中在日常用品和服务交通方面，政策范围较窄，在生态旅游、生态产品、生态文化等领域缺乏政策规范、支持和引导。推行生态消费，单靠政策推行呈现疲软的状态。由于生态产品的开发难度大、包装运输等成本高，销售价格普遍偏贵，大多数消费者对生态产品购买欲望不强烈，有资金补贴的生态产品销售情况相较偏好。个人消费者、企业和政府及事业单位等主体对生态产品消费的主观参与性不强。对于个人消费者，生态产品消费知识相对匮乏，生态产品消费习惯尚未养成，急需更具吸引力的激励政策；对于企业，更追求利益最大化，对生态产品消费不够关心。

生态产品消费的技术支撑不足。绿色产品、生态产品主张环保无公害，对生态环境不能造成任何损害。这样的产品包装运输相对一般产品要求高，产生的成本更高，企业以追逐利益为主要目的，在研发创新上自发投入不足，造成技术滞后，无法满足消费者对绿色产品的需求。

生态产品绿色采购制度建设滞后。绿色采购清单是绿色采购开展的基准线，包含了可以归为绿色采购产品的目录，保持绿色采购清单的动态更新是适应新产品迭代更新的重要程序。绿色采购制度在实施中，虽然政府不断更新和补充相关政策，但仍旧以传统的带有节能环保标识的工业产品为主，没有涵盖生态产品采购相关内容。

社会组织在生态产品消费中作用有待提高。行业协会、产业联盟、产业联合会等社会组织对生态消费、绿色发展的宣传力度不够，未把信息精准投发到公众视野中，尤其是对广大农村消费者和城镇中、低收入消费者的绿色宣传与教育不足[19]。

（5）支持产业发展的法规和能力保障体系亟待完善

发展生态产品第四产业不仅需要全面的法规和政策支持，而且需要有一个完善有效的基础能力保障体系。当前，我国生态产品价值实现机制能力建设正处于起步阶段，生态产品第四产业的法律法规体系仍有立法缺口，生态技术与现代科技融入生态产品第四产业不足，监测监管能力仍待提升，生态产品相关价值核算尚未纳入国民统计体系。

保护生态的法律法规针对性不强。我国涉及生态产品的相关法律法规散见于诸多资源和环境保护的单行法律法规文件，特别是地方性法律法规文件中，缺乏系统性、整体性和协调性。生态产品的供给主体及责权利、价值评估方法学、市场交易规则以及自然资源资产产权等保障生态产品价值实现的相关立法也几乎处于空白状态，规则不明确和政策不确定性致使生态产品价值实现缺乏坚实的法律基础[20]。

生态资源产权制度不健全。生态资源产权建设尚处在初步探索和试点实践阶段，中央与地方的全民所有自然资源资产所有权委托代理关系尚未依法明确。现行法律法规对如何落实集体所有权、稳定承包权、放活经营权，尚未做出规定，不仅影响生态产权市场化推进，限制生态产品第四产业发展，也带来潜在风险。例如，《中华人民共和国土地管理法》《中华人民共和国民法典》分别有对土地经营权转移、抵押等权利性质的界定，但一些概念定义、性质界定存在不一致的地方[21]。用水权、碳排放权等环境资源权益交易在明确权属、摸清底数、查清边界、发放权属证、确定经营管理模式等方面缺乏制度保障。资源有偿使用范围覆盖面不全、有偿使用占比偏低，矿产资源税费关系尚未理顺，部分资源还存在无偿无序使用现象。

生态产品核算标准尚未统一。科学、精准计算生态产品价值是推动生态产品开发、经营和交易的基础。目前我国尚未出台规范统一的生态产品价值核算标准，不同地区生态产品价值的核算方法、核算内容体系以及数据来源渠道差异较大，导致生态产品价值难以量化，无法为生态产品定价、生态补偿等提供科学依据。同时，生态产品价值统计应用不足，生态产品价值尚未纳入国民经济统计体系，尚未全面建立生态产品核算的应用渠道。

生态产品认证体系有待规范。生态产品的生态溢价一般需要有公信力的第三方认证评价及品牌培育推广才能顺利实现。我国生态产品认证总体上还处于初期探索阶段。已有的绿色产品、有机农产品、生态原产地产品等的认证主要聚焦于物质供给类生态产品，且存在认证措施不足、认证机构参差不齐、标准相差较大等问题。同时，全面覆盖物质供给、生态调节及生态文化的生态产品认证体系尚未建立，生态产品认证评价标准、目录清单等尚未制定，生态产品质量溯源体系、信息库等尚未建立，生态产品区域公用品牌建设仍以地方实践为主，无法为产业大规模发展提供必要的基础条件。

生态保护补偿与损害赔偿制度改革有待深化。从纵向补偿来看，虽然近年来中央政府加大了转移支付力度，但基于生态资源保护角度的转移支付力度还比较小，各地政府通过市场化手段拓宽生态产品保护补偿资金渠道的实践还比较少，补偿标准没有充分反映区域生态产品数量和质量，限制了部分生态产品供给的动力。从横向补偿来看，仅有部分地区进行了流域性生态补偿的尝试，国家层面横向生态补偿的法律规范及指导方案不健全；横向补偿方式局限于转移支付、资金补偿等，保护地与受益地之间缺乏长效合作机制。生态环境损害赔偿鉴定评估方法不健全，尚未建立综合环境要素与生态系统的生态环境损害鉴定评估技术标准体系。

生态产品监测体系和监测技术不足。长期以来，自然资源所有者缺位、所有权边界模糊等问题突出，阻碍了自然资源的动态监测与监督管理。自然资源和生态环境监测体系不完善，生态产品交易与市场监管体系尚未建立。生物工程、生态修复等生态技术在生态产品价值实现机制中的应用不足。生态产品价值实现的数字化进程较缓，5G、物联网、区块链等新兴科技产业与生态产品第四产业的融合度不足，绿色技术创新与应用能力亟待提升，生态产品研究能力仍有较大上升空间。

10.1.3 第四产业发展政策体系框架

针对第四产业产业链形成关键环节以及生态系统、政府、企业、第三方、公众等利益主体，充分考虑生态产品所具有的公共产品、准公共产品特征，立足于现有的生态文明制度体系改革成果，综合采用法律、行政、市场、金融、社会以及科技等多种手段，强化政策创新，打通淤点和堵点，注重发挥政府的主导作用，形成并不断发展壮大生态产品市场体系，确保发挥市场在资源配置中的决定性作用，聚焦扩大供给、引导消费、推动交易、分配利益、加强规范以及提高支撑能力 6 个方面，加快建立健全生态产品第四产业发展政策。

基于上述原则和思路以及生态产品产业探索，我们提出了发展生态产品第四产业的初步政策框架，如图 10-1 所示。

在构建第四产业产业链、提高生态产品第四产业供给水平方面，健全生态空间管控制度，以生态保护红线区、自然保护地、重点生态功能区等重点生态空间为主体开展生态系统管理、生态保护及恢复等活动，可提高生态系统生产初级生态产品的能力。同时，财政、税收、价格、绿色金融等政策，可综合作用于生态产品的开发、经营和交易环节，破解生态产品第四产业发展过程中激励引导政策不足、融资难、产业参与主体不积极的问题，推动生态资产的资本化和生态资本的经营。

在刺激生态产品消费需求、促进生态产品第四产业快速发展方面，要坚持供需两侧同时发力的原则要求，重视生态产品消费与公众参与政策的建立健全，不断完善生态消费引导型政策、着力实施生态消费惠民等激励型政策，鼓励支持政府、企业、商户和个人等多主体多维度进行绿色采购，提升社会各方对生态产品的关注度，营造全社会生态产品消费的环境，打通更多的生态产品流通到消费环节的关卡，促进第四产业发展的良性循环。

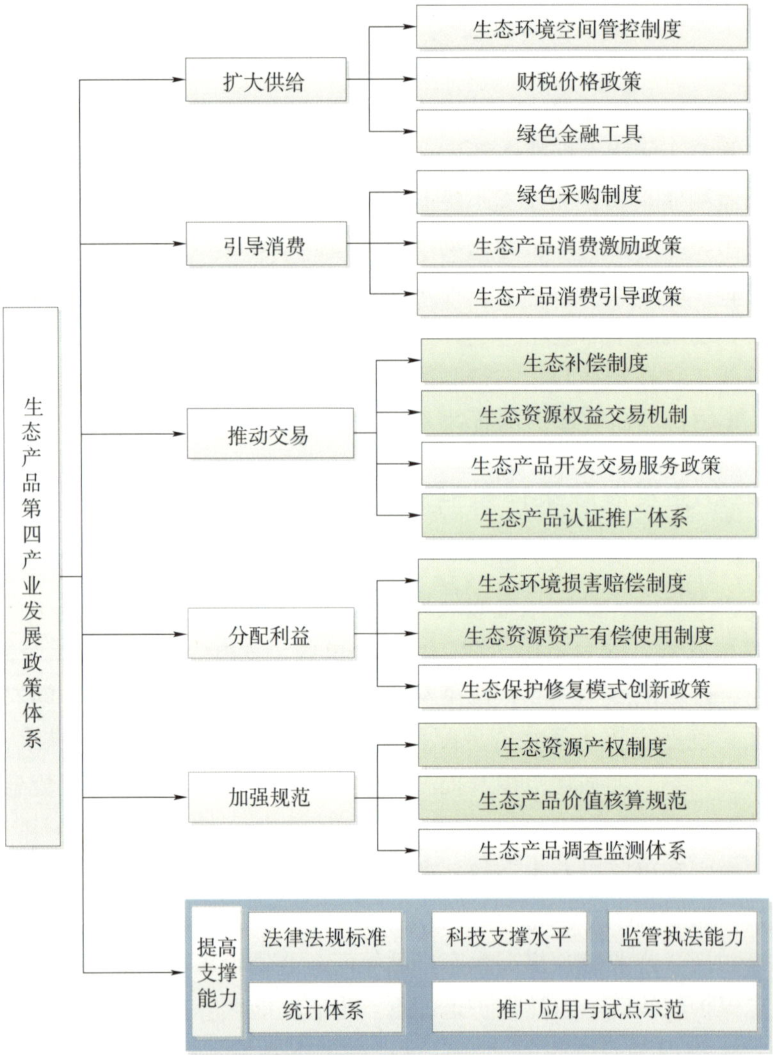

图 10-1　生态产品第四产业发展政策体系框架

在促进生态产品第四产业市场交易方面，多数生态产品的公共物品和准公共物品特性，决定了交易政策在第四产业发展政策体系，尤其是产业发展初期政策体系中的特殊性及重要性。对于公共产品，要加大生态补偿政策实施力度，完善纵向生态补偿制度并建立横向生态补偿机制，制定差异化补偿标准，在以政府为代表的生态保护者和受益者间进行交易。对于准公共产品，要积极建设基于生态资源权益的市场交易机制，发挥政府主导作用创建市场，催生交易需求，推动实现资源高效配置。同时，健全生态产品认证推广、品牌培育等交易服务政策，营造优质高效交易环境。

在规范生态产品第四产业发展方面，考虑到生态产品产业化经营的前提是生态产品底数清楚、产权明确、价值明晰，需要通过建立健全生态资源产权制度，以及生态产品价值核算体系、调查监测体系等规范性政策[22]，为盘活生态资源资产，实施交易、价格、税收、补偿等价值实现政策奠定基础。

在完善生态产品产业发展利益分配方面，除了在促进市场交易方面需要进一步完善生态保护补偿制度外，还要重点围绕生态环境损害赔偿制度、生态资源资产有偿使用制度的健全深化，建立起生态产品保护者受益、使用者付费、破坏者赔偿的利益导向机制，提高市场主体以及公众参与第四产业发展的积极性。同时，加强生态保护修复模式的政策创新，完善人类经济社会系统与自然生态系统间的利益分配体系，确保第四产业经营产生的部分现金流以生态反哺形式流入生态建设和保护修复领域，夯实产业可持续发展的本底。

在推动生态产品第四产业由初级阶段向前发展过程中，建立系统性、协调性、科学性的法律法规标准体系，推动生态科技、数字化科技创新等在产业发展过程中的应用，健全多方参与的生态产品调查监测体系，加大对生态产品供给区及其交易体系的监督管理力度，推动生态产品第四产业应用和试点示范。这些举措能够在生态产品生产、开发、经营、交易等环节发挥不可替代的作用，为生态产品第四产业依法、平稳、有序、高效发展提供重要支撑。

本书第 5 章提出了生态产品第四产业发展框架，第 7 章至第 9 章不同程度上涉及了上述政策和实施能力的分析和对策建议，特别是第 8 章已对不同类型生态产品交易机制进行了比较详细的讨论，第 9 章也针对生态保护修复模式创新政策进行了分析，因此有关市场交易和产业模式的政策在此不再赘述。本章 10.2 节至 10.7 节将重点分析优化生态产品空间配置格局、激励生态产品生产与消费、创新绿色金融拓宽资金渠道、引导生态产品消费与公众参与、健全第四产业发展基础制度、全面提升第四产业发展能力的政策设计和措施建议。其中，生态产品第四产业发展基础制度重点分析了生态资源产权制度、生态产品价值核算制度等规范产业发展的制度，以及生态补偿制度、生态环境损害赔偿制度、生态资源资产有偿使用制度等推动交易、保障利益分配的制度。

10.2 优化生态产品空间配置格局

以重要生态空间管控为优先举措，构建生态环境空间管控体系，完善生态保护红线、自然保护地、重点生态功能区等重点生态空间管控政策，优化生态产品空间格局，确保生态功能重要区域生态产品生产能力持续增强，为生态产品第四产业发展提供优质生产资料。

10.2.1 建立生态环境分区管控体系

生态环境分区管控是强化生态环境精细化管理、完善生态环境源头预防体系、建立现代化的生态环境治理体系的重要制度，也是生态文明制度改革中的一项重要制度。这项制度主要基于“三线一单”，其中的优先和重点环境管控单元对生态产品生产和消费空间配置尤为关键，实际上就是生态产品优先保护区和生产区。

推动生态环境分区管控纳入国家和地方法律。在已有立法经验基础上，推动把“三线一单”生态环境分区管控纳入《中华人民共和国黄河保护法》《中华人民共和国环境影响评价法》《中华人民共和国海洋环境保护法》等制（修）订工作，在全国层面明确“三线一单”生态环境分区管控的法律地位。围绕《中华人民共和国长江保护法》对生态环境分区管控方案及生态环境准入清单的相关积累经验，确立生态环境分区管控在生态环境保护治理体系中的基础地位，明确破坏自然生态系统和生态产品的违法成本。

健全动态更新、定期调整与跟踪评估机制。研究制定“三线一单”更新调整工作规程，细化动态更新的适用情景和处理原则，除依法依规动态更新的情形外，对可能降低生态环保要求的更新调整行为严加把关。结合新时期的“十四五”生态环保规划、国土空间规划、生态保护红线、碳达峰碳中和方案、岸线分类保护和利用规划等工作，对“三线一单”进行更新完善，把握好“动”与“不动”的原则。探索建立定期调整与动态更新的内在衔接机制。出台“三线一单”跟踪评估管理办法，针对年度和五年跟踪评估，鼓励地方结合自身实际情况，研究制定差异化的评估细则，探索将评估结果更好地指导“三线一单”更新调整工作等。

完善生态环境分区划定与管控技术方法体系。在5年定期调整工作之前深化细化生态空间划定和准入清单编制的技术要求，以及环境管控单元划定或者调整的技术要点。深化资源利用上线划定的技术路径研究，强化资源类和生态环境类制度间的衔接。对岸线、地下水和海洋等薄弱环节加强研究探索。进一步明晰生态环境准入清单编制规则，充分体现基于自然规律确定的空间准入要求和基于产业特征确定的规模、效率要求。

健全生态环境分区管理的应用和实施机制。加强“三线一单”与国土空间规划的衔接，明确“国土空间规划定用途，‘三线一单’管环境质量”，逐步实现部门之间的联合决策，协调好资源环境保护与开发利用间的矛盾。从体制机制层面逐步探索形成一套“三线一单”与相关制度衔接或者协同发力的工作机制。拓展“三线一单”数据共享系统的智能化决策支撑功能模块设计，支撑系统内环评智能化审批和审查，支撑公众和企业搜索查询，预判开发建设行为的环境影响。持续加强“三线一单”在城市开发建设、产业布局优化、重大项目选址优化等方面的作用，推动新旧动能转换。

10.2.2 夯实生态保护红线制度

生态保护红线划定区域是生态产品第四产业的核心产品来源。作为国家依法划定的特殊重要生态保护空间，生态保护红线特殊性依赖于法律背后的国家强制力。因此，亟待在现有生态保护红线制度框架下，协调好与自然保护地的关系，夯实制度体系和监管能力。

推动生态保护红线法制化建设。推动国家层面生态保护红线立法，明确监督、管理的程序及相关民事、行政、刑事法律责任，确定其规范效力及实施路径[23]。确定生态保护红线调整的法定程序，以法律强制力保障红线的稳定性，保证红线的严肃性，避免对生态保护红线的随意调整、侵占甚至取缔[24]。鼓励有条件的地方大胆创新、先行先试，率先研究出台生态保护红线管理地方性法规，推进完善标准规范体系，尤其是在规范管制的标准和程序、与各类自然保护地的关系、协调各类利益主体等方面开展创新。

完善生态保护红线监管体系。目前，全国生态保护红线划定工作已经基本完成，如何开展生态保护红线监管成为当前重要的问题。构建并运行国家生态保护红线监管平台，全面提升遥感影像处理、智能解评和分析评价能力。建立生态破坏问题清单管理制度，将重大问题（线索）纳入国家生态环境红线监管平台实施监测监督与进行信息更新。加快制定生态保护红线生态环境监管办法，加强生态保护红线生态环境监管，压实严守生态保护红线责任。

建立生态保护红线评估与考核机制。按照“面积不减少、性质不改变、功能不降低”和严格监督管理的要求，兼顾通用性和差异性，建立完善生态保护红线生态环境监管指标体系，开展年度生态保护成效评估，并以5年为期重点评估水源涵养、水土保持、防风固沙、洪水调蓄、生物多样性维护等生态功能及其变化情况[25]。建立以红线区生态功能保护成效为导向的评估考核制度，合理设计考核评价指标，在红线区生态功能的状况与变化评估基础上建立考核制度[26]，探索建立生态保护红线区绩效奖励激励机制。

10.2.3 健全自然保护地管理政策

自然保护地是提供生态产品中生态调节服务价值、发展生态产品第四产业最重要的生态空间，是一个国家和地区生态产品的精华所在，必须进行全方位、全过程的保护，从而有效提高生态产品的生产力。

完善自然保护地法律体系。基于国家公园体制试点实践经验，加快《中华人民共和国国家公园法》立法进程。推动《中华人民共和国自然保护地法》立法及相关管理条例的修订与制定，明确各类型保护地的功能定位、管理体制、主要制度、资金机制和法律责任等[27]。针对不同类型自然保护地的特点，以行政法规形式制定相应的管理办法。鼓励地方根据自然保护地工作需要制定地方性法规，细化特定自然保护地的治理措施，通过“一类一法”和“一地一法”的方式搭建起法律法规体系，实现自然保护地的良法善治。推动《民法分则物权编》《不动产登记暂行条例》《中华人民共和国土地管理法》等相关法律制（修）订工作，如在《中华人民共和国土地管理法》修订中增加生态用地或保护用地类型，为自然保护地自然资源产权等相关制度建设提供法律依据。

健全自然保护地监督管理制度。针对自然保护地管理涉及自然资源、林业、生态环境、农业、旅游、水产等的情况，在实践中进一步推动解决部门之间管理职能交叉重叠、职能部门与地方政府之间的权限划分不清晰等问题。深化“绿盾”自然保护地强化监督专项行动制度，在国家级自然保护区强化监督检查的基础上，逐步扩大监督检查范围和深度，突出对国家级自然保护区以及长江经济带、黄河流域、秦岭、青藏高原等重要生态屏障区域的各级各类自然保护地的监督，逐步将国家公园纳入监督范围，压实地方党委、政府和有关部门的主体责任，遏制自然保护地内的各类违法违规行为。制定出台自然保护地生态环境问题台账管理规定、生态环境问题整改销号指导意见，进一步规范自然保护地生态环境监管。

构建现代自然保护地治理体系。我国自然保护地保护主要依靠政府部门，尚未充分发挥公益组织和社会公众的作用。借鉴欧美发达国家先进经验，着重探索以政府力量为主导，公益组织、科研院所、保护地周边居民和游客多方参与的保护模式，有效引入社会资源，释放民间组织的社会力量将是未来自然保护地管理方向[28]。对于具有极重要保护价值的国家公园和国家级自然保护区，建立以财政投入为主的资金保障机制，其建设和管理经费统一纳入中央财政。对于具有重要保护价值、但目前存在保护空缺或保护能力薄弱的保护地，可通过协议保护机制，将其委托给第三方专业化机构开展保护管理。对于具有重要保护价值，但面积较小，且土地为集体所有的保护地或保护空缺区，也可通过协议保护机制委托给社区保护管理。而对于保护价值相对较低的森林公园、湿地公园、草原公园、沙漠公园等，则可采用公私合营的形式实现共同治理。

10.2.4 完善重点生态功能区政策

重点生态功能区是生态产品第四产业的“主力军”，但大多位于经济欠发达地区，普遍存在生态贡献和获得的生态补偿不相匹配的情况，亟须加大政策支持特别是财政转移支付力度，提高基本公共服务保障能力，引导地方政府加强生态环境保护，实现自然资本和生态资产增值。

健全重点生态功能区产业准入负面清单制度。产业准入负面清单关系到重点生态功能区区域发展全局。要完善与负面清单相关的法律法规体系，按照负面清单制度的内容建立起以生态环境标准、产业准入条件为核心，涵盖环境影响评价、环境监督管理、行政处罚、信息公开等内容的制度体系。加强负面清单制度建设，避免信息由中央到县一级政府间层级传递造成的信息失真，保障全国一盘棋[29]。强化对负面清单的动态监管，健全负面清单动态调整机制和长效管理机制。从财政、投资、产业、土地、农业、人口、民族、环境、应对气候变化和绩效考核评价等相关重要方面，建立与负面清单相适应的政策体系、技术标准体系、管理机制、监管制度、考核与奖励制度等。建立“互联网＋负面清单”制度，加大宣传力度，推动建立社会、公众参与机制。

完善重点生态功能区转移支付政策。转移支付主要包括重点补助、禁止开发区补助、引导性补助以及考核评价奖惩资金。加大重点生态功能区转移支付力度，完善中央对地方重点生态功能区转移支付办法，逐步加大转移支付资金规模。指导省级财政部门健全省对下转移支付制度，加大对基层市、县的补助力度。加强重点生态功能区转移支付范围和其他生态保护与修复、开发管控政策的衔接，提高政策综合效益。调整重点生态功能区转移支付资金管理方式，细化资金支出方向，建立资金管理清单，重点支持让生态产品保值增值、让“绿水青山”向“金山银山”转化的产业、制度等通道建设，推动重点生态功能区提升优质生态产品的供给和转化能力[30]。打通重点生态功能区与受益地区之间的利益链接，探索共建园区、飞地经济等区域合作形式，并从土地利用、税收分享等利益分享的关键问题出发，按照不同区域不同类型生态系统的功能特征系统谋划功能空间和策略，探索由经济领域向社保、教育、信用、就业等社会领域全面展开的利益分享新模式、新做法[31]。

强化县域单元的生态环境质量评价与考核。完善绩效考核评价体系，对重点生态功能区实行生态环境优先的绩效评价，强化对提供生态产品能力、执行产业准入负面清单的评价，弱化对工业化、城镇化相关经济指标的评价，主要考核生态服务功能水平、生态空间质量、群众生活水平等指标[32]。结合生态扶贫、乡村振兴、山水林田湖草治理等重大战略任务，研究建立重点生态功能区生态产品适度经营、推动提高生态产品价值实现能力的考核指标体系和方法[33]。强化绩效考核结果的运用，把绩效考核评价体系与地方党政领导班子和领导干部综合考核评价有机结合起来。根据重点生态功能区不同的功能定位，把主体功能目标的实现程度纳入对地方党政领导班子和领导干部的综合考核评价结果当中，并将其作为地方党政领导班子调整和领导干部选拔任用、培训教育、奖励惩戒的重要依据。

10.3 激励生态产品生产与消费

围绕生态产品第四产业的供给、需求与交易，强化生态产品的财政政策支撑，完善生态产品价值实现的税收支持，健全生态产品价格政策，充分发挥政策的激励引导作用，激发企业、公众和社会团体等多方参与生态产品第四产业发展的积极性。

10.3.1 强化生态产品财政支持

生态产品具有很强的公共物品性质，因此财政政策是生态产品第四产业的基础保障政策。通过强化生态产品第四产业的财政支持，可有效加强生态产品重点供给区保护，支撑生态产品第四产业体系建设与完善，并撬动其他主体资金力量。当前，要进一步加大生态产品及其重点供给地区的财政支持力度，强化财政资金使用管理，明确财政支出责任，建立完善政府与社会相结合的多元化资金统筹体系，巩固生态产品第四产业的财政支撑力量。

加大生态产品供给的财政支持力度。加大对生态产品供应地区生态资源开发、生态保护修复、生态环境治理等方面的财政支持。按照生态文明建设要求，优化财政支出结构与方式，持续加大中央财政对禁止开发区、限制开发区等生态重点功能区的支持力度，采取直接补助、财政贴息、贷款贴息、先建后补、以奖代补、担保补助等多种财政资金方式，对生态优势产业发展、生态农业、农村一二三产业融合、农业结构调整等予以支持。

加强财政资金使用管理。健全生态环境中央和地方事权与支出责任相匹配的财政支付体系，强化财政资金合规性保障，加强财政资金的审计、监督和管理。强化资金使用的激励约束机制，加大资金拨付与考核结果挂钩的机制，对生态环境质量变差、污染控制不力的地区扣减转移支付数额。通过财政专项资金支持等方式，鼓励地方培育新的经济增长点，通过构建生态产品第四产业体系、有序发展有机生态农业、探索生态扶贫、适度开发旅游等，使“绿水青山”产生巨大的生态效益、经济效益和社会效益，真正将生态优势转化为发展优势。

发挥财政资金对社会资本的撬动作用。建立政府投入为引导、融汇多渠道社会资本的多元化资金统筹体系。研究制定重点区域、重点领域的生态产品财政支持政策，创新财政管理手段，积极发挥财政资金“四两拨千斤”的撬动作用，带动社会资本参与生态产品第四产业发展。将生态价值与经济、财政水平等因素共同纳入重点生态保护地区的转移支付政策考虑范围，统筹优化使用生态补偿基金、产业转型基金等，引导推动产业绿色低碳转型[34]。对于投向乡村振兴的财政资金，加大对农村生态产品第四产业的投入，将农村产业扶持类财政资金量化为村集体或农户持有的股金，实现资源变股权、资金变股金、农民变股民。创建生态产品市场化平台，构建完善生态产品第四产业链，吸引多主体参与生态产品交易。在生态环保专项资金的基础上发展生态产品绿色基金，充分发挥“政府 + 市场”的叠加效应，创新运用“PPP”（政府和社会资本合作）、“EOD”（生态环境导向的开发模式）、“PPP+EOD”等模式，促进形成生态产品产业链，积极引导社会资本进入生态产品与服务功能重点领域。

10.3.2 健全生态产品税收支持机制

税收工具是解决生态产品供给外部性的重要手段，税收政策对生态产品第四产业的发展可以发挥调节与激励作用，综合实施激励型和约束型税收政策，是生态产品供给地区充分协调发展与保护的重要助推力。当前，要加大企业所得税、增值税等对生态产品的支持力度，扩大资源税征收范围，健全生态产品第四产业税收优惠体系，提升税收征管能力，形成有效的约束和激励机制。

完善绿色税收体系。深入推进绿色税制建设，强化税收对自然资源和生态环境保护行为的调控作用，形成有效的约束和激励机制。加大对生态产品第四产业企业所得税和增值税的支持范围和力度。加快扩大资源税征收范围，以生态产品供给为重点领域，扩围到森林、海洋、草地、滩涂等生态和经济价值显著的自然资源，基于资源稀缺程度和不可再生特征确定税额水平。扩大水资源税试点地区范围，并适时在全国全面推开。继续深化环境保护税改革，研究扩大征税范围，将挥发性有机物等污染防治任务较重的污染物、破坏自然生态系统和生态产品的行为列为征税项目。引导地方政府在《中华人民共和国环境保护税法》规定的税额幅度内，统筹考虑本地区环境承载能力、污染物排放现状、生态产品产业发展情景和经济社会发展目标要求，适时提高适用税额标准，促进环境污染治理和生态破坏成本内部化。

健全生态产品第四产业发展的税收优惠政策。加快推动生态产品第四产业的税收优惠政策制定，将生态产品第四产业纳入资源税、所得税、增值税等税收优惠范围。将生态调节服务、生态文化服务与生态保护和建设产业纳入资源税减免范围，形成覆盖生态产品第四产业的完整税收优惠链条。将生态产品开发交易服务产业纳入企业所得税减免范围。将生态物质类产品生产所需的相关技术与设备纳入增值税减免范围，缩短增值税退税周期，完善增值税即征即退政策的相关细则。积极发挥市场对生态产品的引导与调节功能，做好资源税与其他相关税种税负的衔接，统筹生态资源产品所涉及的消费税和增值税的税负，形成生态产品绿色税收合力。

提升生态产品税收征管能力。给予地方政府税收自主权，引导地方政府根据当地生态环境承受力实施适应当地生态产品第四产业发展的税率。完善税收征管协同机制，明确税务部门与生态环境部门的权责义务，明确税收征管在多部门的责任划分，建立跨部门考核制度，促进部门协同合作。加快转变税收征管方式，充分利用区块链、云平台等信息技术成果，整合各类税收管理系统，提高信息管税水平。建立党政领导、税务主责、部门合作、社会协同、公众参与的税收共治体系，加强地方税收指导与宣教，明确协税护税职责，形成综合治税合力。

10.3.3 完善生态产品定价机制

生态产品价格形成机制是市场交易体系中的关键机制，完善生态产品第四产业的价格体系是开展市场交易的重要基础。当前，要通过完善生态保护补偿标准、健全生态资源权益交易机制和加强市场调控等推进不同类型生态产品价格形成与完善，使生态产品价格充分体现市场供需关系，为生态产品第四产业不断发展壮大提供长效机制。

完善生态产品第四产业价格体系。以生态产品实物量为重点，通过市场交易、经济补偿等手段，探索不同类型生态产品经济价值核算。综合考虑生态产品价值、稀缺性、供需关系、生产成本、市场结构、价格主体及其权利配置等因素，逐步建立健全生态产品价格形成机制。考虑不同类型生态产品的市场属性，建立反映生态产品保护和开发成本的价值核算体系，为生态产品价格充分体现市场供需关系提供基础能力。探索对森林固碳、碳交易和工业制氧等价格进行定期测算与公布的机制[35]，为生态产品第四产业价格体系的完善提供信息支撑。探索生态产品入市规则，以生态产品供给侧结构性改革推动产业结构调整。探索建立生态产品第四产业政府公示价格体系等。

专栏 10-9 建立健全不同类型生态产品的定价机制

根据生态产品市场化的难易程度，可将其分为纯公共性生态产品、准公共性生态产品和经营性生态产品，通过不同定价手段来促进生态产品价格形成。不同产品定价机制如下：

对于纯公共性生态产品，通过完善生态补偿机制等来实现定价。纯公共性生态产品主要由政府主导创造交易市场，通过生态补偿制度进行交易，产品价格可体现在生态补偿标准制定中。鼓励地方根据经济发展阶段、财力水平、生态修复保护需求等，积极试点探索建立差异化生态补偿标准，不断完善生态补偿机制，充分保障生态产品供给地区和生产者的权益。

对于准公共性生态产品，通过完善生态资源权益交易机制实现定价。对排污权、碳排放权、用水权、用能权等生态资源权益产品，加快构建生态资源权益交易市场制度，完善跨区域生态产品交易机制，建设全国性碳排放权、用水权交易市场，统一行业标准和交易监管规范。加快推动一级市场对生态资源的摸底、评估、整合、确权、确股等，促进二级市场引入市场化资金和专业运营投资商，实现生态资产向资本转变，完善价格形成机制。

对于经营性生态产品，实行市场化价格形成机制。生态农、林、牧、渔、中草药产品和生态能源产品的市场化程度较高，产权较为明晰。坚持市场定价原则，探索推进生态产品价格形成机制与政府补贴脱钩的相关改革，实现"市场定价、价补分离"。加强生态产品认证和管理，打造地方知名生态产品品牌，引导消费者认可并愿意支付生态品质引致的溢出价格，增加优质生态产品供给。

10.4 创新绿色金融拓宽资金渠道

绿色金融是发展生态产品第四产业的资金保障。当前，要以推进生态资产实现资本化为目标，创新绿色金融产品和服务方式，推动金融资本与第四产业需求有效对接，拓宽生态产品第四产业融资渠道，引导资本流向生态产品第四产业的开发、经营、交易等环节，解决生态产品第四产业发展资金"瓶颈"与发展赋能诉求[18]。

10.4.1 绿色信贷

绿色信贷是我国绿色金融创新的主要产品种类，也是当前生态产品第四产业开展绿色融资的重要手段[36]。完善绿色信贷政策及运行机制，创新绿色信贷产品，加强绿色信贷风险管控，有效破解生态资源资产作为贷款依据中抵押难、风险大等"瓶颈"，为生态产品第四产业提供重要的资金支持。

加大绿色信贷资金支持力度。鼓励金融机构积极发挥作用，通过给生态产品第四产业发展优先贷款，提供贷款绿色通道便利条件，提供长周期、低利率贷款等方式，加大对生态产品第四产业发展过程中的资金融汇支持。调整优化信贷结构，及时制定、修订重点行业信贷政策，精准扩大绿色产业信贷政策覆盖范围，建立绿色信贷重点项目库目录等，不断加大对生态产业第四产业发展的支持力度[37]。

加强绿色信贷风险管控。探索推广"信贷＋保险＋期货"等风险分散模式，提升风险防控效率。引导金融机构应对转型风险和生态环境风险、气候风险等，开展压力测试与评估[38]，将生态环境的影响在信贷准入、信贷持有、信贷关系结束后等阶段纳入监测，对生态产品产业发展项目实施全生命周期的环境风险评估，以便精准测算明确各节点引发的环境风险，构建形成有效的生态产品第四产业发展项目信贷风险防控机制，促进银行机构及时有效地防范针对生态产品第四产业发展的贷款风险。

鼓励“生态贷”产品创新。通过加大信贷产品创新，促进生态产品转变为生态资本。将生态资产作为抵（质）押物的“生态贷”产品，可以激活生态产品的金融属性，拓宽生态发展融资渠道，实现生态产品价值可抵押、可融资，打通生态产品变生态资本的通道。对开展“生态贷”业务的金融机构提供专项资金支持，让市场经济规律参与到金融机构的贷款中，减少政府的行政干预，积极创造条件。建立专门的生态产品第四产业政策性金融机构，负责“生态贷”的偿还、监督、管理相关工作，构建责任分明的分层次担保体系或专门的担保公司，成立有限责任或股份担保公司，降低金融机构的实际风险。建立健全“生态贷”政策性保障制度，充分发挥金融服务体系分散风险、转移风险的作用，对生态资产贷款实行优惠补贴政策，鼓励保险公司为生态产品第四产业提供保险业务，增加金融机构按期回收贷款的信心[39]。

健全生态信贷资产评估制度。完善生态产品第四产业发展的信贷资产评估相关法律法规，健全资产评估制度，制定林权、水权等抵押资产评估法规和管理办法，为生态资源流转提供规范性平台。统一生态产品第四产业企业抵押贷款资产评估流程，完善抵押资产评估方法，切实解决抵押资产评估中不规范、评估结果不公正等问题，明晰生态林、生态水等生态资产抵押中抵押物的范围，维护生态资产所有者、经营使用者的合法权益，严格防范由于生态资产评估中违法违规行为而存在的金融风险[40]。成立生态资产评估专业机构，加强专业评估人员培训，将生态资产评估进行系统化管理，因地制宜设置专业评估机构。定期考核，提升生态资产评估人员的业务能力、道德素养、法律知识，强化对生态资产贷款评估工作的监管管理，适应我国生态资产融资的进一步需求。

构建“生态区块链贷”体系。将区块链技术引入生态产品第四产业发展项目的贷款中，促进实现生态产业“交易数据”变“贷款授信”。向生态产品产业链上游的企业发放集质量溯源、支付结算功能于一体的企业溯源银行卡，运用区块链技术记录持卡人的结算交易信息，实现交易数据的去中心化存储、不可篡改，以银行卡交易数据作为贷款授信核心指标，向产品质量溯源管理的生态产业链上游企业发放纯线上信用贷款，实现无须抵押、秒批秒贷，有效解决产业链主体规模小、缺少抵押物、银农信息不对称导致的融资难问题[39]。

专栏 10-10 区块链技术助力绿色信贷 支持生态产品第四产业发展

区块链是一个无须中介就可实现个体之间交易、资产与价值转移的巨型交易网络，以交易确认的方式取代传统的信用实体[41]。绿色信贷在助力生态产品第四产业发展上存在很多问题，如金融机构和贷款主体间信息不对称、生态产品市场主体的信用评级、融资审批、授信管理以及业务环节等风险难以评估，银行等金融机构不能及时获得关于交易的全部信息等，这些问题可以借助区块链技术加以完善解决[42]。

打造基于区块链技术的信贷大数据平台。满足生态产品第四产业要求的企业、商户可以通过大数据平台提交交易信息，实现了去中心化存储和不可篡改，为银行经营性贷款业务提供了真实有效的资金使用途径佐证，免除经营性贷款需上传经营性用款佐证材料手续的规定，银行根据这些交易记录的安全性、完备性和可信性，放贷给申贷方。

强化交易流程的统一规范管理。为申请绿色贷款的企业、商户发放交易卡，交易时统一使用交易卡刷卡器。如需贷款，可以通过银行网上申贷渠道，用企业、商户的交易卡申请用户名和密码登录，进入金融板块查看自己的交易数据流水，并将其作为银行贷款的授信依据，直接申请信用贷款。

10.4.2 绿色基金

加大国家绿色发展基金、地方绿色基金对生态产品第四产业的支持力度，以林业改革发展资金、林业生态保护恢复资金等相关财政资金为母基金，设立生态产品第四产业发展基金，不断增加生态产品第四产业募集资金的渠道和能力，将分散资金有效转化为契合生态产品第四产业发展需求的资本金。

推动国家绿色发展基金投向生态产品第四产业。以国家绿色发展基金服务国家重大战略为出发点，以提高社会资本广泛深入参与生态产品第四产业发展中为主要路径，进一步贯彻“绿水青山就是金山银山”理念、加快美丽中国建设、促进绿色高质量发展。在使用方向上，明确国家绿色发展基金将生态产品第四产业项目纳入重点支持方向，并设定一定的资金投资比例要求，按照市场化方式进行管理，将资金重点投向前期基础好、条件较为成熟的生态产品第四产业发展项目。将国家绿色发展基金推动长江经济带发展战略与加快培育生态产品第四产业相关市场主体结合起来，更好服务长江经济带绿色发展和生态保护工作[43]，同时，探索可复制、可推广的经验，辐射其他国家重大战略区域。国家绿色发展基金不仅要重点支持生态产品第四产业重大项目实施，更要重视发挥基金的引资平台功能，积极创新融资方式，引导和拉动多方不同目的性的社会资本投入，畅通和扩大资金投入渠道，推动形成生态产品第四产业发展投融资的良性循环。

鼓励地方绿色基金重点支持生态产品第四产业。鼓励各级地方政府以多种形式发起或参与绿色发展基金，充分发挥基金手段的平台载体作用，健全生态产品和服务价值实现的市场机制，形成推广“绿水青山”转化为“金山银山”的长效机制，提高生态资产的服务能力。推动完善生态产品第四产业市场主体参与项目的相关法规规章，鼓励各地在总结现有绿色基金项目实践经验的基础上，出台具有可操作性的实施细则，确保政府参与出资的绿色发展基金执行国家绿色发展战略及政策，按照市场化方式进行投资管理。完善收益和成本风险共担机制，保障社会资本进入的公平性[44]。鼓励市场主体设立绿色私募股权和创业投资基金，加大对生态产品第四产业的投资，为地区产业发展提供充足的融资支持。

完善政府引导基金支持机制。加大财政资金对生态产品第四产业的支持力度，鼓励地方探索统筹利用林业改革发展资金、林业生态保护恢复资金、节能减排补助资金等财政资金，设立专门针对生态产品第四产业发展的基金，或者探索在高质量绿色发展产业基金下设立生态产品价值实现主题基金等，重点支持和引导生态产业化、产业生态化、产业高效化等生态产品价值实现重点项目[38]。

拓展绿色基金投资范围。将绿色发展基金投资引入生态资源的开发、利用与保护中，促进消费者对生态资源的需求衍生到金融市场，通过市场交易协调生态资源供给和需求，利用市场机制让生态资本成为一种新的投资领域。减少绿色金融发展中的政府驱动作用，转而以市场驱动为主运作绿色基金，自主地调节利率水平和基金规模，促进绿色基金良性发展[45]。

10.4.3 绿色保险

相较其他绿色金融产品的融资功能，绿色保险对生态产品第四产业发展的作用更为直接和有效。当前，要加快创新农业险、林业险、碳汇险、气候险等绿色保险产品和服务，健全绿色保险合理定价机制和风险分担机制，完善绿色保险的立法以及税收减免优惠等配套政策，为保障生态产品第四产业发展发挥重要作用。

鼓励绿色保险产品和服务创新。鼓励结合地方生态优势，开发出涵盖绿色生产经营和绿色消费等方面的保险产品。加大农业保险、森林保险等的实施力度，如开发有机农牧业目标价格指数保险、自然灾害保险等保价格保收入产品，以及环境治理保险产品等，满足绿色产业风险边界控制的各种需求。大力推广“生态信贷＋生态保险”等产品。推动扩大效应，通过绿色保险产品创新促进乡村地区生态产品价值的实现。推进开展环境污染强制责任保险、大型环保及资源综合利用装备保险、绿色产业产品质量责任险等绿色保险的探索与实践。推动保险、投资理财等现代金融服务向农村下沉，实现普惠型乡村金融服务站行政村全覆盖。完善农村保险服务体系，扩大政策性生态农业保险覆盖面。

健全绿色保险合理定价机制。发挥保险费率杠杆调节作用，使保险费率在不同项目间更具有个性化，更有针对性，有效支持生态产品第四产业发展。根据各地区生态产品第四产业情况，引导制定差异化保险条款及费率，提升市场主体投保的积极性，发挥大数法则的风险分散功能，促进保费循环降低。引导金融机构充分发挥其优势，真实反映企业所需绿色保险承保范围，在合理定价的基础上，拓展可投绿色保险的风险分散业务[46]。如人保财险根据内蒙古地区牧区自然灾害和分散养殖实际情况，开发天气指数保险产品，经过一段时间的探索实践，确定针对内蒙古牧区的保险条款和费率，为牧区养殖业提供风险保障。

构建保险风险分担机制。探索“绿色保险＋期货”对接模式的市场化风险分担机制，为生态产品第四产业发展相关保险产品的研发、风险管控和业务发展创造条件，充分利用期货市场的价格发现机制和套利保值功能，将生态产品生产中存在的风险转嫁给期货公司，提升保险机构风险应对能力[46]。挖掘绿色保险的融资属性，为生态产品第四产业市场主体通过绿色保险工具来进行融资提供可能性。聘请第三方专业机构，提供安全管理、风险评估等专业化服务，参与投保风险管理全过程[47]。

完善绿色保险配套政策措施。加快绿色保险立法工作，强化强制规范性，逐步扩大绿色保险的覆盖面[48]。全面实施巨灾保险制度，将其纳入国家防灾减灾体系中，以洪涝、暴雪、地震等自然灾害为主要承保范围，理赔金额与灾害级别挂钩，借助市场经济的高效资源配置，发动社会投保加入灾害风险管理，保障社会公共秩序。建立环境污染强制责任保险制度，建议生态环境等相关部门建立各市场主体的环境信息数据库，建立环境信息共享与披露机制，确保金融机构能够及时获得成本较低的项目数据。加强约束与激励机制建设，给予绿色保险投保企业政策支持，包括对绿色保险免征增值税，提供财政补贴等。扩大绿色保险在生态产品第四产业发展中的作用。

10.4.4 绿色债券

生态产品第四产业是绿色债券支持的重点领域，要不断加强第四产业相关的绿色债券环境信息披露机制建设，完善激励支持政策，开发与生态产品价值实现相关的绿色债券产品，不断拓宽产业发展主体的融资渠道。

鼓励加强绿色债券产品创新。鼓励创新乡村振兴债、可持续发展挂钩债券等绿色债券新品种，推动绿色、社会、自然范畴的债券发行量持续增长。开发与生态产品价值实现相关的各种债券指数产品。优化绿色债券发行结构，鼓励生态产品第四产业市场主体发行中长期绿色债券。对生态系统改善有突出贡献的企业拓展摊薄和增信等支持手段，进一步优化审批流程，推动发行主体结构更加均衡。

加强绿色债券环境信息披露机制建设。逐步量化环境效益评估指标，为投资者提供更透明和更充分的投资信息，提升生态产品价值转换型项目的项目热度。在绿色债券环境信息披露制度设计上将绿色债券发行人作为第一责任人，鼓励其多维度、全方位地披露绿色资金的运作方式，强化外部评估机构对这一披露内容的审慎核查责任[49]。

加大债券政策的激励支持力度。在财政贴息、担保等方面给予生态产品第四产业项目更多的优惠政策，降低发行人的总体发行成本。可通过适当降低商业银行持有绿色债券风险权重、提高绿色债券质押率的方式，进一步提高绿色债券吸引力[50]。将生态产品第四产业纳入绿色债券支持项目范围，结合生态产品第四产业发展需要，持续更新发布《绿色债券支持项目目录》。

10.5 引导生态产品消费与公众参与

发展生态产品第四产业、实现生态产品价值，要从供给侧和消费侧两端同时发力。当前，要以壮大生态产品消费需求为导向，推进全社会形成绿色生活方式和绿色消费模式，不断提高全民对生态产品的消费需求，让更多人参与到生态产品的生产与消费中，培育生态产品第四产业发展壮大的社会环境。

10.5.1 培育绿色消费理念

培育绿色消费理念是提高全民生态价值意识的基础。通过组织开展全民教育、推进群众性主题宣传活动、扩大绿色消费市场进行公众绿色消费理念的传导，提升社会各方对生态产品的关注度，在全社会营造生态产品消费的社会风尚。

组织开展全民教育。加强生态道德教育，促进人与自然和谐共生，弘扬中华民族勤俭节约的传统美德和中国共产党艰苦奋斗、苦干实干的优良作风[51]，广泛开展绿色消费教育，培育和引导资源节约导向的绿色生活方式和绿色消费模式，推动全社会对生态产品的需求。将绿色消费理念纳入国民教育体系，在基础教育、成人教育、高等教育中丰富绿色消费内容，推动生态文化体系走进校园，开展形式多样的生态文化宣传、普及生态文化教育、举办生态文化活动、倡导绿色消费课堂。把珍惜生态、节约资源、绿色消费的宣传纳入群众性精神文明创建活动，使绿色消费宣传教育进企业、进社区、进机关，使绿色消费深入人心[52]。

推进群众性主题宣传活动。加强生态产品的宣传推广和推介，提升生态产品的社会关注度和市场认可度，在全社会厚植绿色消费的社会风尚。组织开展绿色生态景区、生态茶品鉴、生态旅游等推广活动，表彰先进单位和个人。把绿色消费纳入全国节能宣传周、世界水日、全国低碳日、环境日等主题宣传活动，充分发挥工会、共青团、妇联等组织的作用，利用线下展馆、线上平台、专业杂志等多种形式引导消费者主动选择生态产品。加强舆论监督，曝光奢侈浪费行为，营造良好社会氛围。

扩大绿色消费市场。促进绿色消费，激发生态产品第四产业市场活力，加快线上线下绿色消费有机融合，扩大升级生态消费，培育壮大生态旅游产业、生态康养产业、生态文化产业，应用互联网、大数据、人工智能等新一代信息技术与实体店结合，提供更多满足大众需求的生态产品[53]。加强生态农林业、生态养殖业、生态文化、生态旅游等绿色消费跨界融合，积极拓展沉浸式、体验式、互动式绿色消费新场景。深化服务领域全域协作，大力实施生态产品消费帮扶，助力生态产品获得更多销售渠道，同时让消费者获得有品质保证的产品。针对小农户、农场、农民等，以好山好水好空气等生态资源为着力点，构建“互联网+”品牌建设模式，在互联网端进行宣传销售，融入共生、共享、共赢的数字生态。

10.5.2 引导公众参与生态产品生产

引导公众参与生态产品生产是推行生态产品消费的必要手段，坚持“生态惠民、生态利民、生态为民”理念，通过推出生态产品消费惠民措施、建立个人生态信用体系、鼓励生态产品科技投入等手段，积极引导公众参与到创造和培育优质的生态产品当中。

推出生态产品消费惠民措施。针对激发公众生态产品消费意愿、提升公众消费能力、提振消费信心等目的，推动出台一系列惠及消费者的政策，包括鼓励地方结合实际建立本地生态积分制度，根据积分情况提供生态产品消费折扣、消费券兑换等优惠服务[54]。健全碳普惠机制，搭建碳普惠平台，积极推广碳积分、碳账户等碳普惠产品，引导公众践行低碳生活。

专栏 10-11　探索完善生态产品消费积分制度

在生态产品消费需求不足的情况下，探索建立和完善生态产品消费积分鼓励制度非常有效。目前，这种积分鼓励方式和模式比较多，主要涉及绿色低碳出行以及购买绿色低碳产品等领域。

绿色消费积分制度是国家财政支持消费者购买绿色产品的制度，即购买符合标准的产品，获得“绿色消费积分”，积分可以兑换指定的商品或服务。设计理念是通过“绿色消费积分”制度，借用市场力量，把促进绿色消费、刺激消费市场、鼓励绿色消费行为进行深度融合。借鉴绿色消费积分经验，完善生态积分制度。

建立生态积分体系。构建消费积分制度标准和方法体系，打造综合采集用户绿色生活、绿色消费、生态旅游、绿色金融等多维度的生态积分模式，形成集纳个人绿色行为的多维体系算法。

构建消费激励制度。搭建积分兑换平台，开设多种积分消纳渠道，用户利用积分兑换绿色礼品、生态产品和消费券，也可兑换在线阅读书籍、兑换金融权益和积分抽奖等。开通积分捐赠渠道，助力边远地区脱贫攻坚。

建立个人生态信用体系。制定国家层面个人生态信用评价管理办法，建立个人生态信用评价与应用体系，规范个人信用征信及评级活动，防范信用风险，保障当事人的合法权益，成立个人生态信用征信及评级监督委员会，负责评级业务的监督管理。不断完善生态信用守信激励、失信惩戒机制，激发群众参与生态产品价值实现的积极性。

鼓励生态产品科技投入。支持和引导企业加大生态产品设计、生产、制造的研发投入，通过技术革新，实现生态产品的多元化，提高生态产品供给质量和生产效率，有效降低成本和价格[55]，不断提高产品和服务的资源环境效益，增加生态产品的竞争力，满足不同主体多样化的生态产品消费需求。

完善生态建设反哺机制。鼓励将生态环境保护修复与生态产品开发经营权益挂钩，建立生态建设反哺机制，确保生态产品开发经营实现的经济收益要按一定的比例反哺村民，反哺生态保护—恢复—建设，提高群众自觉参与生态产品生产的主动性。

10.5.3 发挥社会组织带动作用

社会组织是包括行业协会、产业联盟、产业联合体等群体的统称，是市场主体也是市场服务主体。充分发挥社会组织在第四产业供需两侧的桥梁纽带作用，加强社会组织新媒体宣传、人才集聚、平台搭建等职能建设，可以为引领规范产业发展、推动生态产品消费提供助力。

加强社会组织新媒体宣传工作。通过线上线下方式，组织生态产品第四产业发展研讨会，探讨行业的发展问题，并成立全产业链联动的行业自律委员会，全面推进行业自律组织各项工作落到实处。大力宣传生态资产资本化理念，整合地方协会信息优势、渠道优势以及专家和企业资源优势，为生态产品第四产业市场主体提供服务，把有技术、有实力的大型骨干环保企业引入市场。同构网站建设、影视制作、网络课堂等形式拓宽绿色理念空间，实现多平台教育[56]。

发挥社会组织的人才及技术影响作用。加强行业协会和产业联盟等社会组织建设，汇集大量专家学者、专业人士及行业中的佼佼者，组成高水平专家库，提升生态产品第四产业供给端服务水平，并为落户企业提供强有力的人才支持及人才输送。积极了解落户企业需求，为其开展专业化、定制化的培训，不断提高企业发展实力。建立完善生态产品第四产业技术库，为企业“牵线搭桥”，使其互通有无，加强企业间沟通交流。

强化社会组织引领规范行业发展作用。充分发挥行业协会和产业联盟等社会组织的桥梁纽带作用，结合生态产品第四产业主体企业的产品情况，搭建与消费者沟通平台，促进产业与消费者互信、互通、互补、互动等机制形成。同时积极了解生态产品消费者的需求及意见，及时为生态产品第四产业主体企业反馈建议。

10.5.4 推动生态产品绿色采购

生态产品绿色采购是指在采购活动中优先购买和使用生态产品和服务的行为。完善政府生态产品绿色采购制度，鼓励企业、商户、居民等开展生态产品绿色采购行为，能够将生态产品的生产环节和消费行为有机联系起来，为发挥采购需求引领、扩大生态产品消费打开局面。

完善政府生态产品绿色采购制度。健全政府绿色采购制度，强化采购人主体责任，营造绿色生态消费政策环境。制定并动态更新政府生态产品绿色采购清单，建立政府生态产品绿色采购平台，不断加大生态产品在政府采购中的比重[57]。积极开展政府采购生态产品调节和文化服务试点等，拓宽政府生态产品绿色采购边界。

鼓励企业、商户、居民开展生态产品绿色采购。鼓励企业实施和强化生态产品绿色采购，逐步引导和推动形成生态产品绿色采购链，助力生态产品第四产业之间功能拓展、业态融合、价值赋能，延伸生态产品价值链。充分发挥互联网电商平台作用，搭建生态产品产业链服务平台，重点推广生态产品、生态旅游，为生态产品供应方提供管理系统，鼓励企业、商户、居民通过平台进行采购。

10.6 健全第四产业发展基础制度

明晰的生态资源产权、科学且统一的生态产品价值核算标准、规范的生态产品认证体系以及破除利益不均衡分配的生态保护补偿制度和生态环境损害赔偿制度，是克服生态产品公共和准公共属性，推动建立生态产品价格体系、市场体系与金融体系的前提。健全生态资源产权、生态产品价值核算、生态产品认证和生态保护补偿与生态环境损害赔偿等基础制度，可以为加快发展生态产品第四产业提供基础和支撑。

10.6.1 加快建立生态资源产权制度

推进自然资源确权登记，健全生态资产产权关系，落实产权主体责任，完善自然资源有偿使用制度体系，规范资源开发利用活动，提升生态资源开发利用效率和加大保护力度，为生态产品第四产业发展中市场主体和社会资本引入提供了可行路径和制度基础。

推动生态资源产权制度顶层设计。以完善生态资源资产产权制度为重点，以落实产权主体为关键，加快构建生态资源资产管理制度体系。在法律上厘清生态产品产权主体占有、使用、收益、处分等责权利，梳理《中华人民共和国森林法》《中华人民共和国土地管理法》《中华人民共和国水法》《中华人民共和国环境保护法》等与生态产品价值实现相关的现有法律，修订已有法律，明确产权关系[33]。探索研究森林、草原、湿地、水流、滩涂、荒地等各类生态要素产权主体的界定办法，明晰全民所有和集体所有之间的边界，明晰全民所有、不同层级政府行使所有权的边界，明晰不同集体所有者的边界，明晰不同类型自然资源之间的边界。兼顾环境容量的大小和环境净化能力，建立排污权、碳排放权等可“回收”的环境纳污资源所有权制度[58]。

推进自然资源确权登记。及时更新国家公园自然资源确权登记数据，继续推进重点区域自然资源确权登记，开展大兴安岭国家重点林区、有关重要湿地等全民所有自然资源资产确权登记[59]。评估福建、贵州、江西等国家生态文明试验区的试点内容、方式方法等情况，着重对试点区域的统一确权登记完成质量进行评估，考察确权登记一般程序的合法性、合理性，完善统一确权登记的类型、程序、通告和公告、登记审核、登记簿等内容[60]。构建“山水林田湖草沙冰”生态资源统一确权登记系统，健全自然资源确权登记制度规范，对水流、森林、山岭、草原、荒地、滩涂以及探明储量的矿产资源等自然资源所有权进行统一确权登记，清晰界定自然资源资产产权主体，划清所有权和使用权边界，为生态产品供给和交易奠定基础。

健全生态资产产权关系。加快推进全民所有自然资源资产所有权委托代理机制试点，完善自然资源资产权益管理制度。以强化生态资源处分或处置权、保障资源收益或受益权为核心，丰富生态资源资产使用权类型，创新生态资源资产所有权实现方式[61]。研究不同类型生态资源资产的使用权期限，尽可能细化使用权、转让权、入股权、租赁权、抵押权、处分权、收益权等各项权能、权责、权利，依托自然资源统一确权登记明确生态产品权责归属，破除集体产权主体资源处置权的残缺或易位，以及受益权的缺失或受到侵害的弊端。坚持所有权和使用权分开，避免农村土地流转中虽然所有权、经营权和承包权三权分立，但却只能在农村范围内流动的问题，真正实现生态资源资产化。

完善自然资源有偿使用制度。明确自然资源资产有偿使用对象和范围，严格限定无偿划拨、协议出让以及减免相关税费的范围，将国有土地有偿使用范围扩大到公共服务领域建设项目中。借鉴国有建设用地使用权有偿使用制度经验，进一步完善矿产、森林、草原、水、海域海岛等5类自然资源有偿使用制度体系。健全自然资源资产收益管理制度，重视农村自然资源的合理开发利用，确保国有林场职工、农牧民权益，统筹规划农村集体所有的土地资源保护与管理。完善自然资源节约集约开发利用制度，建立健全节约集约利用的标准规范体系和激励约束机制，提高自然资源开发利用效率。

10.6.2　规范生态产品价值核算制度

深入开展生态产品价值核算试点工作，探索在国家公园等重要生态功能区构建适宜的价值核算体系。鼓励地方先行开展以生态产品实物量为重点的生态产品价值核算，再通过市场交易、经济补偿等手段，探索不同类型生态产品经济价值核算，逐步修正完善核算办法。在总结各地价值核算实践的基础上，探索制定生态产品价值核算规范，明确生态产品价值核算指标体系、具体算法、数据来源和统计口径等，推进生态产品价值核算标准化。针对生态产品价值实现的不同路径，探索构建行政区域单元生态产品总值和特定地域单元生态产品价值评价体系。建立生态产品价值核算结果发布制度，适时评估各地生态保护成效和生态产品价值。

10.6.3　建立生态产品认证推广体系

制定生态产品认证管理办法、认证实施规则、标识使用管理办法、认证机构管理规范等，并对生态产品的认定申报、评审认定、证书和标识使用管理，以及监督管理等具体方面进行规范。逐步构建涵盖具有我国特色的生态物质供给产品、生态调节服务产品及生态文化服务产品等三大类生态产品的生态产品认证标准体系，建立和规范生态产品认证评价标准。打造国家生态产品统一认证体系建设平台，完善生态产品品牌认证国际联盟建设，推动生态产品认证国际互认。加强对生态产品价值实现机制试点地区的支持力度，深化并复制推广“丽水山耕”“武夷山水”等系列品牌认证经验做法，鼓励打造特色鲜明的生态产品区域公用品牌，将各类生态产品纳入品牌范围，加强品牌培育和保护，提升生态产品溢价。充分利用互联网、融媒体等现代信息技术工具，建立生态产品质量溯源机制，不断提高生态农产品、生态旅游等的区域及全国品牌影响力，增加生态产品的消费认可度。

10.6.4 健全生态保护补偿与生态环境损害赔偿制度

生态资源外部性较强，健全生态保护补偿与生态环境损害赔偿制度等利益分配制度，能够推动发挥政府主导作用，解决生态保护者与受益者、破坏者与受害者之间利益分配不平衡问题，进而激发生态保护的积极性，提高生态产品第四产业供给能力，促进产业可持续发展。

完善纵向生态保护补偿制度。综合考虑生态产品价值核算的绝对值和增加值确定补偿资金分配依据，探索建立国家重点生态功能区、生态保护红线等生态功能重要区域生态产品存量、增量与资金分配相挂钩的补偿机制，并充分发挥转移支付资金的引导作用，积极引入社会资本支持生态环境系统性保护修复工程建设，持续提升生态产品增量[62]。鼓励地方政府在依法依规前提下统筹生态领域转移支付资金，通过设立市场化产业发展基金等方式，支持基于生态环境系统性保护修复的生态产品价值实现工程建设。探索通过发行企业生态债券和社会捐助等方式，拓宽生态保护补偿资金渠道。通过设立符合实际需要的生态公益岗位等方式，对提供生态产品地区的居民实施生态补偿。

建立横向生态保护补偿机制。完善跨行政区生态补偿法律法规，明确区域（流域）之间横向生态补偿的适应范围以及工作机制等。在农产品主产区和重点生态功能区，要加大财政转移支付力度，建立健全流域横向生态补偿机制。鼓励生态产品供给地和受益地按照自愿协商原则，综合考虑生态产品价值核算结果、生态产品实物量及质量等因素，开展横向生态保护补偿。支持在符合条件的重点流域依据出入境断面水量和水质监测结果等开展横向生态保护补偿。探索异地开发补偿模式，在生态产品供给地和受益地之间建立合作园区，健全利益分配和风险分担机制。

健全生态环境损害赔偿制度。继续完善生态环境损害鉴定评估标准体系，形成兼顾复杂与简单案件、统筹环境要素与生态系统的技术标准体系[63]。开展生态环境损害评估，健全生态环境损害鉴定评估方法和实施机制。推进生态环境损害成本内部化，加强生态环境修复与损害赔偿的执行和监督，完善生态环境损害行政执法与司法衔接机制，提高破坏生态环境的违法成本。

10.7 全面提升第四产业发展能力

作为一个新兴的产业形态，生态产品第四产业发展需要法律、科技、监测、监管各个方面的能力支持，主要包括增强生态产品价值实现的配套能力，完善生态产品法律法规与标准体系，提升监测能力与科技支撑水平，加大生态产品供应区域监管力度，建立生态产品价值统计与评价体系，推进生态产品价值核算的相关应用与试点示范，最终全面支撑生态产品第四产业的发展壮大。

10.7.1 加强生态产品法律标准保障

法律法规与标准建设是生态产品第四产业建立与发展的基础保障，应研究推进生态产品价值实现的专项立法，加强生态产品第四产业的相关配套立法，强化相关法律法规的协调性，规范市场运行与管理。标准体系为第四产业发展提供统一规范，应完善生态产品第四产业发展标准体系。促进加快建立系统性、科学性、协调性的生态产品第四产业发展法律法规与标准体系。

健全生态产品第四产业发展法律法规体系。从生态产品市场交易、自然资源资产产权界定、自然资源有偿使用、生态基金运作以及生态补偿等方面加强立法[64]。研究建立可交易的生态产品产权制度，明确生态要素的产权归属，在法律上厘清生态产品产权主体的占有、使用、收益、处分等责权利关系。研究制定生态资产资本化市场运行规则和市场管理办法[65]，建立生态私人产品以及生态准公共产品的市场交易体系，完善生态产品市场交易监管制度[66]。推进修订《中华人民共和国矿产资源法》《中华人民共和国水法》《中华人民共和国森林法》《中华人民共和国草原法》《中华人民共和国海域使用管理法》《中华人民共和国海岛保护法》等法律及相关行政法规，完善自然资源资产产权登记制度。理顺生态产品产业发展与各相关法律法规间的关系，建立统一、协调、完整的生态产品市场供给制度，降低交易费用，为生态产品的市场有效供给提供法律保障[67]。

推进生态产品专项立法。2022 年 5 月浙江省人大常委会通过的《浙江省生态环境保护条例》，作为地方生态环保法律首次把生态产品价值实现纳入法律，具有很强的时代性和开创性。要研究推进生态产品价值实现的专项立法，规范生态产品供需主体及相关权责利、价值评估机制和方法、市场交易规则、产权归属等，构建以生态产品价值实现专项法律为引领，以生态补偿、水权交易、碳汇交易、生态产品项目开发的公私合作、生态产品项目融资等相关领域法律为组成部分的生态产品第四产业发展法律保障体系。从立法上明晰生态产品的供给方式和运行机制，明确生态环境要素的产权和生态产品供给主体的责任和义务，合理构建各相关主体的生态产品开发与经营的权益关系，分门别类地建立各个层次的生态产品市场交易体系，通过制度创新实现生态产品市场供给中的有效监督。

完善生态产品第四产业发展标准体系。建立基础通用标准、生态产品认证标准、生态产品第四产业发展标准、生态产品价值实现标准等生态产品价值实现标准体系，加强对生态产品价值核算、价值转换、生态信用等重点标准研究制定工作的指导。规范生态资产分类标准及评估程序。建立规范的生态产品认证评价标准，构建具有中国特色的生态产品认证体系。

10.7.2 提升生态产品科技支撑水平

科技创新是助推生态产品第四产业发展的关键生产力，应强化生态修复、生态核算、资源监测等核心技术支撑，推广智慧化、数字化技术和 NbS 技术等在生态产品第四产业中的应用，加强生态产品科技研究与创新能力，有效提升生态产品第四产业的发展效率。

加强生态产品供给的科学技术支撑。推广应用生态修复技术，全面建立生态保护修复前端、中端、后端的调查、监测、预警、评价体系，为生态产品价值实现奠定技术支撑与能力建设基础。加强生态价值核算技术与规范研究，推动生态价值核算技术应用试点示范。推动生态资源监测技术应用，对重要生态功能区进行动态监测，系统研究主要类型生态系统的结构、功能、动态和可持续利用路径，对生态环境质量变化趋势开展预测预警。加大力度推广应用产业生态化、清洁生产、资源循环再生利用等关键技术。

加快推进生态产品价值实现的数字化进程。推动智能化、数字化、信息化、可视化和互联网技术在生态产品的调查监测、价值评价、开发经营、保护补偿等环节的应用，建设并运行生态产品价值自动化核算业务系统。实现 5G 设施、地理信息系统、物联网设备、信息管理驾驶舱等技术手段与生态产品价值实现的衔接。推进生态产品第四产业信息全面采集与科学统计，推动物联网和大数据平台建设，为生态产品第四产业发展提供全方位信息支撑，解决信息“最后一公里”问题。积极推动区块链与生态产品第四产业链结合，制定区块链应用于生态产品第四产业链的统一行业标准和技术准则，加快区块链数据处理和存储规模、系统之间的互联互通、信息安全和隐私保护等核心关键技术攻关[68]。充分利用云计算、物联网等先进技术，结合构建 GEP 核算统计需求，将自然资源、林业、水利、气象等方面的基础数据纳入国民经济和社会发展统计体系中。推进县域 GEP 精准核算及数字化治理试点，依托遥感、物联网等技术，提升生态产品产业统计数据精度。推动互联网技术在生态产品营销中的应用，鼓励各地在电商、出行等互联网平台设立生态产品专区，推动更多优质生态产品向线上平台聚集。采取网络电商直播、VR 展厅等多种形式的数字化技术，推介本地生态产品，塑造本地生态品牌。

提升绿色技术创新与应用能力。强化企业绿色技术创新主体地位，健全“产学研”协同攻关机制，培育形成技术研发和商业模式高效对接的信息优势，促进企业通过绿色技术研发与应用提供优质生态产品与服务。深化生态产品市场准入制度改革，为企业绿色技术创新提供公平竞争环境，鼓励企业以多种经营方式进入新一代信息技术、高端装备、新材料等重点行业以及高端生态产品生产环节。按照“消化一批、转移一批、整合一批、淘汰一批”的原则，分业分类施策支持绿色技术发展，并完善科技人才发现、培养与激励机制，健全符合科研规律的科技管理体制与政策体系[69]。

加强生态产品第四产业研究与国际合作。强化相关专业建设和人才培养，培育跨领域跨学科的生态产品产业发展高端智库。依托高等学校和科研机构，加强基础研究和能力建设，围绕生态产品价值实现的关键方法、关键问题实施一批基础科研项目，培育生态服务价值评估、价值实现路径研究等的科技支撑机构[70]。充分借鉴国际社会在生态系统服务价值核算、生态服务使用付费等方面的研究基础，鼓励高校院所、科研机构举办国际研讨会、经验交流论坛等，互相交流研究成果与加强合作[62]。

10.7.3　完善生态产品调查监测能力

生态产品调查监测能力是生态产品第四产业发展的重要前提。建立生态产品调查制度，推进生态产品重点供给地区实施生态系统综合监测，健全多方参与的生态产品监测体系，能够及时摸清生态产品底数并掌握其发展变化情况，为生态保护以及第四产业发展精准施策提供支撑。

建立生态产品分类统计调查制度。综合运用天地空一体化手段，定期开展生态保护红线和自然保护地的生态质量监测，对主要生态因子、重点生态问题和重要生态系统等进行综合监测。有序推进生态保护监管重点区域的森林、草原、河湖、湿地、荒漠等生态系统监测，以及区域独特生态系统状况和国家重点保护物种调查。建立生态产品分类统计调查制度，基于现有自然资源和生态环境调查监测体系，开展生态产品基础信息普查和动态监测，摸清各类生态产品数量分布、质量等级、功能特点、权益归属、保护和开发利用情况等信息，形成生态产品目录清单。

健全生态产品发展监测评价体系。构建国家技术标准统筹、区域流域技术监督、地方推进落实、社会共同参与的生态监测网络，扩大生态环境监测网络范围，推进生态环境多源遥感与地面观测相结合的监测网络标准化建设，形成覆盖森林、草原、湿地、农田、海洋、矿产、水资源等重要自然生态要素的调查监测体系。加快自然资源和生态环境监测信息传输网络与大数据平台建设，加强生态环境监测数据资源开发与应用，开展大数据关联分析，充分挖掘生态产品潜能，掌握生态产品动态信息。深化生态环境监测体系改革，实现各部门各类生态环境监测体系的统一规划、统一标准、统一监测、统一信息发布，为生态产品价值实现提供全面、完整、准确、及时的数据支撑[71]。推动生态产品信息云平台建设，加快各类生态产品生产、流通信息的共享，推动社会公众便捷获取生态产品信息，推动政府对生态产品供给的补偿更加公平、及时、可持续[72]。

10.7.4　加大生态产品保护监管力度

加大对生态产品供给区及其市场交易行为的监督管理力度，是推动生态产品第四产业发展的重要保障。强化对生态保护红线、自然保护地等重点生态功能区的监管执法，将生态产品供应的重点区域保护工作开展情况纳入重点监管，建立健全生态产品交易流通全过程监督体系，加快提升生态产品第四产业发展的监管能力。

加强生态产品重点供给区生态监管。加强生态保护红线、自然保护地等重点生态功能区的监管执法，定期公布生态环境状况。通过非现场监管、大数据监管、无人机监管等技术，强化对破坏湿地、林地、草地、自然岸线和近岸海域等行为的监督。加强生物多样性保护优先区域监管，加大对典型生态系统以及珍稀、濒危和特有野生动植物物种天然集中分布区的保护力度，深入实施生物多样性保护重大工程，使自然资本实现稳步保值和增值，强化生物多样性对生态系统结构和功能的支撑作用，保障生态系统对食物、纤维、木材、药材等生态产品的供应。

完善生态保护和生态产品监管执法体系。落实中央生态环境保护督察制度，将生态产品供应的重点区域保护工作开展、责任落实等情况纳入督察范畴，建立信用监管机制，实现跨地区跨部门奖惩联动。强化生态保护综合执法与相关执法队伍的协同联动，加强自然保护地等生态产品重点供应区域生态环境综合行政执法。推进生态环境损害成本内部化，加强生态环境修复与损害赔偿的执行和监督，完善生态环境损害行政执法与司法衔接机制，提高破坏生态环境的违法成本。

专栏 10-12　强化生态监管执法为第四产业发展提供坚实保障

2020 年 12 月，生态环境部印发《关于加强生态保护监管工作的意见》，提出坚持山水林田湖草统一监管，建立全国生态监测网络，完善自然保护地、生态保护红线监管制度，推动构建“53111”生态保护监管体系。“5”是指持续开展全国生态状况、重点区域、生态保护红线、自然保护地、重点生态功能区县域 5 个方面的监测评估；“3”是指实施好中央生态环境保护督察制度、生态监督执法制度和各重点领域生态监管制度等 3 项制度；3 个“1”就是组织好“绿盾”自然保护地强化监督，建设好生态保护红线监管平台，开展好国家生态文明建设示范区、“绿水青山就是金山银山”实践创新基地和国家环境保护模范城市示范创建工作。

从生态产品第四产业监管体系建设要求来看，要推进完善生态监测评估预警、监督执法和督察问责等生态产品第四产业发展的重要环节及监管链条，应做如以下方面：①继续完善生态监测和评估体系。进一步完善陆海统筹、空天地一体、上下协同的全国生态监测网络，为生态产品第四产业提供针对性数据基础。制定指标体系和技术方法，定期评估生态保护红线保护成效、自然保护地生态环境保护成效和生物多样性保护成效，推进山水林田湖草系统治理以及海域海岛生态修复等工作成效的评估，推进生态产品第四产业进展评估。②加强生态保护重点领域监管。完善生态保护红线调查、监测、评估和考核等监管制度和标准规范。推动生物多样性、生物安全监管、生态产品第四产业等立法，完善生物多样性调查和生态产品第四产业标准体系。③加大生态破坏问题监督和查处力度。将生态保护工作开展、责任落实等情况纳入督察范畴，对问题突出的开展机动式、点穴式专项督察。完善生态监督执法制度，扎实推进生态环境保护综合行政执法改革。

强化生态产品交易与市场监管。建立生态产品质量追溯机制，健全生态产品交易流通全过程监督体系，推进区块链等新技术应用，实现生态产品信息可查询、质量可追溯、责任可追查。探索制定生态产品第四产业市场与交易监督管理办法，明确生态产品第四产业交易市场的技术标准。鼓励地方探索完善生态产品政府采购和市场交易制度，建立统筹协调监督机制，定期统计生态产品政府采购信息并及时报送，加强生态产品采购的审计监督。协调生态产品第四产业涉及的相关部门，组织开展对生态产品第四产业市场运行环节的联合监管。

10.7.5 强化第四产业发展示范引领

示范建设先行探索是推动生态产品第四产业发展实践的有效方式，为生态产品第四产业发展从点到面推进提供重要经验。探索将生态产品第四产业相关指标纳入绩效考核体系，推动将生态产品价值纳入国民经济统计体系，强化其在决策和绩效考核评价中的应用，全面完善第四产业示范建设体系。

推动生态产品价值核算结果的考核应用。探索将生态产品总值指标纳入各省（区、市）党委和政府高质量发展综合绩效评价体系。推动落实在以提供生态产品为主的重点生态功能区取消经济发展类指标考核，重点考核生态产品供给能力、环境质量提升、生态保护成效等。探索实施 GDP 与 GEP 双考核、双提升的有益做法和政策安排，促进 GEP 和 GDP 双增长、GEP 向 GDP 高效转化[73]。推动将生态产品价值核算结果作为领导干部自然资源资产离任审计的重要参考，对任期内造成生态产品总值严重下降的，依规依纪依法追究有关党政领导干部责任。

将生态产品价值纳入国民经济统计体系。生态产品价值核算提供了衡量、监测生态与经济协同增长的方法工具，为解决经济和生态系统的区域发展不平衡等问题提供数据支撑[74]。实时了解生态系统状况与变化，支撑生态环境保护决策部署，将生态产品价值纳入国民经济统计体系。为清晰界定生态产品与现有三次产业的关系，在现有国民经济体系分类目录的基础上，研究建立起生态产品分类目录。建立可复制推广的计量方法以及生态产品价值统计方法，构建生态产品第四产业发展评价体系，形成依托行业部门监测调查数据的生态产品价值统计核算体系。摸清生态产品家底，按生态系统要素开展生态产品清查核算工作，明晰森林、湿地、草地、农田、水土资源等生态资源存量资产和生态资源流量资产状况。将生态产品生产列入经济社会发展规划，制定生态产品保值、增值的目标和任务，将其作为约束性指标列入年度发展计划，纳入政府考核指标体系。

强化生态产品价值核算在管理决策中的应用。推进生态产品价值核算结果在政府决策和绩效考核评价中的应用。探索在编制各类规划和实施工程项目建设时，结合生态产品实物量和价值核算结果采取必要的补偿措施，确保生态产品保值、增值。推动生态产品价值核算结果在生态环境损害赔偿、开发经营融资、生态资源权益交易等方面的应用。

完善生态产品发展示范建设体系。将生态产品价值实现重点任务有机融入生态文明示范建设，围绕建设美丽中国目标，结合国家重大战略，强化示范建设的载体平台作用，推动形成部门协同、上下联动、全社会参与的工作格局。全面落实生态产品价值实现监管任务，加大对试点示范地区监管力度，开展试点示范建设成效评估。对于组织工作开展不力的、建设成效下降的、发生重特大生态环境事件的地区，给予警告或撤销称号处理。建立健全示范建设管理体系，完善建设、申报、监督全过程监管制度，通过资金支持、政策倾斜、绩效考核等措施，建立形式多样的激励机制。推动生态产品第四产业纳入统计体系试点建设。

强化生态产品第四产业示范引领作用。统筹抓好生态产品价值实现试点示范工作，选择跨流域、跨行政区域和省域范围内具备条件的地区，深入开展生态产品价值实现机制试点，重点在生态产品价值核算、供需精准对接、可持续开发经营、保护补偿、评估考核等方面开展实践探索。鼓励各省（区、市）积极先行先试，并及时总结成功经验。选择试点成效显著的地区，打造一批生态产品价值实现机制示范基地。系统总结典型案例，提炼形成生态产品与产业发展模式路径，加大宣传推广力度。

参考文献

[1] 黎元生 . 生态产业化经营与生态产品价值实现 [J] . 中国特色社会主义研究，2018（4）：84-90.

[2] Zishu Wang，Wangfeng Li，Yuanshi Li，et al. The “Three Lines One Permit” policy：an integrated environmental regulation in China [J] . Resources，conservation and recycling，2020，163：105101.

[3] 秦昌波，张培培，于雷，等 .“三线一单”生态环境分区管控体系：历程与展望 [J] . 中国环境管理，2021（5）：151-158.

[4] 生态环境部 . 全国生态保护红线划定工作基本完成 [EB/OL] .（2021-07-08）[2022-05-30] . http：//news.cctv.com/ARTIyyschXgS6OetUwiqsorL210708.shtml.

[5] 蔚东英 . 国家公园管理体制的国别比较研究——以美国、加拿大、德国、英国、新西兰、南非、法国、俄罗斯、韩国、日本 10 个国家为例 [J] . 南京林业大学学报（人文社会科学版），2017，17（3）：89-98.

[6] 高吉喜，徐梦佳，邹长新 . 中国自然保护地 70 年发展历程与成效 [J] . 中国环境管理，2019（4）：25-29.

[7] 国务院 .《关于同意新增部分县（市、区、旗）纳入国家重点生态功能区的批复》（国函〔2016〕161 号）.

[8] 任勇，沈晓悦 . 明确绿色消费战略定位与政策创新方向 [N] . 中国环境报 ，2017-08-09（3）.

[9] 张维波，邹小龙，程晴，等 . 区域公用品牌“丽水山耕”模式探讨与研究 [J] . 中国标准化，2018（5）：250-254.

[10] 董战峰，璩爱玉，郝春旭，等 . 深化生态补偿制度改革的思路与重点任务 [J] . 环境保

护，2021，49（21）：48-52.

［11］董战峰，张哲予，杜艳春．“绿水青山就是金山银山”理念实践模式与路径探析［J］．中国环境管理，2020（5）：11-17.

［12］侯鹏，高吉喜，陈妍，等．中国生态保护政策发展历程及其演进特征［J］．生态学报，2021，41（4）：1656-1667.

［13］耿海清．生态环境分区管控体系建设探讨［J］．环境保护，2022，50（6）：38-41.

［14］王康，于晶晶．我国生态保护红线现状问题及对策研究［J］．黑龙江生态工程职业学院学报，2020，33（3）：1-4.

［15］王昌海．中国自然保护区给予周边社区了什么？——基于1998—2014年陕西、四川和甘肃三省农户调查数据［J］．管理世界，2017（3）：63-75.

［16］刘幼迟．重点生态功能区产业发展困境及政策思路［J］．全球化，2017（12）：80-91.

［17］徐顺青，程亮，陈鹏，等．我国生态环境财税政策历史变迁及优化建议［J］．中国环境管理，2020，12（3）：32-39.

［18］王金南，王志凯，刘桂环，等．生态产品第四产业理论与发展框架研究［J］．中国环境管理，2021（4）：5-13.

［19］竺效，丁霖．绿色发展理念与环境立法创新［J］．法制与社会发展，2016（2）：179-192.

［20］丘水林，靳乐山．生态产品价值实现的政策缺陷及国际经验启示［J］．经济体制改革，2019（3）：157-162.

［21］马晓妍，何仁伟，洪军．生态产品价值实现路径探析——基于马克思主义价值论的新时代拓展［J］．学习与实践，2020（3）：28-35.

［22］杜艳春，程翠云，何理，等．推动“绿水青山就是金山银山”建设的环境经济政策着力点与建议［J］．环境科学研究，2018，31（9）：1489-1494.

［23］陈海嵩．“生态红线”的规范效力与法治化路径——解释论与立法论的双重展开［J］．现代法学，2014，36（4）：85-97.

［24］高吉喜，鞠昌华，邹长新．构建严格的生态保护红线管控制度体系［J］．中国环境管理，2017（1）：14-17.

［25］生态环境部．“十四五”生态保护监管规划（环生态〔2022〕15号）.

［26］高吉喜．加快“三个落实”建立生态保护红线制度［J］．环境保护，2016，44（8）：18-21.

［27］黄宝荣，马永欢，黄凯，等．推动以国家公园为主体的自然保护地体系改革的思考［J］．政策与管理研究，2018，33（12）：1342-1351.

［28］刘向南，刘天昊．中国自然保护地体系建设现状、问题及对策研究［J］．农村经济与科技，2020，31（11）：314-316.

［29］邱倩，江河．重点生态功能区产业准入负面清单工作中的问题分析与完善建议［J］．环境保护，2017，45（10）：46-48.

［30］刘桂环，文一惠，谢婧，等．国家重点生态功能区转移支付政策演进及完善建议［J］．

环境保护，2020，48（17）：9-14.
[31] 明小毅.绿水青山如何转化为金山银山[N].中国自然资源报，2019-09-06（7）.
[32] 邱倩，江河.国家重点生态功能区政策体系构建探析[J].环境保护，2017，45（13）：59-61.
[33] 张林波，虞慧怡.生态产品价值实现理论、实践与任务[M].济南：山东人民出版社，2021.
[34] 李宏伟，薄凡，崔莉.生态产品价值实现机制的理论创新与实践探索[J].治理研究，2020，36（4）：34-42.
[35] 操建华.生态系统产品和服务价值的定价研究[J].生态经济，2016，32（7）：24-28.
[36] 丁杰.绿色信贷政策、信贷资源配置与企业策略性反应[J].经济评论，2019（4）：62-75.
[37] 王艺，李侠.绿色信贷政策对我国产业结构优化的影响研究[J].中国物价，2021（9）：64-66.
[38] 马骏.论构建中国绿色金融体系[J].金融论坛，2015，（5）：18-27.
[39] 陈明衡，殷斯霞.金融支持生态产品价值实现[J].绿色金融，2021（12）：52-53.
[40] 孙正.金融生态、信贷资金配置与财政可持续性[J].山西财经大学学报，2017（4）：54-64.
[41] 左正龙."区块链+契约链"绿色融资模式服务乡村振兴研究——基于契约经济学视角[J].当代经济管理，2021（9）：81-88.
[42] 邵奇峰，金澈清，张召，等.区块链技术：架构及进展[J].计算机学报，2018，41（5）：969-988.
[43] 郑良芳.绿色金融是绿色经济的推动力[J].上海金融学院学报，2008（2）：105-106.
[44] 姚钰明.绿色金融：发展、问题与路径探析[J].法制与社会，2019（30）：62-64.
[45] 王波，董振南.我国绿色金融制度的完善路径——以绿色债券、绿色信贷与绿色基金为例[J].金融与经济，2020（4）：84-90.
[46] 魏再晨.绿色保险保护绿色生态[J].中国金融家，2016（11）：41-42.
[47] Tadiwanashe Muganyi，Linnan Yan，Hua-ping Sun. Green finance，fintech and environmental protection：Evidence from China[J]. Environmental Science and Ecotechnology，2021（7）：1-8.
[48] 崔君君，张硕新.论我国的"绿色保险"制度[J].西北林学院学报，2012，27（3）：256-259.
[49] 陈志峰.我国绿色债券环境信息披露的完善路径分析[J].环境保护，2019，47（1）：50-53.
[50] 王波，岳思佳.我国绿色金融激励约束保障机制研究[J].西南金融，2020（10）：79-87.
[51] 赵海渊.大力弘扬艰苦奋斗、勤俭节约的优良作风[J].实践：思想理论版，2019（4）：23-24.

[52] 朱步楼 . 在全社会倡导推广绿色消费［ N ］. 新华日报，2022-03-08（ 22 ）.
[53] 张振，陈思锦 . 适应消费结构升级趋势创新消费业态和模式［ J ］. 中国经贸导刊，2021（ 4 ）：16-22.
[54] 郭燕娜，次国鑫 . 坚持绿色发展实现生态惠民［ J ］. 内蒙古林业，2021（ 3 ）：26-27.
[55] 许萍 . 消费者创新性与绿色消费行为研究［ J ］. 现代经济信息，2020（ 18 ）：50-51.
[56] 乔亚男，曹旭 . 绿色消费困境及对策［ J ］. 合作经济与科技，2022（ 5 ）：78-79.
[57] 姜爱华 . 政府绿色采购制度的国际比较与借鉴［ J ］. 财贸经济，2007（ 4 ）：4.
[58] 朱锡平，刘方笑 . 我国生态产权市场化管理模式研究［ J ］. 中央财经大学学报，2007（ 8 ）：57-67.
[59] 陆昊 . 国务院关于 2020 年度国有自然资源资产管理情况的专项报告［ EB/OL ］.（ 2021-10-21 ）［ 2022-05-30 ］. http：//www.npc.gov.cn/npc/c30834/202110/d1fc1e63e20e4dfe9b-5fad0839ab8129.shtml.
[60] 张文明 . 完善生态产品价值实现机制——基于福建森林生态银行的调研［ J ］. 宏观经济管理，2020（ 3 ）：73-79.
[61] 李江华，谷彦芳 . 新发展理念下中国生态资产产权交易研究［ J/OL ］.（ 2022-04-25 ）［ 2022-05-30 ］价格月刊 . https：//kns.cnki.net /kcms/detail/36.1006.F.20220425. 1603.016.html.
[62] 王金南，刘桂环 . 完善生态产品保护补偿机制促进生态产品价值实现［ J ］. 中国经贸导刊，2022（ 6 ）：44-46.
[63] 於方，曹国志，齐霁，等 . 生态环境风险管理与损害赔偿制度现状与展望［ J ］. 中国环境管理，2021（ 5 ）：143-150.
[64] 秦国伟，董玮，宋马林 . 生态产品价值实现的理论意蕴、机制构成与路径选择［ J ］. 中国环境管理，2022，14（ 2 ）：70-75，69.
[65] 高吉喜，李慧敏，田美荣 . 生态资产资本化概念及意义解析［ J ］. 生态与农村环境学报，2016，32（ 1 ）：41-46.
[66] 孙博文，彭绪庶 . 生态产品价值实现模式、关键问题及制度保障体系［ J ］. 生态经济，2021，37（ 6 ）：13-19.
[67] 曾贤刚，虞慧怡，谢芳 . 生态产品的概念、分类及其市场化供给机制［ J ］. 中国人口·资源与环境，2014，24（ 7 ）：12-17.
[68] 尚杰，吉雪强，陈玺名 . 区块链与生态农业产业链结合：机理、机遇与对策［ J ］. 农村经济，2021（ 1 ）：119-125.
[69] 谢花林，刘志飞，徐步朝 ."六链融合"协同推进生态产品价值实现［ J ］. 中国土地，2021（ 11 ）：32-35.
[70] 方敏 . 生态产品价值实现的浙江模式和经验［ J ］. 环境保护，2020，48（ 14 ）：25-27.
[71] 王金南，王夏晖 . 推动生态产品价值实现是践行"两山"理念的时代任务与优先行动［ J ］. 环境保护，2020，48（ 14 ）：9-13.
[72] 高世楫 . 建立生态产品调查监测机制支撑生态产品价值实现［ J ］. 中国经贸导刊，

2021（11）：48-50.

［73］冯俊，崔益斌.长江经济带探索生态产品价值实现的思考［J］.环境保护，2022，50（Z2）：56-59.

［74］Jinnan Wang，Fang Yu，Guoxia Ma，et al. Gross economic-ecological product as an integrated measure for ecological service and economic products［J］. Resources，Conservation & Recycling，2021，171.